제6판

화폐금융론

노상채 · 김창범

박영사

제6판 머리말

1930년대에 케인즈가 등장하기 전에는 이렇다 할 경제정책이라는 것이 없었습니다. 경제를 시장에 맡겨두어도 된다고 생각했고, 실제로 큰 탈 없이 흘러갔습니다. 세계경제대공황이 발생하자 시장에 정부의 개입이 필요하다는 케인즈의 주장이 받아들여졌습니다. 이후 각국 정부의 시장 개입은 30여 년간 경제발전에 기여했습니다. 1970년대에 세계경제가 스태그플레이션에 시달리자 고전학파에 뿌리를 둔 신자유주의가 등장했습니다. 선진국의 후진국에 대한 시장 개방 요구가 거세지면서 동아시아 신흥국이 외환위기에 시달렸습니다. 2008년에는 선진국마저 글로벌 금융위기로 몸살을 앓았습니다.

1930년 이후 세계경제가 흔들릴 때마다 그 혼란이 금융시장의 실패에서 비롯되었다는 지적이 이어졌습니다. 대공황은 주식시장 붕괴로 시작되었고, 1997년 동아시아 경제위기는 외환위기로 시작되었으며, 2008년 글로벌 금융위기는 파생금융상품시장의 붕괴로 시작되었습니다. 금융시장실패는 대부분이 금융규제 완화기에 발생했습니다. 오늘의 세계경제는 화폐와 금융이 쥐락펴락하고 있습니다. 우리가 화폐금융론을 공부하는 이유입니다.

노상채와 김창범의 화폐금융론 제5판이 나온 지 벌써 8년이 흘렀습니다. 5판이 나온 2011년은 글로벌 금융위기의 소용돌이가 어느 정도 잦아들던 시기이자 미국 연준이 계속해서 양적완화 정책을 밀고나가던 시기입니다. 금융시장실패에 대한 처방과 그 처방에 대한 반발로 경제계가 시끄러웠습니다. 월가 점령시위(Occupy Wall Street)가 일어난 것도 그때입니다. 이후 각국의 금융제도와 통화정책은 크고 작은 변화를 겪었습니다.

이상과 같은 일련의 변화를 담고 있는 제6판 화폐금융론은 다음과 같이 구성되었습니다.

Part 1은 화폐금융론 기초이론으로 구성되어 있습니다. 1장은 화폐금융론 입문이고 2장은 저축, 채권구입행동의 원리 및 포트폴리오이론에 대한 설명입니다.

3장은 이자이론으로 이자의 의의, 이자의 종류와 기능, 이자율결정이론을 소개합니다. 4장은 화폐의 의의와 기능, 화폐의 역사 및 화폐제도에 대한 설명입니다. Part 2는 다섯 개의 장을 통해 우리나라의 금융시스템을 소개합니다. 한 나라의 금융시스템은 금융기관, 금융시장, 금융하부구조로 구성됩니다. 금융시스템의 개요는 5장에, 금융기관은 6장에, 전통금융시장은 7장에, 파생금융상품시장은 8장에서 설명합니다. 9장은 우리나라 금융하부구조, 즉 금융인프라의 개관입니다. Part 3는 통화이론이며 통화공급, 통화수요, 통화정책 소개와 분석입니다. Part 4는 거시경제분석 편으로 고전학파와 케인즈의 이론이 통화주의와 케인지언을 거쳐 새고전학파와 새케인즈학파로 이어지는 과정을 소개하고, 이들 이론이 각국의 거시경제와 세계경제에 어떤 영향을 미쳤는가를 분석합니다. Part 5는 국제금융 편입니다. 국제통화제도와 환율, 국제금융시장과 환위험 관리로 구성되어 있습니다.

이번 개정판에 특히 강조하거나 달라진 부분은 다음과 같습니다.

1. 한국은행을 우리나라 금융시스템의 하부구조로 보고 기술하였습니다. 중앙은행이 금융조직의 최상위 위치에 있으며 상부구조라고 생각하는 일반적인 시선과 배치됩니다. 이러한 구분 방식은 금융기관의 제도적 실체에 중점을 둔 것입니다. 자본시장통합법에 의하면 우리나라 금융기관은 은행, 비은행예금취급기관, 금융투자업자, 보험회사, 기타금융기관, 공적금융기관으로 분류됩니다. 이에 따라 투자매매업자, 투자중개업자, 집합투자업자, 투자일임업자, 투자자문업자 등 다소 생소한 금융기관이 등장합니다.

2. 금융기관 현황과 업무에 대해 최신의 정보를 수록하였습니다. 우리나라에서 가장 개체 수가 많은 금융기관은 '대부업자'로 2017년 말 현재 8,084개입니다. 대부업체는 금융기관 분류상 기타금융기관에 속합니다. 서민금융진흥원은 최근에 등장한 공적금융기관이며, 서민생활 금융지원에 관한 법률에 의거 설립되어 금융 사각지대에 속한 이들에게 도움을 주고 있습니다.

3. 거시경제분석 편(Part 4)은 거시경제학의 흐름 중심으로 기술하였습니다.

이 책의 읽는 독자는 대부분 경제학개론 또는 거시경제학을 알거나 배운 이들이라는 점을 고려하여 분량을 줄였습니다. *IS-LM, AD-AS* 부분은 대폭 손질하였습니다. 국제금융(18장)의 내용 중 9장과 겹치는 부분은 생략하였습니다.

4. 고사성어와 속담을 인용하여 경제이론을 설명하는 등의 읽을거리는 독자들에게 '경제학 카페' 역할을 할 것입니다. 고사성어와 속담은 우리 조상이 남긴 훌륭한 문화유산입니다. 잠깐 쉬어가며 고사성어와 속담 속에 들어있는 경제학 지혜를 즐기시기 바랍니다. 다만 지면관계로 몇 개의 용어만 소개했습니다. 더 자세히 알고 싶은 독자는 졸저『고사성어로 보는 스토리 경제학』과『속담으로 보는 스토리 경제학』을 보기 바랍니다.

이 책은 한국은행 발간자료의 도움을 많이 받았습니다.「한국의 외환제도와 외환시장」(2016),「한국의 금융시장」(2016),「한국의 통화정책」(2017),「국제금융기구」(2018),「한국의 금융제도」(2018),「알기 쉬운 경제지표 해설」(2019)이 책의 곳곳에 도움이 되었고, 특히 2018년에 나온「한국의 금융제도」는 이 책 전체의 뼈대를 형성시키는 핵심적인 역할을 했습니다. 이 책 Part 2의 다섯 개 장을 읽을 때「한국의 금융제도」를 참고하면 이해하는 데 도움이 될 것입니다.

경제학 책을 쓰다보면 띄어쓰기 문제로 늘 갈등을 일으킵니다. 이번에도 예외가 아니어서 띄어 써야 하는 몇몇의 단어로 이루어진 용어 대부분을 경제용어라는 핑계로 띄지 않고 붙여 썼습니다. 사회적비용, 비은행예금취급기관, 공공자금관리기금, 환매조건부채권 등이 그것입니다. 우리 맞춤법으로는 낯선 붙여쓰기입니다. 독자들의 양해를 구합니다.

책을 낸다는 것은 주위 도움의 결과물입니다. 이번에도 예외가 아닙니다. 이 책은 뒤죽박죽된 원고로부터 시작되었습니다. 전채린 과장님께서는 까다로운 초고부터 시작해서 탈고 때까지 매끄러운 솜씨로 편집을 이끌어주셨습니다. 개정판이 5판과 시스템 상으로 연결이 되지 않아 생고생을 하신 편집부 전채린 과장님께 미안함과 감사함을 전해드립니다.

2019년 7월 저자 노상채, 김창범

차 례

PART 04 거시경제분석

PART 05 국제금융

PART
01

화폐금융론 기초이론

Chapter

01 | 화폐금융론 들여다보기

1. 「오즈의 마법사」와 화폐제도

동화 「오즈의 마법사」와 화폐금융론은 재미있는 관계를 가지고 있다. 오즈의 마법사는 금본위제도와 은본위제도를 우화적으로 다룬 소설이다. 오늘날 우리는 주로 인플레이션(inflation)을 두려워한다. 그러나 물가가 하락하는 디플레이션(deflation)을 두려워하던 시절도 있었다.

무서운 물가하락

남북전쟁 즈음에 미국에서는 금과 은을 동시에 화폐로 사용하였다. 그 후 1873년에 화폐제조에 관한 법률을 제정하면서 금만을 화폐로 사용하는 금본위제도를 택하였다. 금본위제도하에서는 금이 곧 돈이다. 금이 많으면 물가가 오르고 금이 적으면 물가가 떨어진다. 그런데 공교롭게도 금본위제도를 법으로 채택하고 난 뒤, 미국에서는 금의 공급이 경제규모에 비해 부족했다. 따라서 물가가 하락하는 디플레이션이 발생하게 되었다. 기록에 의하면 1880년부터 1896년까지 물가가 무려 23%나 하락하였다.

물가가 하락하면 돈의 가치가 올라간다. 돈을 가진 사람은 가만히 앉아서 이득을 얻는다. 반면에 돈이 없거나 특히 빚이 있는 사람들은 손해를 보게 된다. 물가가 계속해서 하락하자 은행가를 비롯한 돈을 많이 가진 채권자들은 혜택을 보게 되었다. 하지만 채무자인 농민과 노동자들은 물가하락으로 채무의 실질부담이 증가하면서 손해를 보게 되었다. 애써 농사를 지어 보았자 곡식은 헐값이 되고, 노동자들의 임금은 낮아지기만 하였다. 빈민층의 생활이 더욱 궁핍해지고 이들의 불만이 커지면서 화폐제도가 정치 문제로 발전하게 되었다. 이러한 상황에서 대안으로 제시된 것이 은(銀)도 금과 함께 화폐로 유통시키자는 복본위제도였다. 은을 화폐로 사용하면 은의 생산량은 많으니까 화폐의 공급량이 늘어나 물가하락을 막을 수 있으리라는 생각을 한 것이다.

결국 화폐제도 문제는 약 20년 동안 미국의 대통령 선거 때마다 주요한 이슈가 되었다. 특히 1896년 대통령선거에서는 화폐제도가 가장 커다란 쟁점이 되었다. 민주당의 대통령 후보 브라이언(W. J. Bryan)은 금과 은을 화폐로 쓰는 복본위제도를 주장하였다. 브라이언은 물가하락으로 고통받는 서민을 중심으로 한 채무자의 입장을 대변하였다. 그에 반해 공화당의 대통령 후보 매킨리(W. McKinley)는 금본위제도의 지속을 주장하였다. 그는 부유층과 보수적인 세력의 지지를 받고 있었다. 결국 선거는 매킨리의 승리로 끝나고 금본위제도는 더욱 확고한 기반을 구축하게 된다.

「오즈의 마법사」와 금본위제도

이러한 시대적 상황을 우화로 엮은 것이 바로 「오즈의 마법사(The Wonderful Wizard of Oz)」이다. 이 동화는 대통령 선거 직후 프랭크 바움(L. F. Baum)이라는 사람이 쓴 작품이다.

어느 날 도로시(Dorothy)는 회오리바람에 실려 오즈나라의 한 지방에 도착한다. 도로시는 자기 고향인 캔자스로 돌아가고 싶어한다. 도로시가 집으로 돌아갈 수 있는 유일한 방법은 에메랄드 성의 위대한 마법사 오즈를 찾아가 부탁하는 것이다. 그 마법사에게는 도로시의 소원을 들어줄 수 있는 능력이 있다는 것이다. 도로시는 노란 벽돌길을 따라 오즈가 살고 있는 에메랄드 성으로 간다. 여행길에서 도로시는 허수아비, 양철 나무꾼, 그리고 겁쟁이 사자를 만나 함께 간다. 마침내 에메랄드 성에 도착한 그들은 오즈 마법사에게 소원을 이루어달라고 부탁한다. 그러나 마법사 오즈는 엉터리였다. 사실 그는 마법사가 아닌 평범한 남자였으며 허세로 에메랄드 성을 다스리고 있었기에 도로시와 친구들의 소원을 들어줄 수 없었다.

이 이야기의 주인공 도로시는 전통적인 가치관을 가진 미국인을, 허수아비는 농민을, 깡통은 근로자를 상징한다. 겁쟁이 사자는 선거에서 패배한 브라이언이다. 그들이 희망을 찾아 걷는 노란 벽돌 길은 금본위제도를 상징한다. 오즈(Oz)는 금본위제도에서 금의 단위인 온스(ounce)의 약자이기도 하다. 마법사 오즈가 엉터리라는 것은 미국인의 소원을 들어준다는 금본위제도가 엉터리 화폐제도이고, 고생해서 미국의 서민들이 얻은 것은 결국 가난 그대로라는 것을 의미한다.

은 구 두

그렇다면 작가가 제시하는 해결책은 무엇인가. 그것은 은(銀)구두이다. 모두가 실망해 있을 때 도로시가 은구두 뒤꿈치로 땅을 건드리자 소원이 달성된다. 물론 은구두는 은본위제도를 상징한다. 금본위제도로 얻을 수 없었던 것을 은본위제도로 얻게 된다는 것이다. 은은 금에 비해 생산량이 풍부하다. 가난한 사람들을 시달리게 하는 물가하락은 은을 화폐로 사용하게 하면 저절로 해결된다. 즉, 은의 사용으로 가난한 자들을 고통에 빠뜨리는 디플레이션에서 벗어날 수 있다.

에필로그, 의외의 물가상승

그러나 작가의 진단은 빗나가고 말았다. 금본위제도가 미국의 농민과 노동자들에게 번영을 가져다 준 것이다. 그 사연은 다음과 같다. 이즈음 스코틀랜드의 화학자들이 새로운 금제련기술을 발견하였다. 이 제련기술을 이용하면 함량이 낮은 광석에서도 저렴한 비용으로 쉽게 금을 뽑아낼 수 있었다. 게다가 서부지역에서 새로운 금광이 연이어 발견되었다. 즉, 미국에 금의 양이 많아졌다. 금의 양이 많다는 것은 화폐의 양이 많다는 얘기이고, 화폐의 양이 많으면 물가가 상승하게 된다. 미국에서는 1896년에서 1910년까지 물가가 무려 35%나 상승하였다. 아울러 경제가 매우 활발하게 움직이고 발전하였다. 이러한 가운데 농민과 노동자들의 삶이 대폭 개선되었다. 금본위제도의 채택에 이은 금광과 제련기술의 발견이 농민과 노동자의 고민을 해결해 주었던 것이다. 미국은 결국 세계경제 대공황이 오기 전까지 자본주의와 금본위제도가 가져다 준 놀라운 성장을 맛보았다.[1] 작가가 오즈의 마법사를 통해 은유적으로 한 예언이 빗나간 것이다. 대신 「오즈의 마법사」는 전 세계 어린이들에게 사랑을 받는 동화로 남게 된다.

1　오즈의 마법사와 화폐제도의 연결은 김준원, 「포인트경제학」, 삼성경제연구소, 2005, pp. 196~197에서 도움을 받았다. M. Friedman의 「화폐이야기」(김병주 역, 고려원, 1992)는 내용의 전개에 도움이 되었다.

2. 은행은 왜 '은행'인가

사람들은 왜 은행(bank)을 금행(金行)이라고 부르지 않고 은행(銀行)이라고 부르는가. 생각해 보면 돈을 지칭하는 모든 단어에는 금(金)이라는 말이 들어있다. 금전, 금액, 자본금, 배금주의, 금융기관, 금융시장, 금융정책 등 그 예는 끝이 없다. 은행은 돈, 즉 금을 취급하는 곳이다. 따라서 당연히 금행이라고 불러야 한다. 그런데도 정작 돈을 취급하는 이곳을 금행이라고 하지 않고 은행이라고 부른다. 그 유래는 다음과 같다.

우리는 금본위제도라는 말에 익숙하지만, 사실 금과 은을 같이 사용하는 복본위제도, 그리고 은을 사용하는 은본위제도도 역사가 깊다. 순수 금본위제도의 역사는 그리 길지 않다. 게다가 복본위제도하에서도 희소성이 있는 금보다는 은이 화폐로 더 널리 쓰였다. 구약성경을 보면 대부분의 거래에서 은(銀)이 화폐로 쓰인다.[2] 신약시대에도 유다가 예수를 팔고 받은 돈이 은 30세겔이었다. 중국이나 우리나라의 대표적인 화폐는 대개 은화이다. 원(元)의 마제은(馬蹄銀), 고려시대의 은병(銀瓶), 조선시대의 대동은전(大東銀錢) 등이 모두 은화였다.

(1) 금은행(金銀行)

은행이라는 말의 어원은 중국 당과 송시대의 금은행(金銀行)이다. 금은행의 행(行)은 서양의 길드(guild) 비슷한 당송시대의 상인동업조합을 말한다. 중국에는 한(漢) 시대부터 도시의 상업구역인 시에 동업점포가 모여있는 열(列)이 있었다. 이 동업점포의 열을 당송시대에는 행이라 하였다. 이 동업상인들은 한 지역에 모여서 조합을 만들고 영업을 하였다. 비단을 취급하는 동업조합의 점포들을 견행(絹行)이라 하고, 곡식을 취급하는 동업조합의 점포들을 미행(米行)이라고 불렀다. 금은을 취급하는 동업조합의 점포들은 금은행(金銀行)이라고 불렀다. 이 금은행이라는 말이 줄어서 은행이 된 것이다. 물론 금은행은 금행이라고 줄여 부를 수도 있고 은행이라고 부를 수도 있다. 그런데 왜 은행으로 줄여 부르게 되었을까. 그것은 앞에서도 말한 바와 같이 금보다는 은이 많이 생산되고, 또 화폐로

---

2   요셉은 형들에 의해 은 20세겔의 값으로 대상에게 팔린다. 이 사건은 엑소더스의 단초가 된다.

익숙하게 사용되었기 때문이다. 오늘날 도쿄의 번화가 긴자(銀座)도 그 지명이 은화(銀貨)와 관계가 있다. 17세기 초 도쿠가와 이에야스가 에도(江戶)시대를 열면서 이곳에 은화 주전소를 만들었고, 은화를 주조한 거리라는 뜻으로 긴자라고 불린 것이다. 중국에서 은행이란 말이 고착된 시기는 청시대로 알려져 있다.

(2) 현대 경제와 금융

뉴욕 맨해튼의 월 스트리트(Wall Street)를 보면 현대 산업의 중심이 무엇인가를 실감할 수 있다. 길 좌우로 늘어선 고층건물의 대부분이 금융기관 건물이다. 월 스트리트라는 이름이 맨해튼 섬 방위를 위해 쳤던 울타리(wall)에서 나왔다고 하지만, 도로 양쪽의 높은 건물들이 마치 늘어선 벽처럼 보이는 거리라는 뜻에서 월 스트리트라고 한다는 해석도 그럴듯할 정도이다. 싱가포르와 홍콩, 그리고 유럽의 소국 룩셈부르크는 금융산업을 중심으로 한 서비스 산업을 주축으로 해서 풍요를 누리고 있다. 세계 각국은 자국 또는 자국의 도시를 국제금융의 중심지로 삼기 위해 노력하고 있다. 이른바 금융허브 전략이 그것이다.

월 스트리트는 미국 금융산업과 국제금융의 중심지이다. 이곳에는 세계 증권 거래의 본산인 뉴욕 증권거래소가 자리잡고 있으며, 세계적인 금융회사의 본점과 지점이 즐비하다. 그런데 하늘을 찌르는 높은 건물은 그림자도 길게 드리운다. 영화 플래툰(Platoon)을 만들어 베트남전쟁의 추악한 모습을 폭로했던 올리버 스톤 감독은 또 다른 영화 '월 스트리트'를 만들어 총성 없는 전쟁인 자본주의 사회의 비즈니스 전쟁을 화면에 담아내었다. 금융가에서의 음모와 경쟁을 그린 이 영화는 월 스트리트의 밝은 면과 어두운 면을 잘 나타내주었다. 금융산업을 비롯한 서비스산업은 특별한 생산자원이나 물적 기반 없이 부가가치를 창출할 수 있다는 점에서 각광받는 산업이다. 그러나 금융산업이 너무 과열되거나 규제가 풀리면 경제에 독이 될 수도 있다. 2008년의 글로벌 금융위기는 금융산업의 밝은 면에 숨겨져 있던 어두운 면을 보여주는 일대 사건이었다.

3. 글로벌 금융위기

1990년대에 들어서면서 미국의 부동산 가격은 지속적으로 상승하였다. 당시까지의 주택저당대출 관행은 프라임(prime, 우량) 모기지(mortgage) 중심이었다. 그런데 금융기관 사이에 대출 경쟁이 격화되자 각 금융기관에서는 서브프라임 (sub-prime, 비우량) 모기지에 대해서도 대출하기 시작했다. 신용도가 낮은 하위소 득층에게 주택저당대출을 시작한 것이다. 대출을 통하여 자산을 확보한 금융기 관은 제2차 상품인 파생금융상품을 만들어내어 자산을 현금화하였다.

거품이 생기다

비우량담보로 주택저당대출을 한 금융기관은 그 주택저당채권을 투자회사 (IB)에 판매한다. 투자회사는 이 모기지 상품으로 또 다른 상품인 증권상품을 만든다. 이것이 바로 주택저당증권(MBS: mortgage-backed securities)이다. 주택담보대출을 한 금융기관이 MBS를 만들어 판매함으로써 자산을 현금화한 것이다. 그런데 여기서 끝이 아니었다. 투자회사는 모기지뿐만 아니라 금융기관의 다른 대출자산, 다른 기관 발행 MBS 등을 묶어서 제3차 증권인 부채담보부증권(CDO: collateralized debt obligation)을 만든다. CDO는 여러 자산을 혼합하여 만든 증권이기에 위험성을 판별하기가 어렵다. 이 단계에 이르자 위험에 대한 대비가 필요했다. 이 위험회피 수요에 의해 탄생한 금융상품이 보험 성격의 신용파산스왑 (CDS: credit default swap)이다. CDS는 부채담보부증권의 채무자가 파산하는 경우 원금을 보상해주는 신용파생상품이며, 위험을 인수한다는 점에서 금융가에서 인기를 끈 상품이다. 신용부도스왑이라고도 하는 CDS는 증권이 아니고, 또 보험도 아니기에 규제를 거의 받지 않으면서 거래 규모가 기하급수적으로 증대되었다.[3] 거품이 생긴 것이다.

거품이 꺼지다

금융환경이 이렇게 진행되는 과정에서 미국 연준의 FOMC[4]는 금리를 올리기 시작했다. 오르기만 하던 주택가격도 상승을 멈추고 오히려 하락하기 시작했

---

3   MBS는 7장에서 설명하고, CDO와 CDS는 8장에서 다시 설명한다.
4   미국 연방공개시장위원회를 말하며, 미국의 정책금리를 결정하는 기관이다. 우리나라의 금융통화위원회와 비슷하다.

다. 부동산시장의 거품이 꺼지기 시작한 것이다. 따라서 대출을 받아 주택을 구입할 만한 유인이 약해졌고, 채무자의 부채상환이 어려워지기 시작했다. 여러 단계를 거쳐 흐르던 자금의 흐름이 차츰 감소하거나 중단되었다. 즉 MBS 채권을 매입한 투자자에게 흘러가야 할 현금 흐름이 감소하였다. MBS의 가치는 하락하고, 이는 투자은행들의 자산가치 하락으로 이어졌다. 결국 2008년 9월 베어스턴스(Bear Stearns)와 리먼 브러더스(Lehman Brothers) 등 대규모 투자은행들이 무너지고, 신용파산스왑 CDS로 수 천억 달러의 손실을 입은 미국의 거대 보험회사 AIG가 막대한 구제금융을 받아야 하는 사태로 발전하였다. 주택가격의 하락으로 부채담보부증권 CDO에 포함되어 있는 주택저당증권 MBS가 부실화되면서, CDO 역시 부실화되고, 결국 CDS의 값어치가 크게 하락하자 CDS와 CDO를 보유한 금융기관이 대규모의 손실을 입으면서 파산으로 이어진 것이다.

뉴욕 금융가에서 출발한 금융위기는 전 세계의 경제에 큰 타격을 입혔다. 이러한 일련의 사태를 글로벌 금융위기라고 한다. 금융산업의 어두운 면을 보며 주는 단적인 예이다.

section 02 ● 근대은행의 유래

"잉글랜드은행 총재님, 이 지폐에 적힌 대로 금 1파운드 내놓으세요"

은행이란 예금의 수입과 획득한 자금을 대출하는 일을 영위하는 기관을 말한다. 은행제도는 매우 오랜 역사를 지니고 있다. 재산을 기탁하고 운용하는 원시형태의 은행은 고대 바빌로니아시대에도 있었다. 함무라비법전에는 재산의 기탁, 운용, 그리고 이자에 대한 규정도 기록되어 있다. 중세에 이르러서는 도시간 교역과 무역이 왕성하게 일어났으나 국가나 도시별로 다양한 형태의 화폐가 유통되고 있어 교역에 장애가 되었다. 이에 따라 환전상이 출현하게 되었으며, 이 환전상들은 뱅크(bank)라고 불리는 테이블 위에서 환전(換錢)업을 영위하였다. 오늘날 은행을 bank라고 부르는 것은 그 환전테이블로 쓰였던 뱅크에서 유래되었다.

1. 근대은행의 출현

근대은행 출현 과정을 고찰하는 일은 은행의 유래를 알게 할 뿐만 아니라, 은행권(銀行券)의 유래를 알게 해 준다는 점에서도 매우 중요한 의미를 가진다. 근대은행은 금장업자(金匠業者)라고 부르는 금세공인(金細工人)으로부터 출발한다.

銀行家의 조상은 金細工人이다

십자군전쟁과 르네상스를 거치면서 유럽은 경제규모가 증대되고 무역이 확대되면서 원거리간의 자금결제 수요도 증대되었다. 당시의 화폐제도는 금본위제도였으며, 거래대금을 결제하기 위해서는 금화를 직접 운반해야 했다. 금화를 운반하는 일은 운송비가 많이 들 뿐만 아니라 위험을 수반하는 일이었다. 한니발장군의 군대도 아니요, 나폴레옹군의 보호가 있는 것도 아닌데, 무겁고 부피가 나가는 금화자루를 가지고 알프스를 넘고, 지중해를 건넌다는 것은 여간 힘든 일이 아니었다. 그래서 원거리간의 거래에 있어서 금화를 직접 운송하지 않고도 대금을 결제하는 수단이 필요했다. 이때 자금결제수단으로 이용된 것이 금보관증서인 골드스미스 노트(goldsmith's note)였다.

당시 유럽에는 상인들이 금세공업자(goldsmith)에게 금화나 귀금속을 맡기는 습관이 있었다. 금장업자 또는 금장이라고 부르는 이들은 안전한 금고를 가지고 있었다. 상인들은 금세공업자에게 금화나 귀금속을 맡기고 영수증으로 금보관증서인 골드스미스 노트를 받았다. 이 골드스미스 노트가 원거리거래 결제의 돌파구를 열어 주었다. 거래에서 금화 대신 골드스미스 노트로 결제할 수 있었던 것이다. 발행자인 보관업자의 신용만 보장된다면, 단 한 장의 종이인 골드스미스 노트로 결제하는 일은 비용을 절약하고 탈취당할 위험이 적은 편리한 방법이었다. 거래규모가 커지고 무역이 발달할수록 골드스미스 노트로 거래를 결제하는 일은 늘어났다.

부업이 주업되다

금세공업자에게는 본업인 금을 세공하는 일 이외에 수수료를 받고 금화를 보관해 주는 일이 차츰 주업이 되어갔다. 금보관업의 수수료가 금세공보다도 더

짭짤한 수익을 가져다 준 것이다.

그런데 여기서 예기치 않은 일이 발생하였다. 금세공업자가 금화를 많이 보관하고 있다는 사실을 아는 이웃이 보관중인 금화를 빌려달라고 요청하기 시작한 것이다. 금세공업자들은 처음에 금화를 직접 빌려 주었지만 나중에는 금화를 직접 빌려주지 않고 금보관증서를 써주는 방식으로 빌려 주었다.

이들이 '대출용' 금보관증서를 발행할 수 있었던 것은 보관된 금화가 체류성(滯留性)과 연속성(連續性)을 가지고 있었기 때문이었다. 체류성이란 보관된 금화가 상당한 기간 금세공업자에게 머물러 있는 성질을 말한다. 금화를 맡겼거나 대금결제로 금보관증서를 받은 사람들은 일시에 증서를 제시하고 금화를 찾아가지 않는다. 금보관증서를 가진 사람이 원하면 언제든지 금화로 태환할 수 있다는 것을 믿고 있는 한, 굳이 위험하게 금화를 찾아서 자기 집에 보관할 필요가 없다. 지급이나 결제는 금보관증서를 통하여 계속 이루어지고, 금화는 항상 금고에 머물러 있는 것이다. 연속성이란 금세공업자에게 금화가 들어오고 나가는 일이 연속해서 일어나는 성질을 말한다. 보관된 금화가 인출되기도 하지만, 그와 거의 같은 양의 금화가 들어오는 일이 연속적으로 일어나는 것이다.

골드스미스 원리(goldsmith principle)

금장이 금 불리듯 한다[5]

경험을 통하여 보관중인 금화가 체류성과 연속성을 가지고 있다는 사실을 알게 된 금세공업자들은 금화를 맡기지 않은 사람에게도 금보관증서를 발급하여 대출해 주었다. 남의 금화를 가지고 대출영업을 할 수 있게 된 것이다.

보관된 금화에 체류성과 연속성이 있기 때문에 보관량 이상의 금보관증서를 발행할 수 있다는 사실은 근대은행 대출영업의 원리가 된다. 은행은 예금을 받아 예금증서를 발행해 주고, 보관된 예금을 '통 크게' 다른 사람에게 빌려준다. 원래 예금은 맡긴 고객이 언제 찾으러 올지 모르기 때문에 전액을 보관하고 있어야

---

[5] 금은 전성(展性)과 연성(延性)이 매우 커서 두께 0.00001cm의 금박(金箔)을 만들 수 있고, 1g의 금으로 약 3,000m의 금실을 뽑을 수 있다. 금장이들은 금의 이러한 성질을 이용하여 늘려 사용함으로써 폭리를 취하기도 하였다.

하지만, 예금에 체류성과 연속성이 있는 한, 예금주들이 모두 한꺼번에 인출할 염려가 없기에, 은행은 남의 돈을 가지고 장사를 하고 있는 것이다. 이처럼 은행이 예금에 체류성과 연속성이 있는 성질을 이용하여 예금의 일부만 지급준비를 위해 보유하고 나머지 대부분은 대출하여 영업하는 것을 골드스미스 원리(goldsmith principle)라고 한다.

골드스미스 원리: 예금에 체류성과 연속성이 있기 때문에 일부분만 지급준비로 보유하고, 나머지 대부분을 대출영업할 수 있는 은행경영 원리

이렇게 되자 금세공업자들의 영업은 금화를 보관하는 일에서 발달하여 이제는 금화를 대출하는 일이 주업이 되었다.

2. 은행과 은행권

금세공업자는 실제로 보유하고 있는 금화의 몇 배에 해당하는 금보관증서를 발행해 자금이 필요한 사람에게 대출해 주었다. 처음에는 보관료를 받았으나, 나중에는 오히려 금화를 맡기는 사람에게 사례금을 지급하게 되었다. 보관된 금화를 지급준비금으로 하여 그 몇 배에 해당하는 대출로 이자수익을 얻을 수가 있었기 때문이다.

은행권(銀行券)이라는 말

역사적으로 이러한 절차를 거쳐, 고객에게 사례금, 곧 예금이자를 지급하면서 금화를 예치받아 이것을 지급준비로 하고 금보관증서를 발행해 대출해 주는 근대은행이 출발하게 되었다. 당시에 금보관증서는 화폐의 구실을 하였다. 금세공업자인 골드스미스(goldsmith)가 은행(bank)이 되자 금보관증서(goldsmith's note)는 결국 은행권(銀行券, bank note)이 되었다. 오늘날 화폐를 '은행권'이라고 부르는 것은 그러한 연유에서이다. '금장이 금 불리듯' 금을 불려서 이득을 취한 한국의 금장이나, 골드스미스 원리를 이용하여 남의 돈으로 장사를 한 유럽의 금장이나, 금을 불려 쓰는 공통점이 있어 흥미로운 일이다.

영국의 1파운드 지폐 뒷면에는 "Promise to pay the Bearer on Demand

the sum of One Pound"라는 글귀가 있다. 이 말은 "소지자가 요구하면 1파운드 무게의 금을 지불하겠다고 약속함"의 뜻이다. 현재는 영국을 비롯한 세계 각국에서 금본위제는 이미 폐지되었고 관리통화제도가 시행되고 있다. 그래서 지금은 금태환제도도 없어졌으나 파운드화의 이 구절은 화폐에 대한 신뢰와 권위의 선언으로 아직도 사용되고 있다.

은행경영과 골드스미스 원리

이제 골드스미스 원리를 은행의 경영과 연관시켜 생각해 보자.

은행이 예금자의 인출에 응할 수 있기 위해서는 예금액만큼의 화폐를 준비하고 있어야 한다. 그러나 예금액 전부를 가지고 있을 필요는 없다. 예금에는 연속성과 체류성이 있기 때문이다. 여러 계좌를 통틀어 보면 은행에는 예금이 인출되는 계좌가 있는가 하면, 예치되는 계좌도 있어서 언제나 일정한 정도의 예금잔액이 있기 마련이다. 따라서 은행으로서는 총예금액의 일정률만을 지급준비해 두고 나머지는 대출할 수 있게 되는 것이다. 은행이 예금과 대출 영업을 할 수 있게 된 것이다. 금보관업에서 금대출업으로 전환해 가는 이러한 과정을 거쳐 자연발생적으로 발달하기 시작한 은행은 골드스미스 원리가 적용되면서 전문적인 은행으로 성장하기 시작하였다. 17세기 말 금세공업자들은 상거래를 위한 은행 서비스 수요를 충족시켜 주기 위해 금화의 예탁과 대출을 전담하는 은행을 인가받아 설립하기 시작 했다. 마침내 금세공업자는 은행가(banker)가 된 것이다.

section 03 • 금융이론 기초

금융(金融, finance)이란 자금의 융통, 즉 자금거래를 말한다. 자금은 흑자주체로부터 적자주체로 흐른다. 원래 화폐의 순환에는 산업적 순환과 금융적 순환의 두 가지가 있다. 실물시장에서 상품을 거래하면 실물과 반대방향으로 화폐가 흐르게 되는데 이를 자금의 산업적 순환이라 한다. 한편, 금융시장에서 자금을 거래하면 금융자산과 반대방향으로 화폐가 흐르게 되는데 이를 자금의 금융적 순환이라 한다. 금융이론은 화폐의 금융적 순환에 주로 관심을 갖는다.

1. 직접금융과 간접금융

금융거래 하면 제일 먼저 떠오르는 것은 은행이다. 은행을 통한 금융거래를 이론적으로 말하면 간접금융이다. 이에 비해 주식거래는 직접금융이라고 한다. 다음에 자세히 알아보자.

자금이 최초 공급자로부터 최종 수요자에게 이전되는 방식은 두 가지이다. 하나는 수요·공급자가 직접 만나서 자금을 수수하는 방식이고, 다른 하나는 중개자를 통해 자금이 수수되는 방식이다. 수요·공급자가 직접 만나는 방식을 직접금융이라고 하고, 중개자(仲介者)를 통해 만나는 방식을 간접금융이라고 한다.

(1) 직접금융

〈그림 1-1〉은 직접금융 방식의 금융거래를 보인다. 그림의 실선 화살표는 자금의 흐름이고, 점선 화살표는 증권의 흐름이다. 그림을 보면 자금공급자인 흑자주체와 수요자인 적자주체가 금융시장에서 만나 자금과 본원증권을 주고 받는다.

직접금융: 자금의 수요자가 발행하는 본원적 증권이 자금의 공급자에게 직접 매각되는 금융방식

흑자주체는 금융시장에서 자금을 공급하고 수요자인 적자주체가 발행한 차용증서 성격의 주식이나 사채(社債) 등 금융수단을 받는다. 이 경우에 자금수요자가 자금을 조달하면서 발행하는 주식이나 사채 등을 본원증권(primary security)

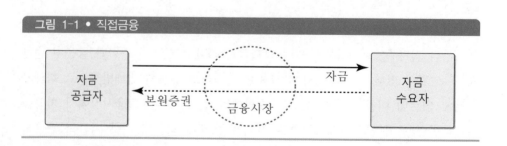

그림 1-1 • 직접금융

이라고 한다.

직접금융방식으로 자금거래가 이루어지는 시장을 직접금융시장이라고 한다. 직접금융방식의 거래는 대개 주식이나 채권 등이 매각되는 증권시장에서 이루어진다. 금융시장에서 자금거래를 도와주는 증권업자들은 단순히 거래를 위한 장 (場)과 서비스만을 제공할 따름이며, 거래당사자는 어디까지나 자금의 최종 수요자와 최초 공급자이다.

(2) 간접금융

〈그림 1-2〉는 간접금융 시스템이다. 그림을 보면 자금공급자인 흑자주체와 수요자인 적자주체 사이에 구체적 기구인 금융중개기관이 있어서 자금의 공급자와 수요자가 직접 만나지 않는다. 이와 같이 자금의 최종 수요자와 최초 공급자가 자금의 대차를 직접 행하는 것이 아니라 금융기관을 통해서 간접적으로 행하는 방식을 간접금융이라고 한다.

간접금융: 자금의 수요자와 공급자가 금융기관을 통해서 간접적으로 자금대차를 행하는 방식

간접금융방식으로 자금거래가 이루어지는 시장을 간접금융시장이라고 한다. 간접금융시장에서의 자금거래는 두 단계를 거치게 된다.

첫 단계는 자금공급자와 금융기관과의 거래단계이다. 이 단계는 자금의 공급단계로, 자금공급자가 금융기관에게 자금을 예탁하고 금융기관은 자금 공급자에게 자신의 채무증서를 교부한다. 이 경우에 금융기관이 발행하는 증권으로는 예금증서·신탁증서·금융채 등이 있으며, 이러한 증권을 제2차증권(secondary security) 또는 간접증권(indirect security)이라 한다. 이 단계에서 형성되는 금융시

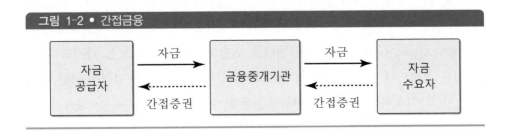

그림 1-2 • 간접금융

장은 예금시장이다.

두 번째 단계는 금융기관과 자금수요자 간의 거래단계이다. 이 단계는 자금의 수요단계로, 금융기관은 수요자에게 자금을 제공하고 차용증서를 받는다. 이 단계에서 수수되는 차용증서는 앞에서 설명한 본원증권이다. 금융기관은 자기책임으로 간접증권을 발행해 자금을 흡수하고, 그 자금을 자기의 위험부담으로 최종 수요자를 찾아 대출한다. 이 단계에서 형성되는 시장은 대출시장이다.

간접금융방식에서는 금융중개기관이 다수의 저축자로부터 자금을 모아 자금의 수요자들에게 배분하는 과정에서 '규모의 경제'를 실현할 수 있다. 따라서 간접금융은 직접금융에 비해 상대적으로 거래비용과 정보비용의 절감이 가능하다. 간접금융은 비용절감을 바탕으로 자금의 제공자에게는 보다 높은 실질수익을, 자금의 수요자에게는 보다 낮은 비용으로의 자금 조달기회를 제공함으로써 양자에게 편익을 제공하고 자금의 수급을 원활하게 함으로써 금융시장의 효율성을 증대시킨다.

최근에는 금융혁신과 금융기관간 업무의 중복 내지 다원화에 따라 직접금융과 간접금융의 구분이 점차 어려워지고 있다. 그래서 자금공급에 따른 위험을 누가 부담하느냐를 기준으로 금융방식을 분류하기도 한다. 자금의 최종수요자가 부도를 냈을 때 증권 소지자가 신용위험을 부담하는 경우를 직접금융이라 하고, 금융중개기관이 부담하는 경우를 간접금융이라고 한다.

2. 브로커와 딜러

금융거래는 중개자의 도움을 받아 이루어지는 것이 보통이다.

중개자가 금융거래를 중개하는 방식은 두 가지이다. 하나는 금융거래에 관해 정보를 제공하고 거래 성사 대가로서의 수익을 받는 브로커(broker) 방식이고, 다른 하나는 직접 거래에 참여하여 수익을 얻는 딜러(dealer) 방식이다. 브로커와 딜러는 자금의 제공자와 수요자를 소개하고 정보를 제공함으로써 거래쌍방의 탐색비용(searching cost)을 감소시켜 거래를 원활하게 해주는 기능을 가지고 있다. 그 점은 브로커나 딜러나 기능이 비슷하다. 그러나 브로커와 딜러는 다른 점도 있다. 브로커는 자금을 매입하거나 소유권을 이전받지 않고 순수한 중개서비스만을 담당한다. 그리고 금융거래를 성사시키는 대가로 수수료(commission)를 받는다.

> 브로커: 금융자산의 거래에서 공급자와 수요자를 연결시켜 거래를 성사시키고 중개의 대가로 수수료를 받는 자

이에 비해 딜러는 금융자산의 거래에서 자기명의로 증권을 거래하여 수익을 얻는 전문중개인이다. 딜러는 거래를 통해 매입가격과 매출가격의 차이, 즉 자본 스프레드(spread)를 얻는다. 딜러는 자금을 매입하거나 소유권을 이전받는다.

> 딜러: 직접 거래에 참여하여 자기 책임하에 매도·매수하고 매입가격과 매출가격의 차액, 즉 자본 스프레드를 얻는 자

딜러는 매도와 매수 주문을 연결해 주는 브로커의 역할도 겸해 수행한다. 예를 들어 투자매매중개업을 담당하는 증권회사는 브로커와 딜러의 역할을 동시에 수행한다. 주식을 매매하는 사람을 연결시켜 주고 수수료를 받는 브로커의 역할을 하는가 하면, 증권회사 스스로 주식을 매입하였다가 매각해 수익을 얻는 딜러의 역할을 하기도 한다.

3. 금융수단

금융수단(financial instruments)이란 적자지출단위나 수신기관이 자금을 조달하기 위해 발행하는 채무증서를 말한다. 일반적으로 자산은 금융자산과 실물자산으로 구분할 수 있다. 금융자산은 소유자에게 미래의 수익을 약속하고 교환의 매개 및 가치저장의 기능을 수행한다. 사람들은 금융자산을 금융수단이라는 형태로 보유한다. 금융수단은 금융증권의 형태를 취하며 흔히 금융상품이라고 부른다. 금융기관이 자금공급자로부터 자금을 받아들이고 반대급부로 금융수단을 제공하는 행위란 '금융수단의 판매'이다. 금융기관이 예금을 받아들이고 대신 금융수단을 발행해주는 것을 금융상품의 판매라고 한다.

> 금융수단: 적자지출단위나 수신기관이 자금을 조달하기 위해 발행한 채무증서를 말하며 흔히 금융상품이라고 한다

금융수단은 채권자에게는 금융자산이고 채무자에게는 금융부채이다. 금융수단에는 양도성 금융수단과 비(非)양도성 금융수단이 있다. 양도성 금융수단이란 무조건적 지급의무가 부과됨으로써 유통성을 갖는 금융수단을 말한다. 양도성 금융수단으로는 약속어음과 환어음이 있다. 약속어음은 국공채, 회사채, 기업어음 등과 같이 발행인이 소지인에게 일정금액을 지급하겠다고 약속한 증서를 말한다. 환어음이란 발행인이 어음수취인으로 하여금 일정금액을 지급하도록 요구하는 지시증서이다. 환어음에는 은행을 지급인으로 하는 은행환어음과 은행 이외의 개인이나 기관을 지급인으로 하는 거래환어음이 있다. 비양도성 금융수단이란 당사자간의 계약에 의해 일정한 요건을 충족하는 경우에만 지급이 이행되는 유통성이 없는 증서를 말한다.

금융수단은 수익성, 위험성, 그리고 유동성(流動性)을 가지고 있다. 수익성이란 자금공급자가 현재소비를 포기하고 그 자금으로 금융증권을 매입할 경우 이로부터 얻을 수 있는 이자소득, 배당금, 매매차익 등의 자본이득을 얻을 수 있는 성질을 말한다. 위험성이란 금융수단을 보유할 때 기대수익률에 비해 실제수익률이 낮게 나타나거나 손실까지 입을 가능성을 말한다. 유동성(liquidity)이란 금융수단이 얼마나 쉽게 화폐로 전환될 수 있는가의 정도를 말한다.

금융투자자는 수익성, 위험성, 그리고 유동성을 고려해 금융자산을 선택한다. 어떤 금융수단의 수익성이 크다면 대신 위험성이 크거나 유동성이 낮게 마련이다.

section 04 · 금융과 경제발전

1. 경제발전과 금융발전

시장기구에 의해 자원배분이 이루어지는 경제에서는 생산, 소비, 저축, 투자 등의 경제행위가 금융시스템을 통해 이루어진다. 금융시스템은 실물경제의 보완기능 혹은 하부구조(infrastructure)로서 실물경제와 유기적인 관계 속에서 경제발전을 뒷받침하는 역할을 수행한다.

골드스미스(R. W. Goldsmith)는 경제발전에 있어서 금융의 역할을 구명하기 위하여 금융연관비율(FIR: financial interrelations ratio)을 이용하였다. 금융연관비율이란 어떤 시점에서 한 경제의 모든 금융자산의 총액을 국부로 나눈 비율이다.[6] 골드스미스는 금융연관비율 FIR을 가지고 금융발전의 과정을 분석하였다. 이를 요약하면 다음과 같다.

첫째, 경제발전과정에서 한 국가의 금융부문은 실물부문보다 빠르게 성장한다. 그러므로 경제발전과정에서는 금융연관비율이 증가하는 경향을 나타낸다. 둘째, 금융연관비율의 상승 추세는 경제가 발전함에 따라 무한히 계속되는 것이 아니고 대체로 1~1.5 수준에서 상승을 멈추며, 저개발국가의 금융연관비율은 일반적으로 0.7~1 정도의 값을 나타낸다. 셋째, 금융증권과 금융자산의 소유에 있어서 금융기관이 차지하는 비중은 경제성장과정에서 현저히 증대하고 있으며, 이러한 추세는 금융연관비율의 상승이 정지된 후에도 계속되고 있다. 넷째, 금융비용은 저개발국가보다 금융이 발달한 국가에서 낮은 수준을 보였다. 다섯째, 경제와 금융발전 사이의 관계는 대부분의 국가에서 나란히 진행되어 왔다. 그러나 골드스미스는 경제발전과 금융발전의 인과관계를 구명하지는 못하였다.

2. 경제발전과 금융발전의 인과관계

패트릭(H. T. Patrick)은 금융발전과 실물경제발전의 인과관계를 수요추종형(demand-following)과 공급선도형(supply-leading) 두 가지로 구분하였다.[7]

수요추종형

수요추종형이란 금융발전이 실물경제의 발전을 추종하여 일어나는 경우를 말한다.

금융서비스의 창조는 실물경제에서의 투자자에 의한 수요에 대응하는 것이

---

6 R. W. Goldsmith, Financial Structure and Development, Yale Univ. Press, 1969, p. 87.
7 H. T. Patrick, "Financial Development and Economic Growth in Underdeveloped Countries," E.D.C.C, Vol. XIV, No. 2, Jan. 1966, pp. 174~177.

며, 이런 경우에 금융구조의 발전은 경제발전의 결과이다. 금융서비스에 대한 수요는 실질생산의 성장에 의존한다. 실질국민소득의 성장이 빠를수록 기업의 외부자금에 대한 수요가 커지며 금융중개 또한 커진다. 일정한 총성장률하에서는 성장률이 낮은 산업으로부터 성장률이 높은 산업으로의 자본이동이라는 금융중개의 필요성이 증가한다. 그래서 금융제도는 성장과정에서 선도부문을 보조하고 지지하게 된다. 금융부문은 실물부문의 성장에 따른 새로운 금융수요에 부응하여 거의 자동적으로 반응한다. 결과적으로 다양화되는 수요에 부응하여 금융기관의 수와 다양성도 충분히 확대된다. 이것을 패트릭은 실물경제의 발전이 먼저 일어나고 금융은 실물경제의 발전에 필요한 자금공여의 과정에서 수요에 추종한다고 하여 수요추종형이라고 했다.

공급선도형

공급선도형이란 금융발전이 실물경제의 발전을 선도하는 경우를 말한다. 금융기관의 설립 및 금융자산의 공급은 자원을 전통적 정체부문으로부터 현대화된 부문으로 이전시키고 현대화된 부문의 기업가적 혁신을 고무시킨다. 이렇듯 금융기관의 발생과 금융서비스의 공급이 성장 주도부문 산업의 수요에 선행하여 나타나는 현상을 공급선도형이라고 한다. 금융자산에 대한 수요의 발생에 앞서서 금융기관을 설립하고 금융자산을 공급함으로써 비성장산업으로부터 성장산업으로 자원을 이전시켜 실질부문의 성장을 유도할 수 있다고 보는 것이다. 그러나 공급선도의 금융구조는 그 성격상 초기에는 금융기관의 이윤을 저하시킨다. 새로운 금융기관을 지속적으로 활동하게 하기 위해서는 정부의 직·간접적인 지원이 필요하다.

패트릭은 공급선도형과 수요추종형 이 두 가지는 어느 한 쪽에 치우치지 않고 상호작용하는 상태가 대다수일 것이라고 하였다. 즉 지속적인 현대적 산업의 성장이 진행되기 전에는 공급선도가 실물부문에서 혁신적인 형태의 투자를 이끌 수 있으며, 실질성장이 발생하면 수요추종적인 금융이 주도하게 된다. 이러한 과정은 산업간에도 발생한다. 즉 한 산업이 공급선도적 금융의 지원을 먼저 받아 발전하여 수요추종으로 바뀌는 동안 다른 산업은 공급선도 금융의 지원을 받기 시작한다. 패트릭은 경제발전의 초기에는 공급선도형 금융이 경제발전의 자극제가 될 수 있으며, 낙후된 산업일수록 공급선도 금융의 역할이 중요하다고 강조하고 경제가 발전하고 어느 한 산업이 발전해감에 따라 자연스럽게 금융도 수요추종형으로 전환된다고 보았다.

한국 경제발전에서의 금융의 역할

금융제도는 한 나라 경제발전의 역사적 소산으로서 각국의 경제발전 단계와 금융시장 여건에 의하여 결정된다. 실물경제와 금융과의 인과관계는 경제발전단계에 따라 나라마다 차이가 있다. 선진경제에 있어서의 금융발전은 경제발전에 뒤따라 이루어지는 수요추종형 형태를 보이고 있다. 반면에 경제발전 초기단계의 국가에 있어서는 경제개발을 위한 금융수요가 발생하기 이전 단계에서 금융이 먼저 발달하는 공급주도형의 형태가 많이 나타난다.

우리나라 경제개발기의 금융정책을 패트릭의 분류로 말한다면 공급선도형이라고 할 수 있다. 1960년대 우리나라의 경제개발시기에 자금조달 방법으로 재정적인 수단은 경제기반이 약해서 담세능력에 제한이 있었기 때문에 불가능하였고 자연히 금융적인 수단이 중시될 수밖에 없었다. 따라서 정부는 금융적 수단을 제도적으로 장악하여, 특정 산업이나 특정 지역에 저리의 자금을 공급하는 데 정책금융을 활용하였다. 즉 개발시기의 우리나라 금융공급형태는 정부주도형 공급선도 금융이었다고 볼 수 있다. 개발기간 동안 우리나라 금융기관의 대출 중 50% 이상은 정책금융이 차지하였다.

한국의 금융제도는 경제개발계획에 따른 하부 지원체제로서 개발단계의 여건에 따라 변화 · 발전되어 왔다. 초기의 고금리정책은 금융심화론에 의거한 정책이었으며, 1970년대 은행이 자율성을 상실하는 과정에서 비은행금융기구의 창설은 공급선도가설을 반영한다고 설명될 수 있다.

보론 ▶ 시사성 화폐금융 용어

가상화폐: 물리적인 형태 없이 온라인상에서 발행되는 암호화폐, 공식명칭은 암

호자산

거시건전성: 금융시스템 전체의 관점에서 시스템위험을 관리하는 정책

고정이하부실여신: 다섯 가지 여신 분류 중 고정, 회수의문, 추정의문 세 가지

국고채권(國庫債券): 정부 소요자금을 마련하기 위해 발행하는 국채의 일종으로 공공자금관리기금이 상환의무를 지는 채권

국제피셔효과: 환율이 양국간 금리 격차와 반대방향으로 움직이는 현상

그림자 금융(shadow banking): 비은행 금융중개

금융비용부담률: 기업이 외부자금을 이용하고 그에 수반된 금융비용을 부담하는 정도

금융하부구조: 금융인프라(financial infrastructure)

금융허브(financial hub): 국내외 유수한 금융기관들이 집결해 자금의 조달과 거래·운용 등 각종 금융거래를 행하는 지역

꼬리-개 효과(tail-wagging-the-dog effect): 주가지수선물 가격변화가 현물지수, 즉 주식시장에 미치는 효과

데이 트레이딩(day trading): 주가의 움직임이 빠르고 폭이 큰 주식을 매입한 뒤 곧 되팔아 단기 시세차익을 챙기는 초단기 매매기법

레버리지 비율(leverage ratio): 자기자본에 대해 타인자본이 얼마나 되는가의 비율

모기지대출(mortgage loan): 은행이 대출시 담보물인 부동산에 저당권을 설정하고 이를 근거로 대출 재원을 조달해 자금을 대출하는 것

배드 뱅크(bad bank): 금융기관의 부실채권을 사들여 이를 전문적으로 처리하는 은행

볼커룰(Volcker rule): 은행부문의 헤지펀드 및 사모펀드 운영을 제한하는 규제

부동산담보신탁: 부동산의 관리와 처분을 부동산신탁회사에 신탁한 후 수익증권을 발급하여 이를 담보로 금융기관에서 자금을 빌리는 제도

부채담보부증권(collateralized debt obligation): 회사채나 금융기관의 대출채권, 여러 개의 주택담보대출을 묶어 만든 증권으로 CDO라고 함

브리지 론(bridge loan): 일시적인 자금난에 빠질 경우 일시적으로 자금을 연결하는 다리가 되는 대출

서브프라임 모기지론(sub prime mortgage loan): 비우량 주택담보대출

스왑선물환(swap foward): 현물환과 선물환 거래가 함께 일어나는 거래

스프레드 거래(spread trading): 결제월이 서로 다른 2개의 선물상품간 가격관계를
　　이용해 상대적으로 가격이 높은 것을 매도하고 낮은 것을 매수한 후 가격이
　　정상적인 상태가 되었을 때 반대매매를 함으로써 이익을 얻고자 하는 거래

시스템위험(system risk): 금융서비스의 제공과정에서 혼란이 발생하여 경제 전반
　　에 영향을 미치는 위험

신용연계증권(credit linked notes): 신용파산스왑(CDS)을 증권화한 것으로, 보장매
　　입자는 기초자산의 신용상태와 연계된 증권을 발행하고 약정된 방식으로 이자
　　를 지급하며 보장매도자는 약정이자를 받는 대신 신용사건이 발생하는 경우
　　기초자산의 손실을 부담함

신용파산스왑(credit default swap): 기초자산에 신용사건이 발생할 경우 손실액을
　　보상받기로 하는 신용파생상품으로 신용부도스왑이라고도 함

신용파생상품(credit derivatives): 차입자의 신용에 따라 가치가 변동하는 기초자산
　　의 신용위험을 분리하여 이를 다른 거래 상대방에게 이전하고 그 대가로 프리
　　미엄을 지급하는 금융상품

아웃라이트 선물환(outright forward): 현물환과 선물환 거래가 동시에 일어나는 스
　　왑선물환과 비교되는 거래로, 선물환거래만 일어나는 경우

연방공개시장위원회(FOMC: Federal Open Market Committee): 미국중앙은행에서 통
　　화금리정책을 결정하는 기구로 한국의 금융통화위원회와 비슷한 조직

외국환평형기금: 자국 통화가치의 안정을 도모하기 위해 조성한 기금

유동화전문회사(SPC: special purpose company): 금융기관에서 발생한 부실채권을
　　매각하기 위해 일시적으로 설립되는 특수목적회사

인터넷은행: 전자매체를 주된 영업채널로 활용하는 온라인 기반의 은행

자본잠식(impaired capital): 회사의 적자폭이 커져 잉여금이 바닥나고 납입자본금
　　까지 잠식시킨 상태

자산유동화증권(ABS): 부동산, 매출채권, 유가증권, 주택저당채권 등을 기초로 하
　　여 발행한 증권

장외시장: 증권거래소 밖에서 유가증권의 매매가 이루어지는 비공식시장

정크본드(junk bond): 신용등급이 낮은 기업이 발행하는 고위험·고수익 채권

주가지수연동펀드(equity linked securities): 주가지수 움직임에 따라 수익률이 결정되는 신종 금융상품으로 보통 ELS라고 함

주식워런트증권(equity linked warrant): 미래 일정시점에 특정 주식 또는 주가지수를 사전에 정해진 조건으로 매수하거나 매도할 수 있는 권리가 부여된 투자상품으로 보통 ELW라고 함

주택저당채권(mortgage): 금융기관이 대출을 해주고 집을 담보로 발행하는 만기 20~30년의 장기채권

주택저당채권담보부증권(mortgage-backed securities): 대출채권을 조기에 현금화하기 위해 주택저당채권을 담보로 발행되는 증권으로 보통 MBS라고 함

지주회사: 다른 회사의 주식 소유를 통해 다수 회사의 사업내용을 지배하는 것을 주된 사업으로 하는 회사

차액결제선물환(NDF: non-deliverable forward): 만기시점에 실물의 인수도 없이 차액만을 정산하는 선물환

총수익스왑(TRS: total return swap): 기초자산에서 발생하는 총수익과 약정이자를 일정시점마다 교환하는 계약

출자전환(debt-equity swap): 기업의 부채를 주식으로 전환하는 기업 재무구조 개선 방법

출자총액제한제도: 한 기업이 회사 자금으로 다른 회사의 주식을 매입해 보유할 수 있는 총액을 제한하는 제도

투자은행(IB): 자산운용 금융기관을 말하며 투자와 차입 등을 통해 자금을 모아 이를 운용함

트레이딩거래(trading): 외환, 채권, 주식 등의 가격변동을 예측하고 이로부터 매매차익의 획득을 목적으로 하는 거래

파생결합증권: 기초자산의 가치변동에 연계하여 미리 정해진 방법에 따라 지급금액 또는 회수금액이 결정되는 권리를 나타내는 금융투자상품

코넥스(KONEX): 코스닥보다 문턱을 낮춘 제3의 주식시장

코픽스(COFIX): 국내은행이 제공한 자금조달자료로 산출한 자금조달 비용지수

핀테크: 금융(finance)과 IT(technology)의 융합을 통한 금융서비스

하이브리드(hybrid)채권: 주식과 부채의 중간 성격으로 만기가 없고 은행이 청산

될 때까지 상환 의무가 없는 은행의 자본조달 수단

한국투자공사(KIC: Korea Investment Corporation): 정부가 가지고 있는 외환 보유액을 운용 및 관리하는 투자기관

합성담보부증권(synthetic collateralized debt obligation): 보장매입자의 기초자산에 내재된 신용위험을 특수목적회사가 이전받아 이를 기초로 발행한 채권

헤지 거래(hedge trading): 위험을 피하려는 거래

ABS(asset-backed securities): 부동산, 매출채권, 유가증권, 주택저당채권 등을 기초로 하여 발행한 자산유동화증권

BIS(Bank for International Settlements): 국제금융거래와 결제업무를 위해 설립된 국제금융기구

caps: 금리옵션상품에서의 금리상한계약

CBO(collateralized bond obligations): 채권을 기초로 발행되는 자산유동화증권

CDO(collateralized debt obligations): 부채담보부증권

CDS(credit default swap): 신용파산스왑

CDS프리미엄: CDS 약정시 보장매입자가 신용위험을 이전한 대가로 지급하는 수수료

CLO(collateralized loan obligations): 금융기관의 대출채권을 기초자산으로 발행되는 자산유동화증권

collars: 금리옵션상품에서의 금리상하한계약

DR(depositary receipt): 주식예탁증서

e-commerce: 주로 PC를 이용한 전자상거래

EFTS(electronic fund transfer system): 전표, 수표, 어음 등의 장표 사용 없이 전화기, 컴퓨터 등을 이용해 자금이체를 행하는 것

floors: 금리옵션상품에서의 금리하한계약

IB(investment bank): 투자은행

K-OTC 시장: 금융투자협회가 운영하는 장외 주식시장

LCR(liquidity coverage ratio): 유동성커버리지비율

LIBOR(London Inter-Bank Offered Rate): 런던금융시장에서 은행간 대출시 적용하

는 금리

M&A: 합병(merger)과 매수(acquisition)

matching fund: 중앙정부가 지방자치단체나 민간에 예산을 지원할 때 자구노력
　에 연계해서 배정하는 방식

MBS(mortgage-backed securities): 주택저당채권담보부증권

micro credit: 영세민들이 작은 사업을 시작하고 또 이를 통해 수입을 얻을 수 있
　도록 도와주기 위한 무담보 소액대출

MMF(money market fund): 실적배당 단기투자신탁 상품

MSCI지수: 미국의 투자은행인 모건 스탠리가 작성 발표하는 세계 주가지수

Opera Bond(out performance equity redeemable in any asset): 2개 이상의 금융기관
　주식을 담보로 채권을 발행하고, 일정 시점 후 해당 기관의 주식으로 전환할
　수 있는 채권

P&A(purchase of assets &assumption of liabilities): 부실은행의 자산과 부채를 우량
　은행이 일괄해 인수하는 거래

re-denomination: 화폐단위 변경을 말하며, 이때 호칭도 변경되는 것이 일반적임

TB(Treasury Bill): 미국 국채의 일종으로 미국 재무성이 발행하는 할인식 단기증권

u-commerce: 무제한적(unlimited, unbounced)이고 포괄적(umbrella)이며 장소에
　구애받지 않는(ubiquitous) 전자상거래

wrap account: 주식, 채권, 수익증권 등 여러 가지 투자 상품에 한꺼번에 투자하
　는 맞춤형 금융상품

Summary

1. 근대은행은 금고를 가진 금세공업자에게 금화를 보관하면서부터 시작하였다. 금세 공업자가 은행으로 발전하게 된 것은 골드스미스 원리가 작용하였기 때문이다.
    - 골드스미스 원리란 예금에 체류성과 연속성이 있기 때문에 은행이 전액 지급준 비금을 보유하지 않아도 계속 대출영업을 할 수 있게 되는 것을 말한다.
2. 오늘날의 화폐를 은행권이라고 부르는 것은 화폐가 금보관증서에서 출발하였기 때 문이다.
3. 금융이란 자금의 융통, 즉 자금거래를 말한다. 자금은 흑자주체로부터 적자주체로 흐른다.
4. 실물시장에서 상품을 거래할 때 실물과 반대방향으로 화폐가 흐르는 것을 자금의 산업적 순환이라 한다.
5. 금융시장에서 자금을 거래할 때 금융자산과 반대방향으로 화폐가 흐르는 것을 자 금의 금융적 순환이라 한다.
6. 자금의 공급자와 수요자가 직접 만나 자금을 거래하는 방식을 직접금융이라 한다.
7. 자금수요자가 자금을 조달하면서 발행하는 주식이나 사채 등을 본원증권이라 한다.
8. 간접금융이란 자금의 수요자와 공급자가 금융기관을 통해서 간접적으로 자금대차 를 행하는 방식을 말한다.
9. 자금공급자가 금융기관에게 자금을 예탁하고 금융기관으로부터 받는 채무증서를 제2차증권 또는 간접증권이라 한다.
10. 간접금융방식에서는 금융중개기관이 다수의 저축자로부터 자금을 모아 자금의 수 요자들에게 배분하는 과정에서 규모의 경제를 실현할 수 있다.
11. 브로커란 금융자산의 거래에서 매도자와 매수자를 연결시켜 거래를 성사시키고 중 개의 대가로 수수료를 받는 자를 말한다.
12. 딜러란 금융자산의 거래에 직접 참여하여 자기 책임하에 매도·매수하고 매입가격 과 매출가격의 차액, 즉 자본스프레드를 얻는 자를 말한다.
13. 금융수단이란 적자지출단위나 수신기관이 자금을 조달하기 위해 발행한 채무증서 를 말하며, 흔히 금융상품이라고 한다.
14. 양도성 금융수단이란 무조건적 지급의무가 부과됨으로써 유통성을 갖는 금융수단 으로 약속어음과 환어음이 있다.
15. 비양도성 금융수단이란 당사자간의 계약에 의해 일정한 요건을 충족하는 경우에만 지급이 이행되는 유통성이 없는 증서를 말한다.

16. 금융수단은 수익성, 위험성, 그리고 유동성을 가지고 있다.

17. 금융과 경제발전은 밀접한 관계를 가지고 있다.

18. 금융연관비율(FIR)이란 어떤 한 시점에서 한 경제의 모든 금융자산의 총액을 국부로 나눈 비율이다.

19. 금융발전이 실물경제의 발전을 추종해 일어나는 경우를 수요추종형이라 하고, 반대로 금융발전이 실물경제의 발전을 선도하는 경우를 공급선도형이라고 한다.

읽을거리

순망치한(脣亡齒寒)과 전업주의

온조왕이 말했다. "마한은 쇠약해지고 형세가 오래갈 수 없을 것 같다. 만일 다른 나라에 병합된다면 순망치한이니 후회하더라도 이미 늦을 것이다. 우리가 먼저 병합하여 훗날의 어려움을 면하는 것이 나을 것이다." 왕은 사냥한다는 핑계로 군사를 내어 마한의 국읍을 습격하고 병합하였다.

위 글은 《삼국사기》 '백제본기'에 나오는 내용이다. 순망치한은 입술이 없어지면 이가 시리다는 뜻이다. 단, 백제의 마한 합병은 온조왕이 아니라 근초고왕 때로 알려져 있다.

은행의 뱅크런(bank-run)은 순식간에 다른 은행에 번지는 성질을 가지고 있다. 은행이 무너져서 국가경제에 미치는 해악은 기업이 무너지는 것과는 비교가 안 될 정도로 크다. 이 때문에 은행에 대한 규제는 엄격한 편이며, 전업주의가 그 중 하나이다. 규모가 큰 건물에는 복도에 방화벽(firewall)이 설치되어 있다. 화재가 발생할 경우 불길이 번지는 것을 막기 위한 구조물이다. 금융산업에도 한 금융기관의 부실이 다른 기관으로 확산되는 것을 막기 위해 은행기관과 비은행금융기관을 분리하고, 업무를 규제하는 방화벽이 있다. 이러한 규제를 칸막이 방식 또는 전업주의라고 부른다.

1930년대에 대공황이 발생하자 미국 정부는 겸업제도가 은행도산을 불러왔다고 판단하고 상업은행과 투자은행의 업무를 분리한 글라스-스티걸 법을 제정했다. 상업은행과 투자은행을 분리한 것이다. 전업주의는 약 40년 동안 지속되었다. 하지만 1999년 겸업을 허용하는 법을 제정하여 전업 칸막이를 없애자 월스트리트는 흥청거리기 시작했고, 결국 2008년 글로벌 금융위기가 찾아왔다. 리먼 브라더스가 무너지는 것을 시작으로 투자은행들의 연쇄도산이 이어진 것이다. 글로벌 금융위기를 겪은 뒤 각국의 정책당국은 다시 전업주의 쪽으로 선회했다.

《고사성어로 보는 스토리경제학》에서 발췌

Chapter

02 | 금융자산선택이론

1. 시점간 소비와 저축

저축은 현재소비를 줄여 미래소비를 늘리려는 경제행위이며, 이 저축에는 이자가 발생한다. 사람들은 대개 미래소비보다는 현재소비를 더 선호한다. 따라서 현재소비를 포기시키는 데는 대가가 필요하고, 그 대가가 바로 이자이다. 즉, 이자란 현재소비가 주는 편익을 희생하는 대가이다. 사람들은 이자수입과 현재소비가 주는 편익을 비교해 현재소비와 미래소비 규모를 결정한다.

한편, 현재소비의 나머지가 저축이라는 점에서 현재소비 규모의 결정은 곧 저축 규모의 결정을 의미한다. 그래서 저축행동의 원리를 알아보려면 시점간의 소비 행태를 분석해야 한다. 시점간 소비행동은 미시경제학에서 사용하는 소비이론의 틀을 가지고 분석할 수 있다. 소비이론에서는 일정한 소득을 가지고 두 종류 이상의 상품을 어떤 원리로 선택하는가를 분석한다. 시점간 소비이론에서는 일정한 소득을 가지고 두 종류의 소비, 즉 현재 소비할 것인가 아니면 미래에 소비할 것인가의 선택행동을 분석한다.

일반적으로 저축은 금융기관을 상대로 이루어진다. 저축을 받아들이는 금융기관은 금융당국의 규제를 받음과 동시에 예금보호제도 등으로 보호도 받는다. 금융기관에의 저축에는 위험이 없거나, 위험이 있어도 무시해도 될 정도로 적다고 생각할 수 있다. 그래서 저축행동의 분석에는 위험을 고려하지 않는 것이 보통이다.

2. 예산선과 무차별곡선

소비이론에서 최적소비행동을 분석하는 도구로는 예산선과 무차별곡선이 사용된다. 저축이론에서도 예산선과 무차별곡선을 이용해 저축행동을 분석한다. 이러한 분석방법을 미시경제학적 분석이라고 한다.

(1) 예산선

예산선이란 주어진 소득을 가지고 소비할 수 있는 두 상품 조합의 궤적을 의미한다. 특히 저축이론에서의 예산선은 주어진 소득을 가지고 소비할 수 있는 현재와 미래 소비조합의 궤적을 의미한다.

예산선: 주어진 소득을 가지고 소비할 수 있는 현재와 미래 소비조합의 궤적

저축이론에서는 소비가능곡선이 예산선 역할을 한다. 따라서 저축행동을 분석하기 위해서는 소비가능곡선을 알아야 한다.

〈그림 2-1〉은 소비가능곡선이다. 경제학 책에는 직각좌표를 이용한 그래프가 자주 등장한다. 그래프가 나오면 제일 먼저 두 축이 각각 무엇을 뜻하는가를 살펴야 한다. 이 그림의 횡축은 첫해 소비인 현재소비의 크기이고, 종축은 둘째 해 소비인 미래소비의 크기이다. 원점 O에서 종축을 따라 위로 올라간다는 것은 미래소비의 증가를 의미한다. 원점 O에서 횡축을 따라 오른쪽으로 이동하는 것은 현재소비의 증가를 의미한다. 반면에 원점 쪽으로의 이동은 소비의 감소를 의미한다.

이제 어떤 사람의 가처분소득을 M이라 하자. 모든 소득을 첫해에 소비한다면 횡축의 M만큼 소비할 수 있다. 또 모든 소득을 둘째 해에만 소비한다면, 저축에 대한 이자율을 i라 할 때, 종축의 $(1+i)M$만큼 소비할 수 있다. 횡축의 M

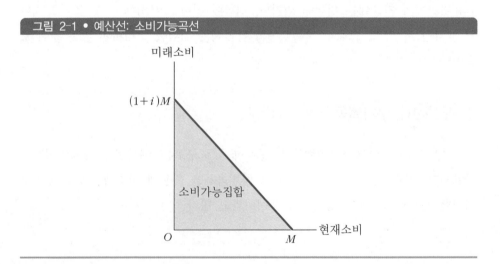

그림 2-1 • 예산선: 소비가능곡선

과 종축의 $(1+i)M$을 이은 선분은 소비가능곡선이 된다. 소비가능곡선상의 횡축 절편인 M은 소득 모두를 첫해에만 소비하는 경우이고, 종축절편인 $(1+i)M$은 전 소득을 둘째 해에만 소비하는 경우이다. M과 $(1+i)M$ 사이 선분상의 각 점은 소득을 첫해와 둘째 해로 나누어 소비하는 경우의 소비조합이다. 소비자는 소득 제한 때문에 소비가능곡선 안쪽 영역에서만 소비가 가능하다. 소비가능곡선과 두 축이 그리는 삼각형은 소비가능집합이다.

소비가능곡선은 주어진 소득을 가지고 소비할 수 있는 현재와 미래 소비조합의 궤적이라는 점에서 예산선 역할을 한다. 이 예산선은 우하향하며, 그 기울기는 현재와 미래 소비의 기회비용[1]을 나타낸다.

(2) 무차별곡선

무차별곡선이란 동일한 만족을 주는 두 상품 조합의 궤적이다. 저축이론에서의 무차별곡선은 소비자에게 동일한 만족을 주는 현재와 미래 소비조합의 궤적을 의미한다.

무차별곡선: 소비자에게 동일한 만족을 주는 현재와 미래 소비조합의 궤적

미시경제학의 소비이론에서 사용하는 무차별곡선은 일반적으로 원점에 볼록하고 우하향인 모양을 가진다. 소비하는 두 종류의 상품이 모두 플러스(+)의 효용을 가지고 있으며, 한계효용은 각각 체감하기 때문이다. 저축이론에서도 원점에 볼록하고 우하향인 무차별곡선을 분석에 사용한다. 현재소비나 미래소비 모두 플러스의 효용을 주는 소비이며, 한계효용이 체감하기 때문이다.

〈그림 2-2〉는 소비자에게 동일한 만족을 주는 현재소비와 미래소비 조합점들의 궤적이 그리는 무차별곡선이다. (a)는 대표되는 무차별곡선이다. 그림에서 점 A, B는 만족도면에서는 동일하나 현재소비와 미래소비의 양은 서로 다른 소비조합이다. A조합은 현재소비는 적고 미래소비가 많은 경우이고, B조합은 현재소비가 많고 미래소비가 적은 경우이다. 한 쪽이 적은 대신 다른 쪽이 많아서

---

1   독자들은 기회비용이란 기회 상실을 의미한다는 것을 알고 있을 것이다. 여기에서 현재소비는 미래소비 기회를 상실시키고, 미래소비는 현재소비 기회를 상실시킨다.

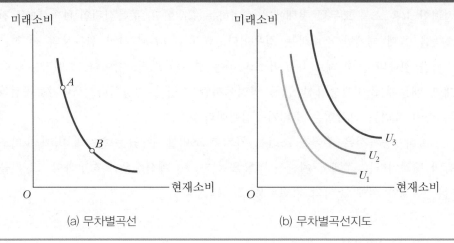

(a) 무차별곡선   (b) 무차별곡선지도

A, B 두 소비조합의 만족도는 같다. 각 소비조합에서 느끼는 만족도가 무차별하다. 이런 의미에서 A, B를 이어주는 곡선을 무차별곡선이라고 한다. (b)는 무차별곡선지도이다. 무차별곡선이란 하나만 있는 것이 아니다. 만족도가 다른 무차별곡선을 몇 개라도 그릴 수 있다. 여러 개의 무차별곡선을 한 좌표에 그리면 그 무차별곡선들은 마치 지도의 등고선처럼 보인다고 해서 무차별곡선지도라고 부른다. 무차별곡선은 원점에서 먼 무차별곡선일수록 더 높은 만족도를 나타낸다. 그림에서 만족도의 크기는 $U_3 > U_2 > U_1$순이다.

무차별곡선의 기울기는 현재소비와 미래소비 효용 사이의 대체비율(代替比率)을 의미한다.

3. 저축수준의 결정

주어진 소득을 가지고 사람들은 첫해와 둘째 해에 각각 얼마씩 소비할 것인가. 우리는 예산선과 무차별곡선을 이용해 합리적인 소비조합을 알아낼 수 있다. 그 원리는 소비이론에서 최적소비점을 도출하는 원리와 동일하다. 소비이론에서는 일정한 소득제약하에 '두 상품'의 최적소비량을 구한다. 저축이론에서는 일정한 소득제약하에 '현재와 미래'의 최적소비량을 구한다.

〈그림 2-3〉은 현재와 미래 시점간의 최적소비점을 도출하는 과정을 보여준

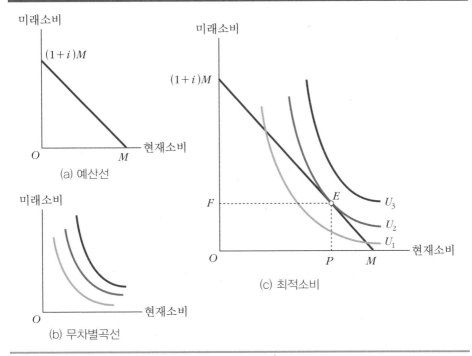

그림 2-3 • 시점간 최적소비(저축행동)

(a) 예산선

(b) 무차별곡선

(c) 최적소비

다. 이 그림은 결과적으로 저축행동의 원리를 보여준다. (a)는 예산선이다. 소비자는 주어진 소득으로 예산선 안쪽 영역에서만 소비가 가능하다. 예산선은 소득제약을 나타낸다. (b)는 무차별곡선이다. 무차별곡선은 소비를 통해 얻는 편익, 즉 효용을 나타낸다. 소비자는 가능한 한 원점에서 먼 무차별곡선을 만나고 싶어한다. (c)는 시점간 최적소비 상황을 보이고 있다. 주어진 소득 범위 내에서 현재와 미래 사이의 최적소비 배분은 예산선과 무차별곡선의 접점인 점 E에서 이루어진다. 이 접점을 최적소비점이라고 부른다. 미시경제학에서는 이 점을 소비자균형점이라고 부른다.

최적소비점: 주어진 소득을 가지고 가장 합리적으로 배분한 현재와 미래의 소비조합

소비자는 첫해에 P만큼을, 둘째 해에 F만큼을 소비해 무차별곡선 U_2가 나타내는 크기의 효용을 얻는다. 이때 얻게 되는 U_2만큼의 효용수준은 소득 범위 내에서 소비자가 누릴 수 있는 가장 큰 효용수준이다. 반면에, U_1는 소비가능영역의 것이지만 만족도가 작아 불만이고, U_3는 주어진 소득으로는 소비가 불가능한 영역의 것이다.

점 E는 예산선과 무차별곡선의 접점(接點)이기에, 그 점에서 두 선분의 기울기가 같다. 그런데 예산선의 기울기는 현재소비와 미래소비 사이의 비용 비율이고, 무차별곡선의 기울기는 효용 비율이다. 그러므로 예산선과 무차별곡선의 기울기가 같다는 것은 현재소비와 미래소비 사이에 비용의 비율과 효용의 비율이 같다는 것을 의미한다. 즉, 점 E는 비용과 효용을 함께 고려한 합리적인 소비점이다.

그런데 우리가 여기서 잊지 말아야 할 것이 있다. 그것은 지금 소비행동 분석의 목적이 저축수준을 알아보기 위함이라는 것이다. 즉, 현재와 미래소비가 균형을 이룰 때 우리가 관심을 가져야 할 사항은 저축액이 얼마인가이다. 여기서 저축액은 MP 구간이다. 전체 가처분소득은 OM이고 현재소비가 OP이니 미래소비를 위해 남겨둔 부분, 즉 저축은 MP 구간의 길이만큼으로 결정된다.

4. 이자율 상승의 효과

이자율이 변화할 경우에 소비자가 어떤 행동을 할 것인가 분석해 보자.

〈그림 2-4〉는 이자율이 상승할 경우의 저축행동 변화이다. (a)는 이자율 상승 전의 최적소비 상태이다. 이자율이 i_1이면 최적소비는 E_1에서 달성된다. 소비자는 첫해에 P_1만큼을, 둘째 해에 F_1만큼을 소비해 극대만족을 누리게 된다. 이 경우 저축은 M에서 P_1까지의 거리이다. (b)는 이자율이 상승할 때의 최적소비점 변화 모습이다. 이자율이 i_1에서 i_2로 상승한다고 하자. 이자율이 상승하면 소비자의 미래소비 가능량은 증가하여 $(1+i_2)M$이 된다. 이에 따라 새로운 소비가능곡선은 시계방향으로 회전한 $M(1+i_2)M$이다.

새로운 균형은 상위(上位)의 무차별곡선과의 접점인 E_2에서 달성되고, 소비자는 더 큰 만족을 누리게 된다. 이 새로운 균형점에서 현재소비는 P_2이며 미래소비는 F_2이다. 이자율이 상승함으로써 현재소비는 감소하고, 미래소비는 증가한 것이다. 현재소비 감소란 저축의 증가를 의미한다는 것을 독자 여러분은 잘

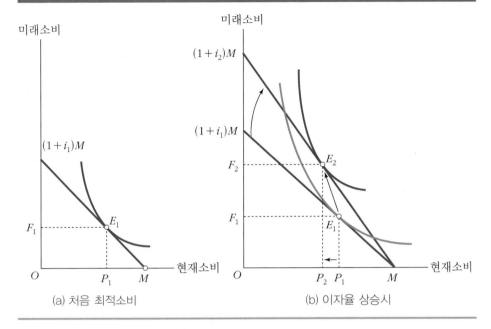

그림 2-4 • 이자율 상승시 저축행동

(a) 처음 최적소비

(b) 이자율 상승시

알고 있을 것이다. 즉, 이자율 상승으로 인해 저축의 증가가 일어난 것이다. 여기서 이자율 상승으로 인한 저축 증가분은 P_1P_2 구간이다. 이 사실에서 이자율 상승 → 저축 증가, 즉 $i\uparrow \rightarrow S\uparrow$의 관계를 얻을 수 있다. 이를 이자율 상승의 저축효과라고 한다.

단, 이자율 상승의 저축효과는 항상 플러스(+) 방향으로만 나타나는 것이 아니라 마이너스(−) 방향으로 나타나기도 한다. 이자율이 상승하면 현재소비에 소득효과와 대체효과가 발생한다. 소득효과는 현재소비를 증가시켜 저축효과를 감소시킨다. 대체효과는 현재소비를 감소시켜 저축효과를 증가시킨다. 만약 대체효과가 소득효과보다 크다면 이자율 상승은 저축의 증가를 가져온다. 반대로 소득효과가 대체효과보다 크다면 이자율 상승은 저축의 감소를 가져온다.[2]

그러나 이자율 상승이 저축 감소를 초래하는 경우는 그리 흔하지 않다. 대부분의 소비자들에게는 이자율 상승의 대체효과가 소득효과보다 크다. 그래서 이자율 상승은 저축의 증가를 가져오는 것이 일반적이다.

---

2 절대치의 크기를 말한다.

산딸기 밑에는 뱀이 있다

앞 절에서 저축행동을 분석하였다. 이 절에서는 포트폴리오이론의 기초인 채권구입행동을 분석한다. 저축과 채권구입은 수익을 얻기 위한 행동이라는 점에서는 같다. 그런데 저축에는 위험이 없고 채권구입에는 위험이 따른다. 채권은 수익성을 가짐과 동시에 위험성도 지니고 있어서 수익 실현 여부가 불확실하다.

기대수익과 위험

금융시장에서 채권은 자금조달의 수단으로 이용된다. 이 자금조달에는 대가가 따르며, 자금 제공자인 채권구입자는 그 대가로 수익을 얻는다. 수익은 채권 발행기업의 여건이나 경제 상황 등이 불확실한 가운데 실현된다. 그래서 수익은 확실하지 않은 확률변수적 성격을 갖는다. 그런 의미에서 채권구입에 따르는 수익률을 기대수익률이라고 부른다.

한편, 채권구입에서의 위험이란 실제수익률이 기대수익률로부터 얼마나 벗어나는가, 그 흩어진 정도(degree of dispersion)를 의미한다. 위험의 크기를 나타내는 지수로는 표준편차가 사용된다. 통계학에서 흩어진 정도를 나타내 주는 지수로는 분산과 표준편차(σ)가 있다. 이 중 분산은 기대수익률과 단위가 달라 불편한 점이 있다. 그래서 위험도를 나타내는 지수로는 표준편차를 주로 이용한다. 표준편차의 단위는 기대수익률과 마찬가지로 퍼센트(%)이다. 통계학에서 표준편차는 변수가 평균치에서 얼마나 벗어나는가의 정도를 알려준다. 즉, 표준편차는 채권의 수익이 평균수익률에서 얼마나 벗어나는가의 정도를 말해주며, 이 벗어난 정도가 바로 채권구입의 위험도이다.

채권구입행동은 기대수익률과 위험 사이의 예산선과 무차별곡선을 사용하여 분석한다.

1. 투자기회궤적: 예산선

어떤 사람이 주어진 소득을 가지고 A라는 채권을 구입하려 한다. 〈표 2-1〉에서 보는 바와 같이 채권의 기대수익률은 8%이고 기대수익률의 표준 편차, 즉 위험도는 10%이다.

구분	채권 A
기대수익률	8%
표준편차	10%

표 2-1 ● 채권 A의 기대수익률과 위험도

그림 2-5 ● 채권의 기대수익과 위험

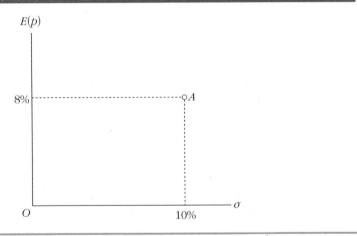

이 채권의 기대수익률과 위험도를 그림으로 나타내면 예산선이 도출된다.

〈그림 2-5〉는 이 채권의 기대수익률과 위험도를 직각좌표에 나타낸 것이다. 그림의 종축은 기대수익률 $E(p)$의 크기이고, 횡축은 위험도 σ의 크기이다.

점 A는 주어진 예산 모두를 투입해 채권을 구입한 경우이다. 채권구입자는 주어진 소득 모두를 투입해 채권 A를 구하거나, 현금으로만 보유하거나, 아니면 일부를 채권구입에 사용할 수 있다.

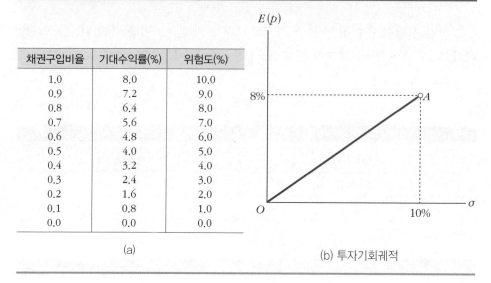

그림 2-6 • 채권구입의 예산선: 투자기회궤적

채권구입비율	기대수익률(%)	위험도(%)
1.0	8.0	10.0
0.9	7.2	9.0
0.8	6.4	8.0
0.7	5.6	7.0
0.6	4.8	6.0
0.5	4.0	5.0
0.4	3.2	4.0
0.3	2.4	3.0
0.2	1.6	2.0
0.1	0.8	1.0
0.0	0.0	0.0

(a)

(b) 투자기회궤적

〈그림 2-6〉은 채권구입비율에 따른 기대수익률과 위험 조합의 투자기회궤적이다. (a)는 채권구입비율에 따라 기대수익률과 위험도를 계산한 표이다. 이 표를 보면 기대수익률과 위험도는 각각 채권구입비율에 정비례한다. (b)는 표의 내용을 직각좌표에 옮긴 것이다. 앞에서도 설명한 바와 같이 그림의 횡축은 위험도를 나타내고 종축은 수익을 나타낸다. 위험이라는 것은 채권구입으로 인해 발생한다. 그림의 횡축에서 오른쪽으로 이동하는 것은 위험의 증가를 말하며, 위험의 증가란 채권구입의 증가를 의미한다. 선분 OA는 채권구입자가 선택할 수 있는 수익과 위험 조합의 궤적이다. 이 궤적을 투자기회궤적이라 한다. 즉, 투자기회궤적이란 채권을 구입할 때 구입비율에 따른 기대수익률과 위험도 조합의 궤적이다.

투자기회궤적: 채권 구입비율에 따른 기대수익률과 위험도 조합의 궤적

투자기회궤적은 채권구입으로 기대할 수 있는 수익과 함께 감수해야 하는 위험을 보여주며, 예산선의 구실을 한다. 그림의 O점은 채권을 구입하지 않고 현금으로 간직하는 경우를 나타내고, A점은 모든 소득을 다 투입해 채권만 구입한 경우를 나타낸다. OA 사이의 각 점은 채권과 현금을 배합해 보유하는 경우, 즉 소득의 일부를 채권구입에 투입한 경우이다. 투자기회궤적이 직선인 것은 기대수익률과 위험이 채권구입비율에 정비례하기 때문이다.

2. 수익과 위험 사이의 무차별곡선

앞의 1절 저축이론에서 사용한 그래프의 횡축은 현재소비를, 종축은 미래소
비를 나타낸 축이다. 현재소비나 미래소비는 각각 소비자에게 플러스(+)의 효용
을 가져다준다. 저축이론에서 사용한 무차별곡선은 원점에 볼록하고 우하향인
모양이다. 이 무차별곡선은 현재소비와 미래소비 모두가 플러스의 효용을 가지
고 있다는 전제하에 도출된 것이다. 그러나 채권구입행동에서 고려하는 기대수
익률과 위험도의 효용은 그렇지 않다. 채권의 기대수익률 $E(p)$는 플러스(+)의
효용을 가지고 있지만, 위험도 σ는 마이너스(−)의 효용을 가진다. 즉, 위험도는
비재화(非財貨)의 성격을 가지고 있다. 이에 따라 기대수익과 위험도의 효용무차
별곡선은 우상향(右上向) 모양이다.

〈그림 2-7〉은 채권구입에 있어서의 기대수익과 위험 사이의 무차별곡선이
다. (a)는 우상향의 대표 무차별곡선이다. 무차별곡선상의 A조합과 B조합이 주
는 만족도는 동일하다. A조합은 기대수익률이 낮고 위험도도 낮다. B조합은 기
대수익률이 높다는 좋은 점이 있지만 대신 위험도도 높다. 이 무차별곡선의 모양
은 소비이론의 '재화와 비재화'간 무차별곡선과 동일하다. 기대수익은 재화(goods)

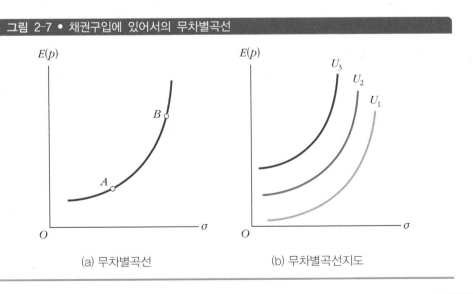

그림 2-7 • 채권구입에 있어서의 무차별곡선

(a) 무차별곡선   (b) 무차별곡선지도

의 역할을, 위험은 비재화(bads)의 역할을 하고 있다. 무차별곡선은 횡축에 대해 볼록한 모양이다. 이러한 모양은 위험을 동일한 정도로 증가시킬 때, 그로 인한 효용의 감소를 상쇄해 줄 기대수익의 크기가 점점 커져야 한다는 것을 의미한다. 위험부담은 동일하게 증대하는 데 보상해 주어야 하는 기대수익이 점점 커진다는 것은 위험을 회피하려는 성향이 있다는 것을 뜻한다. 이러한 성향을 가진 채권구입자를 위험회피자(risk averter)라고 한다. 그림의 무차별곡선은 채권구입자가 위험회피자라는 것을 가정하고 그린 것이다. (b)는 무차별곡선지도이다. 무차별곡선은 하나만 있는 것이 아니라 만족도의 차이에 따라 얼마든지 있을 수 있다. 여러 개의 무차별곡선을 한 평면에 그리면 지도의 등고선과 같다고 해서, 이 그림을 무차별곡선지도라고 부른다. 무차별지도에서 무차별곡선에 대한 선호방향은 좌상방(左上方)이다. 위험의 크기를 나타내는 횡축의 관점에서 보면 위험도는 낮을수록 좋기 때문에 왼쪽으로 가야 만족도가 커진다. 기대수익률의 크기를 나타내는 종축의 관점에서 보면 기대수익률은 높을수록 좋기 때문에 위쪽으로 가야 만족도가 높아진다. 즉 $U_3 > U_2 > U_1$의 관계이다.

3. 최적 채권구입

채권구입자는 주어진 소득을 가지고 가능한 한 큰 만족을 주는 자산구성을 하려 한다. 여기서 자산구성이란 소득 중 얼마는 현금으로 보유하고 얼마는 채권구입에 사용할 것인가의 문제이다. 예산선과 무차별곡선을 사용하면 최적 채권구입점을 알아낼 수 있다. 그 원리는 소비이론에서 최적소비점을 도출하는 원리, 그리고 앞 절에서 본 저축행동이론과 동일하다. 채권구입행동이론에서는 일정한 소득제약하에 '수익과 위험' 사이의 최적선택점을 구한다.

〈그림 2-8〉은 최적 채권구입점을 도출하는 과정이다. (a)는 예산선 역할을 하는 투자기회궤적이다. 채권구입자는 OA선상에서 가장 만족도가 큰 조합을 선택할 것이다. (b)는 무차별곡선이다. 채권구입자는 가능한 한 원점에서 먼 무차별곡선을 만나고 싶어한다. 여기서 선호방향은 좌상방이다. (c)는 최적 채권구입점이다.

최적 채권구입은 무차별곡선과 예산선의 접점 E에서 이루어지며, 이 점에서

그림 2-8 • 최적 채권구입점의 도출

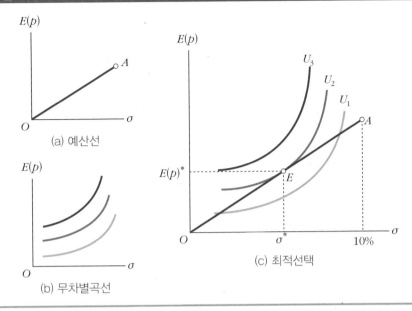

(a) 예산선

(b) 무차별곡선

(c) 최적선택

채권구입자의 효용은 극대화된다. 주어진 조건하에 채권구입자가 선택할 수 있는 최상의 효용수준은 U_2이다. 무차별곡선 U_3는 효용수준은 높기는 하지만 선택이 불가능한 영역에 있고, U_1은 선택은 가능하지만 만족도가 떨어지는 영역에 있다. 균형점 E에서 채권구입자는 $E(p)^*$만큼의 수익을 기대하면서 σ^*만큼의 위험을 감수한다. 위험을 σ^*만큼 감수한다는 것은 그 길이가 나타내는 비율만큼 채권을 구입한다는 의미이다. 균형점 E가 A에 가까우면 채권구입비율이 크다는 것을 나타낸다. 반대로 원점에 가까우면 채권구입비율이 작고 현금을 많이 보유한다는 것을 의미한다.

보론 ○ **무위험채권과 위험채권을 같이 구입하는 경우**

한편, 무위험채권과 위험채권을 배합해 포트폴리오를 구성하는 경우의 자산선택행동도 생각할 수 있다. 그러한 예로는 국고채와 일반 채권을 배합해 구입하

표 2-2 • 무위험채권과 위험채권

구분	국고채	채권 A
기대수익률	4 %	8 %
표준편차	0 %	10 %

그림 2-9 • 무위험채권과 위험채권 구입의 예산선

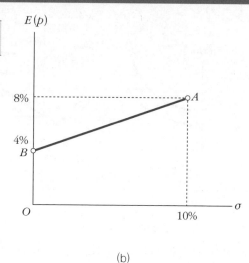

국고채 구입비율	채권 A 구입비율	기대 수익률(%)	위험도 (%)
1.0	0.0	4.0	0.0
0.9	0.1	4.4	1.0
0.8	0.2	4.8	2.0
0.7	0.3	5.2	3.0
0.6	0.4	5.6	4.0
0.5	0.5	6.0	5.0
0.4	0.6	6.4	6.0
0.3	0.7	6.8	7.0
0.2	0.8	7.2	8.0
0.1	0.9	7.6	9.0
0.0	1.0	8.0	10.0

(a)

(b)

는 경우를 들 수 있다.

〈표 2-2〉는 어느 자산선택자에게 선택 가능한 국고채와 채권의 기대수익률과 위험도를 나타내고 있다. 표를 보면 국고채는 기대수익률이 4%이고 위험은 없다. 채권 A의 기대수익률은 8%이고 위험도는 10%이다.

〈그림 2-9〉는 무위험채권과 위험채권을 섞어서 구입하는 경우의 예산선을 그리는 과정이다. 그림은 무위험채권과 위험채권을 섞어서 구입하는 경우 두 채권 구입 비율에 따른 기대수입률과 위험도의 조합을 보인 다음 그 조합을 그림에 옮겨 투자기회궤적으로 보여준다. 왼쪽의 (a)는 두 채권 구입비율에 따라 기대수익률과 위험도를 계산한 표이다. 오른쪽의 그림 (b)는 표 (a)에서 구한 위험도와 기대수익률을 직각좌표에 나타낸 것으로 투자기회궤적이다. 투자기회궤적은 채권구입자의 예산선 역할을 한다.

주어진 예산 전부를 가지고 국고채만 구입하면 위험도와 기대수익률이 〔0, 4〕

그림 2-10 • 무위험채권과 위험채권 구입균형

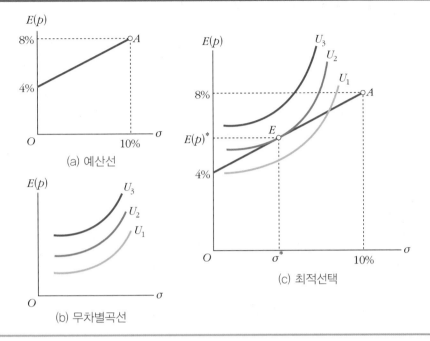

인 조합 B를 선택하는 것이며, 채권만 구입하면 〔10, 8〕인 조합 A를 선택하는
것이다. 이 경우의 투자기회궤적은 직각좌표의 〔0, 4〕조합과 〔10, 8〕조합을 연결
하는 직선이다. 투자기회궤적이 직선 모양이 되는 이유는 포트폴리오의 기대수
익률과 위험도가 구입비율에 정비례하기 때문이다. 무차별곡선은 앞에서 이용한
무차별곡선을 그대로 이용하면 된다.

〈그림 2-10〉은 무위험채권과 위험채권을 같이 구입하는 경우의 채권구입균
형이다. (a)는 예산선이다. 예산선은 좌표 〔0, 4〕인 조합과 좌표 〔10, 8〕인 조합
을 연결하는 직선 모양이다. (b)는 우상향의 무차별곡선이다. 앞에서 사용한 무
차별곡선과 동일한 것이다. (c)는 무위험채권과 위험채권 구입 균형이다.

최적자산선택은 예산선과 무차별곡선과의 접점 E에서 이루어진다. 자산선택
자는 이 선택을 통해 σ^*만큼의 위험을 감수하면서 $E(p)^*$만큼의 수익을 기대하게
된다. 이때 소비자가 누리는 만족도는 무차별곡선 U_2가 나타내는 효용만큼이다.
균형점이 점 A쪽에 가까우면 위험채권을 상대적으로 더 많이 구입하는 경우이
고, 점 A에서 멀어지면 국고채를 상대적으로 더 많이 구입하는 경우이다.

계란을 한 바구니에 담지 말라

앞에서는 위험이 없는 자산선택행동인 저축, 위험이 있는 한 종류의 채권구
입행동원리를 각각 분석하였다. 이 절에서는 이 내용을 일반화시켜서 두 종류 이
상의 채권구입행동을 분석하는 금융자산선택원리를 설명한다. 사람들의 금융자산
선택행동을 설명해 주는 이론을 금융자산선택이론 또는 포트폴리오이론(portfolio
selection theory)이라고 한다. 즉, 금융자산선택이론이란 경제주체들이 어떠한 종
류의 금융자산을 얼마만큼씩 보유할 것인가를 분석하는 이론이다. 금융자산선택
을 보통 포트폴리오 구성이라고 한다.

1. 금융자산선택에 따른 수익과 위험

어떤 사람이 선택할 수 있는 금융자산으로 A와 B 두 종류의 채권이 있다.
두 채권의 기대수익률과 위험도는 다음 〈표 2-3〉과 같다. 채권 A는 기대수익률
이 8%이며 위험성은 10%이고, 채권 B는 기대수익률이 12%이며 위험성은 40%
이다. 채권 B는 고위험 고수익(high risk high return) 채권을 상징한다. 주어진 예
산 전부를 가지고 채권 A만 구입하면 위험도와 기대수익률이 〔10, 8〕인 조합을
선택하는 것이다. 채권 B만 구입하면 위험도와 기대수익률이 〔40, 12〕인 조합을
선택하는 것이다.

〈그림 2-11〉은 표의 내용을 직각좌표에 옮긴 것이다. 그림의 종축은 기대수
익률을 나타내고 횡축은 위험도를 나타낸다. 점 A는 채권 A를 구입하는 경우의
기대수익률과 위험도의 조합이다. 점 B는 채권 B를 구입하는 경우의 기대수익

표 2-3 • 선택가능자산의 기대수익률과 위험도

구분	채권 A	채권 B
기대수익률(π)	8%	12%
표준편차(σ)	10%	40%

그림 2-11 • 두 채권 구입의 기대수익과 위험

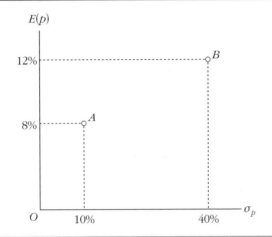

률과 위험도의 조합이다. 두 종류 이상의 금융자산을 배합해 구입하는 것을 포트
폴리오(portfolio) 구성이라고 말한다. 자산선택자가 포트폴리오를 구성할 때, 이
포트폴리오의 기대수익률과 위험도 조합의 궤적은 어떤 모양일까. 얼른 생각하
면 그 궤적은 채권구입행동분석에서와 같이 A, B 두 점을 잇는 직선이 될 것 같
지만 사실은 그렇지가 않다. 두 종류 이상의 채권을 배합해 구입할 때, 기대수익
률은 두 채권 배합비율에 비례하지만 위험도는 그렇지 않다. 위험도는 두 채권
수익률 사이의 상관관계에 따라 다르게 나타난다. 그러므로 점 A, B 사이의 궤
적을 구하려면 두 채권 수익률 사이의 상관관계를 알아야 한다.

포트폴리오의 기대수익률과 위험

이제 두 채권의 기대수익률을 각각 π_A, π_B라 하고 기대수익률의 표준편차를
각각 σ_A, σ_B라 하자. 두 채권의 구입비율은 각각 ω_A, ω_B이며 서로 $\omega_A + \omega_B = 1$
의 관계라 하자. 두 채권 구입, 즉 포트폴리오의 기대수익률 $E(p)$는 다음과 같이
계산된다.

$$E(p) = \omega_A \pi_A + \omega_B \pi_B \qquad \cdots\cdots\cdots (1)$$

이 식에서 보는 바와 같이 포트폴리오의 기대수익률은 두 채권 각각의 기대
수익률과 구입비율 곱의 합이다. 따라서 포트폴리오의 기대수익률은 각 채권의

구입비율에 비례한다.

한편, 포트폴리오의 위험도를 나타내는 표준편차(σ_p)는 다음과 같이 계산된다.

$$\sigma_p = \sqrt{\omega_A^2 \sigma_A^2 + \omega_B^2 \sigma_B^2 + 2\omega_A \omega_B \cdot \rho \cdot \sigma_A \sigma_B} \qquad \cdots\cdots\cdots \text{(2)}$$

이 식을 보면, 포트폴리오의 위험도는 각 채권의 구입비율, 위험도, 그리고 두 채권 수익률 사이의 상관계수(相關係數: ρ)의 크기에 의해 결정된다. 상관계수 란 두 변수간의 밀접한 정도를 보여 주는 통계학상의 지수이다. 상관계수는 1에서부터 −1까지의 크기를 가진다. 만약 채권을 발행한 두 기업이 동일한 계열그룹 내의 밀접한 수익관계를 가진, 그야말로 운명을 같이 하는 기업들이라면 상관계수가 높게 나타난다. 예를 들어 아시아나항공과 아시아나항공기내식회사는 서로 수익관계가 밀접하기에 상관계수가 1에 가까울 것이다. 반면에 수익구조가 서로 상반되는 두 기업이라면 상관계수는 낮게 나타난다. 아이스크림회사와 우산회사는 날씨에 따라 수익구조가 서로 상반되어 상관계수가 −1에 가까운 수치를 보이게 된다. 두 기업 사이에 아무런 관계가 없다면 상관계수는 0이다.

2. 포트폴리오와 투자기회궤적

포트폴리오의 기대수익률과 위험도를 계산할 수 있으므로 점 A와 점 B 사이를 잇는 투자기회궤적을 도출할 차례이다. 물론 이 투자기회궤적은 앞에서도 본 바와 같이 예산선 역할을 하게 된다. 투자기회궤적의 모양은 두 채권 수익률 사이의 상관계수 크기에 따라 다양하게 나타난다. 그 중 대표적인 유형 세 가지를 들어보면 다음과 같다.

(1) 상관계수가 1인 경우: 직선형

포트폴리오의 기대수익률은 앞의 (1)식 그대로 $E(p) = \omega_A \pi_A + \omega_B \pi_B$이고, 각 채권의 구입비율에 비례한다. 한편, 포트폴리오의 위험도는 앞에서 본 (2)식으로 구할 수 있는데, 여기서는 ρ에 1을 대입해서 구하면 된다.

$$\sigma_p = \sqrt{\omega_A^2 \sigma_A^2 + \omega_B^2 \sigma_B^2 + 2\omega_A \omega_B \cdot \rho \cdot \sigma_A \sigma_B}$$

그림 2-12 • 두 채권 사이의 관계(q)가 1인 경우의 투자기회궤적

채권 A 구입비율	채권 B 구입비율	기대 수익률(%)	위험도 (%)
1.0	0.0	8.0	10
0.9	0.1	8.4	13
0.8	0.2	8.8	16
0.7	0.3	9.2	19
0.6	0.4	9.6	22
0.5	0.5	10.0	25
0.4	0.6	10.4	28
0.3	0.7	10.8	31
0.2	0.8	11.2	34
0.1	0.9	11.6	37
0.0	1.0	12.0	40

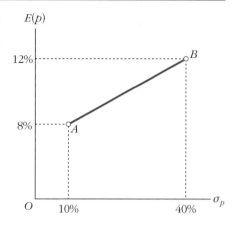

(a) 두 채권 구입비율에 따른 기대수익률과 위험도   (b) 투자기회궤적

$$= \sqrt{(\omega_A \sigma_A + \omega_B \sigma_B)^2}$$
$$= \omega_A \sigma_A + \omega_B \sigma_B$$

이 식을 보면 포트폴리오의 위험 크기도 두 채권 각각의 위험도와 구입비율에 비례해서 결정된다. 두 채권 수익률 사이의 상관계수가 1이면 기대수익률과 위험도의 크기는 각각 두 채권 배합비율에 비례하게 되어 포트폴리오의 투자기회궤적이 직선모양을 이룬다.

〈그림 2-12〉는 두 채권 사이의 상관계수가 1인 경우의 투자기회궤적이다. 표 (a)는 두 채권의 다양한 구입비율에 따른 기대수익률과 위험도이다. 표를 보면 기대수익률과 위험도는 채권 구입비율에 비례한다. 그리고 (b)는 표의 내용을 직각좌표에 나타낸 것으로, 투자기회궤적이다. 그림에서 투자기회궤적이 직선으로 나타나고 있는데, 그것은 기대수익률과 위험도의 크기가 채권 구입비율에 비례하기 때문이다.

(2) 상관계수가 −1인 경우: 굴절된 직선형

포트폴리오의 기대수익률은 역시 (1)식 그대로 $E(p) = \omega_A \pi_A + \omega_B \pi_B$이고,

각 채권의 구입비율에 비례한다. 한편, 포트폴리오의 위험도는 앞에서 본 (2)식으로 구할 수 있는데, 여기서는 ρ에 -1을 대입해서 구하면 된다.

$$\sigma_p = \sqrt{\omega_A^2 \sigma_A^2 + \omega_B^2 \sigma_B^2 + 2\omega_A \omega_B \cdot \rho \cdot \sigma_A \sigma_B}$$
$$= \sqrt{(\omega_A \sigma_A - \omega_B \sigma_B)^2}$$
$$= |\omega_A \sigma_A - \omega_B \sigma_B|$$

이 식을 보면 위험도는 두 채권 각각의 구입비율과 위험도 곱의 차(差)로 결정된다. 이 경우의 투자기회궤적은 두 개의 직선형 선분이 만나는 모양이 된다.

〈그림 2-13〉은 두 채권 사이의 상관계수가 -1인 경우의 투자기회궤적이다. 표 (a)는 두 채권 구입비율에 따른 기대수익률과 위험도를 계산한 것이다. 기대수익률은 두 채권 구입비율에 비례한다. 그러나 위험도는 구입비율에 비례하지 않는다. (b)는 이 표의 내용을 직각좌표에 나타낸 것으로 투자기회궤적이다. 그림에서 투자기회궤적은 두 개의 직선형 선분이 서로 만나는 형태이다.

이 경우에 특이한 점을 하나 볼 수 있다. 그것은 위험도가 0인 조합도 있다는 점이다. 두 채권 중 위험도가 낮은 쪽이 10%이니, 그 채권만 모두 구입한다고 해도 위험도가 최소한 10%는 될 것 같은데, 그보다 더 낮은 경우도 있다. 표를

그림 2-13 • 두 채권 사이의 관계 (q)가 −1인 경우의 투자기회궤적

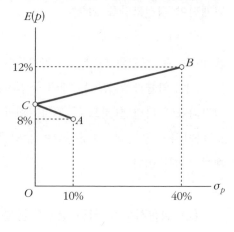

채권 A 구입비율	채권 B 구입비율	기대 수익률(%)	위험도 (%)
1.0	0.0	8.0	10
0.9	0.1	8.4	5
0.8	0.2	8.8	0
0.7	0.3	9.2	5
0.6	0.4	9.6	10
0.5	0.5	10.0	15
0.4	0.6	10.4	20
0.3	0.7	10.8	25
0.2	0.8	11.2	30
0.1	0.9	11.6	35
0.0	1.0	12.0	40

(a) 두 채권 배합비율에 따른 기대수익률과 위험도   (b) 투자기회궤적

보면 채권 A와 채권 B의 배합비율을 8:2로 해서 구입할 경우 위험도가 0이다. 그림의 점 C가 바로 그 점이다. 위험도가 0이 되는 조건은 다음과 같다.

$$|\omega_A \cdot 0.1 - \omega_B \cdot 0.4| = 0$$

$$\omega_A + \omega_B = 1$$

위 두 식을 연립해서 풀면 $\omega_A = 0.8$, $\omega_B = 0.2$일 때, 즉 두 채권을 8:2로 배합해 구입할 때 위험도가 0이 된다. 아이스크림회사의 채권과 우산회사의 채권을 적절히 배합해 구입할 경우, 비가 오든 햇볕이 내리쬐든 어느 정도의 수입이 보장된다. 신발상점에서 짚신도 팔고 나막신도 판다면 비가 오든 오지 않든 무슨 걱정이 있겠는가.

(3) 상관계수가 0인 경우: 횡축에 오목한 곡선형

앞의 두 상황은 현실세계에서 그리 흔하지 않다. 금융시장에는 매우 다양한 금융자산들이 나와 있어 자산선택자가 구하는 임의의 두 채권 사이 상관관계가 1 또는 −1인 극단적인 경우는 거의 없을 것이다. 임의로 구입한 두 채권 수익률 사이의 상관계수는 1과 −1 사이의 값을 가지게 될 것이다. 우리는 편의상 두 채권 사이의 상관계수가 0이라 생각하고 이론을 전개한다.

포트폴리오의 기대수익률은 앞의 두 경우와 마찬가지로 $E(p) = \omega_A \pi_A + \omega_B \pi_B$ 이고, 두 채권의 구입량에 비례한다. 한편, 포트폴리오의 위험도는 앞에서 본 (2) 식으로 구할 수 있는데, 여기서는 ρ에 0을 대입해서 구하면 된다.

$$\sigma_p = \sqrt{\omega_A^2 \sigma_A^2 + \omega_B^2 \sigma_B^2 + 2\omega_A \omega_B \cdot \rho \cdot \sigma_A \sigma_B}$$

$$= \sqrt{\omega_A^2 \sigma_A^2 + \omega_B^2 \sigma_B^2}$$

이 식을 보면, 위험도는 두 채권 각각의 구입비율 및 위험도 곱의 제곱근이다. 투자기회궤적은 곡선 모양이 된다.

〈그림 2-14〉는 두 채권 사이의 상관계수가 0인 경우의 투자기회궤적이다. 표 (a)는 두 채권 구입비율에 따른 기대수익률과 위험도이다. 표를 보면 기대수익률은 두 채권 구입비율에 비례하지만 위험도는 구입비율에 비례하지 않는다.

그림 2-14 • 두 채권 사이의 관계 (q)가 0인 경우의 투자기회궤적

채권 A 구입비율	채권 B 구입비율	기대수익률(%)	위험도(%)
1.0	0.0	8.0	10.00
0.9	0.1	8.4	9.85
0.8	0.2	8.8	11.31
0.7	0.3	9.2	13.89
0.6	0.4	9.6	17.09
0.5	0.5	10.0	20.62
0.4	0.6	10.4	24.33
0.3	0.7	10.8	28.16
0.2	0.8	11.2	32.06
0.1	0.9	11.6	36.01
0.0	1.0	12.0	40.00

(a) 두 채권 배합비율에 따른 기대수익률과 위험도   (b) 투자기회궤적

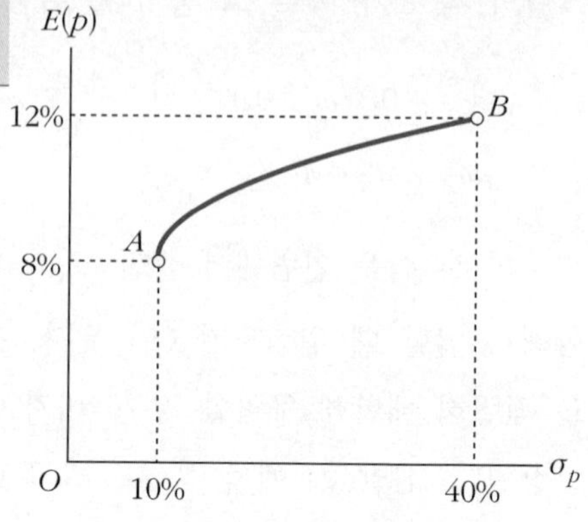

그리고 (b)는 이 표의 내용을 직각좌표에 나타낸 투자기회궤적이다. 그림에서 보는 바와 같이 이 투자기회궤적은 횡축에 오목한 모양이다. 투자기회궤적이 이처럼 횡축에 대해 오목하다는 것은 두 채권을 배합해 구입하는 경우의 위험도가 두 채권 위험도의 단순평균보다 낮아진다는 것을 의미한다. 예를 들어 두 채권을 각각 절반씩 구입한다면 위험도가 평균치인 25%일 것 같지만 실제로는 그보다 낮은 20.62%이다.[3] A, B 두 채권을 9:1로 배합하여 구입하는 경우를 보자. 이 경우의 위험도는 9.85%이다. A채권 한 가지만 구입해도 위험도가 10%이다. 여기에 B채권을 섞어서 구입하면 위 험도가 10% 이상이 되는 것이 상식적이다. 그런데 실제로 계산한 위험도는 9.85%이다. 위험도가 더 낮아진 것이다.

분산투자의 효과

이처럼 금융자산은 분산해서 보유하면 위험도가 낮아지는 성질이 있다. 이러한 현상을 분산투자의 이점 또는 포트폴리오의 분산효과라고 한다. 계란을 한 바구니에 담지 말라는 것이다.

단, 시장에는 분산투자를 통해서도 감소시킬 수 없는 위험이 있다. 금융자산

---

3 $\sigma_p = \sqrt{\omega_A^2 \sigma_A^2 + \omega_B^2 \sigma_B^2} = \sqrt{0.5^2 10^2 + 0.5^2 40^2} = $ 약 $20.62(\%)$

을 다양하게 구성할 때 위험도가 낮아지는 이유는 한 채권가격의 움직임을 다른 여러 채권가격의 움직임이 상쇄시키기 때문이다. 개별 자산의 특수한 위험은 다른 자산과의 결합을 통해 감소될 수 있다. 이처럼 분산투자를 통해 감소될 수 있는 위험을 고유위험이라고 한다. 이러한 고유위험은 금융시장 전체 상황과는 관계가 없는 위험이라는 점에서 비체계적위험(unsystematic risk)이라고도 한다. 비체계적위험의 예로는 해당 회사의 노사갈등, 유행의 변화 등으로 인한 생산제품의 가격하락 등을 들 수 있다.

그러나 만약 시장 전체의 채권가격이 동일한 방향으로 움직인다면 그 경우의 위험은 포트폴리오를 통해 감소시킬 수 없다. 이러한 위험을 시장위험(market risk)이라고 한다. 이러한 위험은 시장 전체의 상황과 관련된 위험이므로 체계적위험(systematic risk) 또는 시스템위험이라고도 한다. 시스템위험으로는 인플레이션이나 디플레이션, 환율의 변화, 경기침체 등이 있다.

효율적 포트폴리오와 예산선

한편, 자산선택자가 선택할 수 있는 금융자산이란 위에서 예를 든 것처럼 두 종류만 있는 것이 아니다. 세 종류 이상의 금융자산을 다양하게 선택할 수 있다. 이 경우에는 투자기회궤적의 구부러진 정도(彎曲度)가 훨씬 크게 나타난다. 이것은 다양하게 분산투자를 하면 위험도가 더욱 감소한다는 것을 의미한다.

세 종류 이상의 금융자산을 선택하는 포트폴리오의 투자기회궤적은 일반적으로 〈그림 2-15〉처럼 XYZ 모양으로 나타난다. 이 선분을 최소분산선(最小分散線)이라고 부른다.4 이 경우에 자산선택자는 XYZ 전체를 예산선으로 볼 것인가, 아니면 그 중 일부분을 예산선으로 볼 것인가.

일반적으로 자산선택자들은 기대수익률이 동일하다면 위험도가 작은 포트폴리오를 선호하고, 위험도가 동일하다면 기대수익률이 큰 포트폴리오를 선호한다. 투자기회궤적의 YZ 구간은 모든 조합들이 XY 구간에 비해 위험도는 같을지라도 기대수익이 작다. 따라서 자산선택자는 YZ 구간은 선택하지 않을 것이다. 이러한 경우를 가리켜서 XY 구간이 YZ 구간을 지배(dominate)한다고 한다. 또

---

4   정확히 표현하자면 최소표준편차선이라고 해야겠지만 그런 표현은 잘 쓰지 않는다.

그림 2-15 • 최소분산과 효율적 포트폴리오와 예산선

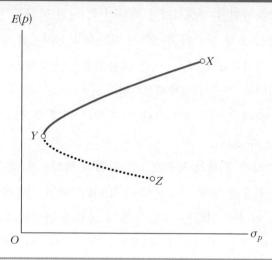

XY 구간 아래의 공간은 기대수익률면에서 XY선상만 못하므로 선호하지 않을 것이다. 즉, XY선은 그 아래 공간을 지배한다. 결국 자산선택자는 지배적인 구간인 XY선상 어느 한 점을 택해서 포트폴리오를 구성할 것이다.

동일한 기대수익률이면 위험도가 작은, 동일한 위험도이면 기대수익률이 큰 포트폴리오를 효율적 포트폴리오라고 한다. 자산선택자는 효율적 포트폴리오 구간을 예산선으로 보고 선택행동을 한다.

3. 최적자산선택–최적 포트폴리오

지금까지의 설명을 통해 자산선택에 있어서의 예산선이 준비되었다. 최적선택행동의 분석에는 예산선과 함께 무차별곡선이 필요하다. 그런데 포트폴리오이론에서 사용하는 무차별곡선은 앞 절 채권구입행동 분석에서 사용하는 무차별곡선과 같은 성질의 것이다. 따라서 앞 절의 무차별곡선을 이용하면 된다.

〈그림 2-16〉은 최적자산선택행동이다. (a)는 예산선 역할을 하는 효율적 포트폴리오이다. 자산선택자는 XY선상에서 포트폴리오를 구성할 것이다. (b)는 제2절에서 사용한 기대수익률과 위험 사이의 무차별곡선이다. (c)는 자산선택자의 최적선택 상황이다.

그림 2-16 • 최적자산선택

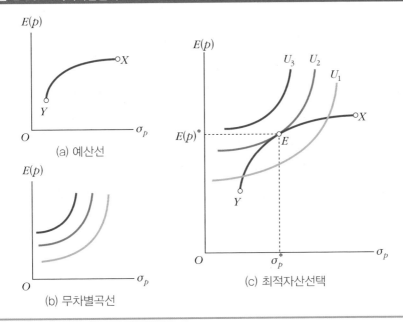

(a) 예산선

(b) 무차별곡선

(c) 최적자산선택

자산선택자는 예산선의 범위 안에서 원점에서 가장 먼 무차별곡선을 만나려 한다. 그림에서 보는 바와 같이 자산선택자에게 극대만족을 주는 점은 예산선과 무차별곡선이 접하는 점 E이다. 점 E가 최적자산선택점이며, 소비이론에서 말하는 소비자균형점이다. 이 자산 조합을 최적 포트폴리오라고 하기도 한다. 자산선택자는 점 E를 선택해서 σ_p^*만큼의 위험을 부담하면서 $E(p)^*$만큼의 수익을 기대할 수 있다. 그가 누릴 수 있는 효용수준은 U_2만큼이다.

무차별곡선과 예산선의 접점이 아닌 다른 구간에서의 자산선택자의 만족도는 어떠한가. 접점 E의 왼쪽 아래 EY구간에서는 무차별곡선 기울기의 절대치가 예산선의 기울기보다 작다. 무차별곡선의 기울기가 예산선의 기울기보다 작다는 것은 위험의 추가부담으로 인한 효용의 감소보다도 기대수익의 증가가 크다는 것을 의미한다. 따라서 이 경우에는 위험을 추가 부담함으로써, 즉 자산선택점을 점 E쪽으로 이동함으로 효용을 증대시킬 수 있게 된다. 자산선택점을 점 E쪽으로 이동한다는 것은 기대수익률이 높은 채권(X)의 구입을 증가시킨다는 것을 의미한다.

이 원리는 균형점의 오른쪽 위 EX구간에도 적용할 수 있다. 그림에서 보는 바와 같이 점 E의 오른쪽 위 구간에서는 무차별곡선의 기울기가 예산선의 기울기보다 크다. 무차별곡선의 기울기가 예산선의 기울기보다 크다는 것은 위험을 추가 부담할 때 보상해 주어야 할 기대수익의 증가분이 실제 기대되는 수익의 증가분보다 크다는 것을 의미한다. 다시 말해서, 위험 추가부담의 기회비용이 크다. 이 경우에는 위험을 감소함으로써, 즉 선택점을 왼쪽으로 이동함으로써 효용을 증대시킬 수 있게 된다. 자산선택점을 왼쪽으로 이동한다는 것은 기대수익률이 높은 채권(X)의 구입을 감소시킨다는 것을 의미한다.

결과적으로 접점 E는 '이보다 더 좋을 순 없는' 최상의 선택점이다.

Summary

1. 저축이란 소득 중에서 미래의 지출을 위해 소비하지 않고 남기는 부분이다.
2. 시점간 소비행동원리를 분석하면 저축행동을 알 수 있다.
3. 저축에 이자가 붙는 이유는 일반적으로 사람들이 미래소비보다는 현재소비를 더 선호하기 때문이다.
4. 사람들은 이자수입과 현재소비가 주는 편익을 비교해서 현재소비와 미래소비 규모를 결정한다. 현재소비 규모의 결정은 곧 저축 규모의 결정을 의미한다.
5. 저축이론에서의 예산선이란 주어진 소득을 가지고 소비할 수 있는 현재와 미래 소비조합의 궤적이다.
6. 소비가능곡선은 주어진 소득을 가지고 소비할 수 있는 현재와 미래 소비조합의 궤적이라는 점에서 예산선 역할을 한다.
    - 예산선은 우하향하는 직선이며, 그 기울기는 현재와 미래 소비의 기회비용을 나타낸다.
7. 저축이론에서의 무차별곡선은 소비자에게 동일한 만족을 주는 현재와 미래소비 조합의 궤적이다.
8. 최적소비점이란 주어진 소득을 가지고 가장 합리적으로 배분한 현재와 미래의 소비조합이다.
9. 이자율 상승의 저축효과는 항상 플러스효과로만 나타나는 것이 아니라 마이너스효과로 나타나기도 한다.
10. 저축효과는 이자율 상승이 현재소비에 미치는 소득효과와 대체효과의 복합적 결과이다.
    - 이자율이 상승할 때 현재소비가 증가하는 현상을 소득효과라고 한다. 이자율 상승의 소득효과는 저축의 감소를 초래한다.
    - 이자율 상승으로 현재소비가 감소하고 대신 미래소비가 증가하는 현상을 대체효과라고 한다. 이자율 상승의 대체효과는 저축의 증가를 초래한다.
11. 금융자산선택이론이란 경제주체들이 어떠한 종류의 금융자산을 얼마만큼씩 보유할 것인가를 분석하는 이론이다.
12. 채권구입에서의 위험이란 실제 수익률이 기대수익률로부터 얼마나 벗어나는가를 의미한다.
13. 금융자산을 구입할 때 배합비율에 따른 기대수익과 위험도 조합의 궤적을 투자기회궤적이라고 한다.

14. 위험과 수익 간 무차별곡선은 우상향의 모양을 갖는다.
    • 위험과 수익 간 무차별곡선의 선호방향은 좌상방(左上方)이다.
    • 무차별곡선은 횡축에 대해 볼록한 모양이다.
15. 자산선택자의 금융투자 행동원리를 분석하는 것을 금융자산선택이론 또는 포트폴리오이론이라고 한다.
16. 두 종류 이상의 채권을 배합해 구입할 때, 기대수익률은 두 채권 구입비율에 항상 정비례하지만, 위험도는 구입비율에 비례하지 않고 두 채권 사이의 상관관계에 따라 다르게 나타난다.
17. 금융자산은 분산해서 보유하면 위험도가 낮아지는 성질이 있다. 이러한 현상을 분산투자의 이점이라고도 한다.
18. 분산투자를 통해 감소되는 위험을 고유위험 또는 비체계적 위험이라고 한다.
19. 분산투자를 통해서도 감소시킬 수 없는 위험을 시장위험 또는 체계적 위험이라고 한다.
20. 자산선택자들은 동일한 기대수익률이라면 위험도가 작은 포트폴리오를 선호하며, 위험도가 동일하다면 기대수익률이 큰 포트폴리오를 선호한다.
21. 동일한 기대수익률이면 위험도가 작으며, 동일한 위험도이면 기대수익률이 큰 포트폴리오를 효율적 포트폴리오라고 한다.
22. 자산선택의 무차별곡선은 우상향의 모양을 가지되 가로축에 대해 볼록한 모양이다.

Exercises

다음과 같은 조건을 가지는 두 채권이 있다.

구분	채권 A	채권 B
기대수익률	10.0%	15.0%
표준편차	20.0%	30.0%

① 두 채권수익률 사이의 상관계수가 0이라 하자. 두 채권을 절반씩 구입할 경우의 기대수익률과 위험도를 구하시오.

② 두 채권수익률 사이의 상관계수가 1이라 하자. 두 채권을 각각 절반씩 구입할 때의 기대수익률과 위험도를 구하시오.

③ 두 채권수익률 사이의 상관계수가 −1이라 하자. 위험도를 0으로 만드는 두 채권 배합비율을 구하시오.

해답

두 채권구입으로 인한 기대수익률은 상관계수의 크기에 관계없이 두 채권구입의 배합비율에 의존한다. 즉 기대수익은 $\omega_A \pi_A + \omega_B \pi_B$이다. 수익률이 각각 10%, 15%인 두 채권을 각각 절반씩 구입하는 경우의 기대수익은 다음과 같다.

$$0.5 \times 10.0 + 0.5 \times 15.0 = 12.5 (\%)$$

① 상관계수가 0인 경우

기대수익 $= 12.5\%$

$$\text{위험도} = \sqrt{\omega_A^2 \sigma_A^2 + \omega_B^2 \sigma_B^2}$$
$$= \sqrt{0.5^2 \times 20^2 + 0.5^2 \times 30^2}$$
$$= 18.0 (\%)$$

② 상관계수가 1인 경우

기대수익 $= 12.5\%$

$$\text{위험도} = \omega_A \sigma_A + \omega_B \sigma_B$$
$$= 0.5 \times 20 + 0.5 \times 30$$
$$= 25 (\%)$$

③ 두 채권배합의 위험도가 0일 조건은 $|\omega_A \sigma_A - \omega_B \sigma_B| = 0$이다.

그런데 채권 A의 구입비율은 ω_A, 그리고 채권 B의 구입비율은 ω_B이며 $\omega_A + \omega_B = 1$의 관계이다. 따라서 위 조건식은

$$\omega_A \times 20 - (1 - \omega_A) \times 30 = 0$$

$$50\omega_A = 30$$

$$\therefore \ \omega_A = \frac{3}{5}, \ \omega_B = \frac{2}{5}$$

두 채권을 0.6, 0.4로 배합하여 구입하면 된다.

참고로 이 경우의 기대수익률은 $0.6 \times 10 + 0.4 \times 15 = 12$, 즉 12%이다.

읽을거리

교토삼굴(狡兎三窟)과 포트폴리오

맹상군의 식객이 삼천 명에 달하자 식객을 대접할 돈이 부족했다. 맹상군은 풍환에게 영지로 가서 빌려준 돈의 이자를 받아오라고 명했다. 풍환이 출발하면서 돈을 받으면 무엇을 사올까 물었다. 맹상군은 "무엇이든 여기에 없는 것을 사오너라"라고 대답했다.

영지에 내려간 풍환은 이자를 갚기 어려운 사람에게서는 채무증서를 거두어서 불태워 버렸다. 풍환이 빚을 탕감하고 돌아오자 맹상군이 화를 냈다. 풍환은 "주군에게 필요한 것은 은혜를 베푸는 것입니다. 저는 주군에게 없는 은혜를 사왔습니다"라고 대답했다. 얼마 후 맹상군이 관직에서 쫓겨나 영지로 가니 영지인들이 따뜻이 맞아주었다. 풍환은 그 뒤로도 여러 차례 맹상군을 위험에서 벗어나게 해주었다. 맹상군이 풍환을 치하하니 그가 대답했다.

"꾀 많은 토끼는 굴을 세 개 파두는 법입니다."

사마천《사기》'맹상군열전'에 나오는 이 고사에서 교토삼굴(狡兎三窟)이 나왔다. 꾀 많은 토끼는 굴을 세 개 파두어 위험에 대비한다는 뜻이다. 다람쥐도 겨울 먹이인 도토리를 여러 곳에 나누어서 묻어둔다고 한다. 주식이나 채권을 둘 이상의 종목에 분산해서 보유하면 위험도가 낮아지는 성질이 있다. 위험을 줄이기 위해 분산투자하는 기법을 '포트폴리오(portfolio)'라고 한다.

라이트 형제는 인류 최초로 동력비행을 했다. 당시에 비행기를 탄다는 것은 목숨을 거는 일이었다. 두 아들을 한꺼번에 잃을까 걱정한 아버지는 비행기 탑승원칙을 정해 주었다. 동전던지기를 해서 한 사람만 타라는 것이었다. 영국 왕실에서는 왕이나 왕위 계승권자가 비행기를 탑승할 때 차순위 계승권자와 함께 타지 않는 전통이 있다. 우리 조상은 분산투자니 위험회피니 하는 말 대신 알아듣기 쉬운 말로 위험을 줄이는 지혜를 가르쳤다.

"계란을 한 바구니에 담지 말라."

《고사성어로 보는 스토리경제학》에서 발췌

Chapter

03 | 이자이론

조삼모사(朝三暮四)의 고사로 조롱받는 원숭이는 과연 어리석었을까

1. 이자란 무엇인가

이자(利子, interest)란 자금을 사용한 대가로 지급되는 금액이다. 이자가 원금에 대하여 어떤 비율인가를 구체적 수치로 나타낸 것이 이자율이다. 이자라는 말과 함께 흔히 쓰이는 말이 금리(金利)이다.

금리는 국민경제에 미치는 영향이 크기 때문에 대부분의 국가들은 금리가 금융시장에 의해서만 결정되도록 방임하지 않고 직접 규제하거나 시장 개입 등을 통하여 간접적으로 조정하고 있다. 우리나라도 그동안 금융기관의 여·수신금리를 직접 규제하여 왔으나 1990년대 들어 금융시장 여건이 성숙됨에 따라 단계적으로 금리자유화조치를 시행하였다. 이에 따라 현재 일부 수신금리를 제외한 대부분의 여·수신금리가 자유화되었다.

(1) 이자의 본질

이자의 본질은 시대와 학자에 따라 달리 말하지만 다음 두 가지로 정리할 수 있다. 첫째, 이자란 현재가치와 미래가치 사이, 즉 상이한 시점 사이의 자원배분을 해 주는 매개변수이다. 현재와 미래 선택에서의 시간선호(time preference)를 이자라고 볼 수 있는 것이다. 이자율도 자금의 가격이지만 일반 상품의 가격과는 서로 성격이 다르다. 상품의 가격은 현재재 간의 교환비율인 데 비하여, 이자율은 미래재와 현재재 간 교환비율이다. 현재재와 미래재는 비록 물리적으로 똑같은 상품이라 하더라도 그 가치는 서로 다른 경제재이며, 이자라는 교량에 의하여 서로 교환되는 것이다. 둘째, 이자는 자본에 대한 대가이다. 노동자에게 임금이, 지주에게 지대가, 그리고 기업가에게 이윤이 지불되는 것과 같이 자본가에게는 이자가 지불된다고 보는 것이다.

요즈음은 채권시장, 주식시장 등이 발달하고 금융기관들의 중개행위가 발전

하면서 이자는 단순히 돈을 빌려준 데 대한 대가라는 '화폐이자율' 개념이 일반화되어 있다.[1] 특히 케인즈(J. M. Keynes)는 이자를 단순히 화폐, 즉 유동성을 포기하는 대가라고 보았으며, 자본의 생산력이나 시간선호 등은 간접적으로 이자율에 영향을 미친다고 생각하였다.

오늘 쉰 냥이 내일 백 냥보다 낮다

중국 송(宋)나라 때 저공(猪公)은 원숭이를 많이 기르고 있었다. 그런데 먹이가 부족하게 되자 원숭이들에게 말했다.

"앞으로 도토리를 아침에 3개, 저녁에 4개로 제한하겠다."

원숭이들은 화를 내며 아침에 3개를 먹고는 배가 고파 못 견딘다고 했다. 이에 저공이 다시 말했다.

"그렇다면 아침에 4개를 주고 저녁에 3개를 주겠다."

이 말을 하자 원숭이들은 좋아했다.

열자(列子)의 황제편(黃帝篇)에 나오는 이 고사는 조삼모사(朝三暮四)로 널리 알려져 있다. 조삼모사나 조사모삼이나 결국 똑같은 숫자인데도 아침에 네 개를 준다고 좋아하는 원숭이들의 어리석음을 말하는 이 고사성어는 어리석은 사람을 비유하거나 무식한 백성을 속이는 일을 지칭하는 말로 쓰인다. 하지만 생각해보자. 원숭이들은 아침을 먹고 일터(놀이터겠지만)에 나가야 한다. 일터에 나가기 위해서는 아침밥을 든든히 먹어야 한다. 저녁에는 잠자리에 들기 때문에 아침에 비해 덜 먹어도 된다. 원숭이들에게는 아침에 3개를 먹는 것보다 4개를 먹는 것이 유리하다. 원숭이를 어리석다고 조롱할 일이 아니다. 오히려 원숭이들이 합리적으로 행동한 것이다.

현재재(現在財)와 미래재(未來財) 사이의 선호를 생각해보자. '조사모삼'과 '조삼모사' 방식이 7개씩 똑같은 것처럼 보이지만 그렇지 않다. 속담은 '오늘 가진 쉰(50)냥이 내일 가질 백(100)냥보다 낮다'고 말한다. 심지어 "부잣집 외상보다 거지 맞돈이 낫다"는 속담도 있다. 일반적으로 사람들은 미래재보다는 현재재를 선호한다. 불확실한 미래소비보다 확실한 현재소비를 더 좋아한다. 만약 어떤 사람에게 현재 소비를 포기하게 하려면 그에 대한 보상을 주어야 한다. 그 보상이 이자(利子)이다. 원숭이도 미래소비보다는 현재소비를 더 선호한 것이다. 주인은 보상도 없이 현재 소비를 줄이겠다고 하기에 원숭이들이 화를 낸 것이다.

---

1   화폐의 대차에서 발생한 이자율을 화폐이자율이라고 한다. 이에 비하여 자본의 생산성을 반영한 이자율을 자연이자율이라 한다.

2. 이자에 대한 시각

고대나 중세의 경제생활은 대부분 자급자족하는 형태였기 때문에 자본이 생산에 기여하는 역할에 대한 이해가 거의 없었다. 따라서 이자의 존재에 대해서 부정적이었다. 그리스시대에는 돈을 빌려주고 얻는 소득을 자손(tokos)이라고 불렀다. 그리스인들은 화폐란 화폐를, 즉 자손을 낳을 수 없으므로 돈을 빌려주고 이자를 받는 것은 불합리하다고 생각하였다. 특히 부자들이 가난한 사람으로부터 높은 이자를 받는 행위를 경멸하였다. 구약성경에는 이자를 받지 말라는 교훈이 여러 번 나온다.2 이자 받는 것을 금지했던 구약시대에 이어 중세 그리스도교 시대에도 이자를 금기시하는 경향이 있었다. 그 후 산업이 발달하면서 이자 금지는 소비 목적의 자금대여에만 한정하는 경향이 나타나게 되었다. 토마스 아퀴나스(T. Aquinas)는 특정한 사유에 대해서는 이자 징수가 필요하다고 생각하였다. 특히 칼빈(J. Calvin)은 이자를 허용해야 한다는 생각을 가지고 있었다. 가톨릭교회에서도 국법으로 공인된 이자를 받는 것은 죄가 아니라고 공표하였다. 그 후로는 이자의 존재가 당연시되고 있다. 이자 성립의 근거에 대해서는 다양한 학설이 있다.

(1) 고전적 견해

고전적인 이자이론으로는 생산력설, 제욕설, 그리고 시간선호설이 있다.

생산력설이란 자본재가 가지는 생산력이 이자 성립의 원인이라고 보는 이론이다. 생산력설은 세이(J. B. Say)와 맬더스(T. R. Malthus) 등이 주장하였고 클라크(J. B. Clark)가 이론을 체계적으로 정립하였다. 생산력설은 생산요소의 가격이 그 요소의 생산력에 의해 결정된다고 생각하는 이론이다. 이들은 기본적으로 노동임금은 노동력의 생산성에서, 이자는 자본의 생산성에서, 지대는 토지의 생산성에서 발생한다고 본다. 생산력설은 자본을 이용한 우회생산에서 이자 성립의 근거를 찾고 있다. 클라크는 임금이 노동의 한계생산력에 의해 결정되듯이 이자는 자본의 한계생산력에서 결정된다고 주장하였다. 클라크에 의하면 우회생산도가

---

2 네가 만일 너와 함께 한 내 백성 중에서 가난한 자에게 돈을 꾸어 주면 너는 그에게 채권자 같이 하지 말며 이자를 받지 말 것이며……(출애굽기 22:25)

높을수록 기업은 많은 생산물을 산출할 수 있는 것이고, 따라서 우회생산에 따른 수익은 우회생산을 가능케 해주는 자본에 귀속되어야 한다. 생산활동에 자본을 도입할 경우의 수익과 자본을 도입하지 않을 경우의 수익을 비교하면 자본을 도입한 경우의 수익이 더 클 것이고, 그 차액이 바로 이자의 원천이라는 것이다. 생산력설을 한계생산력설이라고도 한다.

제욕설은 시니어(N. W. Senior)가 주장한 이론이다. 제욕(制慾)이란 욕심을 제어한다는 뜻으로, 미래소비를 위해 현재소비의 욕망을 제어한다는 것을 말한다. 생산력이 있는 자본재를 얻기 위해서는 저축이 필요하고, 저축이란 현재소비를 억제해야만 가능한 것이기 때문에 그 대가가 이자라는 것이다.

시간선호설은 뵘 바베르크(E. Böhm-Bawerk)나 피셔(I. Fisher)[3]가 주장한 이론이다. 사람들은 현재재를 미래재보다 상대적으로 더 선호하는 경향이 있다. 그런데 현재재를 구입할 수 있는 어떤 자금을 빌려주고 일정한 기간 후에 동일한 금액만 돌려 받는다면 그 금액으로 구입할 수 있는 미래재의 가치는 현재재의 가치보다 작게 느껴질 것이다. 따라서 이를 보상해 주는 것이 필요하고, 그것이 바로 이자라는 것이다. 즉, 현재재와 미래재의 교환에서 발생하는 보상가격이 곧 이자이며, 이것을 매개로 해서 현재소비와 미래소비와의 사이의 시간적 배분이 결정된다는 것이다. 이 시간선호설을 시차이론이라고도 한다.

(2) 근대적 견해

근대적 이자이론으로는 착취설, 대출자금설, 유동성선호설 등이 있다.

착취설은 마르크스(K. Marx)가 주장한 이론이다. 마르크스는 총자본에 대한 잉여가치를 이자라고 보았다. 그런데 그 잉여가치는 노동에 의해 창출된다. 노동에 의해 창출된 잉여가치를 자본가가 취득할 때 그것은 자본가가 노동자를 착취하는 것이라고 생각하였다. 그런 의미에서 마르크스의 이자론을 착취설이라고 한다. 생산에서 나온 잉여가치가 이자의 원천이라고 생각하는 점에서는 비슷하지만 착취라고 보지는 않는 것이 슘페터(A. Schumpeter)의 이자론이다. 슘페터는 이자가 동태경제의 산물이라고 생각하였다. 기업가는 생산과 경영에 기술혁신을

---

3   피셔(I. Fisher, 1867-1947)는 교환방정식으로 유명한 미국의 경제학자.

도입함으로써 잉여를 얻을 수 있고, 이 잉여의 일부가 이자의 형태로 자본가에게 귀속된다는 것이다.

대출자금설은 빅셀(J. G. K. Wicksell), 로버트슨(D. H. Robertson), 힉스(H. R. Hicks)에 의해 제시된 이론이다. 이들은 이자란 대출자금의 가격이라고 보았다. 즉, 자금수요와 자금공급의 균형이 이자율의 조정에 의해 이루어진다고 보는 이론이다. 유동성선호설은 케인즈(J. M. Keynes)가 주장한 이론이다. 사람들이 소득을 현금의 형태로 보관하고 있으면 원하는 때에 상품으로 즉시 전환할 수 있다. 현금은 유동성을 가지고 있는데, 만약 이를 빌려주면 유동성을 포기해야만 한다. 따라서 유동성 포기의 대가가 필요한 것이고 이를 이자라고 한다. 이 유동성선호이론은 프리드만의 신통화수량설과 함께 오늘날 통화수요를 설명하는 이론으로 주요한 역할을 한다.

section 02 · 이자의 종류와 기능

일반적으로 이자율이라고 하면 대출이자율과 수익률을 포함한다. 대출 이자율은 자금을 사용하는 대가로 지불하는 이자의 원금에 대한 비율을 말한다. 수익률은 주로 채권의 발행이나 유통에서 발생하는 수익의 투자자금에 대한 비율을 말한다. 한편 채권 수익은 이자수입과 함께 채권가격 변동으로 인한 자본수익도 포함한다. 이 경우에 이자율과 채권수익률은 서로 다르다.

1. 이자의 지급 방식

금융시장에서 이자는 다음 네 가지 방식으로 지급된다.

첫째, 대출이자 방식이다. 이 경우 자금공급자는 차입자에게 일정한 금액을 대출하고 만기일에 이자와 함께 원금을 상환받는다. 기업이나 가계가 금융기관을 이용해서 대출받고 이자를 지급하는 가장 흔한 방식이다.

둘째, 분할상환 방식이다. 분할상환이란 자금차입자가 매월 또는 매년 일정한 금액을 갚아가는 상환 방식을 말한다. 이 경우에 매기 상환금에는 해당 기간의 이자와 일부의 원금이 포함된다. 주택구입자금을 대출받았을 때 흔히 사용하는 방식이다.

셋째, 이표(利票, coupon) 방식이다. 이표 방식이란 채권소유자에게 만기까지 매기간 쿠폰에 정해진 금액의 이자를 갚아가다가 만기일에 액면가를 지급하는 방식이다. 이표 방식의 이자는 일반 대출에서도 흔히 나타난다. 매기마다 정해진 이자를 갚아가다가 만기에 원금을 상환하는 대출이 바로 이표 방식이다. 이표 방식으로 상환하는 채권을 이표채(coupon bond)라 한다.

넷째, 할인(discount) 방식이다. 자금을 빌릴 때 선이자(先利子)를 떼고 빌리는 방식이 있는데, 이러한 이자 지급 방식을 할인이라고 한다. 즉, 채권을 액면가 이하의 가격으로 판매하고 만기일에 액면가를 상환받는 방식을 할인이라고 한다. 할인 방식으로 이자를 지급하는 채권을 할인채(discount bond)라고 한다. 은

너구리굴 보더니 피물 돈 내어 쓴다

일이 되기도 전에 거기서 나올 이익부터 생각하여 돈을 앞당겨 쓰는 것을 "너구리굴 보더니 피물 돈 내어 쓴다"고 한다. 이 속담에서 피물(皮物)이란 짐승의 가죽을 말한다. 속담의 주인공은 산속 어디에선가 너구리굴을 발견한다. 너구리를 잡으면 가죽을 벗겨 팔아 돈을 벌 수 있다. 이 사람은 아직 잡지도 않은 너구리 가죽을 담보 삼아 돈을 빌려 쓴다. 너구리굴 보더니 피물 돈 빌려 쓰는 것이다.

금융거래에도 돈을 미리 당겨쓰는 할인제도가 있다. 할인이란 만기가 되지 않은 채권을 미리 팔면서 만기까지의 이자를 공제하고 대금을 받는 것을 말한다. 원래 채권에는 만기가 정해져 있다. 그런데 때로는 채권 소지자에게 만기 이전에 돈이 필요할 수 있다. 이 경우에 채권 소지자는 채권을 은행에 가지고 가서 만기까지 남은 기간의 이자를 공제하고 현금화하여 사용한다. 그것은 마치 돈 아쉬운 사람이 봄에 벼를 싼값으로 입도선매하는 것과 같다.

은행은 할인한 채권을 가지고 중앙은행에서 재할인(再割引)받을 수 있다. 재할인이란 금융기관이 한번 할인한 채권을 중앙은행에서 다시 할인받는 것을 말한다. 그래서 중앙은행을 흔히 은행의 은행이라고 한다. 중앙은행은 일반은행에 대해 일반은행이 민간에게 하는 것과 같은 역할을 한다. 즉 일반은행이 민간에게 대출하듯이 중앙은행은 재할인을 통해 일반은행에 대출을 한다. 이때 중앙은행은 일반은행이 민간에게 대출시, 대출이자를 요구하는 것과 같이 일반은행에 대한 대출에 대하여 대출이자를 요구하게 되는데, 이 이자율을 재할인율이라고 한다. 중앙은행의 재할인은 통화의 공급이 된다. 중앙은행은 재할인율을 인상하거나 인하하여 통화의 공급을 조절하고, 시중 통화량을 조절할 수 있다. 재할인율을 높이면 은행의 할인이 감소하여 통화량이 감소하고, 재할인율을 낮추면 은행의 재할인이 증가하여 통화량이 증가한다.

행이 할인된 채권을 가지고 중앙은행에서 다시 할인받는 것을 재할인(再割引)이라고 한다.

2. 이자의 종류

이자는 발생하는 금융시장의 종류, 거래되는 자금의 용도, 대여기간의 장단, 위험요소의 유무와 크기, 차입자의 신용도 등에 따라 여러 가지로 구분된다.

〈그림 3-1〉은 금리의 네 가지 형태인 재할인금리, 콜금리, 예금금리, 대출금리를 한눈에 보여 주고 있다. 재할인금리란 일반 금융기관이 한국은행에서 어음을 재할인할 때 적용되는 금리를 말한다. 콜금리란 금융기관간 자금대차에서 발생하는 단기금리를 말한다. 예금금리란 금융기관이 고객에 지급하는 예금에 대한 이자를 말한다. 대출금리란 대출금에 대해 고객이 금융기관에 지급하는 이자를 말한다.

(1) 명목금리와 실질금리

이자는 물가의 변화를 고려하는가의 여부에 따라 명목금리와 실질금리로 구분 된다. 명목금리는 물가변화를 공제(compensate)하지 않은 숫자상의 이자율이다. 이에 비해 실질금리는 명목금리에서 물가상승률을 공제한 이자율이다. 예를 들어 1년 만기 정기예금의 명목금리가 연 6.3%이고 소비자물가상승률이 연 5.0%일 경우 실질금리는 명목금리에서 물가상승률을 제한 1.3%이다. 명목금리

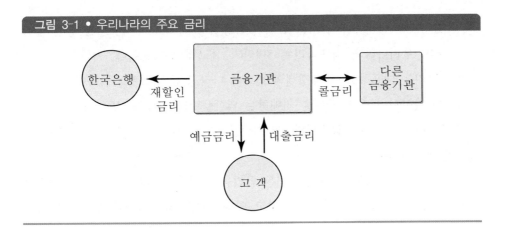

그림 3-1 • 우리나라의 주요 금리

와 실질금리 사이에는 다음과 같은 관계가 존재한다.

$$명목금리 = 실질금리 + 인플레이션율$$

명목금리가 실질금리와 예상인플레이션의 합으로 결정되는 현상을 피셔효과(Fisher effect)라고 한다.

(2) 대고객금리와 시장금리

대고객금리는 금융기관 창구에서 금융기관과 고객 사이에 형성되는 이자율을 말한다. 대고객금리에는 수신(受信)금리와 여신(與信)금리가 있다. 금융기관이 자금을 빌려줄 때 받는 이자율을 여신금리라고 하며 예금에 대해 지급하는 이자율을 수신금리라고 한다. 일반적으로 수신금보다는 여신금리가 더 높다. 여신금리와 수신금리의 차이를 예대마진(預貸 margin)이라고 한다. 시장금리는 직접금융시장에서 자금의 수급에 의해 결정되는 이자이다. 이러한 시장금리는 다수의 거래 당사자가 참가하는 공개시장에서 수요와 공급 원리에 의해 결정된다.

〈표 3-1〉은 글로벌 금융위기 이후 2013년부터 2017년까지의 우리나라 금융기관 여수신금리 추이이다. 표를 보면 일반적으로 수신금리보다 여신금리가 높으며 예금은행보다 비은행금융기관의 여수신금리가 높다는 것을 알 수 있다. 연도별 금리수준은 계속해서 하락하고 있음을 볼 수 있다.

(3) 지표금리와 국제기준금리

지표금리란 금리체계의 기준이 되며 금융시장의 지표로 사용되는 중심 금리를 말한다. 우리나라의 지표금리는 3년만기 국고채 수익률이다. 기준금리란 한 나라의 금리를 대표하고, 금융정세의 변화에 따라 표준적으로 변동하며, 또한 금융시장에 있어서의 각종 금리를 지배하는 역할을 하는 금리를 말한다. 우리나라의 기준금리는 7일물RP 금리이다. 이 기준금리는 우리나라 통화정책의 운용목표로 사용되고 있다.

국제대출에 적용되고 기준이 되는 금리를 국제기준금리라고 한다. 국제기준금리는 은행간대출금리를 기준으로 하고 있다. 은행간대출금리란 은행간에 자금

표 3-1 • 금융기관 여수신 가중평균금리 추이				(단위: 연 %)				
				2013	2014	2015	2016	2017
예금은행	수신	저축성 수신평균		2.73	2.43	1.74	1.48	1.56
		순수저축성예금		2.71	2.42	1.72	1.47	1.52
			정기예금	2.70	2.42	1.72	1.47	1.51
		시장형 상품		2.82	2.49	1.81	1.54	1.70
			CD	2.75	2.46	1.75	1.50	1.57
			금융채	2.92	2.57	1.87	1.58	1.76
	여신	대출평균		4.64	4.26	3.53	3.37	3.48
		기업대출		4.74	4.39	3.69	3.48	3.49
			대기업	4.46	4.10	3.40	3.14	3.13
			중소기업	4.92	4.60	3.87	3.69	3.71
		가계대출		4.35	3.87	3.22	3.14	3.46
			주택담보대출	3.86	3.55	3.03	2.91	3.27
비은행	수신	상호저축은행(정기예금 1년)		3.10	2.82	2.31	2.13	2.24
		신용협동조합(정기예탁금 1년)		3.14	2.87	2.29	2.02	2.09
		상호금융(정기예탁금 1년)		2.97	2.67	1.95	1.62	1.73
		새마을금고(정기예탁금 1년)		3.13	2.85	2.22	1.96	2.03
	여신	상호저축은행(일반대출)		13.16	11.17	11.56	11.22	11.00
		신용협동조합(일반대출)		5.87	5.34	4.81	4.56	4.67
		상호금융(일반대출)		5.24	4.79	4.20	3.85	3.95
		새마을금고(일반대출)		5.40	4.86	4.22	3.86	4.04

자료: 한국은행, 「알기 쉬운 경제지표 해설」(2019), p. 224.

을 대차할 때 적용되는 금리를 말한다. 일반적으로 은행간대출금리는 대고객금리보다는 낮으며, 대고객금리를 결정하는 기준이 된다. 은행간대출금리는 거래가 일어나는 도시에 따라서 특정의 이름이 붙여져 있다.

현재 널리 사용되고 있는 은행간대출금리는 다음과 같다.

- LIBOR(London inter-bank offered rate): 런던은행간대출금리
- SIBOR(Singapore inter-bank offered rate): 싱가포르은행간대출금리
- HIBOR(Hongkong inter-bank offered rate): 홍콩은행간대출금리
- LUXIBOR(Luxemburg inter-bank offered rate): 룩셈부르크은행간대출금리
- BIBOR(Bahrain inter-bank offered rate): 바레인은행간대출금리
- TIBOR(Tokyo inter-bank offered rate): 일본은행간대출금리

이러한 금리들은 국제금융거래에서의 지표금리 역할을 한다. 우리나라도 런던 금융시장의 리보를 본떠 코리보(KORIBOR: Korea inter-bank offered rate)를 개발해 사용하고 있다. 2004년 7월에 시작된 코리보는 한국의 은행간 자금시장에서의 단기기준금리를 말한다. 코리보는 우리나라 14개의 금리제시은행에서 제시한 금리 중 상위 및 하위 3개를 제외한 8개 제시금리의 평균으로 계산된다. 제시금리란 금리제시은행이 은행간대차시장에서 원화자금을 무담보차입할 경우 적용 가능한 호가금리(offered rate)를 말한다. 제시금리는 금리제시은행의 차입금리인 동시에 자금대여은행의 대출금리(lending cost) 성격을 가진다. KORIBOR는 매일 발표된다.

3. 수익률

이자율과 비슷한 말로 사용되지만 다른 것이 수익률이다. 수익률이란 주로 채권과 연관되어 나타나는 자금공급자가 얻는 수익의 비율을 말한다. 그래서 수익률이라고 하면 보통 채권수익률을 말한다. 채권수익률은 채권투자에서 얻어지는 현금흐름의 현재가치와 채권의 시장가격을 일치시켜 주는 할인율을 말한다. 채권수익률은 일정기간에 발생하는 수익을 공급자금 원본으로 나누어 계산하며 그 조건에 따라 종류가 다양하다.

> **참고**   금리 변동의 표현
>
> 시중 금리가 5%에서 3%로 내렸을 때, '금리가 2% 내렸다'고 말하면 이는 엄격히 말해서 정확한 표현이 아니다. 5%의 2%는 '0.1%'이다. 5%에서 3%로 내렸다면 그것은 금리가 40% 하락한 것이다. '2% 하락했다'고 표현하기 위해서는 새로운 단위가 필요하다. 이것이 바로 '%포인트'이다. 즉, '2%포인트 하락했다'고 해야 맞는 표현이며, 때로는 '2%p하락'이라고 표현하기도 한다. 한편, %포인트보다 작은 단위를 표시하기 위해서 bp(basis point)라는 단위가 사용된다. 1%포인트는 100bp이다. 예를 들면 10bp는 0.1%포인트를 말하고 1bp는 0.01%포인트를 나타낸다.   김의경, 「금리만 알아도 경제가 보인다」에서 발췌

채권수익률에는 표면이자율, 실효수익률, 경상수익률, 만기수익률 등이 있다. 표면이자율(coupon rate)이란 겉으로 나타난 이자율을 말한다. 표면이자율은 채권에 기재되어 있으며, 채권의 액면가에 대한 이자액의 비율로 단리(單利)의

개념이다. 표면금리 또는 발행금리라고도 한다. 채권의 표면이자율은 다음과 같이 계산된다.

$$표면이자율 = \frac{이자액}{채권액면가}$$

실효수익률(effective interest rate)은 복리(複利)를 고려해 계산한 사후적인 수익률이다. 실효수익률은 각 채권의 만기까지 총수익률을 복리로 환산한 수익률이다. 실효수익률의 계산에는 채권의 원금, 표면이자, 재투자수익 등이 고려된다. 표면이자율이 동일한 채권일지라도 이자계산 방법이 단리인가 아니면 복리인가, 세율은 얼마인가에 따라 투자자가 최종적으로 얻는 수익률은 달라진다. 예를 들어 표면이자율이 8%인 두 종류의 채권이 있다고 하자. 한 채권은 이자를 분기마다 지급하고, 다른 하나는 1년에 한번 지급한다면 실제로 얻는 수익률은 서로 다르다. 즉, 분기마다 지급받는 채권의 실효이자율이 더 높다.

경상수익률(current yield rate)이란 채권구입가에 대한 표면이자수입의 비율을 말한다. 경상수익률은 직접수익률 또는 단순수익률이라고도 한다. 경상수익률은 다음과 같이 계산한다.

$$경상수익률 = \frac{이자액}{채권구입가}$$

만기수익률(yield to maturity)이란 채권구입가에 대한 순수익의 비율을 말한다. 이 경우 수익이란 채권을 만기까지 보유할 경우 받게 되는 모든 수익에서 채권구입가를 공제한 금액이다. 만기수익률을 최종수익률 또는 유통수익률이라고도 한다. 유통수익률이라는 말은 일단 발행된 채권이 유통시장에서 계속 매매되면서 시장의 여건에 따라 형성되는 수익률이라는 의미를 가진다. 채권수익률은 통상 만기수익률을 말한다. 만기수익률은 다음과 같이 계산한다.

$$만기수익률 = \frac{이자액 + (채권판매가 - 채권구입가)}{채권구입가}$$

$$= \frac{이자액}{채권구입가} + \frac{채권판매가 - 채권구입가}{채권구입가}$$

이 식에서 $\dfrac{\text{이자액}}{\text{채권구입가}}$은 경상이자율을, $\dfrac{\text{채권판매가} - \text{채권구입가}}{\text{채권구입가}}$는 채권가격 변동으로 인한 투자의 수익률, 즉 자본 스프레드(spread)를 나타낸다. 따라서 만기수익률은 다음과 같이 쓸 수 있다.

$$\text{만기수익률} = \text{경상이자율} + \text{자본 스프레드}$$

채권수익에는 이자수입뿐만 아니라 채권가격 변동에 의한 수익도 포함된다.

4. 이자의 기능

이자는 다음과 같은 기능을 가지고 있다.

첫째, 자금수급의 연결고리가 되어 시중 자금의 수급을 조절한다. 실물시장에서 가격이 상품의 수급을 조절하는 것과 마찬가지이다. 이자율은 금융시장에서 자금의 가격으로서 시중 자금사정을 반영하여 탄력적으로 움직일 수 있어야하며, 그래야만 이자가 자금수급의 연결고리로서 자금을 필요한 부문에 적절히 배분해 주는 역할을 할 수 있게 된다. 이자는 자금의 수요자인 기업의 입장에서 보면 비용이며, 자금의 공급자인 가계의 입장에서는 수익이다. 이자율이 각 부문의 자금과부족을 정확히 반영하면서 움직이면 이를 기준으로 실행되는 기업투자와 가계저축이 적절히 연결된다.

둘째, 현재소비와 미래소비를 배분하는 역할을 한다. 이자는 현재소비의 포기에 대한 대가이다. 즉 이자는 현재소비를 줄이고, 장래에 소비하려는 행동에 대한 보답인 것이다. 이자율의 상승은 현재소비를 줄이고 미래소비를 증대시키도록 유도하는 기능을 갖는다. 이자가 현재소비의 기회비용이 되어 저축을 유도하는 기능을 가지는 것이다. 이자율이 하락하면 현재소비의 기회비용이 작아지므로 현재소비가 증가하고 저축은 감소한다.

셋째, 저축과 투자에 영향을 미친다. 이자율은 저축과 투자의 수준을 결정하는 등 국민경제 전반에 광범위한 영향을 미치므로 정책당국은 이자율을 바람직한 수준으로 유도하고자 한다. 이자는 가능한 한 수익성이 높은 쪽으로 투자를 유도함으로써 자원을 효율적으로 배분한다.

넷째, 물가에 영향을 미친다. 이자는 자본비용으로 노동임금과 함께 생산원가의 주요 구성요소이다. 이자율수준은 제품의 원가를 높이기도 하고 낮추기도 하여 물가에 영향을 미치게 된다.

section 03 이자율결정이론

1. 고전학파의 실물적 이자율결정이론

고전학파는 실물 경제변수인 저축과 투자에 의해서 이자율이 결정된다고 보았다. 즉 실물저축의 공급과 실물투자의 수요가 만나 그 균형점에서 이자율이 결정된다고 생각한다. 이러한 견해는 이자가 화폐이자율이 아니라 자연이자율이라는 의미이기도 하다.

(1) 저축공급과 투자수요

먼저 공급쪽인 저축에 대하여 알아보자. 고전학파는 저축을 이자율의 증가함수로 본다. 이자율상승이 저축을 증가시키는 메커니즘은 다음과 같다. 이자율이 상승하면 전보다 적은 저축으로도 예전과 동일한 이자소득을 얻을 수 있기 때문에 소비를 증가시키게 된다. 이를 이자율 변화의 소득효과라고 한다. 소비증가란 저축의 감소를 의미한다. 한편 이자율이 상승하면 미래소비에 비해 현재소비가 비싸게 평가된다. 독자들은 이 말이 현재소비의 기회비용 증가라는 것을 알 것이다. 소비자는 상대적으로 비싸진 현재소비를 줄이고 대신 미래소비를 증가시키게 된다. 이를 이자율 변화의 대체효과라고 한다. 현재소비의 감소란 저축의 증가를 의미한다. 이자율의 상승은 현재소비에 대하여 플러스인 소득효과와, 마이너스인 대체효과를 발휘한다. 만약 대체효과가 소득효과보다 크다면 이자율상승은 현재소비를 감소시켜 저축의 증가를 가져온다. 반대로 소득효과가 대체효과보다 크다면 이자율 상승은 현재소비를 증가시켜 저축의 감소를 가져온다. 고전학파학자들은 이자율 상승의 대체효과가 소득효과보다 크다고 생각하였다. 대체효과가 소득효과보다 크다면 이자율 상승은 저축의 증가를 가져온다. 즉 저축은 이자율의 증가함수이다.

다음으로 수요쪽인 투자에 대하여 알아보자. 고전학파는 투자를 이자율의 감소함수로 본다. 이자율의 상승은 기업의 입장에서 보면 비용의 증가를 의미한다. 이자율 상승으로 비용이 증가할 경우 그 비용을 상쇄하고도 남을 만큼의 수익을 보장하는 투자기회가 줄어들기 때문에 투자가 감소한다. 즉 투자는 이자율의 감소함수이다.

(2) 실물적 이자율의 결정

저축이 이자율의 증가함수이고 투자가 이자율의 감소함수이면 이자율에 대하여 우상향하는 저축공급곡선과 이자율에 대하여 우하향하는 투자수요곡선을 얻을 수 있다.

〈그림 3-2〉는 고전학파의 이자율결정원리를 보이고 있다. 그림의 종축은 이자율수준을 나타내고 횡축은 투자와 저축의 양을 나타낸다. 저축과 투자가 일치하는 균형점 E에서 균형이자율수준 i^*가 결정된다.

고전학파의 이자율결정이론에 의하면 비(非)화폐적 요인인 저축과 투자만이 이자율결정에 관여하며, 화폐는 이자율결정에 관여하지 못한다. 화폐가 이자율을 포함한 실물변수에는 영향을 미치지 못하고, 물가수준 및 화폐임금 등 화폐부분에만 영향을 미친다는 화폐베일(veil)관과 일맥 상통하는 것이다. 고전학파의 이자율결정이론은 저축·투자에 의한 실물적 이자이론이라고 볼 수 있다.

그림 3-2 • 고전학파의 이자율결정이론

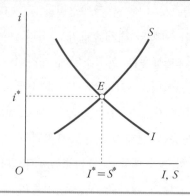

고전학파 이자율결정이론의 특징은 다음과 같다.

첫째, 결정된 이자율이 자본의 한계생산성을 반영한 자연이자율(natural rate of interest)의 의의를 갖는다. 이자율이 시간할인율을 나타내는 저축공급곡선과 투자의 한계효율(MEI)이 보이는 수요곡선에 의해 결정되는 것이다. 둘째, 이자율이 통화량의 영향을 받지 않는다. 고전학파는 통화량의 증가가 일반물가수준을 상승시킬 뿐, 실물변수인 투자와 저축에는 영향을 미치지 못한다고 하였다.

2. 케인즈의 화폐적 이자율결정이론

케인즈는 이자율이 화폐시장에서 화폐의 수요와 공급에 의하여 결정되는 화폐적(=명목적)인 현상이라고 보았다. 화폐시장은 화폐공급과 화폐수요가 일치할 때 균형이 이루어진다.

$$M^D = M^S \qquad\qquad \cdots\cdots\cdots (1)$$

먼저 화폐의 공급에 대하여 알아보자. 화폐의 공급량은 정책당국에 의하여 외생적으로 결정된다. 정책당국이 이자율수준에 관계없이 화폐의 공급량을 일정하게 M_0로 유지한다고 가정하면 화폐의 공급은 다음과 같다.

$$M^S = M_0 \qquad\qquad \cdots\cdots\cdots (2)$$

다음으로 화폐의 수요에 대하여 알아보자. 케인즈는 화폐수요가 유동성선호에 의하여 결정된다고 생각한다. 케인즈에 의하면 화폐에 대한 수요는 거래적 동기, 예비적 동기, 그리고 투자기회포착을 위한 동기에서 이루어진다. 거래적 동기와 예비적 동기의 화폐수요는 소득수준(Y)과 관계가 있고, 투자기회포착을 위한 화폐수요는 이자율(i)과 관계가 있다. 케인즈의 화폐수요(M^D)를 대수식으로 나타내면 다음과 같다.

$$M^D = L(Y,\ i) \qquad\qquad\qquad (3)$$

(2)식과 (3)식을 (1)식에 대입하면 화폐시장의 균형조건은 다음과 같다.

$$M_0 = L(Y,\ i)$$

그림 3-3 • 케인즈적 이자율 결정

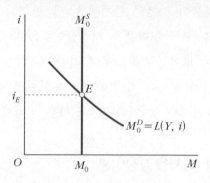

이 관계를 그림으로 나타낸 것이 〈그림 3-3〉이다. 그림의 종축은 이자율수준을 나타내고 횡축은 화폐의 양을 나타낸다. 그림에는 화폐공급곡선과 수요곡선이 나타나 있다. 먼저 화폐공급곡선 M^S를 보자. 화폐의 공급은 정책당국에 의하여 외생적으로 결정되기 때문에 이자율과 관계가 없고 따라서 공급곡선은 M_0^S처럼 수직의 모양이 된다.

다음으로 화폐수요곡선 M_0^D를 보자. 케인즈에 의하면 거래적 동기와 예비적 동기의 화폐수요는 소득수준과 관계가 있으나 이자율과는 관계가 없다. 그런데 투자기회포착용 화폐수요는 이자율과 관계가 있으며, 감소함수의 관계이다. 따라서 화폐수요곡선은 그림처럼 우하향이다. 수직인 화폐공급곡선과 우하향인 화폐수요곡선이 만나는 점에서 균형이자율 i_E가 결정된다는 것이 케인즈의 유동성선호이론에 의한 이자율결정이론이다.

만약 통화의 공급이나 수요가 변화한다면 이자율은 어떻게 되는가.[4] 〈그림 3-4〉는 통화 수요공급의 변화와 이자율의 관계를 나타내고 있다. (a)는 통화공급이 증가하는 경우이다. 통화공급이 증가하면 통화공급곡선이 M_0^S에서 M_1^S으로 이동하고, 균형이자율은 i_0에서 i_1으로 하락한다. (b)는 통화수요가 증가한 경우이다. 통화수요가 증가하면 통화수요곡선이 M_0^D에서 M_1^D으로 이동하고 균형이자율은 i_0에서 i_1으로 상승한다. 통화공급이 증가하면 이자율이 하락하고, 통화

---

4 여기에서 통화라는 용어를 쓰는 것은 분석하는 내용이 거시 분야이기 때문이다. 돈을 개인적으로 부르면 화폐라 하고 거시적으로 보면 통화라고 하는 것이 일반적이다.

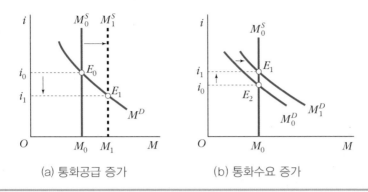

그림 3-4 • 통화 수급의 변화와 이자율

(a) 통화공급 증가

(b) 통화수요 증가

수요가 증가하면 이자율이 상승한다.

3. 대출자금설에 의한 이자율결정이론

이자율이 대출자금의 공급과 수요에 의하여 결정된다고 보는 이론이 대출자금설이다. 대출자금설에서는 이자율을 자금의 가격으로 본다. 이자율도 다른 상품과 마찬가지로 자금의 수요와 공급에 의하여 결정된다고 생각한다. 케인즈는 저량(stock)인 화폐잔고에 대한 수요·공급으로 이자율결정을 설명하였는데, 대출자금설은 일정기간 동안의 유량(flow)인 대출자금에 대한 수요·공급으로 이자율결정을 설명한다. 대출자금설은 빅셀(J. G. K. Wicksell), 로버트슨(D. H. Robertson), 힉스 등이 정립한 이자이론이다.

대출자금의 수요와 공급은 어떠한 요인에 의하여 결정되는가 알아보자. 대출자금의 수요는 기업의 투자수요와 민간의 화폐수요에 의하여 결정되며, 공급은 민간저축과 정책당국의 화폐공급에 의하여 결정된다. 기업의 투자수요를 I^D라 하고 민간 화폐수요의 변화분을 ΔM^D라 하면 자금의 수요 L^D는 다음과 같다.

$$L^D = I^D + \Delta M^D$$

민간저축을 S라 하고 정책당국의 화폐공급 변화분을 ΔM^S라 하면 자금의 공급 L^S는 다음과 같다.

$$L^S = S + \Delta M^S$$

자금시장의 균형은 수요와 공급이 일치할 때 이루어진다.

$$L^S = L^D$$

즉 자금시장의 균형조건은 다음과 같다.

$$I^D + \Delta M^D = S + \Delta M^S$$

위 식에서 화폐공급이나 화폐수요를 변화량(ΔM)으로 나타낸 것은 저축이나 투자수요가 일정기간 동안의 유량(flow)임에 반하여 M^S 또는 M^D는 일정시점의 저량(stock)이기 때문이다. 유량과 저량을 직접 더할 수 없기 때문에 각 변수들을 유량으로 통일시켜 더하고 있는 것이다. ΔM은 화폐의 변화량으로 유량의 개념이다.

이상의 내용을 그림으로 나타낸 것이 〈그림 3-5〉이다. 민간저축은 일반적으로 이자율의 증가함수이므로 그림에서 공급곡선은 우상향으로 나타나 있다. 한편 대출자금의 수요를 구성하는 기업의 투자수요나 민간의 실질잔고수요는 둘 다 이자율의 감소함수이다. 따라서 수요곡선은 우하향의 형태로 나타난다. 수요곡선과 공급곡선이 만나는 점에서 자금시장은 균형을 이루고 균형이자율 i_E가 결정된다. 대출자금의 수요·공급 원리로 이자율 결정메커니즘을 설명하는 이론을 대출자금설이라고 한다.

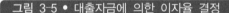

그림 3-5 • 대출자금에 의한 이자율 결정

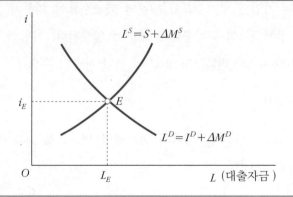

4. 이자율의 기간구조와 위험구조

하루만 맡겨도 높은 이자를 드립니다

(1) 기간구조

금융상품을 광고하는 말 중에 '하루만 맡겨도 높은 이자를 드립니다'라는 문구가 있다. 금융기관의 이러한 광고는 단기예금에는 이자가 없거나 있어도 매우 낮다는 것을 전제로 하고 있다. 실제로 우리가 은행에 가서 정기예금을 하거나 적금에 가입할 경우 기간이 장기일수록 이자율이 높다. 이처럼 금융상품은 기간에 따라 이자율이 달라지는 것이 보통이다. 금융상품의 다른 조건은 일정하고 만기만 다를 때 장기와 단기 이자율이 어떻게 결정되며, 그 차이가 발생하는 이유를 설명하는 이론을 이자율의 기간구조이론이라고 한다.

일반적으로 단기채권은 상환기간이 짧아 유동성이 큰 편이다. 이에 비해 장기채권은 상환기간이 길어 유동성이 작은 편이다. 장기채권을 구입하는 투자자는 유동성 면에서 불리하기 때문에 그 대가로 프리미엄을 요구하게 된다. 이를 유동성 프리미엄(liquidity premium) 또는 기간 프리미엄(term premium)이라고 한다. 장기이자율은 기대이자율에 유동성 프리미엄을 더한 것으로 결정된다.

차입자는 자금의 안정적 확보를 중시하기 때문에 장기자금을 차입할 때 유동성 확보 대가로 기꺼이 프리미엄을 지불하고자 한다. 한편, 투자자는 장기채권보다는 유동성이 높은 단기채권을 더 선호한다. 따라서 투자자가 장기채권을 구입하도록 하기 위해서는 더 높은 수익을 보장해 주어야 한다. 유동성 프리미엄은 성격상 만기가 길어짐에 따라 커진다. 이에 따라 만기가 짧으면 이자율이 낮고 만기가 길면 높아지는 단저장고(短低長高)현상이 일어난다.

(2) 위험구조

동일한 만기를 가진 채권이라도 이자율이 서로 다른 상황을 이자율의 위험구조라고 한다. 채권이 가지는 위험구조에는 위험 외에도 유동성이나 이자소득세 등도 포함된다. 이자율의 위험구조는 이자율수준에 차이를 발생시킨다.

채권에는 국고채와 같이 위험이 거의 없는 채권도 있고 발행기업의 신용등급이 낮아 위험도가 큰 채권도 있다. 위험도에 차이가 있으면 채권의 가격과 수익률도 달라진다. 채권의 발행조건이나 발행 주체가 지니고 있는 위험에 따라 발생하는 이자율의 차이를 수익률 스프레드(yield spread)라 한다. 수익률 스프레드는 만기가 같으나 위험은 서로 다른 채권간의 이자율 차이라고 말할 수 있다. 예를 들어 만기가 같은 두 채권 국고채와 회사채가 있는데 국고채의 이자율이 5%이고 회사채의 이자율이 6.5%라 하자. 일반적으로 국고채는 위험이 없는 무위험 채권으로 본다. 그렇다면 두 채권 이자율의 차이는 위험도에 의한 차이이다. 두 채권의 수익률 스프레드 1.5%는 회사채를 발행한 기업의 위험수준이 이자율에 반영된 것으로 볼 수 있다. 즉, 위험 프리미엄(risk premium)의 성격을 갖는다.

채권투자에서의 위험에는 지급불능위험, 미래 현금흐름의 불확실성, 임의상환위험, 유동성위험 등이 있다. 지급불능위험(default risk)이란 채권의 발행기업이 원리금을 지급하지 못하게 될 가능성을 말한다. 이러한 채무불이행의 가능성이 높아지면 채권의 기대이자율은 낮아지게 된다. 따라서 투자자는 지급불능위험에 상당하는 프리미엄을 추가로 요구하게 된다. 미래 현금흐름의 불확실성이란 비록 발행기업이 지급불능의 상황까지 가지는 않더라도 현금흐름의 변동성이 높아

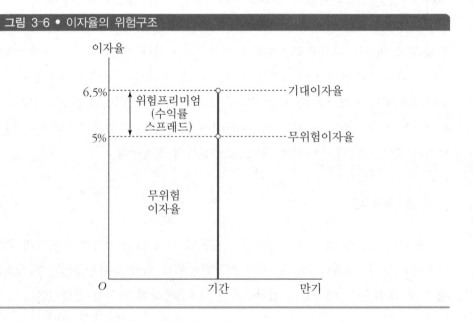

그림 3-6 • 이자율의 위험구조

져 신용도가 낮아지는 현상을 말한다. 이 경우에 이자율은 영향을 받게 된다. 임의상환위험이란 만기 전 상환으로 기대수익에 차질을 빚을 수 있는 위험을 말한다. 유동성위험이란 채권의 상품성이 낮아 채권을 적절한 가격으로 단시일에 매각할 수 없는 위험으로서 환금성위험을 말한다. 채권의 환금성이 낮으면 그 채권은 적정가격 이하로 거래되기 마련이다. 이러한 위험이 있는 채권은 그만큼 더 프리미엄을 요구받게 되고, 이 프리미엄을 위험프리미엄이라고 한다.

〈그림 3-6〉은 이자율의 위험구조이다. 만약 이 채권이 무(無)위험채권이라면 이자율은 5%로 결정될 것이다. 그러나 앞에서 설명한 바와 같이 채권에 위험이 따를 경우 위험프리미엄이 부가된다. 결국 이자율은 무위험이자율 5%에 위험프리미엄 1.5%를 더한 6.5%가 된다. 위험프리미엄을 무위험이자율에 더한 이자율을 기대이자율(expected yield)이라고 한다.

---

section 04 **자본시장과 이자율**

1. 자본의 개념

경제학에서 쓰이는 자본이라는 용어와 일상용어로 쓰이는 자본이라는 말은 그 의미가 다르다. 일상생활에서 자본이라는 말은 주로 '자금'이라는 의미를 가지고 있다. 무슨 일을 하는데 필요한 돈이라는 뜻이다. 그러나 경제학에서 쓰이는 자본이라는 말은 '인간이 만든 자원(man-made resources)'이라는 의미로 쓰인다. 예를 들면, 기계·공장·건물 등은 인간이 만들어 낸 생산요소이며 따라서 자본이다. 자본이 이렇게 실물적인 의미를 가지고 있다는 점에서 그 의미를 명확히 하기 위하여 자본재(capital goods)라는 용어를 사용하기도 한다. 즉 자본은 실물자본(real capital)을 지칭한다.

자본도 하나의 생산요소이다. 기업이 자본을 사용하는 이유는 자본이 생산성을 높여 기업의 이윤을 증가시키는 데 기여하기 때문이다. 자본을 사용하는 생산방식은 자본을 사용하지 않는 생산방식에 비하여 최종 생산품을 생산하기까지의 경로가 길고 그 단계가 많다. 그래서 자본을 이용하여 생산하는 방식을 우회생산이라고 부르기도 한다. 우회하더라도 신호등 없는 길이 빠른 것처럼 자본을 사용한 우회생산은 일반적으로 생산성을 높인다. 기업이 자본을 사용하는 이유는 자본이 가지는 생산성 때문이다. 오늘날 경제발전의 정도가 거의 자본축적의 정도와 동일시되고 있는 것은 우회생산이 효율적이기 때문이다.

(1) 현재가치: PV

자본시장을 이해하기 위해서는 먼저 현재가치(PV: present value)의 개념을 파악하는 것이 필요하다. 현재가치란 미래재를 이자율로 할인한 금액이다. 몇 년 후의 일정금액을 현재의 가치로 환산하면 얼마가 될까 하는 개념인 것이다. 현재가치 개념은 현재와 미래 사이, 다시 말하면 상이한 시점 사이의 자원배분문제를 설명하는 데 결정적인 역할을 한다.

어떤 투자를 통하여 1년 후에 얻는 금액을 A라 하자. 그리고 현재의 이 자율을 i라 하면 1년 후 수익의 현재가치(PV)는 다음과 같다.

$$PV = \frac{A}{1+i}$$

만약 n년 후에 A를 얻는다면 그 수익의 현재가치는 다음과 같다.

$$PV = \frac{A}{(1+i)^n}$$

이 식에서 이자율은 현재가치와 미래가치, 즉 상이한 시점 사이의 자원배분을 해 주는 매개변수가 되고 있는 것을 볼 수 있다. 이와 같이 미래가치를 이자율로 나누어 현재가치를 계산하는 것을 할인(discount)한다고 한다. 이자율은 미래가치를 현재가치로 또는 그 반대방향으로 전환시키는 교환비율이라는 점에서 하나의 가격으로 해석할 수 있다.

2. 자본시장의 균형

(1) 자본의 수요: 투자의 한계효율

기업이 투자를 하려면 자금이 필요하다. 따라서 자본재에 대한 수요는 투자자금에 대한 수요라고 생각할 수 있다. 투자자금에 대한 기업의 수요는 그 자금을 사용하여 얻을 수 있는 예상수익률에 의하여 결정된다. 기업이 투자를 하기 위하여 화폐자본을 차입하는 것은 투자에서 나오는 예상수익이 자금차입 이자보다 크다고 예상하기 때문이다. 기업은 예상수익이 비용보다 더 높아야 투자를 한다. 따라서 투자로 인한 예상수익률이 크면 클수록 기업은 투자자금을 차입하는 데 높은 이자율을 지불할 용의가 있다. 반면에 투자로 인한 예상수익률이 낮으면 화폐자본을 차입할 때의 이자율도 낮은 경우가 아니면 투자를 하지 않을 것이다.

어떤 투자사업이 투자할 만한 가치가 있는가를 판단하기 위해서는 투자사업의 예상수익률을 투자비용인 이자율과 비교할 수 있어야 한다. 이 역할을 하는 개념이 투자의 한계효율(*MEI*: marginal efficiency of investment)이다. 투자의 한계효율이란 어떤 투자의 결과로 미래에 해마다 발생할 것이 예상되는 순이익의 현재가치를 그 투자를 하기 위한 현재비용과 같게 만드는 할인율이다.

투자의 한계효율: 어떤 투자의 결과로 미래에 해마다 발생할 것이 예상되는 순이익의 현재가치를 그 투자를 하기 위한 현재비용과 같게 만드는 할인율

예를 들어, 어떤 투자사업이 있는데, 그 투자를 하기 위해 현재 S원이라는 투자비용이 든다고 하자. 이 투자사업의 존속기간은 n년이고, 앞으로 1년 후부터 해마다 $A_1, A_2, \cdots, A_n$이라는 순이익이 나오리라고 기대된다고 하자. 그러면 그 순이익 흐름의 현재가치를 구하기 위해서는 그 순이익의 흐름을 할인하여야 하며, 그 할인율을 d라고 하여 식으로 표현하면 다음과 같다.

$$PV = \frac{A_1}{1+d} + \frac{A_2}{(1+d)^2} + \cdots + \frac{A_n}{(1+d)^n}$$

기업이 투자를 하려면 투자로 인한 장래수익의 현재가치가 투자비용과 같거나 커야 할 것이다. 투자조건을 생각하면 위 식은 다음과 같이 다시 쓸 수 있다.

$$S = \frac{A_1}{1+d} + \frac{A_2}{(1+d)^2} + \cdots + \frac{A_n}{(1+d)^n}$$

이 식을 만족시켜 주는 d값이 투자의 한계효율이다. 투자의 한계효율 d는 어떤 특정한 투자로부터 예상되는 수익률을 나타내며, 화폐이자율 i와는 다르다. d는 순이익이 클수록 커지고, 투자비용이 클수록 작아진다. 기업은 당연히 투자의 한계효율이 큰 투자사업부터 착수할 것이며, 또한 당시의 이자율수준보다 높은 한계효율을 갖는 사업에는 모두 투자사업을 수행하는 것이 이윤을 극대화하는 길이 된다. 투자의 한계효율이 큰 사업부터 낮은 사업까지 차례로 나열하면 우하향인 투자의 한계효율 궤적을 얻을 수 있는데, 이 궤적이 기업의 실물자본재에 대한 수요곡선, 즉 투자수요곡선이다. 개별기업의 견지에서 본 투자의 한계효율은 MEI이고, 경제 전체로 본 MEI곡선은 개별기업의 MEI곡선을 수평으로 합한 것이다.

투자수요곡선

〈그림 3-7〉은 MEI곡선으로부터 투자수요곡선이 유도되는 과정이다. (a)의 MEI곡선은 국민경제 전체 투자의 한계효율곡선으로 우하향이다. MEI곡선이 우하향하는 이유는 노동의 한계생산력체감과 마찬가지로 자본의 한계생산력도 체감하기 때문이다. MEI곡선은 실물투자에 대한 수요곡선이다. 실물투자에 대한 수요는 대출자본에 대한 수요를 결정하므로 이 곡선은 자금수요곡선이라고 해도

그림 3-7 • 투자의 한계효율곡선과 투자수요곡선

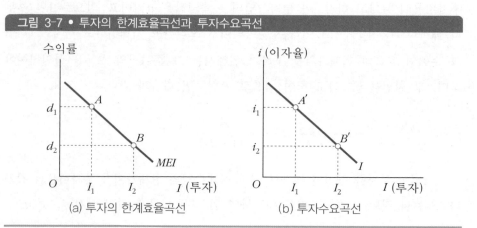

(a) 투자의 한계효율곡선   (b) 투자수요곡선

무방하다.

투자의 한계효율곡선이 투자수요곡선이 되는 과정은 다음과 같다. 생산자는 자금을 차입하여 수익률이 가장 높은 사업에 그 자금을 투입한다. 만약 추가로 투자를 한다면 이번에는 그 다음 순위의 사업, 즉 그보다는 다소 수익률이 낮은 사업에 투입할 수밖에 없을 것이다. 계속해서 자금을 더 투입한다면 점점 더 수익률이 낮은 사업에 투자가 이루어진다.

그런데 기업이 자금을 은행에서 대출받아 투자한다면 얼마나 빌려서 투입할 것인가. 그는 예상수익률과 은행이자율을 비교하여 투자할 것이다. 은행이자율이 높다면 조금만 대출받아 투자할 것이고, 은행의 이자율이 낮아진다면 전에는 할 수 없었던 2순위, 3순위의 사업에도 자금을 대출받아 투자할 수 있을 것이다. 결국 *MEI*곡선은 투자를 결정하는 주요변수이다. 투자의 한계효율(*MEI*)을 이자율과 결부시키면 (b)의 투자수요곡선을 얻는다.

(2) 자금의 공급

앞에서는 투자에 대한 수요와 이것이 유발하는 자금에 대한 수요를 살펴보았다. 자금의 공급은 무엇에 의하여 결정되는가. 간단히 말해서 일정기간 동안의 자금의 공급은 그 기간 동안 각 개인의 저축에 의하여 결정된다. 미래소비를 위해서 현재소비를 어느 정도 희생하여야 하는데, 현재소비를 얼마나 강하게 선호하는가에 의하여 각 개인의 저축이 결정된다. 앞에서도 언급한 바와 같이 사람들은 일반적으로 현재소비를 더 선호한다. 어떤 시점에서 현재소비나 미래소비를 택하는 선택을 시간선호라고 한다. 어떤 개인의 시간선호율은 미래소비에서 얻을 수 있는 효용에 비하여 현재소비에서 얻을 수 있는 효용을 선호하는 상대적 비율이다. 이 시간선호율은 미래소비 대신 현재소비를 선택하는 대가로 지불하는 프리미엄의 개념을 가진다. 따라서 시간선호율이라고 하는 것은 결국 저축자의 입장에서 본 이자율이다.

어떤 사람이 소비를 줄여서 저축을 증가시키면 미래재에 비하여 현재재에 대한 선호도가 증가한다. 이것을 역으로 표현하면, 주어진 소득에서 저축이 증가하기 위해서는 현재소비의 포기 대가로 얻는 미래소비, 특히 이자수입이 더 커져야 한다는 것이다. 물론 이자가 주어지고 이자율이 상승할 때 모든 사람이 현재 소비를 줄이는 행동만을 하는 것은 아니다. 이자율변화가 초래하는 소득효과와 대체효과 중 대체효과가 더 크게 나타난다는 것이 일반적이라는 이야기이다.

세로축에 이자율을, 가로축에 저축을 표시한 그림에서 저축곡선은 우상향하게 된다. 국민경제 전체의 저축곡선은 개인의 저축곡선을 합한 것이다. 저축곡선은 곧 대출자금의 공급곡선이다.

(3) 자본시장의 균형

자본시장은 자금의 수요곡선과 공급곡선이 만나는 점에서 균형을 이룬다. 자본시장의 균형가격, 곧 자본의 가격이란 이자이다. 자본주의 경제체제하에서는 자본에 의하여 생산이 이루어지고, 값이 치뤄지는데 자기자본이든 타인자본이든 기회비용, 즉 이자가 가격으로 지불되어야 하는 것이다.

보론 · 채권가격과 이자율

이자율이 변하면 채권의 가격도 변한다. 그런데 그 변화의 방향은 정반대이다. 이자율이 상승하면 채권가격은 하락하고, 이자율이 하락하면 채권가격은 상승한다. 할인채의 예를 들어 가격과 이자율의 관계에 대해 알아보자.

액면가를 F, 만기를 n, 만기수익률을 i라 하면 채권의 현재가치 P는 다음과 같이 결정된다.

$$P = \frac{F}{(1+i)^n}$$

식에서 보는 바와 같이 채권의 현재가치는 채권액면가를 만기수익률로 할인한 값이다. 만기수익률이란 최종수익률이라고도 하며, 채권을 만기까지 보유할 경우 받게 되는 모든 수익이 투자원금에 대하여 어느 정도의 수익을 가져오는가를 나타내는 수익률이다. 채권수익률은 대개 만기수익률을 의미한다. 사람들은

표 3-2 • 액면가 10,000원인 할인채의 이자율과 가격(만기 1년)	
이자율	채권가격
5(%)	9,524
10(%)	9,091

채권의 현재가치와 시장가격을 비교해서 구입하거나 팔거나 한다. 채권매매의 분기점은 채권의 현재가치와 시장가격이 같아지는 수준이고, 이는 시장이자율과 채권의 만기 수익률이 같아지는 수준이라는 말도 된다. 즉 채권은 이자율과 만기 수익률이 같아지는 선에서 매매된다. 본서에서는 이자율과 만기수익률이 결국 같다는 점에서 이자율이라는 용어를 사용한다.

〈표 3-2〉는 이자율과 채권가격의 관계이다. 이 표를 보면 이자율이 상승하면 채권가격은 하락한다. 처음에 이자율이 5%일 때 채권의 가격은 9,524원이다. 그런데 이자율이 10%로 오르면 채권가격은 9,091원으로 하락한다. 이처럼 이자율과 채권가격은 서로 반대방향으로 움직인다.

이자율과 채권가격의 역관계는 앞에서 본 현재가치식에서도 확인할 수 있다. 즉 채권가격을 나타내는 P와 만기수익률(i)은 서로 역관계이다. 이자율과 채권가격의 역관계는 이표채의 경우에도 역시 성립한다.

Summary

1. 이자(interest)란 돈의 가격이다. 금전 또는 기타의 대체물을 사용한 대가로서 원금과 사용기간에 비례하여 지급되는 금전이나 기타 대체물을 이자라고 한다. 경제학에서는 자본요소의 제공에 대한 보수를 가리킨다.

2. 이자율의 성격
    ① 현재가치와 미래가치 사이, 즉 상이한 시점 사이의 자원배분을 해주는 매개변수이다.
    ② 소득분배 중 자본가의 자본에 대한 대가이다.

3. 고전적 이자이론으로는 한계생산력설, 제욕설, 시간선호설 등이 있다.

4. 근대적 이자이론으로는 마르크스에 의한 착취설, 빅셀 등의 대출자금설, 케인즈의 유동성선호설 등이 있다.

5. 이자는 자금수급의 연결고리가 되며, 현재소비와 장래소비를 배분하는 기능을 가진다. 또 저축과 투자에 직접적인 영향을 주어 국민경제에 커다란 영향을 미친다.

6. 명목금리란 물가변화를 고려하지 않은 이자율을 말한다.

7. 실질금리란 명목금리에서 물가 변화분을 공제(compensate)한 이자율을 말한다.

8. 명목금리와 실질금리 사이에는 다음과 같은 관계가 존재한다.
    명목금리 = 실질금리 + 인플레이션율

9. 명목금리가 실질금리와 예상인플레이션의 합으로 결정되는 현상을 피셔효과(Fisher effect)라고 한다.

10. 표면이자율이란 겉으로 나타난 이자율을 말하며 주로 채권이자율을 나타낼 때 쓰인다.
    $$\text{표면이자율} = \frac{\text{이자액}}{\text{채권액면가}}$$

11. 실효이자율은 복리를 고려한 사후적 개념의 이자율을 말한다.

12. 경상이자율은 채권구입가에 대한 이자액의 비율을 말한다.
    $$\text{경상이자율} = \frac{\text{이자액}}{\text{채권구입가}}$$

13. 만기수익률이란 채권구입가에 대한 순수익의 비율을 말한다.
    $$\text{만기수익률} = \frac{\text{이자액} + (\text{채권판매가} - \text{채권구입가})}{\text{채권구입가}}$$

14. 대고객금리는 금융기관 창구에서 금융기관과 고객 간에 형성되는 이자율을 말한다.
    • 대고객금리에는 수신(受信)금리와 여신(與信)금리가 있다.

- 금융기관이 자금을 빌려줄 때 받는 이자율을 여신금리라고 하며 예금에 대해 지급하는 이자율을 수신금리라고 한다.

15. 여신금리수준과 수신금리수준의 차이를 예대마진(margin)이라고 한다.

16. 시장금리는 직접금융시장에서 자금의 수급에 의해 결정되는 이자율이다.

17. 우량기업에 대한 일반대출금리를 프라임 레이트(prime rate)라고 한다.

18. 기준금리란 금리체계의 기준이 되며 금융시장의 지표로 사용되는 중심 금리를 말한다.

19. 은행간에 자금을 대차할 때 적용되는 이자율을 은행간 대출금리라고 한다.

20. 은행간 대출금리는 거래가 일어나는 도시에 따라서 특정의 이름이 붙여져 있다. 런던의 LIBOR, 싱가포르의 SIBOR, 홍콩의 HIBOR, 룩셈부르크의 LUXIBOR, 바레인의 BIBOR, 일본의 TIBOR 등이 그것이다.

21. 우리나라도 런던금융시장의 리보를 본떠 코리보(KORIBOR)를 개발하여 사용하고 있다.

22. 금리자유화란 여·수신금리 수준의 결정을 시장에 맡기는 것을 말한다.

23. 이자율수준이 기간에 따라 달라지는 것을 이자율의 기간구조라고 한다.

24. 이자율수준이 위험에 따라 달라지는 것을 이자율의 위험구조라고 한다.

25. 고전학파에서는 저축과 투자에 의하여 이자율이 결정된다고 보았다.

26. 케인즈는 유동성선호에 의한 화폐의 수요와 외생적으로 결정되는 화폐공급에 의하여 이자율이 결정된다고 보았다.

27. 대출자금설: 이자율이 궁극적으로 경제의 총공급측면과 총수요측면의 상호작용에 의하여 결정되는데, 구체적으로 대부자금의 총공급과 총수요에 의하여 결정된다.

28. 자본시장에서 이자는 자본투자의 한계수익을 반영하는 투자수요와 자금의 공급에 의하여 균형을 이룬다.

29. 채권의 가격과 이자율은 반대방향으로 움직인다.

Exercises

1. 다음 경우의 만기수익률, 경상수익률, 표면이자율을 각각 구하시오.

   가. 100만원을 대출하여 1년 후 12만원을 이자로 받는 경우.

   나. 액면가 100만원의 1년 만기 할인채를 90만원에 구입하는 경우.

   다. 이표가 5만원, 액면가 100만원인 이표채(coupon bond)를 95만원에 구입하는 경우.

2. 사용가능연수가 1년인 자본재의 공급가격이 1억원이고, 예상수익이 1억 2천만원이라면 투자의 한계효율은 얼마인가.

3. 어떤 사업의 투입자금은 4억원이다. 이 사업에서 매년 1억원씩의 수익을 영구적으로 올릴 수 있다면 이 투자의 한계효율은 얼마인가.

해답

1. 가. 100만원을 대출하여 1년 후 12만원을 이자로 받는 경우

   ① 만기수익률 $= \dfrac{112-100}{100} = 12(\%)$

   ② 경상수익률 $= \dfrac{\text{이자}}{\text{채권의 현재가격}} = \dfrac{12}{100} = 12(\%)$

   ③ 표면이자율 $= \dfrac{\text{이자}}{\text{채권액면가}} = \dfrac{12}{100} = 12(\%)$

   나. 액면가 100만원의 1년 만기 할인채를 90만원에 구입하는 경우

   ① 만기수익률 $= \dfrac{100-90}{90} = 11.11(\%)$

   ② 경상수익률 $= \dfrac{10}{90} = 11.11(\%)$

   ③ 표면이자율 $= \dfrac{10}{100} = 10(\%)$

   다. 이표 5만원, 액면가 100만원의 이표채(coupon bond)를 95만원에 구입하는 경우

   ① 만기수익률 $= \dfrac{100+5-95}{95} = 10.53(\%)$

   ② 경상수익률 $= \dfrac{5}{95} = 5.26(\%)$

③ 표면이자율 $= \dfrac{10}{100} = 5(\%)$

2. 한계투자효율을 d라 하면

$1억 = \dfrac{1억\ 2천}{1+d}$ ∴ $d = 20(\%)$

3. 한계투자효율을 d라 하면

$$4억 = \frac{1억}{1+d} + \frac{1억}{(1+d)^2} + \cdots + \frac{1억}{(1+d)^n} = \frac{\dfrac{1억}{(1+d)}}{1 - \dfrac{1}{(1+d)}} = \frac{1억}{d}$$

∴ $d = \dfrac{1억}{4억} = 25(\%)$

(이 식은 초항이 $\dfrac{1억}{1+d}$ 이고, 공비가 $\dfrac{1}{1+d}$ 인 무한등비수열의 합이다. 이 풀이는 영구 공채인 콘솔의 현재가격을 계산하는 방법도 된다.)

Chapter

04 화폐이론

1. 화폐란

화폐를 어떻게 정의하느냐 하는 문제는 학자들을 꽤나 괴롭혀 왔다. 답답한 마음에 힉스(J. R. Hicks)는 '화폐란 화폐가 하는 일을 하는 그것이다(Money is what money does)'라고 정의해 보기도 한다. 그렇다고 베이컨처럼 '돈이란 최악의 주인이요, 최선의 노예다'라고 정의할 수는 없는 노릇이다. 화폐에 대한 정의가 어려운 것은 화폐가 다양한 기능을 수행할 뿐만 아니라 화폐의 구실을 하는 유사화폐도 많기 때문이다.

(1) 화폐

화폐를 정의하는 가장 편한 방법은 법에 맡기는 것이다. 즉 '화폐란 법이 화폐라고 말하는 것(Money is what the law says it is)'이라고 정의하는 것이다. 법이 화폐라고 정한 것이면 그것을 화폐라고 하자는 것이다. 어떤 것에 대하여 법으로 화폐라 선언한다면 그것은 강제적인 통용력을 가지게 된다. 이러한 법적 화폐는 채무상환에 이용할 수 있고 채권자는 이를 채무변제수단으로 수락하여야 한다. 그런데 문제는 법적으로 선언된 화폐 외에도 화폐의 구실을 하는 것은 많다는 점이다. 예를 들어, 일반은행이 발행한 자기앞수표나 기업이 발행한 당좌수표, 그리고 개인이 발행한 가계수표도 화폐의 구실을 한다. 그러니 법으로도 화폐에 대한 정의가 제대로 되지 않는다.

한편 프리드만(M. Friedman)은 화폐를 '구매력의 일시적 보유수단'이라고 정의하기도 한다. 프리드만의 이 정의는 구매력을 언급했다는 점에서 화폐의 본질에 가까운 정의라고 말할 수 있다. 생각해 보면 화폐구실을 하는 것들의 공통점은 지급성을 가지고 있다는 점이다. 즉 지급성을 가진 것은 모두 화폐라고 볼 수 있다.

그래서 화폐를 다음과 같이 정의할 수 있다.

화폐란 일반적으로 통용되는 지불수단(generally acceptable means of payments) 이다

어떤 증표(token)가 일반적인 지불수단이 되고, 그 지불수단을 그 사회에서 이의없이 받아들인다면 그것은 화폐라는 것이다. 이처럼 지급성 여부를 가지고 화폐를 정의하는 것이 비교적 설득력 있고 정확한 정의가 된다.

(2) 왜 돈이라고 부르게 되었을까

돈이라는 말의 어원에 대해서는 세 가지 설이 있다. 화폐가 여러 사람의 손을 거치면서 세상을 돌고 도는 데서 나온 말이라는 설, 옛날 엽전 열 닢을 한 돈으로 부른 화폐단위에서 유래되었다는 설, 그리고 약이나 귀금속 등 값이 나가는 물건의 무게를 재는 중량 단위인 '돈중'에서 나왔다는 설 등이다. 이 설명 중 어느 주장이 옳은지는 아직 밝혀지지 않고 있다.

칠레의 수도 산티아고에 있는 대통령궁 이름은 모네타궁(Palacio de la Moneda)이다. 18세기 말에 지어진 이 건물은 칠레의 주화를 제조하는 주전소(Moneda)가 있는 조폐국이었다. 나중에 대통령 집무 공간이 된 뒤에도 건물 이름은 여전히 모네타궁이라고 불린다. 주전소를 모네타라고 부르는 데는 유래가 있다. 영어의 money는 그리스신화에 나오는 여신, 쥬노 모네타(Juno Moneta)의 칭호인 모네타(Moneta)에서 유래되었다. 기원전 269년 로마인들이 쥬노 사원에 최초의 주화 제조공장을 세웠기 때문이다. 이에 따라 주전소를 모네타(moneta) 또는 이 말의 영어인 mint라고 했고, 그 후 이에 해당하는 불어인 Monnaie의 영향으로 주전소뿐만 아니라 여기서 만들어진 모든 것들을 통틀어 money라고 부르게 되었다.

(3) 화폐의 분류

화폐는 그 분류 방법에 따라 다양하게 나눌 수 있다.

먼저 본위화폐와 대용화폐로 나눌 수 있다. 이러한 분류방법은 금속주의적 화폐관에 바탕을 둔 것이다. 본위화폐는 액면가치와 소재가치가 일치하는 화폐로 금화나 은화 등을 말한다. 대용화폐는 본위화폐의 존재를 전제로 한 그 이외

의 화폐이다. 은행권, 정부지폐, 보조화폐, 예금통화 등이 대용화폐이다. 은행권은 은행이 발행하는 화폐이다. 정부지폐는 전쟁 수행 등으로 정부의 재정이 궁핍할 때 발행되는 화폐이다. 보조화폐는 은, 동, 알루미늄, 니켈 등 실질가치 이상의 액면가치를 지니고, 소액거래의 편의를 위해서 사용되는 화폐이다. 예금통화는 당좌예금자가 발행한 어음이나 수표를 말한다.

지폐는 본위화폐와의 태환(兌換)가능성에 따라 태환지폐와 불환지폐로 나누어진다. 태환지폐는 본위화폐인 금과 태환이 가능한 지폐이고, 불환지폐는 금태환이 불가능한 지폐이다. 법에 의하여 강제로 통용력이 인정되고 있는 화폐를 법화(法貨, legal tender)라고 한다. 법화는 본위화폐인 무제한법화와 보조화폐인 제한법화로 나누어진다. 수표 등 예금통화는 화폐의 역할을 하지만 강제통용력이 있는 법화는 아니다. 또 화폐는 통용범위에 따라 국제거래 결제수단으로서의 세계화폐(국제화폐)와 국내 유통화폐로서의 국가화폐로 구분할 수도 있다.

2. 화폐의 속성과 기능

화폐는 물품화폐에서 시작하여 금속화폐, 지폐, 신용화폐, 전자화폐 등으로 발달하여 왔다. 화폐가 이런 순서로 변화를 거친 것은 화폐가 갖추어야 할 속성을 어떤 화폐가 얼마나 갖추었느냐에 따른 발달단계라고 볼 수 있다. 화폐가 갖추어야 할 일반적인 속성은 가분성(可分性), 동질성(同質性), 내구성(耐久性), 휴대(携帶)의 편리성이다.

첫째, 가분성이 있어야 한다. 가분성이란 거래할 때 결제수단으로서 불편하지 않도록 단위가 세분화되어 나누어질 수 있는 성질을 말한다. 화폐는 가분성이 있어야 크고 작은 다양한 액수의 거래에 결제수단이 될 수 있다. 물품화폐의 경우 가분성이 작아 통용이 불편하다.

둘째, 동질성을 지녀야 한다. 액면가치가 같다면 소재가치도 같아야 화폐가 제대로 기능을 발휘할 수 있다. 만일 액면가치는 같은데 질이 다른 두 종류의 화폐가 유통된다면 질이 나쁜 화폐의 유통은 계속되지만, 양질의 화폐는 퇴장되어 '악화(惡貨)가 양화(良貨)를 구축'하는 그레샴의 법칙(Gresham's law)이 나타나고 신용사회가 흔들리게 된다.

셋째, 내구성이 있어야 한다. 내구성이란 화폐로 사용되는 물질이 처음 상태를 얼마나 오래 잘 유지하느냐를 말한다. 화폐는 재화와 용역의 교환을 위해서 여러 사람의 손을 거쳐야 하기 때문에 그러한 유통을 견딜 수 있을 만큼 내구성을 가져야 한다. 화폐로 쓰이는 어떤 물질이 쉽게 닳거나 변질해 버린다면 가치 변동으로 화폐의 구실을 할 수 없게 된다.

넷째, 휴대의 편리성이 있어야 한다. 교환은 시간과 공간 면에 있어서 다양하게 이루어진다. 따라서 화폐는 휴대에 편리하여야 한다. 예를 들어 황소가 화폐의 구실을 한다고 하자. 거래의 중개구실을 하기 위해서는 화폐가 자유롭게 유통되어야 할 것인데, 황소를 운반하고 교환하고 하는 일은 매우 번거롭고 힘든 것이다. 화폐로서의 황소는 휴대의 편리성이 떨어지기 때문이다.

(1) 화폐의 기능

화폐는 가치척도, 교환의 매개수단, 지불수단, 가치저장수단이라는 네 가지 기능을 가지고 있다. 가치척도와 매개수단 기능은 화폐의 본원적 기능이고, 지불수단과 가치저장수단 기능은 파생적 기능이다.

① 가치척도: 화폐는 재화와 서비스의 가치를 측정하는 척도이다. 가치의 척도로는 어떤 특정 지수가 필요한데 이것이 바로 원, 달러 등 화폐의 단위이다. 미터나 마일 등의 단위로 길이를 측정할 수 있는 것처럼 화폐의 단위로 재화나 서비스가치의 크기를 잴 수 있다. 화폐가 가치 계산단위의 기능을 가지는 것이다. 한편 가치의 단위, 즉 원이나 달러 등은 단순한 칭호로서 실체가 없는 추상적인 개념이다.

② 교환매개수단: 화폐는 교환경제에서 매개수단이 된다. 일반적으로 교환의 매개물이란 그것을 통하여 판매계약이나 대차계약이 체결되는 수단을 말한다. 교환의 매개물로서의 화폐가 없다면 어떤 사람이 가지고 있는 상품을 필요로 하는 다른 사람이 동시에 자신이 필요한 상품을 가지고 있어야만 교환이 가능하다. 이를 '욕망의 이중적 일치'라고 하는데 이러한 일치를 찾기란 거의 불가능할 것이다.

화폐제도 덕분에 사람들은 팔고자 하는 상품과 교환하여 먼저 화폐를 획득하고, 그 화폐로 자신이 원하는 임의의 다른 상품을 구할 수 있다. 어떤 화폐가 교환수단이 되기 위해서는 그 화폐가 임의의 상품과 교환에서 반드시 수령된다고 하는 수령성을 보유해야 한다. 수령성을 보유하는 것을 화폐의 구매력이라고 한다.

③ 지불수단: 화폐의 가장 중요한 기능은 지불수단으로서의 기능이다. 그래서 화폐를 정의할 때도 지불기능을 가지고 판단한다. 화폐가 지불수단이 된다는 것은 상품의 거래에 있어서 화폐를 수령함으로써 매매를 성립시키고 종결시킨다는 의미이다. 지불수단으로서의 기능은 두 가지의 의미를 지니고 있다. 첫째는 수령성으로, 모든 거래관계에서 그 화폐가 지불수단으로 받아들여져야 하는 것이고, 둘째는 그 수령성이 보편적으로 통용되는 것이어야 한다는 것이다.

④ 가치저장수단: 화폐는 그 자체가 구매력을 가지므로 보유자는 화폐가 언제, 어떤 상품에 대해서도 그 대가로서 수령될 것을 기대할 수 있다. 이것이 가치저장수단으로서의 기능이며, 화폐가 자산의 한 형태로서 보유되는 사실을 가리키는 것이다. 물론 화폐만이 유일한 가치저장수단은 아니다. 채권·주식 등의 금융자산이나 내구소비재 등의 실물자산도 가치의 저장수단일 수 있다. 화폐는 이들 자산에 비해서 보관비용이 적게 들고, 그 명목가치가 불변이며 유동성이 높은 편이다.

(2) 화폐의 동태적 기능

앞에서 설명한 화폐의 네 가지 기능을 화폐의 기술적 기능이라고 한다. 화폐는 기술적 기능의 복합적인 작용을 통하여 거시경제에 동태적인 변수로서의 역할을 한다. 이러한 화폐의 기능을 동태적 기능이라고 한다. 우리가 화폐금융론을 공부하는 것은 화폐의 동태적 기능 때문이라고 하여도 과언이 아닐 것이다. 예를 들면, 통화공급이 증가되면 이자율이 하락하고, 이자율이 하락하면 투자가 증가한다. 투자가 증가하면 국민소득이 증가하게 된다. 이 관계를 흔히 표현하는 방법으로 나타내면 다음과 같다.

$$M^S \uparrow \rightarrow i \downarrow \rightarrow I \uparrow \rightarrow Y \uparrow$$

통화공급 증가가 국민소득의 증가를 초래하는 메커니즘은 화폐가 가지는 기술적 기능만으로는 설명하기가 어렵다. 화폐가 기술적 기능 이외의 다른 독립적인 기능, 즉 동태적 기능을 가지고 있기 때문에 가능한 것이다.

section 02 • 화폐의 역사

"오늘은 봉급날, 소금 타러 가자" - 로마 군인 -

1. 화폐의 발달

화폐는 물품화폐로부터 시작하여 금속화폐, 지폐, 신용화폐, 전자화폐의 순서로 발달하여 왔다.

(1) 물품화폐

물품화폐란 물품이 화폐로 쓰이는 것을 말한다. 미개 사회의 인간은 자급자족의 생활을 영위해 왔으나 생산력의 발전에 따라 잉여물이 발생하고 물물교환이 이루어지게 되었다. 물물교환이 성행해지자 서로가 원하는 상품의 종류 또는 운반상의 불편을 덜기 위하여 교환의 매개물이 필요하게 되었다. 교환매개물로는 여러 가지 물품이 사용되었다. 이 교환의 매개물은 결국 화폐의 구실을 하게 되었고 이를 물품화폐라고 한다.

봉급을 영어로 salary라고 하는데 이 말은 로마시대에 군인들에게 소금(salt)으로 급료를 지급했던 데서 유래한다고 한다. 물품화폐의 흔적이라고 할 수 있겠다. 처음에는 실용적인 상품이 화폐로 사용되었으나 나중에는 차츰 상징적인 것으로 대체되어 갔다. 그런데 물품화폐는 대부분 화폐가 가져야 할 속성들인 가분성, 동질성, 내구성, 그리고 휴대성에서 뒤떨어지는 것들이었다. 이에 금속화폐가 등장했다. 물품화폐를 대체해 간 금속화폐는 화폐가 갖추어야 할 이러한 속성들을 비교적 잘 갖추고 있었다.

얍섬의 돌화폐와 현대 화폐제도

얍(Yap)이라는 태평양에 있는 섬나라의 화폐는 페이(fei)라고 불렀는데, 큰 돌바퀴로 되어 있다. 이 페이는 그 섬에서 약 400마일 떨어진 다른 섬에서 만들어진 것이었다. 이런 돌화폐의 특징은 거래를 맺은 다음 새 주인은 그 돌이 자기 것이라는 인정을 얻는 데 만족할 뿐, 굳이 그 거래가 있었다는 표시조차 하려 들지 않는다는 것. 그 돌은 원래 주인 집 안에 그대로 남는다.

어느 마을에 큰 재산을 가진 한 가족이 살았다. 그 재산은 아주 큰 페이로 되어 있었는데, 그 크기는 구전(口傳)으로만 알려져 있었다. 그 페이는 바다 밑에 가라앉아 있었기 때문이다. 조상이 페이를 운반해 오다가 폭풍우를 만나서 돌이 바닷속으로 사라져 버렸다. 인부들은 그 페이가 아주 크다는 것, 바다에 가라앉은 것은 주인의 잘못이 아니라는 것을 증언하였다. 섬 주민들은 그 돌의 시장가치를 인정해 주었다. 이 돌이 주인집 벽면에 기대서 있는 것처럼 돌의 구매력이 인정되었다는 것이다.

독일정부가 1898년 스페인으로부터 이 섬을 산 뒤, 추장들에게 도로를 보수하라고 명령하였다. 명령이 여러 차례 반복되었으나 무시되었다. 마침내 마을 사람들에게 명령불복종죄로 벌금을 부과하기로 결정되었다. 집집마다 사람을 보내 페이에 정부의 소유를 나타내는 검은 십자표시를 하도록 하였다. 그러자 즉시 효과가 나타났다. 즉, 그 표시 때문에 가난해진 주민들이 도로 보수작업을 열심히 하더라는 것이다. 정부는 페이의 십자표시를 지워주었다. 벌금이 해제됨에 따라 가족들은 소유권을 회복하고 부를 누리게 되었다.

어떻게 사람들이 그토록 비논리적일 수 있을까. 그러나 얍섬의 순진한 사람들을 비난하기 이전에 미국에서의 한 가지 일화를 살펴볼 필요가 있다. 1922년 프랑스는 미국이 전통적인 금본위제도를 유지하지 않을 것을 우려하여 뉴욕의 연방준비은행에 맡겨 둔 달러를 금으로 바꾸어 줄 것을 요청하였다. 연방준비은행 직원은 지하 저장실의 금에 프랑스의 자산임을 나타내는 표시를 붙였다. 마치 독일인이 페이에 검은 십자표시를 한 것처럼.

그 결과 경제신문 금융란에 "금의 손실", "미국 금융제도의 위협" 등과 같은 글들이 실렸다. 미국의 금보유는 감소하고, 프랑스의 금보유는 증가하였다. 시장에서는 달러가치는 약화되고, 프랑가치는 강화된 것으로 보았다. 이러한 움직임은 궁극적으로 미국의 금융공황을 야기한 요인 중의 하나가 되었다.

지하금고 속의 서랍에 붙은 어떤 표시 때문에 미국 통화의 가치가 약화되었다고 믿는 현대인들의 생각과, 돌에 칠한 어떤 표시 때문에 가난하게 되었다고 믿는 얍섬 주민들의 생각 사이에 과연 차이가 있는가. 또 3천 마일이나 떨어져 있는 지하금고 서랍에 붙인 어떤 표시 때문에 통화가치가 강화되었다는 현대인들의 생각과 해안에서 멀리 떨어진 바다 밑에 잠긴 돌 하나 때문에 부자가 됐다고 믿는 얍섬 주민의 생각 사이에 차이가 있겠는가.

―프리드만의 「화폐이야기」에서―

(2) 금속화폐

금속화폐는 동질성을 가진 일정한 금속이 화폐의 구실을 하는 것을 말한다. 초기의 금속화폐는 각인(刻印)도 없는 조잡한 모양의 것이어서 저울로 무게를 달아 거래되는 칭량(稱量)화폐의 형태였다. 그러다가 공인된 기관이 일정한 순도와 무게를 보증하는 각인을 찍어 발행하는 주조화폐, 즉 주화가 나오게 되었다. 주화는 화폐의 필요조건인 가분성, 동질성, 내구성, 휴대의 편리성 등의 속성을 갖추었기에 화폐사(史)상 가장 오랫동안 화폐로 사용될 수 있었다.

BC 7세기에 그리스의 리디아 왕국에서 만들어진 엘렉트론 화폐는 유럽에서 가장 오래된 화폐로 알려져 있다. BC 5-6세기에는 여러 종류의 화폐가 각 도시국가에서 유통되기 시작하였다. 로마에서는 BC 340년 전후 청동화폐가 주조되었고, BC 269년에는 데나리우스[1] 은화가 주조되었다. 그 후 BC 1세기부터 아우레우스 금화가 만들어졌으며, 주로 당시의 정치가 두상이 새겨졌다. 네로시대에 이르러서는 재정의 궁핍으로 질이 나쁜 화폐가 유통되어 화폐제도는 혼란에 빠졌다. 그 후 콘스탄티누스 황제 시대에 화폐제도의 개혁이 추진되었다. 1252년에 주조된 피렌체의 플로린(Florin)금화는 유명하여 각국 금화의 모델이 되었다. 16세기로 들어와서는 신대륙으로부터 대량의 은이 유입되어 물가는 급등하고 화폐제도도 크게 변화하였으며, 특히 스페인의 페소화(貨)가 유력한 국제통화로 등장하였다. 영국에서는 16세기 중엽 화폐에 액면가를 표시한 주화가 제조되었다. 그 이후 근세의 절대주의국가들은 화폐의 주조권을 봉건영주로부터 중앙정부의 수중으로 이관시켜 통일된 화폐제도를 시행하였다. 주조기술도 발달하여 17세기 이후부터 기계에 의한 대량주조가 가능하게 되었다.

시뇨레지(seigniorage)

화폐의 발행자는 화폐발행차익을 얻을 수 있다. 대부분의 화폐는 그 소재가치보다 액면가치가 크기 때문이다. 화폐발행을 통하여 발행자가 얻는 수입, 즉 화폐발행차익을 시뇨레지(seigniorage)라고 한다. 시뇨레지란 원래 봉건영주를 의

---

[1] 당시의 하루 품삯이 한 데나리온이었다고 한다.

미하는 말이다. 중세의 지방영주들은 화폐를 주조할 권한을 가지고 있었고 이들은 액면가치와 소재가치가 다른 화폐를 발행하여 차익을 얻었다. 이 영주들이 화폐발행차익을 얻었다는 데서 시뇨레지는 화폐발행차익 또는 화폐주조세의 뜻으로 쓰이는 말이 되었다. 영주들은 금에 은이나 동을 섞은 질이 나쁜 금화를 발행함으로써 막대한 주조차익을 얻을 수 있었다.

성경에 나오는 칭량화폐

칭량화폐는 물품화폐에서 금속화폐로 넘어간 초기단계의 화폐이다. 이 칭량화폐는 거래 때마다 지금(地金, 금속조각) 그대로를 일일이 저울로 무게를 달아 사용하였다. 이러한 칭량화폐가 언제부터 사용되기 시작하였을까는 아직 밝혀지지 않고 있다. 다만 가장 오래된 칭량화폐의 사용기록은 구약성서의 창세기에 나온다. 아브라함은 아내가 죽자 그를 매장할 장지를 구하는데 400세겔의 은을 저울로 달아 준다(창세기 23: 16). 세겔은 당시의 무게를 다는 단위로 오늘날의 11.4그램에 해당한다고 한다. 무게의 단위인 세겔은 오랫동안 화폐의 단위로 쓰였고 그리스에서는 지금도 화폐의 단위로 쓰이고 있다. 이렇게 칭량화폐의 전통이 남아 무게의 단위가 오늘날 화폐의 단위로 쓰이고 있는 명칭은 의외로 매우 많다. 화폐의 단위인 우리나라의 양(兩), 영국의 파운드(pound), 페니(penny), 독일의 마르크(Mark), 프랑스의 프랑(franc), 이탈리아의 리라(lira) 등이 모두 원래는 무게의 단위였다.

오늘의 발달된 화폐제도도 사실 칭량화폐의 전통을 벗어나지 못하고 있는 것이다.

(3) 지폐

주화는 물품화폐에 비해서는 월등한 기능을 가졌지만 그래도 불편한 점이 많았다. 소재가치가 높아 주조비용이 많이 들었으며, 먼 거리의 거래가 있을 경우 무거운 주화를 운반한다는 것은 많은 비용이 들거니와 위험성까지도 수반되는 일이었다. 그래서 은행의 유래에서 이미 설명한 대로 상인들은 금화를 금세공업자에게 맡기고 그 대신 금보관증서(goldsmith's notes)를 가지고 자금결제를 하기 시작하였다. 금세공업자들은 차츰 은행으로 발달하면서 이들이 발행한 금보관증서는 사실상 지폐의 구실을 하게 되었다. 지폐란 이렇게 해서 발생하였고, 그래서 지금도 지폐를 은행권(銀行券)이라고 부른다.

지금은 관리통화제도하에서 금보관 없이도 지폐가 발행되고 있다. 지폐는 하나의 증표(token) 구실만 하는 명목화폐이다. 그런데 우리나라의 지폐를 보면 정부를 대표하는 대통령의 도장이 날인되어 있는 것이 아니라 한국은행 총재의 도장이 날인되어 있다. 지폐가 은행권으로부터 유래한 것이기 때문이다. 애초에 여러 은행들이 발행하던 은행권에는 그 은행장의 도장이 날인되거나 사인이 들어가 있었던 것이다.

한국은행이 발행하는 한국은행권은 법으로 강제통용력을 부여받아 통용되는 법화이다. 이러한 법화는 강제통용력이 있기 때문에 그 돈의 수취를 거절할 수 없다. 지폐는 소재가치가 작아 발행비용이 적게 들며 휴대에 편리하고 또 가분성도 있어서 그동안 사용하였던 물품화폐나 금속화폐에 비해 편리한 화폐이다.

(4) 신용화폐

경제가 발전하면서 소득수준이 높아지고 그에 따라 거래의 단위가 고액이 되거나 기업간 거래에 있어서 거래기록을 보유해야 할 필요가 생기기도 할 때 지폐는 이러한 기능을 감당하기에는 역부족이다. 또 지폐는 분실하면 되찾기도 어렵다. 그래서 예금을 토대로 하여 금액을 자유로이 기록해서 사용할 수 있는 수표제도가 발달하기 시작하였다. 수표는 지폐에 아직도 남아 있던 가분성문제나 휴대의 불편(거액)문제를 해결할 수 있는 유용한 화폐구실을 하게 되었다. 이 수표를 신용화폐라고 한다. 수표는 거래내역이 기재되기 때문에 거래의 증빙 역할도 할 수 있다. 신용화폐는 관습에 의하여 화폐의 구실을 하기 때문에 관습화폐라고 한다. 관습화폐는 법화가 아니며 지급시 수취를 거절할 수 있다. 또 추심(collection)절차가 필요하다는 불편이 있으며, 부도사태가 생기는 등 부작용이 생기기도 한다.

(5) 전자화폐와 E-Cash

수표거래의 불편은 부도위험과 그로 인한 통용지역과 범위의 제한, 그리고 추심에 필요한 시간소요 등이다. 수표의 불편을 해소시키는 기능을 가진 화폐가 바로 전자화폐이다. 전자화폐는 지폐나 수표를 사용하지 않고 거래쌍방의 은행계좌를 통하여 자금을 직접 이체하는 수단을 말한다. 최근에는 컴퓨터와 통신기술의 발달로 지로(giro), 온라인(on-line)송금, ATM, POS 등 전자자금이체제도가 편리하게 이용되고 있다.

　지로란 각기 다른 은행과 거래하고 있는 여러 사람으로부터 회비 등과 같은 자금을 한 은행으로 집중하고자 할 때 이용하는 제도이다. 온라인이란 라인을 열어놓고 거래시마다 즉시 송금 등을 처리하는 제도이다. ATM이란 현금자동입출금기(automated teller machine)를 말한다. ATM은 통장이나 금융기관 등으로부터 발급받은 카드를 이용하여 현금인출, 계좌이체, 잔액조회 등을 할 수 있는 무인단말기이다. POS란 판매점단말기(point of sales)를 말한다. POS는 백화점 등의 판매대에 설치되어 있는데 은행과 온라인으로 연결되어 있다. 고객은 POS를 통하여 자기가 거래하는 은행의 예금을 가지고 물건을 구매할 수 있다.

　최근에는 일반거래에서 화폐처럼 사용할 수 있는 전자화폐가 이용되고 있다. 이 전자화폐를 E-cash(electronic cash)라고 부른다. E-cash는 화폐의 가치를 가진 전자기호를 IC카드나 공중정보망과 연결된 PC 등 전자기기에 저장하였다가 상품 등의 구매에 사용할 수 있는 전자지급수단으로 전자금융환경이 만들어낸 차세대 화폐이다.

　E-cash는 정보저장 방법에 따라 IC카드형과 네트워크형 두 가지가 있다.

　IC카드형은 플라스틱 카드 위에 부착된 IC칩에 화폐가치를 저장하였다가 지급수단으로 사용하며, 화폐가치가 소진되면 ATM이나 은행창구에서 다시 저장받아 반복 사용할 수 있다. 이러한 전자화폐의 구실을 하는 것을 전자화폐카드(electronic money card) 또는 전자지갑이라고 한다. 전자지갑은 IC카드에 전자신호의 돈을 저장해 둔 새로운 개념의 플라스틱 화폐이다. 지폐와 동전을 지갑에 넣어 가지고 다니듯이 현금을 IC카드에 넣어둔 것이 전자지갑이다. 전자지갑은 돈을 미리 주고 구입하는 선불카드와 비슷하다. 선불카드는 백화점, 정유회사 등의 기업이 발행하며, 전자지갑은 은행이 발행한다. 네트워크형은 컴퓨터 통신망을 통해 거래은행 예금을 인출하여 인터넷 등 공중망상의 사이버은행 계좌나 공중망과 연결된 이용자의 PC에 화폐가치를 저장하였다가 전자상거래 대금의 지급 등에 사용된다.

(6) 암호자산[2]

2009년 비트코인이라는 가상화폐(virtual currency)가 나타났다. 비트코인은 나온 지 몇 년 동안은 낮은 가격으로 환전과 거래가 이루어졌으나 이후 결제수 단으로 이용되기 시작하면서 거래가 급증하고 가격도 올랐다. 특히 국제거래에 있어서 환전할 필요 없이 지급결제 및 송금 수단으로 활용될 수 있다는 점이 장 점이 되었다. 가상통화는 투자자산으로 가치가 인식되면서 수요가 급증하기도 했다. 그러나 자금세탁 등 위법 행위에 이용될 가능성, 투자자 피해 확대 등에 대한 우려로 일부 국가에서는 가상화폐에 규제를 가하기 시작했다.

G20회의는 2018년 가상화폐를 암호자산(crypto-assets)이라고 부르기로 합의 했다. 비트코인 등 가상화폐가 화폐로서의 핵심 특성을 결여하고 있는데도 currency (화폐)라는 명칭으로 인해 화폐로 오인될 가능성이 있고, 현실에서 투자의 대상이 되고 있다는 점을 감안하여 암호자산이라고 이름붙인 것이다. 즉 아직은 비트코 인 등 가상화폐를 공식화폐로 인정하지 않는 기류이다. 암호자산은 분산원장기 술 및 블록체인을 기반으로 민간 부문에서 물리적인 형태 없이 컴퓨터상 사이버 공간에 존재하도록 발행되는 자산이다.

암호자산: 블록체인을 기반으로 사이버 공간에서 발행되는 자산

분산원장기술은 거래 원장을 특정 기관의 중앙 서버가 아닌 개인 간(P2P: peer-to-peer) 네트워크에 분산하여 참가자가 공동으로 기록하고 관리하는 기술 이다. 분산원장기술 기반의 시스템에서는 신뢰를 담보해 줄 제3의 기관 없이 블 록체인 방식의 운영 메커니즘을 통해 신뢰를 확보한다. 블록체인은 일정시간 동 안 발생한 모든 거래 정보를 블록 단위로 기록하여 구성원에게 전송하고, 블록의 유효성이 확보될 경우 기존의 블록에 추가 연결하여 보관하는 방식이다. 제3의 공인기관이 개입하지 않고 불특정 다수에 대한 경제적 인센티브의 제공을 통해 거래기록이 관리되고, 이중지급과 거래기록의 위변조가 거의 불가능하다. 대부분 의 암호자산은 P2P 방식 네트워크에 의존하고 있다.

---

2   한국은행, 「한국의 금융제도」(2018), p. 28.

2. 우리나라 화폐사(貨幣史)

우리나라에서는 삼국시대부터 교환경제가 활발하게 이루어졌고, 교환의 매개물로 생활필수품인 쌀과 베가 주로 사용되었다. 당시 중국으로부터 수입된 화폐가 있었으나 국내에서는 유통되지 않았고 주로 중국과의 무역에서 결제수단으로 사용되었다. 고려시대에는 철전인 건원중보(建元重寶)를 주조하였다. 그 후에 주전관을 두고 유문전(有文錢)을 주조하여 유통을 권장하였다. 1101년에는 은병 모양의 은화가 주조되었으며, 1102년에는 보조화폐인 해동통보(海東通寶)가 주조되었다. 1391년에는 한국 최초의 지폐인 저화(楮貨)를 발행하였다. 조선시대에는 태종 때에 저화가 인쇄되어 법화로 지정되었으며, 인조 때는 상평청에서 상평통보를 주조하여 통용시켰다. 조정에서는 상평통보의 유통을 촉진하기 위하여 현물에 국한하였던 조세를 엽전으로도 납부할 수 있도록 허용하면서 그 통용이 확대되었다. 그러나 그 후 관주전(官鑄錢)의 품질이 점차 나빠지면서 다량의 사주전(私鑄錢)이 유통됨으로써 물가가 폭등하는 등 많은 폐해가 발생하였다. 대원군 집권시 1866년에는 쇄국정책에 따른 군비확충과 경복궁 중건비용 조달을 위하여 당백전(當百錢)을 주조, 강제 통용하게 하였다.

땡전 한 푼이라는 말의 유래

가진 돈이 전혀 없음을 강조할 때 흔히 땡전 한 푼 없다고 말한다든지, 저축을 홍보할 때 푼돈 모아 목돈 마련 등의 말을 사용한다. 푼은 무엇이고 땡전은 무엇일까?

푼은 우리나라에 근대화폐, 즉 신식화폐가 등장하기 이전에 사용되었던 조선통보·상평통보 등을 일컫는 엽전 한 개를 의미한다. 10푼은 1전(錢)이며 10전(錢)은 1량이 되니 1량이면 100푼이었다. 땡전은 고종 3년(1866년)에 흥선대원군이 경복궁을 다시 지을 때에 그 막대한 경비조달 등을 위해 당백전(當百錢)을 제조하고 통용시킨 데서 그 유래를 찾을 수 있다. 당시 당백전은 명목가치가 실질가치의 약 20배에 달하여 발행초기에 쌀값을 6배로 폭등케 하는 등 국민들의 생활을 극도로 피폐하게 하였다. 이로 인해 당시 사람들이 당백전에서 당전을 거세게 발음하여 땅전으로, 다시 땅전을 땡전으로 보다 격하게 발음하게 되어 그 땡전이 오늘날까지 이어진 것으로 보여진다. 이는 실로 국민의 생활 편의를 도외시하고 제조·유통된 화폐에 대한 국민의 준엄한 경고가 쉽게 바꿀 수 없는 언어 속에 간직되어 왔음을 역설적으로 보여 주는 것이라 하겠다.

—한국은행, 「화폐이야기」에서—

당백전은 실질가치가 명목가치의 20분의 1도 못 되는 것이었다. 이 당백전은 발행자인 정부가 시뇨레지를 얻기 위해 주조하였던 것이다. 따라서 시중에는 양화(良貨)인 엽전은 점차 자취를 감추고 악화(惡貨)인 당백전만이 유통되었다. 유통이라고 해도 그것은 비정상적인 유통이었다. 즉 당백전 보유자는 이 당백전을 사용하여 지급함으로써 가능하면 수중에 남겨 두지 않으려 하였다. 반면에 수취자는 당백전 받기를 꺼려하였다. 정부는 세금납부에 이용하도록 하기도 하고, 의무적으로 통용하도록 강제하였다. 그레샴법칙이 그대로 들어맞은 것이다. 나중에 물가가 폭등하게 되자 정부는 당백전의 통용을 금지하고 무상으로 강제 회수하기에 이르렀다. 그 후에는 강화조약 이래 누적된 재정난을 타개하기 위하여 1전(錢)이 상평통보 엽전 5문(文)에 해당하는 당오전(當五錢)을 주조하여 유통시켰는데, 당 오전은 당백전보다도 더 조악한 악화로 물가만 폭등시켰으며 그 후의 화폐 제도를 더욱 문란하게 만들었다.

한말에 일본의 세력이 침투하면서 더욱 많은 사주전이 유통되었는데 다량의 백동화가 위조되었다. 1892년에는 공식적으로 은본위제도가 시행되었다. 이때 발행된 화폐는 5냥은화와 1냥은화였으며 보조화폐로 백동화, 적동화, 황동화가 주조되었다. 1902년 한국의 중앙은행 구실을 한 일본의 제일은행의 제일은행권이 발행되었다. 그 후 1909년에 조선은행의 설립으로 조선은행권이 발행되어 유통되었고 8·15광복 후에는 한국은행권이 발행되어 오늘에 이른다.

section 03 • 화폐제도

1. 화폐제도와 본위제도

화폐의 발행과 통용제도 등 화폐에 관한 일정한 질서를 화폐제도 또는 통화제도라고 한다. 즉 화폐제도라는 것은 화폐의 발행과 소멸, 그리고 그 통용에 관한 규정과 관습을 말한다.

화폐제도의 중심을 이루는 시스템이 본위제도(本位制度, standard system)이다.

화폐를 발행하기 위해서는 반드시 어떤 기준이 필요한데 그 기준이 되는 화폐단위를 본위(本位)라고 한다. 그리고 이 본위를 어떠한 것에서 구하느냐에 따라서 화폐의 본위제도가 달라진다. 한 나라의 화폐가 어떤 특정한 본위제도에 따라서 발행될 경우 그 화폐를 본위화폐(standard money)라 하며, 본위화폐 이외의 화폐를 보조화폐라 한다.

　　본위화폐가 금속과 연결되어 있는 화폐제도는 금속본위제도에 속한다. 금속본위제도는 금속화폐의 역사만큼이나 오랜 역사를 가지고 있다. 금속본위제도에서 본위화폐의 한 단위는 어떤 금속의 일정량과 연결된다. 본위화폐가 어느 한 종류의 금속을 기준으로 할 때는 단본위제도라 하고, 두 가지 이상의 금속을 기준으로 할 때는 복본위제도라고 한다.

　　단본위제도에는 은본위제도와 금본위제도 등이 있다. 본위화폐가 은의 일정량과 연결을 맺고 있는 화폐제도를 은본위제도라 하고, 금의 일정량과 연결되어 있을 때는 금본위제도라 한다. 복본위제도는 대개 금과 은이 본위로 사용되었으며 이 경우를 금 · 은본위제도라고 한다. 역사적으로 은본위제도가 금본위제도보다 더 오랜 전통을 가지고 있지만 신대륙 발견 이후 유럽에 은의 유입이 대폭 증가하면서 은값의 등락이 심하게 되자 금본위제도를 택하는 나라가 많아졌다. 영국에서도 1717년 이후 금 · 은 복본위제도를 유지하다가 1816년에 금본위제도로 이행되었다.

　　미국의 경우 공식적으로는 금 · 은복본위제도를 채택하고 있었지만 1834년까지는 은(銀)이, 그 후로 1873년까지는 금이 화폐로 사용되었다. 그러다가 1873년에 화폐주조법이 통과되면서 공식적으로 금본위제도를 채택하였다. 그러나 계속해서 은본위제도를 주장하는 사람도 많아 본위제도가 대통령선거의 주요 이슈가 되기도 하였다.

　　본위화폐의 단위가 어떤 금속과도 관련 없이 정해지는 것을 자유본위제도라 하며 지폐를 사용하는 자유본위제도를 지폐본위제도라 한다. 자유본위제도는 결국 관리통화제도로 이행되었다.

2. 금본위제도

금본위제도(gold standard system)란 화폐단위의 가치와 금의 일정량의 가치를 연계시켜 등가관계를 유지하는 본위제도를 말한다. 예를 들어, 1달러를 순금 $\frac{1}{35}$ 온스와 같은 가치를 유지하도록 하는 식으로 통화의 가치를 금의 가치에 연계시키는 화폐제도이다. 이때 금 1온스를 화폐 35달러로 하는 것을 법정비가(法定比價) 또는 주조평가(鑄造評價, mint parity)라고 한다.

법정비가: 금 일정량에 화폐의 단위를 결부시키는 것을 말하며 주조평가라고도 한다

정부는 이 법정비가를 고시하고, 이 비율을 유지시켜야 할 의무를 지닌다. 법정비가를 유지하기 위하여 정부는 무제한적으로 금을 매입하거나 방출할 수 있어야 한다. 만약에 금값이 법정비가를 훨씬 넘어서면 사람들은 금화를 녹여 금으로 사용하게 된다. 사람들이 금화를 녹여 금으로 사용하기 시작하는 금값을 멜팅 포인트(melting point)라고 한다. 멜팅 포인트는 법정비가에 금 용해비용을 더한 값이다.

(1) 금본위제도의 종류

금본위제도에는 그 시행하는 방법에 따라 금화본위제도, 금지금본위제도, 그리고 금환본위제도의 세 가지가 있다.

1) 금화본위제도: 금화본위제도(gold coin standard)는 순수한 금본위제도로 금화가 직접 유통되며 자유로이 수출되거나 수입되는 체제이다. 그러나 이렇게 금화만 유통되는 순수 금화본위제도는 사실 존재하지 않았다. 실제로는 금화와 더불어 은행권과 기타의 화폐가 동시에 유통되거나, 금화는 유통되지 않고 금화와 태환될 수 있는 은행권과 기타의 화폐만이 유통되거나 하였다. 금화와 함께 은행권이 같이 유통되는 형태는 제1차대전 때까지 구미제국에서 채택되었으며, 금화는 유통되지 않고 금화와 태환될 수 있는 은행권만 유통된 형태는 일본과 같이 비교적 금보유량이 부족한 나라에서 채택되었다.

금화본위제도를 유지하기 위해서는 금화의 유통, 금화의 자유주조, 금수출입의 자유가 허용되어야 하며 지폐가 동시에 유통될 경우에는 지폐와 금화와의 태환이 자유로워야 한다. 따라서 이러한 순수 금화본위제도의 유지에는 주조평가의 유지비용과 주조비용 등 많은 사회적비용을 수반한다. 금화본위제도는 제1차 대전 후 거의 소멸되었고 1920년대의 유일한 금화본위국가는 미국뿐이었으나 미국도 1934년에는 금지금본위제도로 이행하였다.

2) 금지금본위제도: 순수한 금화본위제도가 이렇게 많은 사회적비용을 수반하게 되자 금지금(金地金)본위제도가 나오게 되었다. 금지금본위제도(gold bullion standard system)는 금화 대신 지폐를 발행하여 유통시키고 금지금(금괴, 金塊)을 지급준비금으로 보유하는 제도이다. 즉 금화의 자유주조를 인정하지 않고 화폐발행기관이 확정가격으로 금의 매입 및 매각의 의무를 부담함으로 금과 지폐와의 가치관계를 유지하는 것이다. 금지금본위제도하에서 금지금은 중앙은행이 정

화준비로 보유하고, 중앙은행이나 정부는 일정한 가격으로 금지금을 매입하거나 매각할 의무를 가지며 금지금 수출입의 자유가 보장되어 있다. 이 제도하에서 중심이 되는 유통화폐는 지폐이며 주화는 보조화폐이다. 금의 가치유지는 중앙은행이나 정부에 의한 금지금의 매입과 매각을 통하여 이루어진다.

금지금본위제도는 금화의 자유주조와 은행권의 금화와의 태환을 정지함으로써 금을 대외지급준비에 효율적으로 사용할 수 있게 되고 국내 화폐제도의 운영도 어느 정도 신축적으로 운영할 수 있게 해 준다. 1920년대의 영국, 1934년 이후 미국이 채택한 제도이다.

3) 금환본위제도: 금환본위제도(gold-exchange standard system)란 금본위국가인 다른 나라의 화폐를 자국의 화폐발행 지급준비로 보유하는 제도이다. 이 금환본위제도에서는 금의 국내 유통은 중지되고 정부가 금을 집중관리한다. 이 제도는 제1차대전 후 금지금본위제도와 더불어 선진국에 인접한 중소국가에 보급되었다. 금환본위제도는 금을 본위화폐로 사용하지 않거나 금이 부족하여 정화준비를 하기 어려운 나라가 채택하여 사용하였다. 금지금본위제도가 국내에 있어서의 금의 절약을 목적으로 한 데 대하여 금환본위제도는 금의 국제적 절약에까지 진전시킨 것이라 할 수 있다. 1893년 인도가 영국화폐에, 멕시코와 파나마, 필리핀이 미국의 화폐에 자국화폐를 연계시켜 사용하였다. 이 제도를 택하면 특정국의 통화가치의 변동에 따라 그 나라 경제사정에 종속되기 쉽다.

(2) 금본위제도의 기능

금본위제도는 그 특성상 화폐의 공급량을 정부가 마음대로 조정할 수 없다. 통화량을 인위적으로 증가시킬 수 없으므로 금본위제도를 채택하는 동안은 비교적 물가가 안정되는 것이 보통이었다. 그러나 한 나라의 통화량이 금광 발견 등 외부요인에 의하여 커다란 영향을 받게 되므로 경제 외 요인이 통화공급량의 증감을 좌우하는 폐단이 생기기도 하였다. 예를 들어, 매장량이 풍부한 금광이 발견되면 금의 생산량이 많아지고 통화량이 증가한다. 반면에 금은 산업적인 가치도 있기 때문에 금화의 용도가 아니라 산업적인 용도로 많이 쓰이게 되면 금이 등귀하게 되고 통화량이 감소하기도 한다. 특히 세계적으로 금의 공급이 차츰 감소되자 금값이 등귀하면서 각국은 금의 주조평가를 유지하는 데 막대한 비용이 들었다. 이러한 장·단점이 있음에도 불구하고 금본위제도는 오랫동안 본위제도의 주류를 이루어 왔다. 당시에는 나름대로의 장점이 더 컸었기 때문이다. 금본위제도의 장점으로는 물가안정 외에 무역수지균형과 환율안정을 들 수 있다.

무역수지 균형

금본위제를 채택하고 있는 어느 국가의 무역수지가 적자이면 금이 타국으로 유출된다. 금이 유출되면 국내의 통화량은 감소되므로 화폐가치가 상승하면서 물가는 하락한다. 물가의 하락은 자국상품에 대한 외국수요를 증가시키므로 수출이 증대되고 수입은 감소된다. 즉 수입초과가 해소된다. 반대로 무역수지 흑자 상태가 되면 수출상에 의한 금유입의 현상이 일어나 통화증발에 기인한 인플레이션적 현상이 일어나게 된다. 즉 국내 물가가 상승하고 화폐가치는 하락하게 된다. 물가가 상승하면 수출은 감소하고 수입은 증가하게 되어 무역수지는 균형을 회복하게 된다.

무역적자 발생 ⇒ 금유출 ⇒ 물가하락 ⇒ 수입감소, 수출증가
   ⇒ 무역수지균형, 물가 회복
무역흑자 발생 ⇒ 금유입 ⇒ 물가상승 ⇒ 수입증가, 수출감소
   ⇒ 무역수지균형, 물가 회복

이러한 순환과정이 지속되면서 물가와 무역수지가 자동적으로 안정되는 것이다. 금본위제도하에서 무역수지가 자동적으로 균형에 이르게되는 현상을 가격-정화 유출입 메커니즘(price-specie flow mechanism)이라고 한다.

환율안정

금본위제도는 환율을 안정시키는 기능을 가진다. 금본위제도는 어떻게 해서 환율을 안정시킬 수 있는가, 그 메커니즘에 대해서 알아보자.

금본위국 상호간의 화폐교환비율인 환율의 결정기준은 양국의 법정비가이다. 양국 화폐의 교환비율은 양국의 법정비가를 비교하여 결정된다. 예를 들어,

미국에서는 법정비가가 금 1온스에 1달러이고 우리나라에서는 금 1온스에 1,200원이라고 하자. 그러면 환율은 1 : 1,200으로 결정된다.

　　어느 수입업자가 있다고 하자. 수입대금을 미국으로 보내야 하는데, 금을 사서 보내는 방법도 있고 달러를 사서 송금하는 방법도 있다. 달러를 보내는 데는 송금비용이 들지 않는다고 하자. 그러나 금을 보내는 데는 비용이 들 것이다. 금을 수송하는 데는 운임, 보험료, 수송기간중의 이자와 기타의 잡비가 필요하다. 수입업자는 수송비를 부담하고도 금으로 보낼 것인가, 아니면 달러로 보낼 것인가를 결정해야 한다.

　　한편 우리나라에서의 금값은 1온스에 1,200원으로 정해져 있다. 독자 여러분은 이 가격이 우리나라의 법정비가라는 것을 알고 있을 것이다. 금본위제도하에서 미국에서는 금 1온스를 언제나 얼마든지 1달러에 살 수도 있고 팔 수도 있다. 마찬가지로 한국에서는 금 1온스를 1,200원에 살 수도 있고 팔 수도 있다. 이 법정비가는 정부에서 보장해 주고 있다. 그렇다면 문제는 환율수준이다. 환율이 낮다면 달러로 보내면 된다. 그러나 환율이 매우 높다면 수송비를 부담하고라도 금을 사서 직접 수송하여 결제하는 것이 더 유리할 수도 있다. 그렇다면 환율이 얼마나 높을 때 차라리 금을 사서 보내게 되는가. 그것은 달러 매입비용, 즉 환율이 금매입과 금수송비용을 넘어서는 경우일 것이다. 즉

　　달러매입비용＞금으로 지불할 때의 총비용(1온스당 1,200원＋금수송비)

이면 금을 사서 송금한다. 이처럼 환율이 충분히 높아 금유출이 시작되는 환율수준을 금수출점이라고 한다.

　　금수출점＝법정비가＋금수송비용

환율이 금수출점 이상으로 상승하면 금의 수출이 시작되는 것이다.

　　반대로 환율이 법정비가에서 수송비용을 제한 것보다도 더 하락하면 대금을 금으로 받는 것이 유리하게 된다. 그러므로 이 수준까지 환율이 하락하면 금의 유입이 시작된다. 이 유입점을 금수입점이라 한다.

　　금수입점＝법정비가－금수송비용

이와 같이 환시세가 상하로 변동할 경우 금의 수출·입점을 벗어나면 금의 이동이 생기므로 금본위제도하의 환율은 금의 수출·입점의 범위 내에서만 변동하게 된다. 금본위제도하에서는 환율이 안정적인 것이다.

(3) 금본위제도의 붕괴

금본위제도는 물가를 안정시키며, 무역수지를 균형시킬 뿐만 아니라 환율도 안정시키는 기능을 가진다. 그러나 이와 같은 장점에도 불구하고 금본위제도가 붕괴한 것은 단점도 많았기 때문이다.

금본위제도의 가장 큰 단점은 통화량의 증감이 외부조건에 너무 의존한다는 것이다. 금본위제도하의 물가는 실물생산과 관계가 있는 것이 아니라 그 나라의 금생산량에 의존한다. 또 금본위제도는 대외안정을 위하여 대내안정을 희생한다는 단점이 있다. 환율이나 무역수지는 자동적으로 안정이 이루어지지만, 대신 국내 물가는 대외조건에 의하여 불안정적으로 움직이게 되는 것이다. 더구나 금본위제도를 유지하려면 막대한 사회적비용을 감수해야 한다. 귀금속인 금으로 금화를 제조하는 비용과 법정비가를 유지하기 위하여 투입해야 하는 비용 등은 국가재정의 부담이 된다.

이러한 단점들이 있었기에 금본위제도는 제1차세계대전을 겪으면서 일대 전환을 맞게 된다. 대전중 전비 마련에 비상이 걸린 대부분의 국가들은 금태환을 정지하거나 금수출을 금지시키면서 금본위제도를 이탈하였다. 그 결과 불환지폐시대가 시작되고 국제간의 외환관계는 매우 불안정한 상태에 빠지게 되었다. 무역수지가 불리한 국가의 환율은 계속해서 올랐다. 금본위제도 이탈로 인한 부작용이 크게 나타나자 1919년에 미국은 다시 금본위제에 복귀하였다. 그 후 1922년에 이탈리아의 제노아(Genoa)에서 금본위제도로의 복귀를 논의하기 위한 국제회의가 개최되었다. 제노아회의(Genoa Conference)에서는 금본위제도로 복귀하되 금중심국만 금본위제도를 유지하고 다른 국가들은 금 및 금태환이 보장된 통화를 화폐발행준비로 보유하게 하는 금환본위제도를 채택하기로 합의하였다. 실제로는 미국만이 금화본위제도를, 영국과 프랑스는 금지금본위제를 채택하였다. 그 후 다른 국가들도 금본위제로 복귀하였다. 그러나 이 또한 오래 지속되지 못하였다. 남미제국부터 다시 금본위제를 이탈하기 시작한 것이다. 이러한 경향은 1930년대 세계경제대공황 속에 유럽으로까지 파급되었다. 미국도 경제공황이 극심하게 된 결과 1933년 초 은행휴업을 선언하고 예금인출을 정지시켰다. 그 해 4월에는 금수출을 금지하고 은행권 태환을 정지하면서 금본위제도에서 이탈하였다. 프랑스를 중심으로 한 유럽의 몇몇 나라는 금본위제도를 유지하고 있었으나 결국 1935년 이후 벨기에를 선두로 이들 제국도 금본위제를 이탈하게 되었다. 1936년 말경에는 거의 모든 나라가 현실적으로 금본위제를 이탈하였다.

3. 화폐발행 논쟁

화폐발행제도 변천사에 등장하는 영국에서 일어난 '통화논쟁'은 학설사상 매우 중요한 논쟁이다. 이 논쟁은 금본위제도하의 화폐발행에 대한 나름대로의 이론적 고찰이라고 할 수 있다. 후에 이 논쟁은 관리통화제도로의 이행 통로가 된다.

(1) 지금논쟁(地金論爭)

은행권은 처음부터 화폐로 탄생된 것이 아니라 거래의 매개수단으로서 금세공업자가 발행한 금보관증서의 형태로 출발하였다. 그 뒤 은행들은 재량적으로 은행권을 발행하여 왔다. 영국의 잉글랜드은행도 여러 발권은행 중의 하나일 뿐이었다. 이러한 가운데 나폴레옹전쟁이 일어나 잉글랜드은행의 정부대출금이 증가하게 되고, 이에 따라 물가는 오르고 환율은 상승하였으며 지금(地金)가격도 올랐다. 공황도 계속 반복하여 발생하였다. 이처럼 경제혼란이 계속되자 대책을 강구하기 위하여 지금위원회(Bullion Committee)가 하원에 설치되었다. 지금위원회에서는 두 가지 견해가 대립되어 논쟁이 거듭되었는데, 지금론자(地金論者)와 반지금론자(反地金論者) 간의 지금논쟁(bullion controversy)이 그것이다.

지금론자들은 경제혼란의 원인이 은행권의 과잉발행에 있으며, 그 때문에 은행권의 가치가 하락하고 지금가격이 상승하며 환율이 상승하게 된다고 생각하였다. 이들은 경제혼란을 막기 위해서는 은행권 발행을 축소하여야 한다고 주장하였다. 그러나 반지금론자들의 생각은 달랐다. 반지금론자에 의하면 은행권의 가치가 하락한 것은 금값이 상승하였기 때문이며, 환율상승은 전비지출과 대륙봉쇄에 의한 무역수지적자에 기인한다는 것이었다. 또 환시세와 지금의 가격은 은행권의 증감과 아무런 관련이 없으며, 상거래를 목적으로 발행된 진성어음만을 은행이 할인하여 준다면 은행권의 과잉발행은 있을 수 없기 때문에 구태여 은행권의 발행을 규제할 필요가 없다는 것이었다. 1810년에 제출된 지금위원회의 보고서에서는 지금론자들의 견해가 채택되었다.

(2) 통화주의와 은행주의

지금논쟁이 끝나고 금태환을 재개한 이래 얼마 안 가서 잉글랜드은행의 금준비는 급격히 감소되어 태환정지 위기에 직면하게 되었다. 그 결과 은행권 발행제도를 둘러싸고 다시 논쟁이 벌어지게 되었다. 소위 통화주의와 은행주의의 논쟁이 그것이다. 은행권 발행을 은행의 자유재량에 일임하는 것이 좋으냐, 그렇지 않으면 일정한 제한을 둘 것인가 하는 등의 문제가 대두된 것이다. 이와 같은 문제를 검토하기 위하여 1840년 초에 발행은행특별위원회를 하원에 설치하게 되었다. 위원회는 다시 서로 다른 두 가지 견해로 대립되었다. 은행권 발행을 규제하라는 주장과 은행의 자유재량원칙에 따라야 한다는 주장이 대립된 것이다. 전자를 통화주의라 하고 후자를 은행주의라 한다. 이러한 대립은 지금논쟁의 연속이라 볼 수 있다. 지금논쟁 때의 지금론자들 견해를 이어받은 것이 통화주의파이며, 반지금론자들의 견해를 계승한 것이 은행주의파이다.

통화주의자의 주장은 다음과 같다. 은행은 자기의 이익을 위해서 은행권을 남발하는 경향을 갖고 있다. 따라서 은행권 발행을 은행에 일임하면 은행권의 남발로 인해 물가는 오를 것이고 경제가 혼란에 빠질 위험성이 있다. 이상적인 발행제도는 은행권 발행 전액에 해당하는 금을 준비시키는 것이다. 전액준비제도를 채택하면 국제금본위제도의 메커니즘을 통해서 자동조절작용이 유효하게 실현된다. 또 국내의 물가수준은 일정한도 내에서 안정되고 국제적으로는 금의 효율적인 배분이 성립되어 물가와 무역수지의 균형이 자동적으로 실현된다고 생각했다. 이러한 통화주의의 주장은 통화수량설을 이론적 배경으로 하고 정화가격메커니즘에 의한 자동조절작용을 근거로 하고 있다. 오버스톤(Lord Overstone),

토렌스(R. Torrens), 노오만(G. Norman), 필(R. Peel) 등이 통화주의파학자들이다.

다음은 은행주의자의 주장이다. 은행은 통화에 대한 수요 없이 은행권을 스스로 발행할 수 없다. 은행은 통화에 대한 수요에 따라 수동적으로 은행권을 발행한다. 예를 들어, 상거래에서 발생하는 진성어음의 할인에 의해서 은행권을 발행한다면 통화의 과부족이 생기지 않는다. 상거래의 필요에 의해서 발행된 은행권은 만기일에 다시 발행은행으로 환류하는 성질을 가지고 있다. 이것을 환류의 법칙, 또는 처음 주장한 사람의 이름을 따서 플라톤의 법칙이라고 한다. 따라서 정부가 굳이 은행권의 발행을 규제할 필요가 없다는 것이 은행주의자들의 주장이다. 은행주의파의 대표 자로서는 투크(T. Tooke), 플라톤(J. Fullarton) 등이 있다.

(3) 논쟁은 끝나지 않았다

발권은행특별위원회에서 채택한 것은 통화주의의 주장이었다. 1844년의 필조례(Peel's Act)라고도 하는 잉글랜드은행법은 통화주의에 의거하여 기초되었으며, 정화보유량에 의해 은행권의 공급량을 통제하게 되었다. 또 이 법에 의하여 복수은행 발행제도는 폐지되고 점차적으로 잉글랜드은행이 발권권을 독점하게 되었다. 그러나 논쟁은 이렇게 해서 끝나지 않는다. 즉 지금논쟁과 통화논쟁은 케인지언과 통화주의자(monetarist) 논쟁으로 이어져 오늘날도 계속되고 있다.

4. 관리통화제도

(1) 관리통화제도의 등장

금본위제도 붕괴 이후 각국의 통화제도는 관리통화제도로 이행되어 갔다. 관리통화제도는 통화량을 통화당국의 재량에 의해 조절해 나가는 제도이다.

금본위제도는 환율의 안정과 무역수지균형이라는 장점이 있는 반면, 경기변동의 국제적인 파급을 면하기 어려울 뿐만 아니라 대외균형 위주여서 대내균형을 희생시킨다는 단점이 있었다. 이에 따라 금태환을 정지하고 불환지폐(不換紙幣)의 통화량을 조정함으로써 국내 물가의 안정은 물론 고용증대라는 경제적 효과를 꾀하려는 관리통화제도가 등장하였다.

원래 금본위제도는 완전한 자유무역을 전제로 한 것으로 국제적 균형이 우선시되는 국제통화제도이다. 그런데 완전한 자유무역은 열강의 경쟁적인 식민지 개척과 보호무역이 등장하면서 붕괴되기 시작하였으며, 이러한 국제경제하에서 대외균형을 유지한다는 것은 결국 대내균형을 희생시키는 것이었다. 뿐만 아니라 자본주의 경제발전에는 경기의 순환적 변동이 불가피하고 경제규모가 커지면서 그 진폭은 확대되는 경향을 가지고 있다. 이 때문에 정화준비에 의한 기계적 화폐발행만으로는 국내의 금융사정에 적응할 수가 없는 데다가 경기변동에 대한 정책적 대응도 불가능했다. 금본위제도는 국내경제균형 달성에 한계가 있는 제도였다. 경기변동에 대응하고 대내 안정을 도모하며 역동적인 경제환경에 부응하는 새로운 화폐제도가 필요하게 된 것이다. 그리하여 각국의 발권제도는 서서히 관리통화제도로 이행해 갔다. 관리통화제도하의 화폐는 불환지폐이다.

(2) 관리통화제도의 특성

관리통화제도는 재량적인 화폐발행제도이다. 관리통화제도는 금본위제도에 비해 다음과 같은 특징을 가지고 있다.

관리통화제도하에서는 통화의 금태환이나 개인의 자유의사에 의한 금수출입이 법적으로 인정되어 있지 않다. 또 관리통화제도는 법적으로 일정한 금평가, 즉 법정비가제도도 가지고 있지 않다. 그러나 이 말이 통화와 금의 교환이나 환의 법정평가 유지가 완전히 불필요하게 되었다는 것은 아니다. 금과의 태환은 금지금본위제도에서도 국내적으로는 실시되지 않았으며 대외결제를 위한 경우에만 자유로웠던 것이다. 관리통화제도하에서도 국내 결제에는 법화인 불환지폐가 무제한으로 사용되나 최종적인 국제결제에는 금이 사용된다. 이러한 의미에서 금은 여전히 세계화폐라고 할 수 있다.

관리통화제도하에서는 화폐가 금보유량과 상거래에서의 필요에 의해 자동적으로 발행되는 것이 아니라, 정책당국의 결정에 의하여 이루어진다. 통화당국은 자국의 물가와 금리수준, 투자활동, 그리고 대외환율 등을 고려하여 통화발행량을 인위적으로 통제하고 관리한다.

제1차대전 이후 각국은 국내문제를 처리하기에 여념이 없어 자국본위의 통화운영에만 몰두하였다. 국가간의 환시세는 합리적 상대관계를 수립할 수 없었고, 각국은 국내안정을 위해 환율을 경쟁적으로 인상하였다. 국제무역은 무질서상태에 빠지게 되었다. 금본위제도하에서는 국제균형을 우선시하였기 때문에 국내균형의 달성이 곤란하게 되어 당시의 통화제도에 대한 반성이 촉구되었지만, 이번에는 국내균형을 우선한 까닭에 국제경제관계가 혼란상태에 빠지게 되어 관리통화에 대한 반성이 촉구되었다. 이렇게 되자 미국과 영국은 세계통화기구에 대한 논의를 하였으며, 1944년 7월에 브레튼 우즈협정(Bretton Woods Agreement)을 성립시켰다. 전후의 국제통화 관계를 규정하는 초안으로서 미국의 화이트안(案)이 채택되어 오늘의 국제통화기금(IMF: International Monetary Funds)제도가 창립되게 되었다. 또한 국제부흥개발은행(IBRD: International Bank for Reconstruction and Development)도 설립되어 전후의 국제통화정책이 확립되었다. IMF가맹국의 통화에 대한 국제가치 결정에 대해서는 엄격한 협정이 설정되게 되어 관리통화제도는 국제적으로도 안정적인 화폐발행제도로서의 기반을 얻게 되었다.

보론 ● 중앙은행의 디지털화폐 논의[3]

최근 들어 주요국 중앙은행에서 '중앙은행 디지털화폐'를 직접 발행하는 방안에 대한 논의가 진행되고 있다. 논의되는 중앙은행 디지털화폐는 법정화폐로서 지급과 동시에 결제가 완료되며 다른 가상화폐와 달리 당사국 법정화폐 단위를 사용한다. 이러한 논의가 긍정적인 방향으로 진행해서 실제로 중앙은행이 디지털화폐를 발행한다면 실물화폐가 전자적 형태의 화폐로 대체될 뿐만 아니라 중앙은행의 거래 대상이 기존의 은행 중심에서 비은행금융기관, 기업, 개인 등으로 확장될 수 있다.

중앙은행 디지털화폐가 통화정책에 미치는 영향은 은행 예금이나 실물화폐를 대체하는 정도에 따라 달라질 것이다. 중앙은행 디지털화폐의 이용이 크게 증

---

3 한국은행, 「한국의 통화정책」(2017), pp. 36~37에서 발췌.

가하여 은행 예금을 대체하는 정도가 크다면 은행의 지급준비금이 감소하여 결제자금 부족에 대응한 중앙은행의 유동성 공급이 늘어날 수 있다. 하지만 은행 예금이 줄어들면 은행의 대출 재원이 감소하는 데다 위기 시에는 도매금융시장을 통한 자금조달에 애로가 발생하면서 실물부문에 대한 대출이 축소될 가능성도 있다.

한편 중앙은행 디지털화폐가 실물화폐를 대체할 경우 제로금리 하에서의 통화정책 대응이 더 쉬워질 수 있다. 중앙은행 디지털화폐가 금융기관을 거치지 않고 가계, 기업 등의 경제주체에 직접 유동성을 공급할 수 있기 때문에 양적완화에 비해 제로금리 하한에 효과적으로 대응할 수 있게 된다. 실물화폐 발행 중단으로 현금 보유가 어려워지면 중앙은행 디지털화폐에 대한 마이너스금리 부과의 효과가 발생할 수 있는 것이다.

〈표 4-1〉은 공식명칭이 암호자산인 가상화폐, 중앙은행 디지털화폐, 그리고 기존의 법정화폐 비교표이다. 가상화폐와 중앙은행 디지털화폐는 그 형태가 전자정보라는 점에서 같고, 디지털화폐와 기존 화폐는 법정화폐라는 점에서 같다. 가상화폐는 관리주체, 법적지위가 없는 자산이다.

표 4-1 • 가상통화, 중앙은행 디지털화폐 및 기존 법정화폐 비교

구분	가상통화	중앙은행 디지털화폐	현금
형태	전자정보		실물
관리주체	없음	중앙은행	
발행규모	알고리즘에 의해 사전 결정	중앙은행 재량	
법적지위	없음	법정화폐	
화폐단위	독자단위	기존 법정화폐 단위	
통용범위	이용자 간 합의 필요	비은행금융기관, 기업, 개인 등	무제한
거래기록	참가자	참가자(분산원장기술 기반 발행) 또는 중앙은행(중앙집중형 발행)	불필요

자료: 한국은행, 「한국의 통화정책」(2017), p. 37

Summary

1. 화폐란 일반적으로 통용되는 지불수단(generally acceptable means of payments)이다.
2. 화폐가 갖추어야 할 일반적인 속성은 가분성, 동질성, 내구성, 그리고 휴대의 편리성이다.
3. 화폐는 기술적 기능이 복합적으로 작용하면서 경제의 동태적 변수 역할을 하고 있다. 이러한 화폐의 기능을 동태적 기능이라고 한다.
4. 화폐는 처음에는 물품화폐로부터 시작하여 금속화폐, 지폐, 신용화폐, 전자화폐의 순서로 발달하여 왔다.
5. 시뇨레지란 화폐발행차익을 말한다.
6. 그레샴법칙이란 악화가 양화를 구축하는 현상을 말한다.
7. 화폐를 발행하기 위해서는 어떤 기준이 필요한데 그 기준이 되는 화폐 단위를 본위(本位)라고 한다. 한 나라의 화폐가 어떤 일정한 본위제도에 따라서 발행될 경우 그 화폐를 본위화폐(standard money)라 한다. 역사상 가장 유명한 본위제도는 금본위제도이다.
8. 본위화폐의 단위가 어떤 금속과도 관련 없이 정해지는 것을 자유본위제도라 하며 지폐를 사용하는 자유본위제도를 지폐본위제도라 한다. 자유본위제도는 결국 관리통화제도로 이행되었다.
9. 금본위제도란 화폐단위의 가치와 금의 일정량의 가치를 연계시켜 등가관계를 유지하는 본위제도를 말한다.
10. 법정비가란 금 일정량에 화폐의 단위를 결부시키는 것을 말하며 주조평가라고도 한다.
11. 금본위제도는 무역수지를 균형시키며 환율을 안정시키는 기능을 가지고 있다.
12. 금본위제도하에서 무역수지가 자동적으로 균형에 이르게 되는 현상을 자동정화가격 메커니즘이라고 한다.
13. 환율이 충분히 높아 금의 유출이 시작되는 환율을 금수출점이라고 한다.
   금수출점＝법정비가＋금수송비용
환율이 충분히 낮아 금의 유입이 시작되는 환율을 금수입점이라고 한다.
   금수입점＝법정비가－금수송비
14. 관리통화제도는 한 나라의 통화량을 금보유량 증감에 관련시키지 않고 통화당국의 재량에 의해 조절해 나가는 제도이다.
15. 각국이 관리통화제도를 채택하는 경우 국제적인 통화기구가 필요하게 된다. 브레튼 우즈협정에 의한 IMF는 그 중의 하나이다.

PART
02

금융시스템

Chapter

05 | 금융시스템 개요

1. 금융시스템이란

한 국가 안에서 자금의 금융적 순환을 담당하는 일체의 체계와 규범을 금융시스템(financial system) 또는 금융제도라고 한다. 세계 각국은 법으로 정하거나 금융거래 전통에 의해 정착된 고유의 금융시스템을 가지고 있다. 예금자나 투자자의 입장에서 보면 금융시스템은 저축이나 투자자산을 안심하고 맡길 수 있도록 각종 장치를 갖추어 자산관리를 제도화시킨 시스템이다. 또 투자 자원을 구하거나 차입을 원하는 입장에서 보면 금융시스템이란 자금의 차입이 가능하도록 해주는 사회적 시스템이다.

금융시스템: 자금의 금융적 순환을 담당하는 일체의 체계와 규범

효율적이고 선진적인 금융시스템을 보유한 국가는 경제가 활발하게 움직이고 발전한다. 싱가포르나 홍콩은 자체의 제조업 등 산업 생산시설은 별로 없지만 금융산업이 발달해 국가경제에 크게 기여하고 있다. 금융시스템이 국가경제를 도와주는 것이다. 만약 금융시스템이 실물경제를 뒷받침하지 못하면 국가경제가 정상적으로 작동하기 어렵다. 투자주체인 기업이 금융시스템을 통해 자금을 조달하지 못하면 투자가 위축되어 실물생산 활동을 위축시킨다. 자금의 잉여주체인 가계도 마땅한 저축수단이나 보험수단을 찾지 못하면 미래의 소비나 노후, 질병 위험에 대해 적절히 대비하기 어렵다.

2. 금융시스템의 구성

금융시스템을 거시적으로 보면 크게 금융시장, 금융기관, 금융하부구조로 구성된다.[1]

---

1   이와 같은 분류는 "한국은행, 「한국의 금융제도」(2018)"의 방식을 따른 것이다.

(1) 금융시장

금융시장은 자금의 공급자와 수요자간에 금융거래가 조직적으로 이루어지는 추상적 구체적 장소이다.[2] 금융시장은 크게 간접금융시장과 직접금융시장으로 구분된다. 간접금융시장은 예금과 대출을 통해 자금이 중개되는 것으로 예대시장이 대표적이다. 즉 은행, 비은행예금취급기관, 집합투자업자, 신탁업자 등이 예금증서나 간접증권을 통해 자금을 조달하여 대출하거나 이들이 발행한 직접증권을 매입하는 방식으로 자금을 공급하는 금융거래가 이루어진다.

직접금융시장에서는 자금 수요자와 공급자가 직접 만나는 형태로 금융거래가 이루어진다. 직접금융시장은 금융상품 만기를 기준으로 단기금융시장과 자본시장으로 구분된다. 단기금융시장은 만기 1년 이내의 금융상품이 거래되는 시장이다.

자본시장은 장기자금이 유통되는 시장으로서 주식시장과 채권시장으로 구분된다. 주식시장은 유가증권인 주식이 거래되는 시장이다. 주식 유통시장으로는 장내시장과 장외시장(K-OTC)이 있다. 채권시장은 만기 1년 이상 장기채권이 발행되고 유통되는 시장이다. 통화안정증권시장과 자산유동화증권시장도 자본시장에 포함된다.

(2) 금융기관

자금 공급자와 수요자 간에 거래를 성립시켜 주는 일을 하는 기관을 금융기관이라고 한다.[3] 자금 공급자와 수요자가 직접 거래하는 경우 탐색비용을 지불해야 한다. 즉 거래비용이 발생한다. 이에 비해 금융기관은 거래비용을 절감시켜 소규모 거래도 가능하게 함으로써 금융거래를 활발하게 해준다. 금융기관은 다수로부터 자금을 모아 다양한 자산에 운용함으로써 투자자가 분산투자하는 것과 비슷한 효과를 누리게 해준다. 차입자의 신용도 분석에 관한 전문적인 노하우를 축적하고 지속적인 거래를 통해 획득한 차입자에 대한 정보를 활용하여 정보의 비대칭성 문제를 완화함으로써 자금배분의 효율성을 높이는 역할도 수행한다.

---

2 금융시장에 대한 자세한 사항은 7장과 8장에서 설명한다.
3 금융기관에 대해서는 6장에서 자세히 설명한다.

(3) 금융하부구조

금융하부구조(financial infrastructure)란 시장 참가자들이 금융거래를 수행하는 데 필요한 모든 규칙이나 제도, 감독, 안전망 등을 총칭한다. 금융거래는 일반 상품거래와 달리 정보의 비대칭 문제를 수반한다. 따라서 이를 악용한 불공정 및 불건전 금융행위를 방지하고 금융기관의 과도한 위험추구 행위를 제한하는 법률이 있어야 하고, 그 법률이 제대로 시행되는지를 감시하는 장치도 필요하다. 금융시장의 거래 규칙이나 금융기관 인가 및 경영, 재산권 보호 등을 규정하는 법률체계가 필요하고 이들 체계가 금융하부구조를 구성하는 것이다. 하부구조는 요즈음 흔히 쓰는 말로 인프라(infrastructure)이다.[4] 사회간접자본이라고도 하는 인프라는 각 경제주체가 경제활동을 원활하게 하도록 도와준다. 마찬가지로 금융인프라는 금융기관과 금융시장이 잘 작동하도록 도와준다.

금융하부구조: 시장 참가자들이 금융거래를 수행하는 데 필요한 모든 규칙이나 제도, 감독, 안전망 등의 총칭으로 금융인프라라고도 함

금융하부구조로는 지급결제제도, 금융감독제도, 예금보험제도, 중앙은행, 증권거래소 등이 있다.

지급결제제도는 실물 및 금융 거래에서 발생한 채권·채무를 완결시키는 기능을 수행하며 지급수단, 참여기관 및 지급결제제도 관련 법규 및 금융시장인프라 등으로 구성된다. 지급수단에는 현금과 비현금지급수단인 어음, 수표, 신용카드 등이 있다. 지급결제제도의 참여기관은 지급서비스 제공기관, 금융시장인프라 운영기관, 그리고 한국은행 등이 있다. 금융감독제도는 금융기관으로 하여금 금융 중개를 공정하게 하고 경영건전성을 유지하도록 함으로써 금융소비자의 재산을 보호하고 금융거래를 활성화하는 역할을 한다. 금융감독기관으로는 금융위원회와 금융감독원이 있다. 예금보험제도는 금융기관이 경영부실 등으로 예금 원금이나 이자를 지급할 수 없을 때 예금보험기구가 해당 금융기관을 대신하여 예금주에게 원리금의 전부 또는 일부를 지급하는 일종의 보험제도이다. 예금보험제도는 소액 예금주들을 금융기관의 경영부실로부터 보호하고 예금인출사태가

---

4   금융하부구조에 대해서는 9장에서 자세히 설명한다.

발생하지 않도록 방지하는 금융안전망 역할을 한다. 중앙은행제도는 중앙은행과 그 조직 및 의사결정 체계, 업무범위 등을 포괄한다. 중앙은행은 발권력을 가진 최종대부자로서 금융기관 예금에 대하여 지급준비금을 부과하고 필요시 금융기관에 부족자금을 공급하는 기능을 수행한다. 이러한 기능은 물가안정과 금융안정에 기여한다. 우리나라에서는 1950년 6월 12일 설립된 한국은행이 이러한 중앙은행 역할을 담당하고 있다. 거래소제도는 증권 및 장내파생상품이 안정적, 효율적으로 거래되도록 시장을 개설·운영하여 증권, 장내파생상품의 매매, 청산, 결제 업무를 수행하며, 이와 더불어 시장 감시 등의 업무를 수행한다.

3. 금융시스템의 기능

금융시장에서 형성되는 이자율과 증권 가격은 기업의 투자활동과 가계의 저축활동에 신호를 보냄으로써 자금의 효율적 배분에 기여한다. 효율적인 금융시스템은 자금 공급자와 수요자 간의 자금이전을 원활하게 함으로써 한 나라의 경제발전에 기여한다. 금융시스템을 구성하는 금융시장, 금융기관, 금융거래 하부구조는 각각 고유의 기능을 제공한다. 이들 기능에 대해서는 각각 해당되는 곳에서 기능을 설명한다. 이 절에서는 금융시스템 전체의 기능을 간략히 설명한다.

첫째, 지급결제 기능을 제공한다. 재화 및 서비스, 금융자산 거래를 위한 지급수단으로 현금, 수표, 신용카드, 전자자금결제 기능을 제공한다. 원활한 지급결제 시스템을 갖춘 경제체제는 효율적인 실물거래에 도움을 준다. 둘째, 저축의 풀링(pooling)을 통하여 소규모 저축자금을 모아 대규모 투자자본 조달을 가능하게 하고 규모의 경제, 분업의 원리를 통해 거래비용을 절감하게 해준다. 셋째, 시간과 공간 차원의 자금이전을 가능하게 해준다. 투자자가 다양한 포트폴리오를 구성할 기회를 제공하여 위험을 감소시킨다. 보험회사가 판매하는 보험상품은 금융소비자에게 미래의 손실에 대비하게 해준다. 넷째, 위험의 풀링 기능을 발휘한다. 기업은 다양한 파생금융상품 거래를 통해 각종 위험을 이전 및 분산시킬 수 있다. 금융거래가 수반하는 위험이 감소하면 개인의 저축 의욕이 촉진된다. 다섯째, 금융소비자의 정보비용을 감소시켜준다. 전문 금융중개기관은 금융소비자에게 신용정보 수집에 들어가는 탐색비용을 감소시켜준다. 금융시장에서 형성되는 증권 가격은 기업의 투자나 가계의 저축 의사결정을 잘 하도록 신호를 보내준다. 여섯째, 가계가 생애주기에 따라 소비를 배분할 수 있게 하고 생산성이 높은 산업에 기업의 투자자금이 공급되도록 함으로써 효율적 자금배분에 기여한다.

section 02 • 금융시스템의 유형

한 나라의 금융시스템은 그 나라의 정치, 경제, 법률, 역사적 배경 등에 따라 다르게 나타나는데, 거시적 시각으로 보면 어느 정도의 유형을 보인다. 먼저 자금배분을 시장중심시스템에 맡기는가 아니면 은행중심시스템에 맡기는가의 갈래로 나눌 수 있고, 다음으로 금융기관 영업이 전업주의인가 아니면 겸업주의인가로 가를 수 있다.

1. 은행중심시스템과 시장중심시스템[5]

은행중심시스템은 문자 그대로 은행이 금융의 중추적인 역할을 하는 시스템이다. 주로 한국, 일본, 독일 등이 채택하고 있는 은행중심시스템에서 기업의 자금조달 원천은 대부분 은행의 대출이다. 시장중심시스템은 금융시장이 금융의 중추적인 역할을 하는 시스템이다. 미국, 영국 등이 채택하고 있는 시장중심시스템에서 기업은 주식시장이나 채권시장을 통해 자금을 조달한다. 두 시스템의 금융시장 형태를 보면 은행중심시스템은 간접금융 중심의 부채관리형 시장이고, 시장중심시스템은 직접금융 중심의 자산관리형 시장이다.

(1) 양 시스템의 특성 비교

양 시스템을 비교해보면 우선 자금조달 때 사용되는 주요 금융수단이 다르

---

5   한국은행, 「한국의 금융제도」(2018). p. 8.

다. 시장중심시스템에서는 주식과 채권이 중요한 금융수단이다. 회사채는 자금의 수요자인 기업이 공급자로부터 자금을 직접 조달하는 직접금융수단이다. 한편 은행중심시스템에서는 은행대출이 주요 금융수단이다. 은행이 예금 등을 통해 공급자로부터 조달한 자금을 대출을 통해 기업에 공급한다. 그 외 두 시스템의 차이는 다음과 같다.

자금 차입기업에 대한 감시 방식이 다르다. 자금 공급자는 차입자가 자금을 효율적으로 사용하는지 직접 또는 간접적인 방식으로 감시하여 자금을 온전히 유지하려 한다. 은행중심시스템에서는 은행과 기업의 장기적 관계를 통해 자금 차입기업에 대한 감시가 이루어진다. 은행이 지급결제서비스를 제공하면서 기업의 현금흐름을 추정함으로써 지속적으로 기업을 감시할 수 있다. 반면 증권시장이 잘 발달된 시장중심시스템에서는 차입기업의 주가 변동이 기업 경영성과를 나타내는 바로미터가 된다. 일정한 기간마다 공인된 제3자에 의해 의무적으로 평가되고 발표되는 재무제표가 정보를 제공한다. 그러나 재무제표 공개는 감시 빈도와 정보범위의 제약을 받는다.

자금조달에 있어 비교우위가 있는 부문이 다르다. 직접금융 위주의 시장중심시스템과 간접금융 위주의 은행중심시스템은 자금 조달에 있어 비교우위가 있는 부문이 서로 다르다. 시장 인지도가 높고 회계정보가 잘 갖추어져 있어 경영정보를 얻기 쉬운 대기업은 시장중심 시스템에서 직접금융 방식으로 자금을 조달하는 것이 유리하다. 반면에 시장 인지도가 낮고 회계정보가 불충분한 중소기업에게는 은행에서 대출을 받는 간접금융 방식이 유리하다.

금융의 성과구조가 다르고 위험구조 또한 다르다. 대표적인 직접금융수단인 주식의 경우 투자수익이 기업의 경영성과에 비례하기 때문에 투자자는 기업이 위험을 감수하는 것을 용인하는 경향이 있다. 하지만 간접금융수단인 대출의 경우 투자 성과가 대출금리 등 사전에 정해지는 반면, 기업이 부도나면 이자는 물론 원금마저 회수할 수 없는 위험에 빠질 수 있다. 잘 되면 정해진 이자만 받고 잘 안 되면 원금마저 날린다. 이 때문에 투자자는 대출에 대하여 보수적인 입장을 취하는 것이 보통이다. 따라서 시장중심시스템에서는 투자위험이 큰 벤처산업의 자금조달이 유리하고, 은행중심시스템에서는 상대적으로 위험요소가 적은 산업의 자금조달이 유리하다.

실물경제 발전 유형에 따라 채택되는 금융시스템이 서로 다르다. 1장에서 설명한 바와 같이 금융발전과 실물경제 발전은 인과관계를 가지고 있다. 패트릭 (H. T. Patrick)은 인과관계를 수요추종형과 공급선도형 두 가지로 구분하였다.6 수요추종형은 금융발전이 실물경제의 발전을 추종하여 일어나는 경우이다. 경제 발전이 일어나고 자금의 수요와 공급이 생기면 자연히 시장중심시스템이 발전한다. 공급선도형이란 금융발전이 실물경제의 발전을 선도하는 경우를 말한다. 산업화가 더디어서 자본축적이 미약한 저개발국가에서는 정부의 적극적인 개입을 통해 금융기관의 설립 및 금융자산의 공급이 이루어진다. 금융기관의 발생과 금융서비스의 공급이 성장주도부문 산업의 수요에 선행하여 나타난다고 해서 공급선도형이라고 한다. 이 경우 은행중심시스템이 자금 공급원이 된다.

(2) 두 시스템의 상호 보완성

시장중심시스템과 은행중심시스템 중 어느 시스템이 우월한지에 대한 논쟁은 꾸준히 있어 왔다. 그동안의 연구 결과를 종합해 보면 금융 방식의 차이보다 금융하부구조의 효율성이나 전체 금융시스템의 효율성이 더 중요한 변수인 것으로 나타났다. 중앙은행, 증권거래소는 물론이고 지급결제제도, 금융감독제도, 예금보험제도가 잘 갖추어져 있는가가 중요하다.

어느 시스템이 효율적인가에 관한 과거의 논쟁은 기본적으로 직접금융과 간접금융이 서로 대체관계에 있다는 인식에 바탕을 두고 있다. 그러나 최근에는 직접금융과 간접금융이 서로 보완관계라는 인식이 공감을 얻으면서 직접금융과 간접금융 모두 필요하며, 두 금융방식이 균형적으로 발전하여야 한다는 생각에 의견이 모아지고 있다.

〈그림 5-1〉은 직접금융과 간접금융이 동시에 존재하는 금융의 방식을 보인다. 1장 3절에서 설명한 것처럼 한 나라의 금융시스템이 직접금융만으로 또는 간접금융만으로 이루어진 것이 아니라 두 방식의 금융시스템이 동시에 작동하여 서로 보완관계를 이루면서 시너지 효과를 내는 것이다. 직접금융과 간접금융은

---

6   H. T. Patrick, "Financial Development and Economic Growth in Underdevel-oped Countries," E.D.C.C, Vol. XIV, No. 2, Jan. 1966, pp.174~177.

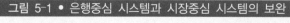
그림 5-1 • 은행중심 시스템과 시장중심 시스템의 보완

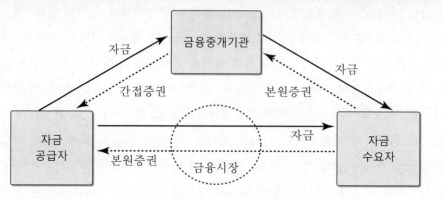

보완관계를 이루며 서로의 발전을 촉진한다.

자본시장은 금융기관의 금융중개 업무를 감시하는 역할을 수행할 수 있다. 일반적으로 금융기관의 위험추구 행동을 외부인이 감시하기 어렵다. 그런데 직접금융이 활발하게 이루어지면 자본시장이 효율화되고 금융기관이 발행한 주식이나 채권의 가격변동을 통해 금융기관의 위험추구 행동을 통제하는 역할을 할 수 있다. 또 간접금융이 활발하게 이루어져 금융기관의 금융중개기능이 발전하면 자연히 자본시장의 발전을 촉진한다. 즉 금융기관은 축적된 정보를 토대로 자금차입자의 신용위험 등에 대한 정확한 정보를 생산 공급함으로써 자본시장이 해당 기업의 주식가격 등을 적정하게 책정하는 데 도움을 준다.

〈표 5-1〉은 은행중심시스템과 시장중심시스템을 비교하는 표이다. 표는 대출위험의 부담, 심사 기능, 감시의 효율성, 기업지불능력 감시빈도, 기업정보 등을 비교하여 보여준다. 위에서도 설명한 바와 같이 두 금융시스템은 다양한 차이가 있다. 은행중심시스템은 장기고객 관계에 의한 정보비대칭 축소, 제조업의 경쟁력 강화 등에 유리하나 기업이 부실화되면 은행이 동반 부실화될 가능성이 있다. 반면 시장중심시스템은 자금배분의 적정화, 부실기업 조기정리 등의 장점이 있으나 기업 경영자와 투자자 간의 정보비대칭, 투자자금 공급체계의 높은 변동성, 단기성과 중시로 인한 과소투자 우려 등이 단점으로 지적된다.

이와 같이 양 시스템이 장단점이 있어 어느 한 시스템이 절대적으로 우월하다고 말하기 어렵다. 대개 간접금융 시스템인 은행제도의 발전을 기반으로 하여

표 5-1 • 금융제도 유형 비교

	은행중심 금융제도	시장중심 금융제도
금융시장 형태	간접금융중심의 부채관리형	시장중심의 자산관리형
대출위험	은행부담	투자자간 분산
차입자 정보	은행 생산(비객관화 정보포함)	전문기관 생산(객관화된 정보)
심사기능 / 사전적 심사기능	은행	시장조성자
심사기능 / 중간적 감시기능	은행	신용평가기관
심사기능 / 사후적 감시기능	은행	신용평가기관, 증권인수투자자
감시효율성	• 은행과 기업간 장기거래관계를 바탕으로 효율적인 정보 생산 • 유동성 없는 대출자산 보유에 따라 감시유인이 크고 무임승차 문제 완화	• 정보 공공성으로 인해 정보 생산 관련 무임승차 문제 발생 가능 • 경영자 근시성(대리인 문제)에 대해 시장을 통한 감시
기업지불능력 감시빈도	자금결제서비스의 제공으로 기업의 현금흐름을 추정함으로써 지속적으로 감시	일정기간마다 발표되는 재무제표를 위주로 함으로써 감시빈도와 정보범위 제한
투자성과	장기	단기
기업구조조정 지원	신축적 지원 가능	경직적
기업정보	1차 정보 (비은행이나 직접금융시장 생산불가 정보 생산)	2차 정보 (기업이 발표한 정보를 토대로 정보생산)
금융기관 총자산대비 은행 보유자산 비율	높음	낮음
전반적 자본규모 / 내부자금조달정도	낮음	높음
전반적 자본규모 / 부채/자본비율	높음	낮음
주식 소유구조 / 은행의 기업주식보유	상당	미미
주식 소유구조 / 기업간 상호주식보유	광범위	제한적

자료: 한국은행, 「한국의 금융제도」(2018), p. 9.

금융시스템이 성숙단계로 발전하면서 직접금융 시스템인 자본시장의 기능이 확대되는 것이 일반적이다. 단 직접금융과 간접금융의 상대적 비중이 어느 정도인지 어느 시스템이 먼저 발전해야 이상적인지는 해당 국가의 경제발전 단계나 경제 구조에 따라 다르다.

2. 전업주의와 겸업주의[7]

다음으로 전업주의와 겸업주의 금융시스템의 차이와 특성에 대해 알아보자. 금융시스템은 금융기관의 업무영역을 제한하는 정도에 따라 전업주의와 겸업주의 시스템으로 분류할 수 있다. 전업주의(專業主義)란 여러 종류의 금융기관이 각각 자신의 독특한 금융서비스만을 수행하도록 전문화하고 다른 금융업무에의 참여를 엄격히 제한하는 제도이다.

전업주의(specialized banking): 금융기관이 자신의 독특한 금융서비스만을 취급하도록 하는 제도

전업주의 시스템에서는 한 금융기관이 은행, 증권, 보험 등 여러 금융서비스를 함께 취급할 수 없다. 각 금융서비스가 해당 전문 금융기관에 의해서만 제공될 수 있다. 반면 겸업주의 금융시스템에서는 이러한 제한이 없어서 한 금융기관이 모든 금융업무를 담당할 수 있다.

겸업주의(universal banking): 한 금융기관이 은행·증권·보험 등 여러 금융서비스를 취급할 수 있는 제도

(1) 겸업주의의 장점

첫째, 겸업주의 금융시스템은 일반적으로 전업주의 시스템에 비하여 정보의 생산에 있어서 비교우위를 가진다. 겸업주의하의 금융기관은 다양한 금융서비스를 통해 기업과 폭넓고 지속적인 관계를 유지할 수 있어서 기업의 경영실태를 비교적 정확히 파악할 수 있다. 기업의 차입에 대한 정보와 함께 주식 발행에 대한 정보를 알 수 있기 때문에 기업의 자금의 조달 및 운용 실태를 종합적으로 판단하는 것이 가능하다. 기업의 자금조달 패턴을 보면 설립 초기단계에는 내부유보나 은행대출 등 간접금융에 주로 의존하지만 인지도가 어느 정도 쌓인 성숙단계에 이르면 회사채나 주식 등 직접금융을 통한 자금조달 비중을 높이는 것이 일반적이다. 겸업주의 금융기관은 직접금융 및 간접금융을 모두 다 취급하기 때

---

7 한국은행, 「한국의 금융제도」(2018). p. 12.

문에 기업의 설립 초기단계에는 간접금융 방식으로, 성숙단계에 이르러서는 직접금융 방식으로 계속해서 자금거래 관계를 유지할 수 있다.

둘째, 겸업주의 시스템은 범위의 경제를 발휘할 수 있다. 범위의 경제란 여러 업무를 동시에 취급할 경우 따로 취급할 때에 비해 업무취급 비용을 절감할 수 있음을 의미한다. 범위의 경제가 발생하는 원인은 생산과 소비 측면으로 구분해 볼 수 있다. 생산 면에서는 먼저 정보취득에 있어서의 범위의 경제를 생각할 수 있다. 예를 들어 기업에 대출하거나 유가증권을 인수할 경우 해당 기업의 경영 상태에 대한 조사가 필요한데 각각을 별도의 금융기관에서 취급할 경우 금융기관별로 기업경영실태조사가 필요하지만 대출과 유가증권 인수를 한 금융기관에서 취급할 경우 한 번의 경영실태 조사만이 필요하다. 생산면의 범위의 경제는 지점망 등 고정적인 투입요소를 여러 금융업무에서 공동으로 사용함으로써도 누릴 수 있다. 또한 기존 업무에서 시장인지도를 쌓은 만큼 신규업무 취급시 마케팅비용을 절감할 수도 있다. 소비면에서는 한 금융기관이 여러 종류의 금융서비스를 함께 제공함으로써 금융소비자의 탐색비용을 절감하는 효과가 있다.

(2) 겸업주의의 단점

첫째, 겸업주의 시스템이 이해상충 문제를 발생시킬 수 있다. 금융기관이 여러 고객과 거래하면서 한 고객의 이익을 위해 다른 고객을 희생시키거나 고객의 이익보다 금융기관 스스로의 이익을 위해 거래할 수 있다는 것이다. 이해상충은 겸업주의가 초래하는 대표적인 부작용 중의 하나이다. 미국이 1933년 은행업과 증권업의 겸영(兼營) 규제를 골자로 하는 글래스-스티걸법(Glass-Steagall Act)을 제정하여 전업주의를 법제화한 이유는 겸영이 '이해상충' 문제를 심화시켜 경제대공황 당시 금융공황을 초래했다고 판단하였기 때문이다.

둘째, 겸업주의 시스템이 금융시장의 불안정성을 높이기 쉽다. 일반적으로 겸업주의 금융기관은 전업주의 금융기관보다 규모가 크기 때문에 도산 시 금융시스템 전체를 불안정하게 할 가능성이 높다. 또한 지급결제에 있어 은행이 위험성이 높은 증권업무를 함께 취급할 경우 증권부문의 부실이 은행부문으로 전이되어 금융부문 전체가 위기에 빠질 수 있다. 더구나 겸업주의는 대형화에 따른 대마불사 등을 통해 금융기관의 위험추구 행위를 부추겨 금융 불안 가능성을 높일 수 있다. 이에 대한 반론도 있다. 겸업주의 옹호론자들은 겸영 허용은 분산투자를 통해 투자위험을 줄일 수 있으며 국지적인 충격에 대해서도 지역 간 분산투자 등을 통해 대처 가능하므로 전업주의보다 금융위기 가능성을 줄인다고 주장한다.

(3) 금융위기와 겸업주의

겸업주의가 효율적이냐 전업주의가 효율적이냐에 대한 논쟁을 보면 항상 시장과 정책 당국이 맞서는 것을 볼 수 있다. 금융시장과 금융기관은 겸업주의를 옹호하고, 정책당국은 겸업주의가 가져다주는 폐해를 주시하고 규제를 주장하면서 전업주의를 옹호하는 경향이 있다.

생각해보면 겸업주의의 장점은 전업주의의 단점과 통하고, 겸업주의의 단점은 전업주의의 장점과 통한다. 겸업주의는 그 장점을 통하여 금융기관에게 이익 증대를, 금융소비자에게 거래비용 감소를 가져다준다. 하지만 이와 같은 장점에도 불구하고 1930년대의 세계경제대공황, 1990년대 말의 동남아 외환위기 발생은 겸업주의 시스템이 초래한 것으로 알려져 있다. 특히 2008년 글로벌 금융위기는 금융회사의 과도한 겸업 확대가 불러왔다는 것을 부인할 수 없었다. 이에 미국은 은행부문의 헤지펀드 및 사모펀드 운영을 제한하였으며, 영국은 예금 및 대출 위주의 소매은행으로부터 증권투자 업무를 분리시켰다.

section 03 • # 우리나라 금융시스템의 변천

우리나라의 금융시스템은 우리 경제의 발전과 그 역사를 같이해 왔다. 금융시스템 변천 과정을 시대별로 보면, 1960년대의 경제성장 추구와 금융시스템의 확충, 1970년대의 비은행금융기관과 자본시장의 육성, 1980년대의 금융자율화 및 개방화 추진, 1990년대의 금융시스템의 효율화·선진화 추구, IMF구제금융시기, 글로벌 금융위기 시기로 나눌 수 있다. 아래에서는 변천 과정을 세 단계로 나누어 살펴본다.

1. 초창기부터 IMF구제금융을 받기까지

　1878년 일본제일은행 부산지점이 설치되면서 근대 은행제도가 처음으로 도입되었으며 1909년 최초의 중앙은행인 구(舊)한국은행이 설립되었다. 식민시대에 구한국은행은 조선은행으로 개편되어 중앙은행의 기능을 일부 수행하였다. 당시의 금융기관은 일본의 전비 조달창구로서의 역할을 주로 수행하였다. 광복 후 1950년 6월에 한국은행이 창립되었다. 경제개발5개년계획이 시행된 1960년 대에 정부는 한국은행법을 개정하면서 성장우선 경제정책을 추진해 나갔다. 산업은행 등 특수은행이 신설 또는 개편되고, 은행이 국영화되었으며 외자도입을 위한 다양한 조치가 취해졌다.

　이후 경제개발이 본격적으로 추진되면서 급속한 외형성장으로 기업의 재무구조가 부실해지고 인플레이션이 발생하자 정부는 자원의 조달창구를 다원화하는 정책을 추진하였다. 이에 따라 다양한 종류의 비은행금융기관이 등장하였다. 1972년에는 8·3긴급경제조치를 단행하는 한편 사채금융시장을 제도금융기관으로 흡수하였다. 1981년에는 국유화시켰던 시중은행을 다시 민영화시켰다. 이후 경제규모가 확대되고 구조가 고도화되면서 정부 주도의 금융정책이 한계에 이르자 1980년대에 금융자율화를 위한 조치들이 추진되었다. 그 중 하나가 금리자유화의 추진이다. 금리자유화는 1990년대에 완결되었다. 금융산업에의 진입규제도 완화하면서 겸영의 폭을 확대하였다.

2. IMF구제금융 시기

　1997년이 되자 연초부터 계속된 대기업의 부도와 외환시장의 불안이 표면화되기 시작하였다. 기아사태의 처리 지연, 금융기관의 부실채권 누증, 동남아시아의 외환위기 전이 등으로 위기가 표면화되었다. 이에 정부는 IMF로부터 긴급자금을 차입하는 조치를 취했고, 우리 경제는 IMF구제금융 시대를 겪는다. 이 시기에 금융산업 구조조정이 강도 높게 추진되었다. 당시에 IMF와 합의한 주요 사항을 보면, 콜금리수준을 30%까지 유지하는 고금리정책, GDP 성장률 −4%까지 감수, 금융산업 구조조정, 외국인 주식투자 한도 확대 등이 있다. 당시에 추진한 주요 금융개혁 조치는 다음과 같다.

첫째, 금융시스템의 구조조정이 이루어졌다. 한국은행법을 전면 개정하여 한국은행의 중립성과 자율성을 제고하는 한편, 금융권별로 분산되어 있는 금융감독 기능을 금융감독위원회 및 금융감독원으로 통합하였다. 금융기관의 경영건전성을 회복하는 동시에 금융자유화와 개방화의 효과가 나타도록 금융인프라를 개선했다.

둘째, 금융기관의 광범위한 구조조정이 이루어졌다. 금융기관의 건전성 여부를 기준으로 회생이 불가능한 금융기관을 퇴출시키고 회생이 가능하다고 판단되는 금융기관에 대해서는 자구노력을 전제로 출자지원 등을 통해 정상화를 도모하였다. 금융기관의 생존 가능성을 판단하여 퇴출, 합병 등의 방법으로 부실금융기관을 정리하였다.

〈표 5-2〉는 1997년 이후 우리나라 주요 금융기관 수의 변천을 보이고 있다.

표 5-2 • 금융기관[1] 수 변화								(단위: 개)
	1997년말	1998~2004년			2005~2010년			2010년말
		신설	합병[2]	퇴출[3]	신설	합병[2]	퇴출[3]	
금융지주회사	−	3	−	−	6	−	−	9
은행	33	−	9	5	−	1	−	18
종합금융회사	30	1	7	22	−	1	−	1
증권회사[4]	36	19	4	8	11	4	−	50
자산운용회사[4]	31	24	2	6	39	6	−	80
생명보험회사[5]	31	4	5	9	1	−	−	22
손해보험회사	14	4	1	2	1	1	−	16
상호저축은행	231	13	28	103	6	1	13	106
신용협동조합	1,666	9	107	502	5	39	69	962
계	2,072	77	163	657	69	53	82	1,264

주: 1) 외국금융기관 국내지점 제외
  2) 합병으로 소멸된 금융기관 수
  3) 인가 취소(신청), 파산, 해산 포함
  4) 자본시장법상 금융투자업자
  5) 우체국보험 제외
자료: 한국은행, 「한국의 금융제도」(2018), p. 44.

표를 보면 1997년 외환위기와 2008년 글로벌 금융위기 등 두 차례의 금융 격변기를 거치면서 다수의 금융기관이 퇴출되거나 합병되었으며, 신설도 많았음을 알 수 있다. 이 과정에서 정부는 약 160조원의 공적자금을 투입하고 금융기관의 생존가능성 판단이나 부실금융기관의 매각 등에서 주도적인 역할을 담당하였다.

셋째, 금융시장 개방이 이루어졌다. 1997년 12월 관리변동환율제도에서 자유변동환율제도로 이행하고 대외송금을 전면 자유화하는 등 외환자유화조치를 실시하였고 1998년에는 외국인 주식투자 한도를 폐지하였다. 이때 다량의 국부가 해외로 유출되었다.

3. 글로벌 금융위기 이후

(1) 시스템위험 대비 및 금융소비자 보호

2008년 글로벌 금융위기를 계기로 각국은 시스템위험(system risk)[8]을 방지하기 위해 금융규제를 강화하기 시작했다. 우리나라도 국제적인 흐름에 따라 금융규제 강화에 나섰다. 특히 2011년 발생한 저축은행 부실사태 등은 금융규제 재정비를 가속화하는 계기로 작용하였다. 당시 한 해 동안에 16개 저축은행의 영업이 정지되었다.

금융소비자를 보호하는 차원에서 2012년 금융감독원에서 금융소비자보호 부문을 분리하여 금융소비자보호처를 설치하였다. 이를 통해 소비자에게 불리한 금융상품 조사, 금융거래 유의사항 등의 정보를 제공하여 소비자의 피해를 사전에 차단하도록 했다. 특히 소비자보호 모범규준을 여러 차례 개정하였다. 2013년 금융회사 내 금융소비자보호 총괄책임자 지정, 금융상품 판매 단계별 금융소비자보호 체계 구축을 주된 내용으로 하는 모범규준 개정안을 마련하였다. 이어서 금융취약계층 보호, 보호실태평가 시행을 중심으로 모범규준을 개정하였으며 2016년 금융회사 임직원의 인센티브 체계를 정비하여 불완전 판매를 방지하고 소비자의 분쟁조정시 금융회사 자료에 대한 포괄적 열람권을 허용하였다. 2016년 금융소비자정보 포털사이트를 개시하여 금융상품 비교검색, 금융거래내역 조

---

8   시스템위험은 금융시스템 전체에 미치는 위험이다. 이 책에 자주 나오는 용어이다. 4절에서 자세히 설명한다.

회, 금융정보, 금융통계 및 기업공시 정보 확인 등의 서비스를 이용하도록 했다. 2013년에는 은행법과 금융지주회사법을 개정하여 산업자본의 은행 및 금융지주회사에 대한 주식보유한도를 의결권 있는 발행주식 총수의 9%에서 4%로 축소하는 등 경제력 집중, 이해상충 문제 등의 부작용을 방지하기 위하여 금산분리를 더욱 강화하였다. 2015년에는 「금융회사의 지배구조에 관한 법률」을 제정하여 금융회사의 건전한 경영을 유도했다. 2016년에 시행된 이 법은 은행 등 금융회사의 임원 자격요건, 이사회의 구성 및 운영 등 금융회사의 지배구조에 관한 사항을 정하고 있다.

(2) 외환보유

한국은행은 출범 당시에는 외환정책의 수립·집행 및 외국환 관리 등 외환정책 업무를 담당하였으나 외국환거래법 제정(1961년 12월) 및 한국은행법 개정(1962년 5월)으로 동 업무가 정부로 이관되었다. 따라서 현행 외국환거래법에 따르면 외환정책에 관한 권한은 기획재정부장관에게 있고, 한국은행총재는 기획재정부장관으로부터 동 권한의 일부를 위탁받아 행사하고 있다. 이에 따라 한국은행은 과도한 단기외채 증가, 급격한 외화자금 유출입 등이 시스템위험으로 확산되는 것을 예방하기 위해 선물환포지션 한도, 외환건전성 부담금 등의 규제를 시행하고 있다. 한국은행은 우리나라의 대외지급준비자산인 외환보유액을 관리 및 운용하고 있다. 〈표 5-3〉은 글로벌 금융위기 이후 우리나라 외환보유액의 추이

표 5-3 • 외환보유액 추이							(단위: 10억 달러)	
	2011	2012	2013	2014	2015	2016	2017	2018.6
금	2.2	3.8	4.8	4.8	4.8	4.8	4.8	4.8
SDR[1]	3.4	3.5	3.5	3.3	3.2	2.9	3.4	3.3
IMF포지션[2]	2.6	2.8	2.8	1.9	1.4	1.7	1.6	1.9
외환[3]	298.2	316.9	335.6	353.6	358.5	361.7	379.5	390.3
합계	306.4	327.0	346.5	363.6	368.0	371.1	389.3	400.3

주: 1) 담보 없이 외화를 인출할 수 있는 권리를 담고 있는 IMF의 유가증권(Special Drawing Right, 특별인출권)
2) IMF 회원국이 출자금 납입 등으로 보유하게 되는 IMF에 대한 교환성통화 인출관리
3) 국채, 정부기관채, 회사채, 자산유동화증권 등의 유가증권 및 외화 예치금
자료: 한국은행, 「한국의 금융제도」(2018), p. 81.

이다. 1997년 말 100억 달러도 못 되어 IMF에 손을 벌려야 했던 우리 외환보유
곳간이 2018년 6월 현재 4,000억 달러를 초과하고 있다. 외환보유액은 어느 적
정선까지는 많을수록 좋지만 너무 많으면 유지비용이 발생한다. 각국은 다투어
적절한 운용방안을 찾고 있다. 우리나라는 한국투자공사(KIC)를 따로 설립하여
보유 외환 중 일부를 맡아 운용하고 있다. 외환운용의 가장 큰 원칙은 가치보전
이다. 신용위험이 큰 자산에 대한 투자는 엄격히 제한된다. 즉 안전성과 유동성
확보를 최우선으로 하는 가운데 수익성을 제고하는 방향으로 운용된다. 또한 즉
시 현금화할 수 있는 자산에 투자함으로써 유동성을 유지한다.

section 04 ∙ 최근 해외 금융시스템 동향

1980년대 이후 각국은 규제 완화, 금융자유화를 적극 추진했다. 이 시기에
신종 금융상품이 등장하고 새로운 금융시장이 형성되는 등 금융혁신이 활발하게
일어났다. 이와 함께 금융기관의 업무영역 제한이 완화되면서 겸업화가 진전되
었고 금융시장 통합화, 금융 국제화, 금융기관 대형화 등이 이루어졌다. 그러나
이와 같은 자유화, 규제 완화는 결국 금융의 시스템위험을 키웠고 2008년에 글
로벌 금융위기를 불러왔다. 앞에서 설명한 바와 같이 시스템위험이란 금융서비
스의 제공 과정에서 혼란을 발생시켜 경제 전반에 악영향을 미치는 위험이다.

시스템위험: 금융서비스의 제공 과정에서 혼란을 발생시켜 경제 전반에 악영향
을 미칠 수 있는 위험

글로벌 금융위기는 각국이 금융안정의 중요성을 재인식하는 계기가 되었다.
금융 선진국들은 그 동안의 금융규제 완화가 초래한 효과를 분석하면서 금융의
시스템위험이 실제화 되는 것을 예방하기 위한 규제강화에 나섰다.[9]

---

9   이 절은 한국은행, 「한국의 금융제도」(2018). pp. 15~23에서 발췌하고 이 책의 취지에 맞도록
     내용을 가감하였다.

1. 거시건전성정책 도입

글로벌 금융위기 이전에는 금융위험에 대한 관심이 주로 개별 금융기관의 안전성 문제를 다루는 미시건전성에 집중되었다. 하지만 글로벌 금융위기는 미시건전성정책만으로는 금융시스템 전체의 안정을 보장하지 못한다는 사실을 일깨워주었다. 이에 개별 금융기관의 건전성에 더하여 금융시스템 전체의 건전성, 즉 거시건전성 확보의 중요성이 금융산업의 과제로 떠올랐다. 거시건전성(macro-prudential)은 금융시스템 전체의 건전성을 뜻한다.

거시건전성: 금융시스템 전체의 건전성

금융의 거시건전성은 시스템위험과 밀접한 관계가 있다. 시스템위험을 효과적으로 억제하면 거시건전성이 좋아진다. 선진 각국은 금융시스템의 건전성을 강화하기 위해 거시건전성정책을 속속 도입하기 시작했다. 시스템위험을 예방하기 위하여 개별 금융기관의 미시적 안전성뿐만 아니라 금융시스템 전체의 안정성을 강화하는 금융정책을 펼친 것이다. 거시건전성을 확보하기 위해서는 개별 금융기관에 대한 감독뿐만 아니라 자산가격 등 거시경제 변수와 금융거래의 연계성에 대한 종합적인 모니터링이 필요하다. 이에 따라 주요 선진국들은 감독체계 개편 등 시스템위험 대응체계 구축에 나섰다. 거시건전성을 확보하기 위해서는 시스템위험에 대한 선제적 대응, 과도한 금융불균형 누적 억제, 급격한 되돌림 현상 완화, 금융시스템의 복원력 강화 등이 필요하다.

미국, 영국 등은 거시건전성정책을 담당하는 총괄기구를 설치하였다. 금융안정 관련기관 간의 정책 공조를 통해 시스템위험을 예방하고 효과적으로 대응하기 위해서이다. 2019년 현재 미국, 프랑스, 독일 등은 재무부 주도의 협의체를 두고 있으며, 영국은 중앙은행 내 의사결정기구를 두고 있다. 또한 주요국들은 거시건전성에 관한 정보를 공유할 수 있는 체계를 마련하였다. 미국은 1979년 연방금융기관검사협의회(FFIEC)를, 캐나다는 1987년 금융기관감독위원회(FISC)를 각각 설치하고 이들 기구를 활용하여 감독 정보를 공유하며, 기타 국가들은 금융안전망 참여기구간 양해각서 또는 이사회 교류 등을 통해 정보공유를 확대하였다.

거시건전성정책의 수단으로는 시계열 차원의 시스템위험에 대응하는 수단과 횡단면 차원의 시스템위험에 대응하는 수단으로 구분할 수 있다. 시계열 차원의 시스템위험은 경기순환의 확대 국면에서 경제주체의 과도한 쏠림행위와 경기순응성으로 인해 경제에 과도하게 공급된 신용이나 유동성이 침체 국면에서 급속히 되돌려지면서 발생하는 위험이다. 시계열 차원의 시스템위험 예방수단으로는 경기대응 완충자본, 자본보전 완충자본, 레버리지비율 조정 등이 있다.

횡단면 차원의 시스템위험은 금융기관 간 공통 익스포저(exposure),[10] 위험집중, 상호연계성 및 의존성 등으로 인해 한 부문에서 발생한 위기가 다른 경제주체 또는 국가 등으로 확산될 수 있는 위험이다. 이에 대한 정책수단으로는 시스템적으로 중요한 금융기관에 대한 추가자본 규제, 장외파생상품의 중앙청산 및 거액익스포저 규제 등이 있다.

2. 금융감독체계 개편 및 중앙은행의 역할 증대

글로벌 금융위기 이후 거시건전성정책 마련 및 금융기관에 대한 감독 강화 필요성 등이 논의되면서 주요국을 중심으로 금융감독 체계의 개편이 이루어졌다. 특히 중앙은행의 역할이 증대되었다. 금융위기 이전에는 중앙은행의 역할이 주로 최종대부자 기능을 통한 사후 수습이라는 생각에 머물렀다. 중앙은행의 금리정책도 모든 경제주체에 무차별적 영향을 미치므로 금융안정보다는 거시경제의 안정을 위해 수행되고 금융안정은 감독기구가 규제정책을 통해 도모하는 것이 바람직하다고 생각해왔다. 그러나 금융위기를 계기로 금융감독체계의 개편이 이루어지면서 아울러 중앙은행의 역할을 확대하는 개편이 이루어진 것이다.

미국은 2010년 재무부, 중앙은행, 감독기구 등이 참여하는 금융안정감시협의회(FSOC)를 신설하였다. FSOC는 금융시스템의 잠재위험 포착 및 대응, 시스템적으로 중요한 금융기관 및 거래행위 지정, 중요 지급결제시스템 및 활동내용 지정 등의 기능을 수행한다. 연방준비은행은 FSOC에서 승인된 정책을 집행하는 역할을 담당하며 종전보다 확대된 금융감독 권한을 수행한다. 시스템적으로 중요한 금융기관에 대한 건전성 규제기준을 제정하고 필요시 주무 감독기관에 조

---

10 익스포저(exposure)란 위험 노출액을 의미한다.

치를 취할 것을 권고할 수 있다.

영국은 2009년 은행법을 통해 잉글랜드은행에 금융안정 책무를 부여하였으며 2012년, 2016년에는 금융서비스법을 제정 및 개정하여 금융감독기능을 중앙은행으로 일원화하였다. 구체적으로 중앙은행 내에 금융안정정책결정기구(FPC) 및 금융감독정책결정기구(PRC)를 도입하였다. 또한 기존의 통합감독기구를 해체하고 미시건전성 감독을 담당하는 부서를 중앙은행의 내부조직에 두었다. 한편 금융행위감독원을 독립기구로 신설하여 영업행위 규제, 금융소비자보호 기능을 별도로 수행하도록 하였다. 한편 EU는 금융위기 이후 2014년 11월 유럽금융감독시스템(ESFS)을 출범시켜 광범위한 금융감독을 하고 있다. 유럽중앙은행 ECB는 유로지역의 시스템적으로 중요한 은행에 대한 감독을 담당하고 회원국 감독당국은 중요도가 낮은 회원국 소재 은행들에 대한 감독을 담당하고 있다.

3. 글로벌 금융규제 강화

(1) 바젤Ⅲ 도입

금융위기 이후 금융규제의 특징 중 하나는 규제가 글로벌 성격을 띤다는 것이다. G20정상들은 글로벌 금융시장은 상호연계성이 높아서 일부 지역에서 발생한 위기가 세계적으로 퍼져나갈 경우 어느 국가도 위기로부터 자유로울 수 없으며, 국가별로 규제가 다를 경우 이를 이용한 규제 차익이 발생할 수 있다는 점에 주목했다. 이러한 배경하에 2009년 금융안정위원회(FSB)를 설립하고 규제개혁의 추진에 있어 주도적 역할을 하도록 한 것이다. 단 은행과 관련된 규제는 바젤은행감독위원회(BCBS)가 맡아서 추진하도록 했다.

바젤위원회는 글로벌 금융규제를 강화하기 위해 자본, 레버리지, 유동성 규제를 강화한 바젤Ⅲ를 내놓았다. 바젤Ⅲ는 금융시장에 위기가 발생하는 경우에도 개별 은행들이 정상적인 영업을 수행할 수 있도록 복원력을 높이는 한편, 경기순응성에 따른 시스템위험을 완화하는 거시적 측면의 규제를 포함하고 있다. 바젤Ⅲ의 주요 규제로는 자본 규제, 레버리지 규제, 유동성 규제, 거액익스포저 규제 등이 있다.

(2) 시스템적으로 중요한 금융기관에 대한 규제

글로벌 금융위기 이전에는 금융산업의 규모의 경제, 범위의 경제 등이 강조되면서 금융기관의 합병을 통한 대형화 추세가 자리 잡고 있었다. 그러나 금융위기 전개 과정에서 대형 금융기관의 도산 및 부실화는 글로벌 금융시스템의 불안을 확산시키고 실물경제를 위축시키는 결과로 이어졌다. 이 과정에서 주요국은 위기 확산 방지를 위해 공적자금을 투입하였는데 이는 대마불사 문제를 심화시키고 위기 발생에 따른 경제적 비용을 납세자에게 전가시켰다는 비판을 초래하였다. 이처럼 대형금융기관은 부실 또는 도산할 경우 금융시스템과 실물경제 전반에 미치는 영향이 매우 크기 때문에 금융위기 이후 바젤Ⅲ와 더불어 '시스템적으로 중요한 금융기관(SIFIs)'에 대한 규제가 논의되었다. SIFIs란 규모가 크거나 영업모델이 복잡하고 여타 금융기관과의 상호연계성 등이 높아 도산하거나 부실화될 경우 시스템위험을 초래할 수 있는 금융기관을 의미한다.

SIFIs: 규모가 크거나 금융기관과의 상호연계성이 높아 시스템위험을 초래할 수 있는 금융기관

SIFI 규제의 핵심은 대형 금융기관에 대하여 일반 금융기관보다 강화된 규제를 적용하는 것이다. 구체적으로는 SIFI에 추가자본 부과로 손실을 흡수해 도산가능성을 낮추고 주주의 책임을 늘리는 한편, SIFI가 생존가능성이 없는 경우 질서있게 정리할 수 있도록 하여 정부 및 일반 국민의 부담을 경감시키는 것이다.

(3) 비은행금융중개 규제

비(非)은행금융중개(NBFI)는 비은행 신용중개 부문 중 만기 및 유동성 변환, 레버리지 확대 등을 통해 시스템위험을 초래할 가능성이 있는 금융거래를 말한다. 원래 이 말은 그림자금융(shadow banking)이라는 용어로 사용되었으나 금융안정위원회(FSB)가 비은행금융중개로 변경하여 사용하기로 결정한 뒤에 보편화되었다. 은행과 유사한 금융중개기능을 수행하지만 은행과 같은 수준의 엄격한 규제를 적용받지 않는 MMF, RP 등의 금융상품도 포함된다.

비은행금융중개: 은행과 비슷하게 신용중개를 하지만 은행 수준의 건전성 규제와 예금자보호가 적용되지 않는 금융활동

비은행금융중개는 일반 은행이 제공하지 못하는 금융서비스를 제공하여 신용접근성을 확대하고 금융부문의 효율성을 제고하는 순기능이 있는 반면, 레버리지가 높고 예금자보호 등 공적보호 시스템에서 배제되어 있어 시장여건 악화시 대규모 자금인출로 시스템위험을 일으킬 위험도 가지고 있다. 이에 G20정상회의와 금융안정위원회 FSB는 비은행금융중개에 대한 규제강화 권고안을 마련하였다. 이 안에는 은행을 통한 간접규제, MMF 규제, 여타 비은행 금융중개기관 규제, 자산유동화 규제, 증권금융 규제가 들어 있다.

4. 금융소비자보호 강화

금융위기를 계기로 G20는 2010년 FSB 및 OECD에 금융소비자보호 강화 방안을 마련해 줄 것을 요청하였으며, 이에 FSB는 금융소비자보호 방안을, OECD는 금융소비자보호를 위한 원칙을 각각 발표하였다. 이후 각국에서는 금융소비자보호를 위한 기구 개편 및 규제 마련 등이 이루어졌다.

금융혁신의 진전으로 금융상품의 구조가 복잡해짐에 따라 금융기관이 위험상품을 무분별하게 판매하는 행위 등에 대한 규제와 금융소비자의 피해를 방지하기 위한 장치 마련의 필요성이 증대되었다. 특히 글로벌 금융위기를 계기로 정보의 비대칭성으로 인해 금융거래시 정보의 약자인 금융소비자보호 필요성이 대두되었다.

금융소비자의 권익 보호가 단순한 사후적인 피해보상을 넘어 가계의 위험관리, 금융시장의 효율성 및 금융안정에 기여할 수 있다는 인식이 생긴 것이다. 금융소비자보호를 방안으로는 금융소비자에게 제공되는 상품 및 서비스에 대한 정보 제공, 불건전한 영업행위 금지, 불완전판매행위 규제, 규정위반 금융업자에 대한 제재 등이 있다.

미국은 여러 기관에 산재되어 있던 소비자보호와 관련된 책임과 권한을 통합하기 위해 금융소비자보호국(CFPB)을 신설하였다. CFPB는 미 연준 이사회 산하에 설립되거나 독립적으로 운영되고 있으며, 금융소비자보호와 관련된 규제를

독자적으로 부과할 수 있고 금융소비자에게 불리한 관행이 있는 경우 금융기관에 신속한 조치를 요구할 수 있는 권한도 갖고 있다.

영국은 금융행위감독원(FCA)을 설립하여 금융기관의 영업행위를 규제하고 금융소비자의 권익을 보호하도록 하였다. FCA는 금융기관의 정보공시, 판매 절차, 금융상품 설계 및 지배구조를 감시하는데 금융상품에 문제가 있는 경우 판매를 금지하거나 규제를 부과할 수 있고 특정 금융기관에 경고 조치를 내린 경우 이러한 사실을 공시할 수 있는 권한을 갖는다. 또한 소비자를 호도하는 금융 판촉활동에 대해 조치를 취한 경우에는 동 조치의 세부 내용을 일반에게 공표할 수 있는 권한도 보유한다.

5. 금융기관 겸업 제한

(1) 겸업주의의 재등장: 글래스-스티걸법 폐지

1990년대 이후 세계 주요국에서 자국의 금융경쟁력을 강화하기 위해 겸업주의를 적극 도입하는 사례가 늘어났다. 전통적으로 전업주의 원칙을 고수하던 영국, 일본 및 미국 등이 금융기관의 업무범위 제한을 완화하는 움직임을 보였다. 영국은 1986년 빅뱅(Big Bang)을 통해 일찍이 은행의 증권사 인수를 허용함으로써 전업주의 원칙을 수정하였다. 일본은 1993년 금융개혁관련 법률 시행을 통해 은행의 증권자회사 취득을 허용한 데 이어 1998년 금융지주회사법을 도입하여 금융겸업화를 본격적으로 도입하였다. 미국도 1999년 금융서비스 현대화법을 제정하여 1933년 은행업과 증권업 겸업을 금지한 글래스-스티걸법을 사실상 폐지하고 금융지주회사가 은행 이외에 증권회사를 자회사로 둘 수 있게 하였다. 유럽 대부분의 국가들은 금융산업이 은행 중심으로 발전함에 따라 영미권 국가보다 훨씬 이전부터 겸업주의를 발전시켰는데, 독일은 1990년대 수차례에 걸쳐 자본시장 진흥법을 정비하여 투자자 보호와 자본시장의 투명성을 높이는 조치를 취하였다. 우리나라도 금융환경 변화에 대응한 금융산업의 경쟁력 강화를 위하여 2000년에 「금융지주회사법」을 제정하여 금융지주회사를 통한 금융겸업화를 추진하였다. 그러나 글로벌 금융위기를 계기로 금융겸업의 부작용 우려가 부각되면서 겸업을 제한하기 위한 논의가 미국, 영국 등에서 진행되었다.

(2) 도드-프랭크법과 볼커 룰

미국에서는 겸업은행들이 예금보호제도 및 중앙은행의 자금지원 등에 대한 기대를 바탕으로 과도한 위험을 추구하고 투자은행 부문의 위험이 상업은행 부문으로 전이되면서 겸업은행들이 도산하였다는 비판이 제기되었다. 이에 따라 2010년 7월 제정된 미국의 도드-프랭크(Dodd-Frank)법에서는 은행, 은행지주회사 및 계열 자회사가 고객서비스와 관련 없는 자기자본거래, 헤지펀드 및 PEF 투자 등의 투자은행업무의 겸업을 원칙적으로 금지하는 일명 볼커 룰(Volcker Rule)을 도입하였다.

영국에서는 은행부문 개혁방안을 마련하기 위해 설치된 은행개혁위원회가 2011년 9월 겸업은행에서 소매금융부문을 은행그룹내의 자회사로 존치시키되 독립된 이사회와 별도의 자본금을 보유하도록 하여 여타 부문과 엄격히 격리하는 계획을 발표하였다. 이를 바탕으로 제정된 은행개혁법(2013)에서는 예금수취 등 핵심 업무를 별도 자회사를 통해 수행하도록 하며, 해당 자회사는 자기명의 투자 등 배제업무 수행을 금지하도록 하였다. 또한 EU 집행위원회도 2014년 은행부문 구조개혁안을 발표하여 대형 예금수취기관들의 자기계정거래를 금지하고 고위험 트레이딩 사업부를 분리하도록 하였다.

section 05 • 핀테크의 등장

1. 핀테크

핀테크(FinTech)는 금융(finance)과 기술(technology)의 합성어로 금융과 정보통신기술(ICT)의 융합을 통해 새롭게 등장한 산업 및 서비스 분야를 통칭한다. 핀테크 산업은 최근 금융부문의 신성장 동력으로 주목받고 있다. 이에 맞춰 금융안정위원회(FSB)는 핀테크를 '새로운 사업모델, 업무처리, 상품, 서비스 등의 창출을 통해 금융시장, 기관 및 서비스에 실질적인 영향을 미치는 기술 기반의 금융혁신'이라고 정의하였다.

핀테크: 금융과 기술의 합성어로 금융시장, 기관 및 서비스에 실질적인 영향을 미치는 기술 기반의 금융혁신

오늘날 핀테크는 두 가지 방식으로 그 혁신이 이루어지고 있다. 하나는 기존 금융서비스의 시스템 안에서 서비스의 효율을 높이는 전통적 핀테크 방식이다. 은행이 블록체인 및 분산원장기술을 활용해서 디지털화폐로 글로벌 본점과 지점을 연결하여 자금을 결제 및 청산하는 시스템이 그것이다. 다른 하나는 기존 금융서비스 전달체계를 변혁하여 새로운 플랫폼을 제공하는 신흥 핀테크 방식이다. 지점이 없는 인터넷전문은행이 공인인증서 없는 비대면 거래가 신흥 핀테크에 속한다.

핀테크는 기술발전과 시대가 불러내는 혁신이다. 공급 측면에서도 필요하고 수요 측면에서도 필요해서 생겨난 것이다. 공급 측면을 보면 글로벌 금융위기 이후 기존 금융기관에 대한 규제가 강화되는 가운데 클라우드 컴퓨팅(Cloud computing) 등 정보통신기술이 발전하면서 기존 금융서비스를 새로운 방식으로 제공하는 핀테크 기업과 빅테크(Big-tech) 기업이 등장하기 시작하였다. 클라우드 컴퓨팅은 전산설비를 직접 구축하지 않고 전문업체로부터 인터넷을 통해 필요한 IT 자원을 탄력적으로 제공받아 사용하는 컴퓨팅 환경이다.

클라우드 컴퓨팅: 전산설비를 직접 구축하지 않고 전문업체로부터 인터넷을 통해 IT 자원을 제공받아 사용하는 컴퓨팅 환경

핀테크 기업은 ICT 기술을 바탕으로 금융서비스를 제공하는 신생기술기업을 말하며, 빅테크 기업은 기술, 자본, 신뢰도 우위를 가지고 금융서비스를 제공하는 거대 ICT기업을 의미한다. 핀테크 혁신의 수요 측 요인은 디지털화 진전과 함께 금융서비스의 편의성 제고 및 비용 절감에 대한 소비자의 기대가 점차 높아지고 있다는 점이다. 아울러 디지털기기에 익숙한 세대 증가도 핀테크에 대한 수요를 증가시키고 있다.

핀테크의 영역

핀테크는 지급결제, 송금 부문뿐만 아니라 그 활용 영역이 점차 확대되고 있다. 현재 핀테크의 주요 사업 분야로는 지급결제와 송금 외에 크라우드 펀딩,

암호자산, 온라인 자산관리, 인터넷전문은행, 로보어드바이저, 바이오인증금융거래 등이 있다.[11] 로보어드바이저(Robo-adviser)는 고도화된 알고리즘과 빅데이터를 통해 인간 프라이빗 뱅커(PB) 대신 모바일 기기나 PC를 통해 포트폴리오 관리를 수행하는 온라인 자산관리 서비스이다. 직접 사람을 마주하고 상담하지 않고도 온라인 환경에서 자산 배분 전략을 짜주기 때문에 수수료가 저렴하고 낮은 투자금 하한선을 설정할 수 있다. 핀테크 및 빅테크 기업은 다양한 디지털 혁신 기술을 바탕으로 소비자의 편의성을 증진시키면서 기존 금융기관의 서비스를 넘어 금융산업 전체를 변화시키고 있다. 지급결제 및 송금 산업에서 가장 빠르게 발달하고 있는 영역이 미국 페이팔(Paypal), 애플의 애플 페이(Apple Pay), 중국의 알리페이(Alipay) 등으로 대표되는 세계적인 빅테크 기업의 신종 지급결제 및 송금 분야이다. 스마트폰 등 모바일 기기의 급속한 확산으로 모바일결제 서비스 시장은 특히 빠르게 성장하고 있다.

〈표 5-4〉는 ICT기업의 무선통신 기술을 이용한 금융서비스 현황이다. 모바일 결제는 마그네틱 보안 전송 방식(MST)과 근거리 무선통신 방식(NFC) 기술이 스마트폰에 도입되면서 활용 기반이 확충되었다. 마그네틱 보안 전송 방식은 스마트폰으로 마그네틱 카드 정보를 읽어 칩에 저장하고 저장된 정보를 마그네틱 신용카드 단말기에 전송하는 기술이다. 마그네틱 방식의 신용카드는 복제가 용

표 5-4 • ICT기업의 무선통신 기술을 이용한 금융서비스

개발업체	적용 기술	서비스 이름	서비스 내용	비고
구글	NFC	Android	지급거래(모바일기기를 오프라인 가맹점의 NFC 채택 POS 단말기에 접근)	이용가능(NFC설치)가맹점 비율: 미국 3% 정도(국내에는 아직 서비스 미도입)
애플	NFC	Apple Pay	상동	
페이팔	NFC(양방향)	Paypal	P2P거래(개인간 송금을 위해 관련 앱을 설치한 모바일기기끼리 접근)	
삼성전자	NFC + MST	삼성페이	지급거래(모바일기기를 기존 POS 단말기에 접근)	이용가능 가맹점 비율: 한국 거의 전체, 미국 90% 이상

자료: 한국은행, 「한국의 금융제도」(2018), p. 26.

---

11 암호자산에 대해서는 4장 2절에서 설명하였다. 인터넷전문은행에 대해서는 6장 2절에서 설명한다.

이하다는 단점이 있다. 한편 근거리 무선통신 방식은 스마트폰의 보안 장치에 결제 정보를 저장하여 간단한 거래정보 입력만으로 결제가 가능하도록 한 무선통신 기술이다. 최근에는 외부에 쉽게 노출될 수 있는 비밀번호나 분실 위험이 있는 인증장치의 단점을 보완하기 위해 사용자가 유일하게 갖고 있는 지문, 홍채 인식 등의 생체 정보가 거래 인증에 활용되고 있다.

2. 크라우드 펀딩

크라우드 펀딩(crowd funding)은 일반적으로 온라인 플랫폼을 통해 다수의 소액 투자자로부터 자금을 조달하는 금융기법이다.[12] 자금수요자가 은행 등 전통적인 금융중개기관을 거치지 않고 직접 자금공급자를 모집하는 새로운 방식이다. 크라우드 펀딩은 자금을 모집하는 방식과 목적에 따라 후원기부형, 대출형, 투자형으로 구분된다.

대출형 크라우드 펀딩에 해당하는 P2P(peer-to-peer)금융은 주로 SNS를 활용한다는 의미에서 소셜 렌딩(social lending)이라고도 한다. 대출 신청인이 온라인 플랫폼을 통해 대출을 신청하면 다수의 투자자들이 자금을 빌려주고 정해진 기간 동안 이자를 수취하고 만기에는 원금을 상환 받는 형태이다. 기존의 금융기관 대출과 기본적인 구조는 비슷하지만 대출을 해주는 주체가 금융회사가 아니라 다수의 일반 투자자라는 점과 전통적인 중개기관 없이 투자자와 대출 신청인이 온라인 플랫폼을 통해 직접 거래한다는 점에서 큰 차이가 있다. 또한 이 과정에서 빅데이터를 이용한 신용평가 등 디지털 기술이 활용되며, 그간 은행 등으로부터 대출을 받기 어려웠던 중·저신용자 등이 P2P금융의 주요 고객이 되고 있다는 점에서 금융포용을 넓히는 역할을 한다. P2P금융 초기에는 개인 간 대출중개에 집중되었으나 점차 기업에 대한 대출중개 및 금융서비스 제공까지 영역이 확장되고 있다.

P2P금융: 온라인상에서 자금공급자와 자금수요자 간 금융회사의 중개 없이 자금중개가 이뤄지는 금융활동

---

12 크라우드 펀딩은 클라우드 컴퓨팅(Cloud computing)과 우리말 발음은 비슷하지만 뜻이 전혀 다르다.

최근 미국 등에서 기관투자자들이 P2P금융의 자금 공급자로 참여하면서 P2P금융이 마켓플레이스 대출이라고 불리기도 한다.

3. 금융의 탈중개화 및 탈집중화

핀테크의 발달에 따라 금융업의 분화 현상이 심화됨으로써 금융서비스가 탈(脫)중개화되고 탈(脫)집중화되는 경향을 보인다. 금융의 탈중개화는 블록체인을 통한 송금, P2P대출처럼 금융중개기관을 거치지 않고 거래가 당사자 간에 직접 이뤄지는 현상이다.

금융의 탈중개화: 블록체인을 통한 송금, P2P대출처럼 금융중개기관을 거치지 않고 거래가 당사자 간에 직접 이뤄지는 현상

이러한 금융의 탈중개화는 금융중개기관에 대한 수요를 감소시키는 반면, 금융서비스 공급자의 수를 증가시키는 방향으로 작용한다. 이를 통해 금융서비스가 기존 금융시스템과 분리되는 움직임이 가속화될 전망이다. 즉 탈집중화가 가속화된다. 금융의 탈집중화(decentralization)는 금융시장을 지배하고 있는 기존의 대형 금융회사들이 시너지효과를 창출하기 위해 고객에게 예금·대출·송금·결제·보험·투자 등 여러 분야의 금융서비스를 종합적으로 제공해오던 '집중화'추세가 혁신적인 정보통신기술을 활용하여 분야별 금융시장에 새로 진입한 핀테크업체들의 파괴적인 경쟁력 때문에 오히려 금융 분야별로 더 세분화되는(unbundling) 현상을 말한다. 대출 분야의 경우 지점을 갖지 않는 인터넷전문은행이 금융서비스 분야에 새로 진입하고 있다. 해외송금 분야에도 블록체인 등을 활용해서 금융중개기관을 거치지 않고 낮은 비용으로 직접 수신자에게 송금하는 핀테크업체가 등장한다. 투자자문 분야에서는 로보어드바이저가 등장하여 더 싸고 효율적인 투자자문을 해준다. 이처럼 금융의 탈집중화는 결국 금융 분야별로 서비스 공급자의 수를 증가시킨다. 핀테크의 발달은 금융업의 분화 현상을 더 심화시키고 금융서비스의 탈집중화 및 탈중개화 경향을 촉진함으로써 금융서비스가 기존 금융시스템과 분리되는 움직임을 가속화시키는 것이다.

4. 핀테크와 금융산업의 미래

핀테크 혁신이 확산되면서 금융산업에 다양한 변화가 예상된다.

첫째, 금융산업의 효율성이 제고되고 금융서비스 접근성 및 편의성이 증대될 것으로 기대된다. 이는 ICT기술이 발전하면서 금융기관 등이 비대면 거래, 인공지능 등을 활용하여 다양한 금융서비스 제공이 가능해지기 때문이다. 아울러 금융기관이 독점해오던 고객 관련 데이터를 핀테크 기업 등과 공유하는 것이 세계 여러 나라에서 가능해짐에 따라 금융정보의 비대칭성이 상당 부분 해소되어 핀테크 기업이 저렴한 비용으로 금융서비스를 제공하는 것이 가능해졌기 때문이다. 다만, 고객데이터가 광범위하게 공유되는 과정에서 사이버위험이 확대될 수 있으므로 보안정책 강화, 중요 데이터 접근 통제 방법 개발 등을 통해 이에 대한 대비가 필요하다.

둘째, 경쟁력을 갖춘 빅테크 기업의 금융시장 참여가 확대되어 금융산업에서의 빅테크 기업의 영향력이 더욱 확대될 것으로 예상된다. 특히 빅테크 기업은 신흥국을 중심으로 은행계좌 없이도 지급결제서비스 이용을 가능하게 함으로써 금융포용 제고에도 기여할 것으로 예상된다. 다만, 빅테크 기업에 대해 핀테크 혁신의 촉진과 금융위험 간의 균형 잡힌 접근이 필요하며 특히 지배구조, 운영 관련 위험에 유의해야 한다.

셋째, 금융회사가 클라우딩 컴퓨터 등 제3기관이 제공하는 서비스 이용을 점차 늘림에 따라 금융산업에서 제3기관의 영향력이 확대되고 있다. 이는 금융회사의 데이터 유지비용을 절감하고 분산 보관에 따른 정보 복원력을 제고한다. 다만, 이에 대한 의존도가 증대될 경우 사이버 공격 및 운영위험에 직접 노출될 우려도 있다.[13]

---

13 한국은행, 「한국의 금융제도」(2018) 참조

Summary

1. 국가 경제권 안에서 자금의 금융적 순환을 담당하는 일체의 체계와 규범을 금융시스템(financial system) 또는 금융제도라고 한다.
2. 금융시스템을 거시적으로 보면 크게 금융시장, 금융기관, 금융하부구조로 구성된다.
3. 금융하부구조(financial infrastructure)란 시장 참가자들이 금융거래를 수행하는 데 필요한 모든 규칙이나 제도, 감독, 안전망 등을 총칭한다.
4. 금융하부구조로는 지급결제제도, 금융감독제도, 예금보험제도, 중앙은행제도, 증권거래소 등이 있다.
   • 지급결제제도는 실물 및 금융 거래에서 발생한 채권·채무를 완결시키는 기능을 수행한다.
   • 금융감독제도는 금융기관으로 하여금 금융중개를 공정하게 하고 경영건전성을 유지하도록 함으로써 금융소비자의 재산을 보호하고 금융거래를 활성화하는 역할을 한다.
   • 예금보험제도는 금융기관이 경영부실 등으로 예금 원금이나 이자를 지급할 수 없을 때 예금보험기구가 해당 금융기관을 대신하여 예금주에게 원리금의 전부 또는 일부를 지급하는 일종의 보험제도이다.
   • 중앙은행은 발권력을 가진 최종대부자로서 금융기관 예금에 대하여 지급준비금을 부과하고 필요시 금융기관에 부족자금을 공급하는 기능을 수행한다.
5. 금융시스템의 기능은 다음과 같다.
   • 지급결제 기능을 제공한다.
   • 저축의 풀링(pooling)을 통하여 대규모 투자자본 조달을 가능하게 한다.
   • 시간과 공간 차원의 자금이전을 가능하게 해준다.
   • 위험의 풀링 기능을 발휘한다.
   • 금유소비자의 정보비용을 감축시켜준다.
   • 가계가 생애주기에 따라 소비를 배분할 수 있게 하고 생산성이 높은 산업에 기업의 투자자금이 공급되도록 함으로써 자금의 효율적 배분에 기여한다.
6. 금융시스템의 유형은 대개 은행중심시스템과 시장중심시스템으로 나누어진다.
   • 은행중심시스템이란 은행이 금융의 중추적인 역할을 하는 시스템을 말한다.
   • 시장중심시스템이란 금융시장이 금융의 중추적인 역할을 하는 시스템을 말한다.
7. 시스템위험이란 금융서비스의 제공 과정에서 혼란을 발생시켜 경제 전반에 악영향을 미치는 위험이다.

8. 금융시스템의 거시건전성은 금융시스템 전체의 건전성을 뜻한다.

9. 익스포저(exposure)란 위험노출액을 의미한다.

10. 글로벌 금융위기 이후 거시건전성정책 마련 및 금융기관에 대한 감독강화 필요성 등이 논의되면서 주요국을 중심으로 중앙은행의 역할이 증대되었다.

11. 시스템적으로 중요한 은행(SIFIs)이란 규모가 크거나 영업모델이 복잡하고 여타 금융기관과의 상호연계성 등이 높아 도산하거나 부실화될 경우 시스템위험을 초래할 수 있는 금융기관을 의미한다.

12. 비은행금융중개란 은행과 비슷하게 신용중개를 하지만 은행 수준의 건전성 규제와 예금자보호가 적용되지 않는 금융활동을 말한다.

13. 핀테크는 금융과 기술의 합성어로 금융시장, 기관 및 서비스에 실질적인 영향을 미치는 기술기반의 금융혁신을 말한다.

14. 크라우드 펀딩이란 온라인 플랫폼을 통해 다수의 소액 투자자로부터 자금을 조달하는 금융서비스를 말한다.

15. 금융의 탈중개화란 블록체인을 통한 송금을 말한다. P2P대출처럼 금융중개기관을 거치지 않고 거래가 당사자 간에 직접 이뤄지는 현상이다.

Chapter

06 │ 금융기관

1. 금융기관이란

금융기관(financial institution)이란 금융시장에서 자금의 수요자와 공급자 간의 수급을 중개(仲介)하는 기관을 말한다.

국민경제 전체로는 총저축과 총투자가 일치하지만 각 부문이나 경제주체별로는 저축과 투자가 일치하지 않고 과부족이 생긴다. 따라서 국민경제에서 저축초과부문의 자금잉여분을 투자초과부문에게 중개해주는 조직이 필요하고, 그 중개를 담당하는 조직이 금융기관이다. 우리나라에서는 은행법으로 금융기관을 명확히 정의하고 있다. 은행법에서 말하는 금융기관이란 '은행업을 규칙적·조직적으로 영위하는 한국은행 외의 모든 법인'이다. 은행업이란 예금의 수입, 유가증권 기타 채무증서의 발행에 의하여 불특정 다수인으로부터 채무를 부담함으로써 조달한 자금을 대출하는 것을 업으로 행하는 것을 말한다.

금융기관은 자금수요자가 발행한 직접증권을 인수하여 이를 자금공급자에게 이전시키거나, 자기가 간접증권을 발행하여 이를 자금공급자에게 이전시켜 자금을 형성하고 이 자금을 자금수요자에게 이전시킴으로써 수익을 얻는 금융주체이다.

은행불사(銀行不死)의 신화가 계속되던 동안 금융기관은 안전성의 상징이자 국가 경제발전의 주요 공헌기관이었다. 금융산업은 가장 유망한 산업이었고 황금알을 낳는 거위로 비유되곤 하였다. 그러던 1997년 말 어느날 갑자기 금융기관이 국가경제의 애물단지가 되어 나타났다. IMF 구제금융기간 동안 수많은 금융기관이 경영부실로 퇴출되고 합병되었다. 이자는 고사하고 원금마저 날리거나 인출정지로 예금이나 투자자금을 찾지 못한 고객들의 항의하는 모습은 1930년대 세계경제대공황 때 미국에서나 있었던 일인 줄 알았는데, 이제는 우리 주변에서도 흔한 광경이 되었다. 경제위기 동안 정부는 구조조정이라는 이름 아래 수십조 원의 공적자금을 투입하면서 금융기관 살리기에 온 힘을 기울였다.

외환위기로부터 시작되었던 경제위기는 우리에게 은행도 망할 수 있다는 것을 가르쳐 줌과 동시에 은행은 망해서는 안 된다는 것도 가르쳐 주었다.

2. 금융중개기관의 필요성

상품시장에서는 공급자(때로는 공급자를 대신하는 대리점)와 소비자가 직접 만나서 거래가 이루어진다. 따라서 상품시장에는 중개기관이라는 제도가 따로 필요하지 않다. 그런데 금융시장에는 금융기관이라는 중개기관이 필요하며 또 성업중이다. 자금공급자가 직접 수요자에게 대여해 주면 될 것을 왜 먼저 금융기관에게 맡기고 이를 수요자에게 대여해 주는 번거로운 절차를 거치는가. 개인으로 보아서도 수수료를 지불해야 하며 국가경제 전체로 본다면 금융기관의 존재로 인해서 상당한 사회적비용이 발생하는 데도 말이다.

(1) 금융시장의 불완전성

금융중개기관이 필요한 이유는 '금융시장이 완전하지 못하기' 때문이다. 금융시장이 완전하다면 중개기관의 도움없이도 자금의 수요·공급자가 직접 만나 거래를 할 수 있을 것이다. 그러나 현실의 금융시장은 완전시장이 아니다. 어느 시장이 완전하려면, 즉 완전경쟁시장이 되려면 네 가지 조건을 갖추어야 한다. 그 네 가지 조건이란 수요·공급자의 다수성, 상품의 동질성, 생산요소의 자유로운 이동성, 그리고 정보성 등이다. 금융시장은 그 거래 특성상 두 가지 조건, 즉 동질성과 정보성 면에서 경쟁시장 성립 요건을 갖추기 어렵다.

금융시장에 동질성이 부족하다는 말에 대하여 생각해 보자. 공급자가 시장에 내어놓은 자금은 그 성질이 다양하다. 자금마다 금액의 크기, 대여 기간의 장단, 원하는 이자율, 그리고 요구하는 안전성의 수준 등이 각각 다르다. 자금에 대한 요구조건이 다양하다는 점은 수요자 편에서도 마찬가지이다. 자금수요의 내용이 공급자가 요구하는 사항들만큼이나 다양하다. 즉 금융시장 상품에는 동질성이 거의 없다.

다음으로 정보성이 부족하다는 말에 대하여 생각해 보자. 원래 금융거래는 상환이라는 절차를 거쳐 마무리된다. 따라서 금융거래의 공급자와 수요자 사이에는 신뢰가 있어야 하고, 정보가 대칭적이어야 한다. 그러나 자금공급자와 수요자 간에는 일반적으로 정보가 비대칭적이다. 자금상환 가능성에 대해서 공급자는 수요자에 비해 정보가 부족하다. 즉 금융시장은 정보성이 부족한 시장이다.

어떤 시장에 동질성과 정보성이 부족하면 그 시장에서는 거래비용과 정보비용이 발생한다. 거래비용이란 수많은 자금공급자와 수요자가 자신의 요구조건에 맞는 거래 상대방을 찾는 데 소요되는 탐색비용과 거래 상대방을 만나 조정하는 데 드는 비용을 말한다. 정보비용이란 자금의 상환가능성을 평가하기 위하여 필요한 정보를 얻고 분석하는 데 소요되는 비용을 말한다. 정보비용은 대부분 정보의 비대칭성 때문에 발생한다.

이러한 금융거래의 거래비용과 정보비용을 감소시키기 위한 사회적 장치가 금융중개기관이다.

(2) 금융기관의 사회적 편익과 비용

금융기관은 자금을 예금의 형태로 받아들인 다음 이를 수요자에게 대출의 형태로 공급한다. 자금공급자는 금융기관이 자기의 자금을 예금으로 받아들인다는 것을 안다. 따라서 자금의 공급자는 비용을 들여 수요자를 찾는 것이 아니라, 금융기관에 맡기면 된다. 금융기관이 수요자 노릇을 하는 것이다. 자금수요자도 금융기관에서 자금을 대출받을 수 있다는 것을 안다. 자금의 수요자는 비용을 들여 자금공급자를 찾는 것이 아니라 금융기관에 가서 대출받는다. 자금수요자에게는 금융기관이 공급자 노릇을 하는 것이다.

이처럼 금융기관을 이용하면 자금의 공급자도 자금의 수요자도 낮은 정보비용과 거래비용으로 거래할 수 있다. 개별 거래자가 금융기관에 지불하는 수수료 정도의 비용은 자금의 수요·공급자가 서로를 탐색하여 거래성사시 드는 제반 비용보다 훨씬 저렴하다. 즉 금융중개기관은 거래비용과 정보비용을 감소시켜 준다.

물론 금융중개기관이 존재한다고 해서 거래비용이 완전히 없어지는 것은 아니다. 거대한 금융기관 건물이나 조직, 그리고 임직원들에 대한 임금 등은 모두 금융기관 존재 때문에 발생하는 비용이다. 그러나 금융기관 존재에 따르는 비용이 있다 하여도 거시적인 관점에서 보면 그 편익이 더 크기 때문에 금융중개기관이 존재하는 것이 효율적이다. 국민경제 전체로 보면, 금융기관의 존재로 인하여 발생하는 경제적비용은 금융시장의 불완전성을 보완하기 위한 일종의 대가로 볼 수 있다.

3. 금융기관의 기능

금융기관은 자금의 공급자와 수요자가 적은 비용으로 안전하고 손쉽게 금융거래를 할 수 있도록 해 준다. 금융기관이 이러한 효과를 가지는 것은 금융기관이 다양한 기능을 가지고 있기 때문이다. 금융기관이 가지는 다양한 기능 중 중요한 것으로는 전화, 위험의 집중 및 분산, 유동성 창조, 거래비용 절감, 그리고 전문서비스의 제공 등을 들 수 있다.

(1) 전화(轉化)

금융기관은 다수의 소액 저축자로부터 자금을 집적하여 이를 기업 등 투자자에게 대규모 자본으로 연결시켜 줄 수 있다. 금융기관이 자금 집적과정을 통하여 자금공급자에게는 공급자가 원하는 조건으로 금융수단을 제공하고, 자금수요자에게는 수요자가 원하는 조건으로 자금을 제공하는 기능을 전화(轉化, transmutation)라고 한다. 전화는 자산전환기능이라고도 한다. 이러한 자산전환기능을 통하여 금융기관은 자금제공자가 원하는 조건으로 다양한 간접증권을 발행하여 자금을 조성하고, 이렇게 조성된 자금을 자금수요자가 원하는 조건으로 직접증권을 발행함으로써 자금을 공급할 수 있다. 수많은 자금의 개별 수요·공급자들이 원하는 자금의 규모, 이용기간, 이자율 등이 서로 달라 당사자간에 거래가 성립되기 어려운 것을 금융기관이 당사자로 개입하여 거래가 이루어지도록 하는 것이다.

(2) 위험의 집중 및 분산

금융기관은 다양한 자금중개기능을 수행하면서 위험을 집중(pooling)하고 분산하는 기능도 동시에 수행한다. 자산소유자인 한 개인이 자금을 다른 개인에게 대여할 경우 채무불이행으로 손해를 볼 위험성이 있다. 경우에 따라서는 채무자의 파산으로 자금 전액의 회수가 불가능하게 될 수도 있다. 그러나 자금을 금융기관에 예탁할 경우 채무불이행위험은 작아진다. 금융기관은 각 예금자의 위험을 집중하여 모든 거래자에게 그 부담을 분산시킴으로써 어떤 하나의 예금자가 혼자서 그 위험을 모두 부담하지 않도록 해 준다. 금융기관은 예금자가 맡긴 돈을 여러 기업과 사업에 분산대출하며, 이 경우 모든 대출이 동시에 부도가 날 가능성이 거의 없기 때문에 예금자가 개인별로 부담하는 위험은 크게 감소한다. 채무불이행위험이 분산된 것이다.

(3) 유동성의 창조 및 조정

금융기관은 자금의 집중과 분산을 통하여 자금의 유동성을 증가시킬 수 있다.
자금수요자는 주로 기업이며, 거액의 자금을 장기간 빌리기를 원한다. 이에 반해 자금공급자는 주로 가계이며, 가계는 대개 소액의 자금을 단기간 대여하려 한다. 이때 금융기관은 유동적인 자산을 창출함으로써 단기유동성을 선호하는 자금공급자를 만족시킨다. 자금공급자는 기업의 장기채와 같은 유동성이 작은 자산구입을 원하지 않기 때문에 금융기관이 스스로 유동성이 큰 간접증권을 발행하여 제공하는 것이다. 반대로 자금수요자에게는 대규모 자금의 집적을 통하여 장기자금을 제공할 수 있다. 이처럼 금융기관은 장기자금을 선호하는 수요자와 유동적인 단기자산을 선호하는 공급자를 동시에 만족시켜 줄 수 있다. 이러한 기능의 배경에는 앞에서 설명한 전화기능이 있다.

한편 자금의 흑자주체와 적자주체 사이의 서로 다른 선호를 이용하여, 상대적으로 낮은 수익률로 예금자에게 금융수단을 제공하고, 다른 쪽에는 상대적으로 높은 수익률로 자금을 제공하는 것을 테일러링(tailoring)이라고 한다. 금융기관은 이러한 테일러링을 통해 금융시장에 있는 여러 자산의 유동성을 증가시키기도 하고 집중시키기도 하여 비유동적인 실물자산의 생산을 촉진시키는 역할을 수행한다.

(4) 사회적비용 절감

금융중개제도는 공급자와 수요자 간의 거래단계를 증가시키는 것처럼 보이지만 사실은 양자간의 경제적 거리를 줄이게 된다. 그것은 마치 우회생산을 통하여 생산성을 증대시키는 것과 같다. 그러한 점에서 금융중개기관의 도입은 일종의 우회금융(迂回金融)의 이익[1]이라고 말할 수 있다. 우회금융의 이익이 발생하면 금융중개의 사회적비용이 감소된다.

금융기관은 다수의 자금 제공자와 수요자를 대상으로 금융자산(financial assets)을 거래하기 때문에 규모의 경제를 달성하여 거래비용을 절감시켜줄 수 있다. 뿐만 아니라 금융기관은 정보습득비용을 감소시켜 준다. 금융기관은 정보수집 및 정보생산능력을 통하여 보다 저렴한 비용으로 정보를 제공함으로써 정보의 비대칭성과 이에 따른 부작용을 줄일 수가 있다.

금융기관은 감시비용을 절감시켜 줄 수 있다. 금융기관의 정보는 공공재에 가까운 성격을 가진다. 금융기관이 자금제공자들의 공동대리인으로서 자금차입자들을 성실하게 감시(monitor)하는 한, 모든 자금제공자들이 직접 대출하고 각기 차입자들을 감시하는 것보다 비용을 줄일 수 있다. 또 금융당국은 규제와 감독을 통하여 개별거래자가 부담해야 하는 감시비용을 절감시켜 준다.

(5) 전문 서비스의 제공

자산선택자는 기대수익률과 위험을 감안하여 자산관리를 한다. 그러나 한 개인이 현실적으로 이러한 수익과 위험에 대한 분석을 하기는 어려우므로 금융기관이 자산관리를 대행해 준다. 금융기관은 경제문제, 금융문제에 관해 전문인력을 보유할 수 있으며, 이들 금융전문가는 경제와 금융 전망에 대해 개인고객과 기업에 대하여 지도와 조언을 해 줄 수 있다.

또 금융기관은 신용대위(信用代位; credit substitution)의 기능을 통하여 거래자의 신용도를 제고할 수 있다. 금융기관은 채권자와 채무자 사이에서 신용을 매개하는 단순한 중개자가 아니라, 양쪽에 대해 거래의 당사자로서 기능을 한다. 신용도가 낮은 개인거래를 금융기관을 통해 보다 높은 신용거래로 전환시키고 사회적으로 신용거래가 원활하게 이루어지도록 하는 것이다.

---

1   玉田 巧, "金融仲介機關とマクロモテル -保險會社の金融活動を中心として-,"「大阪商學論集」, 제72호, 昭和 60年 6月, p. 65.

우리나라에는 2017년 12월 말 현재 12,596개의 금융기관이 활동하고 있다. 금융기관은 그 역할과 법제에 따라 몇 개의 그룹으로 분류된다. 〈표 6-1〉은 우리나라 금융기관 현황이다. 표를 보면 금융기관을 은행, 비은행예금취급기관, 보험회사, 금융투자업자, 기타금융기관, 공적금융기관 등 여섯 그룹으로 구분하고 있다. 이러한 구분은 각 금융기관의 근거 법률을 중심으로 해서 고유업무의 성격이 비슷한 금융기관을 그룹지은 것이다.[2]

은행에는 일반은행과 특수은행이 있다. 비은행예금취급기관은 은행과 비슷한 여수신 업무를 취급하지만 은행이 아닌 상호저축은행, 신용협동기구, 우체국예금, 종합금융회사가 있다. 보험회사에는 생명보험회사, 손해보험회사, 우체국보험, 공제기관이 있다. 금융투자업자로는 유가증권의 거래와 관련된 업무를 취급하는 투자매매업자, 투자중개업자, 집합투자업자, 투자일임업자, 투자자문업자, 신탁업자 등이 있다. 기타금융기관은 위의 네 가지 범주에 들지 않은 금융기관이다. 8,084개에 달하는 대부업자 등이 그것이다. 공적금융기관은 정책적 목적으로 설립된 공공기관이다.

1. 은행

은행은 예금이나 채무증서의 발행에 의하여 조달한 자금을 대출하는 업무를 영위하는 금융기관이다. 은행에는 일반은행으로 시중은행, 지방은행, 외국은행 국내지점, 그리고 특수은행이 있다.

(1) 일반은행

일반은행은 은행법에 의해 설립된 금융기관이다. 일반은행은 단기예금을 받아들이고 이 자금을 가지고 대출을 하거나 지급결제 업무를 영위한다. 상업은행

---

2 한국은행, 「한국의 금융제도」(2018)의 금융기관 분류방식을 따랐다.

표 6-1 • 우리나라의 금융기관 형황(2017년 12월 현재)				(단위: 개)
구분			기관 수[1]	비고
은행	일반은행	시중은행	8	인터넷전문은행 2 포함
		지방은행	6	
		외은지점	38	점포 수 45
	특수은행	한국산업은행/한국수출입은행/중소기업은행/농협은행/수협은행	각 1	
비은행 예금취급 기관	상호저축은행		79	
	신용협동기구	신용협동조합	898	
		새마을금고	1,315	
		농협·수협·산림조합의 상호금융(신용사업부문)	1,358	
	우체국예금		1	
	종합금융회사		1	우리
금융투자 업자[2]	투자매매 중개업자	증권회사	55	외국사 지점 11 포함
		선물회사	5	
	집합투자업자		215	
	투자일임자문업자		179	역외사 포함 371
	신탁업자[3]	은행/증권/보험/부동산신탁	56	19/20/6/11
보험회사	생명보험회사		25	외국사 9 포함
	손해보험회사	손해보험회사	19	외국법인(4), 지점(4) 포함
		재보험회사	10	외국사 지점 9 포함
		보증보험회사	3	외국사 지점 1 포함
	우체국보험		1	
	공제기관		3	수협, 신협, 새마을
기타 금융기관	금융지주회사	은행지주 비은행지주	8 1	지방은행지주 포함
	여신전문금융회사	리스/카드/할부금융/신기술금융	97	26/8/21/42
	벤처캐피탈회사	중소기업창업투자회사	120	
	증권금융회사		1	
	대부업자		8,084	
공적 금융기관	한국무역보험공사/한국주택금융공사/한국자산관리공사/한국투자공사/시민금융진흥원		각 1	

주: 1) 인가 및 전업 기준
　　2) 하위 구분은 자본시장법 시행 이전의 규제체계에 따른 기관별 분류
　　3) 겸업사 포함
자료: 한국은행, 「한국의 금융제도」(2018), p. 53.

이라고도 부른다. 우리나라의 일반은행으로는 시중은행, 지방은행, 외국은행 국내지점이 있다.

　시중은행이란 전국을 영업구역으로 하며 서울에 본점을 둔 은행이다. 인터넷전문은행도 시중은행에 속한다. 지방은행은 지역경제의 발전에 필요한 자금을 공급하기 위해 광역시나 각 도에 설립한 은행이다. 지방은행은 지역에 본거지를 두고 있다. 외국은행 국내지점은 주로 본점으로부터 들여온 자금으로 영업을 하는데 우리나라가 외화자금이 부족하여 어려움을 겪을 때 외국자본을 도입하는 데 많은 기여를 하였다. 과거에는 업무 범위가 일부 제한되고 유동성 규제를 위한 한국은행 공개시장 운영 대상에서도 제외되는 등 영업 환경이 국내은행과 다소 차이가 있었다. 그러나 금융자유화 추진 등으로 외국은행 국내지점의 업무 범위에 대한 규제가 완화됨에 따라 현재는 국내은행과 거의 동일한 조건에서 영업활동을 하고 있다.

　일반은행의 고유업무에는 예금과 유가증권 또는 채무증서 발행으로 조달한 자금을 대출하는 업무와 외환업무 등이 있다. 부수업무로는 지급보증, 어음인수, 상호부금, 보호예수, 수납 및 지급대행이 있다. 은행은 겸영업무도 영위한다. 겸영업무란 고유업무나 부수업무가 아닌 업무를 뜻한다. 금융위원회의 인허가나 등록을 필요로 하는 겸영업무로는 유가증권의 인수와 매출, 유가증권의 모집 또는 주선, 환매조건부채권 매매, 집합투자업, 투자자문업, 투자매매업, 투자중개업, 신탁업, 방카슈랑스, 신용카드업, 자본시장법에 의한 파생금융상품의 매매와 중개가 있다. 인허가가 필요하지 않는 겸영업무에는 타 법령이 정한 업무, 상업어음 매출, 무역보험 판매 등이 있다.

참고
　　　　　　　　　　　　　　인터넷전문은행3

인터넷전문은행은 인터넷 또는 모바일을 기반으로 하여 무점포 비대면 거래를 통해 지급결제, 송금 및 대출업무 등을 수행하는 은행이다. 금융기관 분류상 일반은행에 속한다. 인터넷전문은행은 디지털기술을 기반으로 한다는 점에서 핀테크의 산물이라고 할 수 있다. 핀테크는 5장에서 설명한 바와 같이 정보기술(IT)로 진화된 금융서비스 기술을 의미하며 송금, 모바일 결제, 개인자산관리, 크라우드 펀딩 등이 속한다.

3　한국은행, 「한국의 금융제도」(2018), p. 29.

인터넷전문은행을 설립하기 위해서는 금융위원회로부터 인가를 받아야 하며, 500억 원 이상의 자본금, 소유 규제에 적합한 주주 구성, 업무범위에 적합한 인력 및 시설 등의 요건을 갖춰야 한다. 2017년 12월말 현재 우리나라에는 케이뱅크은행, 한국카카오은행 등 2개가 인가받아 영업을 하고 있다. 인터넷전문은행을 통해 금융소비자는 점포를 직접 방문하지 않고도 다양한 금융서비스를 이용할 수 있다. 도입 초기에는 완전 무점포형 은행이 주로 설립되었으나 최근에는 오프라인 지점을 활용하는 형태도 있다. 인터넷전문은행은 365일 24시간 운영이 가능하다. 다만 IT 인프라 구축, 마케팅 등 초기비용이 많이 들어간다. 한편 인터넷전문은행은 신용위험 등 전통적인 위험이 존재할 뿐만 아니라 통제와 관련한 위험도 존재한다.

(2) 특수은행

특수은행이란 특수은행법에 의하여 설립된 은행을 말한다. 시중은행이나 지방은행 등 일반은행은 포괄적인 은행법에 의하여 설립되고 규제를 받고 있는 데 반하여, 특수은행은 각각의 은행마다 그 은행의 근거법에 의하여 설립되고 규제된다. 특수은행에는 한국산업은행, 한국수출입은행, 중소기업은행, 농업협동조합중앙회, 수산업협동조합이 있다.

한국산업은행은 산업의 개발과 국민경제의 발전을 촉진하기 위한 주요 산업자금을 공급하기 위하여 설립된 금융기관이다. 한국산업은행의 기본업무는 중요 산업자금을 공급하는 것이다. 이에 필요한 자금은 산업금융채권발행, 정부차입금, 해외차입금, 예금 등으로 조달한다.

한국수출입은행은 수출입, 해외투자 및 해외지원개발 등 대외경제협력에 필요한 금융을 제공함으로써 국민경제의 건전한 발전을 촉진한다는 목적으로 설립되었다. 한국기업의 자본재 수출과 해외 투자, 해외 자원 개발, 주요 자원의 수입 등에 필요한 중장기 금융을 제공한다. 남북협력기금을 통한 통일기반 조성도 돕고 있다.

중소기업은행은 중소기업을 지원하기 위하여 설립된 은행이다. 중소기업에 대한 금융지원은 1950년대까지는 일반은행의 금융자금과 특별회계를 재원으로 한 재정자금에 주로 의존하였다. 1961년에는 다양한 중소기업자금 지원체계를 정비하고 효율적인 중소기업금융 지원체제를 구축하기 위하여 중소기업은행이 설립되었다. 중소기업은행 자본에는 정부가 1/2 이상을 출자하고 나머지는 민간

자본이 참여하고 있다.

농업협동조합은 농업인의 경제적 지위 향상과 농업의 경쟁력 강화를 통하여 농업인의 삶의 질을 높이고, 국민경제의 균형있는 발전을 기하기 위하여 설립되었다. 2000년 7월부터 축산업협동조합이 통합되었다.

수산업협동조합은 1962년 수산업협동조합법에 의거 설립되었다. 수산업협동조합의 업무는 농업금융 대신 수산금융을 전담한다는 점을 제외하고는 농업협동조합의 경우와 거의 동일하다.

2. 비은행예금취급기관

예금은행은 아니지만 예금을 취급하는 기관을 비은행예금취급기관이라고 한다. 비은행예금취급기관은 자금 대부분을 저축성예금 형태로 조달하여 이를 특정 목적과 연관된 대출로 운영하는 저축예금기관이다. 비은행예금취급기관으로는 상호저축은행, 신용협동기구, 우체국예금, 종합금융회사 등이 있다.

상호저축은행

상호저축은행은 서민 및 소규모 기업에게 금융편의를 제공하도록 설립된 지역 서민금융기관이다. 상호저축은행의 전신인 상호신용금고는 1972년 상호신용금고법이 제정되면서 등장하였다. 당시 은행을 비롯한 제도금융기관은 자금을 경제성장을 위한 우선육성 산업부문에 공급하는 데 치중하였기 때문에 서민이나 소규모기업은 대부분 사설 무진회사나 서민금고 등을 통하여 자금을 융통하였다. 이들 사금융기관은 금리가 매우 높았을 뿐만 아니라 규모의 영세성 및 부실경영 등으로 도산이 속출함으로써 거래자에게 막대한 피해를 주고 금융질서를 문란하게 하는 등 많은 폐해를 낳았다. 이에 정부는 이들 사금융기관을 양성화하여 그 업무를 합리적으로 규제함으로써 거래자를 보호하는 한편 담보력과 신용도가 취약한 소규모기업과 서민을 위한 전문적 서민금융기관을 육성하기 위하여 상호신용금고제도를 도입하였다. 2011년에 16개의 상호저축은행에 대한 구조조정이 이루어졌다. 한때 239개에 이르던 상호저축은행이 2017년 말에는 79개로 감소했다.

신용협동기구

우리나라의 신용협동기구에는 신용협동조합, 새마을금고, 상호금융이 있다. 신용협동기구는 조합원에 대한 저축편의 제공과 대출을 통한 상호간의 공동이익 추구를 목적으로 운영되고 있다. 이 중 신용협동조합과 상호금융은 신용협동조합법에 의거 운영되며, 새마을금고에는 새마을금고법이 적용되고 있다. 신용협동조합은 지역이나 직업 또는 종교 등 상호유대를 가진 개인이나 단체 간 협동조직을 기반으로 하여 자금의 조성과 이용을 도모하는 비영리 금융기관이다. 새마을금고는 신용협동조합과 비슷한 업무를 취급하고 있다. 상호금융이란 일반적으로 단위조합이라고 부르는 조합들이 영위하는 금융업무를 말한다.

우체국예금

우체국예금은 체신관서를 금융창구로 활용하는 국영금융으로서 농어촌주민 및 도시의 소액가계저축 예수를 주업무로 한다. 우체국예금의 수신상품은 은행예금과 거의 비슷하다. 우체국예금의 자금운용은 금융기관에의 예탁, 국가·지방자치단체 기타 공공단체 또는 은행법에 의한 금융기관이 직접 발행하거나 보증하는 유가증권, 정부투자기관이 발행하는 주식, 지식경제부장관이 정하는 주식의 매입에 한정되어 있다. 또한 1994년부터는 공공자금관리기금법에 의하여 예금의 지급에 필요한 자금을 제외한 여유자금을 공공자금관리기금에 예탁하도록 되어 있다. 우체국예금은 국가가 경영하므로 그 원리금에 대하여 정부가 지급책임을 지고 있다.

종합금융회사

종합금융회사는 영국의 머천트 뱅크(merchant bank)와 미국의 투자은행 기능에 중장기 설비금융의 기능을 혼합한 기업금융 전문 금융기관이다. 종합금융회사는 민간부문의 외자조달 및 종합적인 금융서비스를 제공하기 위하여 1976년에 최초로 설립되었으며 흔히 종금사라고 부른다. 1990년대에 들어서는 투자금융회사가 종금사로 전환되면서 그 수효가 증가하여 1997년 말에는 30개에 달하였다. 그러나 외환위기 직후 16개 부실회사가 퇴출되었으며 그 후로도 구조조정이 계속되어 왔다.

　종금사의 기본업무에는 어음의 발행·할인 등 단기금융업무와 투융자업무, 증권업무, 외자도입, 해외투자 등이 있다.

3. 금융투자업자

　금융상품을 구입하면 정해진 이자를 받거나 투자행위로 자본이득을 얻는다. 이 중 원금손실 가능성이 있는 금융상품을 금융투자상품이라 하고 이러한 금융투자상품을 취급하는 회사가 금융투자회사이다.

　2009년에 발효된 자본시장법에 의하면 금융투자회사가 영위하는 금융투자업에는 투자매매업, 투자중개업, 집합투자업, 투자자문업, 투자일임업, 신탁업 등이 있다. 과거에는 금융투자업이 증권회사, 선물회사, 자산운용회사, 투자신탁회사 등으로 따로 따로 분리되어 있었으며 각각의 법률이 따로 있었다. 자본시장법 통합 이후에는 겸영이 가능하다.

　투자매매업이란 누구의 명의로 하든지 자기의 계산으로 금융투자상품의 매도·매수, 증권의 발행·인수 또는 그 청약의 권유, 청약, 청약의 승낙을 영업으로 하는 것을 말한다. 투자중개업이란 누구의 명의로 하든지 타인의 계산으로 금융투자상품의 매도·매수, 그 청약의 권유, 청약, 청약의 승낙 또는 증권의 발행·인수에 대한 청약의 권유, 청약, 청약의 승낙을 영업으로 하는 것을 말한다. 자본시장법 이전의 분류 방식으로 말하면 투자매매와 투자중개업을 담당하는 금융기관은 증권회사이다.

　집합투자업이란 집합투자를 영업으로 하는 것을 말한다. 집합투자란 2인 이상에게 투자 권유를 하여 모은 금전이나 투자대상 자산을 취득·처분, 그 밖의 방법으로 운용하고 그 결과를 투자자 또는 각 기금관리주체에게 배분하여 귀속시키는 것을 말한다.

　투자자문업이란 금융투자상품의 가치 또는 금융투자상품에 대한 투자판단에 관한 자문에 응하는 것을 영업으로 하는 것을 말한다. 투자일임업이란 투자자로부터 금융투자상품에 대한 투자판단의 전부 또는 일부를 일임받아 투자자별로 구분하여 금융투자상품을 취득, 처분, 운용하는 것을 영업으로 하는 것을 말한다.

신탁업이란 위탁자가 특정의 재산권을 수탁자에게 이전하거나 기타의 처분을 하고 수탁자로 하여금 수익자의 이익을 위하여 또는 특정의 목적을 위하여 그 재산권을 관리처분하게 하는 것을 영업으로 하는 것을 말한다.

4. 보험회사 및 공제기관

보험이란 개인에게 우발적이지만 전체적으로는 측정가능한 금전적 욕구를 다수의 경제체가 공동으로 부담하기 위하여 그들에게 비용을 공평하게 부담하도록 하는 경제제도이다. 우리나라에서 보험업무를 담당하는 기관으로는 생명보험회사, 손해보험회사, 우체국보험이 있다. 보험회사는 보험상품을 판매하는데 이것은 마치 금융기관이 금융상품을 판매하는 것과 같다. 한편 생명보험회사는 일반 금융기관과 거의 비슷한 역할을 수행한다. 그래서 생명보험회사는 금융기관의 범주에 속한다. 요즈음은 손해보험회사도 저축성보험상품을 많이 판매하고 있다.

공제기관이란 개별 특별법에 근거하여 생명공제, 보험공제 등 유사보험을 취급하는 기관이다. 수산업협동조합공제, 새마을금고공제, 신용협동조합공제 등이 있다.

5. 기타 금융기관

기타 금융기관이란 금융업무를 취급하기는 하지만 금융기관으로 분류하기 어려운 업무를 주된 업무로 취급하는 기관들을 묶어서 부르는 이름이다. 금융지주회사, 여신전문금융회사, 벤처캐피탈회사, 증권금융회사, 대부업자 등이 있다.

(1) 금융지주회사[4]

금융지주회사란 주식 또는 지분의 소유를 통하여 금융업을 영위하는 회사 또는 금융업의 영위와 밀접한 관련이 있는 회사를 지배하는 것을 주된 사업으로

4　한국은행, 「한국의 금융제도」(2018), p. 294.

하는 회사이다. 우리나라는 금융회사의 대형화, 겸업화 추세를 반영하여 2000년 금융지주회사법을 제정하였으며 2001년에 우리금융지주회사가 최초로 설립되었다. 2019년 현재 금융지주회사는 신한금융지주회사 등 은행지주회사 9개, 비은행지주회사는 메리츠금융지주회사 1개로 총 10개이다.

금융지주회사는 비(非)금융회사를 자회사로 지배할 수 없고 일반지주회사는 금융회사를 자회사로 둘 수 없는 금산분리[5]원칙이 적용되고 있다. 또한 지주회사의 자회사는 다른 자회사 또는 지주회사의 주식을 소유할 수 없다. 이는 순환출자, 상호출자 등을 통해 자회사 간 위험이 전이되는 등의 부작용을 방지하기 위한 것이다. 한동안 금산분리 완화에 따라 재벌에게 자본이 집중되고 금산결합에 따른 위험전이로 인해 전체 금융그룹의 건전성 악화를 우려하는 정도가 되자 금산분리는 다시 강화되었다. 비금융주력자[6]의 은행지주회사 주식 보유한도를 축소하였으며 투자회사, 사모투자전문회사, 투자목적회사를 비금융주력자로 판단하는 기준을 강화하였다. 비은행지주회사 및 그 자회사는 비금융회사를 지배할 수 없도록 하였다.

(2) 여신전문금융기관

여신전문 금융회사는 수신기능 없이 여신업무만을 취급하는 금융기관이다. 여신전문 금융회사가 취급하는 업무는 다른 금융기관이 거의 취급하지 않는 수요자금융, 리스, 벤처금융 등이다. 이들 기관의 재원은 채권발행, 금융기관 차입금 등이다. 여신전문금융기관에는 리스회사, 신용카드회사, 신기술금융사, 할부금융회사 등이 있다.

리스회사(leasing company)는 시설대여방식에 의해 중장기금융을 취급하는 기관이다. 리스회사는 시설대여와 연불(延拂)판매 업무를 취급하고 있다. 시설대여는 특정 시설을 고객에게 사용하게 하고 사용료, 즉 리스료를 받는 금융이다. 연불판매는 새로이 취득한 특정 물건을 고객에게 인도하고 그 물건의 대금·이자 등을 분할하여 수취하는 금융이다.

---

5   요즈음에는 은산(銀産)분리라고도 한다.
6   비금융주력자란 계열회사 중 비금융회사의 자본총액이 해당 회사 전체 자본 총액의 25% 이상이거나 비금융회사의 자산 총액 합계액이 2조 원 이상 등에 해당하는 산업자본을 일컫는다.

신용카드회사는 신용카드의 이용과 관련한 소비자금융을 영위하는 금융기관이다. 신용카드란 가맹점에서 물품의 구입 또는 용역의 제공을 받을 수 있는 증표로서 신용카드회사가 발행한 것을 말한다. 우리나라의 신용카드는 1969년 백화점에서 처음 도입한 이래 1980년대 들어 은행이 신용카드업을 겸영하면서 그 보급이 크게 확대되었다.

할부금융회사는 이용자에게 재화와 용역의 구매자금을 공여하는 소비자금융을 취급하는 금융기관이다. 할부금융은 할부금융회사가 매도인 및 매수인과 각각 약정을 체결하여 재화와 용역의 구매자금을 매도인에게 지급하고 매수인으로부터 그 원리금을 분할하여 상환받는 방식의 금융이다.

(3) 벤처캐피탈회사

벤처캐피탈회사는 기술력과 장래성은 있으나 자본과 경영기반이 취약한 기업에 대해 자금지원 및 경영지도 등을 통해 수익을 추구하는 회사이다. 보통 벤처캐피탈회사라고 부른다. 우리나라의 벤처캐피탈회사는 신기술사업금융업을 영위하는 신기술사업금융회사와 중소기업창업지원법에 의한 중소기업창업투자회사가 있다.

(4) 증권금융회사

증권금융회사는 유가증권의 거래업무와 관련하여 필요한 자금의 대부 등을 목적으로 하는 금융기관이다. 주식의 단기매매에 필요한 자금을 대부해주는 유통금융, 발행시장에서 증권회사가 채권이나 주식을 인수하는 데 필요한 자금을 대부해주는 인수금융, 증권매입에 필요한 자금을 증권을 담보로 대부해주는 담보금융 등을 담당한다.

(5) 대부업자[7]

대부업은 주로 소액자금을 신용도가 낮은 소비자에게 대부하거나 이러한 금

---

7   한국은행, 「한국의 금융제도」(2018), p. 130.

전의 대부를 중개하는 것을 의미한다. 대부업은 1997년 외환위기 이후 저금리 기조, 가계의 자금수요 증가 등으로 크게 성장하였으나 불법적인 채권추심 행위, 고금리 부과 등이 물의를 일으키며 사회문제로 부각되었다. 이에 따라 대부업의 투명성을 확보하고 금융 이용자를 보호하기 위해 2002년 8월 대부업법을 제정하여 양성화시켰다. 대부업의 경우 대체로 최저자본금 등의 진입요건, 영업지역 제한, 자금조달에 관한 규제가 없다. 대부업의 등록은 영업소를 관할하는 시도지사에 한다. 대부업에 대한 감독권도 시도지사에게 있다. 시도지사는 대부업자에 대한 자료 제출 요구, 검사, 영업정지 및 등록취소 등의 권한이 있으며 전문적인 검사가 필요한 경우 금융감독원장에게 검사를 요청할 수 있다. 금융위원회, 금융감독원 및 행정안전부가 공동으로 실시한 조사에 따르면 2017년 말 현재 8,084개의 대부업자가 영업 중이며, 총 대부잔액은 16조 5천억 원 정도이다.

6. 공적금융기관

공적금융기관으로는 한국무역보험공사, 한국주택금융 공사, 자산관리공사, 한국투자공사, 서민금융진흥원 등이 있다.

자산관리공사는 금융기관이 보유하는 부실자산의 정리와 부실징후기업의 경영정상화 지원을 주된 업무로 하는 법인이다. 한국자산관리공사는 종전의 성업공사에서 명칭이 변경되었다. 한국자산관리공사의 업무로는 부실채권정리기금의 관리, 금융기관 부실자산 정리, 부실징후기업 지원, 자산유동화, 정부대행업무 등이 있고 그 외에 대통령령으로 정하는 부수업무가 있다. 한국무역보험공사는 수출보험과 수출신용보증제도 운영, 수입자 및 구입국에 대한 전문 신용정보 제공 등을 담당하는 기관이다. 수출보험이란 수출기업이 물품을 수출하고 수출대금을 지급받지 못하거나, 수출금융을 제공한 금융기관이 대출금을 회수하지 못하는 손실을 보상해주는 정책보험이다. 이 제도는 WTO 출범 이후 국제적으로 용인되고 있는 유일한 수출지원 수단이다. 우리나라의 수출보험제도는 1969년에 도입된 이래 1992년에 한국수출보험공사가 설립되었고, 2010년에는 K-sure한국무역보험공사로 재출범하였다.

한국주택금융공사는 주택저당채권 등의 유동화와 주택금융 신용보증업무를 수행하는 기관이다. 주택금융공사에서는 채권유동화, 채권보유, 주택 저당증권 및 유동화전문회사 등이 주택저당채권을 유동화자산으로 하여 발행한 유동화증권에 대한 지급보증 등의 업무를 영위한다.

한국투자공사(Korea Investment Corporation)는 KIC라고도 하며, 정부의 외환보유액을 효율적으로 운용·관리하고, 국제금융시장에서 한국의 위상을 높이기 위해 출범한 대형 투자기관이다. 운용자금은 200억 달러이다. 한국투자공사는 기금을 관리하면서 국내외 주요 투자은행 등으로부터 시장정보 획득, 자산 위탁을 통한 해외 금융기관의 국내 유치 촉진, 한국 대외신인도의 안정적 관리 등의 업무를 수행한다.

서민금융진흥원[8]은 서민 및 취약계층에 대한 금융지원을 총괄하는 기관이다. 서민의 금융생활 지원에 관한 법률에 따라 2016년 설립되었다. 글로벌 금융위기 이후 금융회사들이 여신건전성 관리를 강화함에 따라 저신용 계층의 금융애로가 심화되자 정부는 서민들의 금융기회 확대를 위해 햇살론, 새희망홀씨대출, 미소금융, 전환대출(바꿔드림론) 등 다양한 서민 우대 금융상품 도입을 추진하였다. 그 결과 서민들의 금융서비스의 이용 기회가 확대되는 등 금융애로 해소에는 긍정적 효과가 있었다. 하지만 다수 기관들이 제각각의 서비스를 제공함에 따라 서민 및 취약계층의 자활에 실질적인 도움을 줄 수 있는 종합적인 지원은 부족했다. 이에 정부는 복잡한 서민금융 지원체계를 단순화 및 체계화시켜 서민에게 효율적인 금융지원을 하고자 서민금융진흥원을 설립하였다.

서민금융진흥원은 저리 자금대출, 신용보증, 채무조정 지원뿐만 아니라 종합상담, 금융상품 알선, 공적 채무조정 연계, 복지 지원 연계, 자활지원 등 다양한 서민금융 지원 업무를 담당한다. 기존의 햇살론, 새희망홀씨, 기타 소액대출 등 다양한 서민금융 지원 상품을 '햇살론'으로 일원화하여 운영하고 있다. 특히 서민금융 종합DB를 구축하여 수요자 중심의 맞춤형 서민금융 지원 서비스를 하고 있다. 〈표 6-2〉는 서민금융진흥원의 주요 금융지원업무 내용이다.

---

8   한국은행, 「한국의 금융제도」(2018), p. 324

표 6-2 • 서민금융진흥원의 주요 금융지원 업무

구분		소개
금융지원 사업	미소금융사업	제도권 금융기관 이용이 어려운 저소득·저신용 계층에게 자활에 필요한 창업자금, 운영자금 등을 무담보·무보증으로 지원하는 소액대출사업(Microcredit)
	민간 사업수행기관 지원	휴면예금을 재원으로 서민 금융생활 지원사업(창업, 신용회복, 사회적기업 지원 등)을 수행하는 사업수행기관에 사업자금을 무이자로 대출 지원하고, 사업수행기관은 이를 재원으로 지원대상자에게 저금리로 대출
	전통시장 영세상인 지원	기초자치단체가 추천한 전통시장 상인회에 무이자로 대출 지원하고, 상인회는 이를 재원으로 전통시장 영세상인에게 물품구입자금 등 운영자금을 저금리로 대출지원
	소액보험 지원	휴면보험금의 운용수익을 재원으로 경제적 기반이 취약하고 각종 위험에 노출된 저소득층을 위해 보험계약의 체결·유지를 지원(저소득층 이동·가장 및 복지시설 지원, 저소득층 실버보험 지원 등)
개인신용보증사업		제도권 금융기관 이용이 어려운 저소득·저신용 근로자들이 생계비 등 대출지원시 보증해주는 개인신용보증사업 *「서민금융지원법」에 따라 서민금융진흥원이 신용보증재단중앙회의 근로자 햇살론 보증업무를 이관받아 운영

자료: 한국은행, 「한국의 금융제도」(2018), p. 325.

section 03 • 금융기관의 경영과 평가

1. 금융기관 경영 원칙

금융기관 경영 원칙에는 유동성 원칙, 안전성 원칙, 수익성 원칙, 공공성 원칙이 있다.

1) 유동성 원칙: 금융기관의 예금은 즉시 인출이 가능하다는 묵시적 신뢰 아래 거래되는 금융상품이다. 그런데 은행 등 금융기관은 자기자본보다 훨씬 더 많은 예금을 받아서 조성된 자금을 대출하는 영업을 영위한다. 금융기관에 예금이란 수시로 인출요구가 들어올 수 있는 부채성 자산이다. 따라서 금융기관은 인출에 대비하여 적정수준의 유동성, 즉 현금 또는 현금에 해당되는 자산을 보유하고 있어야 한다. 금융기관이 적정한 수준의 유동성을 확보해 두어야 할 필요성을 유

동성 원칙이라고 한다.

유동성을 적절히 확보하기 위해서는 예금의 유·출입을 사전에 파악하거나 예상할 수 있어야 하며 비상시에 필요한 유동성 확보 대책을 마련해야 한다. 각 국은 중앙은행을 설립하고 법정지급준비제도를 도입하여 유동성을 확보하도록 규제해 오고 있다. 또한 보유한 현금자산이 예상 밖의 예금인출에 대처하기에 부족한 비상사태가 발생하면 중앙은행으로부터 재할인 방식으로 은행이 자금을 차입하여 유동성 필요를 충족시킬 수 있는 제도적 장치를 마련하고 있다.

2) 안전성 원칙: 금융기관이 공신력을 유지하기 위해서는 단기적인 유동성의 확보만으로는 불충분하며 좀 더 근본적인 청산능력(solvency)을 갖추어야 한다. 금융기관의 주요 수입원은 대출이다. 금융기관은 가능한 한 많은 대출을 통하여 수익을 얻으려고 하며, 이 과정에서 위험이 발생할 수 있다. 금융기관이 그 경영에 있어 적정한 수준의 안전성을 확보해 두어야 할 필요성을 안전성 원칙이라고 한다. 청산능력이란 금융기관이 영업을 중지하는 경우 예금주에 대한 부채를 모두 변제할 수 있는 능력을 의미한다. 금융기관의 청산능력은 사내유보의 축적 등을 통한 자기자본의 충실화 정도, 부채의 많고 적음 및 질적 구성 등으로 평가된다.

3) 수익성 원칙: 금융기관의 수익성이 확보되지 않으면 존립이 불가능하다. 예를 들어 주주들에 대한 적정수준의 배당금 지급, 임직원에 대한 임금 지급 등이 이루어져야 금융기관이 기업으로서 유지될 수 있다. 금융기관이 기업으로서 적절한 수익성을 확보해야 하는 원칙을 수익성 원칙이라고 한다.

일반적으로 유동성과 안전성이 높은 자산은 수익성이 낮고, 유동성과 안전성이 낮은 자산은 수익성이 높다. 금융기관의 자금관리란 단기적으로는 유동성과 안전성을 유지하면서 장기적으로는 수익성을 도모하는 것이다.

4) 공공성 원칙: 금융기관의 경영결과는 국민경제에 막대한 파급효과를 유발하게 된다. 금융기관은 하나의 기업이면서 동시에 공공기관으로서의 성질을 가지고 있다. 따라서 금융기관의 경영에는 공공성이 요구된다. 금융기관이 그 경영에 있어 적정한 수준의 공공성을 가져야 할 필요성을 공공성 원칙이라고 한다. 여기에서 공공성이란 금융기관의 경영방침과 결과가 공익에 부합되어야 한다는 것을 의미한다.

쉽지 않다

지금까지 금융기관의 경영에서 가장 중요하게 고려해야 할 유동성, 안전성, 수익성, 공공성에 대하여 논의하였다. 그런데 경영원칙을 조화시킨다는 것은 매우 어려운 일이다. 금융기관의 이윤극대화 노력이 공공성과 조화를 이루고, 안전성을 유지하면서 상호경쟁을 촉진하기가 어렵기 때문이다. 그러나 이와 같은 자생적 발전 동인이 금융구조에 내재되어야만 금융자산의 축적과 금융의 심화가 이루어져 금융산업의 발전과 나아가서는 실물경제의 상승적 발전을 가져올 수 있다. 수익성 원칙은 감독기관이 간섭하지 않더라도 금융기관 스스로가 추구한다. 금융당국이 규제하고 감독해야 할 일은 유동성, 안전성, 공공성 원칙을 얼마나 잘 지키는가이다.

2. 금융기관 경영 평가

금융기관도 하나의 기업이라는 점에서 경영의 성과를 평가하고, 이 평가를 통해 장래의 합리적인 경영방향을 결정하는 것이 필요하다. 금융기관 특히 은행의 경영성과는 자본적정성, 자산건전성 등 몇 가지 지표로 평가된다.

(1) 자본적정성

은행의 자본적정성이란 은행의 자기자본 규모가 위험자산 규모에 비해 얼마나 큰가의 비율을 말한다. 자본적정성의 크기는 은행이 대출업체의 부도 등으로 손실이 발생하더라도 이를 잘 감당할 수 있는가, 그래서 예금자가 인출 요청을 할 때 지급에 응할 능력이 있는가를 판단할 수 있는 척도가 된다. 일반적으로 은행은 자기자본 규모가 클수록 영업상 발생할 수 있는 손실 대처능력이 클 것이다. 은행의 자본적정성은 국제결제은행(BIS: Bank for International Settlements) 기준의 자기자본비율로 판단한다. 국제결제은행 산하 바젤은행감독위원회는 '은행 자기자본비율 규제에 관한 국제적 통일기준'을 고안하여 회원국 은행이 자기자본비율을 8% 이상 유지하도록 하였다.

BIS기준 자기자본비율 계산공식은 다음과 같다.

$$\text{BIS기준 자기자본비율} = \frac{\text{BIS기준 자기자본}}{\text{위험가중자산}} \times 100$$

BIS기준에 의한 자기자본비율 규제는 은행들이 가능한 한 우량자산을 많이 보유하여 자기자본을 충실히 유지하도록 하기 위한 것이다.

BIS기준 자기자본비율에 대출업체의 도산 등으로 부실화되어 발생할 수 있는 손실인 신용위험은 반영된다. 그러나 금리, 주가, 환율 등 금융시장 가격변수의 변동에 따라 발생할 수 있는 시장위험은 반영할 수 없다. 이에 국제결제은행은 1996년에 '시장위험 감안 자기자본비율' 계산방식을 다시 고안하였다. 그 계산방식은 다음과 같다.

$$\frac{\text{시장위험 감안}}{\text{자기자본비율}} = \frac{\text{기본자본} + \text{보완자본} + \text{단기 후순위채무} - \text{공제항목}}{\text{신용위험가중자산} + \text{시장위험가중자산}} \times 100$$

이 식에는 단기 후순위채무를 자기자본으로 인정한다. 그리고 자산은 신용위험가중자산과 시장위험가중자산으로 구분하고 있다. 신용위험가중자산에 대해서는 일반적인 BIS기준 자기자본비율 산출방법에서와 같이 자산 종류별로 위험가중치를 곱하여 산출한다. 시장위험가중자산은 주식·채권·외환·파생상품을 대상으로 표준방식 또는 내부모형방식에 따라 산출한 필요자기자본에 12.5배를 곱하여 산정한다.

한편 외환·금융위기가 빈번하게 발생하면서 은행들의 규제자본 회피거래 (capital arbitrage)가 증가함에 따라 자기자본비율 산정에 사용되는 위험가중치를 조정할 필요성이 제기되었다. 회피거래란 실제적인 위험은 줄이지 않고 대차대조표상의 자본비율만 높게 유지하는 전략적 자산운용을 말한다. 이에 따라 바젤위원회는 2004년 Basel Ⅱ를 고안하였다. Basel Ⅱ에는 신용위험과 시장위험 이외에 운영위험에 대해서도 자기자본을 부과하였다. 즉 분모에 운영위험가중자산 항목이 추가되었다.

우리나라에서는 금융위기 이후 부실 금융기관의 구조조정을 추진하는 과정에서 BIS기준 자기자본비율이 퇴출기준으로 사용되면서 자기자본비율 규제가 본격적으로 도입되었다. 금융감독원은 이 기준을 충족시키지 못하는 은행들에 대해 제재를 가할 수 있다. 2013년 12월부터 바젤Ⅲ에 따른 자본규제를 국내은행에 대하여 단계적으로 도입하기 시작하였다. 구체적으로 은행이 위험가중자산과 관련하여 보유해야 하는 자본의 최저 규모를 보통주자본 4.5%, 기본자본 6.0%, 총자본 8.0%로 세분화하고 자본의 유형별로 자본인정 요건을 강화하였다. 또한 2015년에는 유동성 커버리지 비율, 2016년에는 자본보전 완충자본 및 국내 시스템적으로 중요한 은행(D-SIBs)에 대한 추가자본 적립을 시행하였다.

2018년부터는 순안정자금조달비율 및 레버리지비율 규제를 시행하였다.[9] 순안정자금조달비율(Net Stable Funding Ratio) 규제란 은행 자금조달의 안정성을 강화하기 위한 장치이다. 은행이 과도한 단기도매자금에 의존하는 것을 제한하여 자금조달 위험을 줄이기 위한 제도이다. 순안정자금조달비율은 유동성을 감안한 은행 보유자산 대비 안정적 조달자금의 비율이며, 2018년 이후 은행은 순안정자금조달비율을 100% 이상으로 유지하여야 한다.

(2) 자산건전성

은행이 건전하게 경영되는지를 알아보기 위해 대출금 회수 가능성은 어떤지, 대출금에 대한 이자는 잘 들어오는지 등을 분석해 보아야 한다. 은행이 대출금을 회수할 가능성을 자산건전성이라고 한다. 은행이 대출금이자를 제대로 못 받거나 만기일에 대출금을 회수하기 어렵다면 수익성이 악화됨은 물론 예금자에게 예금을 돌려주지 못하게 되는 지급불능사태가 올 수도 있다. 은행의 자산건전성은 자산을 회수 가능성 등에 따라 분류하여 총대출금 중 부실여신이 차지하는 비율로써 평가할 수 있다. 은행은 자산건전성 분류기준에 따라 보유자산의 건전성을 점검하여 정상, 요주의, 고정, 회수의문, 추정손실의 5단계로 분류하여 관리하고 있다.

각 단계의 분류기준은 다음과 같다.

① 정상: 신용상태가 양호한 거래처에 대한 대출금

② 요주의: 현재는 원리금 회수에 문제가 없으나 앞으로 거래처의 신용 상태가 악화될 가능성이 있어 세심한 주의나 사후관리가 필요한 대출금

③ 고정: 대출처의 신용상태가 악화되어 채권회수에 상당한 위험이 발생한

---

9 한국은행, 「한국의 금융제도」(2018), p.44.

표 6-3 • 일반은행의 부실여신 현황(외환위기 전후)

	1995	1997	1999	2001	2003
총여신(천억 원)	2,418	3,758	3,282	3,790	4,995
고정이하여신(천억 원)	124.8	226.5	145.3	126.4	136.6
고정이하여신비율(%)	5.2	6.0	4.4	3.3	2.7

것으로 판단되는 대출금과 다음에 설명하는 '회수의문' 및 '추정손실' 거래처에 대한 대출금 중 회수 예상가액 해당분

④ 회수의문: 대출처의 채무상환능력이 현저히 나빠져 채권회수에 심각한 위험이 발생한 것으로 판단되는 거래처에 대한 대출금 중 회수 예상가액을 초과하는 대출금

⑤ 추정손실: 대출처의 상환능력이 심각하게 나빠져 손실처리가 불가피한 대출금 중 회수 예상가액을 초과하는 부분

〈표 6-3〉은 일반은행의 부실여신 현황이다. 경제위기였던 1997년에 6%에 달하던 고정이하여신비율이 점점 낮아지는 것을 볼 수 있다.

은행의 자산건전성 평가 결과는 대손충당금 적립금액 산정과 은행의 신용위험 관리업무 등의 기초자료로 활용된다. 은행은 보유중인 대출금을 자산건전성 분류 기준에 따라 평가하여 앞으로 발생할 수 있는 손실예상액을 산정하고, 그 손실금액을 보전할 수 있는 대손충당금을 적립해야 한다. 은행은 대손충당금을 재원으로 하여 부실대출을 조기 상각함으로써 자산을 건전하게 할 수 있다.

(3) 유동성·수익성·재무위험성

은행의 유동성이란 은행이 필요한 경우 보유중인 자산을 즉시 현금화하거나 정상적인 비용으로 자금을 조달할 수 있는 정도를 말한다. 은행은 예금자 및 고객의 요구에 응할 수 있도록 항상 적당한 수준의 유동성을 확보하고 있어야 한다. 은행의 유동성이 부족하면 예금인출사태(bank-run)가 발생하거나 자금 조달비용이 상승할 수 있으며, 공신력이 저하되고 결제를 이행하지 못하는 경우가 발생할 수 있다. 이렇게 되면 다른 금융기관에도 연쇄적으로 영향을 미쳐 전체 금융시장의 안정이 위협받을 수 있다. 따라서 은행은 예금인출, 단기차입금 상환에

따른 유동성 부족을 사전에 방지하기 위해 자산의 일정규모 이상을 즉시 현금화가 가능하거나 유동성이 큰 자산으로 운용하는 것이 바람직하다.

은행은 공공성이 크므로 영업활동에 여러 가지 제약을 많이 받지만 영리를 추구하는 점에서는 일반 기업과 마찬가지라 할 수 있다. 특히 은행의 수익성 악화는 곧바로 자기자본의 감소와 유동성 악화로 이어질 수 있다는 점에서 은행의 경영상태를 판단할 때 수익성은 중요한 요소이다.

은행의 수익성지표 중 많이 이용되는 것은 총자산순이익률(ROA: return on assets) 및 자기자본순이익률(ROE: return on equity)이다. 총자산순이익률은 은행 총자산에 대한 당기순이익 비율을 말하며, 자기자본순이익률은 자기자본에 대한 당기순이익 비율을 말한다.

은행은 예금 등의 형태로 자금을 조달하여 유가증권 투자, 대출 등의 형태로 운용한다. 이 과정에서 은행은 투자자금이나 대출금을 회수하지 못하는 경우가 발생할 수 있으며, 유가증권의 가격이 떨어지거나 자금의 조달과 운용시점을 일치시키지 못하여 금리 차이에 의해 손실을 볼 수도 있다. 은행이 자금운용에서 입을 수 있는 위험의 크기를 재무위험성이라고 한다.

은행이 입을 수 있는 손실위험에는 크게 신용위험, 시장위험이 있다. 신용위험은 거래상대방의 도산 등으로 대출 또는 투자의 원리금을 회수하지 못할 위험을 말한다. 일반적으로 은행의 주된 업무 중 하나가 대출업 무임을 감안할 때 재무위험 중 비중이 큰 위험이라고 할 수 있다. 시장위험이란 은행이 보유하고 있는 주식, 채권, 외화자산 등이 주가나 금리 또는 환율이 변동함에 따라 손해를 볼 수 있는 위험을 말한다. 과거에는 은행의 유가증권 거래의 비중이 높지 않았지만 금융기관간의 경쟁이 심해지면서 수익성을 높이기 위해 유가증권 및 파생금융상품 등의 거래비중이 증대되는 추세이다.

Summary

1. 금융기관이란 금융시장에서 자금의 수요자와 공급자 간 거래를 중개(仲介)하는 기관을 말한다. 금융중개기관이 필요한 이유는 금융시장이 완전하지 못하기 때문이다.
2. 금융기관은 전화(轉化)기능, 위험을 집중시키거나 분산시키는 기능, 유동성을 창조하고 조정하는 기능, 거래비용 절감기능, 전문서비스의 제공기능을 가지고 있다.
   • 전화란 자금의 규모, 이용기간, 이자율 등에 있어서 자금수요자와 공급자들의 희망조건들이 달라 당사자간의 거래가 성립되기 어려운 것을 금융기관이 개입하여 거래가 이루어지도록 하는 기능을 말한다.
   • 금융기관은 예금자의 위험을 집중하여 모든 거래자에게 그 부담을 분산시킴으로써 어떤 예금자가 혼자서 그 위험을 부담하지 않도록 한다.
   • 금융기관은 다수의 자금제공자와 수요자를 대상으로 금융자산을 거래하기 때문에 거래비용 면에서 규모의 경제가 존재한다.
   • 유능한 금융전문가는 경제와 금융 전망에 대해 고객인 기업에 대하여 많은 전문적인 지도와 조언을 해 줄 수 있다.
3. 금융기관은 중앙은행, 예금취급기관, 보험회사, 기타금융중개기관, 금융보조기관으로 분류할 수 있다.
4. 은행이란 은행업을 영위하는 기관이며, 은행업이란 예금의 수입, 유가증권 기타 채무증서의 발행에 의해 조달한 자금을 대출하는 업무를 말한다.
5. 은행에는 일반은행과 각각의 특수은행법에 의해 설립된 특수은행이 있다. 특수은행에는 한국산업은행, 중소기업은행, 농업협동조합, 수산업 협동조합이 있다.
6. 비은행예금취급기관에는 종합금융회사, 상호저축은행, 신용협동기구 및 우체국예금이 있다. 신용협동기구에는 신용협동조합, 새마을금고, 그리고 농·수협 단위조합의 상호금융이 있다.
7. 보험회사는 보험료를 받아 이를 대출, 유가증권, 부동산 등에 투자하여 보험계약자에게 보험금을 지급하는 업무를 영위한다.
8. 금융기관의 경영 원칙으로는 유동성 원칙, 안전성 원칙, 수익성 원칙, 공공성 원칙이 있다.
   • 금융기관은 이와 같은 금융상품의 인출에 대비하여 적정수준의 유동성, 즉 현금 또는 현금에 해당되는 자산을 보유해야 한다.
   • 금융기관이 공신력을 유지하기 위하여서는 근본적인 지급능력 또는 청산능력(solvency)을 갖추어야 한다.

- 금융기관이 위험을 부담하더라도 적정한 수준을 벗어나서는 안 된다.
- 금융기관도 일반기업과 같이 수익성이 확보되지 않으면 안 된다.
- 금융기관의 경영은 공익에 부합해야 한다

9. 금융기관의 경영성과는 자본적정성, 자산건전성, 유동성, 수익성, 재무 위험성을 가지고 평가한다.

10. 자본적정성이란 은행이 보유한 위험자산 규모에 비해 자기자본 규모가 얼마인가의 비율을 말한다.

11. 국제결제은행 산하 바젤은행감독위원회는 1988년에 「은행 자기자본비율 규제에 관한 국제적 통일기준」을 만들어 회원국 은행으로 하여금 BIS기준 자기자본비율을 8% 이상 유지하도록 의무화하였다.

12. BIS기준 자기자본비율 계산 공식은 다음과 같다.

$$\text{BIS기준 자기자본비율} = \frac{\text{BIS기준 자기자본}}{\text{위험가중자산}} \times 100$$

13. 시장위험 감안 자기자본비율 계산 공식은 다음과 같다.

$$\text{시장위험 감안 자기자본비율} = \frac{\text{기본자본} + \text{보완자본} + \text{단기 후순위채무} - \text{공제항목}}{\text{신용위험가중자산} + \text{시장위험가중자산}} \times 100$$

14. 자산건전성이란 은행이 대출금을 회수할 수 있는 가능성을 말한다. 자산건전성에 대한 단계별 분류기준은 다음과 같다.
- 정상: 신용상태가 양호한 거래처에 대한 대출금
- 요주의: 현재는 원리금 회수에 문제가 없으나 앞으로 거래처의 신용상태가 악화될 가능성이 있어 세심한 주의나 사후관리가 필요한 대출금
- 고정: 대출처의 신용상태가 악화되어 채권회수에 상당한 위험이 발생한 것으로 판단되는 대출금과 '회수의문' 및 '추정손실' 거래처에 대한 대출금 중 회수 예상가액 해당분
- 회수의문: 대출처의 채무상환 능력이 현저히 나빠져 채권 회수에 심각한 위험이 발생할 것으로 판단되는 대출금 중 회수 예상가액을 초과하는 대출금
- 추정손실: 대출처의 상환능력이 심각하게 나빠져 손실처리가 불가피한 대출금 중 회수 예상가액을 초과하는 부분

15. 은행의 유동성이란 보유중인 자산을 즉시 현금화하거나 정상적인 비용으로 자금을 조달할 수 있는 정도

16. 총자산순이익률(ROA)은 은행 총자산에 대한 당기순이익 비율을 말한다.

17. 자기자본순이익률(ROE)이란 자기자본에 대한 당기순이익 비율을 말한다.

Chapter

07 | 금융시장

　　금융시장(financial market)이란 자금의 거래가 이루어지는 구체적 또는 추상적 기구를 말한다. 금융시장에서 흑자주체는 자금공급자가 되고 적자 주체는 자금수요자가 된다. 자금거래는 수요자와 공급자 간에 직접적으로 거래되기도 하고 중개자가 있어 간접적으로 거래되기도 한다. 전자의 경우를 직접금융이라고 하고 후자의 경우를 간접금융이라고 한다는 것은 앞에서도 설명하였다.

1. 금융시장의 분류

　　금융시장은 금융거래의 방식, 자금의 성격, 거래 당사자의 성격 등 여러 가지 기준에 의해 다양하게 분류할 수 있다.

　　〈그림 7-1〉은 우리나라 금융시장의 분류이다. 이 그림은 금융시장을 체계적으로 분류할 뿐만 아니라, 우리나라의 금융시스템을 한눈에 보인다.

　　금융시장은 크게 제도금융시장과 비(非)제도금융시장으로 나뉜다.

그림 7-1 ● 금융시장의 분류

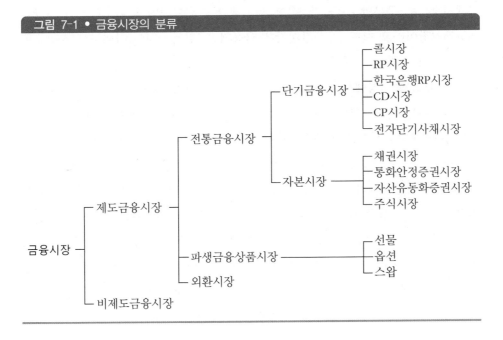

제도금융시장이란 조직적이고 전문적인 금융기관이 자금중개를 담당하고 자금의 공급자와 수요자가 법제도 안에서 자금을 거래하는 시장이다. 제도금융시장을 공금융시장이라고도 한다. 비제도금융시장이란 사적(私的)인 금융거래가 이루어지는 시장으로, 보통 사금융시장이라고 한다.

제도금융시장은 전통금융시장, 파생금융상품시장, 외환시장으로 나누어진다.

전통금융시장은 다시 단기금융시장과 자본시장으로 나누어진다. 단기금융시장으로는 콜(call)시장, 환매조건부채권(RP)시장, 한국은행RP시장, 양도성예금증서(CD)시장, 기업어음(CP)시장, 전자단기사채시장 등이 있다. 단기금융시장(money market)은 만기 1년 이내의 금융상품이 거래되는 시장을 말하며 흔히 화폐시장 또는 자금시장이라고 부른다. 자본시장으로는 채권시장, 통화안정증권시장, 자산유동 화증권시장, 주식시장이 있다. 자본시장(capital market)은 만기 1년 이상의 금융상품이 거래되는 금융시장을 말한다.

파생금융상품시장은 전통금융시장이나 외환시장에서 발생하는 위험을 관리하기 위해 발생한 시장이다. 파생금융상품시장에서는 선물, 옵션, 스왑 형태의 금융상품이 거래된다.

외환시장은 각국의 통화가 거래되는 시장이다. 외환시장은 은행간시장과 대고객시장으로 구분할 수 있다. 은행과 고객간에 외환매매가 이루어지는 시장을 대고객시장이라고 한다. 은행간시장은 금융기관, 한국은행이 참여하는 시장으로 도매시장의 성격을 가진다.

비제도금융시장에서는 자금의 공급자와 수요자가 사적으로 만나 중개 기관의 도움없이 거래를 한다. 사채(私債)시장이나 암(暗)달러시장이 비제도금융시장이다. 비제도금융시장은 일종의 지하경제를 이루는 금융시장이다. 비제도금융시장은 제도금융시장에서의 자금 초과수요나 제도권 금융시장에서는 조달이 어려운 특별한 자금수요가 있을 때 발생한다. 이러한 비제도금융시장은 금리자유화 이전, 공금리가 시장금리보다 낮은 상황에서 주로 발생하였다. 낮은 수준의 공금리로 자금을 쓸 수 있는 기업은 제한되어 있어서, 중소기업을 비롯한 많은 기업들은 사채시장에서 비싼 금리로 자금을 끌어다 써야 했던 것이다. 그러다가 금리자유화가 진행되어 공금리와 시장금리의 격차가 해소되면서 사금융시장은 점점 위축되고 있다. 그러나 제도권시장에서 자금조달이 어렵거나 신용과 담보력이

표 7-1 ● 금융시장의 규모[1]

(단위: 조 원, 배)

	1990(A)	2000	2010	2016.6(B)	B/A
단기금융시장[2]	44.3	138.8	264.8	395.9	8.9
자본시장	114.0	638.8	2,352.7	2,997.3	26.3
채권[3]	35.0	423.6	1,112.9	1,539.0	44.0
주식[4]	79.0	215.2	1,239.9	1,458.3	18.5
전체(C)	158.3	777.6	2,617.5	3,393.2	21.4
C/명목 GDP(%)	82.7	124.5	206.9	211.3	－
C/Lf[5](%)	79.9	82.4	122.5	104.9	－
C/대출금[6](%)	86.9	110.9	143.3	129.0	－

주: 1) 기말잔액 기준
　　2) 콜, 환매조건부매매, 양도성예금증서, 기업어음, 전자단기사채, 표지어음 및 1년물 이하 통화안 정증권, 재정증권 합계
　　3) 상장채권 기준(단 1년물 이하 통화안정증권 및 재정증권은 제외)
　　4) 한국거래소의 유가증권시장 상장주식 및 코스닥시장 등록주식의 시가총액
　　5) 금융기관 유동성(＝M2＋예금취급기관의 만기 2년 이상 유동성상품＋증권금융 예수금 등＋생명 보험회사 보험계약 준비금 등)
　　6) 자금순환표상 대출금(단 한국은행의 대출금 제외)
자료: 한국은행, 「한국의 금융시장」(2016), p. 7.

부족하고 급전을 써야 하는 서민이나 기업은 여전히 사금융시장을 이용하고 있으며 그 피해도 자주 나타난다.

〈표 7-1〉은 우리나라 금융시장의 규모이다. 표에서 보는 바와 같이 우리나라의 금융시장 규모는 2016년 6월 말 현재 총 3,393조 원으로 1990년 158조 원의 21.48배이다. 명목GDP에 대한 비율도 1980년에는 82.7%, 2009년에는 211.3%이다. 금융시장의 규모가 절대적으로 커졌을 뿐만 아니라 상대적으로도 커졌음을 알 수 있다.

그 밖의 분류

금융시장은 위에서 설명한 방식 외에도 다양하게 분류할 수 있다. 그 중 몇 가지를 들어보면 다음과 같다.

① 신용시장과 증권시장: 자금의 거래 형태가 당사자간의 계약 형태인가 아니면 양도가 가능한 증권 형태인가에 따라 신용시장(credit market)과 증권시장 (security market)으로 나눌 수 있다. 거래 당사자간의 계약 형태인 시장을 신용시

장이라 하고, 양도가 가능한 증권 형태의 시장을 증권시장이라 한다.

② 방화시장과 외환시장: 거래되는 자금의 표시통화가 자국통화인 시장을 방화(邦貨)시장이라 하고, 외국통화인 시장을 외환(外換)시장이라 한다.

③ 국내금융시장과 국제금융시장: 금융거래가 국내에서 이루어지면 국내금융시장, 국제적으로 이루어지면 국제금융시장이라 한다.

④ 발행시장과 유통시장: 새로운 증권이 처음 발행되어 투자자들이 발행자로부터 증권을 구매하는 시장이 발행시장(primary market)이고, 이미 발행된 증권이 투자자들 사이에 매매되는 시장이 유통시장(secondary market)이다.

⑤ 장내시장과 장외시장: 장내시장은 거래소시장이라고도 하는데, 증권의 매수와 매도 주문이 중앙집중적 장소인 거래소에 보내져서 처리되는 조직화된 시장이다. 우리나라의 장내시장으로는 한국거래소가 있다. 장외시장이란 거래소 이외의 장소에서, 또는 거래소와 관계없이 상장 또는 비상장된 유가증권의 거래가 이루어지는 시장을 말한다. 장외시장에는 직접거래시장과 점두시장(店頭市場, over-the-counter market)이 있다. 직접거래시장이란 매매 당사자간의 개별접촉으로 거래가 이루어지는 시장을 말한다. 이러한 직접거래는 탐색비용 등 거래비용이 많이 든다. 점두시장이란 거래가 증권회사의 점두에서 고객과 증권회사 사이에 이루어지는 시장을 말한다. 여기에서 점두란 중개기관인 증권회사의 창구를 말한다. 장외거래의 대부분은 주로 증권회사의 점두에서 이루어지므로 장외시장을 흔히 점두시장이라고 부른다. 점두시장에서는 딜러와 딜러 사이의 거래(inter-dealer segment)와 대고객거래(dealer-to-customer segment)가 이루어진다. 장외거래는 주로 전화 또는 전산망에 의해 거래와 관련된 정보를 교환함으로써 매매 상대방을 구해 직접 협상을 통해 가격과 거래조건을 결정해 이루어진다. 장외거래는 개별적으로 이루어지기 때문에 동일 종목이 동일 시각에 거래되는 경우에도 둘 이상의 복수가격이 형성될 수 있다.

아랫돌 빼어 웃돌 괴기

우리 속담 " 아랫돌 빼어 웃돌 괴기"란 근본적인 것은 고치지 않고 우선 다급한 처지를 모면하기 위해 이리저리 둘러맞추는 임시변통 행위를 말한다. 카드 돌려막기는 전형적인 '아랫돌 빼어 웃돌 괴기'이다. 신용카드 대금을 결제하지 못하는 경우 다른 카드에서 현금서비스를 받아 갚는 것을 카드 돌려막기라고 한다. 돌려막기가 계속되면 대출 원금은 점점 커지고, 결국에는 이자조차 감당하지 못하게 된다. 더구나 카드로 현금서비스를 받으면 수수료는 물론 일반 대출보다 더 비싼 이자를 내야 한다. 이렇게 해서 빚의 규모는 커지고, 돌려막기가 불가능한 상황이 오면 신용불량자가 된다.

돌려막기를 금융사기에 이용한 것이 폰지금융(Ponzi finance)이다. 1920년대 초 미국 보스턴의 찰스 폰지(C. Ponzi)는 자기에게 돈을 맡기면 시중금리보다 더 높은 이자를 주겠다는 광고를 신문에 냈다. 시민들은 높은 금리에 끌려 거액의 돈을 맡겼다. 만기가 되자 이번에는 지난번 제시한 금리보다 더 높은 금리를 주겠다는 광고를 냈다. 이렇게 조달한 자금으로 처음에 돈을 맡긴 사람들에게 원금과 이자를 지불했다. 그는 이러한 방식을 계속 반복했지만 높아가는 금리를 감당할 수 없을 뿐만 아니라, 마침내 시민들이 이 수법을 눈치채게 되자 결국은 파산하고 말았다.

그런데, 1920년대 어수룩한 시대에나 일어나는 줄 알았던 폰지금융 사기가 21세기에, 그것도 세계 첨단금융의 본산지인 뉴욕의 월스트리트에서 일어났다. 폰지금융 사기극을 벌인 사람은 나스닥 증권거래소 위원장을 지내기도 한 뉴욕 금융계의 저명인사인 버나드 매도프(B. L. Madoff)였다. 그는 40% 이상의 수익률을 약속하며 신규 투자자들로부터 돈을 끌어 모았다. 매도프는 새로 모은 돈의 일부를 기존 투자자들에게 수익금으로 주었다. 그야말로 전형적인 폰지금융 사기였다. 매도프가 벌인 폰지금융 사기로 인한 피해액은 무려 미화 650억 달러에 이르렀다. 그는 재판정에서 도주 우려 등을 이유로 법정구속까지 당했으며, 150년형을 선고받았다. 피해 규모도 규모려니와 현대에 뉴욕 한복판에서 그러한 폰지금융 사기가 통한다는 것이 신기하기만 하다.

2. 금융시장의 기능

오늘날 세계 대부분의 국가는 자본주의 경제체제를 채택하고 있다. 자본주의 경제를 흔히 시장경제라고 한다. 자본주의 시장경제는 실물시장과 금융시장 두 기둥이 떠받치고 있다. 금융시장의 역할은 다음과 같다.

첫째, 국민경제에서 가계는 자금의 흑자주체이고 투자 자금을 필요로 하는 기업은 적자주체이다. 금융시장은 자금의 공급 부문과 수요 부문을 연결함으로써 실물경제가 작동하도록 하는 한편, 금리와 주식 가격 등 각종 가격지표를 통해 자원이 효율적으로 배분되도록 한다.

둘째, 가계에 여유자금을 운용할 수 있는 수단을 제공한다. 소비 주체인 가계에게 적절한 자산 운용 및 차입 기회를 제공하여 효용을 증대시키는 것이다. 가계의 여유자금은 기업에 흘러가서 생산활동에 사용된다. 금융시장이 기업에 자금조달처가 된다.

셋째, 시장 참가자에게 투자 위험을 분산시킬 수 있는 환경을 제공한다. 투자자는 금융시장에 존재하는 다양한 금융상품에 분산하여 투자하거나 파생금융상품과 같은 위험 헤지 수단을 활용함으로써 위험을 줄일 수 있다.

넷째, 부동산 등 실물자산과 달리 현금화가 쉬운 유동성(liquidity) 수단을 제공한다. 금융상품의 가격은 유동성이 얼마나 쉬운가의 정도를 반영하여 결정된다. 유동성이 떨어지는 금융상품을 매입할 경우 투자자는 나중에 현금으로 전환하는 데 따른 손실을 예상하여 일정한 보상, 즉 유동성 프리미엄을 요구한다. 금융시장이 발달하면 거래 규모가 증가하고 금융상품의 유동성 프리미엄이 낮아짐으로써 자금 수요자의 차입비용이 줄어든다.

다섯째, 금융거래에 필요한 정보를 수집하는 데 드는 비용과 시간을 줄여준다. 금융시장에서는 거래 상대방의 신용도, 재무상황 등에 관한 정보가 주가나 회사채 금리 등 여러 가격변수에 반영되므로 투자자들은 이를 통해 투자에 필요한 기본적인 정보를 파악할 수 있다.

여섯째, 시장규율 기능을 수행한다. 시장규율이란 시장 참가자가 주식이나 채권가격 등에 나타난 시장신호를 활용하여 차입자의 건전성에 대한 감시 기능을 수행하는 것을 말한다.

section 02 • 단기금융시장

단기금융시장은 만기 1년 이내의 금융상품이 거래되는 시장이다. 자금시장은 주로 통화당국, 금융기관, 우량기업 등 거래 규모가 크고 신용도가 높은 거래자들이 일시적으로 현금이 부족하거나 과잉상태에 있을 때 자금과부족을 조절하는 시장이며, 가계 등 일반고객도 참가한다.

단기금융시장의 기능

단기금융시장은 다음과 같은 기능을 가지고 있다.

첫째, 단기자금의 운용과 조달의 장을 제공한다. 여유자금이 있는 가계와 기업은 단기금융상품을 매입함으로써 안전성과 유동성을 유지하면서 수익을 얻을 수 있고, 자금이 일시적으로 부족한 금융 기관과 기업은 자금시장에서 자금을 조달할 수 있다.

둘째, 개별 경제주체의 유동성을 적정수준으로 유지하게 함으로써 자금운용의 효율성을 증대시킨다. 단기금융시장이 존재하지 않는다면 가계나 기업은 이자 기회비용을 부담하더라도 장래의 지급을 위해 상당한 정도의 현금을 항상 보유해야 할 것이다. 단기금융시장이 존재하기에 가계와 기업은 일시 여유자금으로 단기금융상품을 구입하여 비효율적인 현금보유를 줄이고 적정한 수익까지 얻을 수 있다.

셋째, 단기금융시장에서는 가격변동위험 및 신용위험이 적다. 단기금융상품은 만기가 상대적으로 짧기 때문에 금리변화가 금융상품의 가격에 큰 변동을 초래하지 않는다. 더구나 대개의 단기금융상품은 만기 이전에도 자금을 쉽게 회수할 수 있어서 유동성위험이 작은 편이다. 또한 단기금융상품의 발행주체는 대개 신용도가 높은 기업 또는 금융기관이기 때문에 상환불능위험이 거의 없다.

넷째, 통화정책의 장을 제공한다. 단기금융시장이 발달하면 금리재정거래가 활발하게 이루어져 시장간 연계성이 높아짐으로써 금융시장 전반에 합리적인 금리체계가 형성될 수 있다. 이에 따라 중앙은행은 공개시장정책을 수행할 수 있을 뿐 아니라 단기금융시장에서의 금리 움직임을 중요한 시장신호로 활용하여 통화정책의 효과를 측정하고 방향을 설정할 수 있다. 현재 우리나라는 단기시장금리인 RP금리를 통화정책의 기준금리로 활용하고 있다.

〈표 7-2〉는 우리나라 단기금융시장 규모 추이이다. 2016년 6월 말 현재 우리나라 단기금융시장 규모는 395.9조 원으로 1990년 말의 8.9배에 달한다.

표 7-2 • 우리나라 단기금융시장 규모 추이[1]								(단위: 십억원, %)
	1990		2000		2010		2016.6	
	금액	구성비	금액	구성비	금액	구성비	금액	구성비
콜[2]	3,397	7.7	16,058	11.6	22,501	8.5	9,390	2.4
환매조건부매매[3]	3,377	7.6	26,115	18.8	78,766	29.7	133,829	33.8
기업어음[4]	12,740	28.7	44,677	32.3	76,366	28.8	132,997	33.6
전자단기사채[5]	–	–	–	–	–	–	35,365	8.9
양도성예금증서[6]	6,804	15.4	14,218	10.2	44,472	16.8	24,162	6.1
표지어음[6]	277	0.6	11,201	8.1	1,604	0.6	524	0.1
통화안정증권[7]	15,241	34.4	26,488	19.1	41,140	15.5	53,670	13.6
재정증권	2,500	5.6	0	0.0	0	0.0	6,000	1.5
합계	44,355	100.0	138,757	100.0	264,849	100.0	395,937	100.0

주: 1) 기말잔액 기준
    2) 중개거래 기준
    3) 대고객RP 및 장외기관간RP 합계 기준
    4) 2000년 이전은 자금순환표, 2010년 이후는 한국신용정보원 기준
    5) 2013년 1월부터 도입
    6) 자금순환표 기준
    7) 만기 1년 이하 단기물 기준
자료: 한국은행, 「한국의 금융시장」(2016), p. 28.

1. 콜시장

단기금융시장 중에서도 최단기시장이 콜시장(call market)이다. 콜시장이란 금융기관들이 일시적인 자금과부족을 조절하기 위해 자금을 차입 또는 대여하는 금융기관간 시장을 말한다. 콜시장은 자금을 공급하는 콜론(call loan)기관과 자금을 차입하는 콜머니(call money)기관 및 거래를 중개하는 중개기관으로 구성되어 있다.

콜거래의 최장만기는 90일 이내로 제한되어 있는데, 익일(翌日)물이 대부분이다. 거래단위는 억 원이며 최저거래금액에 대한 제한은 없다. 콜시장에서 형성되는 금리를 콜금리(call rate)라고 한다. 콜금리는 금융기관의 유동성사정 및 중앙은행의 통화정책방향에 의해 결정된다. 자금공급기관의 잉여자금이 확대되면 수요자시장이 형성되어 콜금리가 하락하고, 자금수요기관의 자금사정이 악화되면 공급자시장이 형성되어 콜금리가 상승한다. 콜금리의 변동은 처음에 단기시

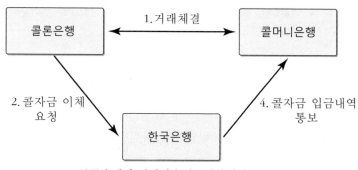

그림 7-2 • 은행간 콜거래 메커니즘

콜론은행 ← 1.거래체결 → 콜머니은행

2.콜자금 이체 요청

한국은행

4.콜자금 입금내역 통보

3.콜론은행의 결제전용예금계좌에서 콜머니 은행의 결제전용예금계좌로 자금이체

장 금리에 영향을 미치고 나아가 회사채수익률 등 장기시장 금리로 파급되면서 투자와 실물경제활동에 영향을 미친다.

콜거래는 계약체결방식에 따라 직거래와 중개거래로 구분된다. 직거래는 거래당사자들이 직접 금리, 만기, 금액 등에 합의하여 행하는 거래이다. 은행간거래는 대부분 직거래이다. 중개거래는 중개회사가 자금의 공급자와 수요자를 연결시켜 이루어지는 거래이다.

〈그림 7-2〉는 은행간콜거래 체결 메커니즘이다. 자금이 필요한 콜머니은행과 자금을 공급하는 콜론은행이 일정한 금액의 대차 약정을 맺으면 그 은행들이 자금을 직접 수수하는 것이 아니라 한국은행이 콜론은행의 결제전용예금계좌에서 콜머니은행의 결제전용예금계좌로 자금을 이체해 준다. 한국은행에 당좌계정을 개설하지 않고 있거나 예금잔액이 적은 기관은 거래은행을 통해 자금을 이체한다. 만기시에는 반대방향으로 자금을 이체한다.

2. RP시장

RP(repurchase agreement)란 환매조건부채권을 말하며, 일정기간 경과 후에 일정한 가격으로 동일 채권을 다시 매수하거나 매도할 것을 조건으로 매각하는 채권이다. RP는 흔히 레포(repo) 또는 환매채라고 부른다. 환매채의 매매는 채권의 매도와 환매가 하나의 계약으로 구성되어, 형식은 채권매매이나 경제적 의미로는 단기자금 대차거래이다. 채권 이외에 주식이나 부동산 등도 환매조건부매매의 대상이 될 수 있으나 일반적으로 환매채 거래는 채권을 담보로 자금을 거래하는 것을 말한다.

RP거래는 단기거래이지만 거래의 대상이 장기금융자산인 채권이며, 따라서 RP시장은 단기금융시장과 자본시장을 연결시키는 고리가 된다. RP시장이 발전하게 되면 금융기관과 금융시장간의 활발한 재정거래를 통해 채권가격이 합리적으로 형성되고 단기자금 흐름도 원활해지게 된다. RP는 거래 기간에 따라, 또는 거래 상대방에 따라 몇 가지 종류로 구분된다. 거래 기간에 따라서는 1일물(overnight)RP, 만기가 미리 정해진 2일 이상의 텀(term)RP, 만기일을 미리 정해두지 않고 어느 한 쪽의 통지가 있기 전까지는 매일 자동적으로 만기가 연기되는 오픈(open)RP 등이 있다. 거래상대방에 따라서는 대고객RP와 금융기관간RP가 있다.

자금의 결제는 거래 대상에 따라 다르다. 대고객RP의 경우 자기앞수표를 통한 입금이 일반적이나, 거액인 경우에는 계좌이체 또는 BOK-Wire＋를 이용할 수 있다. 금융기관간RP의 거래는 BOK-Wire＋를 통해 입금한다. 만기시에는 거래방식에 따라 자금흐름이 다르다. 통장거래의 경우 일반 예금과 같이 매수자가 취급기관 창구에 통장을 제시하여 자금을 회수하며, 비통장거래인 금융기관간 거래의 경우에는 BOK-Wire＋를 통하거나 어음을 교환에 회부하여 자금을 회수한다.

2016년 우정사업본부도 중개 가능 대상기관에 포함되었다.

3. 한국은행RP시장

미국, 영국 등 주요 선진국 중앙은행들은 RP매매를 주요 공개시장운영 수단으로 활용하고 있다. 이는 RP매매가 증권을 담보로 하기 때문에 신용리스크가 작고 유동성 상황에 따라 유동성조절 방향과 규모, 만기, 금리 등을 탄력적으로 조정할 수 있기 때문이다. 또한 RP매매는 증권단순매매보다 시장금리 등 금융시장에 직접적으로 미치는 영향이 작고 다양한 금융기관이 참가할 수 있는 장점이 있다. 우리나라에서도 공개시장조작 수단의 하나로 한국은행 RP매매를 이용하고 있다. 한국은행의 RP매매는 최장 만기가 91일로 비교적 단기이기 때문에 일시적인 유동성 과부족을 조절하기 위한 수단으로 활용된다.

한국은행은 금융기관에 RP를 매도하면서 일정기간 후에 이를 되사기로 하는 계약을 체결한다. 따라서 RP 매각 시점에서는 한국은행이 금융기관의 유동성을 흡수하게 되고, 만기도래 시점에서는 채권 매입을 통해 다시 유동성을 공급하게 된다.

한국은행RP매매는 공개시장에서 상대를 특정하지 않는 공모방식에 의한 매매와 특정 상대방과의 상대매매로 구분된다. 상대매매는 금융시장의 안정 또는 통화신용정책의 원활한 운영을 위하여 필요한 경우에 한하여 예외적으로 실시하며 금리와 만기 등 매매 조건은 상대방과의 협의에 의해 결정된다. 공모방식에 의한 매매는 경쟁입찰방식과 모집방식으로 나누어진다. 경쟁입찰방식은 금리입찰방식으로 한국은행이 결정한 내정금리를 기준으로 금융기관이 제시한 응찰금리에 따라 낙찰기관이 결정된다. RP매입의 경우에는 최저 매입내정금리 이상에서 높은 금리 순으로 낙찰기관이 정해지고 RP매각의 경우에는 최고 매각내정금리 이하에서 낮은 금리순으로 낙찰기관이 정해진다. 모집방식은 고정금리 입찰방식으로 매매금리가 고정되고 입찰참가기관의 응찰규모에 따라 낙찰규모가 비례배분된다.

정책금리 역할

한국은행은 원칙적으로 단기유동성 조절을 위한 7일물RP매각을 매주 목요일에 정례적으로 실시한다. 다만 금융통화위원회의 정책금리 결정일이 목요일이 아닌 경우에는 정례 RP매각의 일자와 만기를 조정한다. 정례 RP매매 이외에 예외적으로 콜금리가 크게 불안정한 움직임을 보이는 경우 등에는 단기 RP매매를 실시한다. 7일물RP 정례매각은 금융통화위원회가 결정하는 한국은행 기준금리를 고정금리로 하는 모집방식으로 입찰이 이루어지며, 7일물RP매입의 경우에는 기준금리를 최저입찰금리로 하는 경쟁입찰방식으로 복수금리가 적용된다. 익일물 등 단기RP매매의 경우에는 매각, 매입시 모두 기준금리를 고정금리로 하는 모집방식으로 입찰을 실시한다. 한국은행RP매매는 최장만기가 91일이며 최소입찰금액은 100억 원이다. 한국은행RP매매 대상증권은 국채, 정부보증채, 통화안정증권이다.

한국은행은 은행, 증권회사, 자산운용회사, 보험회사 등 다양한 금융기관을 대상으로 공개시장조작을 할 수 있는데, 공개시장조작이 신속하고 효율적으로 이루어질 수 있도록 이들 기관 중 일정한 요건을 갖춘 기관들을 RP매매 대상기관으로 선정하고 있다. RP매매 대상기관은 원칙적으로 매년 1회(통상 7월중) 금융통화위원회의 의결을 거쳐 선정한다.

4. CD시장

CD(negotiable certificates of deposit)란 양도성예금증서를 말하며, 은행의 정기예금에 양도성을 부여한 예금증서이다.

CD는 대고객 또는 은행간거래에 의해 발행된다. 대고객거래는 은행이 창구 또는 중개기관을 통해 금융기관 및 일반 개인 또는 법인을 상대로 발행하는 방법으로 이루어진다. 대고객CD는 예금에 해당되기 때문에 지급준비의무가 부과된다. 은행간거래는 발행은행이 매수은행에 직접 발행하는 방법이다. 은행간거래로 발행되는 CD는 지급준비대상에서 제외되는 한편, 은행 이외의 금융기관 및 일반 개인이나 법인에게 매도하는 것이 금지되어 있다.

CD는 최단만기 30일 이상이며 최장만기에 대한 제한은 없으나 실제 거래에서는 3개월물과 6개월물이 대부분이다. 최저발행금액에 대한 제한은 없으나 고객이 기관이나 법인인 경우 10억 원 이상이 대부분이며, 개인인 경우에는 1,000만 원 이상이 일반적이다.

CD의 발행기관은 한국수출입은행을 제외한 전 은행이다. 즉, 지급준비금 부과 대상인 시중은행, 특수은행, 지방은행, 외국은행 국내지점 등이 발행할 수 있다. 중개기관으로는 증권회사, 종합금융회사, 한국자금중개주식 회사 등이 있다. 이들 중개기관은 단순중개(brokerage)와 매매중개(dealing)가 모두 가능하다. 매수기관으로는 일반 개인, 법인, 금융기관 등이 있다.

5. CP시장

CP(commercial paper)란 기업어음을 말하며 신용상태가 양호한 기업이 단기

자금을 조달하기 위해 발행한 만기 1년 이내의 어음이다. CP시장은 발행기업
(issuers), 할인 및 매출기관, 매수기관으로 구성된다. CP시장은 기업이 자기신용
을 바탕으로 비교적 간편한 절차에 의해 단기자금을 조달할 수 있는 경로가 되
는 동시에 투자자에게는 단기자금 운용수단을 제공한다. 기업어음은 상거래와
관계없이 발행된 융통어음이라는 점에서 상거래에 수반되어 발행되는 상업어음
(commercial bill)과 다르다.

CP는 무담보거래가 원칙이며 신용도가 우량한 기업이 발행한다. 2개 이상의
신용평가기관에서 일정수준 이상의 평가등급(B급 이상)을 받은 기업만 발행할 수
있다. 최저 발행금액에 대한 제한은 없으나(다만 증권회사의 경우 최저 발행금액을
1억 원으로 제한) 일반적으로 발행금액은 10억 원 이상이다. CP의 최장만기는 1년
이내로 제한되며 실제로는 3개월물이 대부분을 차지한다. 만기는 시중 자금사정
이 양호하거나 금리전망이 안정적일 경우 장기화되며 이와 반대의 경우에는 단
기화되는 경향이 있다. 이자는 할인방식에 따라 선지급되며, 만기시 액면금액을
상환한다. 발행금리는 시장금리, 발행기업의 신용등급 및 할인기간 등을 고려해
서 결정되며, 중개기관이 보유를 목적하는 경우가 매출을 목적으로 하는 경우보
다 대체로 높은 수준이다.

우리나라의 CP 신용등급체계는 크게 투자등급과 투기등급으로 구분되고, 그
등급 안에서 다시 세분되어 있다. 투자등급은 A1~A3등급이며 투기등급은 B등
급 이하이다. A2~B등급에 대해서는 동일등급에서 우열을 나타내기 위해 +와 −
를 부가하여 다시 세분하고 있다. 〈표 7-3〉은 우리나라의 CP 신용등급체계이다.

표 7-3 • CP 신용등급체계

구분	평가등급	등급정의
투자등급	A1	적기상환능력이 최고수준이며, 안정성은 예측가능한 장래환경에 영향을 받지 않을 정도
	A2+, A2, A2−	적기상환능력 우수, 안정성 A1에 다소 열등
	A3+, A3, A3−	적기상환능력 양호, 안정성 A2에 다소 열등
투기적 등급	B+, B, B−	적기상환능력은 있으나 단기적인 여건변화에 따라 그 안정성에 투기적인 요소가 내포되어 있음
	C	적기상환능력 및 안정성에 투기적인 요소가 큼
	D	현재 채무불이행 상태

CP는 자기신용을 바탕으로 무담보원칙에 의해 발행되는 데다 투기적등급 기업도 발행이 가능하므로 신뢰도 저하가 일어나기 쉽다. 또 기업이 단기자금 조달수단인 CP를 통해 설비투자자금 등 장기자금을 조달함에 따라 자금조달과 운용에 기간불일치가 일어날 수 있다. 특히 할인기관이 CP를 매개로 동일계열기업 간 자금지원을 연결해 주는 부당내부거래도 자주 발생한다.

6. 전자단기사채시장[1]

전자단기사채는 자본시장법상의 사채권으로서 실물이 아니라 전자적으로 발행되고 유통되는 단기금융상품이다. 2013년에 도입되었다. 전자단기사채의 법적 성질은 사채권이며 경제적 효과는 기업어음(CP)과 동일하다. 다만 기업어음은 실물로 발행 및 유통되지만 전자단기사채는 실물 없이 중앙 등록기관의 전자장부에 등록되는 방식으로 발행되고 유통된다.

전자단기사채는 후발 금융수단이지만 기업어음에 비해 다양한 장점을 지니고 있다. 위조, 분실 등 실물 발행에 수반되는 위험을 방지할 수 있으며 발행비용도 절약된다. 중앙 등록기관의 전자장부에 등록하는 방식으로 발행 및 유통됨에 따라 거래의 투명성도 높다. 전자단기사채는 특히 증권과 대금의 실시간 동시 결제가 가능하다. 기업은 발행 당일에 자금을 사용할 수 있으며, 투자자 입장에서는 만기 때 어음교환소 회부 등이 필요치 않아 투자대금 회수과정에서 발생할 수 있는 신용위험이 감소되었다.

전자단기사채로 인정받기 위해서는 금액은 1억 원 이상, 만기는 1년 이내, 사채금액은 일시 납입, 만기에 전액 일시 상환, 주식관련 권리부여 금지, 담보설정 금지 등 여섯 가지 요건을 갖추어야 한다. 투자매매업자 또는 투자중개업자가 전자단기사채를 장외에서 매매하거나 중개 또는 대리하는 경우에는 2개 이상의 신용평가회사로부터 신용평가를 받아야 한다. 우리나라 전자단기사채 발행 잔액은 2016년 6월 현재 35조 365억 원으로 전체 단기금융시장의 8.9%를 점한다.

〈표 7-4〉는 우리나라 단기금융시장 개요이다.

---

1 한국은행, 「한국의 금융시장」(2016), p. 135.

표 7-4 • 우리나라 단기금융시장 개요[1]

	콜	환매조건부매매	한국은행 환매조건부매매	양도성 예금증서	기업어음	전자단기사채
도입시기	1960년 7월	1977년 2월	1969년 2월	1974년 5월	1972년 8월	2013년 1월
특징	금융기관간 자금조절	금융기관간 자금조절, 금융기관의 단기자금조달	시중 유동성 조절	은행의 단기자금조달	기업 및 금융기관의 단기자금조달	기업 및 금융기관의 단기자금조달
법적 성격	금전소비 대차	증권매매	증권매매	소비임치	약속어음, 채무증권	채권
참가기관 자금조달(발행)기관	은행, 증권(PD·OMO 대상) 등	증권, 은행, 자산운용, 증권신탁, 증권금융, 종금, 체신관서 등	한국은행 환매조건부 증권매매 대상기관으로 선정된 은행, 증권, 증권금융	예금은행	기업, 금융기관, SPC	기업, 금융기관, SPC
참가기관 자금운용(매입)기관	은행, 자산운용 등	증권, 은행, 자산운용, 은행신탁, 증권신탁, 증권금융, 금융기관, 기업, 개인		[은행간] 은행 [대고객] 금융기관, 기업, 개인	금융기관, 기업, 개인	금융기관, 기업, 개인
참가기관 중개기관	자금중개	한국거래소, 자금중개, 증권금융 등		증권, 종합금융, 자금중개	증권, 종합금융, 자금중개	증권, 자금중개
만기	최장 90일 이내	자유화	최장 91일 이내	30일 이상	자유화	1년 이내
최저발행(거래)금액	1억원 (중개거래시)	체신관서: 5만원 기타: 제한없음	최저 입찰금액 100억원	제한없음	증권: 1억원 기타: 제한없음	1억원
이자지급방식	만기일시지급	만기일시지급	만기일시지급	할인방식 선지급	할인방식 선지급	할인방식 선지급
중도환매	–	제한없음	금지	금지	제한없음	제한없음

주: 1) 2016년 6월말 기준.
자료: 한국은행, 「한국의 금융시장」(2016), p. 26.

section 03 • 채권시장

채권시장은 4절에서 설명하는 주식시장과 함께 자본시장에 속한다. 자본시장(capital market)이란 만기 1년 이상의 금융상품이 거래되는 금융시장을 말한다. 장기금융시장을 자본시장이라고 하는 것은 기업이 투자자금을 주로 장기금융시장에서 조달하기 때문이다. 자본시장에서의 장기자금조달수단은 주식과 채권이다. 그래서 장기금융시장은 대개 증권시장과 같은 의미로 사용된다.

우리나라의 자본시장으로는 채권시장과 주식시장이 있다.

우리나라 자본시장의 규모는 〈표 7-5〉에서 보는 바와 같이 2016년 6월 말 현재 2,997조 3천억 원으로 1990년 말에 비해 약 26배 정도 확대되었다. 국채의 비중은 높아지는 추세이고 회사채의 비중은 감소 추세이다.

우리나라의 자본시장으로는 국공채, 금융채, 통화안정증권, 특수채, 회사채 등의 채권시장이 있고 비슷한 규모의 주식시장이 있다.

표 7-5 • 자본시장 규모[1]   (단위: 조원, %)

		1990		2000		2010		2015		2016.6	
		금액	구성비	금액	구성비	금액	구성비	금액	구성비	금액	구성비
채권[2]		35.0	100.0	423.6	100.0	1,112.9	100.0	1,493.0	100.0	1,539.0	100.0
	국채	3.1	8.9	73.3	17.3	362.6	32.6	566.2	37.9	601.6	39.1
	지방채	1.1	3.0	9.8	2.3	15.8	1.4	21.3	1.4	21.4	1.4
	금융채	6.6	18.9	49.1	11.6	217.3	19.5	313.9	21.0	323.7	21.0
	통화안정증권	0	0.0	66.4	15.7	122.4	11.0	123.6	8.3	127.8	8.3
	특수채	2.1	6.1	97.2	22.9	204.2	18.3	243.0	16.3	237.7	15.4
	회사채	22.1	63.0	127.9	30.2	190.6	17.1	225.1	15.1	226.9	14.7
주식[3]		79.0	100.0	215.2	100.0	1,239.9	100.0	1,444.5	100.0	1,458.3	100.0
	유가증권	79.0	100.0	186.2	86.5	1,141.9	92.1	1,242.9	86.0	1,250.2	85.7
	코스닥	–	–	29.0	13.5	98.0	7.9	201.6	14.0	208.1	14.3
합계		114.0	–	638.8	–	2,352.7	–	2,937.5	–	2,997.3	–

주: 1) 기말 기준
　　2) 예탁채권 기준(단 1년물 이하 통화안정증권 및 재정증권은 제외)
　　3) 유가증권시장 및 코스닥시장 상장주식의 시가총액
자료: 한국은행, 「우리나라의 금융시장」(2016), p. 153.

자본시장의 기능은 다음과 같다.

첫째, 가계나 기업의 여유자금을 투자수익이 높은 기업 등에 장기투자재원으로 공급함으로써 국민경제의 자금 부족부문과 잉여부문의 중개역할을 한다. 자본시장에서 미래수익이 높을 것으로 예상되는 기업은 다른 기업보다 유리한 금리로 자금을 조달하여 생산능력을 확충할 수 있으며 이에 따라 국민경제는 효율성이 높은 기업을 중심으로 생산효율이 극대화될 수 있다.

둘째, 회사채수익률과 주가 등 금융자산가격을 결정함으로써 기업의 투자결정과 경영에 영향을 미친다. 기업은 회사채나 주식을 통한 자본조달비용이 예상 투자수익률보다 낮을 경우 투자를 확대하고, 그렇지 않을 경우 투자를 기피하게 된다. 즉, 자본시장에서의 금융자산 가격변동에 따라 기업의 투자행태가 달라지게 된다.

셋째, 투자자에게 높은 수익률의 금융상품을 제공함으로써 자산운용상의 효율성을 높여 준다. 그것은 장기금융상품의 리스크가 단기금융상품보다 높아서 수익률도 더 높은 것이 일반적이기 때문이다.

넷째, 중앙은행의 통화정책이 실물경제에 영향을 미치는 파급경로가 된다. 중앙은행이 시중 유동성 조절을 통해 단기금리를 조절하면 여러 파급경로를 거쳐 장기금리에 영향을 미치고, 장기금리는 기업의 투자활동에 영향을 미치며, 투자활동은 결국 실물경제에 영향을 미치게 된다.

1. 회사채와 국공채 시장

(1) 발행시장

발행시장(primary market)이란 채권이 발행되는 시장을 말한다. 채권의 발행시장에는 발행주체, 투자자, 그리고 중개기관이 참가한다. 발행시장은 새로운 채권이 최초로 출현하는 시장이라는 점에서 제1차시장이라고도 부른다.

1) 회사채

회사채는 상법에 의거, 회사가 현재 보유하고 있는 순자산액의 4배 이내에서 발행할 수 있다. 발행금리는 자유화되어 발행기업과 인수기관이 협의를 통해 자율적으로 결정한다. 만기는 일반적으로 1년, 2년, 3년 및 5년이며, 1년 미만의 회사채 발행도 가능하다. 그러나 일부 사모사채만이 1년 미만 만기로 발행될 뿐, 공모사채의 경우에는 대부분 만기 1년 이상이며 3년물이 대부분을 차지한다.

회사채는 공모(公募)방식이나 사모(私募)방식으로 발행된다. 공모발행이란 인수기관이 총액을 인수하는 방식으로 발행하는 것을 말한다. 회사채를 발행하고자 하는 회사는 주간사를 선정하여 발행 물량을 인수단이 전부 인수하도록 하는 총액인수계약을 체결하고 발행사무 일체를 위임한다. 인수단은 총액 인수한 회사채를 자기책임하에 투자자에게 매출하는데, 주로 금융기관이 고객이다. 회사채 발행회사는 인수기관을 선정하여 발행사무 일체를 위임하며, 인수기관은 회사채를 총액인수한 후 은행, 자산운용회사, 보험회사와 같은 매수자에게 당일 이 회사채를 매도한다. 매수자는 거래은행에 매매체결 내용을 통보하고 회사채 발행기업에게 대금 지급을 지시한다. 발행기업은 매수기관의 거래은행으로부터 회사채 발행자금을 거래 당일 수령한다. 회사채의 인수·인도는 회사채를 매수자 명의로 증권예탁결제원에 개설된 계좌에 등록함으로 끝난다. 사모발행이란 발행기업이 최종 매수자와 발행조건을 직접 협의하여 발행하는 방식이다. 우리나라에서는 회사채 발행의 대부분이 공모 및 간접발행 방식에 의해 이뤄진다.

회사채의 발행에는 발행기업의 신용평가가 매우 중요한 역할을 한다. 회사채 발행기업은 각각 신용정도가 다르고, 이에 따라 회사채도 신용등급이 서로 다르다. 우리나라에서 회사채 신용등급은 신용평가기관이 부여한다. 회사채의 신용등급은 투자자에게 원리금 회수 가능성 정도에 대한 정보를 제공함으로써 회사채 발행금리수준의 결정에 영향을 미치게 된다. 현재 무보증사채 발행기업은 2개 이상의 신용평가회사로부터 기업의 사업성, 수익성, 현금흐름, 재무안정성 등을 기초로 회사채 상환능력을 평가받고 있다.

〈표 7-6〉은 우리나라 회사채의 신용등급체계이다. 신용평가등급은 원리금에 대한 적기상환능력에 따라 AAA부터 D까지의 10개의 등급으로 구성되어 있다. 이중 AAA에서 BBB까지는 원리금 상환능력이 인정되는 투자등급으로, BB에서 C까지는 환경변화에 따라 크게 영향을 받은 투기등급으로 분류되며 D는 상환불능상태를 나타낸다.

등급	신용상태
AAA	원리금지급 확실성이 최고 수준
AA	원리금지급 확실성이 매우 높지만 AAA등급에 비해 다소 낮음
A	원리금지급 확실성이 높지만 환경변화에 따라 영향 가능
BBB	원리금지급 확실성이 있지만 환경변화에 따라 저하될 가능성 내포
BB	원리금지급 능력에 당면문제는 없으나 장래 투기적인 요소가 내포
B	원리금지급 능력이 부족하여 투기적임
CCC	원리금의 채무불이행이 발생할 위험요소가 내포되어 있음
CC	원리금의 채무불이행이 발생할 가능성이 높음
C	원리금의 채무불이행이 발생할 가능성이 극히 높음
D	현재 채무불이행 상태

표 7-6 • 회사채 신용등급체계

참고: 1) 한국신용평가주식회사의 무보증 선순위 회사채 신용등급 기준
2) 위의 등급 중 AA등급에서 B등급까지는 동일등급에서의 우열을 나타내기 위해 + 또는 − 부
호를 부가한다.
자료: 한국은행, 「한국의 금융시장」(2016), p. 178.

2) 국채 및 지방채

우리나라에서 발행되는 국채로는 국고채권, 재정증권, 국민주택채권, 보상채
권의 4종류가 있다.

국고채권은 국채법에 의해 발행되며, 공공자금관리기금이 상환의무를 지는
채권이다. 한국은행이 정부를 대신해 발행업무를 취급하며, 경쟁입찰을 통해 발
행된다. 금리는 매 6개월마다 이표채방식으로 지급된다. 만기별로는 1년, 3년,
5년, 10년까지가 있는데 3년짜리가 주로 발행된다. 현재 만기가 가장 긴 국고채
는 50년물이다. 3년 만기 국고채권 유통수익률은 대표적인 시장금리 중 하나이
다. 주매입자는 은행, 투자신탁회사, 종합금융사 등이다. 국고채권 발행을 통해
형성된 자금은 용도에 따라 각 기금에 편입된다. 외국환평형기금채권도 국고채
에 포함된다.

재정증권은 재정부족자금 일시보전을 위해 국고금관리법에 의해 발행되며,
할인방식으로 이자가 지급된다. 만기는 1년 이내이다. 국민주택채권은 국민주택
건설 재원 마련을 목적으로 발행되며, 인허가와 관련해 의무적으로 매입토록 하
는 방식으로 발행된다. 이자는 연(年)단위 복리방식으로 지급되며 만기는 5년이

다. 보상채권은 공익사업을 위한 토지 등의 취득 및 보상을 목적으로 발행되는데, 이자는 시중은행 3년 만기 정기예금 금리를 연단위 복리방식으로 지급된다.

우리나라에서는 국채통합발행제도가 도입되어 3년 이상 만기 국고채 및 외국환평형기금채권의 경우 3개월 범위 내 추가 발행시는 만기일과 표면금리를 이전 발행 국채와 똑같이 적용하여 발행토록 한다. 이에 따라 같은 조건의 국채발행 물량이 확대됨으로써 국채의 유동성이 높아지고 지표금리가 안정적으로 형성된다. 또 국채의 원활한 소화와 국채시장의 활성화를 위해 국고채전문딜러제도가 도입되어 있다. 국고채전문딜러(PD: primary dealer)는 국채자기매매업무 취급 금융기관(은행, 증권회사, 종합금융회사) 중 국채 인수 및 유통 실적이 우수한 금융기관 중에서 선정된다. 국고채전문딜러로 선정되면 그에 따르는 권리와 의무를 가지게 된다. 권리로는 국채 경쟁입찰의 독점적 참여, 국채 인수 및 유통 자금 수혜, 국채 관련 정책에 대한 정부와의 직접대화 등이 있다. 의무로는 매 3개월마다 만기별 국채 총발행 물량의 5% 이상을 인수해야 한다.

(2) 유통시장

유통시장(secondary market)이란 이미 발행된 채권이 투자자들 사이에서 거래되는 시장을 말한다. 유통시장은 채권의 유동성을 높여서 언제든지 적정한 가격으로 현금화할 수 있는 기회를 제공한다. 채권 유통시장은 이미 발행된 채권이 매매되는 시장이라는 의미에서 제2차시장이라고도 한다. 채권의 유통은 장내시장뿐만 아니라 장외시장에서도 거래가 가능하다.

장내시장은 일반 채권시장과 국채전문유통시장으로 구분된다. 일반 채권시장은 불특정다수의 일반 투자가가 참여하는 시장으로서 국채전문유통시장(IDM: inter-dealer market)에서 따로 거래가 이루어지는 국고채권을 제외한 모든 상장 채권이 거래대상이다. 실제로는 대개 소액 국공채와 상장 전환사채가 주로 거래된다. 시장의 직접참가자는 거래소의 회원 증권회사이다. 거래소 회원이 아닌 기관투자가, 외국인 등은 회원 증권회사에 위탁계좌를 개설하여 시장에 참여할 수 있다. 채권의 상장이라는 것은 거래소시장에서 거래될 수 있는 채권의 자격을 주는 것을 말한다. 현재 국내에서 발행된 모든 공모채권과 일부 사모채권이 거래소에 상장되어 있다.

국채전문유통시장은 일반적으로 국고채전문딜러(PD) 등 시장 조성활동을 담당하는 일부 금융기관들이 참가하는 시장이다. 이 시장에서는 대량거래를 통해 국채가격이 결정되기 때문에 지표금리를 형성하는 중심이 된다. 거래방식은 국고채전문딜러 등이 거래소가 운영하는 국채자동매매시스템을 통해 종목별로 매수·매도 호가를 입력하면 거래조건이 맞는 주문끼리 자동적으로 체결된다.

채권 유통시장은 장외시장의 거래규모가 크다. 미국, 일본 등의 경우에도 채권거래는 대부분 장외시장에서 이루어지고 있다. 채권 발행 종목이 다양해서 이를 전부 상장시켜 거래소에서 매매하는 것이 기술적으로 어렵기 때문이다. 장외거래는 그 특성상 매매시간이 제한되지는 않으나 대개 증권사 영업시간과 대금결제를 감안하여 은행의 영업시간 범위에서 거래되는 것이 보통이다. 거래단위는 관행적으로 100억 원 단위로 매매된다. 거래계약이 체결되면 매수기관은 자기 거래은행에게 매도기관 앞으로 대금 지급을 지시하고 매도기관은 증권사를 통해 한국예탁결제원에 계좌이체를 요청한다. 자금 및 채권 결제는 대개 익일(T+1)에 이루어진다.

현재 증권회사를 통한 장외거래는 금융감독위원회의 유가증권의 장외거래에 관한 규정을 적용하고 있다. 증권회사의 장외거래 대상채권은 국공채와 모집·매출된 회사채로 제한되며, 거래는 영업점 내에서만 하도록 되어 있다. 그리고 매매계약의 체결은 고객과 증권회사간 또는 증권회사 상호 간 상대매매에 의하도록 되어 있다.

2. 통화안정증권시장

통화안정증권은 유동성 조절을 목적으로 발행된다. 통화안정증권 발행은 환매조건부증권(RP) 매매 및 증권 단순매매와 함께 한국은행의 주요 공개시장조작수단으로 활용된다. 경상수지 흑자 또는 외국인 투자자금 유입 등으로 시중의 유동성이 계속 증가하여 이를 구조적으로 환수할 필요가 있을 경우에 통화안정증권을 순발행하여 유동성을 흡수하게 된다. 반대로 시중 유동성을 공급할 필요가 있을 때는 통화안정증권을 순상환하여 유동성을 공급한다.

통화안정증권은 공모 또는 상대매출 방식으로 발행한다. 공모발행은 경쟁입찰, 모집 또는 일반매출에 의해 발행하는 방식이다. 경쟁입찰 및 모집은 한국은행 공개시장조작 거래대상기관만이 참여할 수 있는 반면 일반매출은 거래대상기관이 아니라도 참여할 수 있다. 상대매출은 유동성조절 또는 통화신용정책의 운영을 위하여 필요한 때 만기 2년 이내에서 특정 금융기관 또는 정부 출자·출연기관을 상대로 발행하는 방식이다. 공모발행의 경우 발행예정금액이 공시되며 발행예정금액에 상응하는 응찰금리를 발행금리로 하여 단일금리방식 입찰로 이루어진다. 모집발행의 경우에는 발행예정금액과 발행금리를 미리 정하여 공시한 상태에서 매입희망자를 모집한다.

통화안정증권 경쟁입찰 및 모집에 참여하기 위해서는 통화안정증권 경쟁입찰·모집 대상기관으로 선정되어야 한다. 한국은행은 재무건전성 등 선정요건을 충족하는 금융기관 중에서 공개시장조작거래 참여실적, 통화안정증권 거래실적 및 공개시장조작관련 업무협조도 등을 감안하여 대상기관을 선정한다.

통화안정증권의 발행, 만기상환 및 중도환매에 따른 자금결제는 매수자가 한국은행에 당좌계정을 개설한 금융기관인 경우에는 해당 금융기관의 당좌계정을 통해 결제가 이루어진다. 매수자가 한국은행에 당좌계정이 없는 금융기관, 정부 출자·출연기관인 경우에는 현금 또는 자기앞수표로 결제된다. 한편 유통시장에서 거래되는 경우 BOK-Wire+ 및 한국예탁결제원의 결제시스템을 연결한 증권대금동시결제시스템을 통하여 증권대체와 대금결제가 동시에 이루어진다.

3. 자산유동화증권시장

자산유동화증권(ABS: asset-backed securities)은 동산, 매출채권, 유가증권, 주택저당채권 등과 같이 유동성이 낮은 자산을 기초로 하여 발행되는 증권이다. 자산유동화증권은 자산보유자가 특수목적회사를 설립하여 이 기구에 기초자산의 법률적인 소유권을 양도하는 절차를 거쳐 발행된다. 자산유동화증권 발행의 장점은 첫째, 기초자산 보유자의 재무상태를 개선하게 해준다는 점이다. 금융기관은 보유하고 있는 위험자산을 매각하여 현금화함으로써 BIS자기자본비율을 제고할 수 있다. 기업은 자산유동화증권을 발행하여 부채비율을 높이지 않고 자금을 조달할 수 있다. 둘째, 자금조달비용을 경감시켜준다. 신용도가 낮은 자산보유자가 우량자산을 기초로 하여 신용등급이 높은 자산유동화증권을 발행하게 되면 유리한 조건으로 자금을 조달할 수 있다.

자산유동화증권에는 증권의 법적인 성격 및 기초자산이 무엇인가에 따라 CBO, CLO, CARD, ABCP, MBS 등이 있다.

CBO(collateralized bond obligations)는 신규발행채권을 기초로 하는 발행시장 CBO(primary CBO)와 이미 발행된 채권을 기초로 하는 유통시장CBO(secondary CBO)로 구분된다. 발행시장CBO는 기업이 차환 또는 신규로 발행하는 회사채를 증권회사가 먼저 총액 사모방식으로 인수하여 이를 SPC에 양도하면 SPC가 신용보강 후 CBO를 발행하여 투자자에게 매각함으로써 자금을 조달하는 구조로 되어 있다. 유통시장CBO는 금융기관이 보유하고 있는 기발행 채권을 SPC에 매각하고 SPC는 신용을 보강한 다음 CBO를 발행하여 투자자에게 매각함으로써 자금을 조달하는 구조로 되어 있다.

CLO(collateralized loan obligations)는 금융기관의 대출채권을 기초자산으로 하여 발행되는 자산유동화증권이다. 무수익대출채권(NPL: non-performing loan) 등을 포함하는 기존대출채권을 유동화하는 CLO와 신규대출채권을 기초로 하는 발행시장CLO(primary CLO)로 나누어진다. 우리나라의 경우 CLO가 대부분 무수익채권을 기초자산으로 발행되고 있다.

CARD(certificates of amortizing revolving debts)는 신용카드매출채권을 기초로 발행되는 자산유동화증권이다. 만기가 짧은 신용카드매출채권을 기초로 장기 자산유동화증권을 만드는 CARD에는 재투자구조가 이용된다. 즉, 자산유동화증권을 발행할 때 기초자산으로 사용된 신용카드매출채권이 결제되어 회수되는 현금흐름으로 이 자산유동화증권의 이자만을 지급하고, 남은 금액으로는 특정계좌의 새로운 신용카드매출채권을 매입하여 기초자산집합에 추가시키는 방식이다.

ABCP(asset-backed commercial paper)는 자산유동화기업어음으로, 기업어음의 형태로 발행되는 증권이다. 우리나라의 경우 ABS/ABCP구조가 주로 활용되고 있다. SPC가 단기 ABS사채를 발행한 후 만기도래시 ABCP를 발행하여 ABS사채를 상환하고 자산유동화기간 동안 계속 ABCP를 차환 발행하게 된다.

주택저당채권담보부증권(MBS: mortgage-backed securities)은 주택저당채권을 기초로 발행되는 자산유동화증권이다. 1장 1절의 '2008 글로벌 금융위기'에서 설명했다.

section 04 ∙ 주식시장

주식시장은 주식을 매매하는 시장으로 기업에게는 장기자금을 조달하는 시장 역할을 하고, 투자자에게는 자금운용시장 역할을 한다. 주식시장에도 발행시장과 유통시장이 있다.

1. 발행시장

발행시장은 자금수요자인 주식발행자가 공급자인 개인, 법인 등의 투자자에게 주식을 매각하여 자금을 조달하는 시장이다. 발행시장은 새로운 주식이 최초로 출현하는 시장이라는 점에서 제1차시장이라고도 한다.

(1) 주식발행시장 참가자

주식발행시장은 자금수요자인 발행인, 발행사무를 대행하고 발행에 따르는 위험을 부담하는 인수인 역할을 하는 시장중개기관, 자금공급자인 투자자로 구성된다. 자금수요자인 발행인은 기업이나 금융회사이다. 투자자로는 개인, 외국인, 기관투자가 등이 있다. 기관투자가란 은행, 증권회사, 자금운용회사, 보험회사 등 금융기관과 연기금(年基金)[2]을 말한다. 인수인의 역할은 증권회사와 종합금융회사가 담당한다. 인수인인 중개기관은 주식발행시장에서 발행회사와 투자자 사이에서 발행사무를 처리하고 주식의 인수 · 매출에 따른 위험을 부담함으로써 주식발행이 원활히 이루어지도록 한다. 인수인은 역할에 따라 간사회사, 인수회사 및 청약사무취급회사로 구분된다. 간사회사는 발행주식의 인수단을 구성하

---

2   연금을 지급하는 원천이 되는 기금을 말하며, 연금과 기금을 합친 말이다.

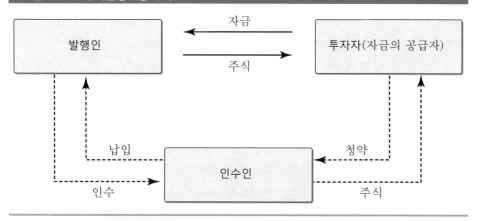

그림 7-3 • 주식발행시장의 구조

발행인 ← 자금 → 투자자(자금의 공급자)

주식

납입 청약

인수인

인수 주식

고 인수회사를 대표해서 발행회사와 인수조건을 결정하며 인수 및 청약업무를 통할한다. 인수회사는 발행주식의 전부 또는 일부를 직접 매입하는 회사이다. 청약사무취급회사는 일반투자자를 대상으로 매수청약을 받아 이를 인수회사에 청약하는 업무를 하는 회사이다. 증권회사는 위의 세 가지 업무를 모두 취급할 수 있으며 종합금융회사는 간사회사 및 인수회사 업무를 취급할 수 있다. 이상의 주식발행시장 메커니즘을 그림으로 나타낸 것이 〈그림 7-3〉이다.

(2) 발행방식

주식의 발행방식은 주식의 수요자를 선정하는 방법에 따라 공모발행과 사모발행으로, 그리고 발행에 따르는 위험부담과 사무절차를 담당하는 방법에 따라 직접발행과 간접발행으로 각각 구분한다.

① 공모발행과 사모발행

공모발행은 발행회사가 투자자에 제한을 두지 않고 동일한 가격과 조건으로 주식을 발행하는 방식이며 증권거래법상의 모집과 매출이 이에 해당한다. 사모발행은 발행회사가 특정한 개인 및 법인을 대상으로 주식을 발행하는 방식이다.

② 직접발행과 간접발행

직접발행은 발행회사가 자기명의로 인수위험 등 발행위험을 부담하는 발행방식이다. 직접발행에 의한 모집을 직접모집 또는 자기모집이라고도 한다. 이 방식은 발행규모가 작고 소화에 무리가 없는 경우에 주로 이용되며, 우리나라에서는 회사설립시에 활용되고 있다. 간접발행은 발행회사가 전문적인 지식, 조직 및 경험을 축적하고 있는 증권회사 등 시장중개기관을 통해 주식을 발행하는 방식이다. 이 경우 발행회사는 원칙적으로 주식 발행과 관련한 위험을 시장중개기관에 부담시키고 그 대가로 수수료를 지급하게 되는데, 우리나라에서는 기업공개 및 유상증자시 이 방식에 의존하고 있다.

③ 액면가발행과 시가발행

주식은 액면가발행 또는 시가발행 방식으로 발행된다. 시가발행에는 발행시점의 시장가격 그대로 발행하는 방식과 시가에서 일정률을 할인하여 발행하는 방식이 있다. 우리나라에는 시가발행제도가 도입되어 상장법인이 시가방식에 의해 유상증자를 할 수 있다. 시가발행 할인율은 자율화되어 있다.

2. 유통시장

주식유통시장은 투자자가 소유하고 있는 주식을 매각하여 투자자금을 회수하거나 이미 발행된 주식을 취득하여 금융자산으로 운용하는 시장이다. 주식유통시장은 이미 발행된 주식이 매매되는 시장이라는 의미에서 제2차시장이라고도 한다. 유통시장에서의 거래는 투자자 간의 거래이므로 기업의 자금조달과 직접적인 관계는 없으나 유통시장이 발달되어 있지 못하면 주식의 시장성이 없어 발행시장이 위축된다. 또 발행시장을 통한 기업의 자금조달은 유통시장의 수급에 영향을 미치게 되므로 두 시장은 상호 의존관계에 있다.

〈그림 7-4〉는 주식유통시장의 구조이다. 그림을 보면, 주식 매매 당사자 사이에서 증권회사가 한국거래소 또는 한국예탁결제원의 중개를 통해 거래를 성사시킨다. 우리나라의 주식유통시장에는 거래소시장으로 유가증권시장, 코스닥(KOSDAQ)시장, 코넥스(KONEX: Korea New Exchange)시장이 있고, K-OTC(Korea Over-the-Counter)시장 등 장외시장이 있다.

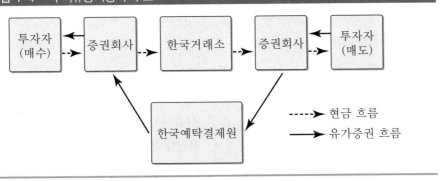

그림 7-4 • 주식유통시장의 구조

투자자 (매수) ← 증권회사 → 한국거래소 ← 증권회사 ← 투자자 (매도)

한국예탁결제원

- - - → 현금 흐름
——→ 유가증권 흐름

(1) 유가증권시장

유가증권시장은 주식이나 채권 등 유가증권의 매매를 위해 한국거래소가 운영하는 시장이다. 유가증권시장에서의 거래는 한국거래소의 회원에 대해서만 허용되어 있다. 회원 이외의 기관투자가, 일반고객 등이 주식을 매매하고자 할 경우에는 회원에게 거래를 위탁해야 한다.

유가증권시장에는 상장제도가 있다. 상장이란 유가증권시장에서 매매될 수 있도록 주식, 채권 등과 같은 유가증권을 한국거래소에 등록하는 것을 말한다. 상장을 원하는 회사는 상장신청서 등 제반 서류를 한국거래소에 제출해야 하며, 한국거래소는 유가증권 상장규정에 의거 적격여부를 심사한 후 적합하다고 인정되는 경우 상장시키고 있다. 매매계약의 체결은 한국거래소가 투자자별 호가를 접수하여 일정한 매매체결원칙에 의거 일치되는 호가끼리 거래를 체결하는 개별경쟁매매 방식에 의해 이루어지고 있다. 다음은 매매체결원칙이다.

① 가격우선의 원칙: 매수주문에는 고가의 호가가 우선하고 매도주문에는 저가의 호가가 우선한다.

② 시간우선의 원칙: 동일가격호가에 대해 먼저 접수된 호가가 우선한다.

③ 수량우선의 원칙: 동시호가나 동일가격호가에 대해는 수량이 많은 호가가 우선한다.

④ 위탁매매우선의 원칙: 고객의 호가가 증권회사의 자기매매호가에 우선한다.

주가의 급격한 변동을 방지하여 투자자를 보호하기 위한 제도에는 가격제한

폭제도, 매매거래중단제도, 변동성 완화장치가 있다.[3]

가격제한폭제도는 하루 중 변동할 수 있는 주가의 폭을 제한하는 것으로 그 한도는 전일 종가의 상하 30%이다. 단, 시간외 단일가매매는 당일 종가의 상하 10%이다. 매매거래중단제도(circuit breaker)는 주가지수가 전일대비 일정비율 이상 하락하여 1분간 지속되는 경우 단계적으로 매매를 중단시키는 제도이다. 주가지수가 전일대비 8% 이상 하락하여 1분간 지속시 1단계로 20분간 매매거래를 중단한 후 10분간 단일가매매로 재개하며, 전일대비 15% 이상 하락하고 1단계 발동시점 대비 1% 이상 추가 하락하여 1분간 지속될 경우에도 20분간 매매거래 중단 후 10분간 단일가매매로 재개한다(2단계). 마지막으로 주가지수가 전일대비 20% 이상 하락하고 2단계 발동시점 대비 1% 이상 추가 하락하여 1분간 지속될 경우에는 당일 장이 종료된다(3단계).

변동성 완화장치는 가격안정화 장치이다. 주가 급변시 냉각기간(2분간 단일가매매)을 부여하는 제도로서 동적장치와 정적장치가 있다. 동적장치는 주문 착오 등으로 인해 일정비율 이상 급등락할 것으로 예상될 때 발동되며, 정적장치는 주가가 누적적으로 10% 이상 급변할 때 발동된다. 장치 발동시 2분 동안 단일가매매로 전환되며 냉각기간을 갖는다.

주가지수선물시장의 가격이 급변동하는 경우 유가증권시장에서의 프로그램매매를 일시 정지시키는 프로그램매매호가 일시효력정지제도(side car)도 운영 중이다. 파생상품시장에서 기준종목의 가격이 기준가 대비 5% 이상 변동하여 1분간 지속될 경우 발동되며 상승시에는 매수호가, 하락시에는 매도호가의 효력이 5분 동안 정지된다. 프로그램매매는 주가지수선물과 현물주가의 가격 차이를 이용해서 현물과 선물을 동시에 사고팔아 차익을 남기려는 목적으로 이루어지는 거래이다.

주식시장 전체의 움직임을 나타내는 지표인 주가지수는 기준시점의 주가수준을 100으로 해서 비교시점의 주가수준을 나타낸다. 우리나라는 1980년 1월 4일을 기준시점으로 한 시가총액방식의 코스피지수(KOSPI: Korea Composite Stock Price Index)를 작성하여 발표하고 있다.

---

3 한국은행, 「한국의 금융시장」(2016), p. 267.

(2) 코스닥시장

코스닥(KOSDAQ: The Korea Securities Dealers Association Automated Quotation) 시장이란 고부가가치산업인 벤처기업의 직접자금조달 기능을 담당하는 시장이다. 거래소의 코스닥시장본부에서 담당하고 있다. 협회중개시장이라고도 하는 코스닥시장의 기능은 다음과 같다.

첫째, 유망 벤처기업, 중소기업 등이 발행한 주식에 대해 환금성을 부여함으로써 중소벤처기업이 장기안정적인 자금을 조달할 수 있다. 둘째, 투자자에게 성장가능성이 높은 유망기업주식에 투자할 수 있는 기회를 제공한다. 즉 고위험 고수익(high risk high return) 상품을 제공한다. 셋째, 벤처금융(venture capital)회사들이 코스닥시장을 통하여 투자한 자금을 회수하는 한편, 새로운 유망벤처기업을 발굴하여 지원하는 장을 제공한다.

코스닥시장의 거래시간과 매매계약 체결 방식은 유가증권시장과 동일하며 매매수량 단위는 1주이고 호가 단위는 주가에 따라 1원~100원이다. 한편 개별 종목의 일중 주가변동 폭은 전일종가의 상하 30%로 제한되며 매매거래중단제도, 변동성 완화장치 및 사이드카도 운영되고 있다. 매매거래중단제도, 변동성 완화장치는 유가증권시장과 동일하나 사이드카는 발동 조건에 차이가 있다. 사이드카는 파생상품시장에서 기준종목의 가격이 기준가 대비 6% 이상 변동하고 코스닥150지수가 전일종가 대비 3% 이상 변동하여 1분간 지속될 경우 발동된다.4

코스닥시장에서의 주가지수를 코스닥지수라고 한다. 시가총액방식의 코스닥지수는 1996년 7월 1일을 기준(코스닥지수=100)으로 해서 작성·발표하고 있다.

(3) 코넥스시장5

코넥스시장은 중소기업에 특화된 시장으로 2013년 코스닥에서 분리되어 설립되었으며 중소기업만 상장이 가능하다. 상장 요건은 코스닥시장에 비해 완화되어 있으나 지정자문인 선임 등이 필요하다. 한국거래소는 일정한 기준을 충족하는 코넥스시장 상장기업이 지정자문인의 추천을 받아 코스닥시장으로의 이전

---

4   한국은행, 「한국의 금융시장」(2016), p. 272
5   한국은행, 「한국의 금융시장」(2016), pp. 273~274에서 발췌.

을 희망할 경우 기업계속성 심사 면제, 심사기간 단축 등의 혜택을 부여하여 이전을 지원하고 있다. 코넥스시장의 상장폐지 요건은 코스닥시장과 비슷하지만 재무상태 및 경영성과와 관련된 요건은 코넥스시장에 적용하지 않는다. 거래시간, 매매단위 및 호가단위는 코스닥시장과 동일하다. 매매는 개별경쟁매매를 원칙으로 하되 시간외 거래시에 경매매(競賣買, one-way auction)를 일부 허용하고 있다. 경매매란 유가증권 거래시 한쪽은 단수이고 다른 한쪽은 복수일 때 이루어지는 매매이다. 코넥스시장에서는 매도인이 단수일 경우에만 허용한다.

위험투자 능력을 갖춘 투자자로 참가자를 제한하기 위해 상장주권을 매수하기 위해서는 1억 원 이상을 예탁해야 하는 기본예탁금제도를 도입하였으며, 거래가 활발하지 않은 점을 감안하여 유동성공급자 지정을 의무화하고 있다. 개별종목의 일중 주가변동폭은 전일종가의 상하 15%로 제한된다. 단 유가증권시장 및 코스닥시장에 적용하고 있는 변동성 완화장치, 매매거래중단제도 등은 없다.

(4) K-OTC

K-OTC시장이란 유가증권시장 및 코스닥시장에 상장되지 않은 기업 주권의 매매를 위해 운영되는 장외시장이다. 우리나라에서는 2000년 3월에 장외 호가시장으로 제3시장을 개설하였으며, 2005년 7월 프리보드로 명칭을 변경하였고 2014년 8월에 K-OTC시장으로 변경하였다. K-OTC시장은 코스닥 진입 전의 예비시장, 퇴출기업의 회생시장, 장외기업의 자금조달시장 역할을 한다. K-OTC시장은 비상장 주식의 유동성 부여, 벤처기업의 육성, 투자자에게 다양한 투자 수단 제공 등의 기능을 가지고 있다. 매매거래시간은 09:00~15:30이며 상대매매방식에 의해 거래가 체결된다. 가격이 일치하는 매도·매수주문에 한해 자동적으로 매매가 체결되며 동일가격 호가의 경우 먼저 접수된 호가가 우선한다. 가격 또는 수량 조건이 일치하지 않는 경우 체결을 원하는 투자자가 상대 호가를 탐색하여 자신의 호가를 정정해야 한다. 매매단위는 1주이고 시간외시장이 개설되지 않으며 매매주문시 100%의 위탁증거금이 필요하고 결제전 매매도 허용된다.

K-OTC시장에서 거래하여 얻은 양도차익에 대해서는 양도소득세가 부과된다. 양도차손이 발생할 경우는 기 납부액 범위 내에서 환급을 받는다. 금융투자

협회는 K-OTC시장 동향을 파악하고 투자지표로 활용할 수 있도록 시가총액방식으로 산출한 K-OTC지수를 개발하여 2006년 12월부터 발표하고 있다.

〈표 7-7〉은 우리나라 주식 유통시장별 매매거래제도 비교이다.

표 7-7 ● 주식 유통시장별 매매거래제도 비교

	유가증권시장	코스닥시장	코넥스시장	K-OTC
거래시간	정규시장 09:00~15:30 시간외시장 07:30~09:00 15:40~18:00	좌동	좌동	09:00~15:30
가격제한폭	기준가격±30%	좌동	기준가격±15%	기준가격±30%
매매방식	경쟁매매 동시호가매매	좌동	경쟁매매 동시호가매매 경매매	상대매매
위탁증거금	증권회사 자율 결정	좌동	좌동	매수: 현금 100% 매도: 주식 100%
결제전 매매	가능	가능	가능	가능
양도소득세	면제	면제	면제	대기업주식: 20% 중소기업주식: 10%
증권거래세[1]	거래세 0.15% 농특세 0.15%	거래세 0.3%	거래세 0.3%	거래세 0.5%
호가	지정가, 시장가, 최유리지정가, 최우선지정가, 조건부지정가, 경쟁대량매매호가	좌동	지정가 시장가	지정가
기준가	전일종가	전일종가	전일종가	전일거래량 가중평균주가
매매단위	1주	좌동	좌동	좌동
신용공여	가능	가능	가능	불가능

주: 1) 주식매도시에만 부과되며 세율은 매도금액 기준
자료: 한국은행, 「한국의 금융시장」(2016), p. 277.

Summary

1. 금융시장이란 자금의 수요와 공급이 만나 자금의 대차거래가 이루어지는 추상적 또는 구체적 기구를 말한다.
2. 제도금융시장이란 조직적이고 전문적인 금융기관이 매매나 중개기능을 담당하거나 자금의 공급자와 수요자가 법제의 테두리 안에서 만나 자금이 거래되는 시장이다.
3. 제도금융시장은 전통금융시장, 파생금융상품시장, 외환시장으로 나누어진다.
4. 파생금융상품시장은 전통금융시장이나 외환시장에서 발생하는 위험을 관리하기 위해 발생한 시장이다. 파생금융상품시장에서는 선물, 옵션, 스왑 형태의 금융상품이 거래된다.
5. 비제도금융시장이란 금융기관의 개입 없이 사적인 금융거래가 이루어지는 시장이다.
6. 직접금융시장은 자금거래가 자금의 최종 수요자와 공급자 간에 직접증권의 매매형태로 이루어지는 시장을 말한다.
7. 간접금융시장은 양자간에 금융중개기관이 개입해 직접 또는 간접증권의 매매형태로 자금의 거래가 이루어지는 시장을 말한다.
8. 단기금융시장이란 만기 1년 이내의 금융상품이 거래되는 시장을 말한다.
9. 자본시장이란 1년 이상의 금융상품이 거래되는 시장이다.
10. 장외시장이란 거래소 이외의 장소에서, 또는 거래소와 관계없이 유가증권의 거래가 이루어지는 시장을 말한다.
11. 자본시장에는 직접거래시장과 점두시장이 있다.
    - 직접거래시장이란 매매당사자간의 개별접촉으로 거래가 이루어지는 시장을 말한다.
    - 점두시장이란 거래가 증권회사의 점두에서 고객과 증권회사 사이에 이루어지는 시장을 말한다. 점두란 중개기관인 증권회사의 창구를 말한다.
12. 콜시장이란 금융기관들이 일시적인 자금과부족을 조절하기 위해 최단기로 자금을 차입 또는 대여하는 금융기관간 시장을 말한다. 콜시장은 콜자금을 공급하는 콜론(call loan)기관과 콜자금을 차입하는 콜머니(call money)기관 및 콜거래를 중개하는 중개기관으로 구성되어 있다.
13. RP란 일정기간 경과 후에 일정한 가격으로 동일 채권을 다시 매수하거나 매도할 것을 조건으로 매각하는 채권이다. 한국은행RP 금리는 정책금리로 이용된다.
14. CD란 은행의 정기예금에 양도성을 부여한 예금증서이다.
15. CP란 신용상태가 양호한 기업이 단기자금을 조달하기 위해 발행한 만기 1년 이내의 어음이다. 융통어음이라고도 한다.

16. 전자단기사채란 실물이 아닌 전자적으로 발행되는 단기금융상품이다.

17. 채권시장과 주식시장은 대표적인 자본시장이다. 통화안정증권시장과 유동화증권시장도 자본시장에 속한다.

18. 채권(bond)이란 발행주체가 미리 정한 시점에 일정한 금액을 지급할 것을 약속한 확정이자부 유가증권으로, 발행주체인 기업·금융기관·정부 등의 장기자금 조달수단이다.

19. 채권시장에는 채권의 발행과 인수가 이루어지는 발행시장과 이미 발행된 채권이 거래되는 유통시장이 있다.

20. 통화안정증권은 한국은행이 통화량을 조절하기 위해 금융기관 또는 일반을 대상으로 발행하는 증권이다.

21. 주식시장이란 주식을 매매하는 시장이다.
    • 우리나라에서 주식의 거래는 유가증권시장, 코스닥시장, 코넥스시장, K-OTC시장에서 이루어진다.
    • 코스닥이란 고부가가치산업인 벤처기업의 직접자금조달 기능을 담당하는 시장이다.
    • 코넥스시장은 중소기업에 특화된 주식시장이다.
    • K-OTC시장은 한국거래소 상장요건을 충족하지 못해 제도권시장에 곧바로 진입하기 어려운 기업이나 상장이 폐지된 주식들에 대해 일종의 유동성을 부여하는 장외 주식시장이다.

Chapter

08 | 파생금융상품시장

1. 파생금융상품의 의의

파생금융상품(financial derivatives)이란 금융시장에서 환율, 주가, 금리가 변화함에 따라 통화, 주식, 채권 등 기초자산의 가치가 변동하는 것을 피하거나 이용하기 위해 거래되는 금융계약상의 상품을 말한다.

(1) 위기(危機)란 위험과 기회다

파생금융상품은 기초 금융상품의 가격변동으로 인한 손실위험을 헤지(hedge)하기 위해 고안되었다. 헤지란 금융시장에서 환율, 주가, 그리고 금리 등이 변동함으로써 발생하는 손실을 피하기 위해 취하는 행위를 의미한다.

파생금융상품은 글자 그대로 금융상품에서 파생(派生)된 상품이다. 파생금융상품의 배경에는 기초가 되는 통화, 주식, 채권 등 일반 금융상품이 있는데, 이 배경이 되는 금융상품을 기초자산(underlying asset) 또는 원상품이라 한다. 금융시장에 파생금융상품이 등장한 원인은 기초자산인 일반 금융상품 가격변동의 불확실성 때문이다. 환율, 금리, 주가 등은 늘 변화하며, 이러한 가격변화는 자산 보유자에게 위험이 된다. 이 가격변동위험을 피하기 위해 만든 금융상품이 바로 파생금융상품이다. 그런데 다른 한편으로 생각해 보면 금융상품의 가격변화는 투자자에게 수익을 얻을 수 있는 기회가 된다. 즉, 금융상품의 가격변화는 어떤 사람에게는 위험이 되지만 다른 어떤 사람에게는 기회가 되기도 한다. 금융상품의 가격변화가 갖는 두 가지 측면인 위험과 기회가 새로운 금융상품을 파생시켰으며, 이를 파생금융상품이라고 하는 것이다.

파생상품은 일상생활에서도 쉽게 접할 수 있다. 김장배추의 밭떼기매매가 바로 그것이다. 김장배추의 가격은 작황에 따라 변하는 것이 보통이고 재배농가의 수입도 이에 따라 변동하게 된다. 대부분의 농가는 이러한 위험을 피하고 싶어한다. 반면에 그 해 배추 작황을 보고 가격을 예측하여 시세차익을 겨냥, 미리 배추를 사두고자 하는 중간상인도 있다. 만약에 가격변동위험을 피하려는 사람과 그 위험을 이용하려는 사람이 만나면 밭떼기계약이 성립된다. 밭떼기계약을 통해 배추 재배농가는 적정수준의 가격을 보장받아 작황에 따른 가격변동의 위험을 피할 수 있게 된다. 또 중간상인은 작황에 따른 가격변화로 기대한 이득을 얻을 수도 있다. 밭떼기매매는 가격변동위험을 피하려는 농민과 가격변화를 통해 이익을 남기려는 중간상인 사이에 이루어진다.

(2) 파생금융상품시장 참가자와 중개자

파생금융상품시장은 거래참가자와 중개자로 구성된다.

거래참가자는 밭떼기매매의 예에서 보듯이 두 부류가 있는데, 하나는 위험회피자(risk averter)인 헤저(hedger)이고, 다른 하나는 위험애호자(risk lover)인 투기자(speculator)이다. 즉 환율, 주가, 금리 등의 변동을 위험으로 보고 피하려는 사람과 그 변동을 기회로 보고 수익을 얻으려는 사람이 참가한다. 위험회피자는 파생상품거래를 통해 장래의 자산가치를 현재시점에서 확정함으로써 가치변동의 위험을 회피할 수 있게 된다. 반면에 위험선호자인 투기자는 이러한 변동을 예측함으로써 이익획득의 기회를 얻을 수 있다. 위험회피자의 위험을 받아들이는 대신 고수익을 기대하는 것이다. 파생금융상품시장은 참가자에게 위험헤지와 투기기회를 동시에 제공함으로써 각 경제주체가 자신의 위험선호도에 따라 자신에게 맞는 자산을 구성하도록 해준다.

중개자는 시장에서 거래를 성사시키는 조직을 말한다. 중개자로는 거래소의 장내중개인, 장내거래인, 그리고 선물중개업자가 있다. 장내중개인은 거래의 중개 역할을 하고 수수료를 받는 자이다. 장내거래인은 상품을 인수·인도하는 거래의 당사자(dealer)가 되기도 하고 중개자(broker)가 되기도 하는 자이다. 선물중개업자는 일반 고객으로부터 매매 주문을 받아 이를 장내중개인이나 장내거래자에게 중개하는 임무를 수행한다.

2. 파생금융상품시장의 특징과 기능

파생금융상품시장은 다음과 같은 특징을 가지고 있다.

첫째, 자금의 레버리지효과(leverage effect)가 크다. 파생금융상품거래의 대금

지불방식은 대부분 증거금제이다. 계약을 체결할 때 매입자는 상품가격 전액을 모두 지불하는 것이 아니라 계약금액의 일부분만 증거금으로 지급한다. 이 증거금제도를 이용하면 거래자는 자기가 보유하고 있는 자금보다 훨씬 더 큰 규모의 상품을 매매할 수 있게 된다. 예를 들어 CD금리선물의 경우 계약금액의 0.5%만 증거금으로 지불하면 되기 때문에 레버리지효과가 무려 200배에 달한다. 둘째, 거래비용이 낮은 편이다. 파생금융상품의 거래는 원상품이 직접 인수·인도되는 것이 아니라 원상품 가격변동에 따른 차액만 결제하는 방식으로 이루어진다. 따라서 실물의 인수·인도에 따른 비용을 절약할 수 있다. 셋째, 파생금융상품의 거래는 부외거래(off-balance transactions)이다. 따라서 기업은 대차대조표상의 변화 없이 자금을 조달하거나 운용할 수 있다. 금융기관의 경우에는 자기자본비율과 관계가 없기 때문에 자금운용이 자유롭고 수수료 수입도 올릴 수 있다.

파생금융상품시장의 기능은 다음과 같다.

첫째, 금융상품의 미래가격을 예측하게 해준다. 선물시장이나 옵션시장의 약정가격은 미래 현물가격에 대한 현재의 예측치를 반영하여 결정된다. 시장 참가자들은 미래의 정해진 날에 금융상품의 가격이 얼마가 되리라는 예상을 하고 계약한다. 실제로 파생금융상품 가격은 현물 가격보다 선행하는 것으로 알려지고 있다. 둘째, 현물의 가격변동위험을 헤지해 준다. 가격변동위험의 헤지는 애초에 선물이나 옵션거래의 목적이기도 하다. 그리고 위험 헤지 과정에서 투기자는 이득을 취하기도 한다. 파생금융상품시장이 발달하면 시장유동성이 증가하게 된다. 즉, 현물시장의 매매를 촉진시키게 된다. 파생상품의 거래가 위험을 헤지해 줌으로써 거래 당사자는 위험 없이 현물거래를 수행할 수 있다. 셋째, 재정거래(裁定去來, arbitrage transactions) 기회를 제공함으로써 현물의 가격변동폭을 축소시킬 수 있다. 따라서 자원이 좀 더 효율적으로 이용된다. 파생상품시장은 결과적으로 금융시장을 완전경쟁시장에 가깝게 해 준다.

꼬리-개 효과

한편 파생금융상품시장은 부정적 효과도 가지고 있다. 파생금융상품시장이 현물시장을 교란시킬 수도 있는 것이다.

선물시장의 예를 들어보자. 선물이란 어디까지나 파생된 상품이다. 그런데 꼬리인 이 파생상품이 몸통인 현물에 영향을 미칠 수도 있다(the tail wagging the dog effect). 즉, 선물가격이 현물가격에 영향을 미칠 수도 있다. 이를 꼬리-개 효과라고 한다. 이렇게 되면 선물시장이 현물시장의 단점을 보완하는 것이 아니라 오히려 교란시킬 수도 있는 것이다. 파생금융상품 거래는 원래 거래 상대방의 채무불이행 위험이 높을 뿐만 아니라 레버리지효과가 크다. 또 거래 구조가 복잡하여 투기적 거래가 발생할 가능성이 많고 더구나 내부통제도 어렵다. 파생금융상품의 거래규모는 일반적으로 매우 크며, 파생금융상품시장이 서로 밀접하게 연결되어 있기 때문에 개별 금융기관이 위험에 노출되는 경우 그 영향이 전체 금융시스템으로 파급된다. 1장에서도 설명한 바와 같이 2008년 글로벌 금융위기시 베어스턴스, 리먼브러더스, AIG 등 대형 금융기관의 부실과 이와 관련한 세계 금융시스템의 교란은 파생금융상품의 위험성이 현실로 나타난 경우이다.

section 02 ● 선물·옵션·스왑 원리

파생금융상품은 우리에게 그리 익숙한 금융상품은 아니다. 게다가 파생금융상품은 매우 다양해서 한눈에 들어오지 않는다. 그런데 이 다양하고 복잡한 듯 보이는 상품들을 자세히 보면 거래방식이 선물·옵션·스왑 세 가지 중 한 가지 형태이다. 이 선물·옵션·스왑이 장외에서 거래되느냐 장내에서 거래되느냐, 주식에 관한 것이냐 통화에 관한 것이냐에 따라서 종류가 많아 보인다.

1. 선물

선물거래(先物去來, futures transaction)란 미래의 일정한 시점에 기초자산을 미리 정한 가격으로 매매하기로 하는 거래를 말한다.

선물(futures)에는 넓은 의미의 선물과 좁은 의미의 선물이 있다. 넓은 의미의 선물이란 현재 계약하되 나중에 인도되는 상품을 말한다. 선물에 대칭되는 개념은 현물이다. 현물거래는 매매계약의 성립과 동시에 상품의 인도와 결제가 이루어진다. 이에 비해 선물거래는 '현재 계약, 실물 나중' 방식의 거래이다. 단어의 뜻만 가지고 말한다면 선물(先物)거래가 아니라 후물(後物)거래인 셈이다. 좁은 의미의 선물이란 공인된 거래소, 즉 장내에서 이루어지며 거래조건이 표준화되어 거래되는 금융상품을 말한다.

선물: 공인된 거래소에서 표준화된 방식으로 계약을 체결하고, 일정기간이 경과한 후에 실물의 인수·인도와 자금결제가 이루어지는 금융상품

좁은 의미의 선물거래와 대비되는 것이 선도거래(先渡去來, forward transaction)이다. 선도거래란 장외에서 이루어지는 선물거래이다. 선물 형식의 거래가 장내에서 이루어지면 선물거래라고 하고, 장외에서 이루어지면 선도거래라고 한다.

소설 속의 선물거래

논까지 축나가기 시작하자 정재규는 본전이라도 채울 심산으로 더욱 미두(米豆)에 혈안이 되었다. 미두란 이름 그대로 쌀 시세를 놓고 벌이는 투기였다. 다시 말하면 3개월 단위로 미리 쌀값을 예측해서 쌀을 팔고 사는 행위였다. 돈을 미리 내는 선불매매로 이루어지는 그 거래는 그야말로 덫 놓은 덤풀 속을 걸어가야 하는 투기였다. 1만 석을 샀다가 석 달 후에 값이 폭락하면 그 차액만큼은 고스란히 손해였다.

군산미곡취인소라고 간판을 붙인 목조 2층 건물은 바로 미두거래가 이루어지는 시장이었고, 그 미두장을 중심으로 중매점들이 큼직큼직한 간판을 내걸고 있었다. 미두꾼들은 일단 그 중매점들 중에서 어느 하나를 거래원으로 삼아야만 그 2층 건물에 드나들 수 있는 자격이 생겼다. 그 미두꾼들의 자격은 중매점에 보증금이라 하여 50원을 내는 것으로 얻어졌다. 미두거래는 쌀 200가마니를 단위로 했고 거래가 성립되면 미두회사는 단위당 7원씩의 수수료를 받았다. 먼 지방에서 온 사람들은 미두거래가 서툴러 회사 직원들이 나서서 일을 보아주었다.

– 조정래의 「아리랑」8권에서 –

"나머지 이천 석에 목을 매고 있는데 허허허헛… 별 수 없지이. 별도리 없을 거야. 하긴 이천 석이라면 그것도 장자는 장자라. 천석꾼이 아무데나 굴러있나? 조가 놈 지 신상을 위해 그것이나마 꼭 붙들고 있어야 하는 건데 욕심이 사람 잡지. 내리막길을 또 몇어지는 것도 아니구. 광산에 미쳐 미두에 미쳐, 한 번 미치고 보면 끝나는 법이거든. 잃은 것 찾으려고 두 번 미치니께. 자고로 노름꾼이란 마지막 껍데기까지 뺏겨야 손 털고 물러나거든. 회를 쳐 먹든 초를 쳐 먹든 그것은 조준구 사정이고, 아무튼지 간에 돌아갈 날도 멀지 않았으니, 허허헛헛…"

공노인의 웃음소리가 갈가마귀 우는 소리처럼 길상의 귓가를 맴돈다.

–박경리의 「토지」2부 3권에서–

선도거래: 선물거래가 장외에서 이루어지는 거래

선도거래는 거래당사자의 임의적인 거래이기 때문에 선물거래처럼 거래가 표준화되어 있거나 계약의 이행이 결제기관에 의해 보증되지 않는다. 따라서 선도거래는 선물거래에 비해 위험이 큰 거래이다.

선물거래 참가자의 손익

선물거래의 손익 상황은 선물상품 구입자와 판매자가 서로 정반대인 비대칭적 손익구조를 보이게 된다. 선물거래에서 미리 정한 가격을 약정가격 또는 행사가격(strike price)이라 한다. 어떤 가격을 약정해서 김장무 밭떼기계약을 해두었는데, 수확철에 그 약정가격보다 시장가격이 높으면 선물상품 구입자인 중간상인이 이익을 얻고 판매자인 농민은 손해를 보는 경우와 마찬가지이다. 그러나 사회전체로 보아서는 영합게임(zero-sum-game)의 성격을 갖는다.

〈그림 8-1〉은 선물거래의 손익 상황이다. 그림에서 가운데에 있는 횡축은 상품가격을 나타낸다. 이 횡축에서 오른쪽 이동은 가격상승을, 왼쪽 이동은 가격하락을 의미한다. 한편, 종축은 손익을 나타낸다. 원점에서 위쪽 방향은 이익을, 아래쪽 방향은 손해를 의미한다. 그림에서 보듯이 손익선은 시장가격을 나타내는 횡축을 약정가격 위치에서 통과하며 그 기울기는 45°이다. 약정가격 좌우에서 손실 또는 이익이 시장가격과 정비례한다는 뜻이다.

그림 8-1 • 선물거래의 손익

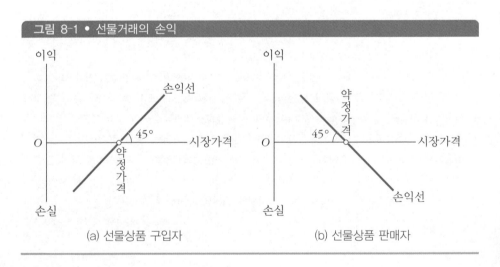

(a) 선물상품 구입자   (b) 선물상품 판매자

(a)는 선물상품 구입자의 입장에서 본 손익이다. 만기일에 상품의 시장가격이 약정가격보다 높으면 선물 구입자는 이득을 얻게 된다. 반대로 시장가격이 약정가격보다 낮으면 손해를 보게 된다. 선물거래에서 약정가격은 손익분기점 역할을 한다. (b)는 선물상품 판매자의 손익을 나타낸다. 만기일에 상품의 시장가격이 약정가격보다 높으면 손해를 보고 낮으면 이익을 얻는다.

2. 옵션

사고 팔고는 엿장수 마음이다

옵션(option)이라는 말의 의미는 선택권이다. 금융시장에서의 옵션거래란 미리 약정한 가격으로 기초자산을 구입(call)하거나 판매(put)할 수 있는 권리, 즉 선택권을 매매하는 거래를 말한다. 이때 상품 구입권을 가지게 되는 거래계약을 콜옵션(call option)이라 하고, 상품 판매권을 가지는 거래계약을 풋옵션(put option)이라고 한다.

프리미엄과 행사가격

옵션거래에서 프리미엄(premium)을 주고 매매권을 갖는 사람을 옵션 매입자(option buyer)라고 한다. 옵션 매입자는 미리 정한 가격으로 기초자산을 구입(call)하거나 판매(put)할 수 있는 권리를 갖게 된다. 옵션 매입자는 자기에게 유리할 경우에는 권리를 행사하되, 불리한 경우에는 그 권리를 포기할 수 있다. 한편, 프리미엄을 받고 매매권을 매도한 사람을 옵션 매도자(option writer)라고 한다. 옵션 매도자는 옵션 매입자의 거래 요구에 따라야 한다. 옵션거래에서 옵션 매입자는 권리를 가지고, 옵션 매도자는 의무를 부담한다. 이 점이 거래 당사자 모두가 매매의무를 부담하는 선물거래와 다른 점이다.

옵션은 만기 전 권리행사 가능 여부에 따라 미국식 옵션과 유럽식 옵션으로 구분된다. 만기일 이전에 언제라도 권리를 행사할 수 있는 옵션을 미국식 옵션, 만기일에 한해 행사할 수 있는 옵션을 유럽식 옵션이라고 한다. 옵션거래로 인한 손익 상황은 옵션 매입자와 매도자가 서로 정반대인 비대칭적 손익구조이다.

콜 옵 션

콜옵션(call option)은 옵션 매입자가 미리 약정한 가격으로 장래의 정해진 기일에 기초자산을 '구입(call)할 수 있는 권리'를 가지는 계약을 말한다. 콜옵션 매입자는 옵션가, 즉 프리미엄을 지불하여 상품을 구입할 수도 있고 구입하지 않을 수도 있는 권리를 보유한다.

콜옵션거래 참가자의 손익은 행사가격, 시장가격, 그리고 프리미엄의 크기에 의해 결정된다. 만기시 시장가격이 행사가격보다 높을 경우 콜옵션 매입자는 상품구입권을 행사하여 {시장가격-(행사가격+프리미엄)}만큼의 이익을 얻게 된다. 반면, 시장가격이 행사가격보다 낮을 경우에는 상품구입권을 포기할 것이고, 이미 지급한 프리미엄만큼의 손실을 본다. 콜옵션 매입자의 이익은 가격의 높은 정도에 따라 무한히 확대될 가능성이 있는 반면, 손실은 아무리 시장가격이 낮더라도 이미 지급한 프리미엄만큼이 된다. 한편, 콜옵션 매도자는 시장가격이 행사가격보다 낮을 경우에는 콜옵션 매입자가 상품구입권을 행사하지 않을 것이기 때문에 이미 받은 프리미엄만큼 이익을 얻는다. 그러나 시장가격이 행사가격을 넘어설 경우에는 상대방의 구입권리가 행사되고, 시장가격 수준에 관계없이 이를 행사가격으로 판매해야 하므로 손실을 입게 된다.

〈그림 8-2〉는 콜옵션 거래자의 손익 상황이다. 그림의 횡축은 상품가격을 나타낸다. 횡축에서 오른쪽 이동은 가격의 상승을, 왼쪽 이동은 가격의 하락을

그림 8-2 • 콜옵션 거래자의 손익 상황

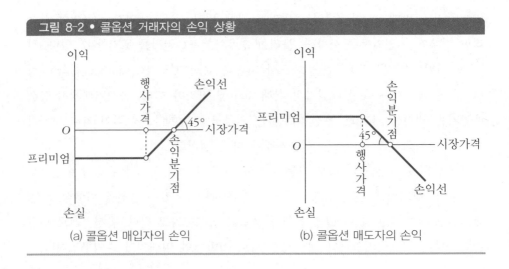

(a) 콜옵션 매입자의 손익   (b) 콜옵션 매도자의 손익

의미한다. 종축은 손익을 나타낸다. 원점에서 위쪽 방향은 이익을, 아래쪽 방향은 손해를 의미한다. 콜옵션 거래자의 손익선은 손익분기점을 지나는 45°선이다. 단 행사가격 이하에서는 수평이다.

(a)는 콜옵션 매입자의 손익 상황이다. 약정기일이 되었을 때 상품의 시장가격이 행사가격보다 낮다고 하자. 콜옵션 매입자는 상품 구입을 포기할 것이다. 이때 손실은 이미 지불한 프리미엄만큼이다. 반면에 약정기일이 되어 상품의 시장가격이 행사가격보다 높다면 상품을 구입할 것이다. 이때 손익은 두 가지로 나타난다. 시장가격이 행사가격에 프리미엄을 더한 가격보다 높으면 이익이 발생한다. 시장가격이 높기는 하되 행사가격에 프리미엄을 더한 가격보다 낮다면 부분적으로 손실을 본다. 콜옵션거래의 손익분기점은 [행사가격＋프리미엄]이다.

(b)는 콜옵션 매도자의 손익 상황이다. 콜옵션 매도자는 매매에 있어서 권리는 없고 옵션 매입자가 요구하는 경우 상품을 팔아야 할 의무만 있다. 만약 상품의 시장가격이 행사가격보다 낮다면 콜옵션 매입자는 상품의 구입을 포기할 것이다. 따라서 옵션 매도자는 이미 받은 프리미엄만큼 이익을 얻는다. 그러나 시장가격이 행사가격보다 높다고 하자. 콜옵션 매도자는 상품의 시장가격이 아무리 높아도 그 가격으로는 팔지 못하고 처음에 정한 행사가격만큼만 받게 된다. 울며 겨자 먹기로 불리한 거래에 응해야 한다. 이 경우에 콜옵션 매도자의 손실은 시장가격이 높을수록 커진다.

풋 옵 션

풋옵션(put option)은 옵션 매입자가 미리 약정한 가격으로 장래의 정해진 기일에 기초자산을 '판매(put)할 수 있는 권리'를 가지는 계약을 말한다. 이 거래에서 풋옵션 매입자는 프리미엄을 지불하여 상품을 판매할 수도 있고 판매하지 않을 수도 있는 권리를 보유하게 된다.

풋옵션거래에 있어서 참가자의 손익은 행사가격, 시장가격, 그리고 프리미엄의 크기에 의해 결정된다. 만기의 시장가격이 행사가격보다 낮을 경우 풋옵션 매입자는 상품 판매권을 행사하여 [(행사가격-프리미엄) － 시장가격]만큼의 이익을 얻게 된다. 반면, 시장가격이 행사가격보다 높을 경우에는 상품 판매권을 포기하게 되며, 이미 지급한 프리미엄만큼 손실을 보게 된다. 풋옵션 매입자의 이익은 가격의 낮은 정도에 따라 계속 확대될 가능성이 있는 반면, 손실은 아무리 시장가격이 높더라도 이미 지급한 프리미엄만큼이다. 반면에 풋옵션 매도자는 시장가격이 행사가격보다 높을 경우에는 옵션 매입자가 상품 판매권을 행사하지 않을 것이기 때문에 프리미엄만큼 이익을 얻는다. 그리고 시장가격이 행사가격보다 낮을 경우에는 상대방의 판매권이 행사되어 시장가격 수준에 관계없이 이를 행사가격으로 구입해야 하므로 손실을 입게 된다.

〈그림 8-3〉은 풋옵션 거래자의 손익 상황이다. 그림에서 가운데 횡축은 상품가격을 나타낸다. 이 횡축에서 오른쪽 이동은 가격의 상승을, 왼쪽 이동은 가격의 하락을 의미한다. 종축은 손익을 나타낸다. 원점에서 위쪽 방향은 이익을, 아래쪽 방향은 손해를 의미한다. 풋옵션 거래자의 손익선은 손익분기점을 지나는 45°선이며, 행사가격보다 높은 구간에서는 수평이다.

(a)는 풋옵션 매입자의 손익 상황이다. 약정기일이 되어 상품의 시장가격이 행사가격보다 높다고 하자. 풋옵션 매입자는 그 상품을 매각할 권리도 있고 매각하지 않을 권리도 있다. 당연히 그는 상품을 판매하지 않을 것이다. 이때 손실은 이미 지불한 프리미엄만큼이다. 반대로 상품의 시장가격이 행사가격보다 낮다면 그는 상품 판매권을 행사할 것이다. 이때 손익은 두 가지로 나타난다. 시장가격이 행사가격에서 프리미엄을 뺀 가격보다 낮다면 이익을 얻는다. 그러나 시장가격이 낮기는 하되, 그 차액이 프리미엄 지불분보다 작다면 부분적으로 손실을 본다. 풋옵션거래의 손익분기점은 [행사가격-프리미엄]이다.

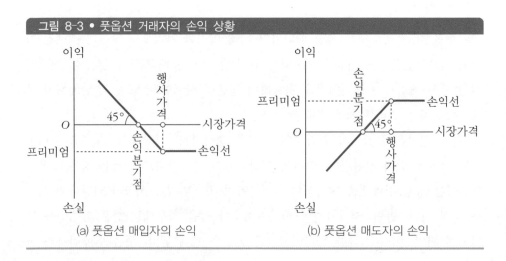

그림 8-3 • 풋옵션 거래자의 손익 상황

(a) 풋옵션 매입자의 손익   (b) 풋옵션 매도자의 손익

(b)는 풋옵션 매도자의 손익 상황이다. 풋옵션 매도자는 권리는 없고 매입자가 요구하는 경우 상품을 매입해야 할 의무만 있다. 만약 상품의 시장가격이 행사가격보다 높다면 풋옵션 매입자는 상품의 판매를 포기할 것이다. 따라서 풋옵션 매도자는 이미 받은 프리미엄만큼 이득을 얻는다. 그러나 시장가격이 행사가격보다 낮다면 풋옵션 매입자는 상품을 판매할 것이다. 이 경우에 풋옵션 매도자는 시장가격보다 높은 행사가격으로 그 상품을 매입해야 하므로 손실을 입게 된다.

내가격과 외가격

옵션거래시 권리를 행사하고 안 하고는 상품의 시장가격과 행사가격의 높이에 달려 있다. 옵션권을 행사하는 것이 유리한 가격을 내가격(內價格, in-the-money)이라고 하고 이득이 되지 않는 가격을 외가격(外價格, out- of-the-money)이라고 한다.

내가격 상황에서는 옵션권을 행사하는 것이 유리하다. 콜옵션의 경우는 시장가격이 행사가격보다 높은 상태가 내가격 상황이다. 풋옵션의 경우는 시장가격이 행사가격보다 낮은 경우가 내가격이다. 외가격 상황에서는 옵션권을 행사하지 않는 것이 유리하다. 콜옵션의 경우는 시장가격이 행사가격보다 낮은 상태가 외가격 상황이다. 풋옵션의 경우는 시장가격이 행사가격보다 높은 경우가 외가격이다.

참고   스톡 옵션

파생금융상품은 아니지만 옵션원리를 이용한 경영자에 대한 인센티브제도가 있는데 이를 스톡 옵션이라고 한다. 스톡 옵션(stock option)은 회사가 임직원에게 일정량의 자사 주식을 일정한 가격에 살 수 있는 권리를 주는 일종의 포상금제도이다. 장래에 사업이 성공하면 주식을 액면가 또는 시세보다 훨씬 낮은 가격에 살 수 있는 권리를 미리 주는 것으로 일종의 성과급 보너스와 같다. 스톡 옵션의 우리말은 '주식매입 선택권'이다.

스톡 옵션을 받으면 이익은 볼 수 있지만 손해는 보지 않는다.

그림 8-4 • 스톡 옵션의 이익

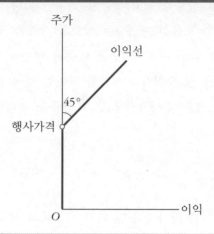

〈그림 8-4〉에서 보듯이 주가가 행사가격보다 높으면 행사가격으로 구입하여 시가에 매각함으로써 차익을 얻을 수 있다. 만약 주가가 행사가격보다 낮으면 옵션을 행사하지 않기 때문에 손해는 발생하지 않는다.

3. 스왑

누이 좋고 매부 좋고

스왑(swap)의 사전적 의미는 바꾼다는 것이다. 금융시장에서의 스왑이란 통화나 금리 등의 거래조건을 서로 맞바꾸는 것을 말한다. 좀 더 구체적으로 말하면 스왑거래란 거래 상대방이 미리 정한 계약조건에 따라 장래의 일정시점에 두 개의 자금흐름을 교환하는 거래이며, 현물(spot)거래와 선물(futures)거래가 동시에 이루어진다. 스왑거래의 대표적인 것으로는 금리스왑(IRS: interest rate swap), 통화스왑(CRS: currency swap)이 있다.

금리스왑

금리스왑이란 두 차입자가 각각의 차입금에 대한 금리 지급조건을 교환하여 부담하기로 하는 금융기법을 말한다. 금리스왑은 금리의 변동에 따른 위험의 회피나 차입비용의 절감을 위해 주로 변동금리와 고정금리를 교환하는 형식을 취하게 된다. 즉 두 기업이 각각 한 시장에서 유리한 조건으로 차입할 수 있는 비교우위에 있을 경우, 두 차입자가 각자 유리한 시장에서 차입하여 각자의 차입금리, 지급조건을 서로 교환하여 양자가 모두 이익을 볼 수 있게 되는 거래이다. 스왑은 한쪽 기업이 두 시장에서 모두 절대우위인 경우에도 가능하다.

① 두 기업이 각각 한 시장에서 비교우위인 경우

〈표 8-1〉은 자금을 차입하려는 두 기업의 차입조건이다. A사의 변동금리부 차입금리는 연 LIBOR+0.25%이며, 고정금리부 차입금리는 연 6.25%이다.[1] B사의 변동금리부 차입금리는 연 LIBOR+0.50%, 고정금리부 차입금리는 연 6.0%이다. A사는 변동금리 시장에서 유리하고, B사는 고정금리 시장에서 유리하다. 그런데도 불구하고 A사는 고정금리 조건으로 자금차입을 원하고, B사는 변동금리 조건으로 자금차입을 원한다. 이 경우 스왑은 두 기업의 자금조달금리를 낮추어준다. 그 방법은 다음과 같다.

A사는 상대적으로 유리한 변동금리 LIBOR+0.25%의 조건으로 차입하고, B사도 상대적으로 유리한 6.0%의 고정금리로 자금을 차입한다. 그 다음 서로의 이자 지급조건을 맞바꾸는 금리스왑을 실행하면 각각이 원했던 조건으로 자금을 조달하면서 금리부담도 낮출 수 있게 된다. 즉, A사는 직접 고정금리로 차입하는 경우보다 0.25%[2]만큼 낮은 금리로 자금을 사용할 수 있으며, B사는 직접 변동금리시장에서 조달하는 경우보다 0.25%[3]만큼 낮은 금리로 자금을 사용할 수

표 8-1 • 두 기업이 한 시장에서 각각 비교우위인 차입조건

	고정금리	변동금리	
A사	6.25%	LIBOR+0.25%	고정금리로 차입 원함
B사	6.00%	LIBOR+0.50%	변동금리로 차입 원함
비고	B사 우위	A사 우위	

1   3장에서 설명한 바와 같이 LIBOR(London inter-bank offered rates)란 런던 금융시장의 은행 간 대출금리를 말한다. 리보금리는 세계 각국의 국제간 금융거래에 기준금리로 활용되고 있다.

2   6.25−6.00=0.25(%).

3   (LIBOR+0.50)−(LIBOR+0.25)=0.25(%).

있게 된다.

② 한 기업이 두 시장에서 모두 절대우위인 경우

〈표 8-2〉는 한 기업이 두 시장 모두에서 절대우위인 경우의 차입조건이다. A사의 차입금리는 고정금리시장에서 7%이고, 변동금리시장에서 LIBOR+1%이다. B사의 차입금리는 고정금리시장에서 9%이고 변동금리시장에서 LIBOR+2%이다. A사는 고정금리부 차입에서도 유리하고 변동금리부 차입에서도 유리하다. 이 경우에는 A사가 스왑을 행할 필요가 없는 것처럼 보인다. 그러나 두 기업의 차입조건을 자세히 보면 A사가 양 조건에서 유리하되, 특히 고정금리부 차입에서 상대적으로 더 유리하다. 또 B사는 양쪽이 열위이되, 그래도 변동금리부 차입에서 덜 불리하다. 즉, A사는 고정금리시장에서 비교우위를 갖고 B사는 변동금리시장에서 비교우위를 갖는다. 이렇게 서로 비교우위를 갖는 경우에는 스왑이 가능하다.

A사는 자신이 비교우위에 있는 고정금리시장에서 7%로 차입하고, B사는 비교우위에 있는 변동금리시장에서 LIBOR+2%로 차입한 후 금리정산시 A사는 B사에게 LIBOR+1%를 주고 B사는 A사에게 7.5%를 준다. 이로써 A사의 최종 차입금리는 LIBOR+0.5%가 되고 B사의 최종 차입금리는 8.5%가 되어 각각 이득이 된다. 즉, 스왑을 통해 A사는 자기가 직접 변동금리시장에서 차입하는 것보다 0.5%를 절약할 수 있으며, B사 또한 자기가 직접 차입하는 것보다 0.5%를 절약할 수 있다. A사의 절대우위 2%와 1%의 차이인 1%를 두 기업이 나누어 가지는 것으로 볼 수 있다.

〈그림 8-5〉는 금리스왑시 이자 지급의 흐름이다. A사의 입장에서 생각해 보자. A사는 금리 정산시 B로부터 7.5%를 받아 채권자에게 7%를 지급한다. 이 교환에서 0.5%를 절약한다. 대신 A사는 B사에게 LIBOR+1%를 지급한다. A사의

표 8-2 • 한 기업이 두 시장에서 모두 절대우위인 차입조건			
	고정금리	변동금리	
A사	7%*	LIBOR+1%	변동금리로 차입 원함
B사	9%	LIBOR+2%*	고정금리로 차입 원함
비고	A사 2% 절대우위	A사 1% 절대우위	

*표는 비교우위

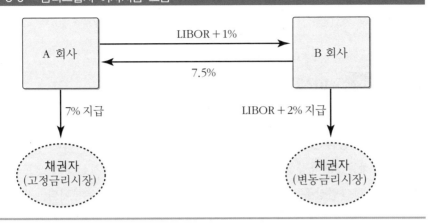

그림 8-5 • 금리스왑시 이자지급 흐름

최종 이자지급액은 LIBOR+0.5%이다. A사는 이 교환으로 변동금리시장에서 LIBOR+1%로 직접 차입하는 것보다 0.5%의 이득을 얻는다.

이번에는 B사의 입장을 보도록 하자. B사는 A사에게서 LIBOR+1%를 받아 채권자에게 LIBOR+2%를 지급한다. 이 거래에서 1%가 추가 지급된다. 그리고 A사에 7.5%를 지급한다. B사의 최종 이자지급액은 8.5%가 된다. B사는 이 교환으로 고정금리시장에서 9%로 직접 차입하는 것보다 0.5%의 이득을 얻는다.

통화스왑

통화스왑이란 사전에 정해진 만기와 환율에 의해 서로 다른 통화로 차입한 자금의 원리금 상환을 서로 교환하는 거래를 말한다.

통화스왑의 사례를 〈표 8-3〉을 가지고 알아보자. A사는 엔화 차입이 유리하지만 회사의 형편상 달러가 필요하다. 반면에 B사는 엔화가 필요한데 달러의 차입이 유리하다. 이때 A, B 두 회사가 서로 유리한 시장에서 통화를 조달한 뒤 원리금을 맞바꾸어 그 부담을 지기로 계약한다면 두 회사는 모두 필요한 자금을

표 8-3 • 통화스왑의 예

차입자	미국달러시장	엔화시장	
A사	6.00%	5.40%	달러 차입 원함
B사	5.90%	5.50%	엔화 차입 원함
비고	B사 우위	A사 우위	

직접 조달한 경우보다 각각 0.1%씩 절감할 수 있게 된다.

section 03 · 파생금융상품의 종류

    파생금융상품은 기초자산의 종류, 거래가 이루어지는 장소, 거래의 방식을 기준으로 하는 등 다양한 방식으로 분류할 수 있다. 기초자산 기준으로는 금리관련상품, 통화관련상품, 주식관련상품, 신용관련상품으로 분류된다. 거래장소 기준으로는 장외거래상품 및 장내거래상품으로 분류된다. 거래형태 기준으로는 선물(futures), 옵션(option), 스왑(swap) 방식이 있다.

    파생금융상품을 먼저 장내거래상품과 장외거래상품으로 크게 나누고 이를 다시 각각 통화, 금리, 주식, 신용 관련별로 나누어 분류하면 〈표 8-4〉와 같다. 본 3절에서는 장내거래와 장외거래로 나누어 표에 나와 있는 순서로 소개하고 비중이 큰 상품은 4절에서 자세히 설명한다. 장내와 장외 양 시장에서 거래되는 주식옵션은 4절에서 설명한다.

표 8-4 • 파생금융상품 종류

	장내거래	장외거래
통화 관련	통화선물(currency futures) 통화선물옵션(currency futures options)	선물환(forward exchange) 통화스왑(currency swaps) 통화옵션(currency options)
금리 관련	금리선물(interest rate futures) 금리선물옵션(interest rate futures options)	선도금리계약(forward rate agreements) 금리스왑(interest rate swaps) 금리옵션(interest rate options) −caps(금리상한계약), floors(금리하한계약), collars(금리상하한계약) 스왑션(swaptions)
주식 관련	주식옵션(equity options) 주가지수선물(index futures) 주가지수옵션(index options)	주식옵션(equity options) 주식스왑(equity swaps)
신용 관련	−	신용파산스왑(credit default swaps) 총수익스왑(total return swaps) 신용연계증권(credit linked notes) 합성부채담보부증권(synthetic collateral debt obligation)

1. 장내거래 파생금융상품

　　장내시장에서의 거래는 모든 거래요소가 표준화되어 있다. 그래서 장내시장을 표준화상품시장이라고도 한다. 장내시장거래는 공개경쟁입찰방식으로 이루어지며, 대금의 결제는 거래소 내의 결제기관인 청산소를 통해 이루어진다. 장내거래는 거래자 사이에 청산회사가 개입하여 계약의 이행을 보증할 뿐만 아니라, 당일결제제도 및 거래자에 대한 증거금예치제도를 운용하고 있어 거래에 따른 신용위험이 적은 편이다.

　　우리나라의 장내시장은 한국거래소이다. 장내시장에서 거래되는 파생금융상품은 다음과 같다.

　　① 통화관련상품: 통화선물, 통화선물옵션

　　통화선물(currency futures)이란 거래소에 상장되어 있는 표준화된 특정통화를 미래의 일정시점에 인수도할 것을 약속하는 계약이다. 통화선물거래는 장외시장의 선물환거래와 유사하다. 단 통화선물은 거래조건이 표준화되어 있고 거래소가 거래계약의 이행을 보증하며 매일 거래대상 통화의 가격변동에 따라 손익을 정산하는 일일정산제도, 계약불이행 위험에 대비하기 위한 증거금 예치제도 등이 있다는 점에서 선물환거래와 다르다. 우리나라에서 통화선물은 1999년 한국선물거래소(현 한국거래소)에 미국달러선물이 상장되면서 거래되기 시작하였다. 이후 수출입 및 외국인투자 확대에 따른 엔화와 유로화의 거래 증가, 환율의 급격한 변동 등으로 이들 외화에 대한 적극적인 환리스크 헤지 필요성이 대두되면서 2006년 엔선물, 유로선물이 추가로 상장되었다.

　　통화선물옵션(currency futures options)이란 통화의 선물거래에 대해 매입 또는 매도할 수 있는 권리를 매매하는 거래를 말한다.

　　② 금리관련상품: 금리선물, 금리선물옵션

　　금리선물(interest rate futures)이란 채권이나 양도성예금증서 등 이자소득이 발생하는 금융상품의 선물을 말한다. 즉, 금리선물계약은 금리를 대상으로 해서 현재시점에서 정한 가치로 미래의 정해진 시점에서 매매할 것을 약정한 계약이다. 금리를 매매한다는 말의 구체적인 의미는 다음과 같다. '금리를 매입(long)한다'는 것은 이자를 받는다는 의미이며, 채권 등에 투자하는 것과 같다. '금리선물을 매입한다'는 것은 현재시점에서 정한 이자를 주고 만기 시점의 이자를 받는 것을 의미한다. 한편, '금리를 매도(short)한다'는 것은 이자를 지급하는 것으로, 채권을 팔거나 발행하는 것과 같다. '금리선물을 판다'는 것은 현재시점에서 정한 이자를 받고 만기시점의 이자를 지급하는 것이라 말할 수 있다. 그러나 실제로 거래대상이 되는 기초자산은 이자 자체가 아니라 금리수준에 따라 가치가 변동하는 국채 등 고정금리부 금융상품으로서, 이들 거래대상의 만기에 따라 단기금리선물과 장기금리선물로 나뉜다.

금리선물을 이용하면 현재시점에서 만기일에 인수·인도해야 하는 채권가격이나 금리를 고정시킴으로써 만기시점의 금리수준에 관계없이 현재시점에서 금리위험을 축소할 수 있다. 현물채권을 보유한 기관은 금리선물을 매도(short)하여 향후 금리상승으로 인한 채권가격하락의 손실을 줄일 수 있다. 또한 채권 대차거래로 현물채권을 차입하여 자금을 조달할 경우 금리선물을 매수(long)하여 금리하락시 되갚아야 할 채권의 가격상승위험을 줄일 수 있다. 즉, 채권현물시장에서 발생하는 손익이 금리선물시장에서의 손익으로 상쇄되어 금리변동에 따른 위험을 제거할 수 있게 된다. 금리선물로는 3년국채선물, 5년국채선물, 10년국채선물, 통화안정증권금리선물 등이 있다.

금리선물옵션(interest rate futures options)이란 특정 금리의 선물계약을 미리 정한 행사가격으로 매입 또는 매도할 권리를 보유하게 되는 계약을 말한다.

③ 주식관련상품: 주식옵션, 주가지수선물, 주가지수옵션

주식옵션(equity options)이란 거래소에 상장되어 있는 보통주식 중에서 시가총액이 큰 일부 종목 주식을 기초자산으로 하는 옵션거래를 말한다. 주가지수선물(index futures)이란 주가지수를 매매대상으로 하는 선물이다. 주가지수선물거래는 거래대상이 실물이 아니라 추상적인 주가지수이다. 따라서 현물을 주고받을 수가 없기 때문에 모든 결제가 현금결제로 이루어진다. 주가지수옵션(index options)이란 주가지수를 대상으로 해서 미래의 일정 시점에 일정한 가격으로 거래할 수 있는 권리를 매매하는 거래이다. 이들 세 상품은 다음 절에서 자세히 설명한다.

2. 장외거래 파생금융상품

거래소 외부에 형성되는 장외시장에서는 가격, 계약 단위, 인도 시기, 대금 결제 방법 등 모든 계약조건을 쌍방이 협의하여 결정한다. 장외시장에서 거래되는 상품을 주문형상품이라고 한다. 장외시장에서의 거래는 대개 딜러나 브로커를 통해 이루어진다. 장외거래는 거래자간의 신용에 의존해서 성사되는 거래이므로 계약불이행에 따른 신용위험이 상대적으로 높다. 장외시장거래는 신용조사 등이 수반되어야 하므로 일반 투자자는 참여가 어려워 은행간거래나 기업과 은행간의 거래가 대부분이다.

장외시장에서 거래되는 파생금융상품은 다음과 같다.

① 통화관련상품: 선물환, 통화옵션, 통화스왑

선물환(先物換, forward exchange)이란 어떤 통화를 미래의 일정시점에 미리 약정한 환율로 매매하기로 계약하는 금융상품을 말한다. 선물환은 전통적인 파생금융상품이다. 선물환거래는 환율변동에 수반하여 발생하는 환(換)리스크를 헤지(hedge)하거나 환차익을 얻기 위한 수단 등으로 이용된다. 다음 절에서 자세히 설명한다.

통화옵션(currency options)이란 어떤 통화를 미리 약정한 환율로 매입하거나 매도할 수 있는 권리를 매매하는 거래이다. 우리나라에서는 1999년 미국달러옵션이 한국거래소에 상장되었으나 거래가 거의 이루어지지 않고 있다. 장내시장에서 거래가 부진한 것은 활발한 시장조성자가 없어 유동성이 부족한데다 만기, 행사가격 등 거래조건이 정형화됨에 따라 고객의 다양한 수요를 충족시키기 어렵기 때문이다. 반면 장외 통화옵션시장은 빠르게 성장하고 있다. 수출기업들이 환리스크 헤지를 위해 장외시장에서 통화옵션거래를 확대한 것이다.

통화스왑(CRS: currency swap)거래는 상이한 통화로 차입한 자금의 원리금 상환을 교환하는 거래이다. 통화스왑은 주로 환리스크의 헤지 및 필요한 통화의 조달을 목적으로 이용된다. 통화스왑의 은행간거래 최소단위는 1천만 달러이고 1천만 달러 단위로 추가할 수 있다. 통화스왑거래는 주로 고정금리부 원화와 변동금리부 외화의 교환으로 이루어지며 변동금리로는 6개월물 LIBOR금리가 이용된다. 통화스왑시장에서의 오퍼(offer)금리는 스왑시장조성은행이 고객으로부터 달러화를 받고 원화를 줄 때 받고자 하는 원화 고정금리를 의미하며, 비드(bid)금리는 스왑은행이 원화를 받고 달러화를 줄 때에 지급하고자 하는 원화 고정금리를 의미한다. 통화스왑시장에는 대고객시장과 은행간시장이 있으며 시장 참가자는 금리스왑 참가자와 같다.

② 금리관련상품: 선도금리계약, 금리스왑, 금리옵션, 스왑션

선도금리계약(FRA: forward rate agreements)이란 금리선물이 장외에서 거래되는 것을 말한다. 금리스왑은 다음 절에서 설명한다.

금리옵션(interest rate options)이란 만기일 또는 그 전에 정해진 가격으로 증권을 매도 또는 매입할 수 있는 권리를 매매하는 거래이다. 금리옵션거래에서 옵션 매도자는 막대한 손실을 입을 수 있다. 금리옵션시장에는 이러한 위험을 줄이기 위해 안전장치가 개발되어 있다. 위험 감소장치로는 금리상한계약, 금리하한계약, 금리상하한계약 등이 있다. 금리상한계약은 캡(caps)이라고 하며, 이자지급시 금리가 계약시 정한 금리보다 높을 경우 그 초과분을 캡 매도자가 매입자에게 지급하기로 하는 계약이다. 캡 매입자는 매도자에게 일정한 프리미엄을 지급한다. 금리하한계약이란 보통 플로어(floors)라고 하며, 금리가 계약시 정한 수준이하로 하락하는 경우 그 차액을 플로어 매도자가 플로어 매입자에게 지급하기로 하는 계약이다. 금리 플로어를 매입해 두면 금리가 하한선보다 낮을 때 플로어 매도자에게 그 차액을 받는다. 금리상하한계약이란 칼러(collars)라고 하며, 자금차입자의 이자부담을 일정한 범위 내로 유지하거나 자금대여자의 이자수입을 일정한 범위 내로 보장하기 위해 금리상한계약과 금리 하한계약을 동시에 체결하는 계약이다.

스왑션(swaptions)은 금리스왑에 대한 옵션으로 금리스왑과 금리옵션이 복합된 형태로 스왑 옵션(swap options)이라고도 한다. 금리가 계약시 약정한 수준 이상으로 상승 또는 하락하는 경우 변동금리를 고정금리로 스왑할 수 있는 권리를 부여하는 계약이다. 스왑션 매입자는 매도자에게 프리미엄을 지급하고서 위험을 피하고, 금리가 유리하게 변동할 때에는 스왑션을 행사하지 않는다.

③ 주식관련상품: 주식스왑, 주식옵션

주식스왑(equity swaps)이란 기업의 인수합병시 교환비율에 따라 소유하고

있는 자사 주식을 서로 바꾸는 거래를 말한다. 주식옵션(equity option)은 다음 절에서 설명한다.

④ 신용관련상품: 신용파산스왑, 총수익스왑, 신용연계증권, 합성부채담보부증권

신용파생상품(credit derivatives)이란 차입자의 신용에 따라 가치가 변동하는 기초자산의 신용위험을 분리하여 이를 다른 거래 상대방에게 이전하고 그 대가로 프리미엄(수수료)을 지급하는 금융상품을 말한다.

금융자산에는 가격의 변동에 따라 발생하는 시장위험(market risk)과 차입자의 부도 등에 따라 자산가치가 변화하는 신용위험(credit risk)이 있다. 이 중 시장위험은 선물, 스왑, 옵션 등을 통해 대처할 수 있으며, 신용위험은 신용파생상품을 통해 헤지할 수 있다. 선진 금융기관들이 이러한 신용파생상품을 신용위험 관리수단과 새로운 수수료 수입원으로 적극 활용하여 세계 신용파생상품시장이 급속히 성장했으나 글로벌 금융위기로 인해 크게 위축되었다.

신용파산스왑(CDS: credit default swaps)이란 기초자산의 신용위험을 전가하고자 하는 매입자가 매도자에게 일정한 프리미엄을 지급하고, 기초자산에 신용사건이 발생할 경우 손실액을 보상받는 신용상품이다. 신용위험 매입자를 보장매입자(protection buyer), 신용위험 매도자를 보장매도자(protection seller)라고 한다. 보장이란 신용위험으로부터의 보호를 의미한다.

신용파산스왑은 채권을 보유한 주체가 그 채권의 채무불이행에 대비하여 일종의 보험에 가입하는 것과 비슷하다.

참고 외평채 CDS프리미엄

신용파산스왑은 국제금융시장에서 금융거래의 채무불이행위험에 대비하는 안전장치로 이용되고 있다. CDS 약정시 보장매입자가 신용위험을 이전한 대가로 지급하는 수수료를 'CDS프리미엄'이라고 한다. CDS프리미엄은 기초자산의 신용위험이 클수록 상승한다. 즉, 기초자산의 채무불이행 가능성이 높을수록 이를 보상하기 위해서 더 많은 비용을 지불해야 한다. 따라서 CDS 프리미엄은 기초자산 발행주체의 신용도를 나타내는 지표로 해석할 수 있다. 국제금융시장에서는 각국의 정부가 발행한 외화표시 채권에 대한 CDS 프리미엄을 해당 국가의 신용등급이 반영된 지표로 활용하고 있다.

우리나라에서 신용파산스왑 프리미엄이라고 하면 주로 외평채 5년물 신용파산스왑 프리미엄을 뜻한다. 외평채란 외국환평형기금채권을 줄여 부르는 용어이다. 각국의 중앙은행

은 자국의 통화가치 안정을 위한 외국환평형기금을 조성하여 운용한다. 자국통화의 안정을 유지하고 투기적인 외화의 유출과 유입에 따른 악영향을 막기 위해 정부가 직간접으로 외환시장에 개입, 외환의 매매조작을 위해 보유 및 운용하는 자금을 외국환평형기금이라고 한다.

외국환평형기금: 외환시장을 안정시키기 위해 정부가 보유하는 기금

환율이 급변하여 외환시장에 문제가 생기면 이 기금을 가지고 외환시장에 개입하여 시장의 안정을 도모하는 것이다. 외국환평형기금을 마련하기 위해 외환당국이 발행하는 채권을 외국환평형기금채권이라고 부른다. 이를 줄여 외평채라고 하는 것이다.

외평채: 외국환평형기금 마련을 위해 발행하는 채권

신용파산스왑 프리미엄은 글로벌 금융위기 때 관심 금융상품으로 떠오르면서 널리 알려졌다. 〈그림 8-6〉은 우리나라 외평채 신용파산스왑(CDS)프리미엄의 추이이다. CDS프리미엄은 2008년 3월 베어 스턴스가 심각한 유동성위험에 빠졌다는 사실이 알려지면서 글로벌 신용불안이 확산됨에 따라 상승하기 시작했다. 그 해 9월에는 리만 브라더스가 파산보호 신청을 하면서 불안심리가 고조되고, 우리나라 금융 및 외화자금 사정에 대한 해외 시각이 악화되자 10월 중 CDS프리미엄이 692bp까지 급등하였다. bp는 0.01%를 의미하는 단위이다. 692bp는 6.92%에 해당한다. 그 뒤 주요국 중앙은행의 정책공조, 미국 중앙은행의 공격적인 금리인하, 한미통화스왑 계약 체결 등으로 10월말 약 370bp로 하락하였다. 2013년 이후에는 그림에서 보듯이 100bp 수준을 유지하고 있다.[4]

〈표 8-5〉는 2016년 8월 11일의 각국 신용등급과 CDS프리미엄 호가이다. 일본의 경우 신용등급은 높고 따라서 CDS프리미엄은 낮다. 반면에 중국과 말레이시아는 신용등급은 낮고 프리미엄은 높다. 우리나라는 신용등급이 일본보다는 낮지만 중국 등보다는 높다.

표 8-5 • CDS프리미엄 호가[1]				(단위: bp)
발행자	신용등급[2]	만기		
		1년	3년	5년
한국	SAa2/AA	7.2/16.4	25.3/34.5	44.2/46.2
일본	A1/A+	3.6/10.6	12.2/21.2	31.6/35.3
중국	Aa3/AA−	13.4/22.4	56.9/59.9	104.0/106.0
말레이시아	A3/A−	20.8/31.6	62.7/77.1	124.0/129.3
태국	Baa1/BBB+	15.2/18.8	47.1/52.2	88.0/94.0

주: 1) 2016년 8월 11일 현재 매입/매도 호가
2) Moody's와 S&P의 신용등급
자료: 한국은행, 「한국의 금융시장」(2016), p. 394

---

4   한국은행, 「한국의 금융시장」(2016), p. 394.

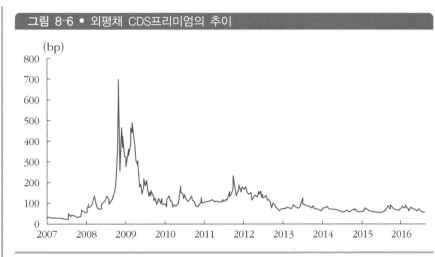

그림 8-6 • 외평채 CDS프리미엄의 추이

(bp)

자료: 한국은행, 「한국의 금융시장」(2016), p. 402.

총수익스왑(TRS: total return swaps)은 기초자산에서 발생하는 총수익과 약정이자를 일정시점마다 교환하는 계약이다. 이 거래에서 보장매입자는 기초자산으로부터 발생하는 모든 현금흐름을 상대방에게 이전하기 때문에 기초자산의 가격변동에 따른 위험이 없으며, 해당 자산을 매각하여 단기로 자금을 운용하는 것과 동일한 효과를 가진다. 보장매도자는 자기자금의 부담 없이 수익을 획득하는 효과를 가진다. 총수익스왑이 신용파산스왑(CDS)과 다른 점은 기초자산의 신용위험뿐만 아니라 금리, 환율 변동에 따른 시장위험도 거래상대방에 이전할 수 있다는 것이다.

신용연계증권(CLN: credit linked notes)은 신용파산스왑(CDS)을 증권화한 형태이다. 신용연계증권의 보장매입자는 기초자산의 신용상태와 연계된 증권을 발행하고 약정된 방식으로 이자를 지급하며, 보장매도자는 약정이자를 받는 대신 신용사건이 발생하는 경우 기초자산의 손실을 부담하게 된다. 신용연계증권 거래의 특징은 보장매도자(CLN 매수자)가 지급하는 신용연계증권 매수대금이 신용사건 발생시 보장매도자가 부담하게 되는 손실의 담보 역할을 한다는 점이다.

합성담보부증권(합성CDO: synthetic collateralized debt obligation)은 보장매입자의 기초자산에 내재된 신용위험을 특수목적회사(SPC)가 이전받아 이를 기초로 발행한 채권이다. 특수목적회사는 합성CDO 발행에 따라 이자를 지급하여야 하는데 이때 신용위험을 이전받는 대가로 수입한 프리미엄과 합성CDO 발행대금으로 매입한 국채 등 저위험자산의 이자를 재원으로 한다. 합성CDO와 신용연계증권은 신용위험을 헤지하기 위해 증권형태로 발행된다는 점에서는 유사하나, 신용연계증권은 단일 증권으로 발행되는 반면 합성CDO는 신용등급에 따라 다수의 증권이 발행된다는 점에서 차이가 있다.

section 04 • 우리나라의 주요 파생금융상품시장

1. 주가지수(주식)선물시장

주가지수선물시장은 주식시장에 상장된 종목의 주가지수를 대상으로 선물거래가 이루어지는 시장을 말한다. 주가지수선물시장은 실물이 존재하지 않는 무형의 주가지수를 거래대상으로 하는 고위험·고수익 시장이다. 주가지수선물거래는 실물을 인도하고 인수하는 거래가 아니므로 거래시 약정한 주가지수와 만기일의 실제 주가지수간의 차이를 현금으로 결제하게 된다. 주가지수선물시장에는 선물가격이 합리적으로 결정되도록 이론가격이 작성되어 발표된다. 이론가격의 산출식은 다음과 같다.

이론가격 $= S \, [1 + (r - d) \times T/365]$

단, S는 기초자산의 현재가격, r은 차입금리, d는 기초자산의 배당수익률, T는 만기일까지 남아있는 일수

투자자는 이 이론가격을 보고 선물가격의 고평가 또는 저평가 여부를 판단한다. 우리나라의 주가지수선물시장으로는 코스피200선물시장과 코스닥150선물시장이 있다.

① 코스피200선물시장

코스피200선물시장은 주가지수의 일종인 코스피200지수를 거래의 대상으로 하는 선물시장이다. 코스피200지수란 유가증권시장의 시가총액 상위 종목 중 업

종 대표성과 유동성 등을 고려하여 선정한 200개 종목을 대상으로 해서 작성하는 시가총액방식의 지수(1990. 1. 3＝100)이다.

코스피200선물시장은 3월, 6월, 9월, 12월의 두 번째 목요일을 최종 거래일로 하는 4개 결제월물을 대상으로 해서 개장된다. 거래단위는 '계약'으로 표시되며, 1계약의 거래금액은 선물가격(약정지수)에 50만 원을 곱하여 구한다. 선물계약의 호가단위(tick)는 0.05포인트, 즉 2만 5천 원이다.

주가지수선물시장에는 거래이행을 돕고 결제위험을 감소시키기 위해 증거금제도와 일일정산방식이 도입되어 있다. 증거금제도는 결제이행 담보장치이다. 증거금으로는 위탁증거금과 매매증거금 두 가지가 있다. 위탁증거금이란 일반투자자가 증권회사에 대한 결제이행 보증금으로 증권회사에 납부하는 증거금이다. 위탁증거금에는 거래의 단계에 따라 기본예탁금, 주문증거금, 그리고 유지증거금의 세 가지가 있다. 기본예탁금은 처음 주문할 때 요구되는 최소한도의 예탁금을 말한다. 주문증거금은 개시증거금이라고도 하며 주문을 제출할 때 요구되는 증거금이다. 유지증거금은 대상자산의 가격변동이 클 경우를 대비한 증거금을 말한다. 매매증거금이란 증권회사가 거래소에 대한 결제이행 보증금으로 거래소에 납부하는 증거금이다. 일일정산제란 증거금이 일정수준 이하로 줄어들면 추가로 입금을 요구하는 제도를 말한다.

코스피200선물시장에서도 가격제한폭제도가 운영되고 있다.[5] 일중 가격변동폭은 일차적으로 가격변동폭을 전일 종가의 ±8%(1단계)로 제한하다가 전일 최대거래 종목의 가격이 상한가에 도달하여 5분 이상 경과하면 가격변동폭 제한수준을 ±15%(2단계)로 확대하고 이후 동 종목의 가격이 다시 상한가에 도달하여 5분이 경과하면 추가로 ±20%(3단계)까지 확대한다. 순간적인 가격 급변동을 방지하기 위해 최근월물의 호가를 직전 체결가격의 상하 1% 범위 내로 제한하는 실시간 가격제한제도도 운영되고 있다. 선물시장 자체의 매매거래중단제도(circuit breaker)는 폐지되었다. 다만 현물시장에서 매매거래중단제도가 발동되면 선물시장 거래도 동시에 중단된다. 이 밖에 선물시장의 가격 급변동이 현물시장에 의해 증폭되지 않도록 사이드카(side car)제도가 운영된다. 발동 내용은 유가증권시장

---

5 한국은행, 「한국의 금융시장」(2016), p. 299.

에서와 같다.

② 코스닥150선물시장

선물시장은 코스닥시장의 코스닥지수를 대상으로 해서 거래되는 선물시장이다. 코스닥150지수란 코스닥시장에 상장된 시가총액 상위 종목 중 업종 대표성과 유동성 등을 감안하여 선정한 150개 종목을 기준으로 해서 작성되는 주가지수이다.

코스닥150선물시장은 코스피200선물시장과 결제월물의 수 및 최종거래 월일, 개장시간 등은 같으나 개인투자자 위주의 코스닥시장 특징 등으로 인해 거래단위, 호가단위, 그리고 기본예탁금 등 몇 가지 점에서는 서로 다르다.

〈표 8-6〉은 코스피200선물시장과 코스닥150선물시장의 비교표이다.

표 8-6 • 코스피200·코스닥150 선물시장의 비교[1]		
	코스피200선물	코스닥150선물
거래단위	코스피200선물가격×50만원	코스닥150선물가격×1만원
결제월	3월, 6월, 9월, 12월	
최소가격 변동폭	0.05포인트	0.10포인트
최소가격 변동금액	25,000(50만원×0.05)	1,000원(1만원×0.10)
거래시간	09:00~15:45(최종거래일 09:00~15:20)	
최종 거래일	각 결제월의 두 번째 목요일(휴장일인 경우에는 직전 영업일)	
결제방법	현금결제	
가격제한폭	각 단계별로 기준가격대비 ±8%(1단계), ±15%(2단계), ±20%(3단계)	
위탁증거금[2]	기본예탁금: 투자자 유형별로 차등적용	
	주문증거금률: 9% 유지증거금률: 6%	주문증거금률: 12% 유지증거금률: 8%
매매거래 중단제도 (circuit breakers)	주가지수(코스피 또는 코스닥지수)가 직전 거래일의 종가보다 8%/15%/20% 이상 하락한 상태가 1분간 지속되어 주식시장의 매매거래가 20분간 중단되는 경우 → 모든 선물거래를 20분간 중단(각 단계별 1일 1회) ※ 선물시장 자체의 매매거래중단제도는 2015년 6월 폐지	
프로그램매매 체결지연제도 (side car)	직전 매매거래일의 거래량이 가장 많은 종목의 가격이 전일 종가대비 5% 이상 변동하여 1분간 지속 → 프로그램매매 호가의 효력을 5분간 정지(1일 1회)	직전 매매거래일의 거래량이 가장 많은 종목의 가격이 전일 종가대비 6% 이상 변동하고 코스닥150지수가 3% 이상 변동하여 1분간 지속 → 프로그램매매 호가의 효력을 5분간 정지(1일 1회)

주: 1) 2016년 6월말 현재
　　2) 선물스프레드증거금률은 코스피200선물거래의 경우 1.8%(주문증거금률)와 1.2%(유지증거금률)인 데 반해 코스닥150선물거래는 각각 3.0%와 2.0%이다.
자료: 한국은행, 「한국의 금융시장」(2016), p. 302.

③ 주식선물시장

주식선물시장은 2008년에 개설되었으며, 개별주식 위험을 관리하고 ELS, ELW 등 주가연계 파생증권의 발행과 관련한 헤지수단을 제공하는 기능을 가지고 있다. 기초 주식으로는 시가총액이 크고 유동성, 안정성, 재무제표 상태가 우량한 상장기업 주식이 대상이며 2015년 8월부터 코스닥시장 상장기업 주식도 포함되었다. 2016년 현재 코스피종목 79개, 코스닥 9개의 주식선물이 상장되어 있다. 거래제도는 대부분 KOSPI 선물과 동일하게 유지되고 있다.

2. 주가지수옵션시장

주가지수옵션시장은 주가지수를 대상으로 해서 미래의 일정시점에 행사가격으로 매입 또는 매도할 수 있는 권리가 거래되는 시장을 말한다. 우리나라의 주가지수옵션시장으로는 코스피200옵션시장, 코스닥150옵션시장, 주식옵션시장이 있다.

① 코스피200옵션시장

코스피200옵션시장이란 주가지수의 일종인 코스피200지수를 거래의 대상으로 하는 옵션시장이다. 코스피200지수란 앞에서도 설명한 바와 같이 시가총액 상위 종목 중 업종 대표성과 유동성 등을 고려하여 선정한 종목을 대상으로 해서 작성하는 지수이다.

코스피200옵션시장의 거래종목은 권리의 내용(콜옵션인가 풋옵션인가), 결제월물 및 권리행사가격에 따라 구분된다. 결제월물은 연속 3개월물 3개와 원월물 1개로 구성된다. 즉, 3월, 6월, 9월, 12월 중 현재시점과 가까운 2개 월물과 이를 제외한 최근 2개 월물로 구성되며, 각 결제월물의 최종 거래일은 두 번째 목요일이고 최종 거래일의 다음날 새로운 결제월물이 상장된다.

코스피200옵션의 거래단위는 '계약'이며 1계약의 거래금액은 포인트로 표시되는 옵션가격, 즉 프리미엄에 50만 원(거래승수)을 곱하여 구해진다. 옵션거래의 최소가격변동폭인 호가단위(tick)는 프리미엄이 10포인트 이상인 경우는 0.05포인트, 그리고 10포인트 미만인 경우에는 0.01포인트이다.

코스피200옵션시장에도 결제이행을 위한 담보로 거래 단계별로 기본예탁금,

주문증거금, 유지증거금제도가 도입되어 있다. 또 투자자를 보호하기 위해 가격 제한폭을 단계별로 확대하는 방식을 적용하고 있다. 또 주식시장에서 서킷 브레이커가 발동되면 동시에 옵션시장에서도 거래가 중단된다.

② 주식옵션시장

주식옵션(equity options)시장이란 상장되어 있는 보통주식 중에서 시가총액 비중이 크고 유동성, 안정성, 재무상태 등이 우량한 상장기업 주식을 기초자산으로 해서 거래가 이루어지는 옵션시장을 말한다. 2016년 현재 총 20개 회사의 주식이 기초자산이다.

주식옵션의 종류, 권리행사 유형, 결제월물, 최종거래일, 호가의 종류 등은 코스피200옵션과 같다. 그러나 주식옵션의 기초자산은 개별 주식이기 때문에 지수를 대상으로 한 코스피200 옵션과는 행사가격 설정, 거래단위, 호가단위, 매매 시간 및 결제방식에서 차이가 있다.

결제월물별 행사가격은 전일 기초주식 종가에 가장 가까운 등가격 1개와 내가격 4개, 외가격 4개 등 총 9개의 권리행사가격을 설정한다. 모든 결제월에 대해 9개의 권리행사가격을 설정하는 점에서 원월물에는 7개를 설정하는 코스피200옵션 거래와 차이가 있다. 또 기초주식의 가격수준이 각각 달라 권리행사가격의 간격 폭을 일률적으로 설정할 수 없으므로 기초주식 행사가격의 수준에 따라 권리행사가격의 간격을 차등해서 설정하고 있다. 주식옵션의 거래단위는 옵션 1계약을 권리행사 할 때 옵션계약자간 주고받는 주식수량을 말하며, 10주를 단위로 한다. 이는 기초주권이 상장되어 있는 거래소의 주식 매매 수량단위와 일치시킴으로써 주식옵션 권리행사에 따른 실물 확보를 쉽게 하기 위한 것이다. 옵션거래의 호가단위는 옵션가격(프리미엄)에 따라 10원~200원으로 차등되어 있다. 결제에 있어서는 실물인수도결제방식을 채택하고 있다. 결제이행담보장치 및 투자자 보호장치는 코스피200옵션과 동일하다.

〈표 8-7〉은 코스피200옵션과 주식옵션 시장의 비교이다.

표 8-7 • 코스피200옵션: 주식옵션 시장의 비교[1]

	코스피200옵션	주식옵션
권리행사유형	유럽형	
상장월물수	총 11개(3월·9월 각 1개, 6월 2개, 12월 3개, 기타월 4개)	총 9개(3월·9월 각 1개, 6월 2개, 12월 3개, 기타월 2개)
최종거래일	각 결제월의 두 번째 목요일(휴장일인 경우 순차적으로 앞당김)	
결제일	최종거래일의 다음 거래일	
결제방법	현금결제	
자동권리 행사기준	0.01포인트	5원
매매거래시간	09:00~15:45(최종거래일에는 09:00~15:20)	
거래단위	계약(프리미엄×50만원)	계약(프리미엄×10)
행사가격설정 단위 및 수	잔존만기에 따라 상이* *최근월물 6개: 2.5P, 25개 제7·8근월물: 5P, 13개 최원월물 3개: 10P, 7개	단위: 행사가격 수준·잔존만기에 따라 차등* *최근월물 3개: 100원~5만원 원월물 6개: 200원~10만원 수: 9개(모든 종목 동일)
호가단위	프리미엄 10P 이상: 0.05P 프리미엄 10P 미만: 0.01P	프리미엄 수준에 따라 10원~200원 (5개 구간으로 구분 설정)
호가유형	지정가, 시장가, 조건부지정가 및 최유리지정가	
가격제한폭	단계별 확대(±8%, ±12%, ±20%)	단계별 확대(±10%, ±20%, ±30%)
위탁증거금	개시증거금률: 9%, 유지증거금률: 6%	종목별 상이
매매거래 중단	주식시장 거래 중단시	주식시장 거래 중단시, 대상주식 거래 중단시

주: 1) 2016년 6월말 현재
자료: 한국은행, 「한국의 금융시장」(2016), p. 324.

3. 금리스왑시장

금리스왑(IRS: interest rate swap)은 차입금에 대한 금리리스크를 헤지(hedge) 하거나 차입비용의 절감을 위한 금융기법의 하나이다. 금리스왑은 장외에서 거래가 이루어지며 시장 참가자는 헤저, 차액거래자, 투기자 등이다. 헤저는 스왑을 통해 금리변동위험을 해소시키거나 자금차입비용을 감소시킬 수 있다. 차액거래자는 저평가된 채권의 현물이나 선물을 매입함과 동시에 고정금리지급부 금리스왑을 거래하거나, 고평가된 채권의 현물이나 선물을 매도함과 동시에 고정금리수취부 금리스왑을 거래함으로써 차익을 얻을 수 있다. 투기자는 금리전망을 통해 이익을 얻을 수 있다.

금리스왑시장에는 대고객시장과 은행간시장이 있다. 대고객시장은 스왑시장 조성은행과 고객으로 구성되어 있다. 대고객시장의 고객으로는 자산운용회사, 보험회사, 연기금 및 신용도가 높은 기업들이 있다. 스왑시장조성은행으로는 산업은행, 우리은행, KEB하나은행 등 신용도가 높은 국내은행과 외국은행 국내지점이 있다. 고객은 스왑시장조성은행과 사전계약을 통해 스왑거래 한도를 설정한다. 고객이 금리스왑 거래계약을 요청하고 은행이 이를 수용하면 거래가 성립된다. 한편, 스왑시장조성은행은 대고객거래에서 발생한 금리스왑 포지션 변동 또는 자기보유 자산의 헤지 및 투기 목적 등을 위해 포지션을 조정할 필요성을 갖게 된다. 이때 새로운 고객과 반대방향거래를 하거나 은행간시장을 통해 포지션 조정을 하게 된다. 은행간거래에서는 거래비용을 줄이기 위해 중개거래를 주로 한다. 중개기관으로는 서울외국환중개주식회사 및 한국자금중개회사 등 국내 중개회사와 외국계 중개회사도 이용된다. 은행간시장은 은행간에 거래되는 시장이다. 은행간시장의 경우 금리스왑의 최소거래단위금액은 100억 원이며, 같은 단위로 추가된다.

금리스왑시장에서 변동금리와 교환되는 고정금리를 스왑금리라고 한다. 우리나라의 스왑금리는 자금중개회사가 발표하는 오퍼금리와 비드금리의 평균을 사용하고 있다.

4. 선물환시장

선물환은 우리나라 장외거래 파생금융상품의 대부분을 차지할 정도로 거래 규모가 크다. 선물환거래에는 단순선물환거래와 외환스왑거래가 있다. 단순선물환거래는 만기시점에 실물의 인수도가 일어나는 일반선물환거래와 만기시점에 실물의 인수도 없이 차액만 정산하는 차액결제선물환(NDF: non-deliverable forward) 거래로 나누어진다. 차액결제선물환거래는 만기에 계약원금의 교환 없이 약정환율과 만기시 현물환율인 지정환율간의 차이로 인한 금액만 지정통화로 결제하는 거래를 말한다. 차액결제선물환거래는 적은 금액으로 거래가 가능하므로 지렛대 효과가 커 환위험 헤지는 물론 환차익을 얻기 위한 투기적 거래에도 이용되고 있다. 외환스왑거래란 거래 쌍방이 현재의 환율에 따라 서로 다른 통화를 교환하고 일정기간 후 계약(선물)환율에 따라 원금을 재교환하기로 하는 거래를 말한다. 즉 외환스왑거래는 동일한 거래상대방과 현물환과 선물환(spot-forward swap), 또는 만기가 상이한 선물환과 선물환(forward-forward swap) 등을 서로 반대 방향으로 동시에 매매하는 거래이다.

5. 파생결합증권시장

파생결합증권(DLS: derivative linked securities)이란 기초자산의 가치변동에 따라 미리 정해진 방식으로 지급액 또는 회수액이 결정되는 증권이다. 〈표 8-8〉은 장내외 파생상품과 파생결합증권을 비교한 표이다. 파생결합증권은 법적으로는 파생상품이 아니지만 기초자산의 가치변화와 연계하여 가치가 결정된다는 점에서 파생상품과 비슷하다. 파생결합증권으로는 주식워런트증권(ELW), 주가연계증권(ELS), 기타파생결합증권이 있다.

주식워런트증권(ELW: equity linked warrant)은 미래 일정시점에 특정 주식 또는 주가지수를 사전에 정해진 조건으로 매수(콜ELW)하거나 매도(풋ELW)할 수 있는 권리가 부여된 투자상품이다. 장내에서 거래된다. 만기일 주식워런트증권 투자자의 수익은 보유 주식워런트증권의 행사가격과 기초자산의 만기 평가가격(주

표 8-8 • 장내·외 파생상품 및 파생결합증권 비교

	장내 파생상품	장외 파생상품	파생결합증권
법적 성격	파생상품 (투자원금 초과손실 가능)		증권 (최대 원금 손실)
주요 상품	코스피200선물·옵션, 달러선물·국채선물 등	장외파생 투자매매업자 (주로 은행 및 해외IB)	ELS, DLS, ELW
발행 주체	선물·옵션 매도자	장외파생 투자매매업자	증권사
거래	거래소에서 표준화된 상품 거래	거래소 이외에서 맞춤형 상품 매매	ELS·DLS: 장외상품 ELW: 거래소 상장
주요 참여자	외국인 및 개인투자자	대형금융회사 및 법인	개인투자자 중심
기타	기초자산, 거래단위, 만기 등이 표준화	일반투자자와의 거래는 위험회피 목적으로 제한	증권 발행규제 및 강화된 투자자보호 적용

자료: 한국은행, 「한국의 금융시장」(2018), p. 254.

가 또는 주가지수)에 따라 결정된다. 콜ELW 투자자는 주가(주가지수)가 행사가격을 상회할수록 이익이 증가하며 행사가격을 하회할 경우 콜ELW 매수시 지불한 프리미엄만큼 손실이 발생하게 된다. 즉 주식워런트증권의 만기일 손익구조는 개별주식옵션 또는 주가지수옵션과 동일하다. 다만, 법적구조, 발행조건 등이 서로 다르다. 개별주식옵션은 거래소가 결제를 보증하고 결제월 등 발행조건이 표준화되어 있는 반면, 주식워런트증권은 증권회사가 다양하게 설계하여 발행하므로 발행증권사의 신용리스크의 영향을 받는다. 한편 주식워런트증권은 유가증권시장에 상장되어 일반 주식처럼 거래되며 종목별로 유동성공급자(LP: liquidity provider)가 선정되어 있어 개별주식옵션에 비해 유동성이 높다.

주가연계증권(ELS: equity linked security)은 개별주식의 가격이나 코스피지수의 변동에 연계되어 투자수익이 결정되는 투자상품이다. 장외에서 거래된다. 주가연계증권을 발행한 증권회사는 대부분의 자금을 국공채 등 우량채권에 투자하여 안정적인 수익을 확보하는 한편 일부 자금을 주식관련 파생상품(주로 옵션)에 투자하여 초과수익을 추구한다. 주가연계증권은 파생상품을 활용하여 수익구조를 다양하게 설계할 수 있는 장점이 있다. 주가연계증권은 원금보장형 상품과 원금비보장형 상품으로 구분되며, 주가지수형 상품과 개별종목의 주가에 연동되는 개별종목형 상품으로도 구분할 수 있다.

기타파생결합상품(DLS: derivatives linked security)은 특정주식의 가격이나 주가지수를 제외하고 금리, 환율, 일반상품의 가격 및 신용위험지표 등의 변동과 연계된 증권이다. 기초자산이 다른 것을 제외하면 주가연계증권과 거의 비슷하다. 장외에서 거래된다.

Summary

1. 파생금융상품이란 금융상품의 가격변동으로 인한 손실 위험을 헤지(hedge)하거나 수익을 얻기 위해 각종 금융상품을 결합시켜 만든 새로운 금융상품을 말한다.
2. 파생금융상품의 배경이 되는 금융상품을 기초자산 또는 원상품이라 한다.
3. 파생금융상품시장 참가자는 위험회피자인 헤저와 위험애호자인 투기자이다.
4. 파생금융상품시장의 중개자로는 거래소의 장내중개인, 장내거래인, 그리고 선물중개업자가 있다.
5. 파생금융상품시장의 특징은 다음과 같다.
   - 자금의 레버리지효과가 크다.
   - 거래비용은 저렴한 편이다.
   - 파생금융상품의 거래는 부외거래로서 기업은 대차대조표상의 변화없이 자금을 조달하거나 운용할 수 있다.
6. 파생금융상품시장은 다음과 같은 기능을 가지고 있다.
   - 가격예측기능
   - 위험헤지기능
   - 현물시장에 재정거래 기회 제공
   - 꼬리인 파생상품이 몸통인 현물에 영향을 미칠 수도 있다.
7. 장내시장에서 거래되는 파생금융상품으로는 통화선물, 통화선물옵션, 금리선물, 금리선물옵션, 주식옵션, 주가지수선물, 주가지수옵션이 있다.
8. 장외시장에서 거래되는 파생금융상품으로는 선물환, 통화옵션, 통화스왑, 선도금리계약, 금리스왑, 금리옵션, 스왑션, 주식스왑, 주식옵션이 있다.
9. 선물거래란 거래 당사자가 미래의 정해진 시점에 기초자산을 미리 합의한 가격으로 매매할 의무를 지는 거래를 말한다.
10. 선도거래란 선물거래가 장외에서 이루어지는 것을 말한다.
11. 선물환이란 장래의 일정시점에 어떤 통화를 약정한 환율로 매매할 것을 약속하는 금융상품이다.
12. 주가지수선물거래란 주가지수를 매매 대상으로 하는 선물거래를 말한다. 우리나라의 주가지수선물시장으로는 코스피200선물시장, 코스닥150선물시장, 주식선물시장이 있다.
13. 통화선물은 환리스크를 헤지하거나 환차익을 얻기 위해 일정 통화를 미리 약정한 가격으로 매매하기로 하는 거래이다.

14. 금리선물거래란 채권이나 은행간예금 또는 양도성예금증서 등 이자소득이 발생하는 금융상품의 선물거래를 말한다.
15. 옵션거래란 옵션 매입자에게 사전에 약정한 가격으로 기초자산을 구입(call)하거나 판매(put)할 수 있는 권리를 부여하는 거래이나.
16. 옵션거래에서 미리 정한 가격을 약정가격 또는 행사가격이라 한다.
17. 옵션 매입자는 보험료 성격인 프리미엄, 즉 옵션가를 지급한다.
18. 만기일 이전에도 권리를 행사할 수 있는 옵션을 미국식 옵션이라고 하며, 만기일에 한해 행사할 수 있는 옵션을 유럽식 옵션이라고 한다.
19. 콜옵션은 옵션 매입자가 일정액의 금융상품을 약정한 가격으로 약정기일에 구입할 수 있는 권리를 가지는 계약이다.
20. 콜옵션거래의 손익분기점은 [행사가격＋프리미엄]이다.
21. 풋옵션은 옵션 매입자가 금융자산을 약정한 가격으로 약정기일에 판매할 수 있는 권리를 보유하게 되는 계약을 말한다.
22. 풋옵션거래의 손익분기점은 [행사가격－프리미엄]이다.
23. 옵션권을 행사하는 것이 유리한 가격을 내가격이라고 하고 이득이 되지 않는 가격을 외가격이라고 한다.
24. 통화선물옵션거래란 일정 통화의 선물거래에 대해 매입 또는 매도할 수 있는 권리를 매매하는 거래를 말한다.
25. 금리선물옵션이란 특정금리의 선물계약을 미리 정한 가격으로 매입 또는 매도할 권리를 보유하게 되는 계약을 말한다.
26. 주가지수옵션거래란 주가지수를 대상으로 해서 미래의 일정시점에 약정한 가격으로 거래할 수 있는 권리를 매매하는 거래이다.
27. 우리나라의 주가지수옵션시장으로는 코스피200옵션시장, 주식옵션시장이 있다.
28. 통화옵션거래란 일정 통화를 약정한 환율로 매입하거나 매도할 수 있는 권리를 매매하는 거래이다.
29. 금리옵션거래란 만기일 또는 그 전에 약정한 가격으로 증권을 매도 또는 매입할 수 있는 권리를 매매하는 거래이다.
30. 금리상한계약이란 매 기간별로 차입금에 대한 지급금리가 약정한 금리보다 높을 경우 그 초과분을 캡 매도자가 캡 매입자에게 지급하기로 하는 계약이다.
31. 금리하한계약이란 이자지급시 금리가 계약시 약정한 금리수준 이하로 하락하는 경우 그 차액만큼을 플로어 매도자가 플로어 매입자에게 지급하기로 하는 계약이다.
32. 금리상하한계약이란 자금차입자의 이자상환 부담을 일정한 범위 내로 유지하거나 자금대여자의 이자수입을 일정한 범위 내로 보장하기 위해 금리상한계약과 금리하

한계약을 동시에 체결하는 계약이다.

33. 금리스왑이란 두 차입자가 각각의 차입금에 대한 금리 지급조건을 서로 바꾸어 부담하기로 하는 거래를 말한다.

34. 통화스왑은 만기일 이전에 어떤 통화표시 부채를 다른 통화표시 부채로 전환하여 보유하다가 만기일에 사전 합의한 환율에 따라 당초의 통화로 다시 교환하는 거래를 말한다.

35. 주가지수선물 이론가격의 산출식은 다음과 같다.

이론가격 $= S \ [1 + (r - d)T/365]$

36. 코스피200선물시장은 주가지수의 일종인 코스피200지수를 대상으로 거래하는 선물시장이다.

37. 코스피200지수란 시가총액 상위종목 중 업종 대표성과 유동성 등을 감안하여 선정한 200개 종목을 대상으로 작성 및 발표하는 지수이다.

38. 코스닥50지수란 코스닥시장에 상장된 시가총액 상위업종 중 업종 대표성과 유동성 등을 감안하여 선정한 50개 종목을 기준으로 해서 작성 및 발표하는 주가지수이다.

39. 주식옵션시장이란 상장되어 있는 보통 주식 중에서 시가총액이 큰 일부 종목 주식을 기초자산으로 하는 옵션거래가 이루어지는 시장을 말한다.

40. '금리를 매입한다'는 것은 금리를 수취하는 것으로 채권 등에 투자하는 것과 같다.

41. '금리를 매도한다'는 것은 금리를 지급하는 것으로 채권을 팔거나 발행하는 것과 같다.

Chapter

09 | 금융시스템 하부구조: 금융인프라

1. 중앙은행

중앙은행(central bank)이란 한 나라 통화금융제도의 중심이 되어 은행권을 독점적으로 발행하고 통화정책을 시행하는 특수은행을 말한다.

우리나라의 한국은행, 유럽중앙은행, 미국의 FRS(연방준비제도), 영국의 잉글랜드은행, 프랑스의 프랑스은행, 일본의 일본은행 등이 중앙은행이다. 중앙은행은 독점적으로 은행권을 발행하고, 시중은행 지급준비금의 예탁을 받으며, 국고의 출납을 맡는 역할을 한다. 또 통화정책을 수립하고 시행하며 '은행의 은행', '정부의 은행' 구실을 한다. 일반은행이 민간부문에 제공하는 서비스의 근원은 중앙은행이다.

각국의 중앙은행이 처음부터 공공기관 성격의 중앙은행으로 출발했던 것은 아니다. 대부분의 중앙은행들이 처음에는 일반 상업은행으로부터 출발하였다. 세계 최초의 중앙은행으로 알려진 스웨덴 국립은행도 1656년 설립될 당시는 민간 상업은행이었다. 그러다가 1668년부터 국회의 승인하에 상업은행의 역할을 하면서 동시에 '정부의 은행'역할을 하였다.

정부의 은행 역할과 독점적 발권력을 동시에 가지는 은행을 중앙은행으로 본다면, 중앙은행의 시작은 영국의 잉글랜드은행(Bank of England)이라 할 수 있다. 잉글랜드은행은 원래 전비에 시달리던 정부에 대출을 해주는 대가로 인가를 받아 1694년에 설립되었다. 설립될 당시에는 흔히 있는 일반은행 중의 하나에 불과했던 잉글랜드은행은 재정증권을 매입하는 방법으로 정부에 대출을 해 준 것을 계기로 정부의 은행 역할을 하기 시작하였다. 즉 모든 국·공채업무를 잉글랜드은행이 취급하였던 것이다. 이러한 전통이 결국은 잉글랜드은행을 중앙은행으로 발전시켰다. 영국정부는 오랜 논의를 거친 뒤 잉글랜드은행에 독점적인 발권기능을 부여하여 중앙은행으로서의 위치를 확립하게 하였다. 지금론자와 반지금론자의 논의, 그리고 통화론자와 은행론자의 논쟁을 거친 뒤 1844년 필 조례(Peel's Act)를 통하여 중앙은행의 독점적 발권 전통이 세워지기 시작하였다.

그 후 잉글랜드은행을 비롯한 각국의 중앙은행은 정부의 은행 및 발권은행으로서의 기능뿐만 아니라 '은행의 은행'으로서의 기능까지 수행하면서 확실한 위치를 잡아가기 시작하였다. 중앙은행 역할에 커다란 변화가 온 것은 1930년대 초 국제금본위체제가 붕괴되고 각국이 관리통화제도로 이행하면서이다. 관리통화제도하에서 통화가치의 안정을 위한 통화정책의 수행이 중앙은행의 핵심적인 기능으로 자리잡게 되었다. 중앙은행은 통화정책 및 최종대출자기능의 효율적인 수행을 위해 지급결제제도의 운영 및 관리와 금융기관 감독업무도 수행하고 있다. 특히 글로벌 금융위기를 겪으면서 금융의 거시건전성 정책의 중요성이 커지면서 중앙은행의 금융안정기능이 주요 과제로 떠올랐다.

(1) 한국은행

한국 최초의 발권은행인 구한국은행은 1909년에 설립되었다. 한반도를 경제 식민지화 하려던 일본이 대한제국정부와 한국중앙은행에 관한 협정을 체결하고, 그 근거에 의하여 구한국은행을 세웠던 것이다. 이 은행은 한일합방 후 1911년에 조선은행법에 의하여 조선은행으로 개칭되어 광복 때까지 존속하였다. 조선은행은 발권업무와 국고업무뿐만 아니라 상업은행업무도 취급하였다. 특히 태평양전쟁기간에는 한반도 내에서의 전비조달 창구가 되었다. 그 후 미군정 때도 기본적인 성격이나 체제에 별다른 변화없이 중앙은행으로서의 기능을 계속 수행하여 왔다. 그 후 인플레이션의 수습과 금융의 정상화를 위해서는 독립성이 보장되고 통화정책권한을 가진 중앙은행의 설립이 필요하게 됨에 따라 1950년에 한국은행법이 공포되면서 한국은행(BOK: Bank of Korea)이 설립되었다. 처음 설립될 당시의 한국은행은 통화신용정책, 외환정책, 은행감독기능 등의 권한을 가지고 있었으나, 1962년 한국은행법이 대폭 개정되어 통화정책과 외환정책의 권한이 대부분 정부로 넘어가면서 한국은행은 성장정책의 자금조달이 주목적인 것처럼 운영되었다. 그러다가 1997년에는 한국은행의 독립성을 강화하는 법개정이 이루어졌다.

한국은행의 설립목적은 효율적인 통화정책의 수립과 집행을 통하여 물가안정을 도모함으로써 국민경제의 건전한 발전에 이바지하는 것이다. 통화정책과 물가안정이라는 말은 중앙은행이 가지고 있는 발권기능을 염두에 두고 있는 용어이다. 즉 중앙은행의 가장 중요한 기능은 발권기능이며 화폐를 발행하되 물가안정을 기하자는 것이 중앙은행으로서의 한국은행 설립목적인 것이다. 물가안정이 이루어지지 않고서는 국민들의 일상생활이 안정될 수 없으며 나아가 지속적인 경제발전도 기대할 수 없다. 한국은행은 화폐발행뿐만 아니라 통화정책의 수립 및 집행, 정부의 은행으로서의 기능, 은행의 은행 역할을 하면서 금융기관 경영실태 분석 및 검사, 외국환 관리 등을 수행하고 있다. 또 한국은행은 각종 경제조사 및 통계편제 등도 담당한다.

2011년 8월에 금융안정 역할을 강화하는 방향으로 한국은행법이 개정되었다. 금융안정의무를 법에 명기하고 금융안정상황보고서를 연 2회 이상 국회에 제출하도록 했다.

(2) 미국의 중앙은행: FRS

미국의 중앙은행제도는 매우 독특하다. 은행이라기보다는 하나의 은행제도이다. 그래서 명칭도 연방준비제도(FRS: Federal Reserve System)라고 부른다. 미국의 중앙은행은 여느 나라처럼 하나의 은행이 있는 시스템이 아니다. 전국이 12개의 지역으로 나뉘어져 각 지역별로 거의 독립된 성격의 중앙은행인 연방준비은행(Federal Reserve Bank), 즉 FRB가 설립되어 있고 최고 의사결정기구인 연방준비제도이사회가 있다. 이 기구 모두를 합하여 연방준비제도(FRS)라고 한다. 미국의 중앙은행을 흔히 FRB라고 부르는데 이는 정확한 표현은 아니다. FRB는 FRS를 구성하는 12개 은행 중의 하나일 뿐이다. 연방준비제도이사회는 9명으로 구성되어 있으며 이 중에 한 명은 의장이다.

미국의 FRS는 그 독립성이 매우 강화되어 있어서 통화정책의 수립 및 시행이나 통화공급에 있어서 정부나 다른 기관의 간섭을 거의 받지 않는다. FRS는 행정부로부터 완전히 독립적인 위치에 있는 기구이다. 단지 정책 및 조직운영에 대해 의회의 감시를 받도록 되어 있다. FRS가 의회의 감시를 받는 것은 의회가 화폐발행권을 연방준비제도에 위임하고 있기 때문이다. 의회는 FRS에 설명책임을 부여하는 방식으로 활동을 감시한다. FRS의장은 연 2회 의회에 출석하여 통화정책 및 경제상황을 보고하며 예산보고서를 제출한다.

행정부도 FRS가 결정한 정책을 번복할 수 있는 권한이나 인사, 예산 및 조직운영에 대한 지시·감독권을 갖고 있지 않다. 또 대통령의 FRS이사 임명과정을 통한 영향력행사 가능성을 배제하기 위해 FRS이사의 임명에 의회의 동의를 거치도록 하고, 이사의 임기가 대통령 중임기간보다 훨씬 긴 14년으로 규정되어 있다.

한편 미국의 통화금리정책은 FRS 산하기구인 연방공개시장위원회(FOMC: Federal Open Market Committee)가 담당한다. 연방공개시장위원회는 FOMC로 약칭하지만 가끔 FED라고도 부른다. FOMC는 기준금리를 결정하고 본원통화의 공급을 조절하는 공개시장조작에 관한 의사결정을 한다. 우리나라 한국은행의 금융통화위원회와 비슷하다.

(3) EMU의 중앙은행: ECB

유럽연합의 중앙은행은 유럽중앙은행 ECB(European Central Bank)이다. 좀더 정확히 말하면 ECB는 흔히 통화통합이라고 부르는 EMU, 즉 유럽경제 통화통합(European Economic and Monetary Union)의 중앙은행이다. 유럽 국가 중에는 EU회원국이 아닌 나라도 있고, 또 EU회원국이라 해도 EMU에 참가하지 않고 있는 나라도 있다.

EMU의 통화는 유로(Euro)화이다. 유로화는 2002년 1월부터 지폐와 주화의 형태로 시중에 유통되었다. 2018년 현재 EU 가입국 중 유로화를 자국 통화로 채택하고 있는 나라는 그리스, 네덜란드, 독일, 라트비아, 룩셈부르크, 몰타, 벨기에, 스페인, 슬로바키아, 슬로베니아, 아일랜드, 에스토니아, 오스트리아, 이탈리아, 키프로스, 포르투갈, 프랑스, 핀란드, 리투아니아 등 19개국이다. 그 외 프랑스의 해외 영토(프랑스령 기아나 등), 포르투갈의 자치지역, 스페인의 해외 영토(카나리아 제도) 등에서도 유로화를 사용한다. 또 소국인 모나코, 산마리노, 바티칸에서도 유로화가 통용되고 있다. 한편 안도라, 몬테네그로, 코소보 등은 조폐권 없이 자발적으로 유로를 통화로 도입하여 사용하고 있다. 유로화 채택국은 아니지만 북 에이레와 스위스에서는 유로화가 거의 일상적으로 사용된다. EU 가입국 중 유로를 채택하지 않은 나라는 영국, 덴마크, 노르웨이, 스웨덴, 루마니아, 불가리아, 체코, 크로아티아, 폴란드, 헝가리 등이다. 이들 국가는 국내 사정 등으로 참여하지 않고 있다.

유럽중앙은행은 독일의 프랑크푸르트에 소재하고 있으며 EMU와 유로(Euro)화의 운용을 책임지고 있다. 프랑크푸르트는 유럽중앙은행을 유치하기 전에도 국제금융센터의 역할을 수행하고 있었는데 그 역할이 증대되었다. 통일독일이 유럽의 금융경제 중심지로 변하고 있다. 한편 각 EMU회원국의 중앙은행들은 유럽중앙은행제도 ESCB(European System of Central Banks)의 회원이 된다. ESCB는 미국의 연방준비제도 FRS와 유사한 역할을 담당한다. ESCB의 통화정책 결정기관은 이사회이다. 이사회는 총재·부총재 및 4명의 이사와 11개국 중앙은행 총재를 포함한 17명으로 구성되어 있다.

2. 중앙은행의 기능

각국의 중앙은행은 자국의 경제환경에 따라 조금씩 다른 기능을 가지고 있으며 그 독립성의 정도도 서로 다르다. 그러나 대부분의 중앙은행은 화폐발행, 통화정책의 수립 및 집행, 대외지급준비 등의 기능을 가지고 있다. 그리고 중앙은행은 정부의 은행, 은행의 은행 구실도 한다.

(1) 화폐발행

대개의 중앙은행들은 독점적인 발권권(發券權)을 가지고 있다. 관리통화제도 하에서 중앙은행이 발행한 은행권은 법화(legal tender)가 된다. 발권기능을 중앙은행이 독점하기 전에는 시중 대부분의 은행들이 각자의 은행권(bank note)을 발행하고 있었고, 이 은행권들이 화폐로 통용되고 있었다. 이러한 내용은 근대은행의 유래에서 설명한 바 있다.

백동화 인플레이션의 교훈

우리 역사상에는 1900-1905년 중 소위 "백동화 인플레이션"으로 불리는 극심한 물가상승기가 있었다. 당시 한성신문은 "곡식이란 곡식은 화륜선으로 다 빠지고 백동화만 나뒹구니 물가가 치솟아…"라는 논설을 통해 쌀값이 6개월 동안 7배로 폭등하는 상황을 풍자하며 역사상 드물게 지폐가 아닌 동전에 의해 초래된 인플레이션의 폐해를 지적하였다. 이와 같은 혼돈이 초래된 것은 청일전쟁으로 국내 생산기반이 크게 상실되고 일본의 극심한 경제수탈로 국가 재정이 궁핍해진 데 그 원인이 있으나, 보다 직접적으로는 백동화와 같이 소재가치를 상회하는 액면의 화폐를 발행하면서도 이를 관리할 수 있는 화폐 관리체계를 갖추지 못하였던 데 문제가 있었다. 즉 백동화는 인천전환국에서 1892년부터 주조되기 시작하였으나 특주(特鑄, 개인이 화폐를 주조하고 이의 일부를 국가에 상납), 묵주(默鑄, 왕실의 묵인하에 개인에 의해 주조), 사주(私鑄, 면허세를 납부하거나 왕실에 상납도 하지 않는 개인에 의한 주조)는 물론 외국으로부터 주조, 밀수되는 등 그 주조 및 공급의 난맥상이 극심하여 화폐 과잉공급의 폐해를 자초하였던 것이다.

–한국은행, 「화폐이야기」에서–

우리나라의 중앙은행인 한국은행은 대한민국 내에서 은행권과 주화를 발행할 수 있는 유일한 발권기관이다. 대한민국 화폐의 이름은 '한국은행권'이다. 이 한국은행권에는 한국은행 총재의 도장이 날인되어 있다. 한국은행은 정부의 승인을 얻어 금융통화위원회가 정하는 바에 의하여 은행권을 발행할 수 있으며, 한국은행권은 법화로서 모든 거래에 무제한 통용된다. 우리나라의 발권제도는 관리통화제도이기 때문에 은행권발행에 금 또는 외국환의 준비의무가 없으며 화폐 발행한도에도 제한규정이 없다. 통화당국의 책임하에 통화공급량을 신축성있게 조절하는 제도인 것이다.

(2) 통화정책의 수립 및 집행

중앙은행, 특히 우리나라 한국은행의 목표는 물가안정과 금융안정이다. 중앙은행은 통화정책을 통하여 물가안정을 이룩하고, 각종 정책수단을 활용하여 통화량과 이자율을 조절하여 자금의 효율적 배분을 도모하고 있다. 일반적으로 중앙은행은 통화량과 이자율을 조절하기 위하여 재할인제도, 지급준비제도 및 공개시장조작 등의 간접적인 조절방식을 주로 이용한다. 금융시장의 발달이 낙후된 단계에서는 간접적인 조절방식과 함께 금융기관의 여·수신금리에 대한 규제, 대출, 투자 등 자금운용에 대한 통제 등 직접규제수단도 함께 사용한다.

우리나라는 만성적인 초과자금수요와 금융시장의 발달 미숙 등의 제약요인으로 인해 상당기간 통화총량의 조절과 자금의 배분을 직접규제수단에 주로 의존하여 왔다. 그러나 1980년대 들어 경제규모가 확대되면서 구조도 복잡해짐에 따라 직접규제수단으로는 한계가 있어 간접조절방식에 의한 통화정책을 주로 사용하고 있다.

통화정책에 대해서는 다음 12장에서 자세히 설명한다.

(3) 은행의 은행

중앙은행은 은행의 은행 역할을 통하여 자금공급에 있어서 최후의 보루(lender of last resort)가 된다. 또 금융기관의 경영실태를 분석하고 금융기관들을 검사하는 기능도 가지고 있다.

흔히 중앙은행을 '은행의 은행'이라고 부른다. 중앙은행의 은행의 은행 역할 중 중요한 것은 일반은행에 대한 예금과 대출이다. 일반은행은 지급준비금이나 어음교환 잔액 결제자금을 예금의 형태로 중앙은행에 예치한다. 중앙은행은 일반은행에 대하여 어음을 재할인하거나 국·공채 등을 담보로 대출할 수 있다. 일반은행이 중앙은행에서 자금차입을 하거나 이를 상환하는 경우 중앙은행에 개설한 자기예금계정을 이용한다.

중앙은행이 일반은행에 대출하는 역할을 신용에 대한 최후의 보루라고 한다. 공황이 발생하거나 은행에서 예금인출사태가 발생하는 경우 중앙은행은 일반은행이 의지할 수 있는 최후의 보루인 것이다. 그러나 실제로는 미국의 대공황 발생시 최후의 보루 역할은 제대로 이루어지지 않았다고 한다. 너무나 많은 은행들이 도산당하여 한꺼번에 예금인출사태가 벌어졌기 때문에 중앙은행도 보루 역할을 하기에는 역부족이었던 것이다.

중앙은행은 금융기관의 경영실태도 분석한다. 한국은행은 금융기관 경영에 관한 자료를 수집하고 분석하는 업무도 수행한다. 이를 통하여 한국은행은 최후의 보루 역할을 원활히 수행하는 한편, 한국은행 자산의 부실화를 미연에 방지할 수 있게 된다. 금융시장에 문제가 발생할 경우, 그 원인과 파급효과를 분석하여 적기에 대책을 수립하고 시행하기 위해서는 중앙은행이 금융시장 동향과 금융기관의 경영상태를 파악하고 있어야 하는 것이다. 한국은행은 금융통화위원회가 통화정책 수행을 위하여 필요하다고 인정하는 경우 금융감독원에 대하여 금융기관에 대한 검사를 요청할 수 있으며, 필요한 경우에는 한국은행이 금융기관 검사에 공동으로 참여할 수 있다.

(4) 대외지급준비

중앙은행은 대외지급준비자산인 공적보유 외환을 관리한다. 중앙은행이 국제거래의 지급준비금이자 결제수단으로서 외환을 보유하는 것이다. 이러한 외환보유제도는 금본위제도하에서 발권을 위한 준비금으로 금을 보유하는 것과 같은 원리이다. 금본위제도 이후 통화제도는 관리통화제도로 바뀌어졌지만 각국의 중앙은행은 대외지급준비와 신용을 유지하기 위해서 외환을 준비하고 보유한다. 중앙은행은 외국에 대해서도 은행의 대표가 된다. 다시 말하면 국가간 신용의 최후 보루이다.

한국은행은 외국환은행의 외화자금 조달과 그 자금의 운용관리를 규제한다. 외국환은행이란 외국환업무를 영위할 수 있도록 당국에 등록한 은행을 말한다. 한국은행이 규제하는 외화자금 조달 및 운용에 관한 업무로는 외화예금 지급준비금 관리, 외화대출 관리, 외국환포지션 관리 등이 있다. 외국환은행은 외화예금의 일정비율을 한국은행에 예치하도록 되어 있다.

한편 한국은행은 외국환은행이 담당하고 있는 외화대출에 대한 기준을 수립하고 이를 준수하도록 관리한다. 또 한국은행은 외국환은행이 외국환업무에 따라 발생하는 환위험을 적정규모 이내로 제한함으로써 은행의 건전경영을 유도하는 동시에 국내 통화에 미치는 교란요인을 완화하기 위하여 외국환 매입초과와 외국환 매각초과의 한도를 설정하여 외국환은행의 외국환 포지션을 관리하고 있다.

〈표 9-1〉은 외환위기 전후의 우리나라의 외환보유 현황이다. 우리나라는 외환위기 이전 약 300억 달러 수준의 외환을 보유하고 있었다. 그러다가 위기가 진행되던 1997년 12월 18일의 외환보유액은 겨우 39억 달러였다. 이러한 보유액은 외환보유가 거의 바닥난 수준이라고 할 수 있다. IMF에 구제금융을 요청할 수밖

표 9-1 • 외환위기 동안 월별 미달러 보유 현황 (단위: 억 달러)

1997년	보 유 액	1998년	보 유 액
1	271.5	1	123.6
2	227.5	2	185.4
3	211.4	3	241.5
4	218.2	4	307.6
5	238.9	5	343.5
6	253.1	6	370.4
7	256.6	7	392.6
8	231.3	8	413.5
9	224.2	9	433.7
10	223.0	10	452.7
11	72.6	11	464.7
12	88.7	12	485.1

주: 월말기준 가용외환보유고.
자료: 한국은행 통계DB.

에 없었던 사정을 알 수 있다.

참고

중앙은행간 통화스왑 계약[1]

외환보유액은 국가 차원의 금융안전망으로서 외화유동성 부족 상황에 이른 국가가 최우선적으로 활용 가능한 위기 대응수단이자 위기 예방을 위한 자가보험 역할을 수행한다. 외환보유액이 부족한 경우에는 IMF 등 국제통화기구의 자금을 이용할 수도 있으나, 신용공여 조건이나 자금 지원에 따른 낙인효과 등이 문제될 수 있다. 이때 편리한 제도가 중앙은행 간 통화스왑이다. 통화스왑은 중앙은행 간에 이자나 수수료를 지급하고 자국의 화폐를 담보로 약정한 한도 내에서 자유롭게 외화를 이용할 수 있는 국제 통화제도이다.

한국은행은 금융안정 및 국제금융협력을 위해 주요국 중앙은행과 통화스왑 네트워크를 유지하고 있다. 통화스왑을 통해 한국은행은 국제금융시장 불안에 대응하여 글로벌 금융안전망을 이중으로 구비하게 되었다.

중앙은행간 통화스왑은 글로벌 금융안전망의 일부이다. 실제로 한국은행 통화스왑은 글로벌 금융위기 때 금융위기의 추가적인 파급을 억제하고 그 충격을 완화하는 데 기여했다.

---

[1] 한국은행, 「한국의 금융제도」(2018), p. 76.

표 9-2 • 우리나라의 통화스왑 체결 현황

	체결국가	규모[1]	최근 체결·연장일	만기
양자간 통화스왑 (자국통화)	캐나다	사전한도 없음	2017년 11월	없음(상설계약)
	스위스	100억프랑/1.2조원 (약 106억달러)	2018년 2월	2021년 3월
	중국	3,600억위안/64조원 (약 560억달러)	2017년 10월	2020년 10월
	UAE	200억디르함/6.1조원 (약 54억달러)	2019년 4월	2022년 4월
	말레이시아	150억링깃/5조원 (약 47억달러)	2017년 1월	2020년 1월
	호주	100억호주달러/9조원 (약 77억달러)	2017년 2월	2020년 2월
	인도네시아	115조루피아/10.7조원 (약 100억달러)	2017년 3월	2020년 3월
다자간 통화스왑 (미달러화)	CMIM[2]	384억달러	2014년 7월	–

주: 1) ( ) 안은 최초 또는 규모 확대시 환율 기준
　　2) Chiang Mai Initiative Multilateralization(치앙마이이니셔티브 다자화협정)의 약자로
　　　ASEAN 10개국 및 한·중·일 3개국으로 구성된 통화스왑네트워크(2010년 3월 출범)
자료: 한국은행, 「한국의 금융제도」(2018), p. 76.

〈표 9-2〉는 각국과 맺은 우리나라의 통화스왑 체결 현황이다.

(5) 정부의 은행

중앙은행은 정부에 신용을 제공함과 동시에, 정부의 대리인으로서 국고금의 출납이나 국채의 발행 등의 사무를 위탁받아 수행한다. 각국의 정부는 중앙은행에 정부예금계좌를 개설해 모든 세입은 정부예금계좌에 입금하고, 모든 세출 역시 정부예금계좌에서 인출한다.

우리나라의 한국은행도 국고금의 수급기관으로 모든 종류의 국고금을 정부예금으로 수납한다. 그런데 국고금의 수급업무는 범위가 매우 광범위하기 때문에 한국은행은 국고업무의 원활한 수행을 위하여 금융기관 점포를 대상으로 전국에 국고대리점 및 국고수납대리점을 설치·운영하고 있다. 한국은행은 정부에 대하여 당좌대출 또는 기타 형식의 여신을 할 수 있으며 정부로부터 국채를 직접 인수하기도 한다. 정부대출금으로는 국고금의 일시적 부족시 대출되었다가 해당

연도의 세입금으로 상환되는 일시대출금과, 1년 이상의 기간으로 대출되는 장기대출금이 있다. 또 국채의 발행 및 상환에 관한 업무를 취급하고 있다. 정부의 위임을 받아 각종 기금도 관리하고 있다.

중앙은행은 지급결제제도를 운영하며, 경제조사 및 통화편제의 역할도 수행한다. 한국은행은 금융기관으로부터 예금을 수입하고 이를 통해 금융기관간의 자금결제를 완결하는 전통적인 기능을 수행함과 아울러, 금융기관간 거액자금거래를 전자자금이체방식에 의해 실시각으로 결제하는 한국은행금융결제망(BOK-Wire+)을 가동하고 있다. 한국은행과 금융기관을 전산망으로 연결하여 금융기관간 거액자금거래를 전자자금이체방식에 의해 결제하도록 해 주는 것이다.

section 02 • 금융감독제도

1. 금융감독의 의의와 목적

금융감독이란 건전한 신용질서와 공정한 금융거래 관행을 확립하고 금융소비자를 보호함으로써 국민경제 발전에 기여함을 목적으로 금융기관을 규제하고 감독하는 것을 말한다.

금융감독의 필요성

어떤 시장에 규제와 감독이 존재하는 것은 그 시장이 완전하지 못하기 때문이다. 금융시장은 원래 거래비용과 정보비용이 존재하는 불완전시장이고, 이 불완전성을 보완하는 사회적 시스템이 금융중개기관이다. 그런데 불완전성을 보완하기 위하여 금융중개기관이 등장해도 금융시장은 여전히 거래비용과 정보의 비대칭성이 존재하는 불완전시장이다. 오히려 중개기관이 개입함으로써 또 다른 불완전성이 생성되기도 한다. 더구나 금융기관의 부실 및 파산의 피해는 해당 금융기관으로만 끝나지 않고 다수의 국민에게 파급되는 특질이 있다. 금융기관의 부실 또는 파산은 국민경제에 막대한 피해를 끼치게 되는 것이다.

금융시장에는 외부성이 크게 작용한다. 외부성이란 한 경제주체의 행동이 다른 경제주체에 금전적 영향을 미치지만 이에 대하여 대가를 지불하지 않는 상황을 말한다. 외부성에는 다른 경제주체의 후생을 증가시키는 외부경제와 반대로 다른 사람의 후생을 감소시키는 외부불경제가 있다. 외부효과가 존재할 때 거래를 시장에만 맡겨두면 시장실패가 일어난다. 특히 문제가 되는 경우는 외부불경제이다. 예를 들어, 한 은행의 파산이 다른 은행의 경영상태에 대한 신뢰를 악화시켜 다른 은행에서도 예금인출사태를 일으킬 수 있다. 금융산업에서의 부실발생은 그 손실이 은행산업에만 국한되는 것이 아니라 외부효과를 통하여 경제 전반에 파급될 수 있다. 뱅크런이 발생하면 은행은 기업들로부터 단기간에 대출금을 회수하려든다. 그러나 기업의 투자는 대부분이 설비투자 등 장기성을 가지기 때문에 단기간에 회수하는 것은 불가능하다. 기업은 보유하고 있는 자본재를 매각하여 상환하거나 새로운 자금의 차입에 나서지만 그것이 쉽지 않을 것이다. 어느 은행에 인출사태가 발생하면 다른 은행이나 기업 모두 유동성 확보에 나설 것이기 때문이다. 결국 금융부문의 실패는 장기적으로 새로운 자금을 구할 수 없는 기업들의 파산을 초래하여 실물부문에까지 파급되는 것이다.

금융시장에 애초에 존재하는 불완전성과 금융중개기관의 개입으로 새로 발생한 불완전성을 보완하기 위해서는 사회적 장치가 필요하고, 그 장치가 바로 금융규제요, 감독이다.

금융감독의 목적

금융규제와 감독의 목적은 금융기관의 건전성 및 금융제도의 안정성을 확보하는 것이다. 금융감독기관이 감독의 중점을 어디에 두는지는 나라마다 금융환경 및 금융발전 정도에 따라 차이가 있다. 최근 선진국에서는 금융의 효율성을 제고하기 위해 금융기관의 진입이나 일상적인 업무에 대해서는 규제를 완화하면서 건전성규제는 더욱 강화하는 추세에 있다. 특히 금융의 범세계화에 부응하여 국제금융시장의 안정성을 확보하고 공평한 국제금융질서를 유지하기 위해 금융기관의 건전성규제에 관한 국제적인 공조체제가 구축되고 있다. BIS기준 자기자본비율규제가 그것이다.

금융규제와 감독은 소극적인 규제뿐만이 아니라 어떤 목표달성을 위해 시행되기도 한다. 특히 금융산업을 경제개발의 수단으로 생각하고 있는 국가에서는 더욱 그렇다. 자연발생적으로 일어났던 영국의 산업혁명과는 달리 독일에서는 산업혁명이 중앙정부의 주도로 일어났다. 자본축적이 미약한 상태에서 거액의 자본동원이 필요하자 독일정부는 프러시아은행을 설립하였는데, 이 은행의 주식은 대부분 민간이 소유하였으나 경영은 정부가 맡아 공업화에 필요한 자금을 배분하는 역할을 담당하게 했다. 이러한 정책금융은 우리나라에서도 60년대 이후 수십년간 광범위하게 이루어져 왔다. 우리나라의 특수은행과 종합금융회사는 경제개발을 위한 자금 조달기관이나 특정산업을 지원하기 위한 금융기관으로 육성되었다.

2. 금융감독의 내용

우리나라의 금융감독은 금융위원회와 금융감독원, 한국은행, 예금보험공사, 기획재정부가 맡고 있다.

〈그림 9-1〉은 우리나라 금융감독체계이다. 금융위원회는 금융정책 수립, 금

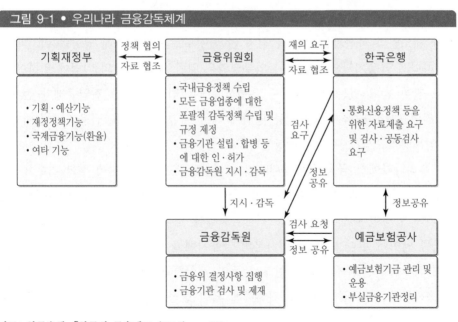

그림 9-1 • 우리나라 금융감독체계

자료: 한국은행, 「한국의 금융제도」(2018), p. 110.

융업종에 대한 감독정책 수립, 금융기관의 설립과 합병에 대한 인·허가, 금융감독원 지시를 맡고 있다. 금융감독원은 금융위원회의 결정사항을 집행한다. 한국은행은 감독 관련기관에 통화신용정책에 대해 요구하거나 협조한다. 예금보험공사는 예금보험기금을 관리·운용하고 부실 금융기관은 정리한다. 기획재정부는 금융위원회와 해당 분야에 대한 정책 협의를 한다. 금융감독 중에서 가장 중요한 분야는 진입규제와 건전성규제이다.

진입규제는 금융기관의 신설이나 업무영역에 관한 규제이고, 건전성규제는 금융위험과 관계가 밀접한 건전성 분야의 규제이다. 다음을 보자.

진입규제

금융기관은 부채, 즉 고객이 맡긴 예금을 가지고 영업을 하는 독특한 기업이다. 금융산업은 국가경제에 있어서 그 중요도가 어느 산업에 비교할 수 없이 크다. 금융시스템의 작동 여부, 금융서비스의 질은 국민경제에 직접 영향을 미치는 현대 경제사회의 가장 주요한 경제변수이다. 차입경영을 주로 하는 현대의 기업들은 금융산업을 통하여 자금의 공급을 받으며 또 자금을 운용한다. 만약 은행을 비롯한 금융기관이 제대로 작동하지 않거나 파산하면 그 사회적 파급효과는 일반 제조업의 파산과는 비교가 되지 않을 정도로 광범위하게 영향을 미치게 된다. 따라서 금융기관의 신설이나 업무영역은 일반 다른 산업의 기업에 비하여 규제를 많이 받고 있는 편이다. 즉 은행산업에는 법제에 의한 진입규제가 존재한다. 진입규제란 금융기관의 신규 영업에 대한 제한을 말하며, 금융기관 설립규제와 업무영역규제가 여기에 해당한다.

우리나라에서 금융업을 영위하기 위해서는 은행법 등 법에 정한 기본요건을 갖추고 금융위원회의 인가를 받아야 한다. 또 금융산업의 구조개선에 관한 법률에 의해 합병이나 전환을 통해 다른 금융업을 영위하는 경우에도 금융위원회의 인가를 받아야 한다. 한편 산업자본의 금융지배를 방지하기 위해 일부 금융업에 대해서는 동일인 주식소유에 한도를 두어 제한하고 있다. 어느 대규모기업집단에 속하는 기업이 금융기관을 지배하게 되면 불공정 내부거래가 일어나거나 부당대출 등이 일어날 가능성이 크기 때문이다.

금융기관이 고유업무 이외의 업무를 겸영하고자 할 경우 금융위원회의 인가를 받아야 한다. 우리나라는 개별 금융업법으로 금융기관이 영위할 수 있는 업무를 명시적으로 규정하는 전업주의 방식을 택하고 있다. 따라서 금융기관은 금융업법에서 규정하고 있는 업무 이외의 다른 업무는 영위할 수 없다.

업무영역규제를 방화벽(fire wall)이라고도 한다. 방화벽이란 화재 발생시 불길이 번지는 것을 방지하기 위하여 건물 내부의 곳곳에 벽을 설치해 놓은 것이다. 한 금융기관이 도산하게 되면 겸영하고 있는 다른 업종의 금융기관마저 연쇄도산할 가능성이 높아진다. 이러한 연쇄도산을 막기 위하여 업종간에 파급효과 차단장치를 마련해두고 있으며, 이 제도를 방화벽이라고 한다.

건전성규제

금융기관은 사(私)기업체이면서도 공공기관의 책무를 지는 조직이다. 따라서 금융기관경영에는 공공의무를 지기 위한 건전성이 요구된다. 금융기관경영에 있어서 건전성확보 요구를 건전성규제라고 한다. 개별 금융기관의 건전성을 제고하도록 하기 위해서는 자기자본의 충실화와 함께 감독기관의 자산건전성규제, 편중여신규제 등이 필요하다. 현재 은행의 자기자본 충실화를 위하여 적용하고 있는 규제로는 국제결제은행(BIS)기준 자기자본비율규제가 있다. 자기자본비율규제는 은행의 자산을 거래상대방의 신용도, 담보 및 보증유무 등을 기준으로 위험이 클수록 높은 가중치를 적용함으로써 은행들이 우량자산을 보유해야 할 유인을 높여 자산의 건전성을 제고하는 효과를 가진다.

은행은 채무자의 상환능력과 금융거래 내용 등을 감안하여 보유자산의 건전성을 분류하고 적정수준의 대손충당금 및 지급보증충당금을 적립하여야 한다. 또 자산의 적정성확보를 위하여 독립된 여신감사기능을 유지하는 등 필요한 내부통제체제를 구축하여야 한다.

은행은 자산건전성 분류에 의하여 회수의문 또는 추정손실로 분류된 자산을 조기에 대손상각(貸損償却)하여야 한다. 이는 회수가 불가능하다고 판단되는 채권을 대차대조표상의 장부가액에서 제외시켜 손실로 처리함으로써 자산건전화를 도모하기 위한 것이다.

3. 규제와 감독에 대한 비판

금융시장에 대한 정부의 규제나 감독은 거의 모든 나라에서 이루어지고 있다. 하지만 금융시장에 대한 규제와 감독은 경쟁을 저해하고 자원배분의 왜곡 및 가격상승을 초래한다는 비판도 받고 있다.[2]

규제와 감독을 반대하는 논거는 다음과 같다. 규제와 감독이 실제로는 시장실패를 교정한다는 본래 목적을 제대로 달성할 수 없다는 것이다. 규제자는 합리적 이기주의자이기 때문에 자신에게 가장 높은 보상을 제공하는 집단의 요구에 반응하게 된다는 것이다. 따라서 일반적으로 규제와 감독은 대기업에 유리하게 작용하고 조직화되지 못한 소비자집단에 불리하게 작용하는 것을 발견할 수 있다.

공무원들이 규제와 감독을 직접 집행하는 과정에서 문제점이 드러나기도 한다. 스티글러는 공무원들이 규제와 감독에 수반되는 비용에 대해 충분히 고려하지 않고 규제·감독법안의 적용범위를 부적절한 방법으로 결정할 가능성이 있음을 지적했다. 예를 들어, 어떤 금융기관이 파산하여 경제 전반에 악영향을 미친다면, 그 금융기관에 대한 감독책임을 갖고 있는 공무원은 규제·감독 실패에 대하여 도덕적으로 비난을 받는 것은 물론 법적으로도 책임추궁을 받을 수 있다. 따라서 공무원들이 규제활동의 실패를 막기 위해 규제·감독에 수반되는 사회적 비용에 대해서는 종합적으로 고려하지 않고 과도한 규제와 감독을 남발할 가능성이 있다.

아울러 규제와 감독이 제대로 시행되려면 규제·감독을 받는 대상들의 협조가 필요하다. 즉 규제자와 피규제자는 서로 우호적인 분위기에서 규제와 감독에 관한 정보를 제공하고 규제·감독 법안의 실제 적용에서 발생할 수 있는 문제점에 대해 토론할 수 있어야 한다. 이러한 과정을 거쳐 형성된 규제와 감독은 적대적인 성격이 없을 뿐만 아니라 장기적으로 공공의 이익은 물론 피규제자의 이익을 보장해 줄 가능성이 크다. 하지만 실제로 규제와 감독이 이러한 성격을 갖추기란 힘들다. 규제와 감독에 상응하는 보상이 주어져야만 규제·감독이 성공적으로 시행될 수 있다.

규제와 감독을 통해 피규제자들이 받게 되는 이익은 사회적으로 바람직한

2　정운찬, 「화폐와 금융시장」, 율곡출판사, 2000, p. 270.

것과 바람직하지 못한 것으로 구분할 수 있다. 사회적으로 바람직한 규제와 감독은 과다경쟁을 막아 일반인들에게 서비스의 질을 보증하는 기능을 한다.

section 03 ● 지급결제제도

1. 지급결제제도와 중앙은행

경제주체가 경제활동에 따른 채권채무관계를 지급수단을 이용하여 해소하는 행위를 지급결제라고 한다. 지급결제는 지급과 결제 두 단어가 결합된 것이다. 예전, 거래에서 현금이 주요 지급수단일 때는 지급과 결제를 구분하여 사용하였지만, 요즈음에는 지급과 결제를 묶어서 지급결제라는 용어를 주로 사용한다. 어떤 거래에서 현금을 지급수단으로 사용하면 더 이상의 과정을 거칠 필요없이 지급결제가 마무리된다. 그러나 어음이나 수표, 계좌이체 등의 지급수단을 사용하는 경우에는 해당액을 지급인의 금융기관 예금계좌에서 인출하여 수취인의 예금계좌로 입금하여 주는 금융기관간 자금의 이체(移替) 절차를 거쳐야 한다. 즉 지급, 청산, 결제의 세 단계를 거쳐 지급결제가 이루어진다.

지급은 개인이나 기업과 같은 경제주체들이 서로 주고받을 채권채무를 해소하기 위하여 어음, 수표, 신용카드, 계좌이체 등으로 대금을 지불하는 것을 말한다. 청산(clearing)은 현금 이외의 지급수단으로 지급이 이루어졌을 때 금융기관들이 서로 주고받을 금액을 계산하는 것을 말한다. 결제는 청산과정을 통해 계산된 금액을 중앙은행 당좌예금계정간의 자금이체 등을 통해 서로 주고받는 과정을 말한다.

지급결제제도는 개인, 기업 및 정부와 같은 경제주체들이 금융거래나 경제활동을 하는 과정에서 발생하는 지급결제가 원활히 이루어지게 하는 금융의 하부구조(infrastructure)이다. 최근 지급수단의 전자화가 진전되면서 계좌이체나 카드와 같은 전자방식 지급수단의 이용이 증가하고 있다. 전자방식을 지급수단으로 사용하기 위해서는 자금이체 등 지급서비스를 제공하는 기관이 필요하다. 또 지급수단이 현금화될 때까지의 지급결제 과정에는 결제업무를 담당하는 운영기관과 이를 총괄하는 통제시스템이 필요하다. 이를 주로 중앙은행이 담당한다.

한편, 통화정책의 효과는 중앙은행이 운영하는 지급결제시스템을 통해 파급된다. 통화정책이 효율적으로 수행되기 위해서는 지급결제제도의 안정적 운영이 필요하다. 지급수단의 안전성 및 효율성도 통화의 신뢰성 확보에 중요하다는 점에서 통화정책과 관련이 있다. 최근 들어 경제규모가 확대되고 금융거래 규모가 빠르게 증가하면서 지급결제 규모도 급증하고 있다. 특히 금융의 글로벌화 등에 따른 국내외 지급결제시스템간 상호연계성 증대로 특정 금융시장 또는 지역에서 발생한 금융 불안이 전체 금융시장 또는 다른 지역으로 확산될 위험이 커지고 있다. 이에 따라 지급결제제도 및 금융안정을 위한 국가간 협력이 필요하고, 국제적 지급결제제도 또한 필요하다.

2. 우리나라의 지급결제시스템

우리나라의 지급결제제도에는 거액결제시스템, 소액결제시스템, 증권결제시스템, 외환결제시스템이 있다. 우리나라의 지급결제제도 참여기관은 지급서비스 제공기관, 금융시장인프라 운영기관, 한국은행이 있다. 지급서비스를 제공하는 기관으로는 은행, 우체국, 금융투자회사, 신용카드회사 등 금융기관이 대표적이었으나 금융과 IT의 융합이 진전됨에 따라 이동통신회사, 모바일기기 제조업체, IT 관련 기업 등 비금융기관의 참여가 확대되고 있다.

청산과 결제를 담당하는 금융시장인프라 운영기관으로는 금융결제원, 한국거래소, 한국예탁결제원, 외환결제 관련기관 등이 있다. 한국은행은 거액결제시스템의 운영기관인 동시에 화폐발행, 최종결제서비스 제공, 최종대부자로서 결제부족자금의 지원, 지급결제제도에 대한 감시 및 개선·확충 등 지급결제제도의 중추적인 역할을 하고 있다.

(1) 거액결제시스템

거액결제시스템은 금융기관간 자금거래 등을 결제하는 시스템으로서 건당 거래금액이 크고 거래량은 많지 않은 거액소량 결제시스템이다. 현재 우리나라의 거액결제를 담당하는 시스템은 한국은행금융결제망(BOK-Wire+)이다. 한국은행은 2009년에 종전 한은금융망(BOK-Wire)의 기능을 개선한 BOK-Wire+를 도입하여 운영하고 있다. 한국은행의 국고채, 환매조건부채권(RP) 매매도 이 금융망을 이용하여 거래되며, 일반 금융기관들은 이 금융망을 이용하여 원화나 외화자금을 이체한다. 금융망 참가기관들은 한국은행에 개설되어 있는 당좌예금계정 간의 자금이체를 통하여 한국은행은 물론 다른 금융기관과 주고받을 자금을 결제한다.

(2) 소액결제시스템

소액결제시스템은 주로 금융기관의 개인이나 기업과 같은 고객을 상대로 한 거래를 결제하는 시스템으로 건당 거래금액은 크지 않으나 거래량이 많은 소액대량 결제시스템이다. 우리나라의 주요 소액결제시스템은 대부분 금융결제원이 운영하고 있다. 소액결제시스템으로는 어음교환시스템, 지로시스템, 은행공동망, 전자상거래 지급결제시스템 등이 대표적이다. 이러한 소액결제시스템의 참가기관은 주로 은행이었으나 2009년 7월부터는 금융투자회사도 참가하기 시작하였다. 그 구체적인 내용은 다음과 같다.

- 어음교환시스템(어음, 수표 등 장표방식 지급수단의 교환 결제)
- 지로시스템(급여, 공과금, 보험표 등 정기적인 소액대량 자금이체)
- 은행공동망(은행간 공동전산망을 통한 온라인송금, 잔액조회 등)
  - 현금자동인출기(CD)공동망: 소액 인출, 입금, 송금
  - 타행환공동망: 1억 원 이하의 타행 앞 송금
  - 지방은행공동망: 지방은행 거래고객 전용 예금·대출 거래망
  - 자금관리서비스(CMS)공동망: 급여, 보험료 등 소액대량 자금이체
  - 직불카드공동망: 직불카드를 이용한 물품구매대금 결제
  - 전자화폐(K-CASH)공동망: 은행 공동발행 전자화폐 사용대금 결제
  - 전자금융공동망: 인터넷뱅킹, 텔레뱅킹, 모바일뱅킹 등을 이용한 10억 원 이하의 송금

- 전자상거래 지급결제시스템
  - 기업개인간(B2C)전자상거래 지급결제시스템: 개인의 인터넷 구매대금 결제
  - 기업간(B2B)전자상거래 지급결제시스템: 기업간 인터넷 구매대금 결제

한편 금융결제원이 운영하는 소액결제시스템 외에도 신용카드사가 운영하는 신용카드결제시스템, 이동통신회사가 운영하는 모바일결제시스템, 전자화폐 발행기관이 운영하는 전자화폐결제시스템 등 다양한 형태의 소액결제시스템들이 생겨나고 있다.

(3) 증권결제시스템

증권결제시스템은 주식이나 채권 등을 사고 팔 때 그 증권의 소유권을 이전하고 매매대금을 결제하는 지급결제시스템이다. 증권실물은 한국예탁결제원에서 증권의 소유권을 장부상으로 매도자로부터 매수자 앞으로 이전하는 계좌대체를 통해 이루어지며, 증권 매매대금은 한은금융망을 통하거나 시중은행 상호간의 계정을 통하여 결제된다. 증권결제시스템에는 한국거래소가 운영하는 유가증권, 코스닥 및 파생상품시장결제시스템, 한국예탁결제원이 운영하는 채권기관투자자, 주식기관투자자 및 기관간RP 결제시스템이 있다.

(4) 외환결제시스템

외환결제시스템은 외환시장에서 외환의 매도기관과 매입기관 간에 매매한 통화를 서로 교환·지급함으로써 채권채무 관계를 종결시키는 지급결제시스템이다. 일반적으로 외환결제는 환거래은행을 통한 건별 결제방식으로 결제가 이루어진다. 그러나 환거래은행을 통한 결제방식은 지역간 영업시간이 달라 매입통화와 매도통화의 결제가 동시에 이루어지지 않기 때문에 한 은행이 매도통화를 이미 지급한 상황에서 거래상대방이 파산하는 경우 매입통화를 수취하지 못하는 경우가 발생할 수 있다. 이와 같은 리스크를 없애기 위하여 CLS(Continuous Linked Settlement)은행에 외환동시결제시스템이 구축되어 국제적으로 가동되고 있다.

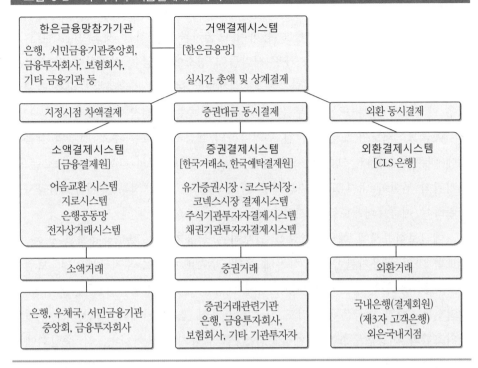

그림 9-2 • 우리나라 지급결제제도의 구조

| 한은금융망참가기관 | 거액결제시스템 |
| 은행, 서민금융기관중앙회, 금융투자회사, 보험회사, 기타 금융기관 등 | [한은금융망] 실시간 총액 및 상계결제 |

| 지정시점 차액결제 | 증권대금 동시결제 | 외환 동시결제 |

| 소액결제시스템 [금융결제원] 어음교환 시스템 지로시스템 은행공동망 전자상거래시스템 | 증권결제시스템 [한국거래소, 한국예탁결제원] 유가증권시장·코스닥시장· 코넥스시장 결제시스템 주식기관투자자결제시스템 채권기관투자자결제시스템 | 외환결제시스템 [CLS 은행] |

| 소액거래 | 증권거래 | 외환거래 |

| 은행, 우체국, 서민금융기관 중앙회, 금융투자회사 | 증권거래관련기관 은행, 금융투자회사, 보험회사, 기타 기관투자자 | 국내은행(결제회원) (제3자 고객은행) 외은국내지점 |

CLS은행에 대해서는 18장에서 다시 설명한다.

〈그림 9-2〉는 우리나라 지급결제시스템 구조도이다.

section 04 • 예금보험제도

금융기관이 영업정지나 파산 등으로 고객의 예금을 지급하지 못하게 될 경우 해당 예금자는 물론 전체 금융제도의 안정성도 큰 타격을 입게 된다. 이러한 사태를 방지하기 위하여 고객들의 예금을 보호하는 제도를 갖추어 놓고 있는데 이 중 하나가 예금보험제도이다.

1. 예금보험제도의 기능

예금보험은 보험의 원리를 이용하여 예금자를 보호하는 제도이다. 원래 보험이란 동일한 종류의 위험을 가진 사람들이 평소에 기금을 적립하여 만약의 사고에 대비하는 사회적 장치이다. 예금보험제도는 예금의 지급불능사태가 발생할 경우 예금액의 전부 또는 일부를 대신 지급해 주는 안전장치이다.

예금보험제도가 도입되기 전 우리나라의 예금자 보호는 주로 정부의 감독기능에 의존하여 왔다. 그러나 이와 같은 정부나 중앙은행의 감독기능만으로는 금융기관의 부실화 내지 도산 가능성을 막기 어렵다. 이에 정부는 예금보험공사를 설립하여 예금보험제도를 실시하고 있다.

예금보험공사에 예금보험료를 납부하는 금융기관을 부보금융기관 또는 예금보험 가입 금융기관이라고 하는데 은행, 투자매매업자, 투자중개업자, 보험회사, 종합금융회사, 상호저축은행이 이에 해당된다. 농·수협중앙회 및 지구별 수산업협동조합과 외국은행 지점도 예금보험 가입 금융기관이다. 다만, 농·수협의 단위조합과 신용협동조합은 예금보험 가입 금융기관이 아니며, 각 중앙회에서 자체적으로 적립한 기금을 통해 예금자를 보호하고 있다.

예금보험의 보호대상은 예금보험 가입 금융기관이 취급하는 예금이다. 예금이란 금융기관이 만기일에 약정된 원리금을 지급하겠다는 약속하에 고객의 금전을 예치받는 금융상품을 말한다. 단, 실적배당신탁이나 수익증권과 같이 고객이 맡긴 돈을 유가증권매입이나 대출 등에 운용한 실적에 따라 원금과 수익을 지급하는 투자상품은 예금이 아니다. 투자상품은 예금이 아니기 때문에 예금자보호법에 의해 보호되지 않는다.

예금이 보호되는 경우는 다음과 같다.

① 예금보험사고가 발생한 때이다. 금융기관이 예금의 지급정지, 영업인·허가의 취소, 해산 또는 파산 등으로 고객의 예금을 지급할 수 없게 되는 경우를 예금보험사고라 하며, 이러한 예금보험사고가 발생한 경우에 예금보험공사가 해당 금융기관을 대신하여 예금을 지급하게 된다.

② 예금이 지급정지된 경우이다. 금융기관의 경영이 악화되어 예금을 지급할 수 없는 상태에 빠지거나, 금융감독당국이 예금의 지급정지명령을 내린 경우

에는 해당 금융기관에 대한 재산실사 등을 통해 향후 경영정상화 가능성을 조사하게 되며, 그 결과 경영정상화가 불가능하다고 판단되면 예금보험공사가 대신 예금을 지급한다.

③ 인가취소, 해산, 파산의 경우이다. 금융기관이 감독당국으로부터 인가를 취소 당하거나 해산한 경우 또는 법원으로부터 파산선고를 받은 경우에는 예금자의 청구에 의하여 예금보험공사가 예금을 대신 지급한다.

④ 계약이전의 경우이다. 계약이전이란 감독당국의 명령 또는 당사자간의 합의에 따라 부실금융기관의 자산과 부채를 다른 금융기관으로 이전하는 것을 말한다. 계약이전 결과 부실금융기관의 예금 중 일부가 다른 금융기관으로 승계되지 않을 수도 있는데, 이 경우 승계되지 않은 예금이 예금자보호법에 의한 보호대상예금이면 예금보험공사가 대신 지급한다.

예금자보호제도는 다수의 소액예금자를 우선 보호하고 부실금융기관을 선택한 예금자도 부분적인 책임이 있다는 차원에서 예금의 전액을 보호하지 않고 일정액만을 보호하는 것이 원칙이다. 현재 원금과 소정의 이자를 합하여 최고 5천만 원까지 보호하고 있다. 한편, 예금보험공사로부터 보호 받지 못하는 나머지 예금은 파산한 금융기관이 선순위(先順位)채권을 변제하고 남은 재산이 있는 경우 이를 다른 채권자들과 함께 채권액에 비례하여 분배받음으로써 그 전부 또는 일부를 돌려받을 수 있다.

2. 예금보험제도의 한계와 보완

예금보험제도가 은행제도와 신용질서 유지를 위한 유효한 장치이기는 하지만 그 부작용도 적지 않다. 예금보험제도의 시행에 있어서 도덕적 해이(moral hazard)와 역선택(adverse selection) 발생가능성이 있다.

(1) 도덕적 해이

도덕적 해이는 은행과 예금자 양쪽에서 다 발생할 수 있다.

먼저 은행측이 범할 수 있는 도덕적 해이에 대하여 알아보자. 은행의 건전성 여부와 관계없이 동일요율 방식의 고정보험료가 징수될 경우 은행들은 예금보험제도를 믿고 고위험·고수익 위주로 투자를 하는 등 경영부실을 초래할 가능성이 크다. 고정보험료율제도하에서는 고위험·고수익을 추구하는 은행의 보험료가 그 위험도에 비하여 상대적으로 저렴하기 때문이다. 예를 들어 도산 가능성이 있는 은행은 모험을 해보고 싶은 유혹을 갖게 될 가능성이 크다. 잘하면 크게 벌 수 있고 실패해도 더 이상 잃을 것이 없기 때문이다. 이 경우 은행제도의 안전을 위해 고안된 예금보험제도가 오히려 은행의 부실위험을 증대시키고 자금이 보다 위험한 사업에 운용되어 자원의 최적배분을 저해하게 된다.

카이사르의 모럴 해저드

백 파운드를 빌리면 빌린 사람이 발을 뻗고 잠을 자지 못하고, 만 파운드를 빌리면 빌려 준 사람이 발뻗고 잠을 자지 못한다는 말이 있다.

로마의 율리우스 카이사르는 담보도 없이 빚을 많이 얻어 쓴 사람으로 유명하다. 그는 아직 권좌에 오르기 전부터 거액의 빚을 지고 있었다고 한다. 애초에는 권력도 없었던 그가 어떻게 많은 빚을 질 수 있었는가. 그것은 빚을 많이 진 사람일수록 빚을 얻기가 더 쉬운 것이라는 역설에서 가능하다. 빚이라는 것이 소액일 때는 채권자가 강자이지만, 액수가 늘어나면 이 관계는 역전되어 채무자가 강자가 된다. 빚을 많이 지게 되면 보증을 얻는 것과 마찬가지가 되는 것인즉, 채권자는 채무자가 파산하지 않도록 계속 지원해야 하는 것이다.

에스파냐 총독에 임명되어 부임하러 가는 카이사르를 빚쟁이들이 발목을 잡고 막아섰을 때, 보증을 서 주어 부임지로 떠날 수 있게 해 준 사람은 다름이 아니라 최대의 채권자인 크라수스였다고 한다. 이렇게 카이사르는 빚을 얻어 부하들에게 보너스를 주거나 도로 보수, 그리고 포로 로마노 건설 등 대중적 지지를 얻는 일에 주로 사용하면서 그의 대중적 지지기반을 확충하여 나갔다. 그리고는 마침내 로마 최고의 권력자가 되었다.

빚 많이 끌어다 쓰면 최고 권력자가 되고, 재벌이 되고 하니, 겨우 백 파운드 빌리고도 발뻗고 잠들지 못하는 서민만 늘 불쌍하다.

다음으로 예금자측이 범하기 쉬운 도덕적 해이에 대하여 알아보자. 예금보험제도가 예금지급을 보장해 주기 때문에 예금자는 건전한 은행과 부실은행을 선별할 필요성을 느끼지 않는다. 예금자가 은행의 건전성 여부와는 관계없이 수익성이 높은 은행의 고수익상품만을 선택할 가능성이 크다. 고수익상품만을 판매한 은행은 자금 운용면에서 더 높은 수익을 추구해야 하고, 이는 부실로 이어질 가능성이 크다.

(2) 역선택

보험에 있어서 역선택은 보험회사가 피보험자에 대한 정보를 알지 못하는 데서 발생한다. 역선택이 발생하는 이유는 보험가입자에게 각각의 위험수준에 상응하는 보험료율이 적용되지 않기 때문이다. 비대칭정보 상황이 되면 피보험자들의 평균적인 위험수준보다 높은 위험을 가진 은행들은 보험에 가입하려 하고, 평균적인 위험수준보다 낮은 은행들은 보험에서 이탈하려 할 것이다. 전자는 그들의 실제 보험수리상의 이론가치보다 낮은 보험료를 내고, 후자는 보험수리상의 이론가치보다 높은 보험료를 내야 하기 때문이다. 수익성을 일부 포기하면서 건전성을 높게 유지하는 은행이 산술적으로 동일한 요율의 보험료를 낸다는 것은 불합리한 것이며, 그러한 금융시장은 비효율성으로 인하여 또 다른 사회적 비용을 부담하게 된다.

(3) 문제점의 보완

예금보험제도 도입에 따른 문제점과 부작용을 최소화하는 방안으로는 규제규율을 활용하는 방안과 시장규율을 이용하는 방안이 있다.[3]

규제규율이란 은행의 위험 노출 정도를 인위적으로 낮추고 건전성을 향상시키기 위해 감독기관이 규제조항을 설정하고 예방적 규제와 함께 지속적으로 감시·감독하는 방식을 말한다. 은행의 건전성을 향상시키기 위한 예방적 규제로는 자기자본비율규제, 이자율상한규제, 포트폴리오규제 등이 있다. 그러나 이자율규제나 포트폴리오규제는 비가격경쟁과 부외(簿外)거래 등을 통해 규제를 회피할 수 있는 여지가 많아 자기자본비율규제가 가장 효과적인 것으로 간주되고 있다. 그러나 규제규율은 금융자율화를 저해하는 측면이 있다. 금융시장 안정성 확보를 위한 규제규율이 강화될수록, 경제주체의 금융행위에 많은 제약이 뒤따르게 되어 비효율이 발생하기 쉽다. 따라서 규제규율과 함께 시장규율을 보완적으로 활용하는 것이 필요하다.

시장규율은 정보공개와 경쟁원리 도입으로 시장이 제 기능을 발휘하게 함으

---

3   정운찬, 「화폐와 금융시장」, 율곡출판사, 2000, p. 317.

로써 효율성을 극대화하고, 시장 내의 경제주체들이 스스로 서로의 비효율을 감시·감독하도록 하는 것이다. 시장원리에 근거하여 은행이 선택한 위험에 따라 시장 내에서 결정된 적정한 비용을 지불하게 함으로써, 은행이 자발적으로 위험선호적인 행동을 억제하도록 유도하는 방식이다. 규제규율이 감독기구가 금융기관을 직접 감시하도록 하는 반면, 시장규율은 시장의 힘에 근거한 내생적 감독기능을 활성화함으로써 금융기관을 통제하자는 것이다.

3. 금융위험

금융위험은 금융자산 선택에서만 발생하는 것이 아니라 모든 금융거래에서 광범위하게 발생한다. 금융거래에서 발생하는 위험을 금융위험이라고 한다. 금융위험에는 신용관련위험, 시장관련위험, 경영관련위험이 있다.

〈표 9-3〉은 금융위험 분류표이다.

표 9-3 • 금융위험의 분류

신용관련위험	신용위험(credit risk) 국가위험(country risk)	
시장관련위험	시장위험(market risk)	금리변동위험(interest risk) 가격변동위험(price risk) 환율변동위험(FX risk)
	유동성위험(liquidity risk) 결제위험(settlement risk)	
경영관련위험	운영위험(operational risk) 법적위험(legal risk)	

(1) 신용관련위험

신용관련위험에는 신용위험과 국가위험이 있다.

신용위험(credit risk)이란 채무불이행의 위험을 말하는데, 보유하고 있는 채권으로부터 이자와 원금상환이 예정대로 이루어지지 않을 가능성 때문에 발생하는 위험이다. 차입자가 상환불능 상태에 빠지면 원금이나 이자수입은 일부 또는 전부가 회수 불가능하게 된다.

국가위험은 상대방 국가의 정치적·경제적 상황 악화로 대금결제가 중단 또는 연기될 위험을 말한다. 예를 들어 분쟁의 불씨를 늘 안고 있는 중동지역, 아르헨티나의 채무불이행 사태, 베네수엘라의 정변 등은 바로 국가위험과 연결된다. 이를 예방하기 위해서는 적절한 환율예측기법을 개발하거나 상대국 거시경제 및 정치상황 등에 관해서도 세심한 관찰과 주의가 필요하다.

(2) 시장관련위험

시장관련위험으로는 시장위험과 유동성위험 및 결제위험이 있다.

시장위험이란 금융시장에서 금융수단의 가격조건이 불확실하게 변동하여 발생하는 위험을 말한다. 시장위험으로는 금리변동위험, 가격변동위험, 환율변동위험 등이 있다. 금리변동위험이란 자금의 조달 또는 운용시 금리의 변동에 따라 손익이 변동하게 되는 위험으로 흔히 금리위험이라고 한다. 은행이 매입한 증권은 만기나 유동성이 서로 다른 것이 보통이다. 자산전환으로 인해 발생하는 자산과 부채의 만기불일치(mismatch)는 금융기관으로 하여금 금리위험에 노출되게 한다. 한편 만기의 일치는 금리위험을 감소시키지만 은행의 자산전환기능을 저해하기 때문에 자산전환으로부터 얻는 이익을 감소시킬 수 있다.

가격변동위험(price risk)이란 채권가격의 변동으로 인한 위험을 말한다. 채권의 가격변동은 채권의 수요와 공급에 의하여 이루어진다. 그런데 가격변동은 금리변동과 반대방향으로 이루어지는 특징을 가지고 있다. 가격변동위험과 금리변동위험은 동전의 양면과 같아 서로 밀접한 관계를 가지고 있다. 환율변동위험이란 국제거래와 관련하여 환율변동으로 인한 손실발생위험을 말한다. 국제화시대에 흔히 발생하는 위험으로 외국과의 거래가 많거나 외자도입을 한 금융기관 또는 기업들이 환위험에 노출되고 있다.

유동성위험(liquidity risk)은 자금조달과 운용상의 기간불일치로 인하여 일시적인 자금부족 상태에 있는 금융기관이나 기업이 자금을 결제하지 못하는 위험이다. 유동성위험은 보유자산의 유동성이 현금보다 작기 때문에 발생하며, 이러한 위험을 예방하기 위해서는 장래의 자금수급전망을 정밀하게 예측하여 적정한 수준의 유동성을 확보하고 있어야 한다.

결제위험이란 지급결제과정에 내재되어 있는 위험을 말한다. 금융경제가 발전할수록 한 나라의 지급결제시스템은 복잡한 구조를 가지게 되며, 그 단계마다 위험이 존재한다.

(3) 경영관련위험

경영관련위험으로는 운영위험과 법적위험이 있다.

운영위험은 직원의 고의, 실수 및 업무태만 등에 대한 내부경영 통제 미비에서 오는 위험으로서 직원과 점포수가 많고 의사결정체계가 복잡한 상업은행에서 발생하기 쉽다. 또 천재지변 등으로 전산설비, 건물, 전기설비 등 지급결제제도를 구성하는 물리적 하부구조에 이상이 생김으로써 결제가 이행되지 못하는 위험도 운영위험에 속한다.

법적위험이란 금융제도의 법제가 변하여 금융상의 손실을 당하는 경우를 말한다. 예를 들면 예금보호한도가 변하거나 뮤추얼 펀드에 대한 규제를 강화하는 가운데 발생하는 손실, 금융실명제를 도입함으로써 금융시스템 변화과정에서 발생하는 위험 등을 들 수 있다. 금융기관이나 금융제도에 대하여는 그 규제가 일반 기업이나 상법상의 법인에 대한 규제보다 심하고 제도의 변경도 매우 급박하게 일어나는 경향이 있다.

---

section 05 • 기타 금융거래 지원제도

1. 신용거래 지원제도[4]

(1) 신용보증기관

신용보증기관은 담보 능력이 미약한 기업의 채무를 보증하여 자금융통을 원활히 하고 신용정보의 효율적인 관리를 위해 설립된 기관이다. 신용보증기관으로는 신용보증기금과 기술신용보증기금이 있다.

---

4   한국은행, 「한국의 금융제도」(2018), pp. 158~171에서 발췌.

신용보증기금은 신용보증기금법에 의해 설립되었으며 주요 업무에는 신용보증, 대위변제와 구상권 행사, 신용보험 등이 있다. 신용보증기금이 취급하는 보증은 대출보증, 지급보증의 보증 등 11종류가 있다. 보증기업이 채무 상환능력을 상실하면 금융기관 등 채권자의 보증 채무이행 청구에 의하여 대위변제하고 채무자에 대한 구상권을 행사한다. 신용보험은 기업 간 상거래에 있어서 물품 또는 용역을 신용으로 공급하는 채권자가 채무자의 지급불능이나 채무불이행으로 인한 손해 발생에 대비하여 가입하는 손해보험이다. 기술보증기금은 중소기업의 기술개발을 촉진하고 담보력이 미약한 기업의 자금 조달을 지원하기 위하여 설립되었다. 기술보증기금 보증의 대상은 신기술사업자로 제한된다. 즉 기술개발에 대한 높은 위험 때문에 금융기관이 대출을 기피하는 기업에 보증을 제공하는 것을 주된 업무로 한다.

(2) 신용정보회사

신용정보란 금융거래 등 상거래시 상대방의 신용도, 신용거래 능력 등을 판단할 수 있는 정보이다. 신용정보업에는 신용조회업. 신용조사업, 채권추심업이 있다.

신용조회업은 신용정보를 수집 및 처리하는 업무, 신용정보를 만들어내는 업무, 의뢰인의 요청에 따라 동 정보를 제공하는 업무이다. 신용정보의 종류에는 신용개설 정보, 대출거래 내역, 채무불이행 정보, 채무보증 내역, 공공기록 정보 등이 있다. 신용조사업은 타인의 의뢰를 받아 개인이나 기업의 신용정보를 조사하여 제공하는 업무이다. 의뢰인은 신용조사 서비스를 통해 거래 상대방의 신용 상태 및 지불능력을 사전에 확인할 수 있으며, 부실채무가 발생한 경우 채무자의 은닉재산 확인, 채권보전조치 등을 위해 재산을 조사할 수 있다. 채권추심업은 채권자의 위임을 받아 채무 불이행자의 재산 조사, 변제 촉구, 변제금 수령 등의 업무이다. 채권자가 채무자와의 사이에서 발생한 미수 채권에 대한 추심을 위임하면 채무자에 위임 사실을 통보하고 채무금을 회수하여 채권자에게 반환한다.

(3) 신용평가회사

신용평가업은 금융투자상품, 기업, 집합투자기구에 대한 신용평가를 통해 신용등급을 부여하고 이를 이해 관계자에게 제공하거나 열람하게 하는 업무이다. 신용평가업을 영위하려면 금융위원회로부터 인가를 받아야 한다. 2017년 12월 말 현재 한국기업평가, 한국신용평가, NICE신용평가 및 서울신용평가 등 4개 기관이 업무를 담당하고 있다. 신용평가등급은 장기채무와 단기채무의 등급이 다르다. 장기금융채무의 경우 원리금에 대한 적기상환능력의 우열에 따라 AAA부터 D까지 10개의 등급으로 구성되어 있다.[5]

2. 지급결제 지원제도

(1) 자금중개회사[6]

자금중개회사는 금융기관간의 자금거래 중개를 전문으로 하는 회사이다. 자금중개회사를 설립하기 위해서는 금융위원회의 인가를 받아야 하며, 외국환 중개업무를 하기 위해서는 기획재정부장관의 인가를 받아야 한다. 현재 서울외국환중개 등 4개의 국내 회사와 ICAP외국환중개 등 6개 외국 회사가 영업 중이다.

자금중개회사가 중개하는 금융기관간의 자금거래 종류는 콜거래, 양도성예금증서 매매, 환매조건부채권 매매, 어음 매매, 외국환 매매 등이다. 이 밖에 외화콜 및 외환파생상품거래, 장외시장 채권매매 등도 중개 대상으로 하고 있다. 자금중개회사의 중개는 일정액의 수수료를 받고 자금 대여자와 차입자간의 거래를 연결하는 단순중개를 원칙으로 한다. 다만 콜거래의 중개는 매매중개도 최소한의 범위에서 허용된다.

---

5 신용평가등급에 대한 자세한 사항은 7장 3절에 표와 함께 자세히 설명했다. 기업어음 등 만기가 1년 이내인 단기금융채무의 경우 A1에서 D까지 6개의 등급으로 이루어져 있다.
6 한국은행, 「한국의 금융제도」(2018), pp. 158~171에서 발췌.

(2) 금융결제원[7]

금융결제원은 금융공동망, 어음교환시스템, 지로시스템 등 우리나라 대부분의 소액결제시스템을 운영한다. 금융공동망은 금융기관을 네트워크로 연결한 시스템으로서 금융소비자가 거래은행에 가지 않고도 현금 인출, 계좌 이체, 송금 및 금융거래 정보 조회 및 국가간의 ATM망 연계서비스 등 각종 지급결제서비스를 이용하게 해준다. 어음교환은 어음에 기재된 내용을 전자적으로 정보화하여 교환하는 방식으로 이루어지게 하며, 이를 위한 전자채권 관리시스템, 어음정보시스템 등을 운영하고 있다. 지로시스템에 관련해서는 금융결제원이 수취인 또는 지급인의 계좌로 자금이 입출금되도록 처리해준다.

(3) 한국예탁결제원[8]

한국예탁결제원은 유가증권 예탁결제기관이다. 예탁결제제도는 증권시장에서 거래되는 모든 증권을 예탁기관에 예탁시켜 놓고 거래 참가자들의 이전 및 담보 거래에 따른 결제와 실물증권 이동을 장부에 기재함으로써 증권발행을 촉진하고 유통 합리화를 기하기 위해 도입되었다. 한국예탁결제원은 유가증권의 예탁, 계좌대체, 증권청산, 결제업무 등을 주로 수행한다. 또한 예탁자를 대신하여 예탁증권에 대한 권리행사 업무 등의 사무처리, 유가증권 발행회사를 대신한 발행 및 배당금 지급 등 사무를 대행한다. 증권매매가 발생하면 한국예탁결제원은 한국거래소 및 매매기관으로부터 거래내역을 전달받아 매수자의 대금 입금여부를 확인한 후 대금결제와 동시에 계좌간 대체기재를 통해 증권결제를 실시한다. 이를 위한 전자업무시스템으로 고객 컴퓨터와 연결된 예탁결제정보통신망(SAFE+)을 운영한다.

---

7 한국은행, 「한국의 금융제도」(2018), p. 98.
8 한국은행, 「한국의 금융제도」(2018), p. 100.

Summary

1. 중앙은행은 한 나라의 통화제도의 중심이 되며 은행제도의 정점을 구성하는 은행이다. 우리나라의 중앙은행은 한국은행이다.

2. 미국의 중앙은행은 연방준비제도(FRS)라고 부른다. 미국의 중앙은행은 하나의 은행이 아니라 전국을 12개의 지역으로 나누어서 각 지역별로 거의 독립된 중앙은행인 연방준비은행(FRB)이 설립되어 있고 또 연방준비제도이사회가 있다. 이 기구를 합하여 연방준비제도라고 부른다.

3. 유럽경제통화통합 EMU의 중앙은행은 유럽중앙은행(ECB)이다. 현재 유로화를 사용하는 국가는 19개국이다.

4. 유럽중앙은행은 독일의 프랑크푸르트에 있다.

5. 중앙은행은 발권, 통화정책의 수립 및 집행, 자금공급의 최후 보루, 정부에 대한 은행, 해외에 대한 은행, 통화정책과 금융감독 등의 기능과 권한을 가지고 있다.
    • 중앙은행이 일반은행에 대출하는 역할을 신용에 대한 최후의 보루라고 한다.
    • 중앙은행은 국제거래의 지급준비금인 결제수단으로 외환을 보유한다.

6. 금융기관의 부실 및 파산의 피해는 다수의 국민에게 파급되기 때문에 금융기관은 일반기업에 비해 엄격한 규제와 감독과 감시를 받는다.

7. 금융감독의 내용은 다음과 같다.
    • 진입규제: 설립규제, 업무영역규제
    • 건전성규제: 국제결제은행기준 자기자본비율, 자산건전성, 편중여신, 유동성 등 규제
    • 경영실태평가 및 적기시정조치

8. 각 금융기관마다 고유업무를 정하여 그 업무 내에서 금융업을 영위하도록 하는 제도를 전업주의라고 한다.

9. 한 금융기관이 여러 서비스를 제공할 수 있도록 하는 제도를 겸업주의라고 한다.

10. 금융시장에 대한 규제와 감독은 경쟁을 저해하고 자원배분의 왜곡 및 가격상승을 초래한다는 비판도 있다.

11. 지급결제제도는 개인, 기업, 정부 등 경제주체들의 경제활동에서 발생하는 지급결제가 원활히 이루어지도록 해 주는 제도적 장치를 말한다.

12. 우리나라의 지급결제시스템은 소액결제시스템, 거액결제시스템, 그리고 증권결제시스템으로 나누어진다.

13. 소액결제시스템은 개인이나 기업 등 경제주체들간의 자금이체를 처리하고 그 결과

발생하는 금융기관간의 자금대차 금액을 정산하는 지급결 제시스템이다.

14. 한국은행금융결제망(BOK-Wire+)은 한국은행이 운영하는 지급결제시스템으로서 거액결제시스템이다.

15. 증권결제시스템은 주식이나 채권 거래시 소유권을 이전하고 매매대금을 결제하는 지급결제시스템이다.

16. 예금보험제도는 다수인으로부터 예금을 수입한 금융기관이 은행공황이나 부실경영 등으로 인해 예금의 지급불능사태가 발생할 경우 예금자를 보호하기 위해 예금액의 전부 또는 일부를 대신 지급해 주는 안전장치를 말한다.

17. 예금보호의 기능은 예금보험공사에서 수행한다. 예금보험공사는 예금보험기금을 관리하고 부실금융기관을 정리하는 일을 한다.

18. 예금보험제도는 은행제도와 신용질서유지를 위한 유효한 장치이기는 하지만 그 부작용도 적지 않다. 은행이나 예금고객이 범하기 쉬운 도덕적 해이와 역선택이 발생할 가능성이 있다.

19. 금융위험에는 신용관련위험, 시장관련위험, 경영관련위험이 있다.

20. 신용관련위험에는 신용위험과 국가위험이 있다.

21. 시장관련위험에는 시장위험, 유동성위험, 결제위험이 있다.

22. 경영관련위험에는 법적위험과 운영위험이 있다.

23. 신용보증기관은 담보능력이 미약한 기업의 채무를 보증하여 자금융통을 원활히 하고 신용정보의 효율적인 관리를 위해 설립된 기관이다.

24. 신용보험은 상거래에 있어서 물품 또는 용역을 신용으로 공급하는 채권자가 채무자의 지급불능이나 채무불이행으로 인한 손해발생에 대비하여 가입하는 손해보험이다.

25. 기술보증기금은 중소기업의 기술개발을 촉진하고 담보력이 미약한 기업의 자금조달을 지원하는 기관이다.

26. 신용정보란 거래상대방의 신용도, 신용거래 능력 등을 판단할 수 있는 정보이다. 신용정보업에는 신용조회업, 신용조사업, 채권추심업이 있다.
   • 신용조회업은 신용정보를 수집 및 제공, 처리하는 업무이다.
   • 신용조사업은 개인이나 기업의 신용정보를 조사하여 제공하는 업무이다.
   • 채권추심업은 채권자의 위임을 받아 행하는 채무불이행자의 재산조사, 변제촉구, 변제금수령 업무를 말한다.

27. 신용평가업은 금융투자상품, 기업, 집합투자기구에 대한 신용평가를 통해 신용등급을 부여하는 업무이다.

28. 지급결제지원제도에는 자금중개회사, 금융결제원, 한국예탁결제원이 있다.

- 자금중개회사는 금융기관간의 자금거래 중개를 전문으로 하는 회사이다.
- 금융결제원은 금융공동망, 어음교환시스템, 지로시스템 등 우리나라 대부분의 소액결제시스템을 운영한다.
- 예탁결제제도는 증권시장에서 거래되는 모든 증권을 예탁기관에 예탁시켜 놓고 거래에 따른 결제와 실물증권 이동을 장부에 기재하여 증권발행과 유통을 촉진하는 제도이다.

PART
03

통화와 통화정책

Chapter

10 | 통화의 공급

1. 통화량과 통화지표

우리는 매일 돈을 사용하면서 생활한다. 근로의 대가로 월급을 받고 시장에서 물건을 사고 세금을 내는 등, 모든 경제활동이 돈을 사용함으로써 이루어진다. 국민경제에서 통화의 역할은 인체에서 혈액의 역할로 비유되곤 한다. 혈액이 인체의 각 부분을 순환하면서 영양분을 골고루 보내 주듯이 통화는 공급자와 수요자 사이에서 경제적인 거래를 매개하고 촉진한다.

통 화 량

그런데 돈이라는 것은 경제규모에 비해 시중에 너무 많이 풀려 있으면 그가치가 떨어져 인플레이션이 발생하고, 반대로 너무 적게 풀려 있으면 금리가 상승하고 생산자금이 부족하게 되어 경제활동이 위축된다. 돈이란 개개인에게는 다다익선(多多益善)이지만, 거시적으로는 많다고 반드시 좋은 것이 아니다. 통화량은 물가나 경제활동 수준과 밀접한 관련이 있기 때문에 세계 각국은 거시경제정책 운용에 있어 통화량을 중시하고 있다. 국민경제의 안정적 발전을 위해서는 통화량을 적절히 조절해야 한다.

금본위제도하에서는 화폐의 발행이 실물거래에서의 수요와 연계되어 있었기 때문에 통화량이 자동적으로 조절되었다. 따라서 금본위제도하에서는 통화량에 그리 큰 관심을 기울이지 않아도 되었다. 그러나 관리통화제도하에서는 통화당국이 재량에 의해 통화를 공급하고, 또 인위적으로 통화량을 조절한다. 통화당국은 한 나라의 통화수요가 얼마나 되는가, 그리고 통화가 얼마나 공급되어 있으며 얼마가 더 필요한가를 판단해야 한다. 통화공급의 적정성 여부를 파악하기 위해서는 우선 시중의 통화량을 파악해야 한다.

한국은행을 빠져나간 통화량만 계산하면 될 것 아닌가

우리는 통화량을 논의하면서 이런 소박한 질문을 던질 수 있다. 즉 통화량이라는 것을 측정하기 위하여 그렇게 요란을 떨 것이 아니라 한국은행 문 앞에 서서 한국은행을 빠져나가는 돈만 계산하면 될 게 아닌가 하는 것이다. 우리나라 국민들이 가지고 있는 현금의 액수를 전부 계산하는 번거로움을 거칠 것 없이 한국은행의 문 앞만 지키자는 것이다. 얼른 생각하면 그 말도 일리가 있는 주장 이다. 하지만 문제가 그리 간단하지 않다. 예를 들어, 수표도 화폐의 구실을 하 는데 이 수표는 한국은행 문을 통과하여 나온 것이 아니다. 양도성예금증서(CD) 도 거의 화폐와 동일한 구실을 하는데, 이것 또한 한국은행의 문을 통과하여 세 상에 나온 것은 아니다. 한국은행에서 나온 현금만 화폐인 것이 아니라, 한국은 행 바깥에도 화폐 구실을 하는 것들이 많이 있는 것이다. 그래서 통화량을 측정 하려면 한국은행 바깥에서 만들어져 화폐 구실을 하는 것들까지 파악해서 계산 에 넣어야 한다. 한 나라의 통화량을 계산한다는 것은 복잡하고 어려운 일이다.

무엇무엇이 통화인가: 통화지표

한국은행 바깥에서 생성되는 '화폐 같은 것'들은 과연 무엇 무엇인가.

무엇까지를 통화라고 할 것인가. 예를 들어, 수표를 통화로 계산할 것인가 말 것인가. CD, 기업어음(CP), 민간이 보유하고 있는 미국달러도 계산할 것인가 말 것인가. 그 외에도 또 있다. 흔히 통화라 하면 현금만을 연상하기 쉽지만 은 행예금을 비롯하여 증권회사나 상호저축은행에 맡겨놓은 예수금도 필요한 경우 큰 불편없이 현금으로 바꿀 수 있어서 화폐의 역할을 한다. 현대의 복잡한 지급 결제체계에서 화폐의 구실을 하는 것은 이처럼 여러 가지이다.

'무엇을 통화로 볼 것인가'에 따라 통화의 정의가 달라지고, 통화량이 달라 진다. 통화량을 재기 위해서는 구체적인 기준이 필요하다. 한 나라의 통화량을 파악하는 기준을 통화지표라고 한다. 통화량을 파악하기 위해서는 먼저 통화지 표가 작성되어야 한다. 통화지표는 시중에 돈이 얼마나 풀려 있는가, 즉 통화량 이 얼마인가를 가늠할 수 있는 척도로서 통화정책의 기초자료가 된다. 통화지표 를 작성하기 위해서는 무엇을 돈이라고 볼 것인가, 즉 통화를 어떻게 정의할 것 인가를 먼저 결정하여야 한다.

금융자산 중 무엇을 통화로 보느냐에 따라 통화지표는 달라지게 된다. 뿐만 아니라 일단 정의된 통화지표도 새로운 금융자산이 출현하거나 금융제도가 바뀌게 되면 그 성격이 변하게 되므로 이를 반영하기 위해 새로운 통화지표가 만들어진다. 우리나라에서는 지금까지 구M1, 구M2, M2A, M2B, MCT, M1, M2, Lf, L 등 여러 지표를 만들어 사용해 왔다.

2. 우리나라의 통화지표

현재 우리나라에서 사용하고 있는 통화지표로는 협의통화 M1과 광의통화 M2가 있고, 유동성 지표로는 금융기관유동성 Lf와 광의유동성 L이 있다. 이들 지표는 IMF가 2000년 작성한 통화금융통계메뉴얼에 의한 것이다. 각 지표의 의미와 포괄범위는 다음과 같다.

협의통화, M1

협의통화 M1은 민간이 보유하고 있는 현금과 예금취급기관의 결제성예금 합계로 구성된다. 예금취급기관의 결제성예금이란 예금은행과 비통화금융기관의 요구불예금 및 수시입출식 저축성예금을 말한다. 결제성예금은 현금은 아니지만 수표발행 등을 통해 지급결제수단으로 사용되거나 즉시 현금과 교환될 수 있다는 점에서 현금과 거의 같기 때문에 통화에 포함된다. 협의통화는 화폐의 지급결제수단으로서의 기능을 중시하는 지표이다. 독자 여러분은 화폐란 '일반적으로 통용되는 지불수단'이라는 것을 알고 있을 것이다. 즉 지급성을 가지는 것이 통화이다. 협의통화는 다음과 같이 구성된다.

$$M1 = 현금통화 + 결제성예금$$
$$= 현금통화 + 요구불예금 + 수시입출식 저축성예금(\text{MMF 포함})$$

현금은 가장 유동성이 높은 금융자산이며, 교환의 직접 매개수단으로 사용되는 지폐와 동전 등을 말한다. 단, 기념화폐는 제외된다. 수시입출식 저축성예금이란 글자 그대로 수시입출이 가능한 저축성예금을 말한다. 저축성예금이란 정기예금과 같이 일정한 만기를 가지고 있거나 저축예금과 같이 만기가 없고 수표에 의한 인출이 불가능한 예금으로서 요구불예금에 비하여 높은 이자율이 지급되는 예금이다. 금리자유화 이후에 각 금융기관들은 입출이 자유로운 저축성예금을 많이 개발하였다. 수시입출식 저축성예금에는 비통화금융기관 요구불예수금, 금융기관 수시입출식 저축예금, MMDA(money market deposit account, 시장금리부 수시입출식예금), 투신운용사의 MMF(money market fund, 단기금융투자신탁) 등이 있다. 수시입출식 예금은 각종 자동이체서비스 및 결제기능 등을 갖추고 있어 요구불예금과 마찬가지로 입출금이 자유로운 금융수단이다.

협의통화 $M1$은 유동성이 매우 높은 결제성 단기금융수단으로 구성되어 있어 단기금융시장의 유동성 수준을 파악하는 데 적합한 지표이다. $M1$을 추계할 때 대상이 되는 예금취급기관은 중앙은행, 일반은행, 특수은행, 종합금융회사, 투자신탁운용회사, 은행신탁, 상호저축은행, 새마을금고, 신용협동조합, 상호금융, 우체국예금 등이다.

한편 현금통화(cash)를 C로, 요구불예금·수시입출식 저축성예금(deposit)을 D로 나타내면 $M1 = C + D$의 관계가 된다는 것도 기억해두기 바란다.

광의통화, M2

광의통화 $M2$는 협의통화 $M1$에 준결제성예금을 더한 것이다. 준결제성예금이란 결제성예금보다는 유동성이 낮지만 필요할 경우에는 지급성을 가지는 금융수단을 말한다. 준결제성예금에는 기간물 예적금 및 부금, 시장형 금융상품, 실적배당형 상품, 금융채 등이 있다. 광의통화 $M2$는 다음과 같이 구성된다.

$M2 = M1 +$ 준결제성예금
$\quad = M1 +$ 기간물 예적금 및 부금$+$시장형금융상품$+$실적배당형금융상품
$\quad\quad +$ 금융채$+$기타

기간물 예적금 및 부금이란 예금은행의 정기예금, 적금, 부금, 저축성예금과 제2금융권의 단기저축성예치금을 말한다. 시장형금융상품이란 CD, RP 매도, 표지어음 등을 말한다. 실적배당형금융상품에는 금전신탁, 수익증권, CMA 등이 포함된다. 금융채에는 통화안정증권, 산업금융채권, 장기신용채권이 포함된다. 기타부문은 신탁형 증권저축, 종합금융회사의 발행어음 등을 포함한다. 단, 유동성이 낮은 만기 2년 이상의 금융상품은 제외시킨다.

$M2$에 기간물 정기예적금 및 부금 등 단기 저축성예금뿐만 아니라 시장형

금융상품, 실적배당형 금융상품 등을 포함하는 것은 이들 금융상품이 자산을 증식하거나 미래의 지출에 대비한 일정기간 동안의 저축수단으로 보유되지만, 약간의 이자소득만 포기한다면 언제든지 인출이 가능하여 결제성예금과 유동성 면에서 큰 차이가 없다고 보기 때문이다. 또한 거주자외화예금도 국내에서의 지급결제수단으로는 약간의 제약이 있지만 언제든지 원화로 바뀌어 유통될 수 있기 때문에 $M2$에 포함된다.

$M2$를 추계할 때 대상이 되는 예금취급기관은 중앙은행, 일반은행, 특수은행, 수출입은행, 종합금융회사, 자산운용회사, 은행신탁, 상호저축은행, 새마을금고, 신용협동조합, 상호금융, 우체국예금 등이다.

금융기관유동성, Lf

금융기관유동성 Lf는 은행뿐만 아니라 비은행금융기관까지도 포함하는 전 금융기관의 유동성 수준을 파악할 목적으로 개발된 지표이다. Lf에는 $M2$에 예금취급기관의 만기 2년 이상 정기예적금 및 금융채, 그리고 유가증권 청약증거금, 만기 2년 이상 장기금전신탁 등과 생명보험회사, 증권금융회사 등 기타금융기관의 보험계약준비금, 환매조건부채권매도, 장단기 금융채, 고객예탁금 등이 포함된다. 금융기관유동성 Lf는 다음과 같이 구성된다.

$$Lf = M2 + \text{예금취급기관의 2년 이상 유동성상품} + \text{증권금융 예수금 등}$$
$$+ \text{생명보험회사 보험계약준비금 등}$$

Lf의 추계 대상이 되는 금융기관으로는 $M2$ 대상 예금취급기관인 중앙은행, 일반은행, 특수은행, 수출입은행, 종합금융회사, 자산운용회사, 은행신탁, 상호저축은행, 새마을금고, 신용협동조합, 상호금융, 우체국예금과 함께 한국증권금융 및 생명보험회사 등이 포함된다. 그러나 정부, 기업 등 Lf 대상 금융기관 이외의 기관이 발행한 국공채, 회사채 등 유가증권은 제외된다.

광의유동성 L

광의유동성 L은 Lf에 정부나 기업이 발행한 유동성 시장금융상품을 더한 것

그림 10-1 • 통화 및 유동성 지표별 구성 내역(2017년 12월말 현재)　　(단위 : 조 원)

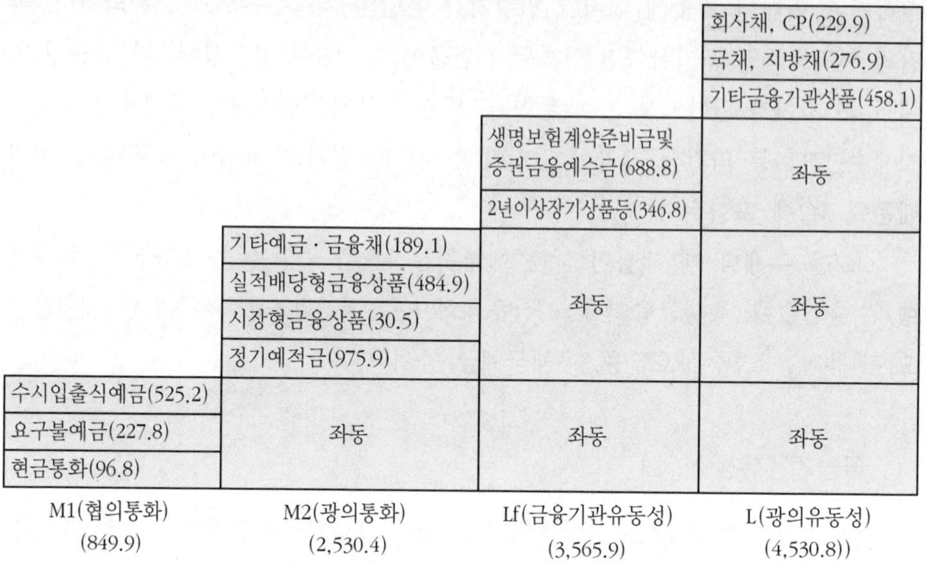

M1(협의통화) (849.9)	M2(광의통화) (2,530.4)	Lf(금융기관유동성) (3,565.9)	L(광의유동성) (4,530.8))
			회사채, CP(229.9)
			국채, 지방채(276.9)
			기타금융기관상품(458.1)
		생명보험계약준비금및 증권금융예수금(688.8)	좌동
		2년이상장기상품등(346.8)	
	기타예금 · 금융채(189.1)		
	실적배당형금융상품(484.9)		
	시장형금융상품(30.5)	좌동	좌동
	정기예적금(975.9)		
수시입출식예금(525.2)			
요구불예금(227.8)	좌동	좌동	좌동
현금통화(96.8)			

이다. 광의유동성 L의 구성은 다음과 같다.

$L = Lf +$ 정부 및 기업이 발행한 유동성 시장금융상품(증권회사 RP, 여신
　　전문기관의 채권, 예금보험공사채, 자산관리공사채, 자산유동화전문회사의
　　자산유동화증권, 국채, 지방채, 기업어음, 회사채 등)

〈그림 10-1〉은 우리나라 통화지표 및 유동성지표별 구성 내역이다. 무엇을
통화로 볼 것인가에 따라 통화량이 큰 차이를 보인다.

section 02 • 통화의 공급

1. 통화공급의 의의

화폐의 일생을 한 번 생각해 보자. 화폐는 조폐창에서 인쇄되어 중앙은행인
한국은행의 금고로 들어온다. 이때까지는 화폐가 아니라 인쇄된 종이뭉치에 불

과하다. 이 인쇄물이 한국은행 밖으로 나가야 화폐가 된다. 한국은행에서 화폐가 밖으로 나가는 경로로는 정부부문, 은행부문, 해외부문, 그리고 기타부문이 있다. 네 가지 경로를 통하여 한국은행 밖으로 나간 화폐는 시중에서 유통되어 '돈'다. 그러다가 너무 낡아서 사용이 불편하게 되면 한국은행으로 돌아와 폐기되고 동액의 새로운 화폐가 다시 나간다.

통화발행

조폐공장에서 화폐로 인쇄되어 중앙은행에 들어온 지폐는 아직 화폐가 아니다. 이 종이뭉치를 미발행(未發行)화폐라고 한다. 중앙은행이 보관하고 있는 미발행화폐가 정부나 금융기관 등 통화공급경로를 통하여 중앙은행 밖으로 나가 시중에 공급되는 것을 '통화발행'이라고 한다. 미발행화폐는 한국은행 출납창구를 통하여 '발행'됨으로써 법화(法貨)로서의 지위를 인정받아 화폐로서의 기능을 발휘하게 된다.

중앙은행 밖으로 나간 지폐 및 동전 등 화폐의 총량을 통화발행액(bank notes & coins issued)[1]이라고 한다. 중앙은행이 발행한 화폐, 즉 중앙은행 창구를 빠져나간 화폐의 일부는 민간이나 기업이 현금으로 보유하고, 나머지는 지급준비금의 형태로 은행에 시재금으로 남게 된다. 중앙은행 밖으로 나온 통화의 총량, 즉 통화발행액은 다음과 같다.

통화발행액 = 민간보유현금 + 금융기관시재금

다시 말해서 통화발행액은 중앙은행 밖으로 나온 모든 현금의 합계이다.

본원통화

통화공급을 논의할 때 자주 사용되는 용어가 '본원통화(RB: reserve base)'이다. 본원통화란 '중앙은행의 통화성 부채'라고 정의된다. 그러나 본원통화를 이렇게 정의해도 그 의미는 잘 드러나지 않는다. 우선 본원통화가 어떻게 구성되어

---

1 화폐의 발행은 화폐제도하에서 통용되는 화폐를 발급하는 사항을 말하고, 통화발행이란 통화가 한국은행의 바깥으로 공급되는 현상을 말한다.

있는가를 파악하여 그 개념에 접근해 보자.

본원통화는 중앙은행이 공급한 통화로, 통화발행액과 예금은행이 중앙은행에 예치한 지급준비예치금의 합계이다. 중앙은행이 예금은행에 대출을 하고, 외환을 매입하며, 정부에 대출하는 경우 본원통화가 공급된다. 이렇게 공급된 통화의 일부가 예금으로 들어올 경우, 은행은 예금의 대부분을 대출에 운용하고 일부는 지급준비금으로 보유한다. 한편 대출된 자금은 다시 예금의 형태로 은행에 돌아온다. 이처럼 대출과 예금 과정이 반복되면서 신용과 예금창출이 이루어지게 된다. 통화지표에서 보았듯이 예금은 예금통화라고 하여 통화의 범주에 들어간다. 중앙은행이 공급한 본원통화는 예금통화를 파생시키는 기초가 된다. 본원통화는 예금통화를 창출하는 기능이 있기 때문에 고성능화폐(high-powered money)라고도 부른다.

한편, 지급준비금이란 예금을 받아들인 은행이 인출요구에 대비하기 위하여 준비해 둔 금액을 말한다. 은행은 될 수 있으면 많은 이자수입을 올리기 위하여 예금 전액을 대출하고 싶겠지만, 어느 정도의 금액은 지급준비를 위하여 시재금으로 보관하도록 법제화되어 있다. 은행은 지급준비금을 직접 보유하거나 중앙은행에 맡기기도 한다. 은행에 직접 보관하는 돈을 시재금이라고 하고, 중앙은행에 맡기는 돈을 지급준비예치금, 줄여서 지준예치금이라고 한다. 즉 지급준비금은 [시재금＋지준예치금]으로 구성된다.

본원통화는 민간이 보유하거나 은행에 시재금으로 남아 있거나, 중앙은행에 지급준비예치금 형태로 보관된다. 이 내용을 종합하면 본원통화는 다음과 같이 나타낼 수 있다.

본원통화(RB) ＝ 통화발행액＋지급준비예치금
＝ 민간보유현금＋금융기관시재금＋지급준비예치금
＝ 민간보유현금＋지급준비금

〈그림 10-2〉는 통화발행과 본원통화와의 관계이다. 한국은행 밖으로 나온 현금은 발행된 통화이다. 발행된 통화는 민간이 현금으로 보유하거나 은행에 시재금으로 머물러 있게 된다. 그런데 은행은 지급준비금을 자기 은행에만 두지 않는다. 지급준비금 중 일부는 시재금으로 자기은행에 직접 보유하지만 나머지 대

그림 10-2 • 통화발행과 본원통화

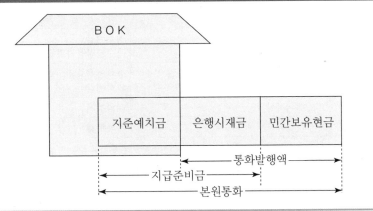

부분은 중앙은행에 예치하며, 이 예치금이 지급준비예치금이다. 지준예치금은 중앙은행의 금고 안에 있지만 은행 소유이고, 이를 토대로 신용창조가 이루어진다. 본원통화는 통화량 크기를 결정하는 핵심적 역할을 한다.

민간보유현금을 C, 지급준비금을 R이라고 하면 본원통화 B는 다음과 같이 나타낼 수 있다.

$$B = C + R$$

이 식 또한 통화승수 계산에 중요한 역할을 하니 잘 기억해 두도록 하자.

2. 중앙은행의 본원통화 공급

화폐가 중앙은행 밖으로 나가는, 다시 말해서 본원통화가 공급되는 통로는 정부부문, 은행부문, 해외부문, 그리고 기타부문의 네 가지 통로가 있다. 이 통로를 본원통화 공급경로라고 한다. 본원통화 공급경로는 중앙은행의 대차대조표를 보면 한 눈에 알 수 있다.

〈표 10-1〉은 한국은행의 대차대조표를 대표적인 항목만 분류하여 간단하게 나타낸 것이다. 이 표에는 대차대조표의 모든 항목이 정부부문, 금융부문, 해외부문으로 분류되고 나머지 항목은 모두 기타부문으로 묶어 전부 4개 부문으로 구분되어 있다. 자산계정의 주요 항목은 정부증권과 정부차입, 금융기관에 대한

표 10-1 ● 한국은행의 대차대조표		
	자 산	부 채
정부부문	정부대출금, 국채 정부대행기관대출금	정부예금 특수자금융자기금
금융부문	금융기관대출금, 특별금융채권 외화예치금	통화안정증권, 통화안정계정 외화예금
해외부문	해외자산	해외부채
기타부문	기타자산	기타부채

대출, 한국은행의 외화자산, 금을 포함한 기타자산 등이다. 부채계정의 주요 항목은 중앙은행에 의해 발행된 화폐, 정부예금, 금융부문에 대한 부채, 해외부문 부채, 그리고 기타부문에 포함되는 부채 등이 있다.

정부부문

정부부문은 본원통화 공급의 주요 통로이다. 정부부문을 통한 본원통화 공급은 정부대출금, 국채의 매입, 정부대행기관대출 등을 통해서 이루어진다. 정부부문을 통한 본원통화량의 증감은 중앙은행의 대차대조표에서 순대정부 대출잔고의 증감으로 나타난다. 순대정부 대출잔고는 중앙은행의 자산항목인 대정부 대출잔고에서 중앙은행의 부채 항목인 정부예금잔고를 공제한 잔액이다. 정부부문에 의한 본원통화 공급량은 다음과 같다.

정부부문 본원통화＝대정부대출금잔고＋중앙은행보유국채잔고
－정부예금잔고

대정부 대출방식에는 대출금과 국채매입의 두 가지 형태가 있다. 일반적으로 정부의 재정적자 보전방법으로는 중앙은행차입, 국·공채발행, 정부예금 인출 등이 있다. 중앙은행차입의 방법으로 정부가 자금을 조달하는 것을 인플레이션적 (inflationary) 자금조달이라 한다. 정부가 중앙은행에서 차입하면 통화량이 증가하기 때문이다. 반면 민간부문에서 자금을 조달하는 것을 비(非)인플레이션적 자금 조달이라고 한다. 민간부문에서 자금을 조달하면 국내 통화량에는 변화가 없기 때문이다.

금융부문

중앙은행은 예금은행에 재할인과 대출을 통하여 본원통화를 공급한다. 재할인이란 예금은행이 고객에게 할인한 상업어음을 중앙은행이 다시 할인하여 자금을 공급하는 것을 말한다. 예금은행이 고객에게 일단 할인해 준 상업어음을 중앙은행으로부터 다시 할인받는 것이므로 재할인이라고 한다. 중앙은행대출이란 예금은행이 상업어음이나 정부증권 등을 담보로 하여 중앙은행에서 자금을 차입하는 것이다.

예금은행이 중앙은행으로부터 재할인이나 대출에 의하여 차입을 하면 중앙은행은 예금은행의 지급준비예치금을 차입액만큼 늘려 주는 조치를 취한다. 중앙은행으로부터 차입에 의하여 확보된 지급준비를 차입지급준비라고 한다. 예금은행이 중앙은행에서 발행하는 통화안정증권을 매입하면 중앙은행의 대차대조표상 지급준비금이 감소하므로 본원통화량이 감소한다. 중앙은행이 정책적으로 일정금액을 지급준비예금계정으로부터 통화안정증권계정으로 이체시켜도 본원통화량이 감소한다. 금융부문을 통한 본원통화 공급량은 다음과 같다.

금융부문 본원통화＝대예금은행대출금잔고－통화안정계정잔고
－통화안정증권잔고

해외부문

중앙은행의 외환매입량이 매각량보다 많으면 본원통화 공급이 증가한다. 즉 중앙은행이 보유하는 순(純)해외자산의 증감에 따라 본원통화가 증감되는 것이다. 여기서 말하는 중앙은행의 순해외자산은 해외부문에 대한 중앙은행의 자산에서 해외부문에 대한 중앙은행의 부채를 제한 것이다. 해외부문에 의한 본원통화 공급량은 다음과 같다.

해외부문 본원통화＝해외자산－해외부채＝수출－수입＋해외현금차관

수출은 본원통화 공급의 증가요인이고 수입은 감소요인이다. 수출로 획득한 외화는 은행을 통하여 중앙은행에 매각되고 그 결과 중앙은행의 해외자산이 증가하는 한편, 본원통화 공급이 이루어진다. 무역수지흑자가 계속되면 인플레이션

을 수반하기도 하는데, 이는 획득된 외화가 중앙은행에 들어가고 대신 원화로 통화공급이 이루어져서 본원통화량이 증가하기 때문이다. 반면에 무역수지적자가 발생하면 본원통화량이 감소한다.

기타 부문

본원통화 공급에 있어서 기타부문이란 앞에서 설명한 세 가지 부문에 해당되지 않은 나머지 부문을 말한다. 기타부문에는 중앙은행의 고정자산 취득이나 매각, 자본금 변동 등이 있다. 예를 들어, 중앙은행이 자본금을 증자하면 시중의 돈이 은행으로 들어와 통화가 환수된다. 중앙은행이 건물이나 집기 등 고정자산을 취득한다면 본원통화가 공급되는 결과를 가져온다.

금융기관 이외의 민간에 대한 중앙은행대출은 그 액수가 매우 적으므로 기타부문에 포함되며 한국은행이 매입한 지금은(地金銀)도 같은 관점에서 기타부문에 포함된다.

section 03 • 예금창조와 통화승수

중앙은행 당국이 공급한 본원통화가 훨씬 많은 양의 통화로 팽창하는 현상을 통화창출이라고 하고, 이 통화창출을 통하여 통화가 배가되는 수치를 통화승수라고 한다. 통화량은 통화창출을 통하여 본원통화의 승수배(乘數倍)만큼 증가하게 되는 것이다.

앞 절에서 '무엇을 통화로 보느냐'에 따라 통화량이 큰 폭으로 달라지는 것을 보았다(〈그림 10-1〉 참조). 이 절에서는 각 통화지표가 나타내는 통화량과 본원통화량을 비교해보자. 참고로 2017년 말 우리나라 본원통화량은 155조 8,810억 원이었다. 〈표 10-2〉는 각 지표별 통화량이 본원통화량의 몇 배로 팽창되었는가를 보인다. 협의통화 $M1$은 849조 8,624억 원으로 5.5배, 광의통화 $M2$는 2,530조 3,536억 원으로 16.2배, 금융기관유동성 Lf는 3,565조 8,927억 원으로 22.9배. 특히 광의유동성 L은 4,551조 3,746억 원으로 무려 29.2배에 달한다. 어떤 메커

표 10-2 • 우리나라 통화지표별 통화량과 통화승수(2017년 말 기준)

통화지표	협의통화 M1	광의통화 M2	금융기관유동성 Lf	광의유동성 L
통화량 (M, 10억 원)	849,862.4	2,530,353.6	3,565,892.7	4,551,374.6
통화승수 (M/B)	5.5	16.2	22.9	29.2

주: 2017년 말 본원통화량(B) 155조 8,810억 원 기준
자료: 한국은행 경제통계시스템

니즘이 있어서 통화량을 이토록 팽창시키는 것일까?

1. 예금창조

중앙은행으로부터 본원통화가 공급되면 대부분의 자금은 은행에 예치된다. 예치된 자금은 대출되고, 대출된 자금은 다시 예금의 형태로 은행에 되돌아온다. 본원통화가 공급되어 최초로 은행에 들어오는 예금을 본원적 예금이라고 하며, 대출된 뒤에 다시 은행으로 돌아오는 예금을 파생적 예금이라고 한다. 파생적 예금이 발생하면 은행 전체로 보아 예금 총액이 증가하게 된다. 파생적 예금이 발생하면 이는 마치 새로운 예금이 창조되는 것처럼 보이기 때문에 이를 예금창조(deposit creation)라고 한다.

예금창조: 본원통화가 공급되어 은행에 예치되고 대출되면서 파생적 예금이 발생하여 예금총액이 증가하게 되는 현상

은행의 요구불예금, 특히 당좌예금은 지급수단 역할을 한다. 당좌예금은 언제든지 수표를 발행하여 화폐와 같은 기능을 발휘할 수 있는 것이다. 그래서 이러한 예금을 예금화폐 또는 예금통화라고 부른다. 예금을 통화량의 범주에 넣는 것은 그러한 연유에서이다.

은행이 예금자의 인출 요구에 응할 수 있기 위해서는 시재금을 준비하고 있어야 한다. 그러나 예금액 전부를 보유하고 있을 필요는 없다. 예금에는 체류성과 연속성이 있기 때문이다. 은행예금은 인출되는 계좌가 있는가 하면, 예치되는 계좌가 있기 마련이다. 그래서 은행은 총예금액의 일정비율만을 지급준비해 두고 나머지 대부분은 대출할 수 있다.[2] 대출된 자금이 다시 은행에 예치되어 새로

운 예금이 생기면 그만큼 예금통화의 증가를 가져온다. 이 새로운 예금도 그 예금의 일정률에 해당하는 금액만을 지급준비로 보유하고 나머지는 대출할 수 있다. 이러한 과정이 반복됨으로써 일정액의 본원적 예금 외에도 파생적 예금이 발생하고 이와 같은 예금창조를 통해 경제권에는 공급된 본원통화보다 훨씬 많은 통화가 유통하게 되는 것이다. 예금창조는 신용창조라고도 한다.

파생적 예금의 생성과정

예금은행 조직이 중앙은행에서 공급한 본원통화를 바탕으로 예금통화를 창조하는 과정을 구체적으로 알아보자. 甲이라는 사람이 한국은행에 사무용품을 납품하고 받은 현금 10,000원을 A은행에 모두 요구불예금으로 예금하였다고 하자. 예금을 받아들인 A은행의 대차대조표는 다음과 같다.

A 은행

현금	10,000	요구불예금	10,000

은행에 최초로 들어온 이 예금은 본원적 예금이다.

A은행은 甲이 최초로 예금한 본원적 예금 중에서 법정지급준비금 1,000원을 남기고 나머지 9,000원을 乙이라는 사람에게 대출하고, 乙은 그 돈을 자기가 거래하는 B은행에 예금한다고 하자. B은행의 대차대조표는 다음과 같다.

B 은행

현금	9,000	요구불예금	9,000

예금 9,000원은 은행조직에 의하여 새로이 창출된 것이다. 다시 말하면 은행조직에 의하여 본원적 예금에서 파생된 예금이다.

파생된 예금 9,000원을 받아들인 B은행은 법정지급준비금 900원을 남기고 나머지 8,100원을 丙에게 다시 대출한다. 丙이 그 돈을 자기가 거래하는 C은행에 예금한다고 하자. C은행의 대차대조표는 다음과 같다.

---

2 이러한 대출영업원리를 Goldsmith's principle이라고 한다는 것을 1장 2절에서 자세히 설명하였다.

C 은행

현금	8,100	요구불예금	8,100

　　은행조직 전체로 보면 요구불예금 8,100원이 또 생겼다. 은행조직에 두 번째 파생적 예금이 생긴 것이다. 이러한 예금의 창조는 여기서 끝나지 않는다. 다시 C은행은 법정지급준비금을 남기고 누군가에게 대출하고, 그것이 D은행에 예금되어 또다시 예금이 창조된다. 이와 같이 예금 → 대출 → 예금 → 대출 → 예금의 경로를 밟아 수많은 은행들을 통하여 예금창조가 끊임없이 일어날 수 있다.

　　은행조직에 의한 예금창조 과정을 한 눈에 볼 수 있게 만든 것이 〈표 10-3〉이다. 예금창조가 끝난 결과 10,000원의 본원적 예금을 바탕으로 하여 총 90,000원의 파생적 예금이 창조되었다. 본원적 예금과 모든 파생적 예금을 합한 총예금은 100,000원에 이르고 있다. 총예금은 $10,000 + (10,000 \times 0.9) + (10,000 \times 0.9^2) + \cdots = \dfrac{10000}{1 - 0.9} = 100,000$원으로 계산된다. 총예금은 법정지급준비율을 0.1로 가정하여 산출된 것이다.

　　법정지급준비율을 r이라고 하면 총예금은 본원적 예금의 $\dfrac{1}{r}$배로 증가한다. 이와 같은 예금의 생성과정을 예금창조라고 하는 것이다. 요구불예금은 통화 $M1$의 구성항목이다. 요구불예금이 증가한다는 것은 통화가 증가한다는 것이 된다. 요구불예금의 창조는 결국 통화창조가 되는 것이다. 한편, $\dfrac{1}{r}$배라는 식을 볼 때, 예금창조액의 크기는 지급준비율의 크기와 반비례한다는 것을 알 수 있다.

　　예금창조의 과정이 성립하기 위해서는 몇 가지의 가정이 필요하다.

　　첫째, 이 경제권에는 요구불예금만 있고 저축성예금은 없다. 둘째, 은행조직

표 10-3 ● 예금은행조직에 의한 예금의 창조		(지급준비율=0.1=r, 본원예금=10,000)	
은행	**예금(D)**	**대출(L)**	**법정지급준비금(R)**
A	10,000	9,000	1,000
B	9,000	8,100	900
C	8,100	7,290	810
D	7,290	6,561	729
·	·	·	·
·	·	·	·
·	·	·	·
총계	100,000	90,000	10,000

바깥으로 현금이 빠져나가지 않고 대출받은 돈은 반드시 은행에 다시 예금으로 돌아온다. 셋째, 은행은 법정지급준비금만큼만 간직하고 나머지는 모두 대출한다. 즉 초과지급준비금을 보유하지 않는다. 넷째, 이 경제권에는 항상 대출수요가 존재한다.

2. 통화승수

이제 우리는 통화승수를 계산해 낼 수 있는 준비를 갖추게 되었다. 지금까지 준비된 분석도구를 가지고 통화승수를 구하여 보자. 위에서 설명한 내용 중 통화승수와 관계있는 식들은 다음과 같다.

$B = C + R$ 본원통화는 민간보유현금과 지급준비금의 합계

$M = C + D$ 통화는 민간보유현금과 요구불예금 · 수시입출식 저축성예금의 합계

앞의 가정 중에는 예금은행조직 바깥으로 현금이 빠져나가지 않는다는 내용이 있다. 대출받은 돈은 반드시 은행에 다시 예금된다는 것이다. 현금이 은행조직 바깥으로 빠져나가는 것을 '현금누출(現金漏出)'이라고 한다. 통화승수이론에서는 은행의 입장에서 통화의 흐름을 분석한다. 그래서 대출받은 돈의 일부를 민간이 현금으로 간직하면 그것을 현금누출이라고 본다. 사람들이 대출받은 돈 중 조금도 현금으로 자기 지갑에 남기지 않고 모든 금액을 다시 은행에 예금한다는 것은 현실적인 가정이 아니다. 즉 누구나 대출받은 돈 중에서 어느 정도의 현금은 거래 또는 예비적 필요에 의하여 자기 지갑에 간직하고자 할 것이다.

현금누출이 없다는 가정은 단지 통화승수를 계산하는 기본 모형을 만들기 위한 가정일 뿐이다. 통화승수 계산에는 먼저 현금누출이 없다는 가정을 하여 모형을 설정한 다음 좀 더 현실적인 가정, 즉 현금누출이 있는 경우를 분석한다.

(1) 현금누출이 없는 경우

우리는 앞에서 예금창조의 과정을 분석하였다. 경제권에 요구불예금만 있고 저축성예금은 없으며, 현금누출이 없고, 은행은 초과지급준비금을 보유하지 않으

며, 항상 대출수요가 존재한다고 가정하면 총예금승수는 $\frac{1}{r}$이었다. 통화승수는 통화량이 본원통화의 몇 배인가를 알아보는 승수이다. 통화승수(m)는 통화량 M을 본원통화(B)로 나누어 구한다.

먼저 협의통화 $M1$에 대한 통화승수를 구해 보자. 협의통화는 민간보유현금과 요구불예금·수시입출식 저축예금의 합계이다. 그런데 현금누출이 없다고 가정하였으므로 민간보유현금은 없다. 따라서 통화량은 요구불예금·수시입출식 저축예금의 합계이다.

$$M = C + D = 0 + D = D \quad (C = 0이므로)$$

다음으로 본원통화는 어떻게 구성되는가. 현금누출이 없는 경제권 내에 본원통화가 공급되면 모두 은행에 예금된다. 즉 본원통화는 모두 본원적 예금이 된다. 본원적 예금의 크기와 본원통화의 크기가 같다.

본원적 예금(＝본원통화)을 B라 하면 통화승수$\left(\frac{M}{B}\right)$는 총예금승수$\left(\frac{D}{B}\right)$로 구할 수 있다.

$$\frac{M}{B} = \frac{D}{B} = \frac{1}{r}$$

이 식은 현금누출이 없다는 가정하에서 산출된 것이다. 이제 가정을 완화하여 좀 더 현실성이 있는, 즉 현금누출이 있는 경우를 생각해 보자.

(2) 현금누출이 있는 경우

현금누출이 있다는 말은 민간이 현금을 보유한다는 말이다. 대출해 간 현금을 전부 은행에 예금하지 않고 일부를 현금으로 소지하는 경우이다. 사람들은 화폐자산을 현금과 예금으로 나누어 보유하는 것이 보통이다. 현금과 예금의 비율은 사람마다 다르겠지만, 사회 전체로는 어느 정도 일정한 비율을 유지한다고 본다. 예금에 대한 현금의 비율을 현금선호비율이라고 한다. 민간보유현금을 C, 현금선호비율을 c라고 하면 C는 요구불예금·수시 입출식 저축성예금 D에 대하여 다음과 같은 관계를 갖는다.

$$C = cD$$

그리고 법정지급준비율을 r이라고 하면 지급준비금 R은 요구불예금·수시입출식 저축성예금의 r배이다. 지급준비금과 예금은 다음과 같은 관계를 갖는다.

$$R = rD$$

앞에서 설명한 바와 같이 민간보유현금을 C, 지급준비금을 R이라고 하면 본원통화 B는 다음과 같다.

$$B = C + R$$

그런데 $C = cD$이고 $R = rD$이므로

$$B = C + R = cD + rD$$

한편 협의통화 $M1$은 민간보유현금(C)과 요구불예금·수시입출식 저축성예금(D)의 합계이다.

$$M = C + D = cD + D$$

이렇게 해서 본원통화와 통화량의 구성내역을 분석하였다. 이제 통화승수를 구하는 일만 남았다. 통화승수는 '통화량이 본원통화의 몇 배인가'를 나타낸다. 통화승수 m은 다음과 같이 계산된다.

$$m = \frac{M}{B} = \frac{cD + D}{cD + rD}$$

$$= \frac{c + 1}{c + r}$$

주의할 것은 이 통화승수가 여러 가지 엄격한 가정하에서 도출된 것이라는 점이다. 은행이 초과지준(超過支準)을 보유하거나 저축성예금과 기타 다른 실적상품들을 고려하면 통화승수는 달라진다.

예제

울산광역시의 통화수요를 감안하여 한국은행에서는 520억 원을 들여 울산

지점을 개설하였다. 우리나라 통화량의 증감효과는 얼마인가. 단, 지급준비율은 3%이고 예금 및 예수금에 대한 민간 현금보유비율은 10%이다.

[풀이] $520(억) \times \dfrac{1+0.1}{0.1+0.03} = 4,400(억 \ 원)$

[답] 4,400억 원 증가

(3) 통화승수 크기의 변화 요인

통화승수를 계산하는 공식에는 현금보유비율 c와 지급준비율 r이 들어 있다. 민간 현금보유비율과 은행 지급준비율이 변하면 통화승수의 크기가 달라진다는 의미이다.

1) 현금보유비율

현금보유비율의 변화에 대하여 통화승수가 어떻게 반응하는가는 다음과 같이 변화율을 구하여 보면 알 수 있다.

$$\frac{\partial m}{\partial c} = \frac{c+r-(1-c)}{(c+r)^2}$$

$$= \frac{r-1}{(c+r)^2} < 0$$

(왜냐하면 $r < 1$)

통화승수는 현금보유비율에 대하여 감소함수로 나타난다. 우리가 상식적으로 생각하여도 민간부문에서 현금을 많이 보유하게 되면 은행에서의 예금창조액이 감소하게 될 것이다. 따라서 통화승수의 크기도 작아지는 것이다.

$c \uparrow m \downarrow \qquad \ominus$

민간인들이 지갑에 현금을 많이 소지하면 통화승수는 작아지고 광의의 통화량은 감소하게 된다. 현금선호 경향이 높은 민족의 통화승수는 지갑에 현금은 거의 없고 수표를 주로 사용하는 민족의 것보다 작으리라는 것을 짐작할 수 있다. 전자화폐가 발달하면 사람들의 현금보유비율은 더욱 작아질 것이고 대신 은행예금은 증가할 것이다. 따라서 통화승수가 커지리라는 것을 알 수 있다.

2) 지급준비율

$r \uparrow m \downarrow \quad \ominus$

법정지급준비율이 증가하면 통화승수는 작아진다. 법정지급준비율이 변하지 않더라도 은행이 초과지준을 많이 쌓아두면 통화승수가 작아진다. 이렇게 지급준비율이 통화승수의 크기에 영향을 끼친다는 사실은 지급준비율이 정부의 통화량 조절을 위한 정책수단이 될 수 있다는 것을 말해 준다. 실제로 정부가 자금공급을 늘려 경기를 부양하려면 지급준비율을 낮춘다. 그리고 자금환수가 필요하면 지급준비율을 높인다.

Summary

1. 통화량은 시중에 유통되고 있는 통화의 양을 측정한 것으로 물가나 경제활동수준과 밀접한 관련이 있기 때문에 거시경제정책 운용에 있어 중요한 지표가 된다.
2. 통화지표는 시중에 돈이 얼마나 풀려 있는가를 가늠할 수 있는 척도로서 통화정책의 기초자료가 된다.
3. 현재 우리나라에서는 다양한 금융자산 중 무엇을 돈으로 보느냐에 따라 $M1$, $M2$, Lf, L 등 네 종류의 통화지표를 편제하고 있다.
    - $M1$ = 현금통화 + 요구불예금 + 수시입출식 저축성예금
    - $M2$ = $M1$ + 기간물 정기예·적금 및 부금(단, 만기 2년 이상 제외) + 시장형 상품 + 실적배당형 상품 + 금융채 + 투신증권저축 및 종금사 발행 어음
    - Lf = $M2$ + 예금취급기관 2년 이상 유동성상품 + 증권금융예수금 등 + 생명보험회사 보험계약준비금 등
    - L = Lf + 정부 및 기업이 발행한 유동성상품 등
4. 통화발행액이란 중앙은행 밖으로 흘러나온 통화의 총량을 말하며 다음과 같이 표현할 수 있다.
$$\text{통화발행액} = \text{민간보유현금} + \text{금융기관시재금}$$
5. 본원통화란 중앙은행이 공급한 통화로 예금창조의 기초가 된다. 고성능화폐라고도 한다.
$$\text{본원통화}(RB) = \text{통화발행액} + \text{지급준비예치금}$$
$$= \text{민간보유현금} + \text{금융기관 시재금} + \text{지급준비예치금}$$
$$= \text{민간보유현금} + \text{금융기관 지급준비금}$$
6. 본원통화가 공급되는 경로는 정부부문, 은행부문, 해외부문, 그리고 기타부문이다.
7. 예금창조란 중앙은행으로부터 본원통화가 공급되어 본원적 예금으로 경제권에 들어오게 될 때 파생적 예금이 발생하여 예금 총액이 본원통화의 몇 배에 해당하는 규모로 증가하게 되는 현상을 말한다.
    - 은행시스템에 최초로 들어온 예금을 본원적 예금(primary deposit)이라 한다.
    - 파생적 예금(derived deposit)이란 은행조직 밖으로부터 현금이 들어오지 않고, 대출 등을 통하여 그 안에서 생기게 된 예금을 말한다.

8. 중앙은행이 공급한 현금이 은행조직 바깥으로 빠져나가 민간이 보유하는 것을 현금누출이라고 한다.

9. 예금에 대한 민간현금보유비율을 현금선호비율이라고 한다.

10. 통화승수란 예금창조과정을 거친 통화량이 본원통화의 몇 배로 팽창하는가를 나타내는 지표이다. 통화승수를 m, 민간 현금보유비율을 c, 지급준비율을 r이라 하면 통화승수는 다음과 같이 구한다.

$$m = \frac{1+c}{c+r}$$

• 법정 지급준비율이 커지면 통화승수가 작아진다.
• 민간현금보유비율이 커지면 통화승수가 작아진다.

Exercises

극심한 소비침체를 타개하기 위해서 한국은행은 5,000억 원을 방출하기로 하였다. 통화량 증감효과는 얼마일까? 단, 지급준비율은 3%, 예금에 대한 민간현금보유비율은 10%이다.

해답

$$통화증가량 = 5,000억 \times \frac{1 + 0.1}{0.1 + 0.03}$$

$$= 4,230,769,231,000$$

약 4조 2천 3백억 원 증가

Chapter

11 | 통화의 수요

통화수요란 사람들이 얼마나 많은 통화를 간직하려 하는가를 말한다. 통화시장의 균형은 통화의 공급과 수요가 일치할 때 이루어진다. 따라서 통화수요를 파악하여야 적절한 통화량을 정책적으로 결정할 수 있다.

역사적으로 통화수요의 메커니즘을 구명하려는 많은 연구가 이어져 왔다. 가장 선구적인 통화수요이론은 케임브리지학파에 의한 통화잔고방정식이다. 그 외에 케인즈의 유동성선호이론에 의한 통화수요 설명, 프리드만(M. Friedman)의 신통화수요함수 등이 통화수요이론으로 주요한 위치를 점하고 있다.

한편 피셔의 교환방정식도 통화수요방정식 역할을 한다.

1. 교환방정식과 통화수요

고전학파에서는 통화수요를 명시적으로 표시하거나 설명하지는 않았다. 그러나 피셔(I. Fisher)의 교환방정식을 분석하면 고전학파 경제학자들의 통화수요에 대한 시각을 알 수 있다.

(1) 교환방정식과 물가의 결정

물가수준이 통화공급량에 비례한다고 주장하는 고전학파 경제학자들의 이론을 통화수량설이라고 한다. 그런데 통화수량설은 물가결정원리만 설명해 주는 것이 아니라 부수적으로 통화공급, 통화수요, 균형국민소득수준 결정 등 여러 가지 경제현상을 분석하고 설명해 준다. 통화수량설에 기반을 두고서 물가를 설명해 주는 방정식이 있는데, 바로 교환방정식이다. 교환방정식은 실물거래량과 유통속도를 도구로 하여 통화량과 물가와의 관계를 설명해 주는 항등식이다.

일정기간 내의 거래량을 T(transaction), 통화량을 M, 물가를 P, 화폐의 유통속도를 V(velocity)라 하면 이들은 다음과 같은 항등 관계이다.

$$MV \equiv PT$$

대통령의 화폐금융론

1982년 李·張[1] 사채파동이 있었던 여름, 진해 휴가중에 숲대통령은 청와대 출입기자들을 모아놓고 한바탕 경제학 강의를 펼쳤다. 그는 불쑥 '여러분 중에 $MV = PT$가 무엇인지 아는 사람이 있느냐'고 물었다. 아는 기자가 아무도 없음을 확인한 숲대통령은 자신의 지식을 뽐내듯이 설명해 나갔다.

"돈의 양(量)인 M이 크다고 해서 물가가 반드시 오르는 것이 아니다. 돈이 얼마나 풀리느냐도 중요하지만 돈이 도는 속도(V)가 어떤지도 함께 따져야 한다. 따라서 돈이 좀 늘어나도 돈의 회전속도가 떨어진다면 M 곱하기 V는 마찬가지가 되는 셈이므로 물가에는 별다른 영향을 미치지 않게 되는 것이다…" 모두가 정치부 기자들인 청와대 기자들로서는 대통령의 이와 같은 논리정연한 화폐금융론 강의에 그저 감탄(?)을 금치 못할 뿐이었다. 이 설명은 당시 李·張 사건으로 총통화증가율이 36%선을 넘어설 정도로 뭉칫돈을 풀 수밖에 없게 되자 경제관료들이 궁여지책으로 끌어낸 합리화 논리였고, 대통령에게도 역시 그렇게 가르쳤던 것이다.

－이장규 저, 「경제는 당신이 대통령이야」에서－

이 식이 피셔의 교환방정식이다. 항등식인 교환방정식은 편의상 방정식 $MV = PT$의 형태로 사용하여 분석한다. 교환방정식에 나오는 통화유통속도 V는 일정한 기간에 돈이 몇 회 지출되었는가, 다시 말해서 돈이 일정기간 내에 몇 사람의 손을 거쳤는가 하는 횟수를 나타낸다. MV는 지출한 화폐액에 지출횟수를 곱한 것으로 총지출액을 의미한다. 한편 PT는 물가에 거래량을 곱한 것으로 총판매액을 의미한다. 이를 종합하면, 교환방정식 $MV = PT$는 총지출액과 총판매액이 같다는 것을 나타내고 있다. 교환방정식이 경제이론에서 중요성을 가지는 것은 이 식이 고전학파의 물가결정구조를 설명해 주는 유용한 도구라는 점에서이다.

위 교환방정식을 물가 P에 대해서 나타내면 다음과 같다.

$$P = \frac{V}{T} M$$

고전학파에 의하면 통화의 유통속도 V는 지급결제제도, 금융기관의 발달 정도, 사회적인 관습 등에 의해서 결정된다. 그런데 제도적인 요인이나 사회적인 관습은 단기적으로는 변동되지 않는다. 고전학파가 주장하는 것처럼 세이의 법

---

1   이철희·장영자의 어음사기사건을 말한다.

칙이 성립하고, 임금이나 이자율 등 가격이 신축성을 가지면 완전고용수준의 국민소득이 달성된다. 완전고용국민소득이 달성되면 거래량 T가 단기적으로 일정하며 통화유통속도 또한 특별히 변동되어야 할 이유가 없어 일정하다는 것이다. 통화유통속도가 일정하고 거래량도 단기적으로 일정하다면 위의 식은 다음과 같이 쓸 수 있다.

$$P = \frac{\overline{V}}{\overline{T}}M$$

이 식을 보면 물가는 통화량에 일정한 상수($\frac{\overline{V}}{\overline{T}}$)를 곱한 것으로 나타난다. 물가수준이 통화량에 비례한다는 것이다. 다시 말해 물가가 통화량에 의하여 결정되는 것이다. 고전학파의 물가결정이론을 통화수량설이라고 부르는 이유가 여기에 있다.

(2) 개량된 교환방정식, $MV = Py$

위에서 분석한 교환방정식 $MV = PT$는 경제권 안의 거래량 T를 분석도구로 사용하고 있다. 그런데 거래량에는 중고품, 채권, 부동산, 중간재의 거래까지 포함되어 모든 거래량을 파악하기란 사실상 불가능하다. 그래서 거래량 T 대신 계측이 가능한 실질국민소득수준 y를 사용하면 교환방정식은 다음과 같이 나타낼 수 있다.

$$MV = Py$$

개량된 교환방정식을 물가에 대하여 나타내면 다음과 같다.

$$P = \frac{V}{y}M \qquad\qquad\qquad \cdots\cdots\cdots \text{(1)}$$

위 식의 양변에 자연대수로 로그함수를 취하면

$$\ln P = \ln V - \ln y + \ln M$$

위 식을 전미분하면

$$\frac{dP}{P} = \frac{dV}{V} - \frac{dy}{y} + \frac{dM}{M}$$

이 식에서 $\frac{dP}{P}$는 물가상승률 $\dot{P}$, $\frac{dV}{V}$는 화폐유통속도의 변화율 $\dot{V}$, $\frac{dy}{y}$는 국민소득의 변화율 $\dot{y}$, $\frac{dM}{M}$은 통화량의 변화율 $\dot{M}$을 나타낸다. 따라서 위 식은 '물가상승률=유통속도변화율-소득증가율+통화증가율'의 의미이며, 이를 기호로 나타내면 다음과 같다.

$$\dot{P} = \dot{V} - \dot{y} + \dot{M} \qquad\qquad\qquad \cdots\cdots\cdots \text{(2)}$$

유통속도와 국민소득이 일정하다고 하는 가정은 유통속도와 국민소득의 변화율이 0이라는 것을 뜻한다. 즉 $\dot{V} = 0$, $\dot{y} = 0$이므로 (2)식은 다음과 같이 된다.

$$\dot{P} = 0 - 0 + \dot{M}$$

$$\therefore \ \dot{P} = \dot{M}$$

이 식은 물가상승률과 통화증가율이 같다는 것을 보이고 있다. 물가가 통화량에 의하여 결정된다는 통화수량설을 다시 한 번 확인해 주고 있다.

한편 (2)식을 보면 물가상승률은 유통속도의 변화율과 통화증가율의 합에서 국민소득증가율을 제한 것과 같다. 이 식의 항을 적절히 이항하여 통화증가율에 대해 나타내면 다음과 같다.

통화증가율=소득증가율+물가상승률-유통속도증가율

이 식을 사용하면 통화당국에서 적절한 통화공급량을 결정할 수 있다. 이 방법을 EC(European Community)방식이라고 한다. EC방식이란 경제성장률, 물가상승률, 통화유통속도의 변화 등 예상되는 여러 가지 경제여건을 고려하여 통화공급목표를 결정하는 방식이다. EC방식에 의한 통화공급 결정식은 다음과 같다.

통화공급목표=(예상)경제성장률+(예상)물가상승률
－(예상)통화유통 속도변화율

우리나라 통화유통속도의 변화

다음 그림은 10년 동안의 우리나라 통화유통속도의 변동을 보이고 있다. 우리나라 통화의 유통속도는 해마다 10% 내외의 진폭을 보이며 변화하고 있다. 특히 1998년 이후는 그 변화의 폭이 매우 큰데 이때는 외환위기로 시작한 경제위기 기간이다. 단, 그림에 나오는 통화지표 $M2$, MCT, $M3$는 모두 2000년 이전의 편제방법에 의한 지표이다.

그림 11-1 • 우리나라 통화유통속도의 변화추이

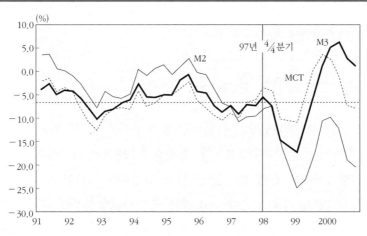

이 그림을 보면 통화유통속도가 불변이라고 주장하는 고전학파의 견해는 경제의 변화가 작은 기간에는 어느 정도 설득력이 있지만, 경제가 역동적으로 변화하는 기간에는 무리가 있음을 알 수 있다.

(3) 통화수요의 결정

교환방정식은 통화수요를 명시적으로 나타내지 않는다. 그러나 교환방정식을 이용하여 통화수요를 추정할 수 있다.

개량된 교환방정식 $MV = Py$를 다음과 같이 변형시켜 보자.

$$M = \frac{1}{V}Py \qquad\qquad \cdots\cdots\cdots (3)$$

(3)식은 통화수요함수의 역할을 할 수 있다. 원래 교환방정식의 M은 통화량을 나타낸다. 통화시장이 균형을 이루면 통화의 공급량과 수요량은 일치하게 된

다는 점에서 이 M을 통화수요로 대체할 수 있다. (3)식에서 '명목통화의 필요량'
M은 명목국민소득 Py의 일정비율 $\frac{1}{V}$이다. 이 명목통화 필요량이 통화수요이
며, 한 나라의 통화수요는 명목국민소득의 일정비율이라는 것이다. 이와 같이 교
환방정식은 통화량에 의한 물가결정구조를 설명하는 역할과 통화수요량의 결정
구조를 설명하는 역할을 동시에 수행한다.

교환방정식은 간단한 방정식이지만 그 식을 사용하는 방법에 따라 물가수준
의 결정, 통화수요의 결정 관계를 분석할 수 있는 유용한 도구이자 고전학파를
대표하는 거시경제 방정식이다.

2. 통화잔고수량설과 통화수요

고전학파의 통화수량설과 원리는 같으면서도 접근방법은 다른 통화이론이
신고전학파의 통화잔고수량설이다. 통화잔고수량설은 사람들이 명목소득의 일정
비율을 현금잔고로 간직하고 싶어한다고 설명하는 이론이다. 신고전학파 경제학
자들 특히 마샬, 피구(A. C. Pigou) 등은 통화잔고방정식을 고안하여 통화수요를
결정해 주는 요인들을 분석하였다. 케임브리지학파(Cambridge school)[2]라고도 불
리는 이 학자들에 의하면 통화수요는 이자율, 개인의 부, 구매할 때의 편리성,
예상이자율 및 예상물가 등과 같은 요인에 의하여 결정된다. 특히 단기의 경우,
소득 이외의 요소들이 거의 불변이기 때문에 화폐의 수요는 개인의 소득과 비례
한다고 주장하였다.

통화수요를 소득 및 사회의 화폐보유 관행과 연관시켜 설명하는 신고전학파
의 주장은 통화잔고방정식으로 잘 나타나 있다. 다음 식은 케임브리지학파 학자
들이 창안한 통화잔고방정식이다.

$$M^D = kPy \qquad\qquad \cdots\cdots\cdots (4)$$

(4)식의 M^D는 명목화폐수요로서 현금잔고(cash balance)이다. 잔고(balance)
란 수중에 머물러 있는 금액을 말한다. 즉 현금잔고는 민간부문이 보유하고 있
는 현금이다. 통화잔고방정식을 케임브리지방정식(Cambridge equation)이라고도

---

2 케임브리지학파란 영국의 케임브리지 대학의 마샬 등 신고전학파를 가리킨다.

부른다.

Py는 물가와 실질국민소득을 곱한 것으로 명목국민소득이다. 통화잔고방정식에서 k는 마샬 k(Marshallian k)라고 한다. 마샬 k는 명목국민소득의 일정비율이다. 사람들이 명목국민소득의 일정비율을 현금으로 보유한다는 것이다. k는 어떤 단위기간중 현금 보유기간 비율의 의미도 갖는다. 즉 통화가 수중에 들어왔다가 지출되기까지 수중에 얼마나 머물러 있는가의 비율을 의미한다. 통화잔고방정식을 $\dfrac{M^D}{P} = ky$로 나타내면 실질통화수요 $\dfrac{M^D}{P}$는 실질국민소득의 일정비율이라는 것을 알 수 있다.

신고전학파의 통화잔고방정식을 고전학파의 교환방정식과 비교해 보자. 앞에서 변형시켜 보았던 교환방정식을 다시 보면 다음과 같다.

$$M = \frac{1}{V}Py \qquad\qquad \cdots\cdots\cdots \text{(3)}$$

우리는 이 식의 M을 '필요한 화폐량'이라고, 즉 통화수요라고 정의한 바 있다. 두 식 (4)와 (3)을 연관지으면 다음 식을 얻을 수 있다.

$$\frac{1}{V} = k \qquad\qquad \cdots\cdots\cdots \text{(5)}$$

(5)식을 보면 마샬 k와 유통속도 V는 서로 역수관계이다. 원래 유통속도라는 것은 주어진 기간 동안에 통화가 얼마나 자주 지출되는가, 즉 회전수를 나타낸다. 이에 비하여 마샬 k는 통화가 수중에 들어 왔다가 지출되기까지 얼마나 오래 수중에 머물러 있는가. 즉 잔고로 남아있는가를 나타낸다. 예를 들어, 10,000원권 한 장이 한 달 동안에 5명의 손을 거쳐가며 유통되었다고 하자. 한 달 동안에 이 돈은 한 사람에게 6일씩 머물렀을 것이다. 그러므로 이 돈이 수중에 머물러있는 기간을 계산하면 $\dfrac{6}{30}$이다. 즉 k는 0.2가 된다. 이 돈은 5명의 손을 거쳐 지출되었으므로 회전수, 즉 유통속도 V는 5이다. 이 예에서도 유통속도 V와 마샬 k는 서로 역수관계임을 알 수 있다. 즉 마샬 k란 다음과 같다.

① 통화가 수중에 들어왔다가 지출되기까지 얼마나 수중에 머물러 있는가의 기간

② 간직하고 싶은 현금액이 명목소득의 몇 %인가

③ 교환방정식에서의 V의 역수

물가와 통화량의 관계

통화잔고방정식을 분석하면 통화량과 물가와의 관계도 알아낼 수 있다. 통화시장의 균형은 통화의 수요와 공급이 일치할($M^D = M^S$) 때 이루어진다. 통화잔고방정식에 통화수요 M^D 대신 통화공급 M^S를 대입하면 다음 식을 얻는다.

$$M^S = kPy$$

이 식은 물가와 통화공급량의 관계를 나타낸다. 마샬 k와 실질국민소득 수준이 일정하다고 가정하면 통화공급량과 물가는 정비례관계인 것이다. 신고전학파에서도 고전학파의 견해를 이어가고 있는 것을 확인할 수 있다.

이 식을 가지고 적정 통화공급증가율을 계산할 수 있다. 위 식의 양변을 자연대수로 취한 다음 전미분하면 변화율 관계식이 된다.

$$\dot{M} = \dot{k} + \dot{P} + \dot{y}$$

단기적으로 마샬 k가 불변이라면 $\dot{k} = 0$이고, 따라서 통화공급증가율은 물가상승률과 소득증가율의 합이다.

$$\dot{M} = \dot{P} + \dot{y}$$

3. 통화수량설의 의의와 비판

고전학파의 교환방정식과 신고전학파의 통화잔고방정식은 통화수량설을 배경으로 하고 있다. 통화수량설은 다음과 같은 이론적 특징을 가지고 있다.

첫째, 통화량은 실질국민소득에 영향을 미치지 못하고 물가에만 영향을 미친다. 고전학파에서는 화폐의 동태적 기능은 인정하지 않는다. 둘째, 교환방정식은 화폐의 교환매개수단으로서의 기능을 중시한다. 통화잔고방정식은 화폐의 가치저장수단으로서의 기능을 중시한다. 고전학파는 화폐를 교환의 매개체로 보며,

신고전학파는 화폐를 부의 저장수단으로 본다.

통화수량설에 의한 물가 설명구조는 지금도 자주 사용된다. 방송 등 언론매체들이 통화공급을 보도할 때는 반드시 통화공급 증가로 인한 물가상승 우려를 언급한다. 우리들 대부분은 은연중에 통화수량설을 신봉하고 있는 것이다. 대부분 국가의 통화정책 기저에는 통화수량설 사상이 깔려 있다. 물가수준에 영향을 미치는 가장 강력한 요인은 통화량이라는 것이다. 그러나 통화수량으로 물가를 설명하려는 노력은 다음과 같은 약점을 가지고 있다.

첫째, 통화유통속도 V가 고전학파가 주장하는 것처럼 안정적이지 못하다. 한 나라의 경제가 역동적인 경우에는 V가 커지고 경제가 침체되면 작아지는 것이 일반적이다. 둘째, 현실경제에서 완전고용국민소득수준인 Y_F의 달성이 그리 쉽지 않다. 즉 국민소득수준이 가변적이다. 따라서 실질소득수준 y나 실질소득수준과 밀접한 관계를 가지고 있는 거래량 T를 불변이라고 가정하는 것은 무리이다. 통화유통속도와 국민소득수준(또는 거래량)이 일정하다는 가정이 설득력을 잃으면 물가가 통화량에 비례한다는 결론도 설득력을 잃게 된다. 셋째, 통화량수준이 물가를 결정한다($P \leftarrow M$)고 주장하지만, 반대로 물가수준이 통화공급에 영향을 미칠($P \rightarrow M$) 수도 있다. 양방향($P \leftrightarrow M$)으로 서로 영향을 미친다고 보는 것이 더 타당할 것이다.

section 02 • 유동성선호이론에 의한 통화수요

유동성선호이론(liquidity preference theory)이란 화폐보유의 동기를 분석하는 케인즈의 이론이다. 앞에서 설명한 바와 같이 유동성(liquidity)은 자산이 손실 없이 얼마나 쉽게 화폐로 교환될 수 있는가 하는 정도를 말한다. 현금은 100%의 유동성을 갖는다. 케인즈는 사람들이 거래를 위해, 예비목적으로, 투자기회를 포착하기 위하여 등 세 가지 동기로 현금을 보유한다고 생각하였다.

1. 화폐보유의 동기[3]

(1) 거래적·예비적 동기에 의한 화폐보유

사람들은 일상거래를 위하여 현금을 보유한다. 이러한 현금 보유를 거래적 동기에 의한 화폐수요(transactional demand for money)라고 한다. 케인즈도 케임브리지학파와 같이 거래목적의 화폐수요는 소득수준이 결정한다고 생각하였다. 일반적으로 소득이 증가하면 거래 목적의 화폐수요도 증가하고, 소득이 감소하면 거래 목적의 화폐수요도 감소한다. 즉 거래 목적의 화폐수요는 소득의 증가함수이다. 단 이자율수준과는 무관하다.

〈그림 11-2〉의 (a)는 거래적 동기의 화폐수요와 이자율의 관계이다. 이자율을 종축에 나타내고 화폐수요를 횡축에 나타내면 거래적 동기의 화폐수요곡선은 수직이 된다. 서로 관계가 없는 두 변수는 그림으로 나타내면 평행이 된다. 이 그림에서도 이자율과 거래목적의 통화수요가 무관하기에 이자율축과 거래목적의 통화수요곡선 m^d가 서로 평행을 이루고 있다.

다음으로 예비적 동기의 화폐수요에 대하여 알아보자. 가계나 기업은 장래

그림 11-2 ● 거래적·예비적 동기의 화폐수요와 이자율

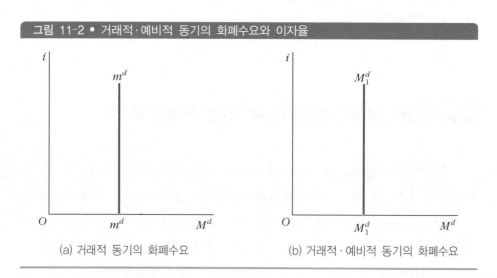

(a) 거래적 동기의 화폐수요   (b) 거래적·예비적 동기의 화폐수요

---

[3] 이 절에서 통화라는 용어를 사용하지 않고 화폐라는 용어를 쓰는 것은 개개인의 화폐에 대한 수요라는 점을 고려해서이다.

에 돌발적으로 발생할지도 모르는 지출을 위하여 어느 정도의 화폐를 예비목적으로 보유한다. 이처럼 예비목적으로 현금을 보유하는 것을 예비적 동기에 의한 화폐수요라고 한다. 케인즈는 예비적 동기의 화폐수요도 거래적 동기의 화폐수요와 마찬가지로 소득수준에 의하여 결정되며 이자율과 무관하다고 생각하였다. 그래서 유동성선호이론에서는 예비적 동기의 화폐수요와 거래적 동기의 화폐수요를 함께 묶어서 분석한다. 거래적 동기와 예비적 동기의 화폐수요를 대수적 모형으로 나타내면 다음과 같다.

$$M_1^d = m_1 Y$$

식의 M_1^d은 거래적·예비적 동기의 화폐수요를, Y는 소득수준을 나타낸다. m_1은 화폐수요의 소득계수이다. 이 식을 보면 거래적·예비적 동기의 화폐수요는 소득의 일정비율로 나타나고 있다. 〈그림 11-2〉의 (b)는 이자율축과 평행인 거래적·예비적 동기의 화폐수요곡선 M_1^d을 보이고 있다.

(2) 투자기회포착용 화폐보유(투기적 동기)[4]

> 지금 이자율이 9%이다. 앞으로 이자율은 틀림없이 내려갈 거야.
> 채권값은 오르겠지. 그렇다면 채권을 사둘까.   −시민−

케인즈는 사람들이 투기목적으로도 현금을 보유할 수 있다고 생각한다. 이러한 목적의 현금보유를 투자기회포착용 화폐수요, 케인즈식으로 말하면 투기적 동기에 의한 화폐수요라고 한다. 고전학파 경제학자들은 거래목적의 화폐보유는 인정하였지만, 투기목적으로 화폐를 보유하는 것은 비합리적이라고 생각하였다. 투기목적이라면 직접 채권을 보유할 일이지 이자기회비용을 수반하면서 현금을 보유하는 것은 비합리적이라는 것이었다. 이에 비하여 케인즈는 채권을 구입하는 것보다 현금을 가지고 있는 것이 더 나은 경우도 있다고 주장하였다.

---

4   케인즈는 '투기적 동기의 화폐수요'라는 용어를 쓰고 있다. 이 투기라는 말이 풍기는 어감 때문에 개념이 잘 서지 않는 점을 감안하여 본서에서는 '투자기회 포착용'이라는 용어를 병행 사용한다.

사람들이 채권을 구입하는 '것은 이자수입을 얻거나 채권의 매매차익을 통한 자본이득을 얻기 위해서이다. 채권을 구입하는 사람은 채권으로부터 나오는 이자수입과 함께 채권가격 변동으로 인한 손익을 고려한다.

정상이자율

채권가격의 변화는 이자율수준의 변화에 의하여 결정된다. 사람들이 화폐를 보유할 것인가, 아니면 채권을 구입할 것인가를 결정하는 데는 현재이자율과 함께 채권가격의 등락을 결정할 장래이자율이 중요한 역할을 한다. 장래이자율이 어떻게 움직일 것인가가 채권을 구입하느냐 현금을 보유하느냐의 관건이다.

케인즈에 의하면, 사람마다 마음 속으로 "이 정도의 이자율수준이 정상수준이다. 현재의 이자율도 장래에는 정상수준의 이자율에 복귀할 것이다"고 생각하는 이자율이 있다고 한다. 이 이자율이 바로 정상이자율이다. 현재이자율이 정상이자율보다 낮다고 판단한다면 이자율이 앞으로 상승할 것이라고 예상하고, 반대로 현재이자율이 정상이자율보다 높다고 판단할 때는 이자율이 하락할 것이라 예상한다. 따라서 현재이자율이 정상이자율보다 높다고 생각되면, 이자율이 하락하고 채권가격은 상승하리라 예상하고 채권을 구입한다. 현재이자율이 정상이자율보다 낮다고 생각되면 채권가격 하락을 예상하여 채권을 구입하지 않고 현금을 보유한다.

한편 현재이자율이 정상이자율보다 낮다고 판단되면 사람들은 채권을 전혀 구입하지 말아야 하는가? 그렇지 않다. 채권가격 하락으로 인한 자본손실을 예상하면서도 채권을 구입하는 것이 유리한 경우가 있다.

결정이자율

채권을 구입할 것인가 현금을 보유할 것인가를 결정해 주는 지표가 되는 이자율을 결정이자율이라고 한다. 현재이자율수준이 낮고 채권가격은 높아서 앞으로 이자율 상승과 채권가격 하락이 예상되더라도, 이자수입이 자본손실보다 크다면 사람들은 채권을 구입한다. 그러나 현재이자율이 매우 낮아서, 앞으로 이자율이 대폭 상승하면서 채권가격은 대폭 하락하여 자본손실이 이자수입보다 크리라 예상될 경우에는 채권을 구입하지 않는다. 자본손실의 크기와 이자수입의 크기가 같아서 채권구입 여부의 분기점이 되는 이자율이 결정이자율이다. 결정이자율은 정상이자율보다 약간 낮다.

정상이자율과 결정이자율의 관계를 콘솔(consol)의 예를 들어 알아보자. 콘솔은 한 번 구입하면 영구적으로 이자를 지급하는 채권이다. 현재 시장이자율이 i이면 매년 R원씩을 지급하는 콘솔의 가격은 $\frac{R}{i}$원이다. 케인즈의 주장대로 장래이자율이 정상이자율 i_n으로 복귀한다면 장래의 콘솔 가격은 $\frac{R}{i_n}$이 될 것이다. 콘솔을 구입해 두었다가 매각할 때 얻는 자본수익률을 g라 하면 g는 다음 크기이다.

$$g = \frac{\text{장래채권가격} - \text{현재채권가격}}{\text{현재채권가격}} = \frac{\frac{R}{i_n} - \frac{R}{i}}{\frac{R}{i}} = \frac{\frac{1}{i_n} - \frac{1}{i}}{\frac{1}{i}} = \frac{i}{i_n} - 1$$

결정이자율은 이자수입과 자본손실이 같은, 즉 $i = |-g|$의 관계를 만족시키는 이자율이다. $i = -g$는 다음과 같다.

$$i = -(\frac{i}{i_n} - 1) = 1 - \frac{i}{i_n}$$

이 식을 정리하면 다음과 같다.

$$i = \frac{i_n}{1 + i_n}$$

결정이자율을 i_c라고 하면 정상이자율과 결정이자율의 관계는 다음과 같다.

$$i_c = \frac{i_n}{1 + i_n}$$

이 식을 보면 결정이자율이 정상이자율보다 더 낮다. 정상이자율보다 낮은 이자율수준에서도 채권구입이 더 유리할 수 있다는 의미이다.

개인의 투자기회포착용 화폐수요

〈그림 11-3〉을 보자. 종축은 이자율을 나타내고 횡축은 투기적 동기의 화폐수요를 나타낸다. 이자율 구간별 화폐보유 및 채권구입 여부는 다음과 같다.

① 현재이자율이 i_n보다 높은 구간: 현재이자율이 정상이자율 i_n보다 더 높다면 앞으로 이자율은 하락할 것이고, 따라서 채권가격은 상승할 것이다. 사람들은 채권을 구입할 것이기 때문에 화폐수요가 0이다.

② 현재이자율이 i_n보다 낮고 i_c보다 높은 구간: 현재이자율이 i_n보다 낮으면 사람들은 앞으로 이자율은 상승하고 채권가격은 하락하리라 예상한다. 그렇다면 채권을 구입할 필요가 없는가. 그렇지 않다. 채권가격 하락으로 자본손실은 예상되지만 채권 자체의 이자수입이 있는 것이다. 이자수입이 채권가격 하락으로 인한 자본손실을 보전해줄 수 있는 한 사람들은 채권을 구입한다.

그림에서 i_c와 i_n 사이의 구간은 이자율수준이 낮기는 해도 채권을 구입하는 것이 유리하기 때문에 화폐수요는 여전히 0인 구간이다.

③ 현재이자율이 i_c보다 낮은 구간: 채권가격 하락으로 인한 자본손실이 이자수입을 넘어서는, 그래서 채권보다는 현금을 보유하기 시작하는 경계가 되는 이자율이 결정이자율 i_c이다. i_c 이하의 이자율수준에서는 채권은 구입하지 않고 화폐만 보유한다. 채권구입이냐 현금보유냐의 경계가 되는 결정이자율 i_c는 '이자수입액=자본손실액', 즉 $i = |-g|$ 조건을 만족시키는 이자율수준이다.

그림 11-3 • 투자기회포착용 화폐수요

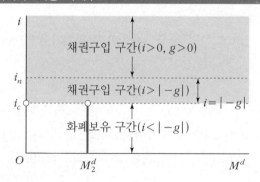

사회 전체의 투자기회포착용 화폐수요

〈그림 11-4〉는 사회 전체의 투자기회포착용 화폐수요가 결정되는 과정이다. (a)는 개인 A의 투자기회포착용 화폐수요곡선이고 (b)는 개인 B의 화폐수요곡선이다. 물론 두 사람이 각각 생각하는 정상이자율이 다르기 때문에 결정이자율도 각각 다르다. 그런데 두 사람의 화폐수요곡선은 각각의 결정이자율수준에서 단절되고 있다. 개인 A나 B는 '전부채권' 또는 '전부현금'의 형태로 자산을 보유하는 것이다. (c)는 사회 전체의 투자기회포착용 화폐수요곡선이다. 사회 전체로는 사람 수가 많고 사람마다 정상이자율에 대한 생각들이 다르기 때문에 우하향의 연결된 화폐수요곡선이 도출된다.

투자기회포착용 화폐수요 M_2^d는 다음 대수식으로 나타낼 수 있다.

$$M_2^d = m_0 - m_2 i$$

이 식에서 m_0는 상수이며 m_2는 화폐수요의 이자율계수이다. 이자율계수 m_2의 부호가 마이너스($-$)인 것은 투자기회포착용 화폐수요가 이자율에 감소함수임을 나타낸다.

그림 11-4 • 사회 전체의 투자기회포착용 화폐수요

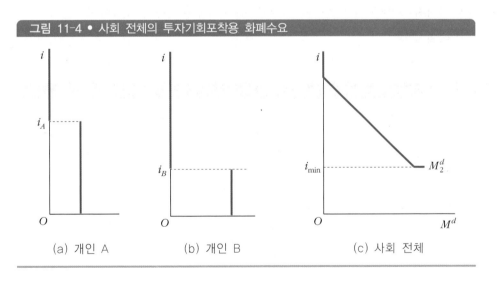

(a) 개인 A   (b) 개인 B   (c) 사회 전체

유동성함정

만약 이자율수준이 너무 낮아서 사회 전체의 사람들이 채권은 구입하지 않고 화폐만 보유하려 한다고 하자. 그 이자율수준에서 사회 전체의 화폐수요는 무한대가 된다. 이자율이 매우 낮아 채권가격이 대단히 높고, 앞으로는 채권가격의 하락이 분명하다면 채권을 구입할 사람은 없을 것이고, 투기 목적의 자금을 모두 현금으로만 간직하고자 할 것이다. 이 상황에서 통화공급을 증가시키면 화폐는 모두 민간보유현금으로 수요되어 퇴장(hoarding)된다. 즉 사람들이 모든 돈을 장롱 속에 넣어둔다. 공급된 모든 화폐가 함정에 빠지듯 개인에게 보유되는 것이다. 이자율수준이 충분히 낮아서 사람들이 채권을 구입하지 않고 현금만 보유하기 때문에 화폐수요가 무한대인 현상을 유동성함정(liquidity trap)이라고 한다. 〈그림 11-5〉의 이자율 $i_{\min}$이 유동성함정 이자율이다.

유동성함정: 이자율수준이 충분히 낮아서 사람들이 채권을 구입하지 않고 현금만 보유하기 때문에 화폐수요가 무한대인 현상

케인즈는 유동성함정이 경기침체기에 나타난다고 하였다. 유동성함정이 존재하면 통화공급을 증가시켜도 그 화폐가 무한대로 퇴장되기 때문에 이자율을 하락시키지 못하고 투자활동에 영향을 주지 못한다. 즉 유동성함정하에서는 통화정책이 소용없다.

그림 11-5 • 유동성함정

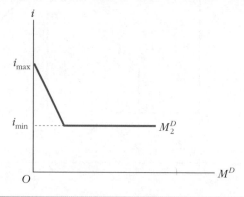

2. 유동성선호이론 모형

〈그림 11-6〉은 유동성선호이론에 의한 화폐수요이다. (a)는 거래적 동기와 예비적 동기의 화폐수요이다. 거래적·예비적 동기의 화폐수요는 소득수준에는 증가함수의 관계이지만 이자율과는 무관하기 때문에 수직 모양이다. (b)는 이자율에 감소함수인 투자기회포착용 화폐수요이다. (c)는 (a)와 (b)를 합한 것으로, 유동성선호이론에 의한 화폐수요곡선이다.

케인즈의 유동성선호관계, 즉 '전체 화폐수요＝(거래적·예비적)화폐수요＋투자기회포착용 화폐수요'를 대수적 모형으로 표현하면 다음과 같다.

$$M^D = M_1^d + M_2^d$$

그런데 $M_1^d = m_1 Y$이고 $M_2^d = m_0 - m_2 i$이다. 이를 위 식에 각각 대입하면 다음과 같다.

그림 11-6 • 유동성선호이론에 의한 화폐수요

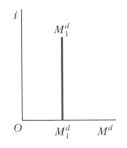

(a) 거래적·예비적 동기의 화폐수요

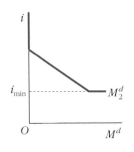

(b) 투자기회포착용 화폐수요

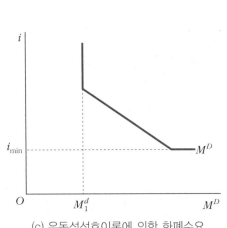

(c) 유동성선호이론에 의한 화폐수요

$$M^D = m_0 + m_1 Y - m_2 i$$

이 식을 보면 유동성선호이론에 의한 화폐수요는 소득에 대하여 증가함수이고 이자율에 대하여 감소함수라는 것을 알 수 있다.

3. 유동성선호이론 평가

케인즈의 투자기회포착용 화폐보유이론은 탁월한 발상이다. 고전학파에서는 투기목적 화폐수요는 비합리적이라고 보고 인정하지 않았다. 케인즈는 채권을 구입하는 것만이 능사가 아니라 오히려 투자기회포착을 위하여 현금을 보유할 필요도 있다는 가능성을 열어 통화수요이론에 획기적인 발전을 기하였다. 그러나 케인즈의 유동성선호에 의한 화폐수요이론도 다음 몇 가지의 단점을 가지고 있다.

첫째, 거래적 동기의 화폐수요와 예비적 동기의 화폐수요가 이자율에 무관하다고 보는 견해는 설득력이 없다. 비록 거래적 동기의 화폐라고 해도 이자기회비용을 부담하면서 계속 보유하려 하지는 않을 것이기 때문이다. 또 물가를 고려하지 않은 것도 케인즈의 약점이다. 물가상승이 예상되면 거래적 동기의 화폐를 많이 보유하려 하지 않을 것이다.

둘째, 투기목적의 자금을 화폐나 채권 중 어느 한 가지로만 보유한다는 주장도 설득력이 없다. 일반적으로 개인투자자는 부를 저장하는 데 있어서 채권과 화폐를 적절히 배합하여 보유한다.

셋째, 정상이자율 가정이 갖는 문제점이다. 케인즈에 의하면 개인투자자들은 현재이자율이 정상이자율로 회복될 것이라고 기대한다. 그러나 역사적으로 정상이자율에 해당하는 복귀이자율수준을 발견하기 어렵다.

section 03 • 유동성선호이론의 수정

케인즈 이후의 여러 학자들은 유동성선호이론이 내포하고 있는 문제점을 해결하려는 시도를 하였다. 그 중 거래적 동기의 화폐수요이론을 보완한 보멀의 재고이론적 통화수요이론과 투기적 동기의 화폐수요이론을 보완한 토빈의 자산선택적 통화수요이론에 대하여 알아보자.

1. 보멀의 재고이론적 통화수요이론

케인즈는 거래적 화폐수요가 소득수준만의 증가함수라고 생각하였다. 그러나 화폐를 보유하는데 이자기회비용이 드는 이상, 이자율 역시 거래적 화폐수요를 결정하는 중요한 요인으로서 분석되어야 한다. 보멀(W. J. Baumol)은 거래적 동기의 화폐수요에 영향을 미치는 요인을 구명하고 이들과 화폐수요와의 관계를 설명하였다. 이 설명이 바로 재고이론적(在庫理論的) 통화수요이론이다.

사람들이 거래목적으로 화폐를 보유하는 이유는 소득의 발생시점과 지출시점 사이에 시차가 있기 때문이다. 이것은 마치 기업이 제품의 입고와 출고간의 시간적 불일치로 인해서 얼마간의 재고를 보유하는 것과 유사하다. 이러한 점에 착안하여 보멀은 사람들이 화폐를 일종의 재고로 간주하고, 화폐보유의 편익과 그로 인한 기회비용을 비교하여 적정한 화폐보유수준을 결정한다고 설명했다.

어느 연봉소득자가 연초에 Y만큼의 연봉을 현금으로 받는다 하자. 그는 일년 동안의 생활비를 모두 현금으로 간직하지는 않을 것이다. 즉 첫 달 동안 쓸 정도의 현금, 예를 들면, M원만 남겨두고 나머지는 모두 채권을 사두었다가 이를 적당한 액수만큼 팔아가며 생활하는 것이 합리적이다. 이러한 화폐보유 및 지출방식을 나타낸 것이 〈그림 11-7〉이다. 사람들은 채권과 현금을 적절히 배합하여 보유하고, 현금을 지출하면서 생활한다. 현금은 아무런 이자수익이 없다. 채권은 이자수익이 있지만 매입비용과 매각비용이 든다. 채권매매에는 정보수집을 위한 통신비용과 교통비용, 수수료가 들어간다.

이 사람은 소득 중 첫 기(期)에 지출할 M원을 제외하고 나머지 모든 소득으로 채권을 구입한다. 그 M원이 다 지출되면 그때마다 M원어치씩의 채권을 팔아가며 생활한다. 채권의 매입은 1회 이루어지며, 매각은 $\left[\dfrac{Y-M}{M} = \dfrac{Y}{M} - 1\right]$회 이루어진다. 매입 횟수와 매각 횟수를 합하면 전체 매매횟수는 $[1 + \dfrac{Y}{M} - 1]$회, 즉 $\dfrac{Y}{M}$회이다. 채권을 구입하거나 매각할 때마다 f만큼의 비용이 소요된다고 하면 채권의 매입·매각비용은 $f \cdot \dfrac{Y}{M}$이다.

그림 11-7 • 거래적 지출과 현금잔고

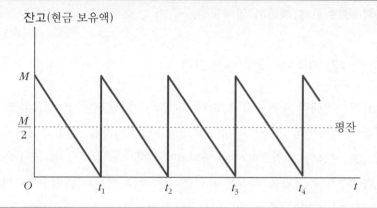

또 M원을 최초로 간직하고 그 뒤로도 M원어치씩 채권을 매각하면, 이 사람은 기간 동안 내내 평균 $\frac{M}{2}$만큼의 현금을 보유하는 셈이다. 이를 평균잔액, 즉 평잔이라고 한다. 평잔만큼 현금을 보유하는 셈이므로 그 액수만큼의 이자수입은 포기된다. 현금보유의 이자기회비용이 발생하는 것이다. 이 비용은 평잔을 1년 동안 가지고 있는 셈이므로 $i \cdot \frac{M}{2}$이다.

총비용 C는 채권의 매매비용과 현금보유에 따르는 이자기회비용의 합이다.

C = 채권매매비용 + 현금보유 이자기회비용

이를 대수식으로 나타내면 다음과 같다.

$$C = f\frac{Y}{M} + i\frac{M}{2}$$

사람들은 이 비용을 최소화시키려고 한다. 비용 C를 최소화하는 M값을 찾기 위해서는 이 식을 M에 대해 미분하고 그 값을 0으로 하는 M값을 찾으면 된다.

$$\frac{\partial C}{\partial M} = f\frac{-Y}{M^2} + \frac{i}{2} = 0$$

이 식을 풀면 총비용을 최소화하는 M값은 다음과 같다.

$$M^* = \sqrt{\frac{2fY}{i}}$$

이 식이 가지는 의의는 다음과 같다.

첫째, 거래적 화폐수요는 소득수준과 물가수준에 증가함수의 관계를 가진다. 식을 보면 화폐수요는 비용에 대하여 증가함수이다. 채권을 매매하는 데 드는 비용이 하나의 시장가격이라 할 때, 그 비용들은 물가에 비례할 것이다. 그렇게 되면 화폐수요는 결국 물가에 증가함수의 관계를 가지게 된다. 보멀은 거래적 수요에 물가도 고려하였던 것이다.

둘째, 다른 조건이 일정할 때 거래적 화폐수요는 소득과 물가에 대하여 증가함수이기는 하지만 정비례하지 않고 체감적으로 증가한다. 식에서 화폐수요는 소득과 고정비용의 제곱근으로 산출되는 형태이다. 소득과 물가가 2배 증가하면 화폐수요는 1.4배 정도만 증가한다.

셋째, 거래적 화폐수요는 이자율의 감소함수이다. 식을 보면 화폐수요와 이자율이 서로 역수의 관계이다.

2. 토빈의 자산선택적 통화수요

케인즈가 도입한 투기적 동기의 화폐수요이론은 그 탁월성에도 불구하고 존재가 불확실한 정상이자율 개념을 사용하고 있다는 점과, 사람들이 자산을 보유할 때 채권과 현금을 배합하여 보유하는 관행이 있는데도 이를 설명하지 못한다는 한계를 지니고 있다. 케인즈의 이러한 단점을 보완하는 이론이 토빈(J. Tobin)의 자산선택적(portfolio selection) 통화수요이론이다.

토빈은 자산으로 화폐와 채권 두 종류의 저축수단만 존재한다고 가정한다. 이 중 화폐는 수익도 없고 위험이 없다. 반면에 채권은 수익성을 가짐과 동시에 위험성도 가진다. 채권의 수익실현 여부는 불확실하다. 이러한 상황에서 합리적인 자산선택자는 어떤 행동을 취하는가를 분석하는 것이 토빈의 자산선택이론이다. 자산선택자는 주어진 자금을 가지고 수익과 위험을 고려하여 수익자산을 선택한다. 이러한 선택은 예산선과 무차별곡선을 이용한 미시경제적 방법으로 설명할 수 있다. 예산선과 무차별곡선 그리고 자산선택자가 최적선택에 이르는 과정은 2장 2절에 자세히 나와 있다.

자산선택자 균형

〈그림 11-8〉은 〈그림 2-8〉의 (c)를 다시 그린 것으로 자산선택자의 균형을 나타낸다. 자산선택균형은 그림에서 보는 바와 같이 무차별곡선과 기회궤적의 접점인 E에서 이루어지며 이 점 E에서 자산선택자의 효용은 극대화된다. 점 E에서 자산선택자는 수익을 $E(P)^*$만큼 기대하면서 대신 위험을 σ^*만큼 감수한다. 위험을 σ^*만큼 감수한다는 것은 그 길이가 상징하는 만큼 채권을 구입한다는 의미이다. 이는 전체 자금 OB 중에서 $O\sigma^*$만큼은 채권을, σ^*B만큼은 현금을 보유하는 자산선택을 하였다는 것을 뜻한다. 이때 자산선택자가 누리는 효용은 무차별곡선 U_2가 나타내는 효용만큼이다.

토빈에 의하면 자산선택자는 자산을 채권과 화폐를 배합하여 보유한다. 즉 자산선택자는 점 E를 선택하여 채권과 화폐를 적절히 배합하여 보유함으로써 효용극대화를 달성하고 있다. 자산선택자가 원점이나 점 C를 선택하지 않았다는 것은 '전부현금'이나 '전부채권'의 형태로 자산을 보유하지 않는다는 것을 나타낸다.

그림 11-8 • 자산선택자의 균형

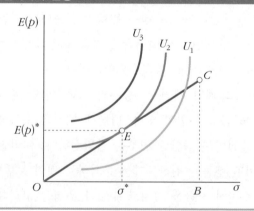

이자율과 자산선택

지금까지 채권구입에 있어서의 합리적인 자산선택에 대하여 알아보았다. 이제 기대수익률의 변화가 자산선택에 어떤 영향을 미치는가를 분석해 보자.

〈그림 11-9〉는 기대수익률이 상승하는 경우의 자산선택자균형 변화와 화폐수요의 관계를 나타내고 있다. (a)를 보자. 기대수익률이 상승하면 투자기회궤적은 시계 반대방향으로 회전한다. 기대수익률이 상승하면 같은 액수의 채권을 구입하더라도 기대수익이 커지기 때문이다. 그림에서 투자기회궤적은 $OC(i_1)$에서 $OC(i_2)$로 회전이동하고 있다. 자산선택자의 균형점은 기대수익률이 상승함에 따라 E_1에서 E_2으로 이동한다. 이 이동을 횡축에서 보면 위험도가 σ_1에서 σ_2로 커지는 것으로 나타난다. 위험도가 커진다는 것은 채권보유 증가, 즉 화폐보유의 감소를 의미한다. 결론적으로 기대수익률이 상승하면 화폐수요가 감소한다.

(b)는 기대수익률이 상승할 때 화폐수요가 감소하는 상황을 보이고 있다. 이 그림은 오른쪽 아래(右下) 점을 원점(O')으로 하고 있다. 원점에서 위로는 기대수익률의 상승을 의미하고 왼쪽으로는 화폐수요 증가를 의미한다. 이미 앞에

그림 11-9 • 기대수익률의 변화와 화폐수요

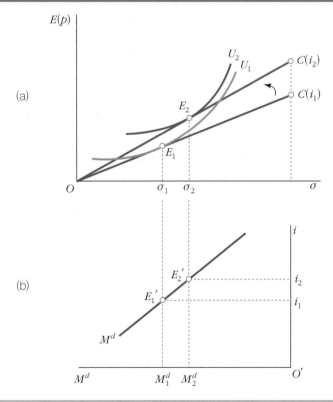

서 본 바와 같이, 기대수익률이 상승하면 화폐수요가 감소한다. 그림에서 볼 때, 기대수익률이 i_1이면 화폐수요가 M_1^d이고, 기대수익률이 i_2로 상승하면 화폐수요는 M_2^d로 감소하는 것이다.

한 가지 주의할 것은 기대수익률 상승이 반드시 채권구입을 증대시켜 화폐수요를 감소시키기만 하는 것은 아니라는 점이다. 오히려 채권구입을 감소시켜 화폐수요를 증가시키기도 한다. 기대수익률 상승이 투자기회포착용 화폐수요에 미치는 영향은 대체효과와 소득효과의 크기에 의하여 결정된다. 일반적으로 대체효과가 소득효과보다 더 크다.[5] 대체효과가 소득효과를 능가하면 이자율상승은 채권보유를 증가시킨다. 채권보유 증가란 투기적 화폐수요 감소를 의미한다. 즉 기대수익률과 화폐수요는 역의 관계이다.

지금까지 기대수익률의 변화와 화폐수요의 관계에 대하여 알아보았다. 이 관계는 이자율과 투기적 화폐수요의 관계로도 대체할 수 있다. 분석의 틀에 기대수익률 대신 이자율을 대체하면 동일한 결론을 얻을 수 있다. 이렇게 하여 드디어 이자율과 역관계에 있는 투기적 화폐수요를 구명할 수 있게 된 것이다.

〈그림 11-10〉은 이자율과 투기적 화폐수요의 관계이다. 이 그림은 앞의 그림 (b)의 원점을 바꾸어 그린 것이다. 그림에서 보듯이 투기적 화폐수요곡선 M^d는 이자율과 역의 관계에 있다. 자산선택자는 효용극대화를 위하여 그의 자산을

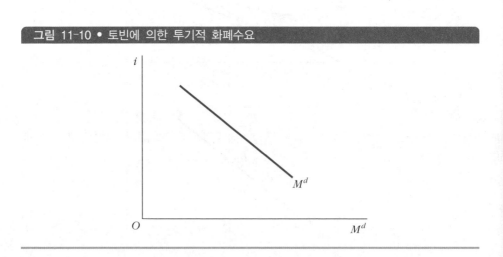

그림 11-10 • 토빈에 의한 투기적 화폐수요

---

5   3장 3절에서 설명했다. 2장 1절에도 간단히 설명되어 있다.

채권과 화폐로 적절히 배합하여 보유한다.

평 가

토빈의 분석 결과를 요약하면 다음과 같다.

자산선택자는 화폐를 금융자산 중의 하나로 본다. 그는 각종 자산이 갖는 수익성과 안전성을 비교하여 금융자산으로 화폐를 얼마나 보유할 것인가를 결정한다. 자산 중에는 그 수익률을 예상할 수 없는 불확실한 것이 많다. 사람들은 그의 부를 수익성이 낮지만 안전하고 확실한 자산과, 위험을 내포하고 있지만 수익성이 높은 불확실한 자산에 분산하여 투자한다. 토빈에 의하면 화폐는 금전적인 수익이 거의 없지만 확실하므로 안전성을 추구하는 사람일수록 화폐를 더 많이 보유한다. 또 투기적 화폐수요는 자산선택자의 자산총액, 이자율, 자산선택자가 생각하는 채권투자의 위험에 의해서 결정된다. 이자율이 상승하면 채권구입에 더 큰 수익이 예상되기 때문에 채권보유를 증가시키고 화폐보유를 감소시킨다.

토빈의 이론은 케인즈이론의 약점을 다음과 같이 보완하고 있다.

첫째, 정상이자율 개념 없이 이자율에 대하여 감소함수로 작용하는 투기적 동기의 화폐수요를 설명할 수 있다. 둘째, 금융자산을 선택함에 있어 채권과 현금을 배합하여 보유하는 메커니즘을 설명하였다.

그러나 토빈의 이론도 다음과 같은 점에서는 비판을 받고 있다.

첫째, 자산구성을 화폐와 채권 두 가지만으로 한정하고 있는데, 이것은 비현실적이다. 사람들은 자산을 채권, 주식, 부동산, 투자재 및 내구소비재, 골동품 등 여러 가지 형태로 보유한다. 둘째, 금융자산으로서의 화폐가 위험도 없고 수익도 없다고 가정하였는데, 현금보유에도 물가변동에 따른 위험과 수익이 있을 수 있다. 셋째, 이자율변동의 대체효과가 소득효과보다 큰 것이 일반적이라고 하였는데, 대체효과와 소득효과 중 어느 것이 더 큰가 확실히 알 수 없다. 만약 소득효과가 더 크게 나타나면 이자율상승이 화폐수요를 증가시키게 된다.

　　신고전학파와 케인즈, 보멀, 그리고 토빈의 화폐수요이론을 보완하고 있다고 평가받고 있는 화폐수요모형이 프리드만(M. Friedman)의 신통화수량설에 의한 통화수요함수이다. 앞에서 설명한 여러 화폐수요이론은 화폐수요 결정요인을 극도로 단순화시켜 분석하고 있다. 그러나 미시적으로 보나 거시적으로 보나 통화수요에 영향을 미치는 변수는 한두 가지가 아니다.

　　일반적으로 경제사회의 규모가 증대함에 따라 통화량도 더 많이 수요된다. 신용거래가 원활하게 작용되지 못하는 사회의 가계나 기업은 그들의 지출을 위하여 많은 현금을 보유하고 있어야 한다. 그러나 금융시스템이 고도화되어 지급결제제도가 발달하면 사람들은 지출에 필요한 현금보유를 감소시키는 것이 합리적이다. 화폐수요는 장래소득 전망과 그 소득의 크기 등과 같은 예측에 의해서도 영향을 받는다. 장래물가에 대한 예측에 의하여서도 화폐수요가 좌우된다. 가계나 기업은 물가의 하락이 예측될 때에는 화폐보유량을 증가시키게 된다. 물가가 오르리라는 예측은 정반대의 결과를 가져올 것이다. 또 대체자산의 유동성이 작고 위험성이 높을 때는 통화수요가 커질 것이다. 반면 유동성이 크고 안전한 대체자산이 존재할 때에는 통화수요가 줄어들 것이다.

　　이처럼 다양한 화폐수요에 대한 여러 가지 요인들을 비교적 잘 포함하고 있다고 평가받고 있는 이론이 프리드만의 통화수요이론이다.

1. 프리드만의 통화수요함수

　　프리드만은 경제주체가 화폐를 보유하는 것은 화폐가 제공하는 효용 때문이라고 하였다. 그는 통화의 수요이론도 일반상품에 대한 수요이론과 같이 미시경제학적인 접근방법으로 도출되어야 하며, 따라서 통화수요이론이라고 해서 어떤 특별한 접근방법이 필요한 것은 아니라고 하였다. 프리드만은 화폐가 제공하는 거래적 편의와 자산가치의 안정성 등을 포괄하여 화폐의 효용이라고 하였다. 그리고 사람들은 이 효용 때문에 화폐를 수요한다는 것이었다. 그는 케인즈처럼 화폐보유의 동기를 구분하지 않는다. 프리드만에게 있어서 화폐는 다른 상품과 마찬가지로 소비자재 또는 생산자재의 하나이다.

미시이론적 시각에서 보면 경제주체의 화폐수요는 화폐의 효용과 예산제약에 의하여 결정된다. 프리드만은 통화수요를 결정하는 요인을 예산제약, 기회비용, 그리고 효용 세 가지로 보고 다음과 같은 통화의 수요함수를 만들어냈다.

$$M^D = f(Y^P,\ h;\ r_B,\ r_E,\ \dot{P}^*;\ u)P$$

이 식에서 M^D는 명목통화수요이고 P는 물가이다. Y^P는 항상소득(permanent income), h는 총자산 중 인적자산비율이며 이 두 가지는 화폐보유의 예산제약을 의미한다. r_B는 채권수익률, r_E는 주식수익률, $\dot{P}^*$는 예상물가상승률을 나타내며, 이 세 가지는 화폐보유의 기회비용을 반영한다. u는 경제주체의 선호로 화폐보유의 효용을 반영한다.

이 식의 변수들을 자세히 설명하면 다음과 같다.

Y^P, 즉 항상소득은 현재 및 과거에 실현된 소득의 가중평균치이다. 사람들은 최근에 경험한 소득일수록 더 많은 가중치를 준다. 항상소득이 크면 화폐수요도 커진다.

h는 인적자산의 비율이다. 비(非)인적자산은 시장에서 처분되어 화폐로 전환될 수 있는 유동성을 지니고 있지만 인적자산은 유동성이 거의 없다. 총자산 중에서 인적자산의 비중이 커지면 인적 부의 비유동성을 보상하기 위하여 화폐수요가 증가한다. 인적자산 비율은 화폐수요에 대하여 증가함수의 관계이다.

r_B는 채권(bond)수익률, r_E는 주식(equity)수익률을 나타낸다. 화폐 이외에 다른 자산의 수익률이 증가하면 화폐보유의 기회비용이 상승하므로 통화수요는 감소한다. 프리드만은 채권 · 주식의 수익률과 통화수요가 대체관계로 역의 관계에 있다고 생각하였다. 그 점은 실물자산(real asset)의 경우도 마찬가지이다.

$\dot{P}^*$는 예상물가상승률이다. 인플레이션이 발생하면 금융자산은 자산가치의 손실을 입는다. 그래서 물가상승은 통화수요의 감소를 야기시킨다. 즉 예상물가상승률은 화폐수요에 대하여 감소함수의 관계이다.

화폐보유의 효용 u와 화폐수요는 증가함수의 관계이다.

각 변수가 화폐수요에 미치는 영향을 나타내면 다음과 같다.

$$Y^P, \ h, \ r_B, \ r_E, \ \dot{P}^*, \ u$$
$$\oplus \quad \oplus \quad \ominus \quad \ominus \quad \ominus \quad \oplus$$

여기에서 $\oplus$는 그 변수가 화폐수요에 대해 증가함수라는 것을 나타내며, $\ominus$는 그 변수가 화폐수요에 대해 감소함수라는 것을 나타낸다.

2. 프리드만 통화수요함수의 의의

프리드만의 통화수요함수는 이론상으로도 현실적용면으로도 여러 가지 장점을 가지고 있다. 프리드만 통화수요함수의 가장 큰 학설사적 공헌은 교환방정식에서의 화폐유통속도 V와 통화잔고방정식에서의 마샬 k를 분석하였다는 점이다. 이 문제는 학설사적으로 대단히 중요한 사항이므로 자세히 알아보자.

항상소득을 실질소득 y라고 편히 쓰기도 한다. 그러면 통화수요함수는 다음과 같이 된다.

$$M^D = f(y, \ h; \ r_B, \ r_E, \ \dot{P}^*; \ u)P$$

소득수준이 불변이라고 하면, 즉 y를 상수화시키면 위 식은 다음 식으로 나타낼 수 있다.

$$M^D = f(h; \ r_B, \ r_E, \ \dot{P}^*; \ u)Py$$

이 식은 신고전학파의 통화잔고방정식과 그 함수형태가 같다.

$$M^D = f(h; \ r_B, \ r_E, \ \dot{P}^*; \ u)Py \qquad \cdots\cdots\cdots \text{ 프리드만의 통화수요함수}$$

$$M^D = kPy \qquad\qquad\qquad\qquad \cdots\cdots\cdots \text{ 신고전학파의 통화잔고방정식}$$

위의 두 식을 비교하면 k는 다음과 같다.

$$k = f(h; \ r_B, \ r_E, \ \dot{P}^*; \ u)$$

즉 마샬 k는 인적자산 비율, 주식·채권수익률, 물가예상상승률, 그리고 화폐선호에 의하여 결정된다는 것이다. 이처럼 마샬 k를 함수식으로 나타낸다는 것은 프리드만의 통화수요함수가 마샬 k의 정체를 밝혔다는 얘기가 된다. 사실 신고전학파 경제학자들은 마샬 k를 도입하여 통화수요를 설명하면서도 그 마샬 k의 실체는 밝혀내지 못하고 사후적으로 계산해내는 정도에 그쳤었다. 그런데 드디어 프리드만이 그 정체를 밝혀낸 것이다.

한편 마샬 k를 구명한다는 것은 결국 화폐유통속도를 구명한다는 의미도 갖는다. 왜냐하면 화폐유통속도는 마샬 k의 역수이기 때문에 유통속도도 자동적으로 계산이 가능하게 된 것이다.

프리드만의 통화수요함수는 가능한 통화수요 요인을 거의 모두 고려한 함수이다. 프리드만의 신통화수량설에 의한 통화수요함수가 가장 발달된 형태의 통화수요이론이라 평가받는 것은 이 통화수요함수가 사람들이 통화를 보유하고 싶어하는 모든 요인들을 다 고려한 함수이기 때문이다. 더구나 프리드만의 통화수요함수는 그동안 고전파류의 숙제였던 마샬 k의 구성을 분석함으로써 사전에 통화수요의 예측도 가능하도록 이론을 정립하였다. 실제로 프리드만의 통화수요함수는 실증분석이 가능한 함수로 검증이 가능하다. 프리드만은 통화량이 물가에 영향을 미친다는 사실을 실증분석으로 밝혀내기도 하였다.

마지막으로 거시경제문제도 미시적인 분석의 도움을 통하여 완성에 가까워진다는 학문적인 체제를 늘 염두에 두는 것이 좋다는 점을 독자 여러분에게 강조하는 바이다.

Summary

1. 통화수요란 사람들이 얼마나 많은 통화를 왜 간직하려 하는가를 말한다.

2. 가장 선구적인 통화수요이론은 케임브리지학파에 의한 통화잔고방정식이다. 케인즈의 유동성선호이론에 의한 통화수요 설명, 프리드만의 신통화수요함수 등이 통화수요이론으로 주요한 위치를 점하고 있다. 피셔의 교환방정식도 통화수요방정식으로 변형하여 볼 수 있다.

3. 교환방정식: 피셔의 교환방정식

$$MV = PT$$

   • 개량된 교환방정식

$$MV = Py$$

4. 통화잔고방정식

$$M^D = kPy$$

   현금잔고방정식, 케임브리지방정식(Cambridge equation)이라고도 부른다.

5. Marshallian k
   ① 통화가 수중에 들어왔다가 지출되기까지 수중에 머물러 있는 기간.
   ② 간직하고 싶은 현금의 양이 명목소득의 몇 %인가.
   ③ 교환방정식에서의 V의 역수.

6. 케인즈에 의하면 사람들은 유동성을 확보하기 위하여 유동성이 가장 큰 화폐를 수요한다고 한다. 그는 화폐보유의 동기를 거래적 동기, 예비적 동기, 투자기회포착용으로 구별하고 있다.
   • 거래적 동기와 예비적 동기의 화폐수요량은 소득의 증가함수이다.
   • 투자기회포착용의 화폐수요는 이자율의 감소함수이다.

7. 케인즈에 의하면 사람들이 마음 속으로 정상이라고 생각하는 이자율이 있다. 이를 정상이자율이라고 한다.

8. 채권의 이자수익과 채권가격변동으로 인한 자본손실이 같아지는 이자율이 결정이자율이 된다.

9. 사람들은 이자율이 결정이자율보다 높은 수준에서는 채권을, 낮은 수준에서는 현금을 보유한다.

10. 정상이자율 존재 가정, 전부채권 또는 전부현금 방식으로 자산을 보유한다는 가정은 유동성선호이론의 커다란 약점이다.

11. 유동성선호이론의 약점을 보멀과 토빈이 보완하고 있다.

- 보멀은 재고론적 접근을 통하여 거래적 동기의 화폐수요도 이자율과 관계있음을 밝혀내었다.
- 토빈은 투기적 수요이론의 약점을 보완하여 정상이자율의 개념 없이도 이자율에 대하여 감소함수가 된다는 것을 밝혀내었다.

12. 프리드만은 통화수요를 결정하는 요인을 예산제약, 기회비용, 그리고 효용 세 가지로 보고, 다음과 같은 통화수요함수를 만들어냈다.

$$M^D = f(y,\ h;\ r_B,\ r_E,\ \dot{P}^*;\ u)P$$

13. 프리드만의 통화수요함수를 이용하면 마샬 k는 다음과 같이 나타낼 수 있다.

$$k = f(h;\ r_B,\ r_E,\ \dot{P}^*;\ u)$$

Exercises

1. 실질국민소득이 1,500단위, 통화량은 500단위, 물가수준이 3단위라고 하자. 통화의 유통속도는 얼마인가?

2. 통화량이 20조 원인데 명목국민소득은 100조 원이라고 하자.
   ① 통화유통속도는 얼마인가.
   ② 통화량을 1조 원 증가시키면 명목국민소득은 어떻게 변하는가.
   위 두 문제를 교환방정식을 이용하여 해결하시오.

3. 우리나라의 소비지출은 300조 원, 투자지출은 200조 원, 정부지출은 100조 원이다. 통화공급액이 150조 원이라면 화폐유통속도는 얼마인가.

4. 화폐수요함수가 다음과 같다.

   $$\frac{M}{P} = 2,200 - 200i$$

   현재 통화공급량은 2,000이며 물가수준은 2이다. 금융당국이 이자율을 7%로 유지하려 한다면 통화공급량을 어떻게 조정해야 하는가.

5. 매년 560만 원을 영구히 받는 금융채권이 있다. 만약 이자율이 연 8%에서 7%로 내렸다면 이 채권 가격의 변화는 얼마인가.

6. 2천 5백만 원의 연봉을 받는 사람이 채권을 구입하였다가 매각해가면서 생활한다고 한다. 채권매매비용은 1회에 1,200원이 들며 이자율은 연리 6%이다. 보멀의 재고이론을 이용하여 적정현금보유량을 계산하시오.

해답

1. $MV = Py$에서 $y = 1,500$, $M = 500$, $P = 3$이면
   $500V = 1,500 \times 3$
   $\therefore V = 9$

2. ① $MV = Py$에서
   $MV = $ 명목국민소득
   $V = \dfrac{\text{명목국민소득}}{M}$

$V = 5$

② $MV = $ 명목국민소득

$V = 5$이므로

$\varDelta 1$조$\times 5 = \varDelta$명목국민소득

명목국민소득 증가는 5조 원

3. 교환방정식 $MV = Py$를 이용한다.

이 식에서 $M = 150$, 명목국민소득 $= Py = C + I + G = 300 + 200 + 100 = 600$이다.

따라서 $150V = 600$ $\therefore V = 4$

답 4

4. 바람직한 통화량을 m이라 한다면 $\dfrac{m}{2} = 2,200 - 200 \times 7$. 따라서 $m = 1,600$

답 400 감소시켜야 한다.

5. 이 채권은 콘솔이다. 콘솔의 가격은 $\dfrac{A}{i}$이다. 처음 가격은 $\dfrac{A}{i} = \dfrac{560}{0.08} = 7,000$,

나중 가격은 $\dfrac{A}{i} = \dfrac{560}{0.07} = 8,000$이다.

답 1,000만 원 상승한다.

6. $M^* = \sqrt{\dfrac{2fY}{i}} = \sqrt{\dfrac{2 \cdot 1,200 \cdot 25,000,000}{0.06}}$

$= 1,000,000(원)$

Chapter

12 | 통화정책

제 1 절 통화정책의 의의와 목표
제 2 절 통화정책 운용체제
제 3 절 우리나라의 통화정책
제 4 절 통화정책의 파급경로

1. 통화정책의 의의

통화정책이란 정책당국이 은행대출의 양과 이자율을 규제하여 통화공급을 조절하고 나아가서는 물가와 총수요에 영향을 미치게 하는 경제정책이다. 통화공급은 주로 금융부문을 통해 이루어지기 때문에 통화정책을 금융정책 또는 대출정책이라고도 한다. 중앙은행이 통화공급량을 조절하면 예금은행이 공급하는 대출자금의 양, 즉 신용(信用)의 양이 조절된다. 그래서 통화정책을 신용정책, 또는 통화신용정책이라고도 부른다.

통화정책: 정책당국이 대출의 양과 이자율을 규제하여 통화공급을 조절하고 나아가서 총수요에 영향을 미치게 하는 경제정책

엄격히 말하면 통화정책과 금융정책은 다른 면도 있다. 통화정책은 물가와 환율 등 통화와 관련된 모든 정책을 포함하기 때문에 매우 넓은 의미를 갖는다. 이에 비하여 금융정책은 주로 금융부문을 통한 통화공급정책이라고 할 수 있다. 금융부문은 통화공급 네 가지 경로 중 하나일 뿐이다. 통화정책이라는 말은 좀 더 넓은 의미로, 금융정책이라는 말은 좁은 의미로 쓰인다고 볼 수 있다. 이 책에서는 일반적인 경우에는 통화정책이라는 용어를, 금융부문에 국한하거나 재정정책과 대비되는 경우에는 금융정책이라는 용어를 사용한다.

금본위제도시대에는 화폐가 단순히 실물경제의 베일(veil) 역할을 한다고 생각하였기에 특별한 통화정책이 필요하지 않았다. 그러나 1930년대 경제대공황을 계기로 각국의 통화제도가 관리통화제도로 이행되면서부터는 물가문제가 통화정책의 가장 큰 관심사로 대두되었다. 1980년 이후에는 금융자유화와 금융개방으로 금융제도 전반에 걸쳐 불안정성이 증대하자 금융안정도 주요 관심사가 되었다.

통화정책시스템의 구성

일반적으로 통화정책시스템은 통화정책의 목표, 지표, 수단 등 세 가지 요소로 구성된다.

① 통화정책의 목표란 통화정책을 통하여 정책당국이 실현하고자 하는 국민경제상의 상태를 말한다. 통화정책의 궁극적인 목표는 국민경제적으로 행복한 상태이다. 국민경제적으로 행복한 상태가 되려면 물가안정, 금융안정, 완전고용, 국제수지균형, 공평한 소득분배 등의 달성이 필요하다.

② 통화정책의 지표에는 운용목표와 명목기준지표가 있다. 운용목표와 명목기준지표는 통화정책의 목표를 달성하기 위하여 정책당국의 통제가 가능하고 경제진단에 있어서는 온도계의 역할을 하는 지표를 말한다. 운용목표로는 단기금리, 지급준비제도가 있으며 명목기준지표에는 통화량, 환율, 이자율, 인플레이션율이 있다.

③ 통화정책의 수단이란 통화정책의 목표를 달성하기 위하여 정책당국이 사용할 수 있는 정책상의 도구를 말한다. 통화정책의 수단에는 중앙은행대출제도, 지급준비제도, 공개시장조작제도가 있다.

통화정책시스템을 정리하면 〈그림 12-1〉과 같다.

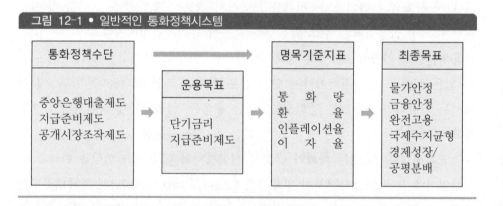

그림 12-1 • 일반적인 통화정책시스템

2. 통화정책의 목표

통화정책의 목표란 통화정책을 통하여 실현하고자 하는 국민경제상의 상태를 말한다. 통화정책의 목표는 시대와 그 나라의 경제환경에 따라 변화해 왔다. 오늘날 우리나라 통화정책의 중심목표는 물가안정과 금융안정이며, 부수적인 목표는 완전고용, 국제수지균형, 경제성장, 공평분배이다.

(1) 물가안정

물가안정은 통화정책의 가장 중요한 목표이다. 각국의 통화제도가 관리통화제도로 이행되면서 나라마다 물가안정, 특히 인플레이션 억제에 심혈을 기울이고 있다. 그것은 한국은행의 설립목적에도 잘 나와 있다. 즉 한국은행의 설립목적은 효율적인 통화정책의 수립과 집행을 통하여 물가안정을 도모함으로써 국민경제의 건전한 발전에 이바지하는 것이다. 물가안정은 오늘날 경제정책의 핵심목표이다. 물가수준은 국민들의 후생복지에 직접적인 영향을 미치기 때문이다.

인플레이션이 경제문제로 대두된 것은 20세기에 들어서이다. 서구의 자본주의 200년 동안 물가상승은 그리 큰 문제가 되지 않았다. 오히려 불황이나 공황으로 인한 물가하락, 즉 디플레이션(deflation)이 큰 문제로 대두될 때가 더 많았다. 20세기에 들어서도 초반에는 전쟁기를 제외하고 물가가 장기적으로 하락하였다. 그러나 2차대전 이후 1980년대에 이르기까지 물가는 줄곧 상승하기만 하였다. 인플레이션은 실업과 더불어 경제적 해악이다.

인플레이션은 예상된 것이든 예상되지 않은 것이든 사회적비용(social cost)을 수반한다. 예상된 인플레이션은 실질잔고유지비용, 조세제도변경과 임금협상에 드는 조정비용, 메뉴비용(menu cost) 등을 유발한다. 예상되지 않은 인플레이션은 소득의 자의적 분배비용, 경제의 불확실성 증대, 상대가격체계의 왜곡에 따른 자원의 비효율적 배분 등을 유발한다. 이처럼 인플레이션은 경제적 효율성을 저하시키고 사회적 해악을 유발하므로 통화정책에 있어서는 물가안정이 가장 중요한 정책목표이다.

물가안정의 편익[1]

물가안정은 거시경제의 안정적 성장에 기여한다. 각국 중앙은행은 물가안정을 정책목표로 설정하고 통화정책을 운용한다. 한때는 인플레이션을 높은 수준으로 유지하면 단기적으로는 물론 장기적으로도 낮은 실업률을 유지할 수 있다고 생각했다. 그러나 1960년대 후반 프리드먼(M. Friedman) 등 통화주의 경제학

---

[1] 한국은행, 「한국의 통화정책」(2017), p. 16.

자들은 인플레이션과 실업률의 상충관계가 장기적으로는 성립하지 않는다고 주장했으며, 1970년대에 스태그플레이션(stagflation)을 경험하면서 그 주장은 더욱 힘을 얻었다. 이후 1980년대 들어 경제가 안정적으로 성장하기 위해서는 물가안정이 필요하다는 인식이 확산되었다. 물가안정이 주는 편익은 다음과 같다.

첫째, 물가안정은 자원의 효율적인 배분을 가능하게 해준다. 물가가 큰 폭으로 자주 변동하는 환경에서는 개별 품목의 가격변동이 수요변화에 기인한 것인지 아니면 전체 물가수준의 변화에 의한 것인지를 구분하기가 어렵다. 물가가 불안정한 여건에서는 가격이 갖는 자원의 효율배분 기능이 약해진다. 예를 들어 물가수준의 전반적 상승으로 일어나는 특정 제품의 가격상승을 수요가 늘어난 때문이라고 오인하여 기업이 생산을 확대하면 과잉공급이 일어나 수익성은 하락하고 자원이 낭비되는 결과가 발생한다.

둘째, 물가가 안정되면 기업이 장기 투자계획을 세울 수 있고 가계 또한 장기적인 소비와 저축 계획을 세울 수 있다. 그러나 물가불안정이 계속되어 불확실성이 높아지면 가계 및 기업의 소비지출 및 투자활동이 불안정해진다. 더구나 가계와 기업이 인플레이션 위험관리를 위해 보유 자원을 실물자산에 투자할 경우 투기가 발생하여 자원배분이 왜곡된다.

셋째, 물가가 안정되면 기대인플레이션도 안정되어 단기적으로 고용 및 성장의 변동성이 감소하고, 중앙은행은 물가안정을 유지하면서 경기 충격에 대응할 수 있는 여력을 확보하게 된다. 1970년대 미국에서는 국제유가 급등으로 인플레이션이 높은 수준을 지속함에 따라 기대인플레이션까지 불안정해졌는데, 이로 인해 근로자의 임금인상 요구와 기업의 가격인상이 상승작용을 일으키면서 실업이 증가하는 악순환이 일어났다.

넷째, 물가안정은 장기금리의 안정에 기여한다. 자금 공급자는 대출시 물가상승에 의한 원금의 구매력 손실에 대한 보상, 즉 인플레이션 위험 프리미엄을 요구하는 것이 보통이다. 즉 피셔효과가 발생하여 명목금리가 높아진다. 반면에 미래의 인플레이션이 낮은 수준으로 예상되는 경우에는 자금 공급자도 위험 프리미엄을 낮추게 되어 명목금리가 낮아진다.

다섯째, 물가안정은 경제주체의 과도한 차입을 억제하고 금융안정에 기여한다. 물가가 큰 폭으로 상승할 경우 채무자의 실질적인 원리금 상환 규모는 줄어드는 반면 채권자는 그만큼 손실을 보기 때문에 결과적으로 채권자의 부가 채무자에게 이전된다. 이처럼 높은 인플레이션하에서 차입에 따른 실질적 이득 증가로 경제주체가 차입을 과다하게 늘릴 경우 금융의 시스템위험이 확대될 수 있다.

여섯째, 물가가 안정된 상황에서는 기업의 가격조정에 소요되는 메뉴비용과 임금계약, 세율 등의 갱신에 수반되는 각종 행정적 비용이 줄어들 수 있다.

(2) 금융안정

1980년대 이전까지 통화정책의 주요 관심사는 물가와 이자율이었다. 그러나 1980년대 들어 세계적으로 금융혁신과 함께 금융자유화, 금융시장개방 등이 진행되면서 각국은 금융시스템의 불안과 함께 금융위기를 자주 겪게 되었다. 이에 각국은 국가경제에 있어서 금융안정이 매우 중요한 것임을 인식하기 시작하였다.

금융안정은 한 나라의 금융시스템을 구성하는 금융기관의 안정과 함께 금융시장의 안정을 의미한다. 금융기관의 안정이란 개별금융기관이 자체능력으로 정상적인 활동을 할 수 있고 시장참가자들이 이를 신뢰하는 상태를 말한다. 금융시장의 안정은 시장에서 형성되는 금리, 주가, 환율 등이 그 나라 경제의 기초여건을 제대로 반영하고 변동이 심하지 않은 상태를 말한다. 금융기관의 안정과 금융시장의 안정은 서로 밀접한 관계가 있다. 금융기관의 경영상태가 불안하면 시스템위험(system risk)에 대한 우려 때문에 자금순환의 경색현상이 초래되어 금리, 주가 등의 움직임이 불안해지는 등 금융시장의 안정이 저해된다.

금융의 발전과 안정은 경제의 지속적이고 안정적인 성장을 위한 토대이다. 발달된 금융시스템은 자원배분의 효율성을 높여 경제성장을 뒷받침하지만, 그렇지 못하면 심각한 경제위기를 초래할 수도 있다. 금융중개기능이 마비되고 대외적인 국가신용도가 하락하여 대외교역 및 자본거래가 위축되면서 자국통화의 가치가 급락하는 등 경제파탄이 초래될 경우에는 통화정책이나 재정정책만으로 이를 극복하기가 어렵다. 한편, 통화정책의 효과는 금융부문을 통해 생산활동과 물가에까지 파급된다. 금융부문이 불안하거나 제기능을 수행하지 못하면 통화정책의 파급경로가 원활히 작동하지 않게 되고 이로 인해 통화정책의 효과를 기대만큼 얻을 수 없게 된다.

(3) 완전고용의 달성

현대 시장경제체제에서 사람들은 생활에 필요한 상품을 구입할 수 있는 구매력을 소득으로부터 얻고 있으며, 이 소득은 고용으로부터 나온다. 완전고용을 달성한다는 것은 국가적으로 복지증진의 첫걸음이다.

통화정책당국은 경제의 일반적 활동수준의 조절을 통해서 고용에 영향을 줄수 있다. 잠재적 산출량과 총유효수요가 일치할 때를 완전고용이라고 할 때, 총유효수요가 잠재적 산출량에 미달되면 실업이 일어나고 자본설비의 일부가 유휴상태에 놓이게 된다. 이때 통화당국은 총수요 특히 투자수요를 증가시키는 정책수단을 채택함으로써 고용을 증가시킬 수 있다. 즉 통화공급을 늘려 이자율을 하락시키고 투자가 증가하면 고용이 증가하게 된다.

(4) 국제수지균형 달성

수출보다 수입이 많으면 국부가 밖으로 빠져나가서 국민소득이 감소된다. 반대로 수출이 수입보다 많으면 인플레이션이 일어나거나 무역마찰을 빚게 된다. 국제수지, 특히 수입은 통화정책에 의해 영향을 받을 수 있다. 즉 수입은 경제활동수준에 의해서 결정되므로 통화공급의 증대에 따라 확장국면에 있을 때에는 수입이 증가하고, 그 반대의 경우에는 수입이 감소하게 된다. 따라서 수입이 과다하여 국제수지의 불균형이 심화되는 경우에는 긴축통화정책을 채택하여 불균형을 해소할 수 있으며, 그 반대의 경우에는 확대 통화정책을 실시함으로써 불균형을 해소할 수 있다. 그러나 총수요를 자극 또는 억제하는 정책은 일반적으로 국제수지개선 목표와 서로 상충되는 경우가 있다. 예를 들어, 국내의 실업률이 높아서 고용을 증가시키기 위해 총수요를 증가시키는 정책을 시행하면 오히려 수입을 증가시켜 국제수지의 불균형을 초래할 수 있다.

(5) 경제성장과 공평분배

경제성장은 고용을 창출하고 소득증대를 가져다주어 국민들의 후생복지를 증진시킨다. 경제성장은 일반적으로 노동생산성이 지속적으로 상승할 때 이루어진다. 노동생산성은 기술수준의 향상, 자본장비의 증가 등에 의하여 상승한다. 경제성장은 노동자 1인당 자본량에 의존한다고 볼 수 있다. 1인당 자본량은 투자에 의하여 증가한다. 기존의 자본량은 매우 많기 때문에 1~2년 동안의 투자증가가 자본량에 미치는 효과는 클 수 없다. 그러나 장기간에 걸쳐 순투자액이 증가한다면 그것은 자본스톡의 증대를 의미한다. 자본스톡의 증대는 잠재적 생산능력을 증대시킨다. 그러므로 통화정책은 단기적으로는 경제성장에 큰 영향을 미칠 수 없으나 투자가 통화정책에 의해 촉진될 수만 있다면 경제발전에 상당한 영향을 미칠 수 있다.

한편 경제성장이 이루어져도 부와 소득이 공평하게 분배되지 못한다면 소위 행복한 경제상태라는 국민경제적 최종목표는 달성하기 어렵다. 경제성장과 더불어 그 과실이 공평하게 분배되는 것도 경제성장 못지않게 중요하다.

3. 목표간의 상충관계

두 마리의 토끼를 다 잡을 수는 없을까

위의 목표가 동시에 달성된다면 그보다 더 좋을 수는 없을 것이다. 그러나 이들 목표는 흔히 상호충돌을 일으킨다. 즉 통화정책의 목표간에는 다음과 같은 상충관계(trade-off)가 있다.

첫째, 물가안정과 완전고용 간의 상충관계이다. 일반적으로 물가안정을 위해서는 통화공급을 감소시키는 것이 필요하고, 완전고용 달성을 위해서는 통화공급을 증가시키는 것이 필요하다. 통화공급을 조정하여 물가안정과 완전고용을 동시에 달성한다는 것은 두 마리의 토끼이다. 이러한 내용은 고전적인 필립스곡선(Phillips curve)에 의하여서도 주장된 바 있다. 즉 물가안정과 완전고용 사이에 상충관계가 존재한다.

둘째, 물가안정과 경제성장 간의 상충관계이다. 물가안정을 위해서는 통화공급의 감소가 필요하고, 경제성장을 위해서는 통화공급의 증가가 필요하다. 경제성장과 물가안정은 양립하기 어렵다.

셋째, 경제성장과 공평분배 간의 상충관계이다. 경제성장이 이루어진다고 해서 소득의 공평한 분배가 저절로 이루어지지는 않는다. 오히려 경제성장이 활발하게 일어나는 동안에는 부익부 빈익빈 현상을 빚는 등 소득분배가 왜곡되는 것이 일반적이다. 경제성장의 이득은 대개 기업이나 자본가에게 먼저 돌아간다. 그래서 개발도상국은 경제개발을 위하여 당분간 분배는 희생시키는 정책, 즉 선성장 후분배 정책을 취하기도 한다. 이것은 경제성장과 공평분배가 양립하기 어렵다는 것을 말해 준다.

이와 같이 통화정책의 목표들간에 상충관계가 일어나는 경우에는 통화정책만으로 문제를 해결하려고 할 것이 아니고 재정정책 등 여러 경제정책수단을 함께 사용하는 것이 필요하다. 물론 그렇게 해서 상충문제가 다 해결되지는 않는다. 경제정책이 그렇게 쉬운 일이 아닌 것이 분명하다. 자나깨나 모두들 경제걱정만 하는 것을 보면.

section 02 ‣ 통화정책 운용체제

1. 명목기준지표

앞의 〈그림 12-1〉은 일반적인 통화정책시스템의 구조이다. 그림을 보면 통화정책수단과 최종목표가 서로 떨어져 있으며 중간에 명목기준지표 또는 중간목표가 자리하고 있다. 통화정책수단이 최종목표 달성에 직접 작용하지는 않는다는 뜻이다. 중앙은행은 정책수단과 최종목표를 이어줄 수 있는 중간목표 또는 지표변수를 조정하는 방식으로 통화정책을 수행한다. 중간목표나 지표변수로는 통화량, 환율, 물가상승률 등이 사용된다. 중앙은행은 이 변수들 중에서 최종목표와 연관성이 높은 변수를 선택하여 이를 관리하는 방식으로 통화정책을 수행한다. 이 변수를 명목기준지표(nominal anchor)라고 한다.

> 명목기준지표: 중앙은행이 통화정책 최종목표와 연관성이 높다고 생각하여 관리하는 명목변수

중앙은행은 명목기준지표의 목표치를 결정한 다음 이를 달성하도록 각종 중

간지표나 운용지표를 사용하여 최종목표를 달성하려 한다. 명목기준지표를 통화정책의 타깃(target)이라고도 한다. 통화정책 시행에는 경제 상황을 정확히 진단하고 최종목표에 도달시킬 수 있는 명목기준지표를 택해야 한다. 어느 지표가 우수한가에 대해서는 학자에 따라 견해가 다르다. 신고전학파나 통화주의자들은 통화량지표가 적절하다고 주장하고, 케인즈(J. M. Keynes)는 이자율지표가 적절하다고 주장하였다.

각국은 자국의 경제 여건과 구조, 금융시장 발달 정도 등을 고려하여 명목기준지표를 채택한다. 한 나라의 통화정책 운용체제는 어떤 명목기준지표를 선택하느냐를 가지고 구분할 수 있다. 여러 지표 중 하나를 택하여 통화정책을 수행해나가는 시스템을 통화정책 운용체제라고 한다. 통화량을 명목기준지표로 선택하면 통화량목표제, 환율을 택하면 환율목표제, 물가상승률을 택하면 물가안정목표제(inflation targeting)라고 부른다.

한편 물가상승률, 통화량, 환율 등은 중앙은행이나 정책당국이 직접 제어할 수 있는 경제변수가 아니다. 따라서 중앙은행이 직접 관리하여 원하는 수준을 유지할 수 있는 지표가 필요한데 이를 운용목표(operating target)라고 한다.

운용목표: 통화정책 목표 달성을 위해 중앙은행이 직접 관리하여 운용하는 지표

우리나라의 운용목표는 '한국은행 기준금리'이다. 한국은행 기준금리는 한국은행이 그 운용목표를 결정하고 유지한다. 일반적으로 단기시장금리나 지급준비율은 중간 운용목표로 사용하기가 편리하다. 각국은 운용목표나 중간목표를 적절히 선택하고 사용하여 통화정책을 수행한다.

2. 통화정책 운용체제

(1) 통화량목표제

통화정책 운용체제 중 세계적으로 가장 널리 채택된 제도가 통화량목표제이다. 통화량 타기팅이라고도 불리는 통화량목표제는 통화량을 명목기준지표로 채택하여 이를 감시하고 관리하는 제도이다. 구체적으로 말하면 통화공급 증가율을 중간목표로 정해 이를 달성하려고 하는 방식이다. 통화량목표제는 1970년대 후반에 대부분의 국가가 도입하였는데 그 원인은 다음 두 가지로 요약된다.

첫째로 통화주의자들의 영향력이 커졌다는 점이다. 통화주의자인 프리드먼은 물가에 가장 강력한 영향을 미치는 것이 통화량이므로 이를 적절히 제어해야만 통화정책의 목표가 달성될 수 있다고 주장하였다. 둘째로 중동전 이후 석유파동이 발생함으로써 전 세계가 인플레이션에 시달리게 되었다. 이에 각국은 인플레이션을 억제하는데 총력을 기울였으며, 그 일환으로 인플레이션과 가장 밀접한 관계가 있는 것으로 인식되는 통화량을 조절하고자 하였다.

통화량목표제를 채택했던 대부분의 나라들은 1980년대 들어 이를 포기하였다. 금융자유화 및 개방화의 진전으로 물가와 통화량 간의 관계가 불분명해짐에 따라 금리를 중심으로 하는 통화정책으로 이행한 것이다. 단 동유럽의 체제전환국이나 개발도상국들은 아직도 통화량목표제를 채택해 활용하고 있다. 개발도상국의 경우 통화수요함수를 교란시킬 정도로 금융혁신이 광범위하게 진전되지 않았으며, 은행대출을 직접 통제하면 목표 달성이 상대적으로 쉽고, 통화량 조절이 사람들의 인플레이션 기대심리를 낮추는 데 효과적이기 때문이다.

우리나라는 1957년부터 1997년까지 통화량목표제를 채택하여 실시했다.

(2) 환율목표제

환율목표제란 환율을 일정수준으로 유지시키는 통화정책 방식을 말한다. 고정환율제도를 채택하고 있는 나라의 통화정책 운용시스템이 바로 환율목표제이다. 통화위원회제도, 미달러화통용제도(Dollarization) 등 엄격한 고정환율제도는 전형적인 환율목표제에 속한다. 중심환율을 기준으로 소폭의 변동을 허용하는 페그(peg)제나 밴드(bands)제와 같은 중간단계의 환율제도 등 어느 정도의 신축성이 허용되는 경우도 환율목표제라고 볼 수 있다. 이들 환율제도 용어에 대해서는 17장에서 자세히 설명한다.

환율목표제는 환율타기팅이라고도 불린다. 환율목표제를 채택하는 나라는 환율을 일정수준으로 유지하기 위해 금리 조정, 외환시장 개입 등의 정책수단을 활용한다. 예를 들어 달러화에 대한 수요가 늘어나 자국 통화가치가 떨어질 때는 국내금리를 인상하여 자국통화에 대한 수요를 확대하거나 중앙은행이 외환시장에 달러를 직접 매각함으로써 달러의 초과수요를 해소시키기도 한다.

환율목표제의 장점은 다음과 같다.

첫째, 물가안정을 이룰 수 있다. 즉 물가가 안정된 나라의 통화에 자국 통화 가치를 고정시킴으로써 인플레이션을 낮출 수 있다. 특히 대외의존도가 높은 나라들은 수입물가 안정으로 혜택을 볼 수 있다. 둘째, 환리스크가 거의 없어서 투자유치가 쉽다. 환율이 불안하다면 투자자는 위험을 감수해야 한다. 환율변동이 심할 경우 외국인들은 투자를 꺼리게 된다. 개도국의 입장에서 환율을 고정시키면 외국인 투자자들의 불안이 줄어들어 활발한 투자유치가 가능하다.

이렇게 장점이 있는 반면 단점도 있다.

첫째, 환율을 고정시키고 그 수준을 유지하려면 자국 사정에 맞는 통화정책을 수행하기가 어렵다. 즉, 환율 유지를 위해 적정한 통화량 유지나 이자율수준 유지를 희생해야 할 경우도 발생한다. 둘째, 투기적 공격에 취약하다. 환율을 일정 수준에서 고정시키다 보면 시장원리에 부합되지 않는 경우도 있을 수 있다. 통화의 상대가치란 그 나라의 경제사정이나 국제금융시장 상황에 따라 얼마든지 변할 수 있는데 이를 고정시킬 경우 환율이 경제의 기초여건과 괴리될 수 있다. 이러한 상황을 국제적 투기자본이 이용하면 국가적으로 큰 손실과 혼란을 초래할 수 있다.

(3) 물가안정목표제

물가안정목표제(inflation targeting)란 일정기간 동안 달성해야 할 물가목표 (target)를 미리 제시하고 이에 맞추어 통화정책을 운용하는 시스템이다. 인플레이션타기팅이라고도 한다.

물가안정목표제에서는 물가목표를 달성하기 위해 운용목표(operating target)를 정하고 통화정책수단을 활용하여 목표를 달성하려 한다. 앞에서도 설명한 바와 같이 운용목표란 설정된 최종목표의 달성을 위해 중앙은행이 직접 영향을 미치는 경제변수를 말한다.

통화량목표제나 환율목표제는 시행해 오는 동안 단점이 많이 노출되어 왔다. 이에 따라 세계 각국 중앙은행은 물가안정목표제를 채택하기 시작하였다.

1990년에 뉴질랜드가 물가안정목표제를 최초로 도입한 이래 영국, 캐나다, 스웨덴 등이 도입하였으며 이후 점차 신흥시장국으로 확산되고 있다.

물가안정목표제는 보통 세 단계를 거쳐 시행된다. 첫 단계로 중앙은행이 통화량, 물가, 금리, 환율 등 다양한 경제변수를 활용하여 물가상승률을 예측한다. 둘째 단계로 그 예측을 토대로 달성이 가능한 물가목표수준을 결정해 공표한다. 셋째 단계로 실제 물가상승률이 목표치를 달성할 수 있도록 통화정책수단을 운용한다.

물가안정목표제에서는 통화정책의 공시효과가 중요하다. 중앙은행이 달성하고자 하는 물가목표를 공개적으로 제시하고, 일반 국민들이 이 목표를 기준으로 하여 각종 경제행위를 하도록 유도한다. 중앙은행이 발표하는 물가목표는 임금협상, 공공요금 결정의 기준이 된다. 이 제도가 성공을 거두려면 통화정책에 대한 일반의 신뢰성 확보가 중요하다.

section 03 · 우리나라의 통화정책

우리나라는 1957년에 재정안정계획을 수립하면서 통화량목표제를 채택하였다. 이 기간 중 통화공급 목표의 설정은 대체로 EC(European Community) 방식을 이용하였다. 1997년 말에는 한국은행법을 개정하면서 물가안정목표제를 채택하였다. 그리하여 우리나라는 통화량목표제를 실시하면서도 물가안정목표제를 도입함으로써 통화량과 인플레이션율을 동시에 중간목표로 하는 병행방식을 취하였다. 그 후 2001년에는 통화량을 중간목표가 아닌 감시지표로 전환하여 물가안정목표제를 준비하였고, 2003년에 본격적인 물가안정목표제로 이행하였다.

1. 물가안정목표제

현재 우리나라가 채택하고 있는 물가안정목표제의 목표대상 물가지수, 목표수준, 목표달성 평가기간은 다음과 같다.

① 목표대상 물가지수는 소비자물가지수이다.

② 물가안정 목표수준은 양(+)의 인플레이션이다. 물가상승률을 0에 근접시키는 것이 바람직할 수도 있으나, 실제로는 대부분의 국가가 양(+)의 상승률을 목표로 하고 있다. 그것은 어느 정도의 인플레이션이 불가피한 상황에서 억지로 물가를 동결시키려 한다면 성장률 저하 등 사회적비용이 따르기 때문이다. 특히 중앙은행이 물가안정목표를 양(+)의 인플레이션으로 설정해두면 디플레이션 발생 가능성을 줄일 수 있다. 디플레이션은 대개 높은 실업률과 경기침체를 동반하는 데다 지속성이 강하여 정책 대응을 통해 이를 단기간에 개선하기가 어렵다. 따라서 제로(0) 인플레이션을 목표로 하기보다는 어느 정도의 인플레이션을 허용함으로써 디플레이션 발생 가능성을 최소화하는 것이 필요하다. 이에 대부분의 물가안정목표제를 채택하는 나라에서는 1~3% 정도의 물가상승 목표수준을 제시하고 있다.

③ 목표달성 평가기간은 중기이다. 통화정책의 효과는 즉시 나타나는 것이 아니라 시차를 두고 나타나므로 목표 달성기간은 중장기로 하는 것이 바람직하다. 그러나 높은 인플레이션을 겪고 있는 나라들은 1년 단위 등 단계적으로 점점 낮은 목표를 적용하여 실제 물가를 낮추어 가다가 어느 정도 안정된 수준에 이

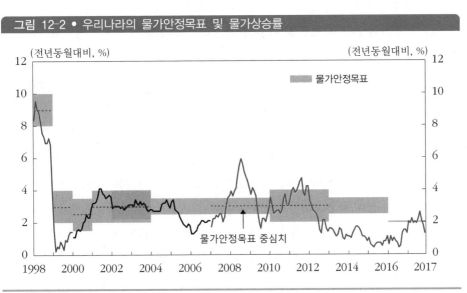

그림 12-2 • 우리나라의 물가안정목표 및 물가상승률

자료: 한국은행, 「한국의 통화정책」(2017), p. 205.

르렀을 때 중장기 목표를 설정한다.

〈그림 12-2〉는 외환위기 이후 2016년까지 우리나라 물가안정목표와 인플레이션 추이이다. 당시의 목표대상 물가지수를 보면 1998년부터 2000년 사이에는 소비자물가지수였고 2000년부터 2007년까지는 근원인플레이션율이었다. 근원인플레이션율이란 물가지수에서 농산물 및 석유류를 제외하고 작성한 인플레이션율이다. 2007년 이후는 소비자물가지수를 목표대상으로 하고 있다.

2. 한국은행 기준금리

우리나라는 물가안정목표제를 실시하면서 이를 달성하기 위한 운용목표로 2008년 3월부터 '한국은행 기준금리'를 채택하고 있다. 그 이전 운용목표는 콜금리였다. 한국은행 기준금리란 한국은행과 금융기관간 거래의 기준이 되는 금리이다. 좀 더 구체적으로 말하면 한국은행이 매매하는 7일물RP의 금리를 말한다. 7일물RP의 금리는 단기금리에 속한다.

한국은행 기준금리: 한국은행과 금융기관간 거래의 기준이 되는 정책금리

한국은행은 경기과열로 물가가 상승할 가능성이 있으면 통화를 환수하고, 경기가 침체되면 통화를 공급하여 경기를 활성화시키는 조치를 취한다. 이때 통화공급과 통화환수의 신호로 기준금리 운용목표를 인하하거나 인상한다. 여기서 기준금리를 인하하거나 인상한다는 표현을 한다 해서 한국은행이 금리수준을 결정하는 것은 아니다. 어디까지나 시중의 기준금리가 그 정도 수준을 유지했으면 하는 희망사항이다. 그래서 이 기준금리수준을 '운용목표'라고 한다.

인플레이션 우려가 있어 물가목표 달성이 어렵다고 판단되는 경우 한국은행은 기준금리 운용목표를 인상한다. 기준금리 운용목표를 인상하면 금융시장에서 단기금리가 상승한다. 단기금리가 상승하면 금리재정거래를 통해 장기금리 및 은행의 여신금리도 상승한다. 금리가 상승하면 기업의 투자 감소, 가계 대출수요 감소, 부동산으로 흘러가는 자금 감소 등을 통해 물가상승 압력이 해소된다. 즉, '기준금리 운용목표 인상 → 물가하락'의 관계가 이루어진다. 기준금리를 인하하면 그 반대의 효과가 일어난다. 즉 '기준금리 운용목표 인하 → 물가상승, 경기회복'의 관계가 이루어진다.

기준금리 운용목표 수준의 결정

금융통화위원회는 연 8회 개최되는 정기회의에서 국내외 여건이 인플레이션에 미치는 영향 등을 종합적으로 분석하여 기준금리 운용목표 수준을 결정한다. 분석에 사용하는 경제변수로는 생산, 수요, 물가, 부동산가격, GDP, 물가안정실업률2, P^*비율3 등이 있다. 또 경제성장, 국제수지균형, 금융시장 안정 등 다른 정책목표도 함께 고려한다.

기준금리 운용목표의 조정은 점진적인 방식으로 이루어진다. 1990년대 들어 미국의 연방준비은행은 금리를 한번에 큰 폭으로 조정하기보다는 0.25%p 또는 0.5%p 단위로 소폭 조정한 다음 그 파급효과 등을 점검하여 계속적으로 금리를 미(微)조정해 나가는 방식을 채택하고 있다. 이러한 조정 방식을 그린스펀 미국 연방준비은행 의장의 이름을 따서 그린스펀의 아기 걸음마(Greenspan's babystep)라고 한다.

〈그림 12-3〉은 2008년 이후 우리나라 기준금리 운용목표의 변동추이이다. 기준금리 수준이 당시의 경제상황(글로벌 금융위기)을 어떻게 반영하고 있는가 분석해보자.

그림 12-3 • 한국은행 기준금리목표 변동 추이

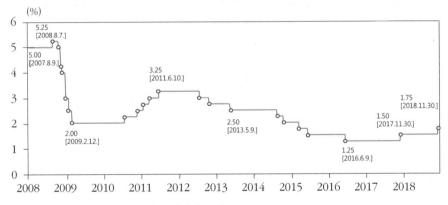

자료: 한국은행, 「알기 쉬운 경제지표 해설」(2019), p. 212.

---

2   물가상승을 가속화시키지 않는 실업률을 말한다.
3   P^*비율이란 현재의 통화량에 대응하는 장기균형물가수준과 현재의 물가수준간 비율이다. 1보다 크면 향후 물가상승압력이 커질 것임을 예고한다.

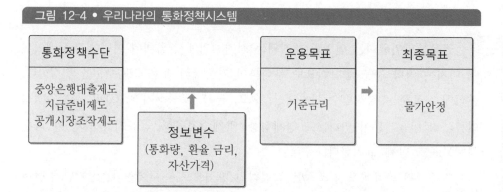

그림 12-4 • 우리나라의 통화정책시스템

〈그림 12-4〉는 우리나라의 통화정책시스템이다. 그림에서 보는 바와 같이 금융통화위원회는 통화량, 환율, 금리, 자산가격 등 정보변수를 분석하여 기준금리 운용목표를 결정한다.

3. 통화정책수단

(1) 중앙은행대출제도

일반은행이 가계와 기업에 자금을 대출하는 것과 마찬가지로 중앙은행은 금융기관에 자금을 대출한다. 한국은행이 운용하는 대출제도는 총액한도대출, 유동성조절대출, 일시부족자금대출, 일중(日中) 당좌대출 및 특별대출이 있다.

① 총액한도대출제도: 총액한도대출제도는 은행이 한국은행에서 차입할 수 있는 총액한도를 미리 정하고 일정한 기준에 따라 은행별 한도를 배정하여 대출해 주는 제도이다. 총액한도대출제도는 은행의 중소기업대출 확대 및 지역간 균형발전을 유도하기 위하여 도입된 제도로, 정책금융 성격의 대출제도라고 할 수 있다. 총액한도대출은 주로 재할인방식으로 이루어진다. 재할인은 중앙은행이 금융기관에게 빌려주는 자금의 금리를 조절함으로써 은행의 차입규모에 영향을 주어 통화량을 조절하려는 통화정책수단이다. 시중에 자금이 필요 이상으로 많이 풀려 있다고 판단되면 중앙은행은 재할인금리를 높여 금융기관의 차입규모를 줄이도록 유도하고, 그 반대의 경우에는 재할인금리를 낮추어 시중유동성을 증가시킨다. 재할인은 중앙은행의 전통적인 대출방법이다.

② 유동성조절대출제도: 유동성조절대출제도는 일시적으로 유동성이 부족한 은행에 대하여 필요자금을 지원하는 제도이다. 이 대출제도는 대출금리 및 규모를 신축적으로 조절하여 중앙은행의 정책의도를 금융시장에 전달함으로써 통화정책의 효율성을 높이기 위하여 도입된 것이다. 이 제도는 일시적 유동성부족은행에 대한 지원 효과와 함께 정책당국의 금리공시기능까지 가지고 있다. 대출금리는 한국은행의 정책의도를 공시하는 대표금리 역할을 한다.

③ 일시부족자금대출제도: 일시부족자금대출제도란 지급준비금이나 결제자금이 부족한 은행에 대해 부족자금 범위 내에서 필요자금을 지원하는 긴급대출제도이다. 은행은 지준 또는 지급결제부족자금 범위 내에서 필요 자금의 지원을 요청할 수 있다. 대출금리는 은행의 일시부족자금대출 차입의존을 방지하고 적정한 유동성관리를 유도하기 위하여 시장금리보다 높다.

④ 일중 당좌대출제도: 일중 당좌대출제도는 은행의 하루 중 일시적인 지급결제 부족자금을 지원함으로써 금융기관간 자금거래 및 이를 통해 이루어지는 기업간 대금결제·송금 등의 자금거래를 원활하게 하기 위해서 도입된 제도이다. 이 제도는 각 은행의 한은당좌예금 평잔액 범위 내에서 하루 중에 발생하는 지급결제 부족자금을 업무마감시각까지 실시각으로 자동 지원한다. 대출금리는 지급결제 원활화를 도모하기 위하여 무이자로 지원된다.

⑤ 특별대출제도: 금융통화위원회의 별도의결을 얻어 지원하는 대출로서 금융시장의 안정을 도모하는 최후의 보루(lender of last resort) 역할을 수행하기 위한 것이다.

(2) 지급준비제도

지급준비제도는 금융기관으로 하여금 예금의 일정비율을 지급준비금(reserve)으로 보유하도록 하는 제도이다. 지급준비제도는 원래 고객의 예금인출요구에 대비하기 위해 예금의 일정비율에 해당하는 금액을 중앙은행에 예치하는 예금자보호제도에서부터 출발하였다. 그 후 지급준비율의 변경이 금융기관의 가용자금에 영향을 주어 통화량의 변동을 가져온다는 사실이 인식되면서 유동성조절을 위한 주요 수단의 하나로 활용되기 시작하였다. 즉 중앙은행은 시중에 자금이 너무 많이 풀려있다고 판단되면 금융기관의 지급준비율을 높여 신용창조능력을 줄임으로써 통화량을 줄이고, 그 반대의 경우에는 지급준비율을 낮추어 통화량을 늘린다.

우리나라의 지급준비정책은 1965년 금리현실화 이전까지는 융자 사전승인제, 금융기관 대출한도제 등 직접규제수단을 보완하는 기능을 수행하는 데 불과하였다. 그 후 금리현실화를 계기로 직접규제를 지양하게 되면서 통화조절수단으로서 중요한 지위를 차지하게 되었다. 특히 1980년대 중반 이후 해외부문의 통화증발 압력이 가중된 시기에는 지급준비정책이 유동성조절수단으로 적극 활용되었다. 그러나 1990년대 들어 금융자유화가 진전되고 금융시장이 빠른 속도로 발전하면서 공개시장조작이 주된 통화정책수단으로 자리잡게 됨에 따라 지급준비제도의 역할은 축소되었다.

〈표 12-1〉은 우리나라의 지급준비제도의 내용이다. 지급준비제도 적용 대상 금융기관은 일반은행, 특수은행(한국수출입은행 제외)이다. 지급준비대상 예금은 요구불예금, 저축성예금 및 CD이다. 지급준비금은 한국은행에 전액 예치하는 것이 원칙이다. 단, 금융기관의 업무상 현금을 보유해야 하는 점 등을 고려하여 35%까지는 금융기관이 시재금으로 보유할 수 있다.

지급준비제도의 장점은 통화량 증감효과가 비교적 확실하며 효과도 비교적 빠르게 나타난다는 점이다. 단점으로는 강제적이어서 은행경영에 대한 간섭이 되고, 지급준비율 인상시의 효과는 확실하지만 인하의 효과는 불확실하다는 점이다. 영국, 뉴질랜드, 그리고 캐나다는 지급준비제도를 폐지하였다.

표 12-1 • 우리나라의 지급준비제도

구분	주요내용
지준부과대상기관	일반은행, 특수은행(한국수출입은행 제외)
지준부과대상	예금, CD
지급준비율	목돈마련저축, 근로자장기저축, 가계장기저축, 근로자주택마련저축, 장기주택마련저축, 근로자우대저축: 0% 정기예금, 정기적금, 상호부금, 주택부금, CD: 2% 수시입출식예금, 요구불예금, 저축예금, 기업자유예금: 7% 비거주자 외화예금: 1% 거주자 외화저축성예금: 2% 거주자 외화요구불예금: 5%
지준미달시 벌칙	지준적립반월 중 평균 지준부족액의 1%를 과태금으로 부과

(3) 공개시장조작제도

공개시장조작(open market operation)이란 중앙은행이 공개시장에서 채권을 매입 또는 매각함으로써 금융기관과 민간의 유동성을 조절하는 것을 말한다. 공개시장조작은 통화량을 조절할 뿐만 아니라 시장금리를 간접적으로 조절하는 정책수단이 된다.

공개시장조작은 정책효과가 금융시장의 가격메커니즘을 통해 나타나며, 매매량을 신축적으로 조정하여 탄력적인 운용이 가능하다는 점에서 선진국에서는 일상적으로 사용되고 있다. 그러나 공개시장정책은 채권시장의 발달, 자유로운 시장금리의 형성 등 여러 가지 여건이 갖추어져 있어야만 그 효과를 제대로 발휘할 수 있다. 우리나라는 1980년대 중반까지 채권시장의 발달 미숙과 금리규제 등으로 공개시장조작을 제대로 수행하기 힘들었다. 그러다가 1980년대 중반 이후 금리자유화가 본격적으로 추진되면서 점차 그 사용을 확대하여 현재는 주요 통화정책수단으로 활용하고 있다.

한국은행은 공개시장조작을 위하여 통화안정증권 등 채권의 단순매매 방식과 국채의 환매조건부매매(RP) 방식의 두 가지 수단을 활용한다. 단순매매는 채권을 완전히 사거나 파는 것을 말한다. 즉 소유권이 이전되는 거래방식이다. 환매조건부매매는 단순매매와는 달리 일정기간 후 다시 매입할 것을 조건으로 보유채권을 매각하거나, 반대로 일정기간 후 다시 매각할 것을 조건으로 채권을 매입하는 것을 말한다. RP거래는 국채를 담보로 자금을 대차하는 형식으로 이루어진다. 시중 유동성을 단기적으로 조절하고자 할 때 활용된다. 한국은행은 국채의 만기와는 관계없이 정책적 판단에 따라 RP거래를 통해 유동성을 신축적으로 조절할 수 있다. 현재 단기유동성 조절을 위한 RP매매는 매주 목요일에 7일물RP매매를 주된 수단으로 활용하고 있다. 7일물RP 매각시에는 한국은행 기준금리를 고정입찰금리로, 매입시에는 기준금리를 최저입찰금리로 활용한다. 단, 1일물RP 매매시에는 매각과 매입시 모두 기준금리를 고정입찰금리로 활용한다.

통화정책을 실시할 때 그 효과가 실물경제에 미치게 되는 통로를 통화정책의 파급경로(transmission mechanism)라고 한다. 통화정책의 파급경로에는 금리경로, 자산가격경로, 환율경로, 신용경로, 기대경로 등이 있다.

금리경로

금리경로란 기준금리 조정이 금융시장을 통하여 실물경제에까지 영향을 미쳐 통화정책의 효과가 나타나는 것을 말한다.

중앙은행이 기준금리 운용목표를 낮추면 콜금리 등 단기금리가 하락한다. 단기금리 하락은 재정거래(arbitrage)를 통해 결국은 장기금리도 낮추게 된다. 즉 금융기관들은 상대적으로 저렴한 단기자금을 차입하여 회사채나 국채 등 장기채권에 투자할 것이고, 이러한 장기채의 수요증가는 채권가격의 상승과 채권수익률 하락을 가져온다. 한편, 은행은 자금을 대출이나 유가증권투자에 운용하는데, 채권수익률이 낮아지면 대출을 늘리려 할 것이고 그 결과 대출금리는 하락하게 된다. 회사채금리와 대출금리가 하락하면 기업들은 자금을 싸게 조달할 수 있어[4] 투자를 확대할 것이며, 이는 국민소득 증가를 가져온다.

기준금리 인하로 단기금융시장 금리하락 → 채권가격 상승 및 은행대출시장 금리하락(장기금융시장) → 기업투자 및 소비증가 → 생산증가, 물가상승까지 유기적으로 파급되어 나가는데, 효과의 전달이 금리라는 매개수단을 통해 이루어지기 때문에 금리경로라 불린다.

금융시장부문		실물부문	
기준금리↓ ⇒ 단기금리↓	⇒ 장기금리, 은행금리↓	⇒ 기업투자↑	⇒ 생산, 물가↑

신용경로

신용경로란 기준금리 조정이 수량변수인 은행대출, 즉 신용(信用)을 통하여

---

4 채권가격은 높고 대출금리는 낮기 때문이다.

실물경제에까지 영향을 미쳐 통화정책의 효과가 나타나는 경로를 말한다. 신용이란 은행이 가계나 기업에 대출한 자금을 말한다. 여신 및 수신이란 신용을 부여하고 받는 것을 의미한다.

중앙은행이 기준금리 운용목표를 낮추면 가계와 기업의 은행대출 수요가 증가한다. 즉 신용공급이 증가한다. 기업은 이 자금을 토대로 투자를 확대하고 가계는 소비를 확대하는 등 활발한 경제활동을 펴 생산증가 및 물가상승이 일어난다.

금융시장부문		실물부문	
기준금리↓ ⇒ 은행대출↑	⇒ 기업투자↑	⇒ 생산, 물가↑	

자산가격경로

자산가격경로란 기준금리 조정이 통화공급에 영향을 미치고 이는 자산가격 변화를 통하여 실물경제와 물가에 영향을 미치는 것을 말한다. 통화공급의 증감은 주식이나 부동산 등 자산의 가격을 변화시킴으로써 실물경제에 영향을 미칠 수 있다.

자산가격경로에는 Tobin$q$ 효과와 부(富)의 효과(wealth effect)가 있다. 토빈q란 주식시장에서 평가된 기업의 시장가치를 기업의 실물자본 대체비용으로 나눈 비율을 말한다.

$$토빈q = \frac{기업의\ 시장가치}{기업의\ 실물자본\ 대체비용}$$

이 식에서 기업의 실물자본 대체비용이란 기업이 자본재 대체를 위해 시장에서 자본재를 구입하는 데 드는 비용, 즉 실물자본 구입비용을 말한다. 금리인하로 주가가 상승하면 기업의 시장가치가 커지고, 이는 기계나 공장 등 실물자본 대체비용에 대한 비율을 크게 하여 토빈q가 상승한다. 토빈q가 크다는 것은 기업들이 높은 가격으로 주식을 발행하여 상대적으로 저렴한 비용으로 투자함으로써 이윤을 늘릴 수 있음을 의미한다. 즉 토빈q가 커지면 신규 투자가 손쉽게 이루어진다.

금융시장부문			실물부문	
기준금리↓ ⇒ 주가↑	⇒ 토빈q↑	⇒ 투자↑	⇒ 생산, 물가↑	

한편 '부의 효과'는 일반인들이 보유하고 있는 주식가격 변화가 소비에 미치는 효과를 말한다. 기준금리 운용목표를 내림으로써 주식가격이 오르면 주식 소유자의 부가 늘어나 소비가 증가한다. 부의 효과는 부동산과 같은 실물자산의 가치 변동을 통해서도 나타난다. 금리하락은 주택 등 부동산에 대한 수요를 늘려 가격상승을 가져올 수 있다. 자산의 큰 부분을 차지하는 부동산가격이 상승하면 가계는 이전보다 부유해진 것으로 생각하여 소비지출을 늘린다. 소비증가는 결국 생산증가를 유발한다. 또 부동산가격이 상승하면 담보가치도 높아져 은행으로부터 대출을 받기 쉬워지고, 이를 소비재원으로 활용할 수도 있다.

금융시장부문	실물부문
기준금리↓ ⇒ 주가 및 부동산가격↑ ⇒ 부 상승	⇒ 소비↑ ⇒ 생산, 물가↑

환율경로

환율경로란 기준금리 운용목표 조정이 환율변화를 통하여 실물경제에 영향을 미치는 것을 말한다.

환율경로는 경제규모가 작고 대외개방 폭이 큰 나라에서 잘 나타난다. 중앙은행이 기준금리 운용목표를 낮추면 자국통화로 표시된 자산의 수익률이 외화로 표시된 자산의 수익률보다 낮아지므로 사람들은 수익률이 좋은 외화표시자산의 보유비율을 높이려고 할 것이다. 이는 자국통화의 공급확대와 외화의 수요확대를 통하여 환율상승을 초래한다. 환율상승은 수출증가와 함께 생산증가 및 물가상승을 초래한다.

금융시장부문	실물부문
기준금리↓ ⇒ 자국화폐금리↓	⇒ 수출↑ ⇒ 생산, 물가↑

기대경로

기대경로란 각 경제주체가 기준금리의 조정이 경제에 미칠 영향을 미리 예상하고 기대함으로써 물가에 실제로 영향을 미치는 메커니즘을 말한다.

기준금리 운용목표가 결정되면 이 목표수준은 곧바로 공표된다. 이 기준금리수준은 정책당국의 통화정책 방향을 시장에 보이는 신호가 된다. 즉, 공시효과를 갖게 된다. 이러한 신호는 경제주체들의 경제성장 및 물가전망 등에 대한 기대를 변화시킴으로써 각종 경제변수의 변동으로 직접 반영된다. 앞에서 설명한 네 가지 파급경로를 거치지 않고 직접 소비, 투자, 물가 등에 영향을 미친다. 기준금리 운용목표의 변경이 금융시장과 실물시장에서 미치는 기대를 통해 제5의 파급경로를 발생시키는 것이다. 이러한 기대경로가 원활히 작동되면 통화정책의 파급시차가 줄어들고 정책효과도 확대될 수 있다. 이러한 점에서 최근에는 기대경로의 중요성이 강조되는 경향이 있다. 외환위기 이후 금리정책에 대한 금융시장의 관심이 크게 높아지면서 기대경로에 의한 정책파급효과가 확대되고 있다. 즉, 기준금리 운용목표 조정시 기대경로의 작동으로 금리재정거래가 일어나기도 전에 즉시 장기시장금리 등이 변동되며, 심지어 금리조정 예상만으로 시장금리가 움직이는 경우도 있다.

기준금리↓ ⇒ 예측 및 기대 ⇒ 생산, 물가↑

파급경로 종합

〈그림 12-5〉는 통화 당국이 기준금리 운용목표를 낮추는 경우 어떤 경로와 절차를 통해 경제변수를 변화시키고 실물경제와 물가에 영향을 미치는가를 한눈에 보여주는 가상도이다. 그림에는 통화정책이 파급되는 다섯 가지 경로가 나와 있다.

통화당국이 기준금리를 조정하여 발표하면 금융시장과 실물시장에 공시효과를 통해 영향을 미치고 이때 시장에 기대효과가 발생하는 한편 금리경로, 자산가격경로, 신용경로, 환율경로 등을 통해 총수요에 영향을 미치고 이어 실물생산과 물가에도 영향을 미치게 된다. 즉, 물가목표(target)를 달성하게 된다.

이처럼 통화정책은 여러 경로를 통해 경제에 영향을 미치는데, 나라마다 경제 및 금융발전 정도나 그 나라 경제가 처해 있는 상황에 따라 경로별 영향력의 크기가 달라진다. 예를 들어 금융시장이 잘 발달되어 있는 나라의 경우에는 금리경로가, 은행의 비중이 큰 나라의 경우에는 신용경로가, 주식시장이 발달한 나라에서는 자산경로가 각각 큰 역할을 한다. 물론 이것은 어디까지나 이론상의 기대이다. 경제에는 예기치 않은 변수가 많다. 예를 들어 주요 수출대상국인 미국과

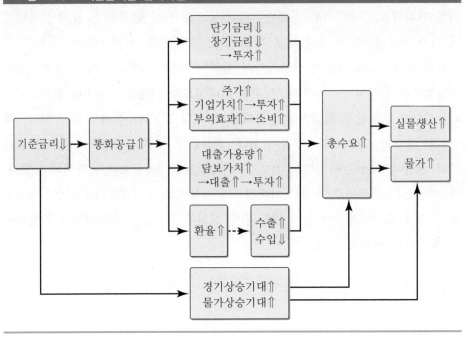

그림 12-5 • 기준금리를 인하하면

중국의 무역갈등, 위안(元)화의 평가절하 또는 절상, 중동정세에 의한 유가 변동, 남북문제 등 경제에 영향을 주는 요인이 많다. 경제가 반드시 이론에서 예측하는 대로 흐르지 않는다는 것도 늘 염두에 두기 바란다.

Summary

1. 통화정책이란 정책당국이 대출의 양과 대출자금의 비용, 즉 이자율을 조정하여 통화공급을 조절하고 나아가서 물가와 총수요에 영향을 미치게 하는 경제정책이다.
2. 통화정책의 일반적인 목표는 물가안정, 완전고용, 국제수지균형, 고도성장 및 소득분배의 형평화이다.
3. 우리나라 통화정책의 최종목표는 물가안정이다.
4. 통화정책의 수단이란 통화정책의 목표를 달성하는 데 있어서 정책당국이 사용할 수 있는 정책 도구를 말한다. 통화정책수단에는 공개시장조작제도, 재할인율제도, 지급준비율제도 등이 있다.
5. 통화정책의 목표변수와 연관성이 있으면서 통화정책수단을 통해 통제할 수 있고 조정도 가능한 경제변수를 명목기준지표라고 한다.
6. 명목기준지표로는 통화량, 환율, 인플레이션율 등이 있다.
   • 통화량을 지표로 하는 통화정책 운용시스템을 통화량목표제라고 한다.
   • 환율을 지표로 하는 통화정책 운용시스템을 환율목표제라고 한다.
   • 인플레이션율을 지표로 하는 통화정책 운용시스템을 물가안정목표제라고 한다.
7. 명목기준지표 논쟁
   • 케인즈는 명목기준지표로 이자율이 우수하다고 주장하였다. 케인즈에 의하면 통화량의 증감은 그 자체에 의미가 있는 것이 아니라, 그것이 이자율을 변경시킨다는 데 의의가 있다.
   • 통화주의자들은 이자율이 경우에 따라 매우 불안정하기 때문에 통화량을 명목기준지표로 삼아야 한다고 주장한다.
8. 물가안정목표제에서는 물가목표를 달성하기 위해 구체적인 운용목표를 정하고 통화정책수단을 활용하여 이 운용목표를 달성하려 한다.
   • 우리나라는 기준금리수준을 운용목표로 삼고 있다.
9. 물가안정목표제는 통화정책의 공시효과를 중시한다.
10. 우리나라 물가안정목표제의 주요 내용은 다음과 같다.
    • 목표대상 물가지수는 소비자물가지수이다.
    • 목표수준은 대개 양(+)의 인플레이션이다.
    • 기준금리 운용목표수준은 금융통화위원회에서 결정한다.
11. 재할인제도란 중앙은행이 금융기관에게 빌려주는 자금의 금리를 조정함으로써 금융기관의 자금조달에 영향을 주어 통화량을 줄이거나 늘리는 통화정책수단이다.

12. 지급준비제도는 금융기관으로 하여금 예금의 일정비율을 지급준비하도록 하는 제도이다. 지급준비율의 변경은 금융기관의 가용자금에 영향을 주어 통화량의 변동을 가져오게 된다.

13. 공개시장조작제도는 중앙은행이 채권을 공개시장에서 매입 또는 매각함으로써 금융기관과 민간의 유동성을 조절하는 동시에 간접적으로 시장금리를 조정하는 정책방식이다.

14. 통화정책이 실물경제에 파급되는 경로에는 금리경로, 자산가격경로, 환율경로, 신용경로, 기대경로 등이 있다.
    • 금리경로: 기준금리조정이 시중 금리조정을 통해 실물경제에 영향을 미치는 경로
    • 자산가격경로: 기준금리조정이 자산가격변화를 통해 실물경제에 영향을 미치는 경로
    • 환율경로: 기준금리조정이 환율의 변화를 통해 실물경제에 영향을 미치는 경로
    • 신용경로: 기준금리조정이 신용공여를 통해 실물경제에 영향을 미치는 경로
    • 기대경로: 각 경제주체가 기준금리의 조정이 경제에 미칠 영향을 미리 예상하고 기대함으로써 물가에 실제로 영향을 미치는 경로

15. 토빈 q 란 주식시장에서 평가된 기업의 시장가치를 실물자본 대체비용으로 나눈 값을 말한다.

PART

04

거시경제분석

Chapter

13 | *IS-LM* 및 *AD-AS* 모형

　　실물시장이나 통화시장의 균형을 따로 분석하는 이론을 부분균형분석이라고 하며 실물시장과 통화시장의 동시균형을 분석하는 이론을 일반균형분석이라한다. 일반균형분석으로 얻어지는 모형을 일반균형모형 또는 통합모형이라고 한다. 통합모형은 힉스(J. R. Hicks)와 한센(A. Hansen)에 의해서 개발되었다. 힉스와 한센은 실물시장의 분석도구로 *IS*곡선을 이용하고 통화시장 분석에는 *LM*곡선을 이용하였다.

1. *IS*곡선의 유도

　　정부나 해외경제가 없는 단순모형에서 실물시장은 저축(S) 총액과 투자(I) 총액이 일치할($I = S$) 때 균형이 이루어진다. *IS*곡선의 I는 투자(investment)의 약자로 총수요를 대표한다. S는 저축(save)의 약자로 총공급을 대표한다. 그렇다면 어떤 조건이 달성될 때 $I = S$, 즉 실물시장의 균형이 이루어지는가. 그 매개 역할을 국민소득과 이자율이 담당한다. 힉스와 한센에 의하면 저축 S는 국민소득수준 Y(yield)의 증가함수이고, 투자는 이자율 i(interest) 수준의 감소함수이다. 이를 함수식으로 나타내면 다음과 같다.

$$I = I(i)$$
$$S = S(Y)$$

　　한편 실물시장 균형조건은 $I(i) = S(Y)$이다. *IS*곡선은 투자와 저축을 일치시키는 이자율과 국민소득수준을 찾는 과정에서 도출된다.

　　〈그림 13-1〉은 *IS*곡선을 유도하는 과정이다. (a)는 실물시장의 균형이다. 그림의 종축은 저축과 투자 수준을 나타내고, 횡축은 소득수준을 나타낸다. 그림에서 저축곡선은 저축이 국민소득의 증가함수이기 때문에 우상향으로, 투자는 이자율수준이 결정해주며, 국민소득수준과는 무관하다고 보아 투자곡선이 수평으

1　경제원론 또는 거시경제학을 배운 학생은 다음 장으로 넘어가도 된다.

그림 13-1 • *IS*곡선의 도출

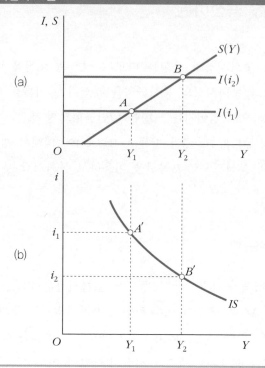

로 나타나 있다. 실물시장은 저축과 투자가 일치할 때 균형된다. 이자율이 i_1으로 주어지면 $I(i_1) = S(Y)$되는 점 A에서 실물시장이 균형되며, 이때의 국민소득수준은 Y_1이다. 다른 조건들이 일정할 때, 이자율이 i_1에서 i_2로 하락하면 투자가 증가하기 때문에 투자곡선은 $I(i_1)$에서 $I(i_2)$로 상방이동(shift)하고 국민소득수준은 Y_2로 결정된다.

이 상황을 아래 그림 (b)와 연관시켜 보자. 그림 (a)와 (b)는 종축이 다르고 횡축은 국민소득수준으로 동일하다. (b)의 종축은 이자율(i) 수준을 나타낸다. 이자율이 i_1이면 실물시장이 점 A에서 균형되고, 이때 국민소득은 Y_1이다. 이자율 i_1과 국민소득 Y_1의 조합은 그림 (b)에서는 점 A'이다. 한편 이자율이 i_2이면 실물시장은 점 B에서 균형을 이루고, 국민소득은 Y_2로 된다. 이자율 i_2와 국민소득 Y_2의 조합은 그림 (b)에서는 점 B'이다. 새로운 조합점 A', B'를 이으면 IS곡선이 된다. 점 A'와 점 B'는 각각 실물시장을 균형시키는 i와 Y의 조합점이다.

이러한 점을 고려하여 IS곡선을 정의하면 다음과 같다.

IS곡선: 실물시장을 균형시키는 이자율과 국민소득 조합점들의 궤적

이 IS곡선은 정부부문과 해외부문을 고려하지 않은 단순모형의 것이다. 이제 가정을 완화하여 정부부문도 있고 해외부문도 있다고 하자. 정부 지출(government expenditure)을 G, 조세(tax) 징수액을 T, 수출(export)을 X, 그리고 수입(import)을 M이라 하면 실물시장의 균형조건은 다음과 같다.

$$I(i) + G + X = S(Y) + T + M$$

위 식의 왼쪽 항은 총수요를 나타내고 오른쪽 항은 총공급을 나타낸다. 거시경제균형은 총수요와 총공급이 일치할 때 이루어진다.

〈그림 13-2〉는 일반화된 IS곡선 도출과정을 보이고 있다. 그림 (a)는 정부

그림 13-2 • 정부와 해외를 고려한 IS곡선

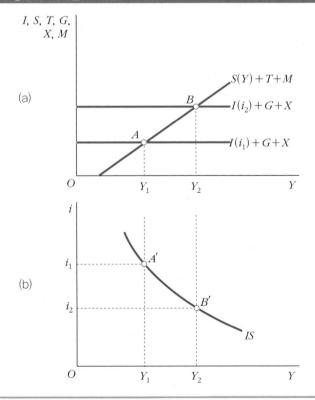

와 해외부문까지 고려한 실물시장의 균형이다. (b)를 보자. 이자율수준이 i_1일 때 국민소득 Y_1이 만드는 점 A'와 이자율수준이 i_2일 때 국민소득 Y_2가 만드는 점 B'를 연결하면 일반화된 IS곡선이 도출된다.

2. IS곡선의 기울기와 특수한 IS곡선

IS곡선은 일반적으로 우하향의 기울기를 가지되, 그 기울기는 이자율에 대한 투자성향에 따라 다르다. IS곡선의 기울기가 완만한가, 아니면 가파른가의 결정요소는 투자의 이자율탄력성 크기이다. 투자의 이자율탄력성이란 투자가 이자율에 얼마나 민감하게 반응하는가를 나타내는 계수이다. 투자의 이자율탄력성이 크면 국민소득 변화의 폭이 크고, IS곡선은 완만한 기울기를 갖는다. 투자의 이자율탄력성이 작으면 국민소득 변화의 폭이 작고 IS곡선은 가파른 기울기를 갖는다.

어떤 특수한 경우에는 IS곡선이 수직이나 수평의 모양을 갖기도 한다. 만약 투자가 이자율에 대하여 완전비탄력적이라면, 즉 이자율이 아무리 변해도 투자수요가 전혀 변하지 않는다면, IS곡선의 기울기는 수직이 된다. 반대로 투자의 이자율탄력성이 무한대로 크다면 IS곡선의 기울기는 수평이 된다.

〈그림 13-3〉의 (a)는 케인즈가 주장한 수직 모양의 IS곡선이다. 케인즈는 독립투자를 가정하고 있기 때문에 투자의 이자율탄력성이 거의 0이고, 따라서 IS곡선이 수직이라고 생각한다. 고전학파의 IS곡선은 케인즈의 그것과 모양이 다르다. 물론 고전학파 경제학자들이 IS곡선을 그린 것은 아니다. 후세의 학자들이 고전학파의 주장을 재해석하여 현대의 조건에 맞추어 그린 것일 뿐이다. 고전학파의 주장에 의하면 저축이 이자율의 함수이며, 국민소득수준에 대하여는 무관하다. 저축이 국민소득수준과 무관하다면 (b)처럼 수평인 IS곡선이 그려진다. 그러나 한 가지 유의할 점이 있다. 고전학파에서는 국민소득 수준이 결정되어진 것으로 본다. 항상 완전고용국민소득수준을 달성하기 때문이다. 이자율 또한 항상 균형이자율을 달성하는 것으로 본다. 이렇게 되면 IS곡선은 균형이자율 i^*와 균형국민소득 Y_F가 만나는 점이 된다. 그림에서 Y_F는 완전고용국민소득수준을 나타내고 i^*는 균형이자율수준을 나타낸다.

그림 13-3 • 특수한 형태의 *IS*곡선

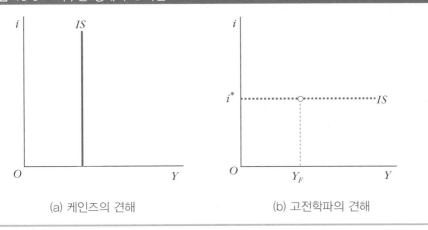

(a) 케인즈의 견해　　　　　　　(b) 고전학파의 견해

3. *IS*곡선의 이동

　　*IS*곡선이론 중 중요한 하나가 *IS*곡선의 이동을 분석하는 것이다. *IS*곡선 이동을 분석함으로써 우리는 주요 경제변수의 변화가 이자율이나 국민소득수준에 어떤 영향을 미치는가를 알 수 있다. 예를 들어, 투자나 재정지출이 증가한다면 국민소득수준이 어떻게 변하는가, 조세가 증가하면 국민소득수준이 어떻게 변하는가 등을 알 수 있다. 이자율 등 다른 조건이 일정할 때 독립투자의 증가가 *IS*곡선에 어떤 변화를 주는가, 그리고 그 결과는 무엇인가 알아보자.

　　〈그림 13-4〉는 독립투자가 증가하는 경우의 *IS*곡선 이동이다. (a)를 보면 최초의 실물시장은 점 *A*에서 균형을 달성하고 있다. 다른 조건이 일정할 때 독립투자가 증가하면 투자곡선은 위쪽으로 이동한다. 당연히 실물시장의 균형점은 점 *A*에서 점 *B*로 이동된다. 그 결과 실물시장의 균형을 이루는 국민소득은 Y_1에서 Y_2로 증가한다. 독립투자의 증가로 실물시장의 균형점이 점 *A*에서 점 *B*로 이동하는 것을 (b)에서 이자율과 국민소득의 관계로 표시하면 *IS*곡선은 IS_1에서 IS_2로 이동한다. 곡선 자체가 오른쪽으로 이동하는 이유는 이자율은 변하지 않고 국민소득만 증가하기 때문이다.

　　정부지출이 증가할 때도 *IS*곡선은 오른쪽으로 이동한다. 반면에 조세나 저축이 증가하면 *IS*곡선은 왼쪽으로 이동한다. 즉 국민소득의 순환과정에서 주입

그림 13-4 • *IS*곡선의 이동(독립투자의 증가)

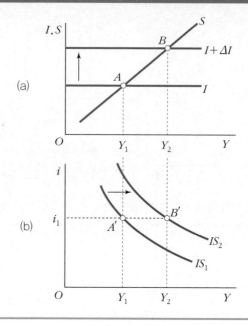

부문이 증가하면 *IS*곡선은 오른쪽으로 이동하고, 누출 부문이 증가하면 *IS*곡선은 왼쪽으로 이동한다. 투자 등 주입부문이 증가하면 국민소득이 증가하기 때문에 *IS*곡선이 오른쪽으로 이동한다. 반대로 조세가 증가하면 국민소득수준이 감소하기 때문에 *IS*곡선이 왼쪽으로 이동한다.

해외부문을 고려할 때도 마찬가지의 원리가 적용된다. 수출은 국민소득 순환과정에서 주입이고 수입은 누출이다. 순수출이 추가되거나 증가하면 *IS*곡선은 오른쪽으로 이동한다. 반대로 순수출이 감소하면, 즉 순수입이 증가하면 *IS*곡선은 왼쪽으로 이동한다. *IS*곡선의 이동은 다음과 같이 이루어진다.

I, G, X 등 주입요인 증가: 오른쪽 shift

S, T, M 등 누출요인 증가: 왼쪽 shift

1. *LM*곡선의 유도

통화시장의 균형은 통화공급과 통화수요가 일치할 때 이루어진다.

통화공급 M^S는 중앙은행에 의해 결정된다. 중앙은행의 통화공급량을 M_0라 하면 통화공급함수는 다음과 같다.

$$M^S = M_0 \qquad\qquad \cdots\cdots\cdots (1)$$

통화공급은 정책당국에 의하여 외생적으로 결정되기 때문에 이자율수준과 무관하다. 이자율을 종축에, 통화량을 횡축에 나타낸 그림에서 통화공급곡선은 수직이 된다. 한편, 유동성선호이론에 의하면 통화수요는 국민소득의 증가함수이고 이자율의 감소함수이다. 통화수요함수는 다음과 같다.

$$M^D = L(Y,\ i) \qquad\qquad \cdots\cdots\cdots (2)$$

단, $\dfrac{\partial L}{\partial Y} > 0,\ \dfrac{\partial L}{\partial i} < 0$

이자율을 종축에, 통화량을 횡축에 나타낸 그림에서 통화수요곡선은 우하향의 모양이 된다. 통화시장이 균형을 이루기 위해서는 통화공급량과 수요량이 일치해야 한다. 식 (1)과 (2)에서 다음과 같은 통화시장 균형조건을 얻게 된다.

$$M_0 = L(Y,\ i)$$

이 조건을 만족시키는, 즉 통화시장을 균형시키는 국민소득과 이자율 조합점을 이은 궤적이 *LM*곡선이다. 이를 그림을 통하여 좀 더 자세히 알아보자.

〈그림 13-5〉는 *LM*곡선을 유도하는 과정이다. (a)는 통화시장의 균형이다. 이자율에 감소함수인 통화수요곡선은 우하향으로, 통화공급곡선은 정책당국이 결정한 통화량 수준을 말하는 M_0에서 수직선으로 나타나 있다. 먼저 소득수준이 Y_1이라 하자. 통화시장의 균형은 통화수요곡선 $L(Y_1,\ i)$와 통화공급곡선 M^S가

그림 13-5 • *LM*곡선의 유도

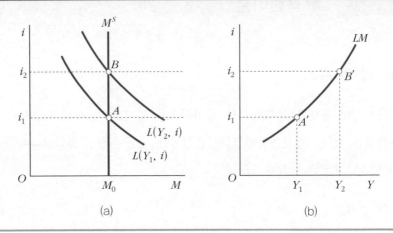

(a)   (b)

만나는 점 A에서 이루어지고, 균형이자율은 i_1으로 결정된다. 만약 소득수준이 Y_1에서 Y_2로 증가하면 거래적 동기의 통화수요가 증가하기 때문에 통화수요곡선은 $L(Y_1, i)$에서 $L(Y_2, i)$로 이동한다. 그 결과 통화시장의 새로운 균형은 점 B에서 달성되고, 균형이자율은 i_2로 결정된다. 이러한 상황을 그림 (b)에 이자율과 국민소득의 관계로 표시하면 점 A'와 B'를 얻게 된다. 점 A'는 이자율이 i_1일 때 국민소득수준이 Y_1이면 통화시장이 균형된다는 것을 의미한다. 점 B'는 이자율이 i_2일 때 국민소득수준 이 Y_2이면 통화시장이 균형된다는 것을 의미한다. 통화시장의 균형을 보장하는 이자율과 국민소득의 조합점 A'와 B'를 이은 곡선이 바로 *LM*곡선이다.

*LM*곡선: 통화시장을 균형시키는 이자율과 국민소득수준 조합점들의 궤적

*LM*곡선의 L은 유동성(liquidity)의 약자로 통화수요를 나타내며, M은 통화(money)의 약자로 통화공급을 나타낸다. 통화시장의 균형이라는 것은 통화수요와 통화공급의 균형이라는 점에서, *LM*곡선은 '$L = M$'인 점들의 궤적이라고 말할 수 있다.

2. LM곡선의 기울기와 특수한 LM곡선

LM곡선 기울기의 크기는 주로 통화수요의 이자율탄력성에 의존한다. 통화수요의 이자율탄력성이 큰 경우에는 투기적 화폐수요의 변화가 크고, 이는 거래적 수요에 영향을 미쳐 소득의 커다란 변화에 대응된다. 이렇게 되면 LM곡선은 기울기가 완만하게 된다. 통화수요의 이자율탄력성이 작다면 국민소득수준의 변화도 작은 경우와 대응되어, LM곡선의 기울기가 가파르게 된다. 만약 통화수요의 이자율탄력성이 무한대로 크다면 이자율이 조금만 변화해도 통화수요는 무한대로 변화하기 때문에 투기적 통화수요곡선은 수평모양이고, 이 수요곡선에서 유도되는 LM곡선 또한 수평모양이다.

〈그림 13-6〉은 특수한 형태의 LM곡선이다. (a)는 케인즈의 견해를 나타내는 수평모양의 LM곡선이다. 유동성함정이 존재할 경우 화폐수요의 이자율탄력성은 무한대가 되고, LM곡선은 수평모양이다. (b)는 고전학파의 견해를 나타내는 LM곡선이다. 투기적 화폐수요를 인정하지 않는 고전학파의 통화수요는 이자율에 대하여 완전비탄력이다. 통화수요의 이자율탄력성이 영(0)이라면 이자율이 아무리 변해도 통화수요가 변하지 않고, 따라서 통화시장의 균형이 변하지 않기 때문에 이자율수준이 높든지 낮든지 이와 대응되는 국민소득수준은 하나뿐이다. 결국 LM곡선은 수직모양이 된다. 그림을 보면 LM곡선이 완전고용수준(Y_F)에서 수직모양이다.

그림 13-6 • 특수한 형태의 LM곡선

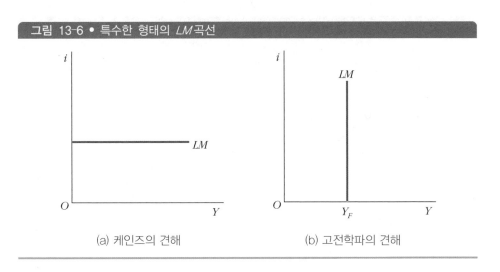

(a) 케인즈의 견해   (b) 고전학파의 견해

3. *LM*곡선의 이동

*LM*곡선은 통화공급, 통화수요, 물가의 변화에 따라 이동한다.

〈그림 13-7〉은 통화공급 증가가 *LM*곡선을 이동시키는 모습이다. (a)를 보자. 다른 조건은 불변일 때, 통화공급이 증가하면 통화공급곡선은 M_1^S에서 M_2^S로 이동한다. 그 결과 통화시장의 균형점은 A에서 B로 이동되고, 균형이자율은 i_1에서 i_2로 하락한다. 균형점 A와 B를 (b)로 옮기면 각각 A'와 B'가 된다. 통화공급 증가가 균형점을 A'에서 B'로 이동시킨 것이다. 즉 통화공급의 증가는 *LM*곡선을 아래쪽으로 이동시킨다. 아래쪽 이동이라는 것은 결국 오른쪽 이동이다. 중앙은행이 통화공급을 감소시키면 *LM*곡선은 왼쪽으로 이동한다. 한편, 통화수요가 증가하면 통화수요곡선이 오른쪽으로 이동하고, 균형이자율이 상승한다. 결국 *LM*곡선은 왼쪽으로 이동한다.

*LM*곡선은 물가수준의 변화에 의해서도 이동한다. 물가가 상승하면 실질통화량은 감소하고 명목화폐수요는 증가하여 주어진 통화공급에서 이자율은 상승한다. *LM*곡선은 왼쪽으로 이동한다. 반대로 물가가 하락하면 *LM*곡선은 오른쪽으로 이동한다. *LM*곡선의 이동은 다음과 같이 이루어진다.

통화공급 증가, 통화수요 감소, 물가하락: 오른쪽 shift

통화공급 감소, 통화수요 증가, 물가상승: 왼쪽 shift

그림 13-7 • *LM*곡선의 이동(M^S의 증가)

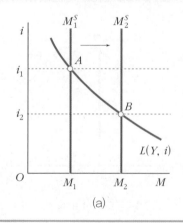
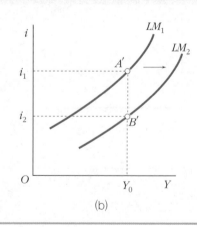

(a)　　　　　　　　　　　(b)

앞에서 실물시장의 균형과 통화시장의 균형을 분리하여 분석하였다. 그러나 현실경제에서는 국민소득의 변동이 통화수요를 변동시킴으로써 통화시장의 이자율에 영향을 줄 수 있다. 아울러 통화량의 변동이 이자율을 변동시키고 투자에 영향을 미침으로써 실물시장에 영향을 줄 수 있다. 통화시장과 실물시장은 이와 같이 서로 영향을 주고 받는다. 경제상황을 제대로 파악하기 위해서는 실물시장과 통화시장을 동시에 분석해야 한다. 실물시장과 통화시장의 동시균형은 *IS*곡선과 *LM*곡선이 교차하는 점에서 이루어진다.

〈그림 13-8〉은 실물시장과 통화시장의 동시균형이다. *IS*곡선과 *LM*곡선의 교차점 E에서 실물시장과 통화시장의 동시균형이 달성된다. 점 E 이외의 점들에서는 실물시장이나 통화시장 중 어느 한 가지 시장, 또는 양 시장 모두에서 불균형이 발생하기 때문에 그 상태가 유지되지 못한다. *IS*곡선의 왼쪽 부분에서는 실물시장에서 국민소득 증가 압력을 통하여, 오른쪽 부분에서는 국민소득 감소 압력을 통하여 경제가 *IS*곡선에 다다르게 된다. *LM*곡선 위쪽에서는 통화시장에서 이자율 하락 압력을 통하여, 아래쪽 부분에서는 이자율 상승 압력을 통하여 경제가 *LM*곡선에 다다르게 된다. 두 힘이 동시에 작용하면 결국 경제는 균형점인 E 에 다다르게 된다.

그림 13-8 • 실물시장과 통화시장의 동시균형

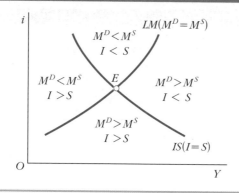

1. 재정정책의 효과

IS-LM모형을 이용하여 재정정책이나 통화정책의 효과를 분석할 수 있다. 여기서는 일반적인 형태의 곡선을 이용하여 분석한다. 먼저 재정정책의 효과에 대해 알아보자.

재정정책이란 정책당국이 재정지출과 조세징수를 조정하는 정책을 말한다. 앞에서 살펴본 바와 같이, 재정지출이 증가하면 IS곡선은 오른쪽으로 이동하고, 감소하면 왼쪽으로 이동한다. 반면에 조세징수가 감소하면 IS곡선은 오른쪽으로 이동하고, 조세징수가 증가하면 왼쪽으로 이동한다.

〈그림 13-9〉는 확대 재정정책의 효과이다. 처음에 한 나라의 경제가 IS곡선과 LM곡선이 교차하는 E_1점에서 균형이 이루어지고 있으며, 이때 균형이자율은 i_1, 균형국민소득은 Y_1이다. 이 상황에서 정부가 재정지출을 증가시키는 확대정책을 실시한다 하자. IS곡선은 오른쪽으로, 즉 IS_1에서 IS_2로 이동한다. 만약 이자율이 i_1에 그대로 머물러 있다면 국민소득은 Y_3까지 증가할 수 있다. 즉 통화부문의 제약이 없다면 재정지출 증가로 국민소득은 Y_3까지 증가할 수 있는 것이다. 재정지출 증가로 인한 국민소득 증가비율을 재정승수라고 한다.

재정지출의 증가는 한편으로는 국민소득 증가효과를 가져오지만, 다른 한편으로는 국민소득 감소효과도 가져온다. 재정지출의 증가로 인하여 국민소득이 증가하면 거래적 동기의 통화수요가 증가하고 따라서 이자율이 상승한다. 이자율이 상승하면 투자가 감소하여 국민소득수준도 감소한다. 재정지출의 증가가

그림 13-9 ● 확대 재정정책의 효과

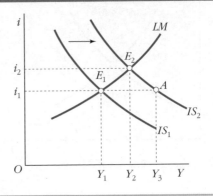

통화부문의 제약 때문에 완전한 재정승수효과를 발휘하지 못하는 것이다. 이처럼 재정지출의 증가가 통화부문에 영향을 미쳐 민간부문의 투자를 위축시키는 현상을 구축효과(驅逐效果, crowding-out effect)라고 한다. 구축이란 몰아낸다는 의미이다. 그림의 Y_2Y_3구간은 구축효과 구간이다. 결과적으로 국민소득은 Y_1에서 Y_2까지만 증가하고, 이자율은 i_1에서 i_2로 상승한다.

구축효과는 LM곡선의 모양에 따라 그 크기가 다르게 나타난다. 만약 LM곡선이 수직모양이면 완전한 구축효과가 발생한다. 즉 LM곡선이 수직이면 재정지출 증가로 IS곡선이 오른쪽으로 이동해도 소득수준에는 변화가 없고 단지 이자율만 상승할 뿐이다. 재정지출 증가분만큼 민간부문의 투자활동을 구축시킨 것이다. 고전학파 경제학자들은 재정정책 등 정부의 경제간섭이 불필요하다고 주장하였는데, LM곡선이 수직인 한 그 주장은 타당성이 있다. LM곡선이 수평모양이라면 구축효과는 전혀 발생하지 않는다. LM곡선이 수평이라면 재정정책을 중요시하는 케인즈의 주장이 나름대로 타당성을 갖는다. 즉 LM곡선이 수평이면 구축효과가 전혀 일어나지 않아 국민소득은 재정승수 배만큼 증가하기 때문에 재정정책이 매우 효과적이라는 것이다.

2. 통화정책의 효과

통화정책이란 정책당국이 통화량을 조절하는 정책이다.

〈그림 13-10〉은 확대 통화정책의 효과이다. 다른 조건이 일정할 때, 중앙은

그림 13-10 • 확대 통화정책의 효과

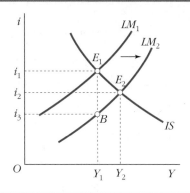

행이 통화공급량을 증가시키면 LM곡선은 LM_1에서 LM_2로 이동한다. 그 결과 통화시장에 초과공급이 발생하여 이자율이 하락한다. 만일 실물부문을 고려하지 않는다면, 즉 국민소득수준이 Y_1으로 유지된다면 이자율은 i_3까지 하락할 것이다. 그런데 통화량의 변화는 실물시장에도 영향을 미친다. 이자율의 하락이 투자수요를 증가시킴으로써 국민소득을 증가시키게 된다. 국민소득의 증가는 한편으로 실물시장의 초과수요를 해소시키고, 다른 한편으로는 통화수요를 증가시킴으로써 통화의 초과공급분을 상쇄시킨다. 이자율은 일시적으로 i_3까지 하락하지만 실물시장의 제약으로 다시 i_2로 상승한다. 결과적으로, 이자율은 i_2까지 하락하고 국민소득은 Y_2까지 증가한다. 반대로 중앙은행이 통화공급을 감소시키면 LM곡선이 왼쪽으로 이동하고 이자율은 상승하며 국민소득은 감소한다.

통화정책으로 인해 금리가 일시적으로 내리거나 오르는 현상을 오버슈팅(overshooting)이라고 한다. 그림에서 통화공급을 증가시킬 때 금리가 일시적으로 i_3까지 하락하는데, 이 현상이 바로 오버슈팅이다. 급격한 통화정책은 오버슈팅을 초래하여 금융시장을 교란시킬 수 있다.

section 04 • $AD-AS$ 모형

1. 총수요곡선 AD

(1) AD곡선의 도출

총수요(AD: aggregate demand)곡선이란 실물시장과 통화시장의 동시균형을 보장하는 물가수준과 국민소득수준의 조합점의 궤적이다. AD곡선은 거시수요곡선이라고 말할 수 있다. AD곡선은 종축에 물가를, 횡축에 국민소득수준을 나타내는 직각좌표에 우하향하는 곡선으로 그려진다. 즉 총수요는 물가에 대하여 감소함수의 성질을 가지는 것이 보통이다. 물가가 상승하면 민간부문의 소비수요가 감소된다. 또 물가가 상승하면 이자율이 상승하고 기업부문의 투자수요가 감소된다. 민간부문의 소비감소와 기업부문의 투자감소는 결국 총수요 감소로 이

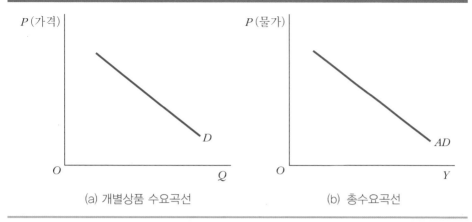

그림 13-11 • 개별상품 수요곡선과 총수요곡선

(a) 개별상품 수요곡선   (b) 총수요곡선

어지게 된다. 이처럼 물가상승은 총수요 감소를 초래하고 따라서 AD곡선은 우하향의 모양이 된다.

〈그림 13-11〉은 두 종류의 수요곡선이다. (a)는 개별상품의 수요곡선 D이다. 종축은 가격(price)을 나타내고 횡축은 수요량을 나타낸다. 한 상품의 수요는 가격에 대하여 감소함수의 성격을 가지는 것이 일반적이어서 수요곡선이 우하향이다. (b)는 AD이다. 종축은 물가(prices)를 나타내고 있으며, 횡축은 국민소득수준을 나타내고 있다. 이 그림은 총수요를 나타내는 데도 수요량을 나타내는 Q를 사용하지 않고 국민소득수준을 나타내는 Y를 사용한다. 그 이유는 국민소득수준이 총수요만큼으로 결정된다고 보기 때문이다. 케인즈체제에서는 총수요와 국민소득이 동일하다고 보아도 된다.

〈그림 13-12〉는 IS-LM모형을 이용해서 AD를 유도하는 과정이다. (a)는 실물시장과 통화시장의 동시균형이다. 그림에서 $LM(P_1)$은 물가수준이 P_1일 때의 LM곡선이다. 물가수준이 LM곡선과 관계를 가지는 이유는 물가가 실질통화량에 영향을 미치기 때문이다. 명목통화량에 변화가 없더라도 물가가 상승하면 실질통화량이 감소하고, 물가가 하락하면 실질통화량이 증가한다. 그림의 LM곡선은 실질통화량을 반영한 것이다. 물가수준이 P_1일 때 경제는 점 E_1에서 균형을 이룬다. 이때 물가가 P_2로 하락한다고 하자. 물가가 하락하면 명목통화량은 변하지 않더라도 실질통화량은 증가하기 때문에 LM곡선이 오른쪽으로 이동한다. 그림

그림 13-12 • AD곡선의 유도(IS-LM 이용)

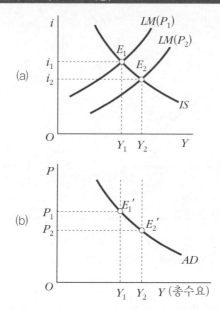

에서 $LM(P_2)$는 물가가 하락할 때의 LM곡선이며, 이때 경제의 균형은 점 E_2에서 이루어지고 소득수준은 Y_2가 된다. 결국 물가하락으로 국민소득, 즉 총수요가 증가한다.

(b)는 유도된 AD이다. 물가가 P_1일 때 소득수준, 즉 총수요는 Y_1이며 이 관계는 점 $E_1{'}$가 보이고 있다. 물가가 P_2이면 소득수준은 Y_2이며 이 관계는 점 $E_2{'}$가 보이고 있다. 점 $E_1{'}$와 점 $E_2{'}$를 연결하면 각각의 물가수준에 대응하는 총수요수준의 궤적, 즉 AD가 된다. 결과적으로 우하향하는 AD가 도출된다. 이 AD는 케인즈의 견해를 반영한 것이다.

고전학파의 AD는 $MV = Py$에서 물가와 국민소득간에 직각쌍곡선의 모양이 된다. 자세한 내용은 15장에서 설명한다.

(2) AD곡선의 이동

국민소득 순환과정에서 주입요소가 증가하면 IS곡선이 오른쪽으로 이동하고 누출요소가 증가하면 왼쪽으로 이동한다. IS곡선이 오른쪽으로 이동하면 AD도 오른쪽으로 이동하고, IS곡선이 왼쪽으로 이동하면 AD도 왼쪽으로 이동한다. 구체적으로 말하면 정부지출, 투자, 소비, 수출 등이 증가할 때 AD곡선은 오른쪽으로 이동한다. 반면에 조세, 저축, 수입이 증가할 때 AD곡선은 왼쪽으로 이동한다. AD를 왼쪽으로 이동시키는 변수들은 국민소득 순환과정에서 누출요인들이다.

그 외에 통화공급과 통화수요량의 증감도 총수요곡선을 이동시킨다. 통화공급이 증가하면 LM곡선이 오른쪽으로 이동하며 따라서 AD도 오른쪽으로 이동한다. 통화수요가 증가하면 LM곡선은 왼쪽으로 이동하며 따라서 AD도 왼쪽으로 이동한다.

실물부문에서 국민소득순환 주입요인의 증가: 오른쪽 shift
실물부문에서 국민소득순환 누출요인의 증가: 왼쪽 shift
통화공급 증가: 오른쪽 shift
통화수요 증가: 왼쪽 shift
(단, 고전학파의 주장으로는 통화공급 변동만이 AD를 이동)

2. 총공급곡선 AS

총공급(AS: aggregate supply)곡선이란 각각의 물가수준에 대응하는 국민총생산물의 공급량을 나타낸 곡선이다. 소비이론에서 보는 공급곡선은 각 가격수준에 대응하여 개별상품의 공급을 나타내는 곡선이다. 이에 비해 AS는 한 나라 전체의 물가에 대응한 상품의 총공급량을 반영한 곡선이다.

일반적으로 AS는 종축에 물가를, 횡축에 국민소득수준을 나타내는 직각좌표에 우상향하는 곡선으로 그려진다. 즉 총공급은 물가에 대하여 증가함수의 성질을 가지는 것이 보통이다. 기업은 가격이 상승할 때 생산을 증가시킨다. 따라서 한 상품의 공급곡선이 가격에 대해 증가함수인 것처럼 총생산곡선도 물가에 대해 증가함수의 관계를 가진다.

〈그림 13-13〉은 개별상품 공급곡선 S와 총공급곡선 AS이다. (a)는 소비이론에서 보는 개별상품의 S이다. 종축은 한 상품의 가격을 나타내고, 횡축은 그 가격수준에 대응하는 공급량을 나타낸다. 공급곡선은 일반적으로 우상향이다.

그림 13-13 • 개별상품 공급곡선과 총공급곡선

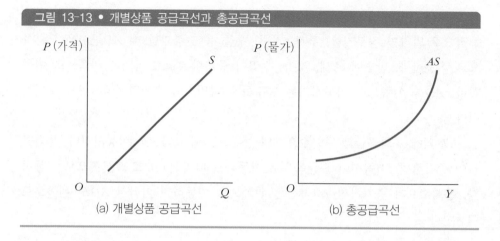

(a) 개별상품 공급곡선   (b) 총공급곡선

(b)는 AS이다. 종축은 물가수준을 나타내고 횡축은 그 물가수준에 대응하는 국민소득수준을 나타낸다. 물론 이 경우의 국민소득수준은 총공급량을 나타낸다.

한편 고전학파의 AS곡선과 케인스 단순모형에 의한 AS곡선은 특수한 형태를 보인다. 고전학파모형에서는 세이의 법칙이 성립하고 화폐임금과 물가수준은 완전히 신축적이며 가격조정 과정이 신속하여 항상 완전고용이 달성된다. 물가는 통화량의 함수로 실물 부문과 단절되어 있다. 총공급은 물가수준과 관계없이 언제나 완전고용수준으로 결정되어 있다. 이렇게 되면 AS는 완전고용국민소득수준에서 수직이 된다. 케인즈는 임금에 대하여서는 일단 하방경직적인 명목임금을 가정한다. 그리고 물가에 대해서는 고정적이라 가정하기도 하고 변동적이라 가정하기도 한다. 그래서 단순 케인즈의 총공급곡선은 [고정임금-고정물가]의 경우와 [고정임금-변동물가]의 경우 두 가지가 있다. 고전학파의 AS와 케인즈 단순모형에 의한 AS의 자세한 내용은 15장에서 설명한다.

AS곡선의 이동

생산과정에 기술진보가 발생하면 동일한 생산비로 더 많은 양이 생산되어 AS가 오른쪽으로 이동한다. 임금수준이나 이자율 등 요소가격이 상승하면 AS는 왼쪽으로 이동한다. 요소가격 상승으로 생산비가 증가하여 기업들의 채산성이 악화되고, 그 결과 기업들의 생산이 감소하여 국민경제 전체의 총공급이 감소하고 AS가 왼쪽으로 이동하는 것이다. 즉 기술진보, 임금하락, 이자율 하락, 원료가격의 하락, 자본 증가, 생산성의 향상 등은 *AS*를 오른쪽으로 이동시키며, 반대의 경우는 *AS*를 왼쪽으로 이동시킨다. *AS*곡선의 이동은 다음과 같다.

기술진보, 임금 하락, 이자율 하락: 오른쪽 shift

원료가격 상승, 생산성 하락, 자본 감소: 왼쪽 shift

3. *AD*-*AS*곡선 모형의 응용

*AD*와 *AS*가 서로 교차하는 점에서 경제의 일반균형이 달성되고, 이 균형점에서 균형물가수준과 균형국민소득이 결정된다.

〈그림 13-14〉는 *AD*와 *AS*를 이용한 거시경제균형이다. 교차점 이외의 점에서는 노동시장이나 통화시장 또는 실물시장에서 초과공급 또는 초과수요가 발생하기 때문에 조정과정을 통하여 점차 균형점으로 이동해간다. 그림에서 Y^*는 균형국민소득이고 P^*는 일반물가수준이다. 그것은 마치 개별상품의 가격이 시장에서 수요공급의 원리에 의하여 결정되는 것과 같다. 그러나 개별상품의 시장균형분석이라는 것은 수요함수와 공급함수를 결정하는 여러 가지 변수 중 가격변수만을 고려한 부분분석이다.

그 점은 *AD*-*AS* 분석도 마찬가지이다. 거시경제에 영향을 미치는 요소는 한두 가지가 아닌데 물가변수만 가지고 거시경제균형을 논한다는 것은 복잡한 경제를 너무 단순화시켜 보는 것이다. 이러한 단점을 보완하기 위해서는 *AD*와 *AS*를 구성하는 여러 요소들을 염두에 두고 종합적인 분석을 시도하여야 한다.

그림 13-14 • *AD*-*AS*곡선을 이용한 거시경제균형

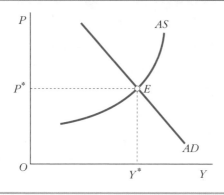

Summary

1. *IS*곡선이란 실물시장을 균형시키는 이자율과 국민소득 조합점들의 궤적을 말한다.

2. *IS*곡선의 이동

   I, *G*, *X* 등 주입요인 증가: 오른쪽 shift

   S, *T*, *M* 등 누출요인 증가: 왼쪽 shift

3. 특수한 *IS*곡선

   케인즈: 수직 모양

   고전학파: 수평 모양

4. *LM*곡선이란 통화시장을 균형시키는 이자율과 국민소득수준 조합점들의 궤적을 말한다.

5. *LM*곡선의 이동

   통화공급 증가, 통화수요 감소, 물가하락: 오른쪽 shift

   통화공급 감소, 통화수요 증가, 물가상승: 왼쪽 shift

6. 특수한 *LM*곡선

   케인즈: 수평 모양

   고전학파: 수직 모양

7. 재정지출 변화로 인한 국민소득 변화 비율을 재정승수라고 한다.

8. 재정지출의 증가가 통화부문에 영향을 미쳐 민간부문의 투자를 위축시키는 현상을 구축효과라고 한다.

   • *LM*곡선이 수직이면 완전한 구축효과가 발생한다.

   • *LM*곡선이 수평이면 구축효과가 발생하지 않는다.

9. 금융정책을 실시할 때 금리가 일시적으로 내리거나 오르는 현상을 오버슈팅이라고 한다.

   • 급격한 금융정책은 오버슈팅을 초래하여 금융시장을 교란시킬 수 있다.

10. 총수요곡선이란 실물시장과 통화시장의 동시균형을 보장하는 물가수준과 국민소득수준의 조합점을 연결한 곡선이다.

11. 통화시장에 유동성함정이 존재하거나 *IS*곡선이 수직이면 *AD*는 수직모양이 된다.

    • 케인즈의 특수한 *AD*는 수직모양이다.

12. *AD*의 이동

    • 실물부문에서 국민소득순환 주입요인의 증가: 오른쪽 shift

    • 실물부문에서 국민소득순환 누출요인의 증가: 왼쪽 shift

- 통화공급 증가: 오른쪽 shift
- 통화수요 증가: 왼쪽 shift

13. AS란 각각의 물가수준에 대응하는 국민총생산물의 공급량을 나타낸 곡선이다. 노동시장과 총생산함수를 통하여 도출된다.

14. 고전학파의 AS는 Y_F 수준에서 수직이다.

15. 케인즈의 AD는 두 가지 형태를 보인다.
- 고정임금-고정물가 가정: 역 L자형
- 고정임금-변동물가 가정: 우상향하다가 수직

16. AS의 이동
- 기술진보, 임금 하락, 이자율 하락: 오른쪽 shift
- 원료가격 상승, 생산성 하락, 자본 감소: 왼쪽 shift

Exercises

1. 단순모형의 경제에서 $C = 50 + 0.8Y$, $I = 60 - 200i$일 경우의 IS곡선식을 구하시오. 단, $Y = C + S$, 국민소득균형조건이 $S = I$임을 이용하시오.

2. 통화공급량 $= 200$, 거래적 화폐수요 $= 0.25Y$, 그리고 투기적 화폐수요 $= 40 - 500i$일 때 LM방정식을 구하시오.

3. IS곡선과 LM곡선식이 다음과 같다. 균형국민소득과 균형이자율을 구하시오.

   IS곡선: $i = -\dfrac{1}{1500}Y + \dfrac{7}{12}$

   LM곡선: $i = \dfrac{1}{1000}Y - \dfrac{3}{4}$

4. 정부가 이자율규제정책을 펼 경우 LM곡선의 모양은 어떻게 되는가.

5. 다음과 같이 주어진 한 쌍의 IS방정식과 LM방정식 중 금융정책이 가장 유리한 경우는 어떤 쌍인가. 앞의 식은 IS방정식이고 뒤의 식은 LM방정식이다.

   1) $Y = 500 - 2{,}000i$, $Y = 400 + 4{,}000i$

   2) $Y = 500 - 2{,}000i$, $Y = 400 + 2{,}000i$

   3) $0.25Y = 160 - 800i$, $0.50Y = 200 + 1{,}000i$

   4) $0.50Y = 320 - 1{,}600i$, $0.25Y = 100 + 100i$

   5) $Y = 500 - 1{,}000i$, $Y = 400 + 2{,}000i$

해답

1. $Y = C + S$에 $C = 50 + 0.8Y$를 대입하면

   $Y = 50 + 0.8Y + S$

   즉 $S = 0.2Y - 50$

   $S = I$일 때 경제는 균형을 이루므로

   $0.2Y - 50 = 60 - 200i$

   $\therefore i = -\dfrac{1}{1000}Y + \dfrac{550}{1000}$

   또는 $Y = 550 - 1000i$

2. 통화시장은 통화공급량=통화수요량일 때 균형을 이룬다. 그런데 통화공급량은 200이고 통화수요=0.25Y+40-500i라면 통화시장 균형식은

   $200 = 0.25Y + 40 - 500i$

   $\therefore \ i = \dfrac{1}{2000}Y - \dfrac{640}{2000}$

   또는 $Y = 2000i + 640$

3. 두 식을 연립해서 풀면

   $Y = 800, \ i = 0.05$

4. 정부가 이자율규제정책을 펴면 이자율이 시장에서 결정되는 것이 아니라 정부의 규제에 의하여 고정된다는 것을 의미한다. 따라서 이자율은 정부가 의도하는 어느 수준에서 고정되고 LM곡선은 그 이자율수준에서 수평이 된다.

5. 금융정책은 IS곡선의 기울기가 완만하고 LM곡선의 기울기가 가파를 때 그 효과가 크게 나타난다. 주어진 함수식을 i에 대해 정리하면 각각의 기울기를 알 수 있다.

   답 4)번

Chapter

14 │ 인플레이션

1. 물가지수의 의의

　　현대사회는 화폐를 매개로 하여 거래가 이루어지는 시장경제사회이다. 가계와 기업은 화폐를 지급하여 소비나 생산활동에 필요한 상품과 생산요소를 구입한다. 상품을 구입하면서 대가로 지급하는 화폐의 양을 가격이라고 한다. 가격(price)은 단수 개념으로 어느 한 상품의 구입 대가이다. 이에 비하여 물가(prices)는 복수 개념으로 여러 가지 상품의 전반적인 가격동향을 파악하고자 하는 개념이다. 즉 물가란 시장에서 거래되는 모든 상품의 가격을 일정한 기준으로 평균한 종합적인 가격 수준이다. 물가의 움직임을 종합적인 개념으로 나타낸 지수를 물가지수(prices index)라고 한다. 물가지수는 개별상품의 가격을 평균하여 작성한 경제지표로서, 어떤 기준시점의 물가를 100으로 놓고 비교되는 다른 시점의 물가를 나타내는 지수이다. 기준이 되는 시점과 비교되는 시점의 물가지수를 비교함으로써 양 시점간의 물가변동을 파악할 수 있다.

　　물가지수의 역할은 다음과 같다. 첫째, 물가지수는 화폐의 구매력을 측정할 수 있는 지표이다. 물가지수가 상승하면 화폐의 구매력은 감소하고 물가지수가 하락하면 화폐의 구매력은 증대한다. 즉 물가지수와 화폐의 구매력은 서로 역수의 관계이다. 둘째, 물가지수는 경기 판단의 지표이다. 일반적으로 경기상승은 물가상승을 동반한다. 따라서 물가지수가 상승하면 경기가 상승하고 물가가 하락하면 경기가 하강한다고 판단할 수 있다. 그러나 반드시 그 방향이 일치하는 것은 아니다. 예를 들어 스태그플레이션(stagflation) 때는 경기침체와 물가상승이 함께 나타난다. 셋째, 물가지수는 디플레이터(deflator) 역할을 한다. 금액으로 표시되어 있는 통계자료를 과거 어느 시점의 가치로 환산하려 할 때 물가지수를 이용하면 편리하다. 일반적으로 금액은 수량과 가격을 곱한 것이기 때문에 금액의 계열을 물가지수로 나누면(deflate) 가격변동을 포함하지 않는 실질계열이 된다. 이때 처음의 금액계열을 명목금액, 물가지수로 나눈 후의 계열을 실질금액, 이때 사용한 물가지수를 디플레이터라고 한다.

그 외에 물가지수는 상품의 수급동향을 판단하게 해 준다. 즉 물가지수에는 모든 상품의 가격변동을 종합한 총지수뿐만 아니라 상품 종류별로 작성한 지수도 있어 부문별로 상품 수급동향을 분석할 수 있다. 물가지수는 서민생활의 후생 정도를 반영하는 지수이며 기업활동의 지표가 되기 때문에 경제정책 담당자, 일반 서민, 그리고 기업 모두 지대한 관심을 가진다.

2. 물가지수의 종류

물가지수는 그 목적에 따라 여러 가지로 작성된다. 우리나라의 대표적인 물가지수는 한국은행에서 작성하는 생산자물가지수 및 수출입물가지수, 통계청에서 작성하는 소비자물가지수 등이 있다. 이 밖에 GDP디플레이터도 넓은 의미의 물가지수이다.

소비자물가지수

소비자물가지수(CPI: consumer prices index)는 일반 도시가구의 생활에 필요한 상품의 가격을 종합적으로 나타내는 지수이다. 소비자물가지수는 우리나라 통화정책에서 목표대상 물가지수 역할을 하는 중요한 거시경제지표이다. 과거에는 소매물가지수라고 불렀다. 소비자물가지수는 최종소비단계의 물가를 파악하여 일반 도시가구의 생계비와 소비자구매력을 측정하기 위하여 작성되고 있다. 2019년 현재 사용되는 소비자물가지수의 기준연도는 2015년이며, 가계소비지출 비중이 큰 소비재와 개인서비스 460개 품목을 대상으로 하고 있다.

소비자물가지수는 일반물가수준 및 화폐구매력의 측정, 통화정책 등 경제계획의 수립 및 분석, 경기동향의 판단, 단계별 물가파급효과의 계측 등에 이용된다. 특히 소비자구매력 및 생계비 측정의 판단자료로 유용하다.

생산자물가지수

생산자물가지수(PPI: producer prices index)는 국내 생산자의 제1차거래단계에서 모든 상품의 평균가격을 나타내는 지수이다. 과거에는 도매물가지수라고 불렀다. 생산자물가지수는 그 대상품목의 범위가 넓어 전반적인 상품의 수급동향이 반영된 물가수준을 알 수 있게 해 준다. 지수 작성에 사용되는 가격은 생산자 출하가격, 즉 부가가치세를 제외한 생산자판매가격인 공장도가격을 원칙으로 하고 있다. 물가지수를 작성할 때에는 모든 상품의 가격동향을 조사하여 반영하는 것이 바람직할 것이다. 그러나 우리 경제사회에서 거래되는 품목은 그 수효와 종류가 매우 많아서 전수조사가 거의 불가능하다. 그래서 상품 종류별로 대표성이 있는 품목을 선정하여 작성하게 된다. 2010년 기준지수의 경우 해당 품목의 거래액이 국내시장에서 거래되는 모든 상품 거래액의 $\frac{1}{10,000}$ 이상이 되는 품목 (서비스의 경우 전체 거래액의 $\frac{1}{2,000}$ 인 품목)으로서 소속 상품군의 가격변동을 대표할 수 있는 867개 품목을 대상으로 하고 있다.

생산자물가지수는 일반물가수준 및 화폐구매력의 측정, 통화정책의 수립, 부문별 상품 수급동향의 파악, 경기동향 판단, 디플레이터, 각종 계약시 물가보상 조항의 기초자료 등에 이용된다. 특히 기업의 자산재평가, 시장분석, 예산편성, 시설확장계획 수립시 비용산정 등에 유용하다.

수출입물가지수

수출입물가지수는 수출입상품의 가격변동을 파악하고 그 가격변동이 국내 물가에 미치는 영향을 사전에 측정하기 위해 작성되는 지수이다. 이는 주로 수출채산성이나 수입원가 변동 분석, 수출입물가지수 상호비교를 통한 가격측면에서의 교역조건 및 각종 경제지표 작성을 위한 디플레이터 적용 등에 이용되고 있다.

수출입물가지수의 산출을 위한 가격조사 품목은 2010년 통관기준 수출입품목 중에서 선박, 항공기 등 가격조사가 곤란하거나 가격시계열의 계속적인 유지가 어려운 품목을 제외한 모집단금액의 $\frac{1}{2,000}$ 이상 거래비중을 갖는 품목을 대상으로 하고 있는데, 이에 따라 선정된 품목수는 수출 205개 품목, 수입 235개 품목이다. 품목별 조사가격은 원칙적으로 수출은 FOB가격, 수입은 CIF가격을 기준으로 한다.

〈표 14-1〉은 우리나라 주요 물가지수인 생산자물가지수, 소비자물가지수, 수출입물가지수의 비교표이다.

표 14-1 • 우리나라 주요 물가지수 비교

구분	소비자물가지수	생산자물가지수	수출입물가지수
작성기관	통계청	한국은행	한국은행
작성 목적	가계가 소비하는 상품 및 서비스의 가격수준 측정	국내생산자가 국내시장에 출하하는 상품 및 서비스의 가격수준 측정	수출 및 수입 상품의 가격수준 측정
대상 품목[1]	가계소비지출 비중이 큰 소비재와 개인서비스 460개 품목	국내 거래규모가 큰 상품 및 서비스 867개 품목	수출 및 수입 규모가 큰 수출 205개, 수입 235개 품목
대상 품목 선정 기준	가계동향조사 소비지출액이 총소비 지출액의 1/10,000 이상인 품목	국내출하액의 1/10,000 이상인 상품 및 1/2,000 이상인 서비스 품목	전체 수출액 및 수입액의 1/2,000 이상인 품목
지수 기준연도	2015년	2010년	2010년
조사가격	소비자 구입가격	기초가격	수출입계약가격
지수산식	연쇄가중 라스파이레스식	연쇄가중 로우식	연쇄가중 로우식
이용 범위	생계비 또는 화폐가치 비교, 국민 연금 수령액 및 노사 간 임금 조정 등을 위한 기초자료 등	상품 및 서비스의 전반적인 수급 파악, 실질국내총생산 산출 등	수출 채산성 및 수입원가 변동 측정, 교역조건 계산, 실질 국내 총생산 산출 등

주: 1) 소비자물가지수는 2015 = 100 기준지수에 사용되는 품목수 기준이며, 생산자물가지수와 수출입
물가지수는 2018년 연환지수 산출에 사용된 품목 기준임
자료: 한국은행, 「알기 쉬운 경제지표 해설」(2019), p. 241.

GDP디플레이터

GDP를 추계하는 과정에서 산출된 GDP디플레이터는 GDP 추계에 관련되는 모든 상품의 국내가격뿐만 아니라 수출입가격 변동까지도 포함하기 때문에 가장 포괄적인 물가지수라고 할 수 있다. 그러나 GDP디플레이터는 가격변동을 직접 조사하여 작성하는 것이 아니라 경상가격에 의한 GDP를 불변가격에 의한 GDP로 나누어 사후적으로 산출되므로 엄격한 의미로는 물가지수라 할 수 없다.

3. 물가지수의 한계: 체감물가와 지표물가[1]

우리는 일상생활 속에서 물가가 오르고 내리는 것을 느끼며 살고 있다. 주

---

1   한국은행, 「알기 쉬운 경제지표 해설」(2019). pp. 252~253.

부는 시장바구니에서 직장인은 식비와 교통비에서 학생은 책과 학용품에서 물가의 움직임을 피부로 느낀다. 그런데 대부분의 사람들은 일상생활에서 피부로 느끼는 물가가 물가당국의 발표보다 더 높다고 느낀다. 그 이유는 무엇일까?

첫째, 개인마다 소비하는 상품과 서비스의 조합이 다르기 때문에 체감물가와 지표물가에 차이가 난다. 물가지수는 조사 대상 품목들의 지수를 가중평균하여 산출하므로 우리나라 전체 가구의 입장에서 보는 물가의 평균을 나타낸다. 이에 비해 체감물가는 자주 구입하는 몇몇 품목의 가격변동에 민감하게 영향을 받는다. 예를 들어 대학등록금은 많이 올랐으나 냉장고, TV 등 전자제품의 가격에는 변화가 없다면 물가지수는 낮게 나타난다. 하지만 대학생이 있는 가계는 물가가 올랐다고 느낀다.

둘째, 가족 구성원 증가에 따른 소비지출액 증가 또는 품질이 향상된 제품을 높은 가격에 구입하는 경우 소비자는 물가가 상승했다고 인식한다. 자녀가 성장함에 따라 가계는 이전보다 더 많은 식재료와 의류를 구입하게 되고 교육비도 증가하는데, 이와 같은 상황을 소비자는 물가상승으로 인식한다. 총지출액의 증가를 물가상승이라고 생각하는 것이다.

셋째, 소비자가 가격을 비교하는 시점과 지표물가의 비교시점이 서로 다른 것도 한 요인으로 작용할 수 있다. 일반적으로 지표물가의 상승률로는 지난달 또는 지난해 같은 달과 비교하는 전월비 또는 전년동월비가 주로 이용된다. 반면 개인들은 현재의 물가수준을 과거 가격이 상당히 낮았던 시점과 비교하거나 구매 이후 상당한 기간이 지났더라도 지난번 구매 당시의 가격과 비교하는 경향이 있다. 자동차 등 구입 주기가 긴 내구재를 구입하는 소비자는 물가가 많이 상승했다고 느낄 수 있다.

넷째, 주택을 구입하고자 하는 사람에게 아파트가격의 상승은 체감물가에 큰 영향을 줄 수 있다. 소비자물가지수 품목에 아파트가격은 포함되지 않는다. 아파트 구매는 투자로 간주된다. 아파트를 구매하고자 하는 사람들에게는 아파트가격이 공식적으로 발표되는 물가보다 훨씬 크게 올랐다고 느낀다.

경제개발시기를 거치는 동안 우리 경제는 언제나 물가불안, 특히 물가상승에 시달려 왔다. 일반물가의 지속적인 상승을 인플레이션(inflation)이라고 한다. 인플레이션이 발생하면 물가는 전반적 · 지속적으로 상승하고 화폐가치는 저락(低落)한다.

인플레이션(inflation): 일반물가의 지속적 상승 현상

어떤 경제에서 물가의 상승현상이 인플레이션인가 아닌가를 판별하기 위해서는 개별상품가격과 물가지수의 차이를 구별하는 것이 필요하다. 휘발유가격이 오른다고 해서 반드시 인플레이션이라고 말할 수는 없다. 휘발유가격이 오르더라도 쌀값이나 컴퓨터가격이 하락하면 물가는 종전과 같은 수준에 있을 수도 있고 오히려 하락할 수도 있다. 대부분의 상품들의 가격이 올라 물가지수가 상승할 때 인플레이션이 일어난다고 말하는 것이다.

1. 인플레이션의 종류

인플레이션은 그 종류가 다양하고 그 분류 방법도 다양하다. 인플레이션은 그 진행속도, 원인, 예상 여부, 정부통제 여부, 인플레이션이 나타나는 경제상황에 따라 분류한다.

인플레이션의 정도에 따라

인플레이션은 그 진행하는 속도에 따라 서행성 인플레이션, 주행성인 플레이션, 초인플레이션으로 분류할 수 있다. 서행성(徐行性) 인플레이션(creeping inflation)이란 연 5% 정도의 서서히 진행하는 인플레이션을 말한다. 이러한 서행성 인플레이션은 개발도상국이나 경제발전이 한참 진행되고 있는 국가에서는 투자활동을 돕기도 한다. 기업들이 인플레이션을 예상하고 적극적인 투자활동을 할 수 있으며, 생산하는 동안 물가가 상승함으로써 기업의 이윤을 증대시키기 때문

에 의욕적으로 생산활동을 할 수 있게 되는 것이다. 주행성(走行性) 인플레이션 (galloping inflation)이란 연 10% 이상 수십%까지 물가가 상승하는 인플레이션을 말한다. 달리듯이 매우 빠르게 진행된다는 뜻에서 주행성이라고 한다. 주행성 인 플레이션하에서는 투기활동이 일어나거나 자금흐름에 왜곡이 생겨 인플레이션의 해악이 많이 나타난다. 초(超)인플레이션(hyper inflation)이란 연 100% 이상 진행 되는 인플레이션으로, 전쟁중이나 전후 또는 경제정책의 실패로 일어나는 심각 한 정도의 인플레이션이다. 초인플레이션하에서는 정상적인 경제활동을 할 수 없으며 소비나 생산 모든 분야에서 경제의 왜곡현상이 일어난다.

인플레이션의 원인에 따라

인플레이션은 그 원인에 따라 수요견인인플레이션, 비용상승인플레이션, 수 요이동인플레이션, 병목인플레이션, 혼합인플레이션으로 분류할 수 있다. 수요견 인인플레이션(demand-pull inflation)이란 수요측면의 원인, 즉 총수요의 증가로 인하 여 일어나는 인플레이션을 말한다. 비용상승인플레이션(cost-push inflation)이란 생 산요소의 가격상승으로 인한 인플레이션을 말한다. 수요이동인플레이션(demand-shift inflation)이란 총수요에는 변화가 없으면서도 수요구조의 변화로 인하여 일 어나는 인플레이션으로 구조적 인플레이션이라고도 한다. 병목인플레이션(bottle-neck inflation)이란 특정산업부문에서 원료난이나 수송난으로 공급이 부족해서 일 어나는 인플레이션을 말하며 공급애로인플레이션이라고도 한다. 혼합형인플레이 션(mixed inflation)이란 수요부문과 공급부문이 혼합되어 일어나는 인플레이션을 말한다.

인플레이션의 예상 여부에 따라

인플레이션은 예상되었는가의 여부에 따라 예상된 인플레이션과 예상하지 못한 인플레이션으로 나눌 수 있다. 예상된 인플레이션(anticipated inflation)이란 물가상승의 시기나 정도를 정확히 예상하는 인플레이션을 말한다. 예상된 인플 레이션에 대해서는 정책당국이 대책을 세우기가 비교적 쉽다. 예상하지 못한 인 플레이션(unanticipated inflation)이란 물가상승에 대한 예상이 정확하지 못한 경우의 인플레이션을 말한다. 특히 문제가 되는 것은 인플레이션 정도를 과소평가한 경우이다. 예상치 못한 인플레이션이 발생하면 정책당국의 대응방안 마련이 어렵다.

정부통제 유무에 따라

인플레이션은 정부통제 여부에 따라 억압된 인플레이션과 개방형 인플레이션으로 분류할 수 있다. 억압된 인플레이션(suppressed inflation)이란 정부당국이 물가상승을 억제하기 위하여 가격통제를 실시하고 있는 상태의 인플레이션을 말한다. 이러한 인플레이션을 잠재인플레이션(potential inflation)이라고도 한다. 억압된 인플레이션 상황은 물가상승이 실제로 나타나지는 않았지만 잠재가격은 매우 높은 상태이다. 시장참여자들이 이러한 상황을 알게 되면 이들은 언젠가는 물가가 상승하리라고 예상한다. 결국 시장은 공급부족으로 암시장을 유발하고 질서가 교란된다. 금리수준을 비교적 낮은 공금리로 묶어두고 있을 때 사채시장에 생기는 고금리가 바로 그것이다. 개방형 인플레이션(open inflation)이란 인플레이션 요인이 물가에 그대로 반영되어 인플레이션이 지속적으로 나타나는 현상을 말한다.

경제상황에 따라

인플레이션에는 경제상황에 따라 스태그플레이션, 수입인플레이션, 진정인플레이션 등이 있다. 스태그플레이션(stagflation)이란 경기침체상황에서도 일어나는 인플레이션을 말한다. 지금까지의 이론 또는 경험으로는 경기침체가 있으면 물가가 하락하는 것이 통례였다. 그런데 경기침체 중에도 물가가 상승하는 경우가 있는데 그것이 바로 스태그플레이션이다. 불황 속의 인플레이션은 일반적으로 비용상승 때문에 나타난다. 임금의 인상은 '임금상승 → 물가상승 → 임금상승'이라는 악순환을 가져온다. 또 원자재가격의 상승은 비용상승인플레이션과 수입인플레이션(해외 요인에서 오는 인플레이션)을 유발한다. 원유가격 상승으로 인한 세계적인 경기침체와 인플레이션이 그 대표적인 케이스이다. 진정인플레이션(true inflation)이란 완전고용 아래서 총수요가 증가함으로 일어나는 인플레이션을

표 14-2 • 30년 간 우리나라 소비자물가 상승률

연도	상승률(%)	연도	상승률(%)	연도	상승률(%)
1989	5.7	1999	0.8	2009	2.8
1990	8.6	2000	2.3	2010	2.9
1991	9.3	2001	4.1	2011	4.0
1992	6.2	2002	2.8	2012	2.2
1993	4.8	2003	3.5	2013	1.3
1994	6.3	2004	3.6	2014	1.3
1995	4.5	2005	2.8	2015	0.7
1996	4.9	2006	2.2	2016	1.0
1997	4.4	2007	2.5	2017	1.9
1998	7.5	2008	4.7	2018	1.5

자료: 통계청 통계DB.

말한다. 케인즈는 인플레이션 갭(inflationary gap)을 이용하여 진정인플레이션을 설명하였다.

〈표 14-2〉는 1989년부터 30년 동안의 우리나라 소비자물가 상승률이다. 인플레이션에 시달리던 우리 경제가 최근에는 디플레이션을 걱정하게 생겼다.

2. 인플레이션의 원인

인플레이션의 원인은 여러 가지가 있으나 크게 수요측 원인과 공급측 원인으로 구분할 수 있다. 수요측 원인으로 발생하는 인플레이션을 수요견인인플레이션이라고 하며, 공급측 원인으로부터 발생하는 인플레이션을 비용상승인플레이션이라고 한다. 그 외에 인플레이션의 원인으로는 단순한 수요의 이동이나 공공요금의 인상, 저생산성 등을 들 수 있다.

(1) 총수요 증가

사람들은 전통적으로 인플레이션의 주요 원인이 총공급을 초과하는 총수요라고 생각한다. 어떤 경제가 완전고용에 가까운 수준의 고용상태에 있을 때 총수요의 증가는 물가상승을 초래한다. 초과수요로 말미암아 발생하는 인플레이션을 수요견인인플레이션이라고 하는 것은 총수요가 물가를 끌어올린다(牽引, pull)고 생각하기 때문이다. 수요견인인플레이션은 실물분야, 통화분야, 그리고 두 분야의 혼합으로부터 발생할 수 있다.

먼저 실물분야의 수요증가가 인플레이션을 초래하는 경우를 생각해 보자. 어떤 경제가 완전고용수준의 상태에 있을 때, 총수요의 증가는 물가를 상승시킨다. 가계와 기업은 축적해 놓은 저축을 소비에 사용하거나 자금차입에 의해 소비를 증가시킴으로써 총수요를 증가시킬 수 있다. 또 정부는 중앙은행에서 조달한 자금으로 재정지출을 증가시킬 수 있다. 케인지언에 따르면 정부지출의 증가나 소비 및 투자의 증가로 총수요가 증가되면 통화증가율을 일정하게 유지하더라도 물가가 상승한다고 한다. 즉 케인지언들은 실물부문에서 수요견인인플레이션이 발생한다고 본다. 다음으로 통화분야로부터 야기되는 수요견인인플레이션에 대하여 생각해 보자. 고전학파 경제학자들은 통화량의 증가에 비례하여 물가가 상승한다고 생각하였다. 고전학파의 생각을 계승하고 있는 최근의 통화주의자들은 통화량의 증가에 정비례하여 물가가 상승한다고 할 수는 없지만, 통화량의 증가 없는 인플레이션은 없다고 주장한다. 통화주의자에 의하면 인플레이션은 어디까지나 화폐적 현상이다. 통화공급이 증가하여 민간부문이 필요 이상의 화폐를 보유하게 되면 가계는 그 화폐를 소비지출에 사용하게 된다. 실물부문의 변화없이 소비지출이 증가하면 일반물가는 상승하게 된다.

〈그림 14-1〉은 AD가 오른쪽으로 이동하여 일어나는 인플레이션, 즉 수요견인인플레이션을 보이고 있다. AD의 이동은 실물부문의 원인으로도 가능하고 통화부문 원인으로도 가능하다. 먼저 실물부문 원인으로는 재정지출 증가를 들 수 있다. 재정지출의 증가는 먼저 IS곡선을 오른쪽으로 이동시키고 결국은 AD를

그림 14-1 • 수요견인인플레이션

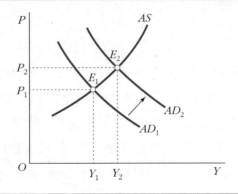

오른쪽으로 이동시킨다. 그림에서 *AD*가 오른쪽으로 이동하면 국민소득수준이 증가하면서 물가가 P_1에서 P_2로 상승하여 인플레이션이 발생한다. 이러한 총수요의 증가는 통화부문을 통해서도 가능하다. 당국이 통화공급을 증가시키면 *LM*곡선이 오른쪽으로 이동하고, 이렇게 되면 *AD*는 AD_1에서 AD_2로 오른쪽 이동을 한다. 결국 물가가 P_1에서 P_2로 상승하여 인플레이션이 일어난다.

(2) 비용상승

생산요소가격이 상승하면 비용상승인플레이션이 일어난다.

노동생산성의 증가 없이 임금이 상승하면 생산비가 상승하게 된다. 생산비가 상승하면 제품가격도 상승하게 된다. 이와 같이 생산요소의 가격이 상승하면 생산비가 상승하고, 따라서 물가가 상승한다는 이론을 비용상승설이라 한다. 비용상승으로 인한 세계적인 인플레이션은 1960년대 말부터 크게 나타났다. 비용상승의 원인으로는 임금의 인상, 수입원자재 가격의 상승, 고이윤 추구 등을 들수 있다. 원자재가격의 상승은 특히 중동지역 위기나 자원민족주의의 강화 등으로 최근 들어 빈번히 나타나고 있다. 독과점기업의 고이윤추구 현상도 인플레이션의 원인이 된다. 독과점기업은 가격설정적이어서 관리가격을 형성시킴으로써 인플레이션을 유발시킬 수 있다.

〈그림 14-2〉는 이러한 내용을 종합하여 비용상승인플레이션을 나타내고 있다. 위에서 설명한 바와 같이 여러 가지 요인으로 생산요소의 가격이 상승하면

그림 14-2 • 비용상승인플레이션

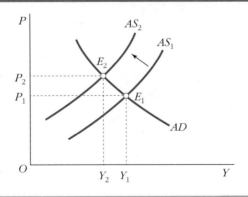

AS곡선은 위쪽으로 이동하게 된다. 따라서 물가수준이 P_1에서 P_2로 상승하게 되는 것이다. 이때의 물가상승은 공급측 요인인 생산요소가격, 즉 비용이 인상됨으로 일어나는 인플레이션이라는 의미에서 비용상승인플레이션이라고 하는 것이다. 수요견인인플레이션은 소득증가를 동반하지만 비용상승인플레이션은 소득감소를 동반한다. 비용상승인플레이션은 스태그플레이션으로 이해하기 쉽다.

(3) 혼합형

인플레이션은 수요측면과 공급측면의 복합적 요인으로부터 발생할 수 있는데, 이를 혼합형인플레이션(mixed inflation)이라 한다.

〈그림 14-3〉은 혼합형인플레이션을 보이고 있다. 경기부양을 위해 통화량을 증가시키면 총수요곡선이 AD_1에서 AD_2로 이동한다. 한편 통화량의 증가로 물가가 상승함에 따라 생산요소시장에서의 임금과 각종 원료의 가격이 상승하면 총공급곡선도 AS_1에서 AS_2로 이동한다. 새로운 균형은 E_2점에서 이루어진다. 물가가 P_1에서 P_2로 상승하는 것이다. 이러한 혼합형인플레이션이 발생하면 한쪽 요인의 변동으로 인한 인플레이션보다 물가상승 정도가 더 커지게 된다.

한편, 혼합형인플레이션이 발생하는 경우의 국민소득 변화의 방향은 총수요 증가와 총공급 감소의 상대적인 크기에 의해 결정된다. 만약 총수요 증가의 정도가 비용상승으로 인한 총공급 감소보다 상대적으로 크다면 국민소득이 증가한다. 반면에 비용상승으로 인한 총공급의 감소 정도가 총수요의 증가보다 상대적

그림 14-3 • 혼합형인플레이션

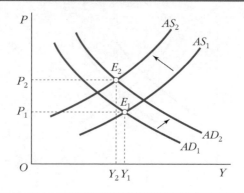

으로 크다면 국민소득이 감소한다.

3. 인플레이션의 효과

인플레이션의 영향은 그 인플레이션을 예상하였느냐의 여부에 따라 효과가 다르게 나타난다.

(1) 예상하지 못한 인플레이션의 효과

인플레이션의 영향, 특히 해악은 예상하지 못했을 때 크게 나타난다. 예상하지 못한 인플레이션의 효과는 다음과 같다.

첫째, 부와 소득의 재분배를 초래한다. 예상하지 못한 인플레이션이 발생하면 채권자에게서부터 채무자로 부와 소득이 이전된다. 즉, 채권자는 손해를 보고 채무자는 이득을 본다. 사회경제구조에서 채권자는 주로 민간부문이고 채무자는 정부와 기업이다. 먼저 정부부문과 민간부문의 관계를 보자. 민간보유현금에 대해 화폐발행자인 정부는 채무자이다. 물가상승에 의한 화폐가치의 하락은 현금보유자에게 실질비용을 부담시키는 셈이 된다. 인플레이션은 화폐에 대해 부과하는 세금이라고 볼 수 있다. 그래서 인플레이션을 통해 화폐발행자인 정부가 현금보유자인 민간에게 손실을 끼치게 되는 현상을 인플레이션 조세(inflation tax)라고 한다. 각국 정부는 재정 확보를 위해 저항이 큰 세금을 징수하기보다는 인플레이션이라는 수단을 사용하기도 했다. 다음으로 기업부문과 민간부문의 관계를 보자. 일반적으로 가계는 자금공급부문이고 기업은 자금수요부문이다. 인플레이션이 지속되면 가계부문은 손해를 보고 기업부문은 이익을 보게 된다. 특히 차입 규모가 큰 기업일수록 더 큰 이익을 본다. 인플레이션이 진행될 때 기업이 차입 경영의 유혹을 받는다. 단 민간부문이라고 해도 만약에 실물자산을 많이 가지고 있으면 이득을 보게 된다. 인플레이션 시기에 부동산투기가 극심한 것도 이 때문 이다. 예상치 못한 인플레이션이 발생하면 금융자산 보유자는 손실을 입고 실물 자산 보유자는 이득을 얻는다. 인플레이션으로 화폐가치가 작아지고 실물자산가 치가 상대적으로 커지기 때문이다.

둘째, 단기적으로는 생산과 고용을 증대시킨다. 즉, 예상하지 못한 인플레이 션이 발생하면 생산자인 기업은 단기적으로는 이익을 보면서 생산을 증가시킬 수 있다. 그러나 예상하지 못한 인플레이션이 지속되면 미래에 대한 경제주체들

빵 한 조각에 800억 마르크

1923년 10월 말, NYT에 다음과 같은 기사가 실렸다.

베를린의 어느 작은 식당에서 한 외국인이 1달러짜리 지폐를 흔들어 보이면서 식단표에 있는 음식들을 1달러만큼 달라고 했다. 그런데 식단표의 음식이 모두 나왔고 그는 너무 배가 불러 더 이상 먹을 수 없을 지경이 되자 돌아가려고 일어났다. 그런데 그때 웨이터가 스프 한 접시와 정식요리를 더 가져다 주면서 공손히 말했다.

"방금 달러값이 이 음식값만큼 또 올랐습니다."

11월에는 빵 1파운드를 800억 마르크에 겨우 살 수 있었고, 고기 1파운드를 구하려면 9,000억 마르크를 내야 했다. 또 맥주 한 잔에는 2,080억 마르크를 내야 했다. 이런 상황에서 돈을 자기 손에 쥐고 있는 사람은 바보였다. 이렇듯 빠른 속도로 가치가 하락하는 시기에 현금을 갖고 있는 사람은 아무도 없었고 또 그럴 수도 없었다. 아무도 은행에 예금하지 않았다. 수표로 지불하기도 어려웠다. 왜냐하면 수표를 받아 현금으로 바꾸는 사이에 화폐의 구매력이 떨어질 것이기 때문이었다. 은행과 정부는 모든 대금을 현금으로 지불해야 했다. 12월에는 임금과 봉급을 일당으로 지불해야 했다. 누구라 할 것 없이 모든 사람들은 빨래 바구니와 손수레 또는 유모차에 돈을 가득 담아 가지고 재빨리 가게로 달려갔다. 하루에 물가가 거의 두 배씩 뛰어 올랐다. 인쇄기가 빠른 속도로 돌아갔다. 새로 찍은 화폐는 차로 수송되었다. 얼마 안 되어 가장 가난한 노동자조차도 1조 마르크를 소유하게 되었다. 그러나 그는 그 돈으로 아무것도 살 수 없었다.

－클라우스 뮐러, 「돈은 어떻게 세계를 지배하는가」, 김대웅 역, 가서원, 1998－

의 예상을 어렵게 만들고 경제환경을 불확실하게 만들어 안정된 투자계획을 세울 수 없게 한다. 소비자들도 합리적인 소비활동을 하기가 어렵게 된다.

셋째, 장기적으로 경제의 효율성을 떨어뜨린다. 예상하지 못한 인플레이션이 발생할 경우 단기적으로는 경제의 효율성 면에 특별한 영향을 미치지 않는다. 그러나 장기적으로 인플레이션이 지속되면 경제에 불확실성이 커져 효율성을 떨어뜨린다. 또 미래에 대한 불확실성이 커져서 안정적인 소비나 투자를 하기가 어렵다.

(2) 예상된 인플레이션의 효과

일반 사람들이 단기에 인플레이션을 정확히 예상하기란 쉬운 일이 아니다. 그러나 장기적으로는 시행착오와 학습과정을 거쳐 인플레이션을 비교적 정확하게 예상한다고 볼 수 있다. 특히 12장에서 본 바와 같이 물가안정목표제를 실시하는 나라에서는 통화당국이 인플레이션을 예측하고, 타깃 존(target zone)을 설정하여 그 목표를 달성하려고 한다. 오늘날 경제상황이 어느 정도 안정적인 나라에서는 인플레이션을 비교적 정확히 예측한다고 볼 수 있다. 예상된 인플레이션의 효과는 다음과 같다.

첫째, 부와 소득의 재분배는 일어나지 않는다. 금융거래나 실물거래시 인플레이션이 정확하게 예상되면 사람들은 화폐가치의 하락을 보상할 수 있는 인플레이션 프리미엄(inflation premium)을 가격에 포함시킨다. 예를 들어 금융거래를 할 때, 채권자는 실질이자율에 인플레이션 프리미엄을 가산한 명목이자율을 받는다. 즉, 명목이자율은 다음과 같이 결정된다. 이를 피셔효과라고 한다.

명목이자율 = 실질이자율 + 예상물가상승률

둘째, 금융기관출입비용(shoe leather cost)과 메뉴 코스트가 발생한다. 인플레이션이 예상되면 일반 경제주체들의 화폐 보유기간이 짧아진다. 가계나 기업은 가능한 한 현금을 보유하지 않으려 한다. 사람들은 은행을 자주 찾거나 금융자산 구성을 자주 바꾸어서 실질잔고를 유지하려고 한다. 이러한 과정에서 금융기관출입비용이 발생한다. 금융기관출입비용은 직역해서 구두창비용이라고 하기도 하고, 그 의미를 살려 실질잔고유지비용이라고도 한다. 메뉴 코스트란 가격이 오를 때마다 기업이 제품의 가격표를 바꾸고 고객에게 가격인상 이유를 설명하는 데 드는 유형 무형의 비용을 말한다.

셋째, 조세조정비용이나 임금협상비용이 발생한다. 인플레이션이 예상되면 그에 따라 세율이나 임금이 달라져야 하는데, 이를 위해서 행정적 사무절차가 필요하고 협상비용이 드는 등 사회적비용이 수반된다.

넷째, 자원배분의 비효율성이 증대된다. 특히 높은 비율의 인플레이션이 예상되면 사람들은 투기에 매달리고 저축의욕이 감소된다. 따라서 경제는 혼란에 빠지고 자본축적이 어려워진다. 즉, 인플레이션은 자원을 생산적인 투자로부터 비생산적인 투기로 흐르게 함으로써 생산능력을 감축시키고 자원배분을 비효율적으로 만든다. 이러한 비효율성은 초인플레이션하에서 더욱 심하게 나타난다.

다섯째, 국제수지가 악화된다. 인플레이션이 예상되면 기업은 수출을 꺼리고 수입을 증가시킨다.

생산과 고용에는 특별한 영향을 미치지 않는다. 물가상승이 정확히 예상되면 임금과 상품가격에 반영되기 때문이다.

긍정적 측면

완만한 인플레이션은 생산을 촉진할 수도 있다. 적정한 인플레이션은 기업에게 생산의욕과 투자의욕을 고취시키며 실업률을 낮추기도 한다. 즉, 우하향하는 필립스곡선[2]을 가지고 판단할 때 인플레이션을 용인함으로써 실업률이 낮아지는 효과가 있다. 또 물가안정이라는 말의 현대적 의미는 제로(zero) 인플레이션이 아니라 어느 정도 양(+)의 인플레이션 용인이다.

4. 인플레이션 대책

인플레이션이 가지는 해악 때문에 각국은 인플레이션을 진정시키기 위해 노력하고 있다. 인플레이션을 진정시키기 위한 처방은 인플레이션의 발생 원인에 따라 다르다. 인플레이션 대책을 크게 나누면 수요견인인플레이션 대책과 비용

---

2   16장에서 자세히 설명한다.

상승인플레이션 대책이 있다.

수요견인인플레이션 대책

수요견인인플레이션에 대한 대책은 고전학파와 케인지언간에 서로 다르다. 그것은 인플레이션에 대한 견해가 서로 다르기 때문이다. 고전학파류의 경제학자들은 인플레이션이 적정수준보다 많은 통화량 때문에 발생한다고 생각한다. 그래서 통화공급증가율을 적정수준까지 낮추어야만 인플레이션을 진정시킬 수 있다고 본다. 이들은 통화증가율을 일정하게 유지하는 'k%준칙'을 지키면 인플레이션이 해결될 수 있다고 본다. 이들에 의하면 통화공급의 증가는 인플레이션의 유일한 원인이다. 재량적인 통화정책보다는 통화준칙을 준수하는 것이 인플레이션을 진정시키고 경제안정을 이끌어낼 수 있는 방법이라는 것이다. 이에 비해 케인즈학파 경제학자들은 수요견인인플레이션이 금융부문뿐만 아니라 실물부문으로부터도 초래될 수 있다고 생각한다. 케인즈학파 경제학자들은 긴축통화정책, 긴축재정정책을 사용해서 과다한 총수요를 감소시켜야만 인플레이션을 진정시킬 수 있다고 본다. 총수요를 감소시키는 요인들로는 통화량의 감소 외에 실물부문에서 정부지출의 감소, 조세의 증가, 소비감소, 투자감소, 수입증가 등이 있다.

비용상승인플레이션과 소득정책

일반적으로 실업과 인플레이션 사이에는 상충관계가 있기 때문에 인플레이션 억제정책을 시행하면 실업이 증가하기 쉽다. 이러한 가운데 두 마리의 토끼를 잡으려는 경제정책, 즉 고용수준을 낮추지 않고 인플레이션을 억제하기 위해 도입된 정책이 소득정책(income policy)이다. 소득정책이란 정부가 중요한 상품의 가격 및 임금의 과도한 상승을 규제함으로써 인플레이션을 억제하고 적정한 고용수준을 유지하려는 정책을 말한다.

소득정책: 정부가 중요한 상품의 가격 및 임금의 과도한 상승을 규제함으로써 인플레이션을 억제하고 적정한 고용수준을 유지하려는 정책

소득정책은 케인지언에 의해 제시된 인플레이션 대책이다. 케인지언은 인플레이션이 주로 비용상승, 특히 임금상승으로 인해 발생한다고 생각한다. 임금상승은 생산비를 증가시키고, 생산비의 증가는 물가를 상승시킨다는 것이다. 따라서 물가상승을 억제하기 위해서는 임금상승을 억제해야 한다는 것이 케인지언의 주장이다. 소득정책의 구체적인 예로는 임금가이드라인정책, 임금·물가 통제정책, 조세기초 소득정책(TIP: tax-based income policy) 등이 있다. 임금가이드라인정책이란 정부가 매년 임금상승률의 상한을 정하는 정책을 말한다. 임금·물가 통제정책이란 정부가 임금과 물가의 인상을 억제하거나 동결시키는 정책을 말한다. 조세기초 소득정책이란 조세제도를 이용해 물가상승을 억제하려는 정책이다. 조세수단을 이용하는 방법에는 당근접근법과 채찍접근법이 있다. 당근접근법은 정부가 설정한 임금인상기준을 준수하는 기업과 노동조합에 세금 혜택을 주어서 물가안정을 유도하는 방법으로 유인접근법이라고도 한다. 채찍접근법은 정부가 설정한 기준을 준수하지 않는 기업에게 세금을 추징함으로써 물가상승을 억제하려는 방법으로 처벌접근법이라고도 한다.

기타 정책

어떤 특정상품의 생산에 애로가 있어 가격이 급등하고 관련품목들의 가격까지 인상시킨다면 그 상품의 수입을 허가하거나 수입관세율을 낮추어줌으로써 가격안정을 기할 수 있다. 수입자유화와 관세율 인하도 인플레이션을 억제하는 방법 중의 하나이다. 값싼 해외 상품의 수입이 증가하면 해당 상품의 국내가격은 인하되는 효과가 있다. 예를 들면 중국에서 싼값으로 수입되는 농산물의 영향으로 국내 농산물의 가격이 하락하는 것을 볼 수 있다. 중국의 각종 상품에 대한 덤핑공세가 세계적인 디플레이션을 초래한다는 지적이 나오고 있는 정도이다.

인플레이션에 대한 장기대책은 총공급을 증가시키는 것이다. 투자·저축 및 노동공급의 증대를 위한 조세감면, 노동의 생산성을 증가시킬 수 있는 기술향상·연구개발·교육훈련 등의 정책수단은 장기에 AS를 오른쪽으로 이동시켜서 인플레이션이 없는 경제성장을 가능하게 한다.

독일은 1918년 제1차 세계대전에서 패하고 전쟁 배상을 해야만 했는데, 당시 독일 경제사정이 뒷받침되지 않았으며 돈의 무절제한 발행에 의해 배상이 이루어질 수밖에 없었다. 계속되는 화폐발행은 화폐가치를 급락시켰고 1백만 마르크로 우표 한 장이나 성냥 한 갑을 겨우 살 수 있을 정도가 되었다. 급기야 독일정부는 단위가 큰 화폐를 발행하기 시작했다. 당시 달러당 마르크의 교환비율이 1920년 1월에는 1:50이었으나 1923년 11월에는 1:4조 2천 억이었다고 하니 인플레이션 속도가 얼마나 살인적이었는지를 단적으로 보여준다. 지금까지 세계에서 액면이 가장 큰 것으로 알려진 100조 마르크 지폐는 이런 연유로 1924년에 발행되었으며 오늘날 세계 화폐수집가들 간에 2,500달러가 넘는 금액으로 거래되고 있다고 한다. 주화 중에서 최고 액면으로 알려진 1조 마르크는 우리나라 화폐시장에도 경매 물건으로 나와 60만 원에 팔린 바 있다.

한편, 현재 유통되고 있는 화폐 중 액면이 가장 큰 것은 터키의 10,000,000리라이다. 터키는 1997년에 5,000,000리라를 발행한 바 있으나 계속되는 인플레이션 등으로 화폐가치가 하락하자 1999년에 다시 10,000,000리라를 발행한 것이다. 그런데 최근 터키는 심각한 경제위기를 겪고 있는 것으로 알려지고 있어 최고액면이 경신될지 두고 볼 일이다.

-한국은행, 「화폐이야기」에서-

section 03 ● 디플레이션

디플레이션(deflation)이란 일반 물가의 지속적인 하락 현상을 말한다.

오늘날 대부분의 거시경제학이나 화폐금융론 서적들이 인플레이션에 대해서는 자세히 분석하고 설명하지만 디플레이션에 대해서는 설명이나 분석이 빈약한 편이다. 그것은 우리나라가 디플레이션 경험이 별로 없고 늘 인플레이션에 시달려 왔기 때문이다. 우리에게 디플레이션이라는 말은 낯설어 보이지만 역사적으로 보면 디플레이션도 인플레이션과 마찬가지로 자주 발생하는 경제현상이었다.

1. 디플레이션의 원인

디플레이션은 일반적으로 경제활동이 침체될 때 발생한다. 그래서 디플레이션은 산출량의 감소, 실업의 증가 등 경제활동의 침체를 의미하기도 한다. 그러나 디플레이션이 반드시 경기침체와 동반해서 발생하는 것은 아니다. 역사적으로 디플레이션을 겪으면서 경제가 성장한 예도 발견된다. 이 책의 맨 앞에서도 언급한 바와 같이 1869년부터 1896년까지 미국에서는 소비자물가가 20% 이상 하락하는 디플레이션을 경험하였다. 그러나 이 기간 중 실질GDP는 연평균 3.8%의 높은 성장률을 보였다. 디플레이션과 경제성장을 동시에 경험한 것이다. 당시 미국은 대륙횡단철도의 완공과 전화망 가설에 의해 시장규모가 확대되는 가운데 기술혁신이 집중적으로 일어났다. 그 결과 생산성이 크게 향상됨으로써 높은 경제성장과 함께 물가수준이 전반적으로 하락하는 모습을 보였던 것이다.

디플레이션의 원인이 무엇인지에 대해서는 아직 일치된 견해가 없으나, 연구자에 따라 자산가격 거품의 붕괴, 과도한 통화긴축, 과잉설비와 생산성 향상으로 인한 과잉공급 등의 원인으로 인해 발생하는 것으로 파악되고 있다.[3]

첫째, 자산가격 거품의 붕괴가 초래한 디플레이션으로는 1990년대에 일본과 중국에 일어났던 디플레이션과 1930년대 세계경제대공황 때 일어났던 디플레이션을 들 수 있다. 이 경우는 모두 공통적으로 자산가격 급락이 디플레이션의 시발점이 되었다. 자산가격의 급락은 가계와 기업의 소비 및 투자 위축을 가져오며 금융기관의 부실채권의 증가를 야기하게 된다.

둘째, 과도한 통화긴축은 일반물가의 하락을 초래한다. 제1차세계대전 중 불환지폐 남발에 의해 금본위제로부터의 이탈이 불가피하게 된 나라들은 금본위제도로 복귀하기 위해 통화량의 감소, 재정지출의 축소, 수요의 억제 등을 통해 물가인하정책을 실시하였다. 통화긴축을 통한 물가대책은 결과적으로 디플레이션의 발생을 초래하였다. 자산가격 거품의 붕괴는 대부분 급격한 통화긴축과 연관되어 발생한다.

셋째, 과잉설비나 생산성 향상으로 인한 과잉공급이 디플레이션을 가져올 수 있다. 오늘날 정보통신기술(IT)의 발달 등에 의한 생산비용의 절감과 유통 및 재고관리의 효율화 등은 물가하락의 요인으로 작용하고 있다. 즉, IT산업의 생산성 향상이 다른 제조업 및 서비스업으로 확산될 경우 전반적인 물가하락 압력으로 작용할 수 있다.

---

3   양동욱·홍승제·윤옥자, "세계경제 디플레이션의 가능성과 영향," 한국은행 금융경제연구원, 「금융경제연구」 133호, 2002. 11.

한편 디플레이션은 국제적으로 파급되기도 한다. 특히 금본위제도하에서의 디플레이션은 국제 금 이동을 통해 다른 나라로 파급되었다. 오늘날에도 무역, 생산지 이전, 경기순환의 동조화 등의 경로를 통해 디플레이션이 국제적으로 파급된다. 선진국의 경기침체에 따른 디플레이션은 개발도상국 상품의 수입감소를 초래하며, 개발도상국간의 가격경쟁 또한 디플레이션 압력으로 작용한다. 세계화 진전에 따른 국제 자본이동의 확대와 원자재 및 제품의 해외조달 등은 국가간 상호의존도를 높여 디플레이션의 국제파급 가능성을 높이고 있다. 특히 EU와 같이 역내국가간 경제의 통합정도가 높은 지역에서는 한 국가에 디플레이션이 발생할 경우 역내국에 파급될 가능성이 크다.

2. 디플레이션과 공황

디플레이션은 공황(恐慌)과 밀접한 관계를 가지고 있다. 물론 디플레이션이 반드시 공황을 동반하는 것은 아니지만 공황이 발생하면 언제나 디플레이션이 일어난다. 공황이란 신용거래의 붕괴 및 이와 관련한 상품판매의 불황, 그에 수반되는 재생산의 수축과 대량의 실업사태 등을 포함하는 현상이다. 가장 일반적인 공황으로는 시장에서의 수요공급 균형이 급격히 파괴되는 생산과잉공황이 있다. 최초의 생산과잉공황은 산업혁명을 통해 공업화를 이룩한 영국에서 1825년에 발생하였다. 그 후로도 공황은 영국에서 계속 일어났는데, 19세기 전반까지는 영국 이외의 나라들에서는 아직 자본주의가 충분한 발전을 보지 못하였기 때문에 세계공황으로 확대되지는 않았다. 그러나 19세기 중엽 이후 프랑스, 미국, 독일 등의 자본주의가 발전함에 따라 1857년 최초의 세계공황이 일어났다. 그 후 거의 10년 주기로 계속 세계공황이 일어났다. 공황이 발생하면 재고 증가와 실업 증가로 물가가 급격히 하락한다. 즉, 디플레이션이 발생한다. 역사상 가장 극심한 디플레이션 현상은 세계경제대공황 때 발생하였다. 1929년 10월 24일 뉴욕 주식시장의 주가 대폭락을 계기로 확산된 세계공황은 전무후무한 대불황이었다. 이 공황기간 동안 상품의 과잉생산으로 인한 판매 불능과 지불 불능이 야기되고, 그 결과로 재고 증가, 기업의 도산, 신용질서 혼란, 실업자 격증 등의 현상이 나타났다. 이때 심각한 디플레이션이 일어났던 것은 물론이다.

3. 디플레이션의 영향과 대책

디플레이션은 경제에 미치는 악영향이 인플레이션보다 더 큰 데다 일단 한 번 발생하면 정책적 대응이 어려운 것으로 알려지고 있다. 디플레이션의 폐해는 다음과 같다.

첫째, 디플레이션이 발생하면 실질금리의 상승으로 투자가 위축된다. 물가가 하락하는 경우의 실질금리에 대해서 생각해 보자. 명목금리는 실질금리에 물가상승률을 더한 것이다. 그런데 명목금리는 그 성질상 마이너스는 될 수가 없다. 명목금리가 영(0) 이하로 내려갈 수 없는 상황에서 물가가 계속 하락한다면 결국 실질금리가 상승하게 된다. 그러므로 디플레이션이 계속되면 실질금리의 상승으로 투자가 위축되고 이는 생산 감소로 이어지게 된다.

둘째, 노동자가 실질임금보다 명목임금을 중시하는 현상을 케인즈는 화폐환상(money illusion)이라고 불렀다. 화폐환상은 명목임금의 하방경직성을 초래한다. 화폐환상으로 인해 명목임금의 하방경직성이 존재할 때 디플레이션이 일어난다면 이는 실질임금을 상승시키게 된다. 실질임금이 상승하면 기업은 고용을 줄이게 되며 생산 감소로 이어진다. 이와 같은 실업과 생산 감소는 경기침체를 가중시킨다. 장기불황으로 이어질 수 있는 것이다.

셋째, 디플레이션이 발생하면 기업의 실질부채가 증가하게 된다. 그것은 물가가 하락한다고 해서 기업의 명목부채가 감소하지는 않기 때문이다. 디플레이션이 발생하면 기업은 차입금에 대한 실질상환 부담이 커지게 되어 채산성이 나빠지게 된다. 이는 채무불이행으로 연결될 수 있으며 금융시장의 불안과 신용경색을 초래한다.

넷째, 통화정책의 수행이 어렵게 된다. 디플레이션이 계속되면 명목금리가 0에 가까워지게 되고 유동성함정으로 연결될 수 있다. 이러한 경우 공개시장조작 등으로 시중 통화량을 조절하거나 금리를 조절하려는 통화정책은 그 유효성을 거의 상실하게 된다.

디플레이션 대책

디플레이션 대책으로는 통화정책과 재정정책이 있으나 그 유효성에 한계가 있다. 앞에서도 설명한 바와 같이, 디플레이션하의 통화정책은 명목금리의 제로 하한(zero bound)과 유동성함정으로 인해 효과가 거의 없다. 일반적으로 경기침체가 계속되면 금리를 인하하는 정책을 취하는 것이 보통이다. 명목금리가 제로 수준이 되었는데 물가가 계속 하락한다고 하자. 물가가 하락하면 실질금리가 상대적으로 상승하게 된다. 즉, '명목금리＝실질금리＋예상물가상승률'의 공식에서 물가상승률이 마이너스(－)로 하락하면 실질금리가 상승할 수밖에 없다. 이때 실질금리를 하락시켜 투자활동을 돕고 싶어도 명목금리를 마이너스로 할 수는 없다. 즉, 명목금리는 제로 하한을 가진다.4 이 제로 수준의 명목금리하에서는 통화수요가 무한대가 되므로 중앙은행의 공개시장정책은 무력하게 된다. 단지 금리와 물가상승률이 제로에 가까워질 경우 통화정책은 경기 및 물가에 대한 기준전망(baseline forecasts)뿐만 아니라 추가적인 디플레이션 위험에 대응하는 정도의 정책을 취할 수 있을 뿐이다. 중앙은행이 디플레이션 위험을 사전에 방지하기 위해서는 금리인하의 여력을 미리 확보해 두는 것이 필요하다.

　재정정책 역시 디플레이션에 대한 효율적인 대책이 되지 못한다. 정부 부채 누증으로 현재의 확대 재정정책에 따른 적자보전을 위해 앞으로 조세 증가가 예상되면 소비자들이 소비를 줄이고 저축을 늘려 재정정책의 효과가 상쇄될 수 있다.5 또한 확대 재정을 위한 정부차입 증가는 장기금리 상승을 초래하여 민간투자를 위축시킬 수 있을 뿐만 아니라 재정지출 확대에 의한 장기금리 상승은 환율절상을 초래하여 순수출을 감소시킬 수 있다. 디플레이션이 우려되는 경우에 확대 재정정책을 실시하기 위해서는 건전한 재정구조의 확보가 우선되어야 한다. 그러나 이미 상당 기간 경제침체가 진행되었다면 재정구조가 이미 건전한 상태를 벗어나 있을 가능성이 높으니 이 또한 어려운 과제이다.

4　최근 몇몇 국가는 제한적으로 마이너스(－) 금리를 시도하고 있다.
5　리카도대등정리(Ricardian equivalence effect)를 말한다. 리카도대등정리란 정부가 재정지출을 증가시켜도 민간이 조세증가로 소비를 줄이면 재정정책이 무력해진다는 이론을 말한다.

Summary

1. 물가지수는 개별상품의 가격을 평균하여 작성한 경제지표로서 어떤 기준시점의 물가를 100으로 놓고 비교되는 다른 시점의 물가를 나타내는 지수이다.
2. 물가지수에는 생산자물가지수 및 수출입물가지수, 소비자물가지수 등이 있다. 이 밖에 GDP디플레이터도 넓은 의미의 물가지수이다.
3. 물가지수에 여러 종류의 지수가 있는 것은 기준연도와 비교연도의 거래량이 각각 다르기 때문이다.
4. 일반물가의 지속적인 상승을 인플레이션이라고 한다.
5. 수요견인인플레이션: 총수요의 증가로 인하여 일어나는 인플레이션
6. 비용상승인플레이션: 생산요소의 가격상승으로 인한 인플레이션
7. 수요이동인플레이션: 총수요에는 변화가 없으면서도 수요구조의 변화로 인하여 일어나는 인플레이션
8. 병목인플레이션: 특정생산부문의 원료난이나 수송난으로 공급이 부족해서 일어나는 인플레이션
9. 인플레이션이 국민경제나 개별경제에 미치는 일반적인 영향은 다음과 같다.
   • 정액소득자에게 불리한 소득재분배를 가져온다.
   • 채무자에게는 유리하게, 채권자에게는 불리하게 작용한다.
   • 수입을 촉진하고 수출을 저해하여 무역수지와 국제수지를 악화시킨다.
   • 자원배분의 비효율화를 가져온다.
10. 예상된 인플레이션의 효과는 다음과 같다.
    • 명목이자율은 실질이자율보다 예상인플레이션율만큼 높게 결정된다.
      명목이자율 = 실질이자율 + 예상인플레이션율
    • 경제주체들의 화폐보유기간은 짧아지고 금융기관출입비용이 발생한다.
    • 기업은 가격이 오를 때마다 제품의 가격표를 바꾸고 고객에게 가격인상이 부득이한 것임을 납득시켜야 하며 이때 메뉴 코스트가 발생한다.
    • 조세조정비용과 임금협상비용을 발생시킨다.
11. 인플레이션을 통해 화폐발행자인 정부가 화폐보유자인 민간에게 손실을 입히는 현상을 인플레이션 조세라고 한다.
12. 예상하지 못한 인플레이션은 미래에 대한 경제주체들의 예상을 어렵게 만들고 경제환경을 불확실하게 만들어 안정된 소비와 투자계획을 세울 수 없게 한다.
13. 고전학파 경제학자들은 인플레이션의 원인이 적정수준보다 많은 통화량 때문이라

고 생각한다. 이들은 통화증가율을 일정하게 유지하는 k%준칙을 지키면 인플레이션이 해결될 수 있다고 본다.

14. 케인즈학파 경제학자들은 긴축통화정책, 긴축재정정책을 사용해서 과다한 총수요를 감소시켜야만 인플레이션을 진정시킬 수 있다고 본다.

15. 소득정책이란 정부가 중요한 상품의 가격 및 임금의 과도한 상승을 규제함으로써 인플레이션을 억제하고 적정한 고용수준을 유지하려는 정책을 말한다.

16. 소득정책의 예로는 정부가 매년 임금상승률의 상한을 정하는 임금가이드라인 정책, 임금과 물가의 인상을 억제하거나 동결시키는 임금-물가 통제정책 등이 있다.

17. 조세기초 소득정책이란 조세제도를 이용해 물가상승을 억제하려는 정책이다.

18. 조세수단을 이용하는 방법은 당근접근법과 채찍접근법이 있다.
    • 당근접근법은 정부가 설정한 임금인상기준을 준수하는 기업과 노동조합에 세금 혜택을 주어서 물가안정을 유도하는 방법이다.
    • 채찍접근법은 정부가 설정한 기준을 준수하지 않는 기업에게 세금을 추징함으로써 물가상승을 억제하려는 방법이다.

19. 스태그플레이션이란 경기가 침체되면서도 물가는 오르는 현상을 말한다.

20. 디플레이션이란 일반 물가의 지속적인 하락현상을 말한다.

21. 디플레이션은 일반적으로 경제활동이 침체될 때 발생한다.

22. 디플레이션을 초래하는 원인으로는 자산가격 거품의 붕괴, 과도한 통화긴축, 과잉설비와 생산성 향상으로 인한 과잉공급, 디플레이션의 국제 파급 등을 들 수 있다.

23. 디플레이션의 폐해는 다음과 같다.
    • 실질금리의 상승으로 투자가 위축된다.
    • 실질임금의 상승으로 생산감소를 유발한다.
    • 기업의 실질부채가 증가하게 된다.
    • 통화정책의 수행이 어렵게 된다.

Chapter

15 | Invisible hand는 있는가

1. 고전학파와 경제 균형

아담 스미스(A. Smith) 등 고전학파가 생각하는 경제형태는 안정적 균형이다. 그것은 고전학파가 완전한 조화에 대한 믿음을 가지고 있다는 것을 뜻한다. 세이의 법칙 등은 고전학파가 갖는 자연의 조화와 균형에 대한 신념을 학문적으로 설명하기 위한 작은 시도인 셈이다. 보이지 않는 손(invisible hand)에 의한 인도, 가격기구의 효율적 작용, 시장경제에 대한 확신 등이 그것이다. Supply creates its own demand, invisible hand, price mechanism, money is veil, cheap government, laissez-faire 등의 용어는 고전학파의 견해를 잘 나타낸다.

Supply creates its own demand

고전학파의 경제사상을 가장 잘 나타내는 말은 아마 '공급이 수요를 창출한다'는 세이의 법칙(Say's Law)일 것이다. 세이(J. B. Say)는 공급은 스스로 수요를 창출하기 때문에 생산된 재화와 서비스는 결국 팔리게 된다고 주장하였다. 즉 고전학파 경제학자들은 '상품은 생산되면 팔린다'는 생각을 가지고 있었다. 세이의 법칙을 판로(販路)의 법칙이라고도 한다. 판로의 법칙이 성립한다는 것은 생산과정에서 발생하는 요소소득이 생산된 상품을 구매할 수 있는 구매력을 가진다는 것을 의미한다. 상품에 따라 일시적 과잉생산이나 초과수요가 발생할 수 있지만 그러한 불균형은 상품의 가격이나 임금의 신축적인 조정으로 곧 제거된다는 것이다. 기업은 생산액에 해당되는 만큼의 요소비용을 지출하게 마련인데, 이것은 가계의 소득이 되고 그 소득만큼 소비가 이루어지게 된다. 따라서 총생산액만큼의 총수요가 창출되어 $AS = AD$의 관계가 항상 성립한다는 것이다.

노동시장에서는 임금의 변동으로 노동수급이 일치되어 대량의 실업사태가 발생할 수 없다. 즉 노동시장에서도 $L^S = L^D$가 달성되며, 그것도 완전고용수준에서 달성된다는 것이다. 그런데 비록 생산이 요소소득을 발생시켜 총액이 일치한다 하더라도 만약에 저축이 발생하면 총생산과 총소비가 일치하지 않을 수 있다.

왜냐하면 생산된 상품을 구매할 만한 소득이 창출되었다고 해도 소득 중 일부를 저축하면 그에 해당하는 만큼의 상품은 팔리지 않을 것이기 때문이다. 이 문제에 대한 고전학파의 대답은 '투자'라는 주입요소이다. 저축이 증가하면 자금의 초과 공급이 발생하여 이자율이 하락하고, 이자율이 하락하면 투자가 증가하여 저축의 누출분을 해소시킨다는 것이다. 즉 저축이 조만간 투자수요로 나타나 $S=I$의 관계가 성립하고 세이의 법칙이 성립한다는 것이다. 고전학파는 수요측면은 경시하고 공급측면을 중요시했다.

invisible hand

고전학파 경제학자들은 경제사회에 어떤 힘이 작용하고 있어서 모든 시장이 자동적으로 균형된다고 생각하였다. 스미스는 경제에 자동적인 균형을 달성시키는 어떤 작용을 그의 저서 「국부론」에서 '보이지 않는 손(invisible hand)'이라고 불렀다. 오늘날 보이지 않는 손이라는 말은 고전학파를 상징하는 용어이다. 국부론에서 보이지 않는 손이라는 말이 나오는 부분을 인용하면 다음과 같다.

'사람은 누구나 생산물의 가치가 극대화되 방향으로 자신의 자본을 활용하려고 노력한다. 그는 공익을 증진하려고 의도하지 않으며, 얼마나 증진하고 있는지 알지도 못한다. 그는 단지 자신의 안전과 자신의 이익을 위하여 행동할 뿐이다. 그런데 그는 이렇게 행동하는 가운데 보이지 않는 손의 인도를 받아서 원래 의도하지도 않았던 목표를 달성하게 되는 것이다. 이와 같이 사람은 자신의 이익을 열심히 추구하는 가운데 흔히 국익을 증진하게 되는데, 이렇게 하는 것이 의도적으로 하는 경우보다, 공익을 오히려 더 증진하게 된다.'

고전학파는 '구성의 오류'를 인정하지 않았다. 개인의 선이 전체의 선과 일치한다고 생각했다.

price mechanism

고전학파 경제학자들은 시장경제를 신뢰한다. 시장경제는 가격기구를 통하여 시장에서 상품매매를 성사시키고 생산과 소비를 조정한다. 가격이라는 조정변수를 통하여 상품매매가 이루어지고, 그에 따라 자원도 합리적으로 배분되는 추상적인 기구를 가격기구(price mechanism)라고 한다. 가격기구는 상품시장뿐만 아니라 노동시장, 자본시장, 토지임대시장 등의 생산요소시장에서도 작용하여 결국은 경제 전반에 걸쳐 일반균형을 성사시키게 된다. 이러한 가격기구가 작동하는 경제체제가 바로 시장기구이며, 시장기구가 경제를 균형으로 이끌어 가는 경제체제를 시장경제체제라고 한다.

우리는 실생활 속에서 가격기구, 시장기구, 자본주의경제, 시장경제체제라는 말을 거의 동의어로 사용하고 있는데 이 모든 말들은 가격메커니즘에 대한 신봉을 나타내고 있다.

money is veil

고전학파 경제학자들은 화폐라는 것이 단순히 교환의 매개기능만을 수행할 뿐 생산, 고용 등 실질경제변수에는 영향을 미치지 않는다고 생각하였다. 이처럼 화폐와 실물을 단절시켜서 보는 고전학파의 화폐에 대한 견해를 화폐베일(money is veil)관이라고 한다. 고전학파는 생산, 소득과 같은 실물경제의 흐름이 화폐에 의하여 영향을 받는 것이 아니라고 보았으며, 실물이 화폐의 베일에 가려져 있다고 생각하였다. 그들은 화폐의 베일 속에서 물물교환경제와 마찬가지로 상품과 상품이 교환된다고 보았다. 그들은 또 생산이 노동의 수급, 자본, 기술 등 실물부문에서 결정되며, 통화는 생산에 영향을 미치지 못하는 중립적인 것으로 보았다. 즉 통화가 영향을 미칠 수 있는 것은 통화부문에서 결정되는 화폐임금, 절대가격 등이며, 경제의 실물부문은 통화부문과 서로 단절(dichotomy)되어 있다고 보았다.

cheap government

고전학파에서는 작은 정부(small government)를 선호한다. 경제는 정부의 간섭 없이도 언제나 완전고용수준에서 균형을 이루기 때문에 정부가 커야 할 이유가 없다는 것이다. 시장경제체제가 확립되어감에 따라 국가의 보호와 간섭은 필요하지 않으며, 만약 정부가 간섭하면 오히려 시장의 작동을 저해할 수도 있다는 것이다. 따라서 정부의 역할은 국방·사법 및 약간의 공공토목사업 등에 한정된다. 고전학파의 이러한 생각은 정부의 간섭과 재량적인 경제정책을 주장하는 케인지언의 주장과 대조된다.

laissez-faire

'작은 정부'와 균형을 이루는 경제정책의 논리는 자유방임주의(laissez-faire)이다. 자유방임주의란 개인의 경제활동의 자유를 최대한으로 보장하고 이에 대한 국가의 간섭을 가능한 한 배제하려는 경제사상 및 정책을 말한다. 개인의 이익을 추구하는 자유로운 경제활동이야말로 사회적 부를 가져오는 것이며 보이지 않는 손, 즉 시장기구에 의해 부의 공정하고 효율적인 배분도 실현된다는 것이다. 그렇다면 정부는 경제에 간섭할 필요가 없지 않는가. 즉 laissez-faire이다.

2. 고전학파의 *AD-AS*모형

고전학파 경제학자들이 총수요곡선을 도출하여 경제현상을 설명한 것은 아니다. 그들의 생각을 현대의 분석도구로 재해석하여 *AD*와 *AS*를 그려서 경제를 분석하자는 것이다.

(1) 총수요곡선 *AD*

고전학파는 세이의 법칙을 신뢰하고 있는데, 이 말은 총생산이 곧 국민소득이라는 것을 의미한다. 고전학파 경제학자들은 총공급에는 관심이 많았지만 총수요에는 그리 큰 관심을 기울이지 않았다. 고전학파의 *AD*는 교환방정식을 이용하여 도출한다. 교환방정식 $MV = PY$를 변형하면 다음과 같다.

$$P = \frac{MV}{Y}$$

이 식에서 MV는 통화량에 유통속도를 곱한 것으로 총지출액을, Y는 소득수준을, 그리고 P는 물가를 나타낸다. V는 단기적으로 일정하므로 통화량 M을 일정하게 유지할 때 소득수준은 물가와 역의 관계에 있다. 그림으로 그린다면 P와 Y 간에 감소함수의 관계가 되어 직각쌍곡선 모양이 된다. 여기서 소득수준은 총

그림 15-1 • 고전학파의 총수요곡선 / 통화량 증가의 효과

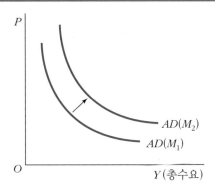

수요를 나타낸다. 소득수준과 물가가 역관계라는 것은 총수요와 물가가 역관계라는 말과 같다. 따라서 〈그림 15-1〉에서와 같이 AD는 원점에 볼록하고 우하향하는 곡선으로 나타난다.

고전학파의 AD는 통화량의 변화에 의하여 이동한다. 통화량이 증가하면 AD가 오른쪽으로 이동하고 감소하면 왼쪽으로 이동한다. 그림에서 통화량이 M_1에서 M_2로 증가하면 $AD(M_1)$이 $AD(M_2)$로 이동한다.

(2) 총공급곡선 AS

총공급곡선 AS를 도출하려면 먼저 노동시장을 분석하여 총생산수준을 알아내야 한다. 고전학파에 의하면 노동수요는 실질임금의 감소함수이며, 노동공급은 실질임금의 증가함수이다. 노동시장의 균형은 노동공급과 노동수요가 일치할 때 달성된다.

〈그림 15-2〉는 노동시장을 분석하여 고전학파 AS를 유도하는 과정이다. (a)는 노동시장의 균형이다. 그림의 종축은 실질임금 $\frac{W}{P}$를 나타내며, 횡축은 노동수급량을 나타낸다. 노동공급곡선은 우상향으로, 노동수요곡선은 우하향으로 나타나 있다. 이제 물가수준이 P_0이고, 명목임금 수준은 W_0라고 하자. 노동시장의 균형은 노동수요곡선 D_L과 노동공급곡선 S_L이 만나는 점 E에서 이루어진다. 균형실질임금은 $\frac{W_0}{P_0}$ 균형고용량은 L_F이다.

물가가 P_1으로 하락한다고 가정하자. 물가가 하락하면 실질임금이 상승하므

그림 15-2 • 고전학파 총공급곡선의 도출

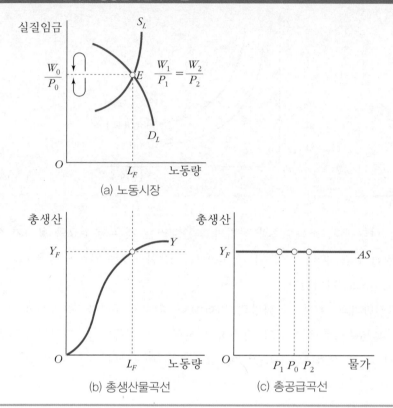

(a) 노동시장

(b) 총생산물곡선

(c) 총공급곡선

로 노동의 공급은 증가하고 수요는 감소하게 된다. 이에 따라 노동시장에는 초과 공급이 발생하여 불균형상태가 된다. 그러나 이러한 상태는 오래가지 못한다. 물가가 하락하면 명목임금도 동일한 비율로 하락하여 노동시장의 초과공급상태를 해소시키기 때문이다. 즉 물가하락으로 명목임금도 W_1수준으로 하락하여 실질임금 $\dfrac{W_1}{P_1}$은 전과 동일하게 되고, 노동시장의 초과공급은 해소된다. 이러한 상황은 물가가 상승할 때도 똑같이 적용된다. 이번에는 물가가 P_2로 상승한다고 하자. 물가가 상승하면 명목임금도 동일한 비율로 상승하게 된다. 상승한 명목임금 수준을 W_2라 하면 실질임금 $\dfrac{W_2}{P_2}$는 여전히 전과 동일한 수준이고, 노동시장의 균형도 유지된다.

$$\frac{W_0}{P_0} = \frac{W_1}{P_1} = \frac{W_2}{P_2} = 실질임금(일정)$$

실질임금이 일정하면 고용량도 언제나 L_F로 일정하게 유지된다. 고전학파의
시장은 신축적이어서 균형에서 잠깐 벗어나더라도 다시 균형에 복귀한다.

(b)는 총생산물곡선이다. 그림의 횡축은 노동고용량을, 종축은 총생산물을
나타낸다. 그림에는 총생산물곡선이 S자형으로 나타나 있다. 생산수준이 낮을 때
는 노동투입량에 비하여 유휴자원이 많으므로 수확체증이 작용한다. 이 구간의
총생산물곡선은 횡축에 대하여 볼록하게 그려진다. 그러다가 노동고용이 증가하
여 자원이용도가 높아지면 수확체감의 법칙이 작용하게 되고, 총생산물곡선은
횡축에 대하여 오목한 모양이 된다. 결국 총생산물곡선 모양은 부드러운 S자 모
양이 된다. (a)에서 고용량 L_F가 결정되면 (b)에서 총생산량이 결정된다. 고용량
이 물가수준에 상관없이 항상 L_F이며, 그에 따라 총생산도 항상 Y_F 수준이다.

이제 종착지인 (c)의 총공급곡선을 보자. 그림의 횡축은 물가수준을, 종축은
국민소득수준을 나타낸다. (a)에 들어있는 물가수준과 (b)에 들어있는 총생산수
준을 가지고 (c)에 조합점을 찾는 것이 우리의 작업이다. (a)와 (b) 두 그림에서
보듯이, 물가수준이 P_1이든, 아니면 P_2이든 총생산량은 언제나 Y_F이다. 따라서
AS는 Y_F 수준에서 수평으로 나타난다. 그런데 (c)는 총생산물축과 물가축이 서
로 바뀌어 있다. 이 그림의 축을 바꾸어 횡축에는 총공급인 소득수준을, 종축에
는 물가수준을 나타낸 것이 〈그림 15-3〉의 고전학파 AS이다. 그림에서 보듯이

그림 15-3 • 고전학파의 총공급곡선

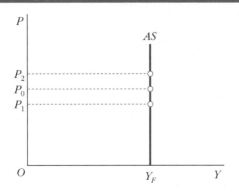

고전학파의 AS는 완전고용국민소득수준에서 수직이다. AS가 수직이라는 것은 물가와 관계없이 총공급이 결정된다는 것을 의미한다.

(3) 고전학파의 거시경제균형

고전학파의 AS와 AD를 한 그림에 나타내면 고전학파의 거시경제균형을 볼 수 있다. 〈그림 15-4〉는 고전학파의 거시경제균형이다. 고전학파의 거시경제균형은 수직인 AS와 직각쌍곡선인 AD가 만나는 점에서 이루어진다. 그때의 소득수준은 완전고용소득수준 Y_F이다. 이 그림에서처럼 AS가 수직인 상황에서는 총수요가 아무리 변하더라도 국민소득은 변하지 않고 물가만 변할 뿐이다. AD를 이동시키는 것이 통화량이라는 것을 생각한다면 통화량이 AD를 이동시키고 AD의 이동은 물가를 변동시킨다는 고전학파의 물가변동메커니즘을 도출할 수 있다.

그림 15-4 • 고전학파의 거시경제균형

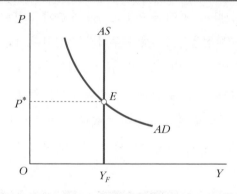

3. 고전학파가 보는 통화·재정 정책

통화정책과 재정정책에 대한 고전학파의 견해를 오늘날의 분석도구로 재편성해 보자.

통화정책의 효과

고전학파학자들은 통화정책이 물가수준과 명목임금과 같은 명목변수만을

그림 15-5 • 고전학파가 보는 통화정책

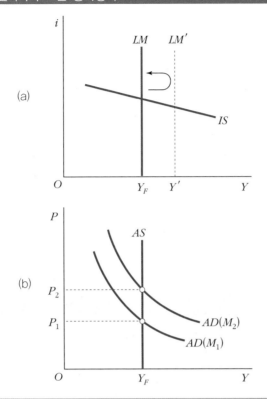

변화시킬 뿐, 국민소득과 고용량, 이자율과 같은 실질변수에는 영향을 미치지 못한다고 본다.

〈그림 15-5〉는 고전학파의 입장에서 본 통화정책의 효과이다. (a)는 IS-LM 모형으로 보는 통화정책의 효과이다. 통화공급이 증가하면 LM곡선은 오른쪽으로 이동하게 된다. 그러나 그 이동은 일시적이다. 완전고용수준을 넘어서는 소득수준이란 물가상승을 통한 명목소득의 증가일 뿐이다. 물가상승은 실질통화량의 감소를 의미하며, 실질통화의 감소는 LM곡선을 왼쪽으로 이동시켜 처음 위치로 복귀시키고 만다. 확대 통화정책은 물가만 상승시킬 뿐, 소득수준에는 아무런 영향도 미치지 못하는 것이다. (b)의 AD-AS 분석을 보면 이러한 상황이 잘 나타난다. 통화공급량이 M_1에서 M_2로 증가하면 AD가 오른쪽으로 이동하여 물가가 상승한다. 이때 국민소득수준은 Y_F 그대로 불변이다. 이처럼 통화공급 확대가 물

가만 상승시킬 뿐, 생산물시장에서 투자와 소비를 변동시키지 못한다.

고전학파에 의하면 통화정책은 고용량과 실질임금은 물론 실질국민소득에 영향을 주지 못한다. 화폐는 실물부문을 감싸는 베일에 불과하다. 화폐가 베일에 불과한 이상, 통화정책은 경제 내의 실질변수들을 변화시키지 못한다. 화폐가 실물부문과 무관한 것을 '화폐의 중립성(neutrality of money)'이라고 한다. 고전학파 경제학자에게 화폐는 베일(money is veil)일 뿐이다.

재정정책의 효과

〈그림 15-6〉은 고전학파가 생각하는 재정정책의 효과이다. (a)는 IS-LM모형으로 보는 확대 재정정책의 효과이다. 정부가 재정지출을 증가시키면 IS곡선은 $IS(G_1)$에서 $IS(G_2)$로 이동한다. 그런데 LM이 수직인 이상 아무리 IS곡선이 이동

그림 15-6 • 고전학파가 보는 재정정책

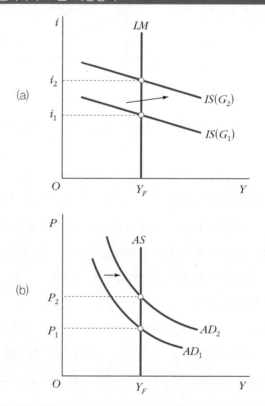

하여도 균형소득수준은 Y_F로 불변이다. 확대 재정정책이 이자율만 상승시킬 뿐이다. *AS-AD* 분석인 (b)는 확대 재정정책이 소득수준은 증가시키지 못하고 물가만 상승시키는 것을 보여준다. 재정정책이 이렇게 무력한 것은 확대 재정정책이 민간부문의 투자를 감소시키는 구축효과(crowding-out effect) 때문이다.

경제를 완전고용상태에서 균형되게 하고 정부의 간섭 없이도 저절로 잘 굴러가게 하는 힘은 어디에 있는가. 그것은 바로 보이지 않는 손이다. 즉 가격기구라는 보이지 않는 손이 시장경제의 원리 속에서 늘 균형을 이루도록 작용한다는 것이 고전학파의 생각이다.

section 02 ∙ 케인즈가 보는 경제 – visible hand

1. 케인즈의 등장과 경제학

세계 자본주의경제는 제1차세계대전을 겪으면서 독점자본주의로 진행되었다. 독점자본주의 체제하에서는 실업이 만성화하고 불황이 자주 나타났다. 특히 1929년 미국의 월가(街)에서 주가폭락을 시작으로 하여 발생한 공황은 순식간에 전세계에 파급되어 세계가 동반침체에 빠져 들어갔다. 이것은 자본주의가 자기 조절기능을 상실하였음을 의미하는 것이었다. 이러한 세계적 불황은 경제학에 대하여 생각의 변환을 요구하였다. 이러한 시대적 배경 속에 등장한 이론이 케인즈경제학이다.

일반이론이라 약칭되는 1936년에 발간한 케인즈의 대표적 저서「고용·이자 및 화폐의 일반이론: The General Theory of Employment, Interest and Money」는 시대적 학문수요에 대하여 케인즈가 던지는 대답이라고 볼 수 있다. 일반이론은 주로 1930년대의 자본주의경제의 병폐인 불황을 분석의 대상으로 삼았다는데서 불황의 경제학이라고도 한다. 케인즈는 고전학파와 신고전학파의 이론을 비판하면서 자신의 새로운 이론을 수립하였다. 이 이론은 당시까지의 일반적인 견해를 뒤엎는 매우 혁신적인 것이었다. 일반이론은 경제이론면에서 케인즈혁명을 가져왔을 뿐 아니라, 세계의 많은 나라의 경제정책에 이론적 기초를 제공함으로써 새로운 경제정책을 수립하게 하였다.

Demand creates its own supply[1]

케인즈는 공급이 수요를 창출하는 것이 아니라 수요가 공급을 창출한다고 생각한다. 케인즈의 유효수요(有效需要)이론이 바로 그것이다. 세이의 법칙을 케인즈의 논리에 맞게 변형하면 '수요는 그 스스로 공급을 창출한다'고 말할 수 있을 것이다.

실물시장균형에 관한 케인즈이론의 출발점은 유효수요원리이다. 이 원리에 의하면 총고용은 총유효수요, 즉 총수요에 의존하며 실업은 총수요의 부족으로 인해 발생한다. 케인즈가 유효수요를 강조하는 것은 당시의 선진제국들이 산업혁명의 완성을 통하여 자본이 축적되고 생산시설 또한 충분하여 수요만 있다면 공급(생산)은 언제나 그 수요를 충족시킬 수 있는 여건 하에 있었기 때문이다.

고전학파경제학에서는 실업을 발생시키는 유효수요 부족이라는 사태를 인정하지 않았다. 공급은 자기 자신의 수요를 창출한다는 세이의 법칙을 신봉해 왔기 때문이다. 그러나 케인즈는 세이의 법칙을 인정하지 않았다. 수요와 공급이 일치하기 위해서는 기본적으로 저축과 투자가 일치해야 하는데, 저축과 투자는 결정주체가 서로 다르므로 반드시 일치한다는 보장이 없다는 것이다.

$S \neq I$

고전학파는 이자율에 감소함수인 투자와, 이자율에 증가함수인 저축이 어디에선가 만나게 되고, 자동적으로 '저축＝투자'의 관계가 성립한다고 보았다. 그러나 케인즈에 의하면 투자와 저축은 각각 그 결정 주체가 다르고 그 결정원리도 다르다. 투자는 이자율수준에 의하여 결정되지만 그나마 매우 비탄력적이며, 저축은 소득수준의 크기에 의하여 결정된다. 투자와 저축은 그 담당자와 결정원리가 다르기 때문에 서로 일치해야 할 이유가 없다는 것이다. 투자와 저축이 항상 일치해야 할 이유가 없다면 그 경제가 균형상태여야 할 이유도 없어진다.

---

1 케인즈가 한 말은 아니다. 저자가 케인즈의 견해를 대변한 것이다.

총수요와 총공급에 대한 이와 같은 케인즈의 가정은 완전고용수준의 국민소득균형 달성이 어렵다는 것을 말해 준다. 케인즈는 완전고용만을 유일한 균형상태로 가정하는 고전학파 경제학은 하나의 특수이론에 지나지 않는다고 하였다. 그 대신 완전고용과 함께 불완전고용까지를 가정하고 있는 자신의 경제학이야말로 일반이론이라고 주장하였다.

money illusion

케인즈에 의하면 노동자는 실질임금보다는 명목임금에 반응을 보이며 따라서 명목임금의 하락을 용인하지 않는다. 이처럼 노동자가 실질임금보다는 명목임금을 중시하는 현상을 화폐환상(money illusion)이라고 한다. 화폐환상도 경제의 자동적 균형을 통한 완전고용달성을 방해하는 요인 중의 하나이다. 화폐환상이 존재하면 노동시장의 명목임금은 하방경직성을 지닌다. 따라서 노동시장에 초과공급 또는 초과수요가 발생해도 가격변수가 신축적으로 변화하여 균형을 이루기가 어렵다.

Keynesian revolution

케인즈는 그동안의 공급중심의 경제학을 수요중심의 경제학으로 바꾸어내었다. 또 사회에는 구성의 오류가 있기 때문에 개인의 선(善)이 전체의 선과는 다를 수 있다고 하였다. 저축이 개인에게는 선이지만 거시적으로는 해악일 수도 있다는 케인즈의 설명은 '구성의 오류'를 웅변해 주고 있다. 지금까지 설명한 외에도 케인즈가 주장한 혁명적인 생각은 다음과 같다.

첫째, 물가는 고전학파에서 생각하는 것처럼 통화량에 의하여 결정되는 것이 아니라 저축이나 이자율, 생산비에 의해서 결정된다. 둘째, 통화의 유통속도는 이자율 등에 의해서 변동될 수 있다. 또 통화량과 유통속도는 서로 독립적인 것이 아니어서, 통화량의 변동이 유통속도를 변화시킬 수도 있다. 셋째, 화폐는 교환매개 역할뿐만 아니라 자산의 저장수단으로서의 역할도 수행한다. 넷째, 통화량의 변동이나 화폐수요의 변동이 실물부문을 변화시킬 수 있다. 통화공급의 변동이 이자율을 변경시킬 수 있고, 따라서 실물부문에 영향을 미칠 수 있는 것

표 15-1 • 고전학파와 케인즈 비교표

	고 전 학 파	케 인 즈
국민소득결정주체	공급(생산)	유효수요
저축수준의 결정	이자율의 증가함수	국민소득수준
투자수준의 결정	이자율의 감소함수	이자율/독립투자
저축과 투자의 일치 여부	$S=I$	$S{\neq}I$
임금의 신축성	상하 완전신축적	하방경직적
화폐수요의 이자율탄력성	비탄력적(투기적 수요 불인정)	탄력적(투기적 수요 존재)
투자의 이자율탄력성	탄력적	비탄력적
완전고용균형	가능	불완전고용균형
인플레이션 원인	과다한 통화공급	총수요과다
재정·통화정책 효과	효과없음	효과있음, 재정정책 강력

이다. 다섯째, 시장실패의 해악이 정부실패의 해악보다 크다. 또 실업의 해악이 인플레이션의 해악보다 크다. 이상에서 보는 바와 같이 케인즈는 고전학파 경제이론을 많이 바꾸어 놓고 있다. 그래서 케인즈의 등장으로 인한 경제학의 큰 변화를 케인즈혁명이라고 하는 것이다.

〈표 15-1〉은 고전학파와 케인즈를 비교하고 있다. 표에서 보는 바와 같이 고전학파와 케인즈의 생각은 서로 다른 점이 많다. 그리고 그 차이는 현대 경제학에 이르러서도 정도는 작아졌지만 여전히 계속되고 있다.

2. 케인즈의 $AD-AS$ 모형

AD의 형태를 결정하는 데 중요한 역할을 하는 케인즈의 가정은 두 가지로 요약할 수 있다. 하나는 소비수요가 소득수준의 함수로서 이자율의 변화에 무관하며, 투자수요 역시 이자율의 변화에 영향을 받지 않고 독립적으로 결정된다는 것이며, 다른 하나는 유동성함정이 존재하여 LM곡선이 수평이라는 것이다. 그리고 케인즈의 AS를 도출할 때는 '가격의 경직성(sticky prices)'을 염두에 두도록 하자.

(1) 케인즈의 *AD*곡선

케인즈의 *AD*는 극단적인 경우와 약간 완화된 경우의 두 가지로 나누어 설명된다. 극단적인 경우를 케인즈 단순모형이라고 하고, 완화된 경우를 케인지언 모형이라고 한다. 케인즈와 케인지언(Keynesian)을 구분하고 있음에 유의하기 바란다.

① 케인즈 단순모형의 *AD*

앞의 13장에서 설명한 바와 같이 케인즈가 생각하는 *IS*곡선은 수직이고 *LM*곡선은 수평이다. *IS*곡선이 수직이면 *AD*는 *LM*곡선의 모양과 관계없이 언제나 수직이다. 또 *LM*곡선이 수평이면 *AD*는 *IS*곡선의 모양과 관계없이 언제나 수직이다. 따라서 케인즈 단순모형의 *AD*는 언제나 수직이다. 그림을 보면서 자세히 알아보자.

〈그림 15-7〉은 케인즈가 주장한 특수한 경우의 *AD*곡선이다. (a)는 통화시장에 유동성함정이 존재하는 경우이다. 위쪽 그림에서 *LM*곡선의 수평 부분이 유동성함정이다. 물가가 P_1일 때 총수요는 *IS*곡선과 *LM*곡선이 만나는 점에서 결정

그림 15-7 ● 케인즈의 특수한 *AD*곡선

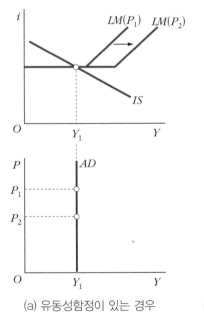 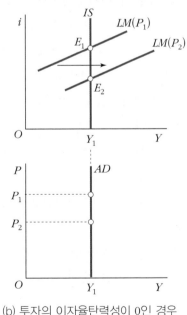

(a) 유동성함정이 있는 경우　　(b) 투자의 이자율탄력성이 0인 경우

되어 Y_1이다. 만약 물가가 P_2로 하락하면 실질통화량이 증가하기 때문에 LM곡
선이 오른쪽으로 이동한다. 그러나 LM곡선이 오른쪽으로 이동한다 해도 유동성
함정의 수평인 부분은 그대로이고, 우상향인 부분만 오른쪽으로 이동할 뿐이다.
그것은 물가가 하락할 때도 마찬가지이다. 물가가 상승하든 하락하든 IS곡선이
LM곡선의 유동성함정 구간에서 교차하는 한, 총수요량은 Y_1수준에서 변화하지
않는다. 그림에서 물가수준이 P_1수준에서 P_2로 변해도 총수요량은 변하지 않고
여전히 Y_1수준이다. 따라서 AD곡선은 수직이 된다. 결론적으로 통화시장에 유
동성함정이 존재하면 AD는 언제나 수직모양이다.

(b)는 투자의 이자율탄력성이 0인 경우의 AD곡선이다. 투자의 이자율탄력
성이 0이면 IS곡선은 수직이다. 이 경우에 물가가 P_1이면 $LM(P_1)$곡선과 IS곡선
의 교차점인 E_1에서 총수요량은 Y_1으로 결정된다. 물가가 P_2로 하락하면 실질통
화량의 증가로 LM곡선은 $LM(P_2)$로 이동하여 점 E_2에서 균형을 이룬다. 그러나
총수요량은 Y_1으로 변화가 없다. 즉 물가수준이 P_1수준에서 P_2로 변화해도 총수
요량은 여전히 Y_1이다. 따라서 AD곡선은 언제나 수직이다.

② 케인지언이 생각한 약간 신축적인 모형의 AD

그런데 투자가 이자율에 어느 정도 탄력성을 보인다면 IS곡선은 완전한 수
직이 아니라 우하향이 될 수 있다. 또 LM곡선은 언제나 수평인 것이 아니라 우
상향인 구간도 있다. 이렇게 약간은 우하향인 IS곡선과 LM곡선의 우상향인 구간
에서 균형이 이루어진다면 총수요곡선은 어떤 모양이 될까.

투자의 이자율탄력성이 0이라거나 유동성함정이 존재한다는 가정은 너무 극
단적인 가정이다. 케인지언들은 케인즈의 가정을 어느 정도 완화하였다. 즉 이자
율에 대하여 어느 정도 탄력적인 투자를 가정하여 약간 우하향인 IS곡선을 그렸
다. 또 극단적인 유동성함정 가정을 완화하여 우상향인 LM곡선을 가정하였다.
우하향인 IS곡선과 우상향인 LM곡선이 만나서 만드는 AD는 우하향하는 일반적
인 모양을 보인다.

〈그림 15-8〉은 케인지언의 극단적인 가정을 완화한 경우의 AD이다. 이 그
림의 유도방법은 앞의 〈그림 13-12〉에서 설명하였다.

그림 15-8 • 케인지언의 총수요곡선

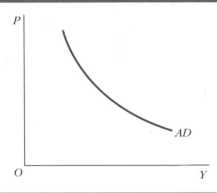

(2) 케인즈의 총공급곡선 *AS*

단순케인즈모형에서는 가격변수가 대부분 경직적이다. 케인즈는 총수요가 총공급을 결정한다고 생각한다. 특히 대공황 때처럼 경제 내의 생산능력은 크지만 총수요가 작은 경우에는 기업들이 가격조절을 통하여 불균형을 해소하는 것이 아니라 '생산량조절'을 통하여 불균형을 해소하려 한다. 기업이 생산시설을 완전가동하지 않고 있는 상태이기에, 가격변화 없이 생산량조절이 가능하다는 것이 케인즈의 생각이다. 그러나 모든 가격변수를 경직적이라고 보는 견해는 너무 극단적이고 현실과 잘 맞지 않는다. 케인즈는 나중에 너무 극단적인 가정은 차츰 완화시켜 갔으며, 특히 후계 케인지언은 가정을 더욱 완화하였다.

① 고정임금-고정물가를 가정하는 극단적인 경우

경제에 잉여 생산시설이 존재하고 광범위한 실업이 존재한다고 생각하는 케인즈는 임금상승이나 물가상승을 동반하지 않고도 총공급이 증가할 수 있다고 본다. [고정임금-고정물가] 가정하의 *AS*는 완전고용을 달성할 때까지는 수평모양이며, 완전고용국민소득수준에서는 고전학파의 *AS*처럼 수직모양이다. 〈그림 15-9〉는 [고정임금－고정물가] 가정의 *AS*곡선이다. 그림을 보면 P_1에서 출발한 *AS*곡선이 Y_F수준에 이르도록 수평모양이다. 수평모양의 *AS*는 물가변동 없이 총생산이 증가한다는 것을 나타낸다. 케인즈의 이러한 가정은 1930년대의 세계경제대공황에서나 존재할 수 있었던 특이한 상황이라 할 것이다.

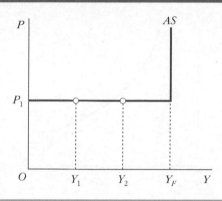

그림 15-9 • 고정임금-고정물가 가정의 케인즈 *AS*곡선

② 고정임금-변동물가, 약간 완화된 경우

앞의 역 L자형 *AS*곡선은 극단적인 가정의 결과이다. 케인즈는 명목임금의 하방경직성 가정은 그대로 둔 채, 물가는 신축적인 경우도 가정하였다. 이제 하방경직 명목임금과 변동물가를 가정할 때 *AS*곡선이 어떻게 되는가 알아보자. 〈그림 15-10〉은 [고정임금 − 변동물가] 가정의 *AS*곡선 도출모습이다. (a)는 노동시장의 균형이다. 케인즈에 의하면 명목임금은 상승할 수는 있으나 하락할 수는 없다. 예를 들어 노동조합이 명목임금을 W_0 이상으로 고수하고 있다고 하자. 물가가 P_0이면 실질임금은 $\frac{W_0}{P_0}$가 되고, 이 실질임금수준에서 노동공급과 노동수요는 균형을 이룬다. 이때 노동고용량은 L_0로 결정되고 총생산량은 (b)에서 Y_0로 결정된다.

그런데 물가가 P_1으로 하락한다고 하자. 물가가 하락해도 노동조합의 반대로 임금이 하락하지 않는다면 실질임금은 $\frac{W_0}{P_1}$로 상승한다. 그림을 보면 $\frac{W_0}{P_1}$는 처음 위치 $\frac{W_0}{P_0}$보다 위쪽에 위치하고 있다. 실질임금이 상승하면 노동자는 노동공급을 *U*까지 증가시키려 하고, 반면에 기업은 *M*까지만 고용하려 한다. 결국 노동시장에 초과공급이 발생하게 된다. 이럴 때는 명목임금이 하락해야 균형을 이룰 수 있지만 노조는 여전히 명목임금의 인하를 반대한다. 결국, 기업은 노동을 L_1만큼만 고용한다. 따라서 노동시장에는 *MU*만큼의 비자발적실업이 발생하고 총생산량은 Y_1 수준으로 감소하게 된다.

그림 15-10 • 고정임금-변동물가 가정의 *AS*곡선 도출

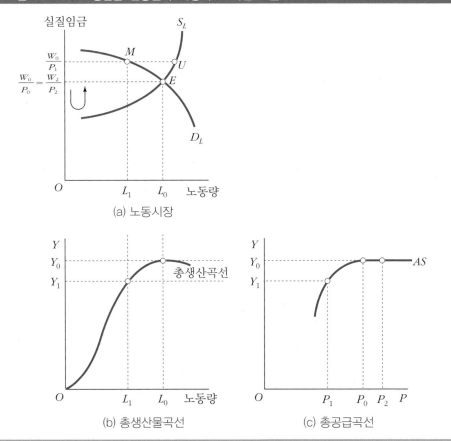

(a) 노동시장

(b) 총생산물곡선

(c) 총공급곡선

　　이제 (a)에서의 물가수준과 (b)에서의 총생산수준을 (c)에 조합하여 보자. 물가수준이 P_0에서 P_1으로 하락하면 총공급은 Y_0에서 Y_1으로 감소한다. 즉 총공급곡선에 부분적으로 우상향하는 모양이 생긴다. 만약 물가가 P_2로 상승하면 어떻게 되는가. 물가의 상승은 실질임금의 하락을 의미하고, 노동시장에는 일시적으로 초과수요가 발생하게 된다. 그러나 이러한 초과수요는 오래 가지 않는다. 노동조합에서는 물가상승에 상응하는 임금인상을 요구할 것이고, 이 임금은 물가상승률만큼, 예를 들어 W_2로 상승하여 노동시장에 초과수요가 해소될 때까지 계속된다. 이렇게 되면 실질임금 $\frac{W_2}{P_2}$는 물가상승 전 수준인 $\frac{W_0}{P_0}$와 같게 되고, 노동시장은 결국 처음의 균형점 E로 복귀하게 된다. 따라서 노동의 균형고용량

그림 15-11 • 축을 바꾸어 그리면

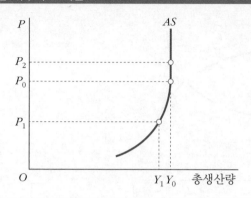

은 여전히 L_0이다. 당연히 총생산량도 Y_0 그대로이다. 이를 (c)에서 보면 물가가 P_2로 상승하더라도 총생산은 Y_0 수준에서 그대로 수평이다. 그림 (c)의 축을 바꾸어 다시 그리면 〈그림 15-11〉이 된다.

노동의 공급이 실질임금이 아닌 명목임금에 의존한다는 것은 노동자들이 화폐환상을 가지고 있음을 의미한다. 위의 두 총공급곡선은 화폐환상의 존재를 가정한 것이다.

③ 케인지언의 예상실질임금-변동물가 가정시의 AS곡선

초기 케인즈의 [고정임금-고정물가] 가정이나 [고정임금-변동물가] 가정은 너무 극단적인 가정이다. 그 후 학자들에 의하여 가정의 비현실성이 지적되면서 가정은 현실에 맞는 내용으로 바꾸어진다. 그것이 케인지언의 [예상실질임금-변동물가] 가정 AS모형이다.

케인지언은 물가가 어느 정도 변동성을 가지고 있으며, 노동 수요는 실질임금의 감소함수라고 생각한다. 또한 노동공급은 예상실질임금의 증가함수라고 생각한다. 기업은 노동의 한계생산물가치를 보고 노동을 수요한다. 물가가 상승하면 한계생산물가치가 상승하므로 노동수요가 증가한다. 반면에 물가가 하락하면 한계생산물가치가 감소하므로 노동수요가 감소한다.

한편 노동공급은 예상실질임금의 증가함수이다. 일반적으로 명목임금은 고용계약에 의해 1년 단위로 미리 결정된다. 이 경우에 물가가 상승하면 실질임금이 하락한다. 따라서 기업은 고용을 증가시키고 총생산이 증가한다. 물가상승은

그림 15-12 • 케인지언의 *AS* 곡선

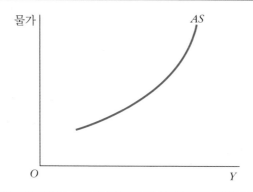

결과적으로 총생산을 증가시키는 것이다. 따라서 케인지언의 총공급곡선은 우상향 모양이 된다. 〈그림 15-12〉는 케인지언의 *AS*곡선이다. 우상향하는 전형적인 모양이다.

(3) 케인즈 단순모형

케인즈는 수직인 총수요곡선과 역 L자형인 *AS*를 가정하였다. 초기 케인즈모형에서의 국민소득은 주어진 물가수준, 즉 수평인 *AS*상에서 *AD*에 의해 결정된다. 다시 말하면, 국민소득수준은 전적으로 총수요에 의해 결정된다. 케인즈의 국민소득결정이론을 유효수요이론이라고 부르는 이유가 여기에 있다.

〈그림 15-13〉은 초기 케인즈가 보는 거시모형이다. 그림을 보면 국민소득이

그림 15-13 • 초기 케인즈모형

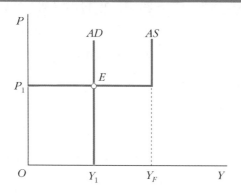

완전고용국민소득수준 이하에서 결정되고 있다. 이 모형을 케인즈 단순모형, 또는 초기 케인즈모형이라고도 부른다.

3. 초기 케인즈 거시모형에서의 통화·재정 정책의 효과

만약에 정부당국이 통화공급을 증가시키거나 재정지출을 증가시키면 물가와 국민소득수준은 어떻게 될까. 초기 케인즈모형을 가지고 통화정책과 재정정책의 효과를 분석해 보자.

통화정책

먼저 통화공급을 증가시키는 확대 통화정책을 시행한다고 하자. 경제가 침체되었을 때 당국에서는 경기부양을 위하여 통화공급을 증가시킨다. 그런데 이러한 통화정책이 통화시장에 유동성함정이 존재할 때는 효과를 거두지 못할 수도 있다. 초기 케인즈모형은 통화시장에 유동성함정이 존재하며, 실물시장은 [고정임금−고정물가]인 경우를 분석하는 모형이다. 정책당국이 통화공급을 증가시키는 것은 이자율을 하락시켜 기업의 투자증대를 유도함으로써 불경기를 극복하려는 의도에서이다. 그러나 통화시장에 유동성함정이 존재하는 경우 이러한 정책목표는 달성하기가 어렵다. 유동성함정에서 통화수요는 무한대이므로 통화공급 증대가 통화시장에 영향을 미치지 못하는 것이다.

〈그림 15-14〉는 케인즈가 생각한 확대 통화정책의 효과이다. (a)는 IS-LM 분석이다. 통화공급 증가로 LM곡선이 $LM(M_1)$에서 $LM(M_2)$로 이동하지만 유동성함정 구간에서 IS곡선과 교차하는 한, 이자율수준과 국민소득은 변하지 않고 그대로이다. 통화공급의 증가가 통화시장이나 실물시장에 아무런 영향을 미치지 못하는 것이다. 이러한 상황은 아래쪽 그림 (b)를 볼 때 명백해진다. 위쪽 그림 (a)에서 유도되는 AD는 수직모양 그대로 아무런 변화가 없다. 그리고 AS는 원래 통화량과는 무관하기 때문에 역시 아무런 변화가 없다. 통화공급을 증가시켜도 AS와 AD는 불변이고, 따라서 소득수준도 불변이다. 즉 통화정책이 소득수준에 영향을 끼치지 못한다. 그것은 아무리 통화공급을 확대해도 통화시장에 유동성함정이 존재하는 한, 이자율을 하락시키지 못하고 따라서 투자나 소비도 변

그림 15-14 • 케인즈가 생각한 확대 통화정책의 효과

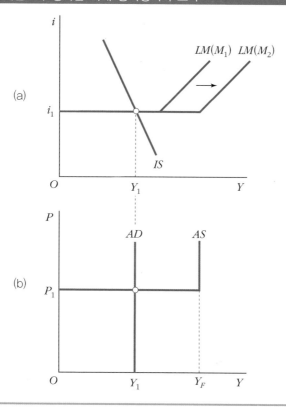

하지 않기 때문이다. 초기 케인즈모형에서 '화폐는 중요하지 않다(Money does not matter).'

재정정책

〈그림 15-15〉는 케인즈가 주장하는 확대 재정정책의 효과이다. (a)는 IS-LM분석이다. 정부가 G_1에서 G_2로 재정지출을 증가시키면 IS곡선이 $IS(G_1)$에서 $IS(G_2)$로 오른쪽 이동을 하게 된다. 이에 따라 국민소득수준은 Y_1에서 Y_2로 증가하게 된다. (b)에서는 총수요곡선이 오른쪽으로 이동하면서 국민소득수준이 증가하는 모습을 보인다. 이것은 대량실업과 유휴시설이 존재하는 과소고용상태에서 완전고용을 달성하기 위해서는 유효수요를 증가시키는 것이 필요하다는 것을 말해 준다. 재정지출의 증가는 유효한 정책이 될 수 있다. 이자율과 물가가

그림 15-15 • 케인즈가 생각한 확대 재정정책

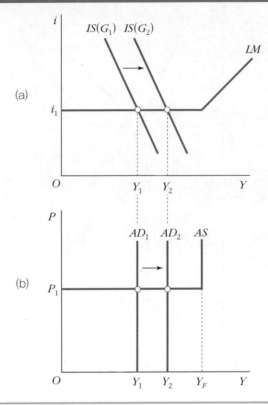

경직적이므로 재정지출의 증가는 구축효과 없이 재정승수만큼 소득수준을 증가시키게 된다.

　　1930년대 대공황기에 소비지출과 투자지출의 증대로 유효수요 증대책을 강구하라는 케인즈의 충고를 받아들인 미국의 루스벨트 대통령은 확대 재정정책과 함께 국가적인 대규모의 토목사업을 일으켜 대공황을 극복하였다. 뉴딜정책이 바로 그것이다.

4. 케인즈가 주장한 거시경제의 불균형-정부개입의 당위성

　　고전학파는 경제변수의 신축적인 조정에 의하여 경제가 언제나 완전고용수준을 유지한다고 보았다. 이에 반해 케인즈는 불완전고용균형이 더 일반적이고, 어떤 경우에는 불균형일 가능성도 있다고 보았다. 임금이 신축적이라 해도 통화시장에 유동성함정이 존재하거나 투자가 이자율변동에 완전비탄력적이면 거시경제균형이 달성되지 못하고 장기적으로 침체할 수 있다는 것이다.

　〈그림 15-16〉은 거시경제의 불균형 가능성을 보여주고 있다. 통화시장에 유동성함정이 존재하거나 실물시장에서 투자가 이자율에 완전비탄력적이면 AD는 수직이다. 그리고 AS는 고전학파의 주장에 의하거나 케인즈에 의하거나 완전고용수준에서 수직이다. 만약 수직 모양의 AD가 AS의 왼쪽에 위치한다면 거시경제균형의 달성이 불가능하다. 물가상승($P_1 \rightarrow P_2$)으로 LM곡선이 오른쪽으로 이동하더라도 총수요곡선은 불변이고, 총공급은 총수요를 초과하고 있어 거시경제균형을 달성하지 못한다. 경제가 이러한 불균형상태에 처해 있을 때 고전학파적인 방법, 즉 시장원리에 맡기는 것으로는 이 초과공급상태가 해소되지 않는다. 다시 말해서 균형으로의 자동복귀가 불가능하다는 것이 케인즈의 주장이다. 케인즈는 이러한 거시경제불균형을 극복할 수 있는 유일한 길은 유효수요를 증대시키는

그림 15-16 • 케인즈가 본 거시경제의 불균형

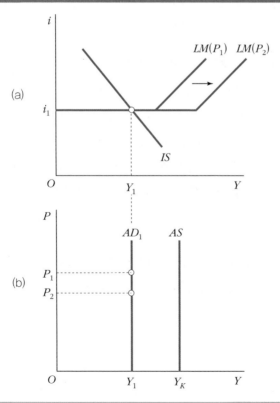

전략, 즉 확대 재정정책이라고 주장하였다.

케인즈는 총공급이 총수요보다 크다면 경제는 균형을 이룰 수 없을 뿐만 아니라 장기적인 불황에 빠지게 된다고 주장하였다. 그리고 이러한 불균형상태를 해소하기 위해서는 정부의 개입, 특히 확대 재정정책이 필요하다고 주장하였다. 이러한 케인즈의 주장은 지금까지 고전학파가 고수해 왔던 가격기구에 대한 신뢰, 작은 정부, 세이의 법칙 등을 완전히 뒤집는 것이었다. 그러나 고전학파의 응전도 만만치 않았다. 소위 피구효과(Pigou effect)[2] 논리가 그것이다. 피구효과를 알기 위하여 먼저 '부의 효과'부터 알아보자.

부(富)의 효과

케인즈는 소비가 가처분소득의 증가함수라고 생각하고 소비함수를 $C = C(y)$로 나타내었다. 즉, 사람들은 소득(flow)을 가지고 소비지출을 하며 생활을 영위해 간다. 그런데 소비지출은 부(富, stock)의 일부에 의해서도 이루어진다. 즉 부의 일부인 실질잔고(實質殘高, real balance)도 소비함수 구성의 주요 요소이다. 피구(A. C. Pigou)는 소비가 소득뿐만 아니라 부에 의해서도 영향을 받는다고 생각하였다. 이에 피구는 다음과 같은 소비함수를 생각하였다.

$$C = C(y, w)$$

이 식에서 w는 부이다. 그런데 소비에 있어서 부의 요소로는 실질잔고가 있다. 실질잔고는 보유한 명목화폐의 실질가치를 말하며 $\dfrac{M}{P}$이다. 따라서 위의 소비함수는 다음과 같이 쓸 수 있다.

---

2 피구효과(Pigou effect)란 임금의 하락이 고용증대에 미치는 영향에 대하여 A. C. 피구와 J. M. 케인즈 사이에 전개된 임금논쟁의 과정에서 생긴 개념으로 파틴킨(D. Patinkin)에 의해 명명된 용어이다.

$$C = C(y, \frac{M}{P})$$

이 식은 부의 일부인 실질잔고가 소비함수의 변수가 되어 소비에 영향을 미치게 된다는 것을 보인다. 이렇게 부가 소비에 영향을 미치는 것을 부의 효과 (wealth effect)라고 한다. 부의 효과는 실질잔고뿐만 아니라 이자율, 보유채권이 소비에 영향을 미치는 현상도 포괄하는 개념이다.

실질잔고효과

소비함수의 구성요소로 실질잔고가 인정된다면 이야기는 달라진다. 즉 고전학파의 주장이 다시 설득력을 가질 수 있게 된다. 케인즈의 주장대로 총공급이 총수요를 초과하여 장기침체 속에 물가하락이 계속된다고 하자. 물가가 하락하면 사람들이 간직하고 있는 현금의 가치, 즉 실질잔고가 증가하게 된다. 물가하락으로 현금이 지닌 실질구매력이 증대하는 것이다. 실질잔고의 증가는 소비증대로 이어진다. 소비의 증대는 유효수요를 증대시켜 국민소득의 증가를 가져온다. 물론 고용증가도 이루어진다. 명목임금이나 물가수준이 충분하게 하락한다면 완전고용이 실현될 수 있다고 보는 것이 피구의 주장이다. 물가가 변동할 때 보유하고 있는 현금화폐의 실질가치가 변하여 소비에 영향을 주는 현상을 실질잔고효과(real balance effect)라고 한다.

피구효과

피구는 이 실질잔고효과를 통하여 경제가 장기침체에 빠질 경우 재정정책 등 정부의 간섭이 없이도 스스로 균형에 도달할 수 있는 가능성이 있다는 것을 이론적으로 증명하였다. 즉 장기침체로 물가가 하락하면 사람들이 가지고 있는 화폐자산의 실질가치가 올라가 소비를 증가시켜 경제가 균형으로 복귀한다는 것이다. 이러한 이론을 종합하여 피구효과라고 한다.

피구효과: 장기침체로 물가가 하락하면 사람들이 가지고 있는 화폐자산의 실질가치가 올라가 소비를 증가시켜 경제가 균형으로 복귀하는 현상

〈그림 15-17〉은 피구효과가 발생하는 경우의 거시균형 회복 과정이다. (a)는 앞에서 본, 케인즈가 주장한 거시경제불균형 상태이다. 총수요는 Y_1인데 총공급은 Y_K이다. 총공급이 총수요를 초과하여 경제가 불황에 빠져 있다. (b)와 (c)는 피구효과를 통한 거시경제균형 회복 과정이다. 먼저 (b)를 보자. 경제가 초과공급 상태에서 불황에 빠지면 물가가 하락한다. 물가가 하락하면 실질통화량이 증가하기 때문에 LM곡선이 오른쪽으로 이동한다. 여기까지는 케인즈의 주장과 같다. 여기서 끝난다면 균형상태로의 복귀는 없을 것이다. 돌파구는 소비부문에서 열린다. 이미 설명한 대로, 물가가 하락하면 보유한 현금잔고의 실질가치가 증대하고, 따라서 소비증가가 일어난다. 소비증가는 IS곡선을 $IS(P_1)$에서 $IS(P_2)$로, 또 $IS(P_3)$로 계속해서 오른쪽으로 이동시킨다. 이렇게 되면 (b)의 AD가 오

그림 15-17 • 피구효과 발생시의 거시경제

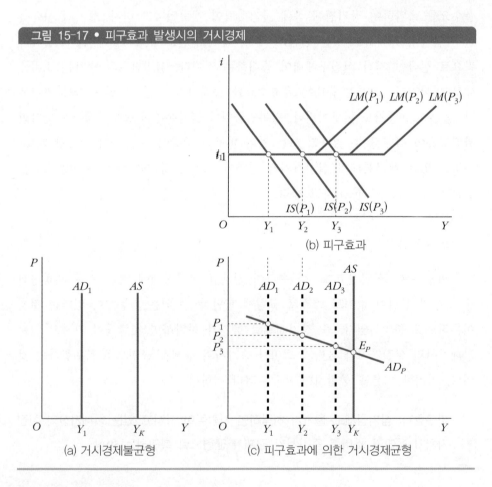

(b) 피구효과

(a) 거시경제불균형

(c) 피구효과에 의한 거시경제균형

른쪽으로 이동한다. AD_1에서 AD_2, AD_3로 연속해서 이동하는 것이다. 이렇게 되면 물가수준 P_1, P_2, P_3에 각각 대응하는 AD_1, AD_2 및 AD_3의 교점을 찾을 수 있고, 이 조합점들을 연결하면 피구효과를 반영한 새로운 총수요곡선 AD_P를 얻을 수 있다.

이 총수요곡선 AD_P는 우하향의 모양이다. 이렇게 우하향인 AD_P는 AS와 '드디어' 점 E_P에서 만난다. 거시경제 불균형이 정부개입 없이도 해소되는 것이다.

피구효과의 학설사적 의미

피구효과의 핵심은 IS곡선의 이동으로 인한 AD의 이동이다. 케인즈는 확대 재정정책 없이는 IS곡선의 오른쪽 이동이 불가능하여 거시경제불균형을 해소할 수 없다고 보았다. 이에 비하여 피구는 재정정책 없이도 스스로 자동복귀하는 거시경제균형을 설명해 낸 것이다. 케인즈에 의하여 침몰위기에 있던 고전학파의 주장이 피구효과를 통하여 다시 살아난 것이다.

Summary

1. 고전학파 경제학의 사상적 토대는 다음과 같다.
    - 실물시장과 요소시장에서 가격기구가 작용하여 자원이 효율적으로 배분된다.
    - 개별시장은 수요와 공급이 일치하는 점에서 균형이 성립하며, 거시시장은 개별 시장의 합으로 역시 균형이 성립된다. 구성의 오류를 인정하지 않는다.
    - 화폐는 교환의 매개역할을 주로 한다.
2. 고전학파 경제학을 대표하는 사항은 다음과 같다.
    - Supply creates its own demand
    - invisible hand
    - price mechanism
    - money is veil
    - cheap government
    - laissez-faire
3. 세이의 법칙이 성립한다는 것은 생산과정에서 발생하는 요소소득이 생산된 상품을 구매할 수 있는 구매력을 가진다는 것을 의미한다.
4. 실물시장에서 세이의 법칙이 작용하면 노동시장에서도 완전고용수준의 균형이 달성된다.
5. 고전학파의 주장에 의하면;
    저축이 증가하면 자금의 초과공급이 발생하여 이자율이 하락하게 되고 이자율이 하락하면 투자가 증가하여 저축의 누출분을 해소시킨다. 즉, 저축이 투자수요로 나타나 $S = I$의 관계가 성립하고 세이의 법칙 또한 성립한다.
6. 고전학파 경제학자들은 경제사회에 어떤 보이지 않는 손이 작용하고 있어서 모든 시장이 자동적으로 균형되는 것으로 보았다.
7. 가격이라는 조정변수를 통해 상품매매가 이루어지고 그에 따라 자원도 합리적으로 배분되는 추상적인 기구를 가격기구라고 한다.
8. 가격기구가 작동하는 경제체제가 시장기구이며, 시장기구가 경제를 균형으로 이끌어 가는 경제체제를 시장경제체제라고 한다.
9. 화폐와 실물을 단절시켜서 보는 고전학파의 화폐에 대한 견해를 화폐베일관이라고 한다.
10. 자유방임주의란 개인의 경제활동의 자유를 최대한으로 보장하고 이에 대한 국가의 간섭을 가능한 한 배제하려는 경제사상 및 정책을 말한다.

11. 고전학파의 총수요곡선은 통화량의 변화에 의해 이동한다. 통화량이 증가하면 총 수요곡선이 오른쪽으로 이동하고 통화량이 감소하면 왼쪽으로 이동한다.

12. 고전학파의 총공급곡선은 완전고용국민소득수준에서 수직이다. 총공급곡선이 수직 이라는 것은 물가와 관계없이 총공급이 결정된다는 것을 의미한다.

13. 고전학파 학자들은 통화정책이 명목변수만을 변화시킬 뿐, 국민소득과 고용량, 이 자율과 같은 실질변수에는 영향을 미치지 못한다고 본다.

14. 고전학파의 견해에 의하면, 재정정책은 무력한데 그 이유는 확대 재정정책이 민간 부문의 투자를 감소시키는 구축효과 때문이다.

15. 케인즈는 공급이 수요를 창출하는 것이 아니라 수요가 공급을 창출한다고 생각한다.

16. 케인즈의 주장에 의하면 투자와 저축은 각각 그 결정 주체가 다르고 결정원리도 다 르다. 투자는 이자율수준에 의해 결정되지만 매우 비탄력적이며, 저축은 소득수준 의 크기에 의해 결정된다. 투자와 저축은 그 담당자와 결정원리가 다르기 때문에 서로 일치해야 할 이유가 없다.

17. 부가 소비에 영향을 미치는 것을 부의 효과라고 한다.

18. 물가가 변동할 때 보유하고 있는 현금화폐의 실질가치가 변해 소비에 영향을 주는 현상을 실질잔고효과라고 한다.

19. 피구효과란 장기침체로 물가가 하락하면 사람들이 가지고 있는 화폐자산의 실질가 치가 올라가 소비를 증가시켜 경제가 균형으로 복귀하는 현상을 말한다.

Chapter
16 | 끝나지 않은 Invisible hand 논쟁

Inflation is always and everywhere a monetary phenomenon.

– M. Friedman –

1. 통화주의의 의의와 기본명제

20세기 후반의 경제학 흐름은 케인지언과 통화주의자(Monetarist)의 논쟁사라고 해도 과언이 아니다. 세계경제대공황 이후 경제사상을 지배하다시피 해 온 케인즈주의에 맞서 '통화는 중요하다'라는 명제를 내걸고 등장한 프리드만(M. Friedman) 등 일련의 학자들을 통화주의자라고 한다.

케인즈는 1930년대의 대공황을 계기로 등장하였다고 볼 수 있다. 그런데 대공황을 극복하고 2차대전과 월남전을 거치면서 세계적으로 인플레이션이 발생하기 시작하였다. 각국 정부가 재정정책과 금융정책을 통하여 경제에 적극 개입한 결과 경제성장과 완전고용에 가까운 수준의 고용안정을 달성할 수 있었던 반면, 고율의 인플레이션에 시달리게 된 것이다. 그 결과 통화가 중요하다는 인식이 경제학자들 사이에 다시 일어났다. 통화를 중시하는 이러한 견해는 프리드만이 신통화수량설에 입각한 통화수요함수를 발표하면서 더욱 정교해져 갔다. 통화주의를 대표하는 학자는 프리드만과 멜처(A. Meltzer), 부르너(K. Brunner) 등을 들 수 있으며, 이 통화주의 학자들을 시카고학파라고도 한다. 통화주의학파는 고전학파의 생각을 계승하면서 케인즈와는 대조적인 몇 가지의 견해를 가지고 있다. 이러한 통화주의자들의 대표적인 견해를 통화주의자의 기본명제라고 한다.

통화주의자의 기본명제

통화주의자들의 기본명제는 다음과 같다.

① 통화는 매우 중요하다. 명목국민소득에 가장 큰 영향을 주는 것은 통화량이다. 통화량의 변화는 케인즈가 생각하는 것보다 훨씬 더 넓은 범위의 자산에 영향을 미침으로써 총수요에 영향을 미친다. 케인즈는 화폐와 채권(bonds)이 밀

접한 대체재라고 생각하였다. 이에 비하여 통화주의자들은 화폐도 효용을 주는 하나의 상품이라고 생각하면서, 채권, 주식 및 실물자산 등과 같이 자산의 하나로 취급한다. 즉 화폐는 실물상품과 밀접한 대체재이다. 통화공급을 증가시키면 사람들은 실물상품을 구입하여 물가가 상승한다.

② 인플레이션은 어디까지나 통화적 현상이다.

③ 통화수요함수는 안정적이다. 통화의 유통속도 또한 안정적이다. 경제의 불안정은 대부분 급격한 통화공급의 변동에 기인한다.

④ 인플레이션율과 실업률 간에 역의 상관관계가 단기에는 존재하지만 장기에는 존재하지 않는다. 장기필립스곡선은 자연실업률수준에서 수직이다. 총생산은 자연실업률에 대응하는 실업률수준에서 균형을 이룬다.

⑤ 경제는 기본적으로 안정적이다. 비록 단기적으로 균형상태에서 벗어날 수도 있으나 장기적으로는 자동안정장치가 구비되어 있기 때문에 균형상태로 자연히 복귀하는 능력이 있다.

⑥ 통화정책지표로는 통화량이 적절하다.

⑦ 정책수립과 시행, 정책효과 사이에 시차(time lag)가 발생한다.

⑧ 정부실패의 해악이 시장실패의 해악보다 크다.

⑨ 인플레이션의 해악이 실업의 해악보다 크다.

2. 정책시차와 통화준칙

통화주의자는 통화정책의 효과가 비록 강력하다고 하더라도 6개월 내지 2년 반이 경과해야만 국민소득수준에 영향을 미친다고 생각한다. 경제정책의 시차(time lag)는 길고 가변적이기 때문에 어떠한 정책을 언제 실시해야 할 것인가를 정확히 알기 어렵다. 재량적으로 경제를 조정하려 한다면 경기변동을 더욱 확대시킬 우려가 있다. 예를 들어, 불경기시 경기회복을 위해 통화량을 증가시키는 확장정책을 시행하였는데, 그 정책의 효과가 침체국면을 벗어난 이후에 나타난다면 경제는 과열국면으로 치닫게 된다. 재량적인 경제정책이 경기변동의 진폭을 완화시키는 것이 아니라 오히려 확대시킬 수도 있다. 따라서 재량적 정책보다는 준칙(monetary rule)에 입각한 정책이 필요하다.

k%준칙

통화주의자가 권하는 통화준칙, 즉 k%준칙은 다음과 같다.

$MV \equiv PY$에서 통화유통속도(V)는 장기적으로 안정적이며 거의 일정한 범위 내에서 움직인다. 통화유통속도가 일정할 때 통화공급증가율을 실질소득성장률과 동일한 비율, 즉 k%로 유지하면 물가는 안정된다. 통화공급 증가율을 실질소득 증가율에 맞추면 물가가 안정된다는 것이다. 이와 같이 k%준칙 통화정책은 경제조직 내의 불확실성을 감소시켜 경제를 안정시킨다. 또 k%준칙 통화정책은 정부의 개입을 감소시켜 자유시장 기능을 신장시킨다. 경제가 자유시장 기능에 의존하게 될 때 자원은 보다 효율적으로 배분될 수 있다.

단술 먹은 보름 만에 취한다

먹다 남은 보리밥을 발효시켜 만든 음식을 단술이라고 한다. 우리 조상들은 여름에 밥이 상하면 그 상한 밥을 버리지 않고 발효시켜 단술로 만들어 먹었다. 단술은 이름에 술이라는 말이 들어가지만 발효가 완전하지 않아서 술 성분은 거의 없는 음식이다. 속담은 술 성분이 거의 없는 단술이기에, 먹어도 보름 만에 취한다고 말하고 있다. 효력이 매우 느리게 나타나는 것을 두고 하는 말이다.

정부가 시행하는 경제정책에는 효력이 나타나기까지에 시차(時差)가 발생한다. 어떤 경제정책을 수립하고 시행하여 실물경제에 그 효과가 나타나기까지는 상당한 시간이 걸리는 것이다. 이 시차는 정책 시행의 여러 단계에서 나타난다. 우선, 정책당국이 경제의 문제점을 발견하고 대책을 수립하는 데 시간이 걸린다. 다음으로 그 처방이 맞는지 검토하고 정당한 절차를 거쳐 시행하는 데 시간이 걸린다. 시행된 정책이 현실 경제에서 효과를 내는 데도 또 시간이 걸린다. 예를 들어 실업 감소를 위해 확대 재정정책을 펴는 경우, 경제상황 판단 → 계획 수립 → 재정지출 증가 → 시장 작동 → 생산 증가 → 소득 증가 → 실업 감소의 단계를 거치는 동안 상당한 시간이 걸린다는 것이다.

시차가 생기면 정부의 개입이 애초의 목적을 달성하지 못하고 오히려 경제를 혼란에 빠뜨릴 수 있다. 경제에 어떤 문제가 발생했을 때, 정부가 문제점을 파악하고 처방을 고안하여 정책을 수립하여 집행할 즈음에는 시간이 상당히 흐른 뒤라 그 문제가 이미 해소되어 있을 수도 있다. 그런데 그때서야 어떤 정책을 시행한다면 교란을 오히려 증폭시킬 수 있는 것이다. 프리드만(M. Friedman)을 비롯한 통화주의 경제학자들은 특히 통화정책이 실물경제에 영향을 주기까지의 시차가 길고 또 가변적이라고 주장했다. 따라서 정부가 통화정책을 시행하면 예상치 못한 결과를 초래할 수 있다고 생각했다. 이러한 배경에서 통화주의자들은 준칙(準則)주의를 주장했다.

정부 불개입론

고전학파 경제사상을 계승한 통화주의자들은 정부불개입론을 주장하고 있다. 이들은 시장기구의 자기조율능력을 신뢰한다. 그래서 정부는 가급적이면 경제에 개입하지 않아야 한다는 작은 정부를 주장한다. 통화주의자들은 케인지언이 선호하는 재정정책을 신뢰하지 않는다. 정부가 비록 선의를 가지고 정책을 집행했다 하더라도 의도하지 않은 결과를 가져올 수 있다는 것이다. 예를 들면, 조세정책이 근로의욕과 투자의욕을 저하시킬 수 있으며, 정부지출의 증가가 공공재를 과다하게 생산함으로써 자원의 낭비를 가져올 수 있다는 것이다. 또 통화주의자들은 통화량 증가를 수반하지 않는 재정정책은 민간부문의 지출을 위축시키는 구축효과를 발생시키기 때문에 정책효과가 감소하거나 전혀 나타나지 않는다고 주장한다.

section 02 ● 통화주의와 케인지언

고전학파모형은 완전고용수준 경제상태를, 초기 케인즈모형은 공황기의 경제 상태를 설명하기에 적합한 모형이다. 그러나 현실 경제는 완전고용이나 공황 등 극단적인 경우만 있는 것이 아니다. 따라서 경제 현실의 상황을 잘 설명하기 위해서는 두 모형의 극단적인 가정을 완화하고 종합하는 일이 필요하다. 이에 힉스(J. Hicks), 사뮤엘슨(P. Samuelson), 토빈(J. Tobin), 솔로우(R. Solow) 등의 학자로 대표되는 케인지언과 프리드만, 래들러(D. Laidler), 브루너(K. Brunner) 등의 학자로 대표되는 통화주의자는 극단적인 가정을 완화하는 모형을 각각 제시하였다.

그러나 양 학파의 주장은 다른 점이 많다. 다음을 보자.

1. 통화정책의 지표

통화량과 이자율 중 어느 것이 우수한 통화정책지표인가 하는 문제는 통화주의자와 케인지언 사이에 가장 첨예하게 대립되는 논쟁 중 하나이다. 통화주의자는 통화량이 지표의 역할을 할 수 있다고 본다. 이에 비하여 케인지언은 이자율이 우수한 지표라고 생각한다.

케인지언: 이자율지표 신뢰

케인지언은 통화수요에는 이자율의 함수인 투기적 수요도 존재하므로 통화공급 증가가 곧바로 지출의 증가로 나타나지 않을 수도 있다고 생각한다. 통화공급이 증가하더라도 그 일부가 투기적 수요로 보유된다면 총지출은 통화량의 증가율보다 작은 비율로 증가한다는 것이다. 더구나 유동성함정이 존재하는 경우에는 투기적 화폐수요가 무한대이므로 총지출은 전혀 증가하지 않을 수도 있다. 반면에 통화량이 일정하다 해도 유통속도의 상승으로 총지출이 증가할 수도 있다. 즉 통화공급이 증가하더라도 총지출이 증가하지 않을 수도 있으며, 반대로 통화량이 일정한데도 총지출이 증가할 수도 있다. 따라서 통화량은 믿을 수 없고, 통화정책 지표로서 적당하지 못하다는 것이 케인지언의 주장이다. 케인지언은 신용 가용상태, 또는 이를 반영하는 이자율이 바람직한 지표라고 주장한다.

통화공급 증가는 이자율을 하락시키기($M \uparrow \rightarrow i \downarrow$) 때문에 구태여 통화량을 볼 것이 아니라 이자율을 지표로 보자는 것이다.

통화주의자: 통화량지표 신뢰

통화주의자들은 통화의 유통속도가 불변이라고 주장하는 고전학파의 견해를 수용하고 있다. 원래 통화정책이란 총지출(MV)을 규제하는 정책이라고 볼 수 있다. 만약 유통속도(V)가 불변이라면 총지출 규제는 통화량(M)의 규제만으로도 가능하다. 그래서 통화주의자는 통화량이 통화정책의 지표의 역할을 할 수 있다고 본다. 그러나 이자율은 그렇지 않다는 것이다.

케인지언은 통화공급의 증가가 이자율을 하락시킨다고 생각한다. 이에 비해 통화주의자들은 통화공급의 증가가 다음의 세 가지 효과를 통하여 오히려 이자율을 상승시킨다고 생각한다. 첫째, 유동성효과(liquidity effect)이다. 단기적으로는 통화공급의 증가가 유동성을 증가시켜 이자율을 하락시킨다. 둘째, 소득효과(output effect)이다. 통화량의 증가는 상품에 대한 지출을 증가시키고, 그 결과 국민소득이 증가하면 거래목적의 화폐수요가 증가하여 이자율을 상승시킨다. 셋째, 물가예상효과(price expectation effect)이다. 통화공급 증가로 물가가 상승하게 되면 사람들은 인플레이션이 지속될 것이라고 예상한다. 즉 예상물가상승률이 상승하게 된다. 그러면 금융거래자들은 실질이자율에다 예상물가상승률을 가산하여 명목이자율을 결정하게 된다. 즉 명목이자율을 상승시킨다.

이 세 가지 효과를 종합하면 $M\uparrow \to i\downarrow$ (유동성효과) $\to i\uparrow$ (소득효과·물가예상효과)의 관계가 된다. 즉 통화공급을 증가시키면 유동성효과를 통하여 단기적으로는 이자율이 하락할 수 있지만, 장기적으로는 소득효과와 물가예상효과를 통하여 이자율이 통화공급 증가 이전의 수준으로 복귀하거나, 또는 오히려 더 상승하게 된다. 통화주의자의 주장에 의하면, 시장이자율이 높을 경우 정책당국에서 그 원인을 통화량이 부족하기 때문이라고 판단하고 통화공급을 늘린다면 이자율이 하락하는 것이 아니라 오히려 더 상승할 수도 있다는 것이다. 즉 고금리는 긴축 통화정책 때문이 아니라 오히려 확대 통화정책의 결과일 수도 있다는 것이다. 이처럼 통화량과 이자율 사이에 역관계가 성립하지 않기 때문에 통화주의자들은 이자율이 통화정책의 지표로서 신뢰할 수가 없다고 본다.

2. 통화수요의 안정성

통화이론에서 또 하나의 논란은 과연 통화수요가 안정적인가 하는 문제이다. 통화수요가 안정적인가 여부는 정책적으로 매우 중요하다. 만약 불안정하다면 통화정책이 오류를 범할 가능성이 많다는 얘기가 되며, 안정적이라면 통화정책이 경제안정화정책으로 유효하다는 것을 뜻하기 때문이다.

케인지언들은 통화수요가 불안정하다는 견해이고 통화주의자들은 안정적이라고 보고 있다. 케인지언은 통화수요가 거래를 위해서 뿐만 아니라 자산의 보유욕구에 의해서도 발생한다는 것을 강조한다. 그런데 거래 목적으로 사용되는 화폐의 유통속도와 자산의 목적으로 사용되는 화폐의 유통속도는 그 크기가 다르다. 예를 들면 거래 목적인 경우 화폐는 회전이 비교적 규칙적이지만, 투기 목적, 즉 자산으로 수요되는 화폐는 대체자산의 미래수익률에 대한 전망에 크게 영향을 받으므로 회전이 매우 불안정하다. 그러므로 전체 통화의 유통속도는 통화가 거래수요와 투기수요에 어떻게 분배되느냐에 따라 결정된다. 만약 투기수요가 큰 비중을 차지하면 전체적인 유통속도는 불안정해진다. 통화수요는 이자율에 의하여 영향을 받을 뿐만 아니라 영향의 정도도 불확실하므로 매우 불안정한 움직임을 보인다는 것이다.

통화주의자들은 화폐가 교환매개수단이기 때문에 가치저장 기능은 중요하지 않다고 생각한다. 즉, 화폐에 대한 수요는 거래적 수요가 대부분을 차지하고 투기적 수요는 아주 작다는 것이다. 따라서 민간이 보유하고자 하는 통화량, 즉 통화수요는 명목국민소득에 의하여 결정되며, 비교적 안정적이라고 본다.

3. 통화정책의 파급경로

통화정책당국이 통화정책수단을 사용하여 정책지표 또는 중간목표를 변화시킨 다음 최종목표가 달성되는 일련의 과정을 통화정책의 파급경로라고 한다.

케인지언 생각

케인지언에 따르면 통화량의 변화는 이자율을 변동시키고, 그 이자율의 변동이 투자에 영향을 미치고, 결국 국민소득을 변동시킨다. 일반적으로 통화공급 증가로 인한 초과 화폐잔고는 채권 구입으로 이어지기 때문에 채권가격은 상승하고 이자율은 하락한다. 즉 통화량의 변동은 이자율에 영향을 미치고, 나아가서는 투자활동을 변동시키고 국민소득에 영향을 끼친다. 이처럼 케인지언은 통화정책의 파급경로 중 금리경로를 중시한다. 케인지언이 보는 통화정책의 파급경로는 다음과 같다.

통화량 증가 → 화폐 초과보유 → 채권구입 → 채권가격 상승 → 이자율 하락 → 투자 증가 → 국민소득 증가

이를 줄여 $M\uparrow \rightarrow i\downarrow \rightarrow I\uparrow \rightarrow Y\uparrow$ 로 나타내는 것을 독자 여러분은 알고 있을 것이다.

통화주의자 생각

통화주의자들은 통화공급의 증가로 초과보유한 화폐는 채권 구입보다는 상품의 구입에 사용된다고 본다. 즉 통화주의자는 통화량의 증가가 이자율을 통하지 않고 직접적으로 지출에 영향을 미쳐 국민소득에 영향을 미친다고 본다. 이처럼 통화주의자는 통화정책의 파급경로 중 자산가격경로를 중시한다. 통화주의자가 보는 통화정책의 파급경로는 다음과 같다.

통화량 증가 → 상품에 대한 지출 증가 → 국민소득 증가 → 물가상승

통화주의자에 의하면, 위의 파급경로에서 보듯이 통화공급 증가의 마지막 귀결은 물가상승이다. 통화공급 확대가 단기적으로는 국민소득수준을 상승시키는 효과를 발휘하지만 장기적으로는 물가상승으로 소득증가분이 상쇄되어 버린다. 통화정책이 장기적으로는 소용이 없다는 통화주의자의 주장에 대하여 케인지언은 In the long run, we are all dead, 즉 '당신네들이 장기를 늘 들먹이지만, 장기적으로는 우리 모두 죽는 것 아니냐'라며 비판하였다.

4. 재정·통화 정책의 효과

통화주의자는 재정정책이 이자율에 영향을 미칠 뿐, 국민소득에는 아무런 영향을 미치지 못한다고 생각한다. 반면에 케인지언은 재정정책이 국민소득에 강력한 영향을 미친다고 생각한다. 케인지언에 의하면 재정지출 증가는 총수요를 증가시켜 국민소득 증가를 가져온다. 그러나 통화주의자는 통화공급 증가가 수반되지 않는 순수한 재정정책은 효과가 없다고 주장하고 있다. 통화공급량의 변화없이 재정지출이 증가하면 일시적으로는 국민소득이 증가하고 통화의 거래적 수요를 증가시켜 이자율이 상승한다. 결국 민간부문의 투자가 감소되어 국민소득이 다시 하락하게 된다. 즉 재정지출로 인한 국민소득의 순증가는 별로 기대할 것이 되지 못한다. 구축효과로 민간투자가 위축되기 때문이다.

통화정책에 대한 두 학파의 견해 또한 다르다. 케인지언은 통화정책이 이자율만 변경시킬 뿐 국민소득에는 그리 큰 영향을 미치지 못한다고 생각한다. 더구나 통화시장에 유동성함정이 존재하면 그나마의 효과도 없다. 이에 비해 통화주의자는 통화정책의 효과가 강력하다고 생각한다. 주의할 점은 통화주의자들이 이론적으로 통화정책의 유효성을 주장한다고 해서 재량적인 통화정책을 주장하는 것은 아니라는 것이다. 통화주의자들은 정책당국의 할 일이란 통화가 교란 요인이 되지 않도록 하는 것과, 경제가 스스로 굴러갈 수 있도록 여건을 조성하여 주는 것뿐이라고 생각하고 있다. 그래서 통화주의자들은 일정한 비율로 통화량을 증 가시키는 k%준칙을 주장하고 있다.

두 학파의 견해 차이는 $IS-LM$ 분석으로도 분명하게 나타난다. 통화주의자는 통화의 거래적 수요만을 중시한다. 만약 통화의 수요가 소득의 함수인 거래적 수요 밖에 없거나, 투기적 수요가 있다 하더라도 이자율에 비탄력적이라면 LM곡선은 수직형태이거나 거의 수직에 가깝게 된다. 이 경우 확대 재정정책은 이자율만 상승시킬 뿐 아무 효과가 없다. 이에 비하여 케인지언은 유동성함정을 중요시하고 있다. LM곡선이 수평이 되면 확대 재정정책은 구축효과 없이 국민소득을 증가시킨다.

5. 경제의 본질적 안정성

케인지언은 투자의 불안정성 때문에 경제란 본질적으로 불안정한 것이어서 완전고용·물가안정·경제성장 목표 등을 달성하기 위해서는 정부가 경제에 적극적으로 개입하여 조정할 필요가 있다고 보고 있다. 반면에 통화주의자는 경제란 본질적으로 안정적인 것이며 여러 가지 자동안정장치가 구비되어 있다고 본다. 비록 단기적으로는 균형상태에서 벗어날 수 있으나 장기적으로는 균형상태로 자연히 복귀하는 능력이 있다는 것이다. 물론 통화주의자들도 수요측면이 국민소득에 영향을 미친다고 하는 케인지언적 사고의 타당성을 인정한다. 그러나 시장기구에 대한 신뢰를 기초로 정부가 경제에 개입하지 말아야 한다는 작은 정부를 주장하는 점에서는 고전학파와 맥을 같이한다. 통화주의자들은 정부가 비록 선의를 가지고 정책을 집행했다 하더라도 의도하지 않은 결과를 가져올 수 있으며, 통화량 증가를 수반하지 않는 재정정책은 민간부문의 지출을 위축시켜 구축효과를 발생시키기 때문에 정책효과가 감소하거나 전혀 나타나지 않는다고 주장한다.

표 16-1 • 통화주의자와 케인지언

	통화주의자	케인지언
대표적 학자	M. Friedman, K. Brunner A. Meltzer, D. Laidler P. Cagan	P. Samuelson J. Hicks, R. Solow J. Tobin, F. Modigliani
화폐에 대한 견해	화폐는 매우 중요함	화폐도 중요하지만 다른 것도 중요함
통화수요의 안정성	안정적	불안정적
이자율과 투자	투자의 이자율탄력성이 크다	투자의 이자율탄력성이 작다
통화정책 지표	통화량	이자율
경제교란의 발생원인	화폐부문	실물부문(투자의 불안정성)
통화정책의 효과	매우 강력함(단기적으로)	효과 있음
재정정책의 효과	효과가 거의 없음	효과가 강력함
바람직한 통화정책	준칙에 입각한 정책	재량적 정책
인플레이션과 실업률 관계	단기적으로는 몰라도 장기적으로는 역의 상관관계가 없음	단기적으로는 역의 상관관계 존재
정부관	비개입주의	개입주의
경제체제관	자본주의체제 신뢰	혼합경제체제 신뢰
IS곡선기울기	완만하다	가파르다
LM곡선기울기	가파르다	완만하다

지금까지의 논의를 간략하게 정리한 것이 〈표 16-1〉이다. 현대경제학의 두 가지 주류적 흐름은 결국 고전학파와 케인즈의 흐름이라고 말할 수 있다. 통화주의자들은 고전학파의 생각을 더 많이, 그리고 케인지언들은 케인즈의 생각을 더 많이 채용하고 있다. 그리고 이러한 흐름은 다시 새고전학파와 새케인즈학파로 이어진다.

1. 필립스곡선

물가와 실업, 두 마리의 토끼를 잡으라고? 미션 임파서블!

필립스곡선(Phillips curve)이란 명목임금상승률과 실업률 사이의 역(逆)상관 관계를 나타내는 곡선을 말한다. 필립스(A. Phillips)는 1861년부터 1957년 사이 영국의 시계열자료를 토대로 하여 실증분석을 하였는데, 이 분석에서 명목임금 상승률과 실업률 간의 역(trade-off)의 함수관계를 발견하였다. 실업률을 u라 하고 명목임금상승률을 π라 하면, 실업률과 명목임금상승률은 다음과 같은 함수관계라는 것이다.

$\pi = g(u)$

단, $\dfrac{\varDelta \pi}{\varDelta u} < 0$

이 함수관계를 그림으로 나타낸 것이 필립스곡선이다. 필립스 이후 립시 (R. Lipsey)는 명목임금상승률 대신 인플레이션율을 사용하였다. 오늘날에는 필립스곡선을 '인플레이션율과 실업률'의 관계를 나타내는 곡선이라고 이해하며 사용한다.

〈그림 16-1〉은 전형적인 형태의 필립스곡선이다. 그림의 종축은 인플레이션율을, 횡축은 실업률을 나타낸다. 점 A는 '3%의 인플레이션율과 4%의 실업률'의 조합을 나타내고 있다. 정책당국에서 실업률을 3%로 내리는 정책을 쓴다면 경제가 점 B로 이동하여 인플레이션율이 6%에 달하게 된다. 실업을 인위적으로 감소시키면 물가상승의 희생이 따르는 것이다. 이처럼 전형적인 형태의 필립스곡선은 물가와 실업률 사이의 상충관계를 나타낸다. 물가안정과 완전고용은 동시에 달성될 수 없으며, 어느 한쪽의 달성을 위해서는 다른 한쪽을 희생해야 한다. 그동안의 이론으로는 인플레이션이 유효수요와 통화량의 과다에 기인하기 때문에 긴축정책을 통하여 해결될 것으로 믿었다. 그러나 필립스곡선이론은 긴축정책이

그림 16-1 • 필립스곡선

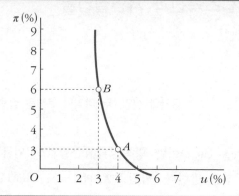

물가상승률을 낮추는 대신 실업률을 상승시키게 마련이라는 것을 말해 준다.

필립스곡선의 모양에 관한 견해

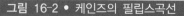

필립스곡선의 모양에 대한 견해는 학파에 따라 조금씩 다르다. 대표적인 몇 가지를 소개하면 다음과 같다.

① 케인즈의 필립스곡선: 초기케인즈학파는 전통적 필립스곡선을 인정한다. 총수요의 증가가 생산자들로 하여금 산출량을 늘리도록 유도하여 고용기회를 증가시키지만 물가상승이라는 희생이 따른다는 것이다. 〈그림 16-2〉는 케인즈의 전형적인 필립스곡선이다.

② 통화주의자의 필립스곡선: 통화주의자는 단기적으로는 우하향하는 필립스

그림 16-2 • 케인즈의 필립스곡선

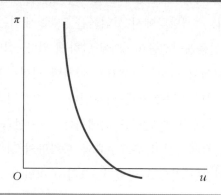

그림 16-3 • 프리드만의 필립스곡선

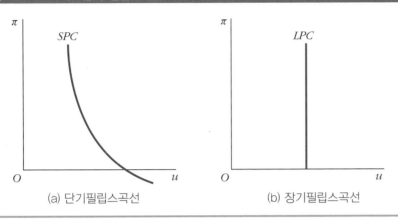

(a) 단기필립스곡선   (b) 장기필립스곡선

곡선이 존재할 수 있으나 장기적으로는 수직이 된다고 생각한다. 실업감소정책이 단기적으로는 효과를 낼 수 있으나 장기적으로는 효과가 없다는 것이다. 〈그림 16-3〉은 통화주의자의 필립스곡선이다. (a)는 단기필립스곡선이고 (b)는 장기필립스곡선을 나타낸다. 우하향인 단기필립스곡선은 실업감소정책이 물가의 희생을 통하여 가능하다는 것을 보여준다. 이에 비해 수직인 장기필립스곡선은 실업률을 낮추려는 정책이 장기적으로는 효과가 없음을 보여준다.

③ 토빈, 브리너(R. Brinner)의 필립스곡선: 토빈과 브리너는 전통적 필립스곡선과 프리드만의 필립스곡선을 결합한 2단계필립스곡선을 주장하였다. 이들은 자연실업률을 결정실업률이라 부른다. 그리고 결정인플레이션율(critical rate of inflation) 개념을 도입하여 사람들의 물가에 대한 태도를 분석하였다. 결정인플레이션율이란 임금인상을 요구해야 할 정도의 인플레이션율을 말한다. 사람들은 실제 인플레이션율이 결정인플레이션율보다 낮으면 인플레이션을 심각하게 생각하지 않기에 임금조정을 요구하지 않는다. 그러나 실제 인플레이션율이 결정인플레이션율보다 높으면 임금인상을 요구한다.

결정인플레이션율보다 높은 수준의 인플레이션율에는 사람들이 심각하게 반응하기 때문에 필립스곡선이 수직이 된다. 그러나 결정인플레이션율보다 낮은 수준의 인플레이션율하에서는 반응하지 않기 때문에 필립스곡선이 우하향이다. 〈그림 16-4〉는 이단계필립스곡선이다. 그림에서 u_c는 결정실업률을, π_c는 결정인플레이션율을 나타낸다. 결정인플레이션율 이상의 인플레이션 수준에서는 수

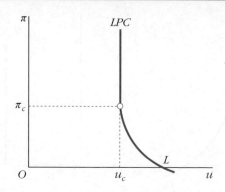

그림 16-4 • 이단계필립스곡선

직의, 결정인플레이션율 이하의 인플레이션율에서는 우하향인 필립스곡선을 볼 수 있다.

　④ 합리적기대가설학파의 필립스곡선: 합리적기대가설에 의하면 필립스곡선이 수직이다. 예상된 정부정책은 물가·명목임금 등과 같은 명목변수에만 영향을 미칠 뿐, 장기는 물론 단기에도 실질변수를 변경시킬 수 없다. 실업률과 인플레이션율 사이의 상충관계가 존재하지 않아 필립스곡선이 수직이 된다. 〈그림 16-5〉는 합리적기대가설학파의 필립스곡선이다.

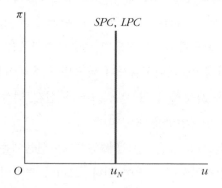

그림 16-5 • 합리적기대가설학파의 필립스곡선

최근의 견해

필립스곡선이 장기적으로 수직이 된다는 주장은 대부분의 학파가 어느 정도 동의하는 이론이다. 그러나 최근 세계경제에는 실업률과 인플레이션율이 동시에 상승하는 스태그플레이션 현상이 나타나고 있다. 인플레이션율과 실업률이 동시에 상승한다는 것은 필립스곡선의 기울기가 양(+)이라는 말이 된다.

〈그림 16-6〉은 필립스곡선의 이동으로 생성된 우상향하는 장기필립스곡선이다. 단기적으로는 어느 정도 우하향의 모양을 보이는 필립스곡선이 경기하락과 물가상승에 시달리면서, 즉 스태그플레이션 때문에 우상방으로 이동하는 것이다. 필립스곡선이 pc_1, pc_2, pc_3로 연속해서 이동하면 결국 장기필립스곡선은 우상방의 모양을 가지게 된다.

그림 16-6 • 우상향하는 필립스곡선

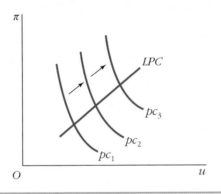

우리나라의 필립스곡선

이제 우리나라의 필립스곡선은 어떤 모양을 보이는지 알아보자. 우리나라의 필립스곡선은 통계자료를 가지고 직접 그릴 수 있다.

〈그림 16-7〉은 1966년부터 36년 동안 우리나라의 물가상승률과 실업률 통계를 이용하여 그린 필립스곡선이다. 그림은 우하향하는 부분 두 군데와 수직부분 한 군데로 크게 나눌 수 있다. 우상부의 우하향 부분은 1966년부터 1972년까지로 제2차 5개년 경제개발계획이 진행되던 시기이다. 물가상승률도 높고 실업

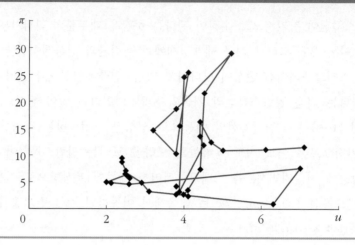

그림 16-7 • 우리나라의 필립스곡선(1966-2001)

률도 높지만 우하향하는 필립스곡선 모양을 볼 수 있다. 1973년부터 1986년까지는 실업률 4% 내외에서 수직 모양의 필립스곡선을 보인다. 그리고 1987년부터 1997년까지는 '낮은 인플레이션율-낮은 실업률'시대이면서 우하향하는 필립스곡선을 보인다. 전체적으로 보면 우리나라의 필립스곡선은 좌하방으로 이동하고 있다. 이 점에서 〈그림 16-6〉과는 정반대이다. 이것은 우리나라의 경제정책이 1960년대와 1970년대의 성장위주정책에서 1980년대에 안정정책으로 전환했던 결과로 보인다. 한편 그림 오른쪽 아래의 6%를 넘는 실업률은 1998년과 1999년의 경제위기 기간의 경제상황이다.

2. 자연실업률

노루 쳐다보다가 잡은 토끼 놓친다

자연실업률이란 예상인플레이션율과 실제인플레이션율이 일치하고 노동시장이 균형을 이룰 때의 실업률을 말한다. 자연실업률하에서는 마찰적실업 등 자발적실업만 존재한다. 자연실업률은 고전학파가 말하는 완전고용의 개념을 현대적인 개념으로 발전시킨 것이라고 말할 수 있다. 우리는 노동시장을 동질적인 노동이 하나의 시장에서 거래되는 것으로 가정하곤 한다. 그러나 현실적으로는 이질적인 노동이 무수히 많은 시장에서 거래된다. 이 모든 시장이 동시에 균형을 이루기는 어렵다. 이와 같은 현실을 감안하여 프리드만은 '전체 노동시장에서 구인자 수와 구직자 수가 일치하면 완전고용'이라고 보고, 이러한 의미의 완전고용 수준에서 형성되는 실업률을 자연실업률이라고 하였다. 사회 전체의 구인자 수와 구직자 수가 같으면 일부 산업에서 노동수급에 불균형이 있더라도 산업간 노동의 이동이 일어나 이 불균형이 해소되므로 별 문제가 되지 않는다. 따라서 평균적으로, 그리고 전체적으로는 노동시장이 균형이라고 볼 수 있다는 것이다.

자연실업률가설과 필립스곡선

자연실업률가설이란 실업률이 장기적으로 자연실업률 수준에 고정되며, 인플레이션과 실업 사이에 상충관계가 없다고 주장하는 이론이다. 자연실업률가설은 고전학파계통의 프리드만과 펠프스(E. S. Phelps)[1]가 주장하였다. 자연실업률가설에 의한 필립스곡선식은 다음과 같다.

$$\pi = g(u) + \pi^e$$

단, $\dfrac{\Delta\pi}{\Delta u} < 0$, π^e는 예상인플레이션율

이 식은 전형적인 필립스곡선 함수식에 예상인플레이션율 π^e가 추가되어 있다. 원래의 함수식에 기대가 부가되었다고 해서 기대부가필립스곡선이라고도 부른다. 예상이 부가되면 필립스곡선은 예상인플레이션율에 따라서 곡선 자체가 이동하게 된다. 실업률을 줄이려는 노력은 필립스곡선의 상방 이동으로 상쇄되고 물가만 상승시키게 되는 것이다.

이 과정은 그림을 이용하여 분석하면 쉽게 알 수 있다.

〈그림 16-8〉은 기대부가필립스곡선을 통하여 자연실업률과 장기필립스곡선을 유도하는 과정을 보인다. 그림에서 $EPC(0\%)$, $EPC(3\%)$, $EPC(6\%)$는 각각 인플레이션율을 0%, 3%, 6%로 예상할 때의 기대부가필립스곡선이다. 최초에 경제가 u_N수준에 있다고 하자. 정부가 u_N수준의 실업률이 높은 수준이라고 판단하여

---

1   Microeconomic Foundations of Employment and Inflation Theory, W. W. Norton, Macmillan, 1970.

그림 16-8 • 자연실업률과 필립스곡선

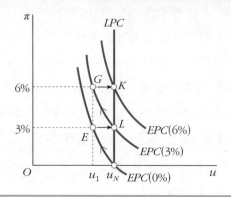

u_1수준으로 실업률을 낮추려 한다. 정부는 재정지출 증대나 통화공급 증대 등의 총수요 확대정책을 쓸 것이다. 재정지출이 증대되고 통화공급도 증가하면 소득 수준이 증가하고 경기가 상승하면서 실업률은 원하는 u_1수준으로 낮아져서 E에 이를 수 있다. u_N에서 E까지의 이동은 노동자들이 물가상승을 전혀 모르고 있거나 물가정보 수집에 시차가 있을 때 가능하다. 그러나 노동자들은 확장정책으로 인하여 물가가 3% 상승하였다는 사실을 알게 된다. 노동자들은 예상인플레이션율을 3%로 상향조정하면서 물가상승분만큼 임금인상을 요구한다. 이러한 움직임은 결국 생산비상승을 가져오고 총공급곡선을 상방이동시킨다. 즉 물가상승과 생산감소를 가져온다. 이에 따라 기대부가필립스곡선은 위쪽으로 이동하여 EPC (3%)가 되고 생산감소로 실업률이 상승하여 균형점은 L이 된다. 즉 실업수준이 자연실업률 수준으로 복귀해 버리는 것이다.

자연실업률이라는 것이 완전고용수준을 의미하는 것이라는 것을 고려할 때, 자연실업률 이하의 실업수준을 바라는 정부의 실업정책은 달성하기 어렵다. 이와 같은 상황은 정부가 또다시 실업률을 낮추려는 정책을 쓸 때도 계속 반복되어 경제는 G를 거쳐 결국 K점에 이르고 만다. 실업은 감소시키지 못하고 물가만 계속해서 상승시키게 되는 것이다. 결과적으로 장기필립스곡선은 u_N, L, K를 이어주는 수직선이 된다. 장기에는 실현된 인플레이션율(π)이 예상인플레이션율(π^e)과 같게 되어 $g(u)=0$이다. π에 관계없이 $g(u)=0$이므로 장기필립스곡선은 수직선이 된다. 자연실업률보다 낮은 실업률을 유지하고자 하는 정부의 노력은 실패하고 인플레이션만 발생한다.

자연실업률가설과 재량정책

자연실업률가설은 선진국이 보이고 있는 인플레이션과 실업과의 상호관계를 잘 설명해 주는 모형이다. 장기필립스곡선이 수직이라는 것은 장기총공급곡선이 수직이라는 것과도 통한다. 총공급곡선이 수직이면 총수요증대정책은 물가를 상승시킬 뿐 소득수준은 변화시키지 못한다. 자연실업률이론은 재량정책이 불필요하다는 입장을 다시 확인시켜준다. 이에 대해 케인지언은 시장기구가 자기보정적인 역할을 하도록 기다리는 것은 너무 오랫동안 큰 고통을 수반하기 때문에 단기적인 처방이 필요하다는 입장을 견지한다.

section 04 • 기대가설

기대(expectations)란 경제주체가 행동을 취하는 경우 그 결과에 대하여 경제주체의 지식과 신념의 정도를 반영하는 것을 말한다. 기대가설이란 이러한 기대를 경제상황분석에 이용하여 물가를 예상하는 이론이다. 기대의 개념은 피셔가설 등 여러 학자들의 견해에 이미 나타나고 있었다. 피셔방정식에서는 명목이자율을 실질이자율과 예상물가상승률의 합계로 보고 있다. 또 케인즈의 화폐수요함수에는 투기적 동기의 화폐수요와 정상이자율 개념에 기대가 들어 있다. 그 밖에 기대부가필립스곡선도 기대를 반영한 것이다. 이처럼 기대는 고전학파나 케인지언도 같이 인정하고 있는 개념이다. 루카스(R. E. Lucas, Jr.) 등의 주장에 의하면, 정부가 경기부양을 목적으로 재정지출을 확대하더라도 민간의 금융기관이나 기업은 이제까지의 경험으로 인플레이션이 계속될 것을 예상하고 반응하기 때문에 확대정책이 소용없게 된다. 물가가 오를 것으로 예상되면 대출금리가 상승한다. 금리가 상승하면 기업의 투자활동을 위축시켜 재정확대에 의한 효과를 상쇄하기 때문에 실업은 감소되지 않고 물가만 상승하게 된다는 것이다. 기대이론은 적응적기대이론과 합리적기대이론으로 나뉜다.

1. 적응적기대가설(AEH)

적응적기대가설이란 경제주체들이 기대를 형성할 때 과거에 경험한 시행착오를 반영하여 적응해가는 기대를 한다고 생각하는 이론을 말한다. 경제주체는 과거의 기대 가운데 잘못된 것이 있으면 그것을 반영하여 다음 기(期)에 대한 기대를 형성한다. 예상물가와 실제물가가 다를 경우 오차의 일부를 수정하여 기대에 반영한다는 것이다. 이를 오차학습메커니즘이라 한다. 적응적기대이론은 케이건(P. Cagan)에 의해 모형화되었는데, 그 모형은 다음과 같다.

$$P_{t+1}^e = P_t^e + a(P_t - P_t^e) \quad (0 < a \le 1) \qquad \cdots\cdots\cdots (1)$$

이 식에서 P_t는 t기의 실제물가를, P_t^e는 $t-1$기에 형성된 t기의 물가예상치를, 그리고 P_{t+1}^e은 t기에 형성된 $t+1$기의 물가예상치를 나타낸다. 또 a는 예상치와 실제치의 어긋난 정도를 조정해 주는 계수이다. a는 0보다 크고 1보다 작다. 식의 $P_t - P_t^e$는 실질치와 예상치의 차이, 즉 과거 예상치가 실제치와 어긋난 정도를 나타낸다. 사람들은 이 차이의 일정비율을 다음 기의 기대형성에 이용한다. 즉 다음 기의 예상물가는 금기의 예상물가에 오차의 a배만큼을 더한 값이 된다. 위 식을 변형하면 아래와 같은 관계를 얻을 수 있다.

$$P_{t+1}^e = (1-a)P_t^e + aP_t \qquad \cdots\cdots\cdots (2)$$

이 식에 의하면 $t+1$기 물가에 대한 기대는 금기의 실제물가(P_t)와 전기에 예측한 물가(P_t^e)의 가중평균이다. 이러한 관계는 다른 기간의 기대형성에서도 적용된다.

$$P_t^e = P_{t-1}^e + a(P_{t-1} + P_{t-1}^e)$$

$$P_{t-1}^e = P_{t-2}^e + a(P_{t-2} + P_{t-2}^e)$$

$$\cdots\cdots$$

이 관계를 식 (2)에 대입하면

$$P_{t+1}^e = aP_t + a(1-a)P_{t-1} + a(1-a)^2 P_{t-2} + \cdots \qquad \cdots\cdots\cdots (3)$$

이 식은 차기 물가에 대한 기대는 현재와 과거의 가중평균이라는 것을 나타낸다. a는 그 크기가 0과 1 사이에 있어서 먼 과거의 경험보다는 가까운 과거의 경험이 기대에 미치는 영향력이 더 크게 한다. 즉 $a > a(1-a) > a(1-a)^2 > \cdots$ 이다. 적응적기대 중에서 $a=1$인 특수한 경우를 정태적 기대라고 한다. 정태적 기대란 현재의 상황이 미래에도 계속 유지된다고 기대하는 것으로 어떤 경제변수의 미래에 대한 예상치가 현재치와 동일한 것이다. $a=1$인 경우, 즉 정태적기대 상황에서 식 (2)는 다음과 같이 된다.

$$P_{t+1}^e = P_t$$

이 식을 보면 $t+1$기 예상물가는 t기 실제물가와 같다. 현재 물가수준이 미래에도 변하지 않고 유지된다고 기대하는 것이다. 어떤 상태가 일정기간 유지되어 그 상태에 대해서 경제주체들간에 신뢰가 쌓이면 정태적기대는 상당한 타당성을 지니기도 한다.

적응적기대가설모형을 보면 물가예상이 과거물가라는 정보만을 고려하여 이루어지고 있다. 이러한 방식은 차기의 물가를 예상하는데 충분하지 못하다는 비판을 받았다. 통화증가율, 정부의 재정지출, 공공요금의 인상 계획 등을 고려하지 않는 예상은 합리적이지 못하다는 것이다.

2. 합리적기대가설(REH)

합리적기대의 개념은 뮤스(J. Muth)에 의해 도입되었다. 뮤스는 경제주체들이 기대를 형성할 때는 현재 이용가능한 모든 관련정보를 활용하며, 기대형성은 경제주체가 상정하고 있는 경제모형의 구조에 의존한다고 보았다. 경제주체가 합리적기대를 한다고 주장하는 이론을 합리적기대가설(REH: rational expectation hypothesis)이라고 한다. 루카스, 사전트(T. Sargent), 왈리스(N. Wallace) 등이 이에 속하고, 이들을 새고전학파라 부르기도 한다.

현재 이용가능한 모든 관련정보를 활용한다 함은 과거 경험에만 의존하지 않고 현재 입수할 수 있는 관련정보까지도 이용한다는 것이다. 여기서 이용가능이라는 말은 어떤 개인이 관련정보를 입수함으로써 얻게 되는 한계수익이 그에 따른 한계비용과 같아질 때까지 정보를 가장 합리적으로 이용한다는 것을 의미한다. 또 해당 경제변수의 합리적인 추정치 또는 기대치를 얻기 위해 정보들을 효율적인 방법으로 이용한다는 것을 의미한다. 이는 각 개인이 스스로 보유한 경제모형에 기초해서 과거와 현재의 정보를 활용하기 때문에 기대형성 과정에서 체계적인 오류를 범하지 않는다. 경제주체들이 이전에 경험한 구조적인 오류를 되풀이하지 않는 것이다. 따라서 궁극적으로 남게 되는 오류는 입수된 정보와는 무관한 오류, 즉 본질적인 확률적 오류(random errors)뿐이다.

합리적기대가설모형은 다음과 같다.

$$P_{t+1}^e = E(P_{t+1} \mid S_t) \qquad\qquad \cdots\cdots\cdots (4)$$

여기서 S_t는 t기에 이용가능한 모든 관련정보집합이다. $E(P_{t+1} \mid S_t)$는 S_t라는 정보 아래에서 P_{t+1}에 대한 수학적 기대치를 나타낸다. 경제주체들이 이용가능한 모든 정보를 이용하여 자신이 설정한 청제모형을 통해 합리적인 기대를 형성하면 경제주체들이 예측하는 물가는 정부의 정책 발표와 기타 이용가능한 모든 정보를 감안하여 이론적인 모형 내에서 도출되는 물가의 수학적 기대치와 같게 된다. 이렇게 되면 예상치 P_{t+1}^e과 실현된 값 P_{t+1}의 오차 기대값이 0이 될 수도 있다. 정보집합이 완전하여 불확실성이 없고 경제모형이 정확하면 식 (4)는 다음과 같이 된다.

$$E(P_{t+1} \mid S_t) = P_{t+1}$$

그 이유를 알아보자. 원래의 모형은 다음과 같이 변형할 수 있다.

$$P_{t+1}^e = E(P_{t+1} \mid S_t)$$
$$= P_{t+1} + U_{t+1}$$

식에서 U_{t+1}은 $(t+1)$기에 나타나는 예상오차이다. 만약 완전한 예상을 한다면 $E(U_{t+1})$은 0이다. 예상오차가 발생할 수는 있지만 평균적으로는 0이 되는 것이다. 예상오차의 평균이 0이라는 말은 체계적인 예상오차가 발생하지 않는다는 의미이다. 완전예상을 수식으로 나타내면 다음과 같다.

$$P_{t+1}^{e} = P_{t+1}$$

이상과 같이 합리적기대이론은 적응적기대이론에서 다루지 못한 경제구조에 관한 정보들을 고려하는 동시에, 외부충격이 경제에 미치는 영향을 고려하는 장점을 지닌다. 실수를 사전에 예방하기 위해 정보를 수집하고 이를 효율적으로 활용한다고 가정하는 것은 각 경제주체는 합리적이고 자신의 이익을 극대화한다고 가정하는 경제학의 기본원리와도 합치된다. 그러나 합리적기대에 의한 기대형성도 결코 완벽한 것은 아니다. 합리적기대이론에서는 현실의 불확실성을 몇몇 변수의 확률분포로 파악하고 이에 대한 수학적 기대치를 합리적기대로 간주한다. 확률의 개념으로도 파악할 수 없는 불확실성의 상황은 얼마든지 존재한다.

3. 합리적기대가설의 교량 역할

정부의 적극적인 경제개입을 주장한 케인즈학파 경제학은 1960년대 케네디 행정부 시대에 전성시대를 이루었다. 그러나 1970년대에 들어서면서 연 10% 이상의 물가상승과 실업률이 높은 상황, 즉 스태그플레이션 상황이 나타나기 시작하였다. 인플레이션을 진정시키기 위한 정부의 노력들이 실패로 돌아가고 실업률은 좀처럼 내려가지 않았다. 이때 급진적 통화주의라 할 수 있는 새고전학파(New classical school)가 등장하면서 케인지언과 통화주의자를 동시에 비판하기 시작하였다.[2]

그동안 케인즈학파는 거시경제정책을 적절히 사용하면 산출량이나 고용량 등의 실물변수에 영향을 미칠 수 있다고 보았으며, 통화주의자들은 거시경제정책이 단기적으로는 실물변수에 영향을 미칠 수 있지만 장기적으로는 영향을 미치지 못한다고 생각했다. 이에 반해 새고전학파는 장기에는 물론 단기에서조차 예측된 거시경제정책은 경제의 실물변수에 아무런 영향을 미치지 못한다고 주장하기 시작하였다. 이러한 급진적이론은 합리적기대가설에 기반을 두고 있다.

한편 케인즈학파 경제학자들도 합리적기대를 받아들이면서 가격변수의 경직성에 대한 연구를 진행시켰는데, 이들이 바로 새케인즈학파이다. 이들은 가격

---

2   본 절의 내용은 정운찬, 「거시경제학」(다산출판사, 1999)을 참고하여 작성하였음.

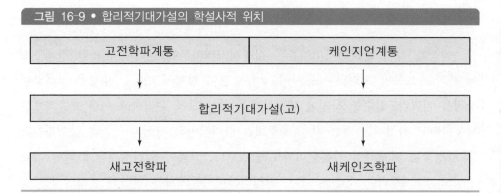

그림 16-9 • 합리적기대가설의 학설사적 위치

고전학파계통	케인지언계통

합리적기대가설(고)

새고전학파	새케인즈학파

변수의 경직성에 대한 미시적 기초를 제공했고 한 걸음 더 나아가 케인즈의 아이디어를 보다 정교하게 발전시켰다. 이처럼 경제주체가 합리적기대를 한다는 생각은 통화주의자와 케인지언 모두에게 인정을 받고 있다.

〈그림 16-9〉는 고전학파계통에서 합리적기대가설을 채용한 것이 새고전학파이고 케인지언계통에서 합리적기대가설을 받아들인 것이 새케인즈학파라는 것을 보인다.

(1) 새고전학파

루카스(R. E. Lucas, Jr.)는 불완전한 정보 속에서도 경제주체들은 미래에 대한 예상을 합리적으로 한다고 보고, 합리적기대가설을 채용하여 이론을 전개했다. 특히 합리적기대가설에 기반을 둔 루카스공급곡선을 도출함으로써 당시 중요한 쟁점이던 필립스곡선과 통화정책의 유효성 문제에 대해 새로운 시각을 제시했다. 이러한 루카스의 연구에서 출발하여 그 후 사전트, 왈리스(N. Wallace), 배로 (R. J. Barro), 프레스컷(E. Prescott) 등에 의해 발전되어온 일련의 학파를 새고전학파(New classical school)라고 부른다. 이들을 좁은 의미의 합리적기대학파라 부르기도 한다.

새고전학파는 고전학파의 기본입장인 신축적 가격체계를 도입하여 즉각적인 시장청산(market-clearing)이 달성될 수 있다고 가정한다. 즉 가격의 신축적인 작용으로 연속적이고 즉각적인 시장균형 및 완전고용 달성이 가능하다. 또 경제주체들이 불완전정보상황에서 관련된 변수들에 대한 합리적 기대를 한다고 생각한다.

새고전학파라는 이름이 붙게 된 이유는 신축적 가격체계에 대한 고전학파의 기본입장을 그대로 수용하고 있기 때문이다. 새고전학파의 주요 이론은 고전학파의 주장과 비슷하다. 새고전학파는 방법론 측면에서 볼 때 미시경제학적인 최적화이론에 기초하여 거시경제를 분석한다는 특징을 가지고 있다. 이를 흔히 거시경제학의 미시적 기초라고 부른다. 특히 루카스가 미시적 기초에 기반을 두지 않은 전통적 거시·계량분석 방법의 문제점을 비판하고 거시모형의 미시적 기초의 필요성을 논증한 이후에 새고전학파는 미시적 기초를 강조하는 거시분석체계를 본격적으로 구축했다.

정부의 정책 변화는 민간 경제주체들의 기대 변화 등을 통해 행태함수의 파라미터 자체를 변화시키므로, 이 파라미터들이 일정하다는 전제에서 이루어지는 정책효과 분석은 타당하지 않다는 루카스의 논증을 루카스비판(Lucas critique)이라 한다. 이를 좀 더 자세히 설명하면 다음과 같다. 전통적인 거시경제학 방법론은 소비함수와 투자함수를 규정하는 파라미터들이 일정하다고 가정하고 정책효과를 분석하는 형식을 취한다. 그러나 정부의 정책 변화는 민간 경제주체들의 기대 변화 등을 통해 행태함수의 파라미터 자체를 변화시키므로, 이 파라미터들이 일정하다는 전제에서 이루어지는 정책효과 분석은 타당하지 않다. 루카스는 행태함수를 임의로 가정하여 계량경제학적으로 분석할 것이 아니라 최적화행동 및 시장균형의 결과로서 도출하는 미시적 방법을 사용하여 분석해야 한다고 주장하였다.

새고전학파는 예측된 통화정책은 단기에서조차 실물변수에 아무런 영향을 미칠 수 없다고 주장한다. 따라서 통화당국은 재량적인 정책을 통해 경기에 영향을 미치려는 시도를 포기해야 한다. 통화당국에 재량권이 주어질 경우 오히려 경제의 불확실성만 증가시키는 결과를 낳으므로 프리드만의 주장과 같이 준칙에 입각한 통화정책이 바람직하다는 것이다. 단기에서조차 예측된 거시경제정책은 경제의 실물변수에 아무런 영향을 미치지 못한다고 생각하는 주장을 정책무력성의 명제라고 한다.

(2) 새케인즈학파

새고전학파가 완전경쟁적인 시장구조와 신축적 가격을 가정하고 거시경제의 움직임을 설명한다면, 새케인즈학파는 불완전한 시장구조와 임금 및 가격의 경직성을 가지고 거시경제현상에 대한 설명을 시도하고 있다.

새케인즈학파 학자들은 새고전학파가 주장한 합리적기대가설을 도입하고 분석도구로 미시적 최적화이론을 수용한다. 그러나 완전경쟁시장을 가정하는 새고전학파와 달리, 새케인즈학파에서는 불완전경쟁시장을 상정하여 이론을 전개한다. 이들은 주로 독점적경쟁시장을 상정하고 이 시장구조하에서의 최적화행동에 의한 가격과 임금의 경직성을 도출하고 거시변수들의 변동을 설명하였다. 학자들을 전통적인 케인즈학파와 유사한 이론을 전개한다고 해서 새케인즈학파라고 부른다.[3] 새케인즈학파이론의 특성은 합리성의 기초 위에서 가격변수의 경직성을 설명하는 것이다.

새케인즈학파는 노동시장에 임금경직성이 존재한다고 생각한다. 임금 경직성 존재의 논거는 다음과 같다.

첫째, 노동시장에서는 장기고용계약이 성립되는 것이 보통이기 때문에 임금이 경직성을 갖는다. 노동시장에서의 임금은 노동의 이질성이나 숙련의 차이로 인해 기업과 근로자 간의 계약에 의해 결정된다. 그 한 형태가 장기고용계약이라 할 수 있는데, 계약체결시 실질임금이 안정적일 수 있도록 계약기간 동안의 물가변화에 대한 예상을 근거로 명목임금을 결정하게 되어 임금이 경직성을 갖는다는 것이다. 둘째, 엇갈리는 임금설정, 즉 중첩가격임금설정 때문에 임금이 경직성을 갖는다. 새케인즈학파의 이러한 설명을 중첩가격 임금설정모형이라고 한다. 기업과 노동자는 대개 1년이나 1년 이상의 단위로 임금계약을 한다. 그런데 기업과 노동자는 다수이고 따라서 계약기간, 계약내용, 그리고 계약의 발효시점이 각각 다르다. 따라서 통화공급의 변화가 있다고 하여도 극히 일부분의 기업을 제외하고는 기업과 노동자간에 아직도 계약기간이 존속하기 때문에 임금이 그대로 유지된다. 즉 임금계약이 다양하게 중첩되기 때문에 통화공급의 변화는 임금 변

---

3   새케인즈학파 경제학은 피셔(S. Fischer), 맨큐(N. G. Mankiw), 블랑샤(O. J. Blanchard), 로머
    (D. Romer), 볼(L. Ball) 등에 의해 발전되어 왔다.

화의 즉각적인 반응이 없이 당분간은 지속된다는 것이다. 셋째, 노동조합의 활동 때문에 임금경직성이 나타난다. 노동조합이 결성되어 있을 경우 임금하락을 허용하지 않는 등 일반적으로 임금은 하방경직성을 띤다.

새케인즈학파에 의하면 가격의 경직성은 상품시장에도 나타난다. 이들은 불완전경쟁시장모형을 통하여 상품가격의 경직성을 설명한다. 상품시장의 구조가 불완전경쟁인 경우에 기업들은 수요변화에 대응하여 즉시 가격을 조정하지 않는다. 불완전경쟁기업은 시장지배력을 가지기 때문에 외적인 충격에 대응하여 가격변경과 같은 즉각적인 반응을 보이지 않는다. 기업들은 가격조정에 따른 정보수집비용과 메뉴비용(menu cost) 등 조정비용을 고려하지 않을 수 없다. 기업은 수요의 변화에 따라 가격을 즉각 조정함으로써 얻는 수익이 조정비용을 초과하는 경우를 제외하고는 가격을 조정하려 하지 않는다. 특히 수요의 변동이 일시적인 것으로 조사되는 경우, 가격조정보다는 재고조정을 통하여 충격을 흡수하게 되므로 가격이 신축적이지 못하다는 것이다.

새케인즈학파는 기본적으로 케인즈의 생각을 채용하지만, 좀 더 합리적이고 설득력 있는 이론적 근거를 찾으려 하고 있다. 이를 위해 그들은 방법론적 측면에서 새고전학파와 같이 미시이론적 최적화 분석방법으로 각 경제주체의 합리적인 선택행위를 설명하려는 시도를 하고 있다.

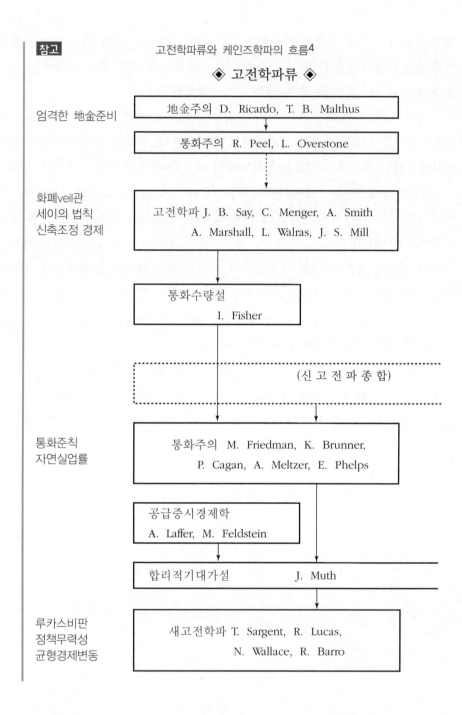

4　이 그림은 주종환 교수의 아이디어를 보완한 것임.

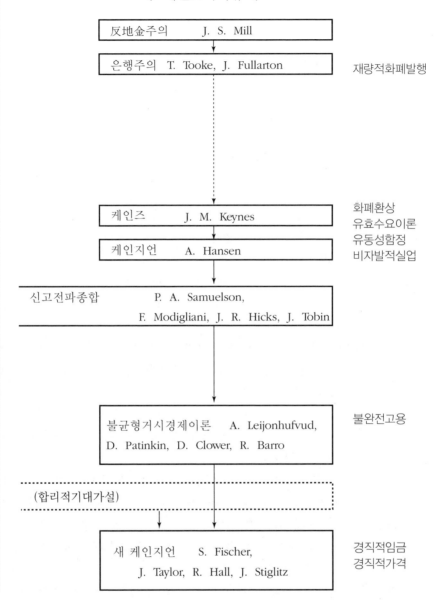

◈ 케인즈학파류 ◈

反地金주의　　J. S. Mill	
은행주의　T. Tooke, J. Fullarton	재량적화폐발행

케인즈　　J. M. Keynes
케인지언　　A. Hansen

화폐환상
유효수요이론
유동성함정
비자발적실업

신고전파종합　　P. A. Samuelson, F. Modigliani, J. R. Hicks, J. Tobin

불균형거시경제이론　　A. Leijonhufvud, D. Patinkin, D. Clower, R. Barro

불완전고용

(합리적기대가설)

새 케인지언　　S. Fischer, J. Taylor, R. Hall, J. Stiglitz

경직적임금
경직적가격

Summary

1. 통화주의의 기본명제는 다음과 같다.
   - 통화는 매우 중요하다.
   - 통화수요함수는 안정적이다.
   - 인플레이션은 통화적 현상이다.
     Inflation is always and everywhere a monetary phenomenon.
   - 장기에는 인플레이션율과 실업률 간에 역의 상관관계가 존재하지 않는다. 장기 필립스곡선은 자연실업률수준에서 수직이다.
   - 통화정책의 지표로서 이자율은 적합하지 않다.
2. 필립스곡선이란 임금상승률과 실업률과의 사이에 있는 역(逆)의 상관관계를 나타 낸 곡선을 말한다.
   - 단순케인즈모형: 우하향의 전통적 필립스곡선을 인정.
   - 프리드만: 단기적으로는 우하향하는 기울기의 필립스곡선이 존재할지 몰라도 장 기적인 분석에서는 수직.
   - 토빈, 브러너: 전통적 필립스곡선과 프리드만의 필립스곡선을 결합한 이단계필립 스곡선을 주장. 자연실업률 이상의 실업률상태에서는 우하향의, 자연실업률에서 는 수직인 필립스곡선이 존재한다는 것.
   - 합리적기대가설: 예상된 정부정책은 단기적으로는 물론이고 장기적으로도 실질 변수를 변경시킬 수 없다. 따라서 장기에도 실업률과 인플레이션율 사이의 상충 관계는 존재하지 않는다.
3. 경제주체의 기대를 경제상황분석에 이용하려는 이론을 기대가설이라고 한다.
   - 적응적기대가설(AEH)이란 경제주체들이 기대를 형성할 때 과거에 경험한 시행착 오를 반영하여 적응적기대를 한다고 생각하는 이론을 말한다.
   - 합리적기대가설(REH)이란 경제주체들이 기대를 형성할 때는 현재 이용가능한 모 든 관련정보를 활용한다고 하는 이론을 말한다.
4. 새고전학파는 급진적 통화주의자라고 할 수 있다. 이들은 단기에서 예측된 거시경 제정책은 경제의 실물변수에 아무런 영향을 미치지 못한다는 정책무력성의 명제를 주장했다.
   - 고전학파의 기본입장인 신축적 가격체계를 도입하여 즉각적인 시장청산이 달성 될 수 있다고 가정한다.
   - 경제상황에 대한 경제주체들의 정보가 불완전할 수 있다는 불완전정보의 상황을

상정한다.
- 경제주체들은 불완전정보상황에서 관련된 변수들에 대한 예측을 할 때 합리적기대를 한다고 가정한다.

5. 새케인즈학파는 불완전한 시장구조와 임금 및 가격의 경직성을 내세워 거시경제학에 대한 새로운 접근을 시도하고 있다.
   - 케인지언이 주장하는 가격경직성의 원인: ① 불완전경쟁시장에서는 기업들이 가격설정적이다. ② 기업들이 판매가격을 변동시킨다고 하더라도 연속적으로 변동시키는 것이 아니라 계단식으로 변동시킨다.
   - 임금경직성의 원인: ① 노동계약을 할 때 임금노동자들은 대개 위험회피적이기 때문에 안정적인 소득을 선호한다. ② 엇갈리는 임금설정 때문이다. ③ 노동조합이 결성되어 있을 경우 일반적으로 임금은 하방경직성을 띤다.

Exercises

어느 경제의 필립스곡선식이 다음과 같다.

$$\pi = 5 - u + \pi^e$$

이 식에서 π는 인플레이션율, u는 실업률, π^e는 예상인플레이션율이다.

(1) 자연실업률은 얼마인가?

(2) 인플레이션을 예상하지 않으면서 실업률을 2.5%로 유지하려 할 때 감수해야 할 인플레이션율은 얼마인가?

해답

(1) 자연실업률은 실제인플레이션율과 예상인플레이션율이 같은 경우이다. 위 식에 $\pi = \pi^e$를 대입하면 된다.

(2) 인플레이션을 예상하지 않을 때는 $\pi^e = 0$이다. 따라서 $\pi = 5 - 2.5 - 0 = 2.5(\%)$

답 (1) 5%, (2) 2.5%

Chapter

17 | 국제통화제도와 환율

환율이나 국가간 결제수단에 대하여 세계 주요국이 채택하는 제도를 통틀어 국제통화제도라고 한다. 국제통화제도는 각국 화폐들간의 환율을 결정하고 상품과 자금의 국가간거래를 원활하게 하며 국제수지를 조정하기 위한 제도이다.

공식적인 국제통화제도는 금본위제도(1870년대~1914년) → 브레튼우즈체제(1944년~1971년) → 스미소니언체제(1971년~1976년) → 킹스턴체제(1976년~현재)로 변천되어 왔고, 이 국제통화제도하에서 환율제도는 고정환율제도 → 조정가능고정환율제도 → 고정변동환율제도 → 자유변동환율제도로 변천해 왔다. 1914년부터 1944년까지는 금본위제도, 금환본위제도, 관리신용화폐제도가 혼재되었던 시기이다.

1. 국제금본위제도

사람들은 오래전부터 금이나 금화를 화폐로 사용하여 왔다. 19세기 말에 미국, 독일, 일본 등 여러 나라가 금본위제도를 채택하자 금본위제도는 국제통화제도로 이행되었다. 금본위제도는 일정한 양의 금에 각국이 자국 통화가치를 고정시킴으로써 금의 중량을 매개로 한 환율이 성립되어 국제적인 결제를 가능하게 하는 기능을 가지고 있었다.

국제금본위제도하에서는 각국의 화폐의 가치가 금의 무게로 정해져 있으므로 두 나라의 화폐 사이의 교환비율이 자동적으로 결정된다. 즉 국가간의 특별한 합의 없이도 자연히 환율이 결정되는 것이다. 예를 들면 제1차 세계대전 이전에 영국의 1파운드는 0.257온스의 금의 가치가 있었고, 미국의 1달러는 0.053온스의 금의 가치가 있었다. 따라서 1파운드=4.85달러라는 고정환율이 결정되었다.

제1차세계대전으로 금의 자유로운 수출입과 태환이 어려워지면서 국제금본위제도는 붕괴되었다. 이때부터는 금본위제도 대신 금환본위제도와 관리신용화폐제도가 등장하였다. 전시재정의 필요상 대부분의 국가들은 금태환을 정지하든가 또는 금의 수출을 금지한다든가 하여 금본위제를 이탈하였다. 그 후 일시적으로 관리신용화폐제도를 채택한 각국은 화폐발행을 증가시킴으로써 막대한 전비를 조달하였다. 그 결과 세계적인 불환지폐시대가 시작되고, 국제간의 외환관계는 매우 불안정한 상태에 빠지게 되었다. 무역수지 적자국의 환율은 계속해서 올랐다. 이렇게 금본위제 이탈로 인한 부작용이 크게 나타나자 제1차 세계대전 후 부분적으로 다시 금본위제도나 금환본위제도로 복귀하였다. 그러나 그동안의 물가상승 등 경제여건의 변화 때문에 금본위제도가 안정적으로 유지되지 못하였다.

1929년의 세계경제대공황 이후 각국은 다시 금본위제도를 포기하고 변동환율제도를 채택하였다가 1930년대 중반에 평가절하를 시도하면서 금본위제도로 다시 복귀하였다. 그러나 각국이 무역수지개선을 위하여 평가절하를 경쟁적으로 계속 시행함에 따라 국제통화제도가 극도로 혼란스럽게 되었다.

2. 브레튼우즈체제

제2차세계대전 이전의 국제통화제도의 혼란을 거울삼아 채택된 것이 브레튼우즈체제(Bretton Woods system)이다. 세계 각국은 제1, 2차대전 동안 국가간 경쟁적인 평가절하 때문에 국제통화제도가 붕괴되었다고 보고 새로운 국제통화질서를 모색하였다. 이들은 제2차세계대전이 끝나갈 무렵인 1944년에 미국의 뉴햄프셔 주에 있는 브레튼우즈에 모여서 새로운 환율제도와 그 환율제도를 뒷받침하고 국제교역을 도울 수 있는 국제통화기금과 세계은행 또는 국제부흥개발은행의 설립을 모색하게 되었으며, 여기서 출범한 국제통화제도를 브레튼우즈체제라고 한다.

브레튼우즈체제는 미국달러 중심의 금환본위제도를 채택하고 있는 국제통화제도이다. 환율제도는 금과 일정비율로 태환되는 미달러화를 기축통화로 하는 금환본위제도하의 조정가능고정환율제도이다. 이 제도는 미달러화와 금 사이의 교환비율을 고정시켜 미달러화를 금으로 자유롭게 교환할 수 있도록 하고, 미국 이외의 다른 나라의 화폐는 미달러화의 교환비율을 고정시킨 것이다. 미국은 금 1온스당 35달러로 고정된 금평가(gold parity)를 유지하고 각국 통화는 설정된 대미달러 기준환율을 중심으로 상하 1% 범위 내에서 환율을 유지하도록 했다. 각국에는 자국 통화가치가 기준환율로부터 ±1% 범위를 벗어날 경우 통화정책수단을 활용하여 원래 수준으로 되돌려야 한다는 의무가 부과되었다.

제2차세계대전 이후 서유럽 여러 나라와 일본은 차차 경제가 회복되고 그 나라의 화폐도 조금씩 국제통화로서 기능을 회복하였다. 그러나 미국은 상대적으로 경제력이 약화되고 국제수지가 악화되었다. 특히 1960년대에 월남전 때문에 군비지출이 늘어나서 국제수지가 급격히 악화되었다. 이 때문에 미국 밖으로 빠져나간, 해외에서 외국인들이 보유한 미달러화가 미국이 보유한 금보다 더 많아졌다. 이것은 미달러화가 금으로 교환(태환)되지 못하리라는 우려를 낳았다. 이에 미달러화에 대한 신뢰도가 떨어지고, 어떤 나라는 정부까지 나서서 보유하고 있던 미달러화로 미국에 대하여 금태환을 요구하였다. 이에 미국의 금보유가 줄어들고 미달러화에 대한 신뢰도가 더욱 떨어지고 국제외환시장에서 투매현상이 발생하였다. 이처럼 브레튼우즈체제는 구조적인 결함을 가지고 있었다.

3. 스미소니언체제

국제결제를 위하여서는 유동성, 즉 달러의 지속적인 공급이 필요하다. 국제유동성 공급은 미국의 국제수지 적자를 통하여 이루어진다. 그러나 미국의 국제수지 적자가 계속되면 달러화에 대한 신뢰도가 낮아지는 문제가 발생하게 된다. 미국의 국제수지 적자가 필요하면서도 적자가 계속되어서는 안 되는 모순된 상황을 트리핀 역설(Triffin's paradox)이라고 한다.

1971년 8월 미국 닉슨행정부는 달러화의 금태환 정지를 선언하였다. 이로써 금환본위제도인 브레튼우즈체제가 끝나게 되었다. 그 후 주요선진국들은 1971년 12월에 워싱턴 소재 스미소니언박물관에 모여 미달러화를 평가절하하고, 각국의 고정환율의 단기 변동폭을 ±1%에서 ±2.25%로 확대하는 것을 골자로 하는 스미소니언체제(Smithonian system)를 출범시켰다. 그러나 미달러화로부터 독일 마르크화와 일본 엔화로 투기적자본 유출이 발생하여 이 체제도 얼마 못가고 여러 나라가 관리변동환율제도를 채택하게 되었다. 당시 관리변동환율제도로의 이행은 투기적자본 유출입에 대응한 일시적 조치라는 생각이 지배적이었으나 결국은 고정환율제도로 복귀하지 못하고, 고정환율제도의 종언을 고하게 되었다.

4. 킹스턴체제

킹스턴체제(Kingston system)는 1976년 1월 자메이카의 수도 킹스턴에서 열린 IMF이사국회의에서 IMF협정문을 개정함으로써 출발하였다. 킹스턴체제의 기본 내용은 각국에서 그 나라 경제여건에 알맞은 독자적인 환율제도를 선택하도록 재량권을 부여함으로써 이미 실시되고 있는 관리변동환율제도를 인정한 것이다. 당시에 IMF잠정위원회에서 합의된 주요 내용은 아래와 같다. 첫째, 각국이 환시세의 안정을 위해 협력하는 '일반적 의무'를 지며, IMF는 이 의무의 실행여부를 감시한다. 둘째, 각국의 현행 환협정을 존중하며 장래에 있어서도 그 자유를 인정한다. 단, 장차 다시 고정환율제로 복귀할 가능성을 고려하여 그 절차를 미리 정해 둔다. 셋째, 장래의 통화체제에서는 금이나 기축통화를 베이스로 하는 방식을 지양하여 SDR과 같은 합성통화를 베이스로 한다.

킹스턴체제에서는 가치척도로서의 금이 SDR로 대체되어 SDR본위체제로 전환되었다. 이 합의는 IMF총회 결의에 의해 성문화되어 1978년 4월부터 발효되었다. 킹스턴체제는 현재까지 계속되고 있는데, 종종 각국의 중앙은행이 단독으로 또는 서로 협의하여 공동으로 외환시장에 개입함으로써 환율을 인위적으로 조정하고 있다. 1985년 9월 다섯 선진국들 사이의 플라자합의(Plaza Accord)라든가 1987년 2월 여섯 선진국들 사이의 루브르합의(Louvre Accord)는 외환시장 개입에 대한 대표적인 합의이다. 특히 루브르합의에서는 선진국 화폐들 사이의 환율에 대한 목표환율대를 설정하고 외환시장 개입을 통해 그 목표환율대를 수호하기로 합의하였다.

---

section 02 ▸ **통화의 국제화와 기축통화**

1. 통화의 국제화

우리가 해외여행을 하거나 기업이 수출을 통하여 외화를 벌어들일 때 거의 무의식적으로 달러를 생각한다. 달러는 우리에게 국제통화로 인식되고 있다. 이처럼 특정 통화가 국제거래시 표시통화 또는 거래의 지불수단으로 사용되는 것을 통화의 국제화라 말한다. 한 나라의 통화가 국제통화가 되면 이를 기축통화 (vehicle currency)라고 한다. 현재는 달러가 기축통화 구실을 하고 있다.

기축통화: 국제거래에서 결제수단으로 통용되는 통화로 국제통화라고도 한다

국제통화 구실을 한 통화는 시대에 따라 다르다. 제1차세계대전 이전에는 영국의 파운드화가 국제통화의 구실을 하였으며, 제1, 2차대전 사이에는 미국의 달러화가 파운드화와 함께, 그 후 브레튼우즈체제하에서는 달러화가 국제통화로 사용되었다. 1980년대 이후에 들어서는 유럽권을 중심으로 독일의 마르크화, 동아시아를 중심으로 일본의 엔화 사용비중이 높아지기도 하였다. 1994년 브레튼우즈위원회가 제시한 달러화, 마르크화 및 엔화간 안정적인 환율변동대 운용방안은 이러한 국제통화들의 역할을 반영한 것이라 할 수 있다.

유로화 도입 이후 유럽에서는 달러화의 역할이 줄어들고, 동아시아에서는 일본경제의 침체로 엔화의 세력이 약화되고 있다. 앞으로는 중국의 위안화가 국제통화에 진입하고 그 사용 비중이 높아질 것으로 보인다. 폐쇄경제하에서 통화가 회계단위, 지불수단 및 가치저장수단으로 기능하는 것과 마찬가지로 국가간 무역, 금융 및 자본거래가 존재하는 개방경제하에서 특정 통화의 국제적인 사용은 그 통화가 다수 통화간의 경쟁을 거쳐 국제거래에 선택되었다고 할 수 있다.

2. 국제통화의 효과

국제통화는 자국에 편익을 가져다 주기도 하고 불리한 영향을 미쳐 사회적 비용을 유발하기도 한다. 그러나 어떤 나라의 통화가 국제통화가 되면 비용보다는 편익이 더 큰 것이 일반적이다.

자국통화 국제화의 편익

한 나라의 통화가 국제통화로 채택되면 그 나라는 비용절감효과와 시뇨레지 효과(seigniorage effect)를 얻는다. 이에 대하여 좀 더 자세히 알아보자.

첫째, 일국 통화의 국제화는 그 나라에 비용절감효과를 제공한다. 어떤 나라 통화가 기축통화로 채택되면 무역거래시 자국통화의 사용이 가능하게 되는데 이러한 자국통화의 사용은 환위험 헤지(hedge)비용을 절약해 줄 뿐 아니라 외국통화를 사용할 경우 수반되는 통화교환 및 금융중개비용을 절감해 줌으로써 자원비용 절약의 효과를 가져다 준다. 그 외에 통화의 국제화로 통화공급액 중 일정부분을 외국에서 보유하게 되면 통화공급을 확대하게 되더라도 국내통화량 확대효과가 그만큼 감소하게 된다.

둘째, 시뇨레지효과를 얻는다. 화폐발행을 통하여 발행자가 얻는 화폐발행차익을 시뇨레지(seigniorage)라고 한다. 각국 정부와 중앙은행은 화폐발행을 통해 시뇨레지를 얻는다. 마찬가지 원리로 한 나라의 통화가 국제통화가 되면 그 나라는 국제적으로 화폐발행차익을 얻을 수 있다. 즉 통화의 국제화는 외국에서 자국통화를 보유하는 금액만큼 자국의 경상수지적자를 메워준다. 경상수지적자를 자국통화를 발행하여 보충할 수 있게 되는 것이다. 원래 화폐발행차익이란 정부가 새로운 통화공급을 통하여 얻을 수 있는 수익을 말하는데 이 차익이 국제적으로까지 실현되는 것이다. 화폐발행차익은 인플레이션을 통한 조세수익과 일국 경제의 실질 화폐잔고 변화분의 합계이다. 일국 통화의 국제화는 해외 유출분만큼 통화를 더 발행할 수 있게 하여 보다 큰 화폐발행차익을 실현하게 하는 효과가 있다.

국제통화의 비용

한 나라의 통화가 국제통화가 되면 편익도 있지만 비용도 발생한다. 통화의 국제화는 통화당국이 유통되는 자국통화의 공급량을 통제할 수 없게 함으로써 통화정책의 독립성을 제약하게 된다. 특히 자국통화표시 유로채권을 발행하는 경우 자국통화가 국내 외환시장을 통하지 않고 해외에서 유통되게 된다. 따라서 통화당국에 의한 통화량의 통제가 어려우며 국내외 금융시장이 실질적으로 통합됨으로써 해외로부터의 충격이 쉽게 국내로 이전된다. 이와 함께 통화의 국제화는 장·단기자본의 유출입 규모를 확대함으로써 환율변동성의 증가를 가져온다. 한편, 달러가 국제통화인 이상 미국은 국제유동성을 공급해야 할 책임이 있다. 따라서 어느 정도의 무역수지 적자를 감수해야 한다.

3. 통화국제화의 조건

통화의 국제화란 자국통화가 국경을 넘어 국가간에 이루어지는 다양한 무역 및 금융거래에서 가치저장수단, 지급결제수단, 계산단위와 같은 화폐로서의 일반적인 기능을 수행하는 것을 의미한다. 한 나라의 통화가 국제통화로 널리 사용되기 위해서는 환율의 안정성, 광범위한 이용가능성, 무제한 태환성 등의 기본조건을 충족할 필요가 있다.[1]

통화국제화는 이러한 기본조건 이외에도 발행국의 거시경제적 요인, 자본시장 요인, 제도적 요인에 의해 결정된다. 먼저 통화국제화의 선결조건 중 가장 중요한 변수는 경제규모이다. 만일 일국의 생산량과 무역량이 크다면, 교역 상대국은 해당국가의 통화를 사용할 가능성이 높다. 또한 큰 경제규모를 가진 국가는 교역국에 비해 우월한 협상력을 가지기 때문에 국가간의 거래에서 작은 경제규모의 국가가 큰 경제규모의 통화를 이용할 가능성이 높다. 경제규모뿐만 아니라 화폐의 신뢰도 역시 중요한 요소이다. 기본적으로 화폐는 가치저장의 기능을 보유하기 때문에 통화가치가 일정하게 유지될 필요가 있다. 이런 의미에서 인플레이션은 해당국 통화의 신뢰도를 나타내는 지표로 사용가능하다. 경제규모가 크더라도 물가가 지속적으로 상승한다면 통화의 실질가치는 하락하기 때문이다. 다음으로 잘 발달된 자본시장은 통화 국제화에 긍정적인 효과를 줄 수 있다. 자본시장 조건으로는 채권시장, 특히 국제채권시장이 중요하다. 일국 통화가 거시경제적 조건들을 만족해도 국제채권시장이 잘 발달되어 있지 않으면 해당 통화의 운용수단(금융상품)이 제한되기 때문에 국제화에 한계가 있을 수 있다. 따라서 유동성이 풍부하고 금융개방도가 높은 국제채권시장의 존재는 통화 국제화의 가능성을 높인다. 한편 통화국제화는 외환거래나 자본시장 개방과 같은 제도적 조건과도 밀접한 관계가 있다. 일국 통화가 앞서 언급한 거시경제적 조건과 자본시장 조건을 충족한다 하여도 외환거래에 까다로운 규제나 통제가 있거나 시장이 개방되어 있지 않으면 통화국제화는 쉽지 않다.[2]

---

1   서봉국, "원화 국제화의 현황과 추진 방향"「외환국제금융리뷰」제2호(2003), 한국은행, pp. 20~41.
2   현석, "원화 국제화의 가능성에 관한 연구"「국제금융연구」제5권제2호(2015), 한국국제금융학회, pp. 105~107.

1. 외환시장의 의의

대외적인 지급에 사용할 수 있는 수단을 외환이라고 말한다. 달러와 파운드 등 외국의 통화를 비롯하여 외국통화표시의 수표, 환어음, 예금 등이 외환이다. 즉 외환이란 해외에서 지급성을 가진 모든 수단을 통틀어 말하는 것이다. 외환시장은 외환의 수요자와 공급자 간에 외환거래가 정기적 또는 지속적으로 이루어지는 시장을 가리킨다.

외환시장에의 참가자에는 은행, 기업, 개인, 중앙은행 등이 있다. 은행은 고객이 필요로 하는 외화를 구입하거나 고객으로부터 매입한 외화를 매각하기 위하여, 또는 외화의 매매를 통하여 차익을 얻기 위해 외환시장에 참가한다. 기업, 개인 등 고객은 수출입거래, 해외여행 등을 위하여 외환시장에 참여하며 중앙은행은 외환시장의 안정 등 정책적인 목적으로 외환시장에 참가한다. 개인도 유학자금을 위하여 또는 배낭여행을 위하여 외환시장에 참가자가 될 수 있다.

외환시장은 범세계적 시장이다. 따라서 24시간 영업이 가능한 시장이 외환시장이다. 또 외환시장은 제로섬게임 시장이기도 하다. 한 거래자가 이익을 얻으면 다른 누군가가 그만큼의 손실을 입는다. 외환의 수요와 공급은 대외거래 과정에서 나타난다. 외환수요는 상품 및 서비스의 수입, 이전지급 등 경상지출과 장·단기 자본지출에 의해 결정되며, 외환공급은 상품 및 서비스의 수출, 이전수입 등 경상수입과 장·단기 자본수입에 의해 결정된다. 외환의 수요와 공급은 통화간의 교환비율인 환율을 매개로 하여 이루어진다. 외환시장은 금리를 매개변수로 하여 외환의 대차가 이루어지는 외화자금시장과는 성격이 다르다.

한 나라 외환시장의 역할은 다음과 같다.[3] 첫째, 한 나라의 통화로부터 다른 나라 통화로의 구매력 이전을 가능하게 한다. 수출업자가 수출대금으로 받은 외화를 외환시장을 통하여 자국통화로 환전하면 외화의 형태로 가지고 있던 구매

---

3 한국은행, 「한국의 금융제도」(2018). p. 361.

력이 자국통화로 바뀌게 된다. 둘째, 무역 등 대외거래에서 발생하는 외환의 수요와 공급을 청산하는 역할을 한다. 외환의 수요자인 수입업자나 외환의 공급자인 수출업자는 외환시장을 통하여 대외거래의 결제를 한다. 외환시장의 대외결제 기능은 국가 간의 무역 및 자본 거래 등 대외거래를 원활하게 해 준다. 셋째, 변동환율제도에서는 환율이 외환의 수급 사정에 따라 변동함으로써 국제수지의 조절기능을 수행한다. 국제수지가 적자를 보이면 외환의 초과수요가 발생하여 자국통화의 가치가 하락하는데, 이 경우 수출상품의 가격경쟁력이 개선되어 적자를 해소하고 국제수지 균형을 회복하게 한다. 넷째, 기업이나 금융기관 등 경제주체에게 환율변동에 따른 환위험을 회피할 수 있는 수단을 제공한다.

2. 외환시장의 분류

외환시장은 거래당사자에 따라 은행간시장과 대고객시장으로 구분할 수 있다. 은행간시장은 도매시장의 성격을 갖는다. 대고객시장은 소매시장 성격을 가지며 은행, 개인 및 기업 등 고객 간의 외환거래가 이루어지는 시장을 의미한다. 외환시장은 거래 상품의 종류에 따라 현물환거래시장과 선물환 등의 파생외환거래시장으로 구분하기도 한다.

(1) 대고객시장

대고객시장은 외국환은행이 기업, 개인 등 일반고객과 외환을 매매하는 시장이다. 대고객 외환거래의 유형은 현물환거래와 선물환거래가 있는데 현물환거래가 대부분을 차지하고 있다. 현물환매입은 외화매입, 수출환어음 매입, 해외로부터의 유입자금 매입 등이며 현물환매도는 외화매도, 여행자수표 매각, 수입어음 결제, 차관상환 등이 있다.

외국환은행의 선물환거래는 고객의 입장에서 볼 때 장래 발생할 외환거래와 관련하여 현재시점과 결제일 사이의 환율변동위험을 회피할 목적으로 이루어진다. 우리나라는 1968년 7월 외국환은행에 대해 대고객 매입에 한하여 외국통화간 선물환거래를 허용함으로써 선물환거래제도를 처음 도입하였으며 1980년 7월에는 원화와 외국통화간 선물환거래도 허용하였다. 제도 도입 초기 실수요원칙에 입각하여 엄격하게 적용하였던 거래대상, 계약기간 등에 대한 규제는 점차 완화되었다. 외국환은행은 고객과의 거래에 있어 대부분 수동적인 입장에 서게 되는데 일반적으로 매입과 매도가 일치하지 않기 때문에 환위험에 노출되기 쉽다. 따라서 외국환은행은 환위험을 회피하기 위해 은행간시장에 참여하여 외국환포지션을 조정하며 이러한 과정에서 대고객시장과 은행간시장의 연계가 이루어진다.

(2) 은행간시장

은행간시장은 외국환은행간에 외환이 매매되는 시장으로서 시중은행, 지방은행, 특수은행, 개발기관, 외국은행 국내지점, 종합금융회사 등이 참여하고 있다.

외국환은행간 외환거래는 금융결제원 자금중개실 및 한국자금중개를 통한 외국환중개회사 경유거래와 은행 간 직접거래의 두 가지 방식으로 이루어진다. 경유거래는 은행이 중개회사에 매입 또는 매도 희망금액 등 거래조건을 제시하고 중개를 의뢰하면 중개회사가 거래조건이 일치하는 상대방을 찾아 거래를 성립시키는 방식이다. 이 경우 은행은 브로커의 역할을 한다. 은행간 직접거래는 주로 중개회사를 통한 거래시간이 지난 후 외국환포지션 한도를 조정할 필요가 있거나 원화지준이 부족할 경우에 이루어지며, 거래당사자가 개별적으로 상대방을 찾아 거래를 성립시키는 장외거래인 만큼 거래조건은 당사자인 두 외국환은행이 상호 합의하여 결정한다. 이 경우 은행은 외환거래에서 각각 딜러의 역할을 한다. 중개회사를 경유하지 않는 장외거래는 주로 로이터 단말기의 딜링머신 등을 통해 딜러간 가격 및 거래조건이 결정된다. 우리나라는 이러한 점두거래 형태의 거래비중이 작은 편이다. 국내의 현물환 거래비중이 높고 선진국 외환시장과는 달리 대형은행들이 시장조성자(market maker)로서의 기능이 취약하여 은행간 직거래의 비중이 상대적으로 낮은 수준이다.

(3) 외화자금시장[4]

금리를 매개변수로 하여 외환의 대차거래가 이루어지는 시장을 외화자금시

---

4   한국은행, 「한국의 금융제도」(2018). p. 363.

장이라고 한다. 대표적인 외화자금시장으로는 외환스왑시장과 통화스왑시장이 있다. 스왑거래의 경우 외환매매 형식을 취하고 있으나 실질적으로는 금리를 매개로 하여 여유 통화를 담보로 필요 통화를 차입한다는 점에서 대차거래라고 볼 수 있다.

외환스왑거래는 거래당사자들이 현재의 계약환율에 따라 서로 다른 통화를 교환하고 일정기간 후 최초 계약시점에서 정한 선물환율에 따라 원금을 재교환하는 거래이다. 외환스왑거래는 동일한 거래상대방 간에 '현물환과 선물환' 또는 만기가 상이한 '선물환과 선물환', '현물환과 현물환'을 서로 반대방향으로 동시에 매매하는 거래를 의미한다. 통화스왑은 외환스왑과 마찬가지로 당사자 간의 서로 다른 통화를 교환하고 일정기간 후 원금을 재교환하기로 약정하는 거래이다. 통화스왑도 자금 대차거래라는 점에서 외환스왑과 비슷하나 이자 지급방식과 스왑 기간에 차이가 있다. 이 외에도 은행간 초단기로 외화의 차입 및 대여가 이루어지는 외화 콜시장과 1년물 이내의 기간물 대차거래가 이루어지는 단기대차시장 등이 외화자금시장의 범주에 속한다.

3. 외환시장의 규모

우리나라 외환시장의 거래 규모는 증가하고 있으나 우리나라 경제규모에 비해서는 상대적으로 작은 수준이다.[5]

〈표 17-1〉은 우리나라 외환시장의 상대적 규모를 보이고 있다. 이 표는 BIS 참가국을 한국, 선진국, 홍콩·싱가포르·룩셈부르크, 신흥국 등 다섯 그룹으로 나누어 일평균 외환거래액, 외환거래액과 GDP의 비율, 외환거래액과 무역규모를 비교하고 있다. 표를 보면 우리나라의 일평균 외환거래량(2013년 4월 기준 475억 달러)은 GDP 대비 2.9%, 연간무역규모 대비 4.4%로 신흥국 평균치(각각 1.0% 및 3.0%)보다 높지만 선진국 평균치(각각 13.9% 및 31.6%)보다는 낮다. 또한 전 세계 외환시장에서 우리나라가 차지하는 비중도 0.7%(BIS 조사대상 53개국 중 15위)에 불과하다. 2013년 일평균 외환거래량 475억 달러는 전체 평균 1,259억 달러에 한참 못미친다.

5　한국은행, 「한국의 외환제도와 외환시장」(2016). p. 105.

표 17-1 • 지역별 외환시장 거래규모 비교[1]

		2010	2013
일평균거래액(억 달러)[2]	한국	438	475
	선진국[3]	2,099	2,773
	홍콩·싱가포르·룩셈부르크	1,790	2,363
	신흥국[4]	91	128
	전체	952	1,259
일평균거래액/GDP[5](%)	한국	2.9	2.9
	선진국	11.4	13.9
	홍콩·싱가포르·룩셈부르크	105.7	112.8
	신흥국	0.9	1.0
	전체	7.4	8.4
일평균거래액/무역규모[5](%)	한국	4.9	4.4
	선진국	27.3	31.6
	홍콩·싱가포르·룩셈부르크	35.1	39.1
	신흥국	2.8	3.0
	전체	18.5	20.3

주: 1) BIS 조사대상 53개국 기준
　　2) 해당년 4월 기준
　　3) 호주, 캐나다, 프랑스, 독일, 영국, 미국 등 20개국
　　4) 아르헨티나, 브라질, 칠레, 중국, 인도 등 29개국
　　5) 명목 GDP 및 수출입규모
자료: 한국은행, 「한국의 외환제도와 외환시장」(2016), p. 105.

section 04 • 환율

1. 환율의 의의와 종류

　　환율이란 자국통화와 외국통화의 교환비율로서, 자국통화의 외국 상품 및 서비스에 대한 구매력을 나타낸다. 다시 말하면 환율이란 한 나라의 통화가치를 다른 나라의 통화로 표시한 대외가치이다. 외환시장에서의 거래는 환율을 가격으로 하여 이루어진다. 환율은 자국통화의 대외가치이자, 외국통화의 국내가치이다.

환율의 표시 방법

환율이 외국화폐와 자국 화폐의 교환비율이라는 것은 환율이 외국화폐와 비교한 자국 화폐의 값어치라는 뜻이다. 환율은 어떤 나라의 화폐를 기준으로 나타내느냐에 따라 두 가지 방식으로 표시한다.

외국화폐를 기준으로 하여 환율을 표시한 것을 자국통화표시환율 또는 직접표시환율이라고 한다. 우리나라 원화와 미국달러화의 환율을 US\$1＝₩1,250.30 또는 ₩/US\$＝1,250.30으로 표시하는 방식이다. 즉 외국화폐 1단위를 구입하기 위해서 우리 화폐를 얼마나 지급하여야 하는가를 나타내는 방식으로 지급환율이라고 한다. 우리 화폐를 기준으로 하여, 즉 우리 화폐 1단위로 외국화폐를 얼마나 구입할 수 있는가를 표시하는 방식을 외국통화표시환율, 또는 간접표시환율이라고도 한다. 우리나라 원화의 대미달러환율을 ₩1＝US\$0.0008 또는 US\$/₩＝0.0008로 표시하였다면 이는 외국통화표시환율이 되며 수취환율이라고도 한다.

외환시장에서는 여러 나라의 화폐가 거래되므로 우리 화폐와 외국화폐와의 비교뿐 아니라 외국화폐 상호간의 교환비율도 나타낼 수 있다. 외국화폐끼리의 환율 표기방식으로는 미국식표기법과 유럽식표기법이 있다. 외국통화 1단위에 대한 미달러화의 교환비율을 나타내는 방식, 즉 €1＝US\$1.1980 또는 US\$/€＝1.1980 등으로 표기하는 방식을 미국식표기라 한다. 그리고 미달러 1단위에 대한 외국통화의 교환비율인 US\$1＝¥120.00 또는 ¥/US\$＝120.00 등의 표기방식을 유럽식표기라고 한다. 미달러화가 세계의 기축통화의 역할을 담당하면서부터 국제외환거래의 대부분은 미달러화와의 매매거래를 통하여 이루어지고 있어 국제외환시장에서 환율고시는 대부분 미달러화 1단위에 대한 외국통화의 비율인 유럽식표기로 표시하고 있다. 그러나 영국파운드화와 호주달러화 등 몇 개 통화는 미국식표기로 표시한다.

환율 등락의 표현

환율은 수시로 오르기도 하고 내리기도 하는데, 이는 한 나라 통화의 대외가치가 변동되는 것을 의미한다. 환율이 올랐다거나 내렸다고 말할 때는 위에서 설명한 환율 표시 방식에 주의하여야 한다. 외국통화표시환율의 경우 환율이 올

랐다는 것은 그 나라 통화의 대외가치가 올라갔다는 것을 뜻하나, 자국통화표시
환율의 경우에는 그 뜻이 반대방향으로 나타나게 된다. 즉 우리나라 원화의 대미
달러화 환율이 1달러당 1,200원에서 1,190원으로 변동하였다면 흔히 환율이 내
렸다고 말하는데, 이것은 미달러화에 대한 우리나라 화폐의 가치가 상승한 것을
의미한다. 자국통화표시환율로 말하면 환율상승은 자국통화의 가치하락으로 이
를 자국통화의 절하, 또는 외국통화의 절상이라고 말한다. 이러한 용어는 변동환
율제에서의 용어이다. 고정환율제도에서는 당국이 환율을 인상 또는 인하하기
때문에 다른 용어를 쓴다. 당국이 인위적인 환율인상으로 통화가치가 하락한다
면 그때는 평가절하(devaluation)라고 하며 환율인하에 의한 통화가치의 상승은 평
가절상(revaluation)이라고 한다.

환율의 종류

현재 외환시장에서 형성되는 환율은 매매기준율, 재정(裁定)된 매매기준율,
외국환은행간 매매율 및 외국환은행 대고객매매율 등이 있다.

매매기준율이란 은행간시장에서 외국환중개회사의 중개로 거래된 전영업일
의 익일결제 현물환거래 환율을 거래량으로 가중평균한 것이다. 이를 당일의 매
매기준율이라고 한다. 미달러화와 외국환은행의 대고객거래 및 기업 등의 회계
처리에 참고가 되는 환율이다. 재정된 매매기준율이란 최근 주요 국제금융시장
에서 형성된 미달러화와 기타 통화와의 매매율을 매매기준율로 재정하여 산출한
환율을 말한다. 미달러화 이외의 기타 통화와 원화간 외국환은행의 대고객거래
및 기업 등의 회계처리에 참고가 되는 환율이다. 외국환은행간 매매율은 은행간
시장에서 외국환은행들이 거래를 하면서 형성되는 환율을 말한다. 과거에는 매
매기준율을 중심으로 상·하 각각 일정 범위내로 변동폭이 제한되었으나 규제가
폐지됨으로써 현재는 시장에서 자유롭게 결정되고 있다.

참고 외국환은행의 매입률과 매도율 고시 방법
외국환은행은 외환 매입률과 매도율을 매일 공시한다. 예를 들어 유로화 거래에 대해서는
다음과 같이 고시한다.

$$1.4512 - 1.4520$$

이는 '유로화에 대한 달러화 환율(EUR/USD)'이다. 이 고시는 '1유로를 1.4512달러로 매입하고, 1.4520달러로 매도하겠다'는 의미이다. 이 고시에서 1.4512와 1.4520의 차를 매매율차(bid-asked spread)라고 한다. 매매율차는 외환딜러 매매이익의 원천이다. 반면에 고객의 입장에서는 외환중개인에 지불하는 수수료이자 거래비용이다.

외국환은행 대고객매매율은 외국환은행이 고객과의 외환거래시 적용하는 환율이며 각 외국환은행이 당일자 매매기준율 및 외국환은행간 매매율을 감안하여 자율적으로 결정하고 있다. 대고객 외국환매매율에는 외국환의 결제방법에 따라 전신환매매율, 현찰매매율, 수출어음결제율 등이 있다.

〈그림 17-1〉은 외환위기 2년 동안의 환율변화 추이이다. 이 환율은 월별 평균을 나타낸다. 1997년 1년 동안 거의 800원대를 유지하던 환율이 1998년 1월에는 1,700원을 넘어서고 있다. 한편 일중(日中) 환율이 제일 높았던 것은 1997년 12월 24일로 1,964원이었다. 외환보유 사정도 마찬가지였다. 9장의 〈표 9-1〉에서 본 바와 같이 1997년 11월 우리나라 외환보유고는 72.6억 달러에 불과했다. IMF에 구제금융을 요청할 수밖에 없었다. 이 통계그래프는 1997년 경제위기가 '외환위기'라고 불리며, 국민들의 금모으기와 달러 모으기에 나섰던 상황을 보여준다.

그림 17-1 • 외환위기 동안 환율변화 추이

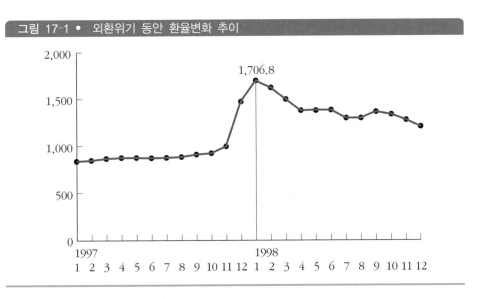

그림 17-2 • 원/달러 환율추이

자료: 한국은행, 「알기 쉬운 경제지표 해설」(2019), p. 358.

〈그림 17-2〉는 1997년부터 2018년까지 우리나라 원달러 환율 변화 추이이다. 경제위기 때마다 환율이 치솟아 오른 것을 확인할 수 있다.

2. 환율의 결정

(1) 수요·공급에 의한 결정

외환의 수요는 거주자가 외국의 상품을 구입하고자 할 때 발생하며, 외환의 공급은 비거주자가 우리나라 상품을 구입하고자 할 때 발생한다.

먼저 외환의 공급에 대하여 생각해 보자. 환율이 상승하면 내국인에게 외국제품 가격이 상승하는 반면, 외국사람이 치러야 하는 우리나라 제품의 가격은 하락한다. 우리나라 제품의 가격이 값싸지면 해외시장에서 우리 제품에 대한 수요가 증가하고 따라서 수출이 증가하면 외환공급이 증가한다. 즉 외환의 공급은 환율에 대하여 증가함수의 관계를 가진다. 다음으로 외환의 수요에 대해 생각해 보자. 이번에도 환율이 상승하고 있다고 가정하자. 환율이 상승하면 내국인에게 외국제품 가격이 상승하는 반면, 외국에서 우리나라 제품 가격은 하락한다. 외국제품의 가격이 비싸기 때문에 수입은 감소하고 외환수요 또한 감소한다. 즉 외환의

그림 17-3 • 외환시장과 환율의 결정

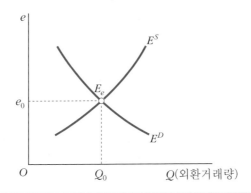

수요는 환율에 대하여 감소함수의 관계를 가진다.

　〈그림 17-3〉은 환율과 외환 수급의 관계를 나타내고 있다. 그림에서 외환의 공급곡선 E^s는 우상향으로, 외환의 수요곡선 E^D는 우하향으로 나타나 있다. 외환시장의 균형은 외환수요곡선과 외환공급곡선이 만나는 점 E_e에서 이루어지며 균형환율 e_0와 균형외환거래량 Q_0가 결정된다.

(2) 구매력평가에 의한 결정

　환율은 그 정의상 한 나라의 통화가치를 다른 나라의 통화가치와 비교한 것이다. 그런데 한 나라의 통화가치는 구매력으로 나타난다는 점에서 환율이란 양국 통화 구매력의 비율이라고 할 수 있다. 환율이 장기적으로 보아 각국 통화의 상대적 구매력을 반영한 수준으로 결정된다고 주장하는 이론을 구매력평가설(purchasing power parity)이라고 한다.

　사람들이 외국통화를 수요하는 것은 그 통화가 그 나라에서 재화와 서비스에 대하여 일정한 구매력을 가지기 때문이며, 그 외국통화에 대한 대가로서 일정한 자국통화를 지급하는 것은 자국통화가 지니고 있는 자국 내의 구매력을 지급한다는 뜻이 된다. 따라서 자국통화와 외국통화와의 교환비율은 그것들이 각기의 국가 내에서 가지고 있는 구매력의 비율, 즉 구매력평가에 따라서 결정되어야 한다는 것이다. 즉 환율은 외환과 원화의 구매력 비율로 결정된다. 빅맥지수는 구매력 평가를 나타내 주는 실례이다.

참고 빅맥지수

빅맥지수(Big Mac Index)란 영국 경제지 이코노미스트에서 분기마다 발표하는 통화가치 지수이다. 이코노미스트는 맥도널드 햄버거 빅맥의 가격에 기초해 세계 120여 개 나라의 물가 수준과 통화가치를 비교하여 발표하고 있다. 그 이론적 근거는 일물일가의 법칙과 구매력평가이론이다. 세계 여러 나라에서 표준화되어 판매되고 있는 빅맥 가격을 달러로 환산해 국가간 물가수준과 통화가치를 비교하고 이를 통해 각국 환율이 적정한가를 판단 하는 것이다.

국가간의 재화거래에서 관세나 운송비용 등과 같은 요인이 없다면 일물일가의 법칙에 따라 양국의 동일 상품가격은 같아야 한다. 즉 국가간 햄버거 가격이 차이를 보인다면 환율의 조정이 일어나 실질적인 가격은 동일해져야 한다. 그러나 현실적으로 재화시장에는 햄버거 이외의 여타 교역재와 비교역재를 포함한 무수한 재화가 존재하므로 환율이 햄버거 가격만을 기준으로 움직이지 않는다. 또한 국가별로 각종 세금이나 거래비용 등이 상이하므로 일물일가의 법칙이 항상 성립하기는 어렵다. 다만 장기적으로는 구매력평가가 대체로 성립한다는 연구결과에 비추어 볼 때 각국의 물가수준은 환율을 결정하는 중요한 요소로 볼 수 있다.

표 17-2 • 주요국의 빅맥지수[1]

	빅맥가격		실제 환율	구매력평가이론 환율(현지통화가 격/미국내가격)	환율수준 평가[2](%)
	현지통화	달러화 (현지통화가격/ 환율)			
South Korea	4,300	3.76	1,143.50	897.70	−21.5
Japan	370	2.99	123.94	77.24	−37.7
United States	4.79	4.79	−	−	−
Argentina	28	3.07	9.14	5.85	−36.0
Australia	5.3	3.92	1.35	1.11	−18.1
Brazil	13.5	4.28	3.15	2.82	−10.6
Britain	2.89	4.51	0.64	0.60	−5.8
Canada	5.85	4.54	1.29	1.22	−5.3
Chile	2,100	3.27	642.45	438.41	−31.8
China	17	2.74	6.21	3.55	−42.8
Colombia	7,900	2.92	2,708.90	1,649.27	−39.1
Denmark	34.59	5.08	6.81	7.22	6.0
Euro area	3.7	4.05	0.91	0.77	−15.4

주: 1) 2015년 7월 기준
   2) '+'는 실제환율이 이론 대비 고평가, '−'는 실제환율이 이론에 비해 저평가

〈표 17-2〉는 주요국의 빅맥지수이다. 2015년 7월 기준으로 우리나라의 빅맥햄버거 가격은 4,300원이고 미국에서의 가격은 4.79달러이다. 만약 구매력평가이론에서 가정하는 일물일가의 법칙이 성립한다면 원/달러 환율은 897.7원(=4,300원/4.79달러)이 되어야 한다. 그런데 실제 환율은 1,143.5원이므로 원화가 약 22% 저평가되어 있다고 볼 수 있다. 일본의 빅맥 햄버거 가격은 370엔으로서 실제 환율(123.9엔)을 이용하여 환산하면 미국 내 가격보다 싼 2.99달러를 나타내고 있다. 일물일가의 법칙에 따라 두 재화의 가격이 동일해지기 위해서는 엔화환율이 달러당 77.2엔이 되어야 하므로 엔화환율은 약 38% 저평가되어 있다고 볼 수 있다.[6]

(3) 이자율평가에 의한 결정

이자율은 화폐의 가격을 반영한다고 볼 수 있다. 국내이자율이 오르면 다른 조건이 불변일 때 우리나라 화폐의 가치가 다른 나라 화폐의 가치보다 비싸지는 것을 뜻한다. 국내이자율이 올라 우리나라 화폐의 가치가 다른 나라 화폐의 가치보다 비싸지면 환율이 하락한다. 환율이 각국 통화가 자국에서 가지는 이자획득 능력에 의하여 결정된다고 보는 이론을 이자율평가설이라고 한다. 구매력평가설이 실물시장에서의 일물일가법칙을 전제로 하는 것과 같이 이자율평가설은 금융시장에서의 일물일가법칙을 전제로 하고 있다. 국제간 자금은 이자율이 낮은 나라에서 높은 나라로 이동하며, 그 자금이동은 장래 예상에 따라 어떤 균형을 찾게 된다. 만일 동일한 금융상품에 대해 국가간에 가격이 서로 다르다면 재정거래가 일어날 것이며, 그 결과 금융상품의 가격과 환율이 변동되어 궁극적으로 재정거래차익이 발생하지 않는 균형상태를 이루게 될 것이다.

3. 환율의 변동

(1) 환율변동의 요인

수요공급의 이론이 그러하듯, 위의 환율결정이론도 환율 이외에 외환의 수요·공급량에 영향을 미치는 다른 요인들은 일정불변하다는 가정하에 논의를 전개하고 있다. 만약 다른 요인들이 변하면 외환의 수요곡선이나 공급곡선은 이동

---

6   한국은행, 「한국의 외환제도와 외환시장」(2016). p. 129에서 발췌

그림 17-4 • 자국 물가의 상승과 환율

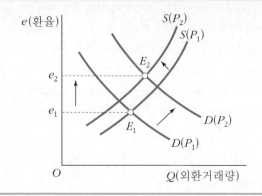

하게 되고 그 균형은 변하게 된다. 외환의 수요나 공급을 변동시키는 요인은 여러 가지가 있다. 그 중 중요한 것을 몇 가지 들면 자국 물가와 해외 물가, 자국의 총소득과 해외 경기수준, 국내 이자율, 경제정책 등을 들 수 있다.

① 자국의 물가: 국내 물가가 상승하면 수출가격도 상승하게 된다. 상품의 수출가격이 비싸지면 해외시장에서 수요가 감소하고 따라서 수출이 감소한다. 수출이 감소하면 외환공급이 감소한다. 〈그림 17-4〉에서 볼 때 자국 물가가 상승하면 외환공급곡선이 왼쪽으로 이동한다.

한편 국내 물가가 오르면 수입품 가격이 상대적으로 하락한다. 따라서 수입이 증가하고 이는 외환수요를 증가시킨다. 그림으로 보면 외환수요곡선이 오른쪽으로 이동한다. 물가상승은 외환의 공급곡선을 왼쪽으로 이동시키고 수요곡선을 오른쪽으로 이동시켜 환율을 상승시킨다. 결국 국내 물가와 환율은 같은 방향으로 움직인다. 이때 외환거래량의 변동 방향은 알 수 없다. 외환 수요곡선과 공급곡선 중 어느 쪽이 많이 이동했느냐에 따라 그 방향이 달라진다.

② 해외 물가: 해외 물가가 하락하면 우리나라 수출품이 해외시장에서 상대적으로 비싸지고, 외국제품은 국내시장에서 상대적으로 값싸진다. 이렇게 되면 외국 제품에 대한 수입수요가 증가하고 따라서 외환의 수요도 증가하게 된다. 또 해외 물가가 하락하면 해외에서 제품 가격이 상대적으로 비싸지게 되어 수출이 감소된다. 결국 외환의 수요는 증가하고 공급은 감소한다. 즉 국내 물가가 상승한 것과 똑같은 효과를 가진다. 외환의 수요곡선이 오른쪽으로 이동하고 공급곡

선이 왼쪽으로 이동하여 환율이 상승하는 것이다. 해외 물가가 상승하면 정반대의 현상이 일어난다.

이상의 분석을 종합해 보자. 국내 물가가 해외 물가에 비하여 상대적으로 오르면 수입이 수출에 비하여 증가하여 환율이 오른다. 국내 물가가 해외 물가에 비해서 상대적으로 내리면 수출은 증가하고 수입은 감소하여 환율이 떨어진다. 수출증가, 수입감소를 위해서는 국내 물가가 오르지 않고 안정되어야 한다.

③ 총소득: 우리나라 경기가 호황이고 총소득이 높아지면 소비수요와 투자수요가 늘기 때문에 수입이 증가한다. 이에 따라 외환 수요곡선이 오른쪽으로 이동하여 환율이 상승한다. 이처럼 환율은 국내 물가는 물론 총소득과도 같은 방향으로 움직인다. 반대로 해외 경기가 좋아 외국의 총소득이 올라가면 우리나라 상품에 대한 수출수요가 증가한다. 이에 따라 외환의 공급곡선은 오른쪽으로 이동하여 환율이 하락한다.

④ 재정정책과 통화정책: 정부지출이나 조세를 변경시키는 재정정책은 환율에 간접적으로 영향을 미친다. 확대 재정정책은 국민소득, 물가, 이자율을 모두 상승시킨다. 국민소득이 증가하면 외환에 대한 수요가 증가한다. 그러나 이자율이 상승하면 외환에 대한 수요가 감소한다. 한편 물가가 상승하면 외환의 수요가 증가하고 공급은 감소한다. 따라서 확대 재정정책은 외환의 공급을 감소시키지만 수요는 증가시키기도 하고 감소시키기도 한다. 어떤 변수의 영향이 상대적으로 강력한가에 따라 환율의 변화방향이 달라진다. 확대 통화정책은 국민소득과 물가를 상승시키고 이자율을 하락시킨다. 이자율의 하락은 외환수요를 증가시킨다. 확대 통화정책은 국민소득 증가와 이자율 하락으로 외환수요를 증가시키고 국내물가의 상승으로 외환공급을 감소시켜 환율을 상승시킨다.

예 상

환율예상도 외환의 수요·공급에 중요한 영향을 미친다. 환율이 상승할 것으로 예상되면 가능한 한 수출은 늦추고 수입은 앞당기는(leads and lags) 현상이 일어난다. 이에 따라 외환의 공급이 감소하고 수요는 증가한다. 환율이 상승할 것으로 예상되면 일반투자가들도 외환의 공급을 줄이고 수요를 늘이는 환투기가 일어나고 환율이 비정상적으로 급등할 수 있다. 환율은 가격변수들 중에서 예상과 투기에 의해 상당히 큰 영향을 받는다. 외환시장에는 동행효과(bandwagon effect)가 많이 발생한다.

(2) 환율변동의 효과

환율이 변동하면 수출이나 수입 등에 영향을 미치며 국내 물가에도 영향을 미친다. 또 외화를 도입한 기업은 환차익이나 환차손을 겪게 된다.

〈표 17-3〉은 환율변동의 파급효과를 나타내고 있다.

환율이 하락하면 수출로 획득할 수 있는 원화의 규모가 작아지기 때문에 수출채산성이 악화된다. 따라서 수출이 감소하고 수입은 증가하게 된다. 환율이 하락하면 수입원자재가격의 하락 등으로 인하여 국내 물가는 하락하게 된다. 외자도입 기업은 원리금상환부담이 감소하여 환차익을 얻는다. 그러나 해외투자가 많은 기업은 환차손을 입는다. 환율이 상승하면 위의 경우와 반대의 상황이 발생한다. 즉 환율이 상승하면 수출증가, 수입감소, 국내 물가 상승, 외자도입 기업의 원리금 상환부담 증가가 일어난다.

표 17-3 ● 환율변동의 파급효과

	환율하락(원화 평가절상)	환율상승(원화 평가절하)
수출 수입	수출채산성 악화 ⇒ 수출 감소 수입상품가격 하락 ⇒ 수입 증가	수출채산성 호조 ⇒ 수출 증가 수입상품가격 상승 ⇒ 수입 감소
국내물가	수입원자재가격 하락 ⇒ 물가안정	수입원자재가격 상승 ⇒ 물가상승
외자도입기업	원화표시 외채 감소 ⇒ 상환부담 감소	원화표시 외채 증가 ⇒ 상환부담 증가

〈그림 17-5〉는 1997년 외환위기 전후 우리나라의 환율과 경상수지와의 관계를 보여 주고 있다. 환율상승과 수출증가가 같은 방향으로 움직이고 있는 것을 볼 수 있다. 특히 외환위기가 진행되면서 환율이 급등하였던 1997년 말부터 경상수지 적자가 점점 감소하다가 1998년부터는 경상수지가 큰 폭의 흑자를 기록하고 있다.

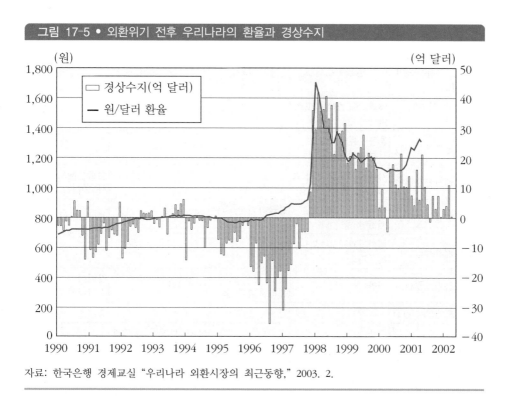

그림 17-5 • 외환위기 전후 우리나라의 환율과 경상수지

자료: 한국은행 경제교실 "우리나라 외환시장의 최근동향," 2003. 2.

환율제도

1. 환율제도의 종류

환율제도는 고정환율제도, 중간단계 환율제도, 변동환율제도로 분류할 수
있다. 크게 보면 대부분 국가의 환율제도는 고정환율제도에서 변동환율제도로
이행해왔고, 또 이행하고 있다. 〈표 17-4〉는 각국의 환율제도와 통화정책 운용
체제를 보여준다. 특이한 것은 자국의 법정통화를 보유하지 않는 나라도 있다는
점이다. 에콰도르, 엘살바도르, 파나마 등은 자국 통화 없이 미달러를 통용하고
있다.

표 17-4 • 국가별 환율제도 및 통화정책운용체제

통화정책 운영체계 환율제도	환율목표제	통화량목표제	물가안정목표제	기 타
고유의 법정통화 없음(13)	에콰도르, 엘살바도르, 파나마 등	–	–	–
통화위원회제도(11)	홍콩, 불가리아, 브루나이 등	–	–	–
전통적페그제도(43)	카타르, UAE, 덴마크, 사우디, 쿠웨이트 등			솔로몬제도, 사모아
안정적환율제도(24)	레바논, 싱가포르, 베트남 등	방글라데시, 중국 등	체코, 세르비아	케냐, 수단 등
크롤링페그제도(3)	니카라과, 보츠와나, 온두라스	–	–	–
유사크롤링제도(10)	이란	우즈베키스탄, 에티오피아 등	도미니카	자메이카, 스리랑카 등
수평밴드페그제도(1)	–	–	–	통가
변동환율제도(38)	–	아프가니스탄, 마다가스카르 등	한국, 브라질, 뉴질랜드, 인도네시아, 인도, 터키, 남아공 등	스위스, 몽골, 말레이시아 등
자유변동환율제도 (31)	–	–	호주, 캐나다, 러시아, 일본, 멕시코, 영국, 스웨덴 등	미국, EMU (독일, 프랑스 등)

주: ( )내는 해당 국가수
자료: 한국은행, 「알기 쉬운 경제지표 해설」(2019), p. 355.

(1) 고정환율제도

고정환율제도(fixed exchange rate system)란 외환시세의 변동을 전혀 인정하지 않고 환율을 고정시켜 놓은 제도를 말한다. 고정환율제도하에서는 환율이 변동되지 않으므로 환위험을 피할 수 있어서 국제무역과 국제투자가 확대될 가능성이 높다. 그러나 외환의 수요와 공급이 제대로 조정되지 않아 국제수지균형메커니즘이 작동되지 못한다는 단점이 있다.

고정환율제도에는 통화위원회제도와 전통적 고정환율제도가 있다.

통화위원회제도(currency board arrangements system)는 일정한 환율수준을 명확하게 규정하여 통화정책을 운영하는 제도로서, 가장 극단적인 형태의 고정환율제도라고 할 수 있다. 이 제도하에서는 자국통화의 환율을 기축통화에 고정시키고 자국의 화폐발행액을 외환보유액에 연계하여 자국화폐 소지자가 요구할 경우 고정된 환율로 외환보유액과 무제한 태환을 허용한다. 이 제도하에서는 화폐발행액이 외환보유액에 직접 연계되어 있어 통화정책을 자율적으로 운영하기가 어렵게 된다. 불가리아, 홍콩, 브루나이 등이 통화위원회제도를 채택하고 있다.

전통적 고정환율제도(conventional fixed peg arrangements system)는 가장 보편적인 유형의 고정환율제도를 말한다. 페그(peg)환율제도라고도 한다. 고정환율제도 국가는 자국통화를 미국달러화나 유로화 등 외국의 단일통화 또는 SDR이나 복수통화바스켓(multiple currency basket) 등에 연동시켜 고정된 환율을 유지시키거나, 중심환율로부터 ±1% 이내의 극히 제한된 범위 내에서 환율변동을 허용한다. 페그(peg)라는 말은 고정시킨다는 의미를 갖는다. 아랍 에미리트, 덴마크, 카타르 등 43개 국가가 채택하고 있다.

(2) 중간단계 환율제도

중간단계란 고정환율제도에서 변동환율제도로 이행해가는 단계를 의미한다. 중간단계 환율제도는 넓은 의미의 고정환율제도에 속한다. 중간단계 환율제도로는 안정적환율제도, 수평밴드 페그제도, 크롤링 페그제도, 유사크롤링제도가 있다.

안정적환율제도(stabilized arrangements)는 정책당국이 시장개입을 통해 환율을 6개월 이상 2% 범위 내에서 변동하도록 운영하는 제도이다. 레바논, 싱가포르 등 24개 국가가 채택하고 있다.

수평밴드 페그제도(pegged exchange rates within horizontal bands system)는 수평의 밴드(horizontal band)를 가진 고정환율제도라고도 한다. 이 제도는 전통적 고정환율제도와 비슷하나 좀 더 신축적인 환율변동이 가능하도록 환율변동 허용폭을 ±1% 이상으로 넓게 정해 운영하는 제도이다. 덴마크, 통가 등이 채택하고 있다.

크롤링 페그제도(crawling pegs system)는 자국통화를 외국의 단일통화 또는 복수통화바스켓에 연동시켜 단기적으로는 중심환율을 유지하되, 장기적으로는 사전에 정해진 환율수준에 수렴하도록 중심환율을 주기적으로 미조정(微調整, crawl)하는 제도이다. 니카라과, 보츠와나, 온두라스 등이 채택하고 있다. 이 제도는 국제수지 조정과정에서 환율의 단기적 안정성과 장기적 신축성을 결합한 제도라고 볼 수 있다.

유사크롤링제도(crawl-like arrangements system)는 6개월 이상 기간 중 환율의 통계적인 추세가 2% 이내에서 변동하며, 최소 변동범위는 안정적환율제도보다 큰 제도이다. 이란, 우즈베키스탄 등이 채택하고 있다.

(3) 변동환율제도

변동환율제도(flexible exchange rate system)란 환율을 고정하지 않고 시장의 추세에 따라 변동하도록 허용하는 제도이다. 변동환율제도하에서는 외환시장의 안정성이 보장되는 한 일반적으로 국제수지균형메커니즘이 작용한다. 그러나 환율변동 때문에 환위험이 발생하고 이에 따라 국제무역이나 국제투자가 저해될 가능성이 크다. 특히 투기적 단기자본인 핫 머니(hot money)의 유출입 가능성이 크다. 변동환율제도로는 관리변동환율제도, 자유변동환율제도가 있다.

관리변동환율제도(managed floating system)는 원칙적으로 환율의 신축적인 변동을 허용하되, 정책당국이 외환시장에 적극 개입함으로써 환율이 적절한 수준에서 움직이도록 환율을 관리하는 제도이다. 이 제도하에서는 정책당국이 환율변동의 경로를 미리 정하거나 공표함이 없이 정책당국의 내부적인 정책판단에 따라 적절하다고 결정한 수준에서 환율이 움직이도록 관리하는 제도이다. 인도, 말레이시아 등이 채택하고 있다.

자유변동환율제도(independently floating system)는 환율의 자유로운 변동을 허용함으로써 환율이 외환시장에서의 수요공급 원리에 따라 결정되도록 하는 제도이다. 다만 이 제도하에서도 정책당국이 외환시장에 간혹 개입하기도 하나, 이러한 개입은 정책당국이 내부적으로 정한 일정한 수준에서 환율이 움직이도록 하기 위한 것이 아니며 환율의 단기적인 급변동을 완화시키거나 비정상적인 시장상황으로 인해 환율이 정상궤도에서 일시적으로 이탈하는 것을 시정하기 위해 예외적으로 이루어진다. 이 제도는 여러 환율제도 중 가장 신축적인 환율제도이다. 일본, 호주, EMU 등이 채택하고 있다.

앞의 표를 보면 고정환율제도나 중간단계의 변동환율제도를 택하고 있는 나라들은 통화정책으로 대부분 환율목표제를 실시하고 있다. 그리고 변동환율제도를 채택하고 있는 나라들은 통화량목표제나 물가안정목표제를 실시하고 있는 것을 알 수 있다. 한편, 표의 첫 행을 보면 '고유의 법정통화 없음'이라는 말이 나온다. 자국통화가 없어도 되는 것일까?

달러화통용제도와 통화연합

극심한 인플레이션을 겪었던 일부 중남미 국가들은 특정국 통화, 예를 들어 미국달러화로 자국통화의 기능을 공식적으로 대체시키는 달러리제이션(dollarization)을 채택하고 있다. 이 제도를 달러화통용제도, 즉 달러리제이션이라고 하는 것은 타국통화를 사용하는 대부분의 국가가 미국달러를 사용하기 때문이다. 달러화통용제도를 채택한 나라에서는 자국 통화의 발행과 사용을 포기하고 미 달러화를 법화로 사용한다. 이러한 제도는 파나마, 에콰도르, 엘살바도르 등 미국 경제와 밀접하게 연관된 중남미 국가에서 채택하고 있다.

달러화통용제도의 장점은 다음과 같다. 첫째, 물가와 금리안정을 통해 경제의 안정적 성장을 도모할 수 있다. 이 제도하에서는 재정적자 보전을 위한 화폐발행이 불가능하므로 인플레이션 기대심리가 크게 낮아지고 이에 따라 물가 및 금리가 안정될 수 있다. 둘째, 국내경제에 대한 대외 신인도 제고에 기여할 수 있다. 환율변동 위험이 미국의 달러화 수준으로 낮아져 자본유입이 촉진되고 무역거래가 활성화되고 또한 평가절하 위험이 해소된다. 셋째, 외환거래에 수반되는 비용을 크게 축소시킬 수 있다. 즉, 결제비중이 높은 달러화를 거래수단으로 사용함으로써 외환거래에 수반되는 환전비용 등 거래비용이 절감될 수 있다.

달러화통용제도의 단점은 다음과 같다. 첫째, 경기변동성이 확대되고 금융시스템의 불안정성이 증대될 수 있다. 즉, 미국달러화통용제도를 채택한 국가의 경기순환이 미국과 일치하지 않을 경우 미국 연방준비은행의 통화정책으로 경기의 진폭이 오히려 확대될 수도 있다. 예를 들어 미국달러화통용제도를 채택한 국가의 경기가 침체되고 있으나 미국 연방준비은행이 인플레이션 억제를 위해 금리를 인상할 경우 경기침체가 심화될 수 있다. 둘째, 금융위기시 중앙은행이 최종 대부자의 역할을 수행할 수 없기 때문에 금융시스템의 안정성을 확보하는 데 어려움이 있을 수 있다. 그리고 미국달러화통용제도는 정치·경제적 주권의 상실로 간주되어 사회적 불안정이 초래될 수 있고 특히 화폐발행 권리의 포기에 따른 시뇨레지(seigniorage)를 상실하게 되는 문제점도 지니고 있다.

최근에는 지역성을 가진 국가들이 통화동맹을 결성하는 방식이 도입되고 있다. 통화동맹국들은 자국통화의 사용을 포기하고 역내에 단일 통화를 도입해 사용한다. 통화동맹으로는 EMU, ECCU, WAEMU, CAEMC 등이 있다.

유럽통화통합 EMU는 완전한 통화통합을 이룩하여 단일통화인 유로(euro)화를 사용하고 있다. ECCU(Eastern Caribbean Currency Union)는 카리브해 연안국들의 통화통합이다. 여기에는 도미니카, 그라나다 등이 참가하고 있다. WAEMU(The West African Economic and Monetary Union)는 서아프리카경제통화동맹을 말한다. 여기에는 말리, 세네갈, 토고 등이 참가하고 있다. CAEMC(The Central African Economic and Monetary Community)는 중아프리카경제통화공동체를 말한다. 여기에는 카메룬, 콩고, 가봉 등이 참가하고 있다.

2. 우리나라의 환율제도의 변천

우리나라는 정부수립 이후 고정환율제도, 단일변동환율제도, 복수통화바스켓에 기초한 관리변동환율제도, 새로운 관리변동 환율제도인 시장평균환율제도, 자유변동환율제도를 차례로 채택하여 왔다.

〈표 17-5〉는 우리나라 환율제도의 변천이다.

① 고정환율제도(해방~1964.4): 우리나라는 해방 후부터 1960년대 초까지 고정환율제도를 채택하여 왔다. 금본위제도하의 환율제도가 전형적인 고정환율제도이며 변동폭을 상하 1% 이내로 한정하였던 국제통화기금(IMF)체제하의 환율제도도 일종의 고정환율제도이다. 이 제도는 무역거래에 있어서 환리스크(換 risk)를 작게 하기 때문에 무역촉진을 위해 여러 나라에서 채택하여 왔으나 한 나라의 국제수지에 기초적 불균등이 있는 경우에는 재량적으로 대폭적인 평가변동을 하여야 한다는 단점이 있었다.

② 단일변동환율제도(1964.5~1980.1): 고정환율제도는 외환시장의 사정을 제대로 반영할 수 없었으며 경제개발시대를 뒷받침하기 위한 장치가 되지 못하였다. 이에 1964년 5월에는 외환의 자유로운 매매를 통해 환율을 결정하는 단일변

표 17-5 • 우리나라 환율제도의 변천

45.10	고정환율제도	고정환율제도
49. 6	복수환율제도 실시: 정부보유외환에 적용되는 공정환율과 외환의 환금에 적용되는 일반환율로 구분	
49.11	공정환율의 실세화를 위해 외환경매제 시행	
55. 8	외환경매제 폐지, 단일공정환율제도로 통합	
64. 5	단일변동환율제도로 변경	단일변동환율제도
65. 3	한국은행이 한국은행 집중고시율을 고시하는 변동환율제도	
80. 2	복수통화바스켓제도: 미달러화와 주요 교역상대국 통화의 국제시세에 연동하는 복수통화 바스켓환율제도 채택	복수통화바스켓제도
90. 3	시장평균환율제도 시행: 기준율의 상하 0.4% 범위 내	시장평균환율제도
91. 9	환율변동폭 확대	
92. 7	환율변동폭 확대	
92. 9	기준환율제도(1 $ 당 480원, 74.12. 7) 폐지	
93.10	환율변동폭 확대: 기준환율의 ±1.0%	
94.11	환율변동폭 확대: 기준환율의 ±1.5%	
95.12	환율변동폭 확대: 기준환율의 ±2.25%	
97.11	환율변동폭 확대: 기준환율의 ±10.0%	
97.12	기준환율의 일일변동폭 완전 폐지	자유변동환율제도
99. 4	미달러화에 대한 기준환율을 매매기준율로, 기타통화에 대해서는 재정된 매매기준율로 명칭 변경	

동환율제로 전환되었다.

③ 복수통화바스켓에 기초한 관리변동환율제도(1980.2~1990.2): 단일변동환율제도하에서도 1974년 12월 이후 1980년 초까지는 평가절하 없이 환율이 고정되어 있었다. 그런데 이 기간 동안에 우리나라의 국내물가가 크게 상승하였으며, 세계적으로 관리변동환율제도 아래서 미달러화의 가치가 다른 주요 선진국 화폐에 대하여 크게 변동하였다. 이 때문에 우리나라 원화의 가치가 실질적으로 고평가되어 환율이 국제수지적자를 해소할 수 없었으며, 미 달러화 이외의 화폐들에 대한 환율이 크게 변동하였다. 이러한 문제를 해결하기 위해 1980년 1월에 큰 폭의 평가절하를 시행하고 1980년 2월에 복수통화바스켓제도에 기초한 관리변동환율제도를 채택하였다.

환율의 페깅(pegging)은 자국화폐의 대외가치를 단일통화에 연결시키는 방식과 복수통화바스켓에 연동시키는 방식이 있다. 단일통화에 연동시키는 경우 peg

통화의 가치변동에 따라 자국통화의 기타국 통화에 대한 환율이 수동적으로 변하게 되어 환율이 경제여건을 적절히 반영하지 못하는 단점이 있다. 이러한 점을 보완하기 위해서 자국과 교역비중이 큰 복수 국가의 통화를 선택하여 통화군(basket)을 구성하고 그 바스켓을 구성하는 통화들의 가치가 변동할 경우 각각 교역가중치에 따라 자국통화의 환율에 이를 반영하는 환율제도를 복수통화바스켓제도라 한다. 그리고 관리변동환율제도란 환율이 외환시장의 수급상황에 따라 변동되도록 하되 중앙은행이 외환시장에 개입하여 환율수준을 관리하는 제도로서 고정환율제도와 자유변동환율제도의 장점을 살린 중간형태라 할 수 있다. 이 제도하에서는 물가, 이자율수준, 국제수지상황 등을 반영하여 환율을 인위적으로 조정하였다. 이를 실세반영장치라고 한다.

④ 시장평균환율제도(1990.3~1997.12): 1980년대 후반에 우리나라의 국제수지가 크게 개선되었으며, 대외거래 자유화를 더욱 추진하게 되었다. 한편 복수통화바스켓에 기초한 관리변동환율제도의 실세반영장치라는 인위적인 환율조정방식은 원화의 저평가를 초래하고 있었다. 이를 시정하기 위해서 1990년 3월 시장평균환율제도를 채택하였다. 시장평균환율제도란 기본적으로 환율이 외환시장에서 수요·공급에 의해 결정되도록 하되, 급격한 환율변동에 의한 외환시장 교란과 경제에 미치는 부작용을 완화하기 위하여 환율의 일중 변동폭을 법적으로 제한하는 제도이다. 이것은 제한적이기는 하나 국내외환시장에서의 외환(미달러화)의 수요·공급에 의하여 환율이 결정되게 하는 관리변동환율제도이다. 이 시기에 한국은행은 적정환율수준을 벗어났다고 판단하면 외환시장에 개입하였다.

⑤ 자유변동환율제도(1997.12.16.~현재): 1997년 12월 외환위기로 자유변동환율제도로 이행되었다. 자유변동환율제도는 외환이 거래되는 외환시장에서 수요·공급에 의해서 환율이 자유롭게 결정되도록 하는 제도이다. 변동환율제도는 환율이 시장에서 결정되므로 경제의 효율성을 증대시킬 수 있다. 즉 환율의 변동이 자유스러우므로 자원이 가장 효율적으로 이용될 수 있는 것이다. 그러나 환율의 자유롭고 잦은 변동은 자원이동의 시간과 비용을 증대시킬 수 있다. 또 해외교역의 불확실성을 증대시킬 수 있다. 경제력이 약한 국가의 외환시장이 투기자본의 각축장이 될 가능성도 변동환율제도의 단점의 하나이다.

Summary

1. 기축통화란 국제거래에서 결제수단으로 통용되는 통화를 말한다. 국제통화라고도 한다.
2. 한 나라의 통화가 국제통화가 되면 자국에 비용절감효과와 시뇨레지효과를 가져다 준다.
3. 통화의 국제화는 일국의 정치경제적 안정과 세계무역에서 차지하는 비중, 경상 및 외환거래와 관련된 규제 여부, 국내금융시장과 국제금융시장간의 네트워크 형성 여부, 무역구조 등 다양한 요인들에 의해 결정된다.
4. 외환시장이란 외환의 수요자와 공급자 간에 외환거래가 정기적 또는 지속적으로 이루어지는 시장을 가리킨다.
5. 외환시장은 기업, 개인 등 일반고객과 외국환은행 사이에 외환거래가 이루어지는 대고객시장과 외국환은행간에 외환거래가 이루어지는 은행간시장이 있다.
6. 환율이란 이와 같이 외국돈과 우리나라 돈을 바꿀 때 적용되는 교환비율을 말한다.
   - 외국돈 1단위를 바꾸기 위해서 우리 돈을 얼마나 지급해야 하는가를 표시하는 방법을 자국통화표시환율 또는 지급환율이라고 한다.
   - 우리 돈 1단위로 외국돈을 얼마나 받을 수 있는가를 표시하는 방법을 외국통화 표시환율 또는 수취환율이라고 한다.
7. 환율에 영향을 미치는 요인으로는 자국의 물가와 해외 물가, 우리나라 총소득과 해외의 경기수준, 우리나라의 이자율, 경제정책 등을 들 수 있다.
   - 자국 물가상승은 환율을 상승시킨다. 해외 물가의 상승은 환율을 하락시킨다.
   - 국내 이자율이 오르면 환율이 하락한다.
8. 매매기준율이란 은행간시장에서 외국환중개회사의 중개로 거래된 전영업일의 익일 결제 현물환거래 환율을 거래량으로 가중평균한 것이다.
9. 환율이나 국가간 결제수단에 대해 세계 각국이 채택하는 제도를 통틀어 국제통화 제도라고 한다.
10. 브레튼우즈체제는 미국달러화를 기축통화로 하는 금본위제도로서의 조정가능 고정 환율제도이다.
11. 킹스턴체제는 각국 여건에 맞는 독자적인 환율제도를 선택할 수 있는 재량권을 부여함으로써 이미 실시되고 있는 관리변동환율제도를 인정한 것이다.
12. 통화위원회제도는 일정한 환율수준을 명확하게 규정하여 통화정책을 운영하는 제도로서, 가장 극단적인 형태의 고정환율제도라고 할 수 있다.

13. 전통적 고정환율제도는 가장 보편적인 유형의 고정환율제도를 말한다. 페그 환율제도라고도 한다.

14. 수평밴드 페그제도는 수평의 밴드(horizontal band)를 가진 고정환율제도로 신축적인 환율변동이 가능한 제도이다.

15. 크롤링 페그제도는 자국통화를 외국통화 또는 복수통화바스켓에 연동시켜 단기적으로는 중심환율을 유지하되, 장기적으로는 사전에 정해진 환율수준에 수렴하도록 중심환율을 주기적으로 미조정하는 제도이다.

16. 유사크롤링제도는 환율이 단기적으로는 중심환율로부터 일정한 범위 내에서 움직이도록 허용하되 주기적으로 중심환율을 미조정함으로써 장기적으로는 보다 신축적인 환율변동을 허용하는 제도이다.

17. 관리변동환율제도는 원칙적으로 환율의 신축적인 변동을 허용하되 정책당국이 외환시장에 적극 개입함으로써 환율이 적절한 수준에서 움직이도록 환율을 관리하는 제도이다.

18. 자유변동환율제도는 환율의 자유로운 변동을 허용함으로써 환율이 외환시장에서의 수요공급원리에 따라 결정되도록 하는 제도이다.

19. 달러화통용제도란 자국통화를 포기하고 달러화를 법화로 사용하는 제도를 말한다.

20. EMU는 유럽통화통합을 말한다. 유럽통화통합은 완전한 통화통합을 이룩하여 단일통화인 유로(euro)화를 사용하고 있다.

21. 우리나라는 정부수립 이후 고정환율제도, 단일변동환율제도, 복수통화 바스켓에 기초한 관리변동환율제도, 새로운 관리변동환율제도인 시장평균환율제도, 자유변동환율제도를 차례로 채택해 왔다.

읽을거리

카뱅, 계좌번호 몰라도 해외송금

인터넷전문은행인 카카오뱅크가 해외거주자의 영문명과 거주 국가 이름만 알면 손쉽게 돈을 보낼 수 있는 해외 송금서비스를 내놨다. 그동안 은행의 독무대였던 해외 송금 서비스 시장에 인터넷은행과 핀테크기업이 뛰어들면서 파격적인 서비스가 이뤄지고 수수료도 낮아지는 추세다. 인터넷은행 카뱅은 200개 이상의 국가에 55만의 가맹점을 보유한 웨스턴유니온(Western Union)과 손잡고 '웨스턴유니온 빠른 해외송금' 서비스를 내놨다고 밝혔다.

웨스턴유니온 송금서비스를 이용하면 돈을 받는 상대방의 계좌번호를 몰라도 송금이 가능하다. 송금인이 카뱅이 제공하는 앱에 수취인의 영문 이름과 국가명, 송금액을 입력한 뒤 생성된 송금번호(MTCN: money transfer control number)를 수취인에게 알려주면 된다. 송금인은 24시간, 365일 서비스를 이용할 수 있다.

수취인은 시스템상으로는 송금 1분 뒤면 돈을 받을 수 있지만, 은행이 아니라 웨스턴유니온 가맹점에서 돈을 찾아야 하는 것이어서 영업시간이나 물리적 거리의 제약을 받을 수 있다. 은행, 편의점, 마트 등에 자리 잡은 웨스턴유니온 가맹점을 찾아서 송금번호를 제시하고 본인 확인절차를 거쳐야 하기 때문에, 현지 가맹점의 영업 시간대여야 한다. 송금수수료는 3천 달러 이하는 6달러, 3천 달러 초과는 12달러 수준이다. 다만 웨스턴유니온이 가맹점에서 내줄 수 있는 현금 유동성을 고려해 송금액을 하루 7천 달러로 제한하기 때문에 실질적으로 7천 달러를 초과하는 금액을 보낼 때는 송금 수수료나 수취까지 시간이 더 걸리게 된다.

한겨레신문 2019. 1. 22, 발췌

Chapter

18 | 국제금융시장과 환위험 관리

1. 국제금융시장의 의의

산업혁명 이후 국제무역이 급신장하고 해외시장 개척과 식민지배에 열을 올리면서 영국을 중심으로 선진국 은행들은 자국 무역회사의 대외진출을 돕기 위해 자금을 지원하기 시작하였다. 자국기업의 해외 진출을 지원하기 위한 자금 공여는 무역금융뿐만 아니라 해외투자 등 국제거래 전반에 걸쳐 이루어졌다. 그러다가 1950년대 말 유로달러시장이 형성되고 미국은행이 유럽 진출을 본격화하면서 국제금융이 발전하기 시작하였다. 국제금융이란 국제무역과 해외투자 및 자금의 국제적 대차 등에 수반하여 금융자산이 국제적으로 거래되는 현상을 말한다.

국제금융: 금융자산이 국제적으로 거래되는 현상

국제금융시장(international financial market)은 국가간 자금거래가 이루어지는 시장을 의미한다. 여기에는 국제상업은행의 중개 기능을 통한 대출 및 예금 거래와 함께 국경을 넘는 주식과 채권의 발행 및 유통 거래가 포함된다.

일반적으로 국제금융시장은 두 가지 의미로 사용되고 있다. 첫째는 구체적 장소의 개념으로서 미국, 유럽 등의 주요 금융중심지나 그 지역에서 운영되고 있는 증권거래소, 선물거래소 등을 들 수 있고, 둘째는 추상적 개념으로서 국제자금의 수요와 공급을 연결하여 주는 기능과 거래 내용을 총칭하는 개념이다. 오늘날 정보통신기술의 발달과 더불어 국제자금의 거래 내용, 규모, 방법 등이 복잡하고 다양해짐에 따라 본래의 장소적 개념은 희박해지고 있으며 단순히 국제금융시장이라고 할 때에는 일반적으로 추상적 개념의 시장을 의미한다. 특히 국제적인 증권대체결제 내지 자금이체시스템이 발달되고 24시간 국제금융거래가 이루어짐으로써 장소적 개념의 시장은 점차 의미를 상실하고 있다. 국제금융시장 참가자로는 IBRD 등 국제금융기구 및 차입자그룹, JP Morgan을 비롯한 국제상업은행 등 중개기관과 국제딜러 및 국제브로커, 그리고 다양한 투자자그룹, 세 가지가 있다.

2. 국제금융시장의 역할

국제금융시장은 주로 세계 각국 실물경제 성장을 뒷받침하고 기업의 생산활동을 효율적으로 수행할 수 있게 하는 역할을 해 왔다. 국제금융시장에 필요한 자금은 저축, 국제은행의 대출, 실물투자라는 간접금융방식으로 이루어져 왔다. 그러나 오늘날에는 국제금융거래가 실물경제와 무관하게 이루어지면서 단지 국제금융자산을 운용함으로 이윤을 창출하는 것을 목적으로 하는 경향이 있다. 또 이러한 경우의 자금조달은 채권, 주식 등의 발행을 통해 자본을 형성하는 직접금융 방식의 금융증권화 현상이 국제금융시장에도 일어나고 있다. 아울러 각국 국내금융시장의 개방과 세계금융시장의 통합이 진전됨에 따라 자본의 이동성이 증대되고 금융자산도 다양해지고 있다. 또한 현대적 포트폴리오이론에 근거한 위험의 분산 및 투자수익률의 극대화를 위하여 국제채권, 국제주식, 외환 등 다양한 국제금융상품이 끊임없이 재구성되고 있을 뿐만 아니라 위험을 헤지하기 위해 선물, 옵션, 스왑 등을 기본으로 하는 다양한 파생금융상품이 개발됨에 따라 국제금융시장의 규모는 급격하게 팽창하고 있다. 따라서 국제금융시장은 단순히 세계 각국의 실물투자 또는 기업의 생산활동 확대를 위한 수단적인 기능보다는 국제금융자산의 효율적 운용으로 이익을 창출함과 아울러 세계 금융자산의 최적 배분을 통해 자본의 생산성 증대, 무역 및 투자 확대, 국제유동성의 조절, 각국의 경제발전을 촉진하는 기능을 수행한다.

국제금융기구[1]

금융 분야에서의 협력관계 구축을 목적으로 하면서 금융기능을 갖춘 국제기구를 국제금융기구라고 한다. 국제금융기구는 국제통화제도를 주로 다루는 IMF 등 국제통화기구와 IBRD, ADB 등 개발금융을 전문으로 취급하는 개발금융기구로 구분된다. 개발금융기구는 최근 들어 다자간개발은행(MDB)으로 불린다. 다자간개발은행이란 경제개발자금을 지원하는 은행으로서 차입국 또는 개발도상국과 자금제공국 또는 선진국이 참여하는 은행이다. 세계은행그룹, 아프리카개발은행

---

1   한국은행, 「국제금융기구」(2018). p. 6.

그룹, 아시아개발은행, 유럽부흥개발은행, 미주개발은행그룹을 가리킨다. 카리브해연안개발은행, 중미경제통합은행, 동아프리카개발은행, 서아프리카개발은행 등 소지역은행들은 주로 차입에 주력하지만 다수국이 참여하고 있다는 점에서 MDB에 포함시키기도 한다.

유럽투자은행, 이슬람개발은행, 북유럽투자은행, 국제농업개발기금, OPEC기금 등은 MDB에 비해 가입 자격이 제한적이거나 특정 분야를 지원 대상으로 하고 있기 때문에 기타 다자간금융기구로 분류된다.

section 02 • 국제금융시장의 종류

국제금융시장은 각국의 금융시장, 역외금융시장, 그리고 이들 시장간의 거래를 연계시키는 외환시장으로 구성되어 있다. 국제금융시장은 종류가 매우 다양한데 기능별 또는 지역별로 구분할 수 있다.

먼저 국제금융시장을 기능별로 구분하면 국제자본시장, 국제단기금융시장, 파생금융상품시장, 그리고 외환시장으로 나눌 수 있다. 국제자본시장은 신디케이트대출(syndicated loan), 국제채권, 국제주식 등 국제적 중·장기 금융상품이 거래되는 시장이다. 국제단기금융시장에서는 유로CD, 유로CP 등 국제적 단기금융상품이 주로 거래된다. 국제금융시장이라고 하면 일반적으로 단기시장을 의미한다. 파생금융상품시장에서는 선물, 옵션, 스왑의 거래가 이루어진다. 마지막으로 외환시장이 있는데 여기에서는 국제금융거래에 수반되는 이종통화표시의 지불수단, 즉 외환의 매매거래가 이루어진다. 신디케이트대출이란 다수의 자금공여 금융기관이 차관단을 구성하여 대규모 자금을 빌려주는 공동융자 방식의 대출을 말한다. 지역적인 측면에서 국제금융시장을 구분하면 각 지역별로 국제금융중심지의 역할을 수행하는 국제금융센터와 특정국가의 금융규제나 통제를 받지 않는 역외금융시장이 있다.

1. 기능별로 본 국제금융시장의 종류

국제금융시장을 기능별로 분류하는 일은 국내금융시장을 분류하는 것과 비슷하다. 〈표 18-1〉은 기능별로 본 국제금융시장의 종류이다.

국제자본시장

좁은 의미의 국제금융시장인 국제자본시장에서는 만기가 1년 이상인 신디케이트대출, 채권, 주식 등의 장기금융자산이 거래되고 있다. 국제자본시장은 국제대출시장, 국제채권시장, 국제주식시장으로 다시 구분할 수 있다.

국제대출시장은 국제상업은행의 금융중개기능을 통한 예금과 대출이 이루어지는 시장이다. 한편 신디케이트란 거액의 유가증권 인수시에 결성되는 일시적 조직으로서의 금융업자 인수단체를 말하며, 이들에게 행한 대출을 신디케이트대출이라고 한다.

국제채권시장은 국제투자은행을 주간사로 하여 채권의 발행이 이루어지고 시장 조성자를 통해 매매가 이루어지는 시장이다. 국제주식시장은 주식의 발행과 매매를 통하여 자금의 조달과 투자가 이루어지는 시장이다. 한편 국제자본시장에서는 주식, 채권 등 장기성 국제증권의 발행과 유통이 이루어진다. 자본시장에 발행시장과 유통시장이 있듯이 국제자본시장에도 발행시장과 유통시장이 있다. 새로이 발행된 증권이 발행자로부터 국제투자은행이나 국제상업은행 등 주간사를 통하여 최종적으로 투자자들에게 판매되는 시장이 발행시장이며, 이미 발행된 증권이 브로커나 딜러를 통해 거래가 이루어지는 시장이 유통시장이다.

표 18-1 • 기능별로 본 국제금융시장의 종류

국제금융시장	국제자본시장	국제대출시장
		국제채권시장 국제주식시장
		주식연계 채권시장
	국제단기금융시장	유로 단기금융시장
		주요국 단기금융시장
	파생금융상품시장: 선물, 옵션, 스왑	
	외환시장: 현물환, 선물환	

국제채에는 외국채와 유로채(eurobond)가 있다. 외국채는 발행인이 외국에서 그 나라 통화표시로 발행한 채권이다. 외국채의 발행주선인은 주로 당해 국가의 증권발행업자가 되며 해당국가 법규의 규제를 받는다. 외국채는 발행지역에 따라 미국에서 발행되는 양키본드, 영국에서 발행되는 불독본드 및 일본에서 발행되는 사무라이본드 등이 있다.

유로채는 발행인이 외국에서 제3국 통화표시채권을 발행하여 국제적인 신디케이트를 통해 판매되는 채권이다. 유로채는 주로 유럽 자본시장에서 발행되는 외화표시 채권이다. 유로채는 미국달러 표시채권이 대부분이며 그 밖에 독일마르크, 스위스프랑 표시채권 등이 있다. 유로채는 1963년 미국이 국제수지대책으로 이자평형세를 창설하여 뉴욕 자본시장에서 외채를 축출한 데서 비롯되었다. 이 때문에 거액투자가의 투자 의욕을 겨냥하여 런던의 머천트 뱅크를 중심으로 한 국제적 신디케이트가 유럽에서 기채(issue of bonds)한 달러표시 채권을 세계 각국에서 매출하는 방법을 고안해 냈는데, 이 채권이 바로 유로채이다.

국제주식시장은 주식이 국제주식화되어 국제적으로 거래되는 시장을 말한다. 국제주식은 예탁증서, 폐쇄형 국가펀드 등이 있으며, 발행기업이 자국이 아닌 제3국의 주식시장에서 발행하거나 런던의 국제증권거래소와 같은 국제주식시장에서 상장하는 주식도 있다. 기타증권으로는 주식연계채권 또는 이종증권으로 불리는 주식 및 채권의 성격을 동시에 갖춘 전환사채(CB: convertible bond), 신주인수권부사채(BW: bond with warrants) 등이 있다.

국제단기금융시장

국제단기금융시장은 유로정기예금, 유로CD, 유로CP 등을 거래하는 유로단기금융시장과 미국, 일본, 영국, 독일 등 주요국의 국내단기금융시장으로 구분된다. 국제단기금융시장에서는 만기가 1년 이하인 기업어음, 은행인수어음(BA), 양도성예금증서, 환매조건부채권(RP), 단기재정증권(T-Bill) 등의 단기금융자산이 거래되고 있으며, 국제무역금융, 금리차를 이용한 차익 거래, 현물 및 선물환율 변동에 따른 환투기나 헤지를 위한 단기거래 등의 금융거래가 이루어지고 있다.

각국 국내단기금융시장은 경제주체들의 단기적인 자금유출입의 불균형을 해소해 줄 뿐만 아니라 정부의 재정적자 조달, 환율정책을 포함한 통화정책 및 신용배분 등의 역할을 담당한다. 유로단기금융시장은 주로 유로은행의 대고객거래 및 은행간거래를 중개하는 도매금융시장이며, 유로은행의 대고객거래는 대부분 다국적기업, 정부기관, 환거래은행 등과의 단기자금거래를 말한다.

파생금융상품시장

국제파생금융상품이란 원상품인 환율, 이자율, 주가 등 기초자산의 가치변동으로부터 파생되어 가치가 결정되는 외환관련상품으로 선물, 스왑, 옵션 등을 말한다. 파생금융상품시장에서 위험회피자는 자산 및 부채의 가치변동에 따른 위험을 회피할 수 있으며, 위험애호자 또는 투기자는 이러한 변동을 예측함으로써 이익 획득 기회를 얻을 수 있다.

우리나라의 장내시장으로는 한국거래소가 있다. 한국거래소에서는 미달러선물 및 옵션, CD금리선물, 국채선물이 거래되고 있다. 장외 파생금융상품시장에서는 선물환, 스왑, 옵션, 선도금리계약 등이 거래되고 있다. 현재 외환관련 파생금융상품의 거래는 외국환거래규정의 적용을 받고 있는데 외국환은행과 종합금융회사는 한국은행 총재의 허가 또는 신고를 요하는 일부 거래를 제외하고는 거의 모든 파생금융상품거래를 할 수 있다. 여타 금융기관은 외국환은행 및 종합금융회사를 통하여 파생금융상품 거래를 할 수 있다. 다만 증권회사, 투자신탁회사, 선물회사에 대해서는 각각의 업무 특성에 따라 특정 파생금융상품에 한하여 거래를 허용하고 있다. 그리고 외국환업무 취급기관이 아닌 일반 거주자 및 비거주자는 각 외국환업무 취급기관을 거래상대방으로 하여 동 기관이 취급 가능한 파생금융상품거래를 할 수 있다.

외환시장

외환시장이란 외환의 수요자와 공급자 간에 외환거래가 이루어지는 시장을 말한다. 외환시장에 대하여는 앞의 17장에서 설명하였다.

2. 지역별로 본 국제금융시장의 종류

국제금융시장을 지역적인 측면에서 분류하면 국제금융센터와 역외금융시장으로 나눌 수 있다. 국제금융센터는 국제금융 중심지의 역할을 수행하는 지역을 말하며 역외금융시장은 특정국가의 금융규제나 통제를 받지 않는 시장을 말한다.

국제금융센터

국제금융센터란 세계적 금융기관들이 본점, 지점, 현지법인의 형태로 영업망을 집중시켜 대량의 국제금융거래가 지속적이고 반복적으로 이루어지는 장소를 말한다. 국제금융중심지라고도 불린다. 자본주의 초기에 국제금융중심지로 유명했던 곳은 암스테르담, 브뤼셀 등이었으나 나폴레옹전쟁 이후 런던으로 옮겨졌다. 국제금융중심지가 될 수 있는 요건으로는 안정적인 통화제도, 자유로운 외환거래, 시장이 있는 나라의 통화에 대한 안정적 수급 유지, 시장이 있는 나라의 국제수지균형, 어음할인시장과 은행제도의 발달 등을 꼽을 수 있다. 이와 같은 요건을 갖춘 시장으로서 제1차세계대전까지는 런던이 독점적인 위치에 있었으나, 전후에 영국파운드가 점차 약체화한 데 비해 미국달러의 지위가 향상됨에 따라 뉴욕시장이 세계적인 국제금융센터로 대두되었다.

최근의 국제금융중심지로는 런던과 뉴욕 외에도 프랑크푸르트, 룩셈부르크, 바레인, 취리히, 시카고, 토론토, 샌프란시스코, LA 등이 있다. 특히 프랑크푸르트는 유럽중앙은행이 위치하고 있어서 앞으로도 더욱 중심지 역할이 커질 것이다. 한편 아시아시장으로는 동경, 홍콩 및 싱가포르 등이 있다.

역외금융시장

역외금융시장은 좁은 의미에서 유로시장을 의미하지만, 넓은 의미에서는 유로시장, 절세형 및 내외분리형 역외시장 등이 포함된다. 절세형 역외시장은 조세회피를 목적으로 하는 각국의 기업 및 금융세관에 세제상 특별 우대조치를 제공하는 지역으로서, 네덜란드, 바하마, 버뮤다 등에 설립되어 있다. 내외분리형 역외시장은 국내외 금융거래를 분리하고 자국시장에서 국제금융거래를 활성화시키기 위해 외국은행의 국내유치 또는 국제금융센터로서의 기능확대 등을 목적으로 설립되었으며, 미국의 IBF(International Banking Facilities), 싱가포르의 ACU(Asian Currency Unit)시장, 일본의 일본역외시장(JOM: Japan offshore market) 등이 이에 속한다.

유로시장

각국의 은행이 유럽에 가지고 있는 외화예금을 대상으로 거래하는 시장을 유로시장이라고 한다. 유럽에 예치된 외화는 대부분이 미달러이다. 그래서 예치된 돈을 유로달러라고 부르기도 한다. 유로시장은 특정국 통화가 그 통화의 발행국 이외의 지역에서 예금 및 대출거래, 그리고 증권의 발행 및 유통거래 등의 금융거래가 일어나는 역외금융시장이다. 각국의 금융규제나 통제를 받지 않는 유로시장은 유럽금융시장에서 달러화표시 금융 자산의 거래가 이루어졌던 유로달러시장에서 출발하였다. 지금도 전체 유로커런시시장(eurocurrency market)의 거래상품으로는 미달러가 80% 이상의 비중을 차지하고 있으며, 그 밖에 유로엔, 유로마르크, 유로스털링, 유로스위스프랑 등이 거래되고 있다. 유로시장은 거래되는 금융자산의 형태에 따라 유로예금시장, 유로대출시장, 유로 CD시장, 유로 CP시장, 유로채권시장 등으로 구분된다.

section 03 • 외국환은행과 외환결제제도

1. 외국환은행

(1) 외국환은행이란

외국환은행은 외국환업무를 영위할 수 있도록 등록한 은행을 의미한다. 일반은행이 대외지급수단인 외환의 매매와 발행, 우리나라와 외국 사이의 송금과 추심 및 이에 부대되는 업무를 영위하면 외국환은행이라고 부르는 것이다.

외국환은행: 외국환업무를 영위할 수 있도록 등록한 은행

일반은행이 외국환업무를 영위하려면 외국환업무 취급기관으로 등록해야한다. 외국환업무는 국제간의 대차관계를 현금수송에 의하지 않고 외국환은행의 중개에 의하여 결제하는 업무이다. 한편 시중에서는 보통 외국화폐, 외화수표, 외화증권 등 구체적인 대외지급수단 자체를 외국환 또는 외환이라고 부른다. 외국환거래법에 의하면 대외지급수단, 외화증권 및 외화채권이 외환이다.

외국환업무: 국제간의 대차관계를 현금에 의하지 않고 외국환은행의 중개에 의하여 결제하는 업무

우리나라는 1961년 12월 외국환관리법 제정 이후 1980년대 중반까지는 외화자금의 효율적 운용, 국제수지 균형유지 및 통화가치의 안정 등을 위하여 외환관리를 규제 위주로 운용했다. 이에 따라 일반은행의 외국환업무는 제한적이었다. 그러나 1980년대 후반 이후 외환자유화조치가 시행되면서 일반은행의 외국환업무 취급 범위 및 규모가 확대되었다. 특히 1997년 외환위기 이후에는 외환자유화가 더욱 급속히 진전되었다. 당시 주식 및 단기금융상품에 대한 외국인투자 자유화, 기업의 중장기 외화차입 및 해외증권발행 자유화 등의 조치가 단행되었다.

외환자유화 추세에 맞춰 1998년 9월에는 외환거래에 대한 사전규제보다 사후관리에 중점을 둔 외국환거래법을 제정하여 1999년 4월부터 시행하였다. 외국환거래법은 금융국제화의 진전 등으로 외환업무 수요가 크게 증가한 것을 고려하여 외국환업무 취급기관 등록제를 채택하였다. 이에 따라 기존의 외국환은행뿐만 아니라 여타 금융기관도 외국환업무 취급기관으로 등록할 경우 업무를 취급할 수 있게 되었다. 특히 일반은행은 외국환거래법 시행령에 따라 외국환업무 취급기관 가운데 외국환은행으로서의 업무를 취급한다.

(2) 외국환은행의 외환업무

일반은행이 취급하는 외국환업무를 보면 외국환의 발행 또는 매매, 우리나라와 외국간의 지급과 추심 및 영수, 거주자와의 외화로 표시되거나 지급되는 금전의 대차 또는 보증, 비거주자와의 금전의 대차 또는 보증 및 기타 부대업무 등이 있다. 외국환 발행업무는 은행이 해외에서 자금을 차입하기 위해 외화표시채권 또는 외화증권을 발행하거나 기업 등 다른 기관의 발행에 관여하여 인수를 담당하는 업무를 뜻한다.

외국환 매매업무는 일반 외국환 매매업무와 외국환은행 등과의 외국환 매매업무로 구분된다. 일반 외국환 매매업무는 주로 무역거래에 수반하는 수출환어음 매입, 수입대금 결제 등과 여행자에 대한 외화 및 여행자수표 등의 매매, 기타 외채원리금 상환을 위한 외국환매매 등이 있다. 이 경우 외국환의 매매율은 외국환은행장이 자율적으로 정한다.

한편 외국환은행은 은행간 매매를 통하여 대고객 외국환 매매거래에서 발생하는 외화자금의 과부족을 조절하거나 외국환포지션을 조정한다. 은행간 매매거래는 외국환중개회사2를 경유하거나 은행간 직접거래로 이루어지며 매매환율은 외환의 수급상황에 의해 결정된다. 외국환 매매거래에는 현물환 거래뿐 아니라 선물환거래, 결제일이 서로 다른 외환거래를 반대방향으로 동시에 체결하는 스왑거래도 이용된다.

우리나라와 외국 간의 지급, 추심 및 영수 업무는 경상거래에서 발생하는 외국환 결제업무에서 파생된다. 이는 내국환의 경우와 마찬가지로 결제방식에 따라 송금환과 추심환으로 나누어진다. 송금환은 국내의 채무자(수입상 등)가 외국환은행을 통해 해외의 채권자(수출상 등)에게 대금을 송금하는 것이다. 반대로 추심환은 채권자가 채무자를 지급인으로 하고 어음매입(또는 추심)은행을 수취인으로 하는 환어음을 발행하여 채무자에게 대금을 추심하는 방식이다.

이 밖에 일반은행은 외화예금 및 외화대출업무, 수입신용장 개설 등 대외 외화표시 보증 업무, 외환관련 신탁 및 파생금융거래 등을 취급하고 있으며 대외 거래 등과 관련한 각종 부대업무도 수행하고 있다.3

---

2   우리나라의 외국환중개회사는 9장 5절에서 설명한 서울외국환중개 등 자금중개회사가 맡는다.
3   한국은행, 「한국의 금융제도」(2018). pp. 197~198.

2. 외환결제시스템[4]

외국환이 거래되는 국제금융거래에는 외환결제시스템이 필수적이다. 외환시장에서 외환거래에 따라 발생하는 채권 및 채무 관계를 서로 다른 통화의 이전을 통해 해소하는 것을 외환결제라고 한다. 외환거래는 서울외국환중개 또는 한국자금중개를 통한 장내거래와 거래 당사자간 직접 접촉에 의한 장외거래가 있다. 장내거래는 중개회사가 실시간으로 제공하는 시황정보를 파악하여 직통전화로 거래가 주문·체결되는 전화주문방식이나 중개회사의 전자중개시스템을 통해 거래가 체결되는 전자주문방식에 의해 이루어진다. 중개회사를 경유하지 않는 장외거래는 주로 로이터단말기의 딜링머신 등을 통해 딜러간 가격 및 거래 조건을 결정하는 점두거래 형태로 이루어진다.

외환매매에 따른 외국환업무 취급기관간 자금결제는 원화의 경우 대부분 한국은행에 설치된 외국환업무 취급기관의 당좌예금계좌를 통해 이루어지고 있다. 외화의 경우 매도기관은 한은금융망을 이용하여 자신의 환거래은행 또는 CLS은행[5]을 통해 자금을 결제한다. 환거래은행을 통한 외환결제는 은행간 외환거래에 있어서 가장 일반적인 결제방식으로 국제은행간통신협회(SWIFT)[6]의 국제금융결제 네트워크를 통해 자신의 환거래은행에 매도통화의 지급을 지시하면 환거래은행이 해당 통화의 지급결제시스템을 통하여 거래상대방의 환거래은행에 자금을 이체함으로써 결제가 이루어진다. 그러나 환거래은행을 통한 결제는 시차 때문에 매도통화와 매입통화의 결제시점이 서로 달라 외환 결제리스크에 노출된다. 이에 세계 중앙은행들은 공공부문과 민간부문이 함께 외환 결제리스크를 감축할 수 있는 방안으로 외환동시결제를 도와주는 CLS은행을 설립하였다.

---

4   한국은행, 「한국의 금융제도」(2018). p. 96.
5   CLS은행이란 시차 차이를 극복하고 외환거래에 있어서 동시결제를 가능하게 해주는 국제외환결제전문은행이다. 〈참고〉에 자세히 설명되어 있다.
6   SWIFT(Society for Worldwide Inter-bank Financial Telecommunication)는 각국 주요 은행간 외환거래 목적의 데이터 통신을 행하는 비영리법인

                                        CLS은행

9장의 지급결제제도에서 설명한 바와 같이 우리나라 외환결제시스템 참가기관은 결제회원은행과 제3자 고객은행과 외국은행 국내지점이 있으며, 이들을 연결해서 결제를 도와주는 기관은 CLS은행이다.

CLS은행은 스위스 취리히에 소재한 CLS그룹지주회사의 자회사로서 1999년 11월 미국 뉴욕에 설립되었으며, 2017년 말 현재 전 세계 67개 결제회원은행과 약 24,000개의 제3자 고객을 대상으로 원화 등 총 18개 주요국 통화간 외환거래 등에 대해 결제서비스를 제공하고 있다. CLS은행은 외환결제위험 감축에 관한 국제결제은행(BIS)의 권고에 따라 주요 국제 상업은행들이 세계 외환거래의 동시결제를 구현할 목적으로 설립한 국제 외환결제 전문은행이다. 이 은행이 운영하는 CLS시스템을 이용하여 외환거래를 결제하면 각 통화별 중앙은행에 개설된 CLS은행 계좌를 통해 양 거래통화의 동시결제(PVP)가 이루어지므로 원금손실위험을 제거할 수 있으며 다자간상계에 따른 결제유동성 절감효과도 거둘 수 있다.

                                              – 한국은행 「경제금융용어 700선」에서 –

우리나라의 경우 2004년 원화가 CLS결제 적격통화로 지정된 이후 한은금융망과 CLS은행을 연결하는 CLS연계시스템을 가동하고 금융결제원에 CLS공동망을 구축하여 2004년 12월부터 원화와 외화 간, 그리고 외화와 외화 간 거래에 대해 동시결제를 할 수 있게 되었다.

section 04 ∙ 환위험과 관리

1. 환위험

외화를 취급하면 환율 때문에 이익을 볼 수도 있고 손실을 입을 수도 있다. 지난 외환위기 시절, 현대전자는 1년 동안 약 4,000억원의 환차손을 입었다. 그 당시 우리나라 기업들은 환율변화로 인한 손실에 대해 거의 무방비상태였다고 해도 과언이 아닐 정도로 환위험 관리에 소극적이었다. 그러나 외환위기를 겪은 후에는 대기업의 86.8%, 중소기업의 67.8%가 환위험을 관리하는 것으로 조사되고 있다.[7]

환의 거래나 보유로 인하여 발생하는 위험을 환위험이라고 한다. 즉 환위험

---

[7]　금융감독원, 2002년 7월.

이란 환율변동에 의한 손실의 가능성을 의미한다. 일반적으로 변동환율제도하에서는 대외거래의 계약시점과 결제시점 간의 시간적 차이에 의한 거래시차위험과 재무제표 작성시 환평가에 의한 환평가위험 등이 발생하게 된다. 이렇게 환위험이 발생할 가능성이 있는 상황을 환위험에 노출되었다고 한다. 즉 환위험노출이란 환율변동에 노출된 외화 순자산 또는 순부채와 현금흐름의 순가치가 변동될 수 있는 불확실성으로, 환차손과 환차익 발생 가능성까지 포함하는 개념이다.

　　1970년대 초 브레튼우즈체제의 붕괴로 환율제도가 변동환율제도로 이행됨에 따라 주요국 통화 환율의 변동폭이 확대되었으며 기업의 대외거래규모 확대 등 국제화 진전으로 환차손과 환차익이 경상이익에 미치는 영향은 증대되고 있다. 특히 우리나라의 경우 외환위기 발생 이후 환율변동성의 확대로 기업의 환위험에 대한 인식이 높아지는 계기가 되었다. 가계나 기업, 그리고 국가경제 모두 환위험에 노출되어 있으며 따라서 환위험의 관리가 필요하다.

2. 환위험의 관리

　　환위험을 헤징(hedging)하는 방법에는 내부적 기법과 외부적 기법 두 종류가 있다. 내부적 관리기법이란 기업이나 금융기관 등 경제주체가 환위험을 최소화하기 위하여 기업 내부에서 재무관리의 한 부문으로 수행하는 위험관리기법을 말한다. 외부적 관리기법이란 완전헤징이라고도 하며 기업 외부의 금융시장이나 외환시장을 이용하여 위험을 관리하는 기법을 말한다. 헤징을 위한 금융거래는 대개 파생금융상품을 통하여 이루어진다.[8]

(1) 내부적 관리기법

　　환위험을 감소시키기 위한 내부적 관리기법으로는 외환채권과 채무의 매치, 리딩과 래깅, 포트폴리오, 각종 예방조치 등을 들 수 있다.

　　① 외화채권·채무의 상호매치: 매칭(matching)이란 수출 등으로 수취할 외화채권과 수입 등에 따라 지급할 외화채무의 금액과 결제시기를 일치시킴으로써

8　파생금융상품시장 내용과 부분적으로 중복·설명된다. 파생금융상품이 주로 외환거래에 따르는 위험을 헤지하고 차익을 얻기 위한 것이기 때문이다.

외화자금 흐름의 불일치에서 발생할 수 있는 위험을 제거하는 방법이다. 통화가 서로 다른 경우는 외국통화간 선물환거래를 이용한다. 또 환위험에 노출된 외화 채권·채무와 반대의 새로운 포지션을 창출하는 방법 등을 생각할 수 있다. 즉 수출, 무역외 수취 등 외화채권 초과시는 외화를 차입하는 방법으로, 외화채무 초과시는 외화예금을 통하여 매치시키는 것이다. 매칭(matching)과 유사한 기법 으로 상계(netting)가 있다. 상계란 국내 모회사(母會社)와 외국소재 자회사가 또 는 외국소재 자회사간에 발생하는 채권채무를 개별적으로 결제하지 않고 일정기 간 경과 후 그 차액만을 결제하는 방법이다.

② 리딩과 래깅: 리딩과 래깅(leading & lagging)이란 환율변동에 대비하여 자금결제를 앞당기거나(leading) 지연시키는(lagging) 방법을 말한다. 예를 들어 약 세가 예상되는 통화는 조기수취하고 강세가 예상되는 통화는 조기지급하는 것이 다. 약세통화 표시의 경우 선적서류 조기작성, 네고(nego) 소요시간 단축, 단순송 금방식 수출, 수출선수금, 수출착수금 등을 이용하여 가능한 한 빨리 받도록 한 다. 또 지급하여야 할 것은 연지급수입(延支給輸入, usance import) 등을 활용하여 가급적 지연시키는 것이다. 그러나 거래의 상대방도 반대방향의 행동을 시도할 것이기 때문에 이론만큼 쉽지는 않다.

③ 포트폴리오(결제통화의 다양화): 포트폴리오란 결제통화를 다양화함으로 환위험을 분산시키는 것을 말한다. 원래 포트폴리오란 경제단위가 보유하고 있 는 자산의 조합을 말한다. 광의의 포트폴리오는 실물자산과 금융자산의 조합을 말하며 협의의 포트폴리오는 주로 금융자산들의 조합을 지칭하는데 보통 포트폴 리오라고 하면 금융자산간의 조합을 말한다. 특히 여기에서는 수익과 함께 위험 도 가지고 있는 외환자산을 섞어서 보유함으로써 위험을 감소시키려는 전략이 다. 즉 결제통화를 다양화함으로써 평균적인 환위험을 감소시키는 것이다.

④ 환위험 발생의 예방: 환위험 발생을 예방하는 방법도 생각할 수 있다. 첫 째, 무역거래시 결제통화로 아예 원화를 사용한다. 그러나 원화는 국제통화로 인 정을 받고 있지 못하기 때문에 상대국에서 쉽게 들어주지는 않는다. 둘째, 팩토 링(factoring)을 이용하는 방법이다. 팩토링이란 외상판매한 후 발생하는 매출채권 을 팩토링회사(factor)에게 일괄 양도하고 팩토링회사로부터 양도채권 금액 범위 내에서의 금융지원 등의 서비스를 제공받는 금융기법이다. 국제팩토링은 세계

각국의 팩토링회사가 그룹을 결성하여 수출자 및 수입자에 대하여 공동으로 금융서비스를 제공하는 것으로서 수출국팩토링회사(export factor)는 수출자에게 운전자금을 제공하고 수입국팩토링회사(import factor)는 수입자에 대한 신용조사, 수출채권의 관리 및 수입자로부터의 대금회수 서비스 등을 제공한다. 셋째, 환변동보험에 가입하는 방법이다. 보험에 가입하는 방법은 특히 플랜트 등 중·장기 연불수출시 유용한 제도이다.

(2) 외부적 관리기법

환위험을 감소시키기 위한 외부적 관리기법으로는 선물환, 통화선물, 통화스왑의 이용 등이 있다. 이들 상품에 대해서는 파생금융상품시장이론에서 설명했다. 이 절에서는 환위험 감소기법을 중심으로 설명한다.

① 선물환: 선물환이란 사전에 약정한 환율로 일정기간 후 외환을 매매하는 거래로 가장 흔히 이용되는 환위험 관리기법이다. 선물환거래에 이용되는 선물환율은 현물환율로부터 양 통화간의 이자율 차이를 감안하여 산출된다. 그러나 일방적인 절상 또는 절하 예측시에는 예상환율에 의하여 결정되기도 한다. 선물환을 이용하는 기법으로는 차액결제선물환(NDF: non-deliverable forward)이 있다. 차액결제선물환은 만기에 계약원금의 교환 없이 계약한 선물환율과 지정환율 (fixing rate) 간의 차이만을 지정통화(통상 미 달러화)로 정산하는 선물환계약이다. 지정환율은 당사자간의 약정에 따라 만기일 이전 특정시점의 현물환율을 사용한다. NDF거래는 만기에 차액만을 결제하므로 두 통화를 총액결제하는 일반 선물환계약에 비해 결제위험이 상대적으로 낮게 된다.

② 통화선물: 통화선물은 지정된 통화의 일정금액을 합의된 약정가격으로 미래의 특정일을 결제일로 하여 매매계약을 체결하고, 결제일에 실물을 직접 인수·인도하거나 기일 전에 반대거래를 통하여 청산할 수 있는 상품이다. 선물거래소에서 표준화되어 거래되는 통화선물은 선물환과는 달리 미래 외화자금의 결제일이 불확정적인 거래에 이용될 수 있으며, 환율변동의 추이에 따라 결제일 이전이라도 유리한 시점에서 반대매매가 용이하며, 거래비용이 저렴하다는 장점이 있다. 또한 옵션과 결합함으로써 다양한 헤지의 구사가 가능하며, 우발적인 외화

자산·부채의 환위험 관리기법으로 사용된다. 곧 통화선물은 거래동기에 있어서 일정통화를 장래에 실제로 인수·인도하기 위한 것이라기보다는 현물환포지션과 반대되는 통화선물포지션을 보유함으로써 환위험의 헤징수단으로 활용된다. 즉 현물거래와 반대의 선물을 매입 또는 매도포지션을 취함으로써 선물포지션의 청산에 따른 이익(또는 손실)으로 현물거래의 손실(또는 이익)을 상쇄하는 것이다. 예를 들어 장래 어떤 통화의 강세가 예상 되면 해당통화를 선물매입(long hedge)하고, 약세 예상시는 선물매도(short hedge)하는 방법이다.

③ 통화스왑, 외환스왑: 통화스왑(currency swap)은 두 차입자가 서로 다른 통화로 차입한 자금의 원리금상환을 상호 교환하여 이행하기로 한 약정거래이다. 즉 거래당사자 간 보유외환자산이나 부채를 서로 필요로 하는 통화로 매매하고, 만기에 계약 당시 환율로 원금을 다시 반대방향으로 매매하는 거래를 말한다. 계약기간 동안 수입이자 또는 지급이자에 대해서도 계약조건에 따라 교환함으로써 이자에 따른 환위험을 회피할 수 있다. 외환스왑은 대개 현물환과 선물환, 선물환과 현물환을 반대방향으로 동시에 거래함으로써 환위험을 헤지한다. 현물환을 매입하고 선물환을 매도하는 방식을 buy & sell swap이라 하고 현물환을 매도하고 선물환을 매입하는 방식을 sell & buy swap이라고 한다.

헤지수단의 공통점은 미래시점에 결제될 외환거래의 환율을 현재시점에서 확정시킴으로써 환율변동이 야기하는 불확실성, 즉 위험을 제거한다는 데 있다. 그러나 환율의 확정은 불리한 환율변동으로 인한 손실위험을 제거해 주기는 하지만, 유리한 환율변동으로 인한 이익 기회까지도 제거해 버린다는 단점이 있다. 불리한 환율변동으로부터의 손실위험을 제거하면서 유리한 환율변동으로부터의 이익 기회는 유지하려 한다면 통화옵션을 이용해야 한다.9

---

9   환위험 관리 부분은 주로 국제금융연구회, 「국제금융론」, 경문사, 2003을 참고하여 작성되었으며 아울러 한국은행, 「우리나라의 외환제도와 외환시장」(2010), 이강남, 「국제금융론」, 법문사, 2004 및 주한광, 「국제금융론」, 율곡출판사, 1993 등을 참고하였음.

Summary

1. 국제금융은 국제무역에 수반되는 자금거래와 자금조달, 대출 또는 해외 직·간접투자 등이 국경을 넘어 이루어지는 현상을 말하며, 국제금융시장은 이러한 국가간 자금거래가 이루어지는 시장을 의미한다.

2. 국제금융시장은 국제금융자산의 효율적 운용으로 이익을 창출함과 아울러 세계금융자산의 최적배분을 통해 자본의 생산성 증대, 무역 및 투자 확대, 국제유동성의 조절, 세계 각국의 경제발전을 촉진하는 기능을 수행한다.

3. 국제금융시장은 각국의 금융시장, 역외금융시장, 그리고 이들 시장간의 거래를 연계시키는 외환시장으로 구성되어 있다.

4. 국제자본시장에서는 만기가 1년 이상인 신디케이트대출, 채권, 주식 등의 장기금융자산이 거래되고 있다.

5. 국제단기금융시장에서는 만기가 1년 이하인 기업어음, 은행인수어음, 양도성예금증서, 환매조건부증권, 단기재정증권 등의 단기금융자산이 거래되는 시장이다.

6. 환위험(foreign exchange risk)이란 환의 거래나 보유로 인하여 발생하는 위험을 말하며 결국 환율변동에 의한 손실의 가능성을 의미한다.

7. 환위험을 관리하는 것을 헤지라고 한다. 환위험을 관리하는 헤징 방법은 내부적 기법과 외부적 기법 두 종류가 있다.
   • 내부적 관리기법이란 기업이나 금융기관 등 경제주체가 환위험을 최소화하기 위하여 기업 내부에서 재무관리의 한 부문으로 수행하는 위험 관리기법을 말한다.
   • 환위험을 감소시키기 위한 내부적 관리기법으로는 외환채권과 채무의 매치, 리딩과 래깅, 포트폴리오, 그리고 각종 예방조치 등을 들 수 있다.
   • 외부적 관리기법이란 완전헤징이라고도 하며 기업 외부의 금융시장이나 외환시장을 이용하여 위험을 관리하는 기법을 말한다.
   • 환위험을 감소시키기 위한 외부적 관리기법으로는 선물환, 통화선물, 그리고 통화스왑을 이용하는 것이다. 그 외에도 다양한 옵션을 이용할 수 있다.

국문색인

영문색인

A

ABCP　207
ABS　23, 206
AD-AS모형　390~395
adverse selection　277
anticipated inflation　407
arbitrage　178, 221, 368
asset-backed commercial paper　207

B

Bank for International Settlements　25, 177
bank note　12, 259, 297
Bank of England　255
bank-run　180
baseline forecasts　423
BCBS　144
BIBOR　71
Big Bang　147
Big Mac Index　510
Big-tech　149
BIS　177, 206, 266, 503, 538
BIS기준 자기자본비율　266
BOK-Wire+　194, 206, 265, 273
bottle-neck inflation　407
Bretton Woods Agreement　120
Bretton Woods System　494
bullion controversy　116
buy & sell swap　542

C

call loan　192
call money　192
call option　225
call rate　192
Cambridge equation　320
Cambridge school　320
capital arbitrage　178
capital market　186, 200
caps　25, 234, 238
CARD　207, 320
CBO　25, 207
CDO　8, 22, 241
CDS　8, 22, 25, 239
CD시장　196
CFPB　146
cheap government　427
circuit breaker　212, 244
CLN　241
CLO　25, 207
cloud computing　149, 151
CLS　274, 537
CMA　294
collars　25, 234, 238
commercial bill　197
commercial paper　196, 207
consol　327
cost-push inflation　407
coupon bond　68
CPI　402

인명색인

저자 약력

노상채

약력

1980 조선대학교 경상대학 경제학과 졸업
1997 전북대학교 대학원 경제학박사
1987 조선대학교 경제학과 교수
중앙도서관장, 평생교육원장, 학생생활연구소 소장,
생활협동조합 이사장 역임(학내)
한국협동조합학회 이사, 한국보험학회 이사, 생활협동조합중앙회 부회장,
광주광역시 물가대책위원 및 민자사업심의위원,
WorldVision 운영협의회위원 역임(학외)
현재 조선대학교 경제학과 명예교수

저술활동
『보험과 경제』(조선대학교출판부, 1998)
『경제의 이해』(조선대학교출판부, 2001)
『미시경제학』(법문사, 2002)
『속담 속의 경제학』(글누림, 2009 문화체육관광부 우수교양도서)
『고사성어로 보는 스토리 경제학』(글라이더, 2018 경기컨텐츠진흥원 지원도서)
『속담으로 보는 스토리 경제학』(글라이더, 2018)

김창범

약력

1995 조선대학교 경상대학 경제학과 졸업
2000 조선대학교 대학원 경제학박사
2005-2009 조선대학교 경제학과 초빙객원교수
2009-2012 조선대학교 동아시아경제연구소 연구교수
2012-2013 전남발전연구원 전문연구위원
2014-2015 전남대학교 경제학과 BK21플러스 사업팀 학술연구교수
2015-2017 전남대학교 지역개발연구소 학술연구교수

저서 및 논문
사회적경제와 지역혁신(공저), 전남대학교출판부, 2016.
"환율변동성과 무역흐름" (공저), 무역학회지, 한국무역학회, 2001.
"Ocean Freight and Asymmetric News Impact"(Coauthor), THE KOREAN ECONOMIC REVIEW, Korea Economic Association, 2001.
"Does Exchange Rate Volatility Affect Korea's Seaborne Impact Volume? The Asian Journal of Shipping and Logistics, The Korean Association of Shipping and Logistics, 2017.
"환율변동성의 예측과 장기기억", 산업경제연구, 한국산업경제학회, 2013.

제 6 판

화폐금융론

초판발행   2000년 8월 26일
개정판발행   2001년 7월 20일
제3판발행   2003년 8월 25일
제4판발행   2006년 3월 25일
제5판발행   2011년 8월 20일
제6판발행   2019년 8월 25일

지은이   노상채·김창범
펴낸이   안종만·안상준

편 집   전채린
기획/마케팅   이영조
표지디자인   조아라
제 작   우인도·고철민

펴낸곳   (주) **박영사**
          서울특별시 종로구 새문안로3길 36, 1601
          등록 1959. 3. 11. 제300-1959-1호(倫)

전 화   02)733-6771
f a x   02)736-4818
e-mail   pys@pybook.co.kr
homepage   www.pybook.co.kr
ISBN   979-11-303-0791-6   93320

정 가   37,000원